囫管教：松纠正孩子的不良行为

—— 编著

中国华侨出版社

北京

俗话说："没有种不好的庄稼，只有不会种庄稼的农夫；没有教不好的孩子，只有不会教孩子的妈妈。"教育孩子，是需要技巧的。

好妈妈首先是孩子的好朋友。在孩子的成长过程中，好妈妈要像好朋友一样陪伴孩子成长。这种陪伴，对于良好亲子关系的建立和巩固具有非常重要的作用。好妈妈也是孩子的好老师。老师被誉为人类灵魂的工程师，也是人类智慧、能力、知识的传递者。好的家庭教育就像学校的小班授课，妈妈和孩子是一对一的教学关系。孩子作为一个独立存在的个体，能够得到妈妈全部的关注。著名的教育家杜威说过："教育就是生活，生活就是教育。"好妈妈要想办法使孩子的心灵进入一个更大的世界中，培养他出色的生活实践能力和良好的道德品性。孩子终究是要长大的，要离开妈妈走向社会。作为孩子称职的老师，妈妈不仅要积极配合孩子完成书面形式的作业，还要放手让孩子参与社会实践活动。当孩子在实践活动中遇到了挫折，妈妈应给予关怀和帮助。如果妈妈把握好在生活中对孩子的教育，当好孩子的生活老师，将是孩子的福分和幸运。

妈妈在教育方法上的差别，常常会影响孩子的一生。正确的教育方法是一把精美的刻刀；错误的教育方法是一柄锄头，妈妈掌握着孩子这块璞玉的命运。教育方法主要有 6 种类型，即溺爱型、否定型、民主型、过分保护型、放任型和干涉型。其中，民主型教育方法和否定型教育方法对子女的影响最大。在民主型家庭中，妈妈们是孩子的朋友，她们经常和孩子商量事情，尊重孩子的想法和意见，经常给予孩子表扬和鼓励，因此，孩子的自我接纳程度较高，相应地，自信心、自尊感和成就欲望较强；而生活在否定型家庭中的孩子，妈妈经常打骂、批评孩子，对孩子的责罚多于赞扬，因此，孩子的自信心相对较差，他们往往不相信自己的能力，总是甘居下游，对未来担忧，对前途充满恐惧。可见，采用正确的教育方法才能为孩子积累成功的能力和品质，从而成就美好的未来。

这本《正面管教：轻松纠正孩子的不良行为》分别从"爱子心经——孩子，妈妈会这样爱你""育子秘诀——如何雕刻孩子这块璞玉""实用宝典——妈妈解决育子难题的妙招集锦"三方面全面系统地阐释了教育思想和教育方法，涉及如何开发孩子的智力，如何让孩子喜欢上学习，如何培养孩子的良好学习习惯、品格教育、生命教育、情商教育、挫折教育等教育理念，将妈妈在孩子成长过程中的重要作用一一剖析，并针对具体问题提出了具体的解决方法。本书文字通俗易懂，事例生动活泼，具有很强的实用性和可操作性，是一本理论与实践完美结合、方法与技巧兼顾的现代家庭教育百科全书。

上篇

爱子心经——孩子，妈妈会这样爱你

中篇

育子秘诀——如何雕刻孩子这块璞玉

下篇

实用宝典——妈妈解决育子难题的妙招集锦

上篇

爱子心经——孩子，妈妈会这样爱你

第一章
审视你给孩子的爱

越多的爱并不意味着对孩子越有益，通过牺牲自我来满足孩子的需要也不能说明母爱伟大，给孩子爱之前，先洞察一下自己的心理真相，也许你会发现，自己并没有那么伟大，你的爱也没有真正滋养到孩子。

放纵型溺爱，最懒惰的爱

一对夫妇中年得子，对儿子是百般疼爱，从来什么都是依着他，他要什么就给什么。儿子比较内向，平时不爱和人交往，学习成绩也是普普通通。高中毕业之后，儿子没有考上大学，父母就将他送入一所私立大学读书。就在儿子读书期间，夫妻两个人每两个星期都要到儿子的学校去看望他，生怕他有什么不适应。

大学毕业之后，父母并不鼓励儿子主动去找工作，他们对儿子说："你是大学毕业生，可以找一份好点的工作。"意思是不让儿子出去受苦受累。于是儿子也就很心安理得地在家里过了两年，其间什么工作都没有找到。后来父亲不得已帮儿子找了一份很普通的工作，儿子上班不到一个月就回来了，说是不适应，而这一回来，就在家里待了4年，这4年中不出家门一步。

看到儿子这样，做父母的十分担心，但还是一味地由着他，可是老两口一把年纪，这么下去，儿子以后该怎么办呢？父亲为此渐渐变得不爱说话了，心中的压抑堆积了起来，最后得了忧郁症。父亲住院了，儿子也不去看望，而母亲不得不在照顾了丈夫之后回家又要给儿子做饭。

　　这是一个真实的故事，可以说，儿子能走到今天，都是父母放纵溺爱的结果。这样的男孩，如此自闭、冷漠、寡情、无能，几乎等于一个废人，更谈不上是什么男子汉了。这是孩子的悲剧，更是父母的悲哀。

　　溺爱看起来最无私，但其实也是最懒惰的爱。其中最懒惰的就是放纵型的溺爱，因为这样做的妈妈放弃了思考，让没有什么自控能力的孩子去发号施令。对孩子来说，他小的时候也许会觉得妈妈对他很好，但当他逐渐长大，有了自己独立的思想之后，他会觉得妈妈的干涉是对他的一种禁锢，他想冲破这道禁锢，于是矛盾就不可避免地产生了。而如果他的独立意识已被磨灭的话，这对孩子就是更致命的伤害。就像上文中的儿子一样，毫无独立意识的孩子会过度依赖妈妈，对困难畏首畏尾，对生活也缺少热情。于是，懒惰的溺爱造就了懒惰的孩子、懒惰的生命。

　　所以，教育孩子，最忌讳的就是溺爱。一个在溺爱环境中长大的孩子，别指望他将来会有出息。对孩子的爱，只能放在心里，表现出来的，该狠还是要狠一点。不要放纵孩子，对他的要求全部给予满足，而是要舍得让孩子吃一点苦头。以孩子为中心，一味地放纵溺爱，是不利于孩子的身心健康的，对他们的成长极为有害。

一般来说，在家庭当中，妈妈放纵地溺爱孩子，最典型的表现有以下几种：

其一，对孩子给予"特殊待遇"，使孩子滋生优越感。

有很多妈妈由于孩子是家里的独生子，让孩子在家里的地位高人一等，处处都会受到特殊照顾。这样的孩子必然是"恃宠而骄"，变得自私没有同情心，不会关心他人。

其二，对孩子的各种要求"无条件满足"。

有的妈妈对孩子的各种要求总是无原则地满足，儿子要什么就给什么。有的妈妈觉得"再穷不能穷孩子"，即便自己省吃俭用，也要满足孩子的无理要求。这样长大的孩子必然养成不珍惜物品、讲究物质享受、浪费金钱和不体贴他人的坏性格，而且毫无忍耐和吃苦精神。

其三，对孩子过分保护。

有的妈妈为了孩子的"绝对安全"，不让孩子走出家门，也不许他和别的小朋友玩。更有甚者，变成了儿子的"小尾巴"，步步紧跟，含在嘴里怕化了，捧在手中怕摔了。这样养大的孩子一定会变得胆小无能，丧失自信，养成依赖心理，或者是在家里横行霸道，到外面胆小如鼠，造成严重的性格缺陷。

其四，袒护孩子所犯的错误，成为"护犊子"。

当孩子犯了错误的时候，妈妈总是视而不见，反而说："不要管得太严，孩子还小呢。"有时候爷爷奶奶还会站出来说话："不要教得太急，他长大之后自然会好了。"这种环境长大的孩子全无是非观念，长大之后很容易造成性格扭曲。

为了孩子的健康成长，妈妈要给予他充分的爱，但是不可以一味地迁就孩子，这样培养出来的孩子将来会出现很多问题：缺少远大的理想、缺少是非观念、缺少良好的习惯、缺少挫折教育，等等，直接影响孩子的未来。

苏联著名教育学家马卡连柯警告说："父母对自己的子女爱得不够，子女就会感到痛苦，但是过分溺爱虽然是一种伟大的感情，却会使子女遭到毁灭。"如果妈妈无视这种警告，一意孤行地认为只要尽力满足孩子的一切需要，就能保证孩子幸福健康地成长。那么，这种教育方式势必会影响孩子在各个方面的发展，让孩子失去竞争力，甚至使孩子养成各种不良性格。

疼爱孩子是妈妈的天性，但如果疼爱得过了头，那就变成溺爱了，溺爱只会害了孩子。作为妈妈，千万不要让你懒惰的放纵型溺爱害了孩子。

畸形的母爱，成为孩子自私的源泉

苏联当代著名教育家苏霍姆林斯基曾说："在没有明智的家庭教育的地方，父母对孩子的爱只能使孩子畸形发展。这种变态的爱有许多种，其中主要的有娇纵的爱，专横的爱，赎买式的爱。"

现在，很多妈妈"先孩子之忧而忧，后孩子之乐而乐"，她们节衣缩食，看着孩子吃好的穿好的玩得痛快，妈妈比自己享受还要陶醉。

可是这些妈妈没有意识到，她们在为孩子无条件付出的同时，也使孩子养成了自私、任性、骄横、懒惰、狭隘、霸道、缺乏责任心、缺乏爱心和同情心、不关心他人等不良品行。

一个偏远山村一个农民的宝贝女儿考上了某重点大学。这个喜讯让全村都轰动了。

贫穷老实的父母咬紧了牙关，才凑齐了近万元的学费。虽然老两口每日劳累，可是他们的内心却很欣慰，毕竟一切等女儿毕业就好了。

谁知没过多久就接到女儿的信："要买学习资料，速筹2000元寄来。"

父亲为了给女儿凑学费，已经家徒四壁，负债累累，根本就拿不出这么多钱给宝贝女儿——他只能做一件事情，那就是到城里的血站去卖血。

当老汉把借来的和自己卖血换来的2000元寄走后，他的心放下了，终于能让女儿踏实地学习了。

可他哪里知道，这次要钱还仅仅是个开始。

女儿要钱都是有用处的，再苦再难父亲也得支持。家里是一分钱也拿不出了，只能靠卖血来供养女儿读书了。

忠厚的父亲用别人的身份证托人办下了七个献血证。每个星期都要卖两次血，才能供得上女儿的消费。

4年里，老汉共卖血获得75500元，老汉为女儿所卖掉的血，用一个大汽油桶还装不完。

好不容易女儿毕业了，父亲心想，终于可以松口气了。不想，女儿在城里找到了工作，就再也没有和家里联系过。这让老汉十分牵挂。

一天，衣衫褴褛的老父亲千里迢迢来到了女儿的工作单位，探望许久没回家的女儿。

不想，老汉刚在女儿公司门口露面，女儿就把父亲推到了远处，还埋怨他怎么不穿好点，这么寒酸，太让自己没有面子了。

埋怨完父亲，女儿很不耐烦地从口袋里掏出200元钱递给了父亲，让他搭乘当天的火车回去，并告诫他没事别来找自己，对自己以后的发展不好。

老父亲接过钱的一刹那，几乎要昏过去……

看了这个故事，或许你也会为文中的"老父亲"心酸。然而，这位"女儿"的做法不是没有缘由的，父亲过度的爱、毫无原则与分寸的纵容，是造成"女儿"如此绝情的根源。

有的妈妈疼爱孩子，家里有什么好吃的东西都只给他一人吃。时间长了，在孩子的思想上形成了一个定式：好的东西只能由我享用。

有一个三口之家吃饭时，孩子总是把自己喜欢的菜拉到自己面前，恨不得一个人全部吃掉。

妈妈随着孩子，也专门把孩子爱吃的菜放到他面前，自己干瞅着不吃。孩子吃独食看起来是小事情，但是小事情会产生大问题，这可是这位妈妈没有想到的事情。

孩子吃惯了独食，有东西只想一个人吃，玩具也只能自己一个人玩，自私自利思想由此产生。

一位母亲平时总是把削去皮的苹果给女儿吃，自己却吃苹果皮。

一次当她尝了一口苹果时，3岁的女儿竟声色俱厉地吼道："你怎么吃苹果！吐出来！"这位妈妈声泪俱下："她那么小，就这样对待我……"

孩子如此对待妈妈，确实可怕。但问题的起源在于妈妈的权利丧失，甘愿为子女当马牛，直接导致家庭教育失败，导致了孩子自私、任性而且霸道的性格。

由于许多妈妈没有认识到孩子吃独食的危害，觉得吃独食没什么大不了的，其实孩子吃独食的后果很严重。

一项调查表明，当今的中小学生明显表现为自私和责任心差，他们以自我为中心，而对父母缺乏应有的关心。调查发现，有27.8%的中小学生不知道父母的爱好，有100%的中小学生知道自己的生日，而有33.3%的中小学生不知道父母的生日。他们把父母为自己的付出看作是天经地义、理所当然的事情，进而体会不到父母养育他们的艰辛。

妈妈"有了孩子，没了自己"，到头来换来的却是孩子心中"只有自己，没有妈妈"。

抚养出这样的孩子，做妈妈的难道不痛心吗？然而这又是妈妈自身的过错造成的恶果。

我国老教育家刘绍禹曾经说过："不要太关心儿童。……太关心了容易养成孩子以自我为中心的心理，结果变成自私自利的人。"

孩子的自私自利并不是天生的，很多是随着妈妈畸形的爱滋生出来的。妈妈们，请反思一下你的爱，不要让你畸形的爱，成为孩子自私的源泉。

妈妈的爱，为孩子埋下温柔的陷阱

十月怀胎的辛苦和分娩的"切肤之痛"让妈妈们最能体会骨肉亲情，日常起居上的悉心照料更加深了母亲与孩子之间的感情，母亲对孩子的爱，已经不是"慈母手中线"缝出的衣裳能够代表的了。

正因如此，妈妈更容易溺爱孩子，在独生子女的家庭中尤其如此。

小敏的妈妈是一个全职太太，体会到丈夫在外面工作的不易，她也要求自己把家里的事情打理得事事顺心。

在对小敏的教育上，妈妈积极地给孩子报辅导班，按时接送孩子，一日三餐都按照营养书上推荐的搭配，保证孩子的身体健康。

平时孩子的任何事情，收拾书包、穿衣梳头、放水洗澡这些都由妈妈一手操办。在家庭内务上，妈妈尽心尽力，毫无怨言。

而小敏却没有感觉到妈妈的辛苦，在她看来，妈妈所做的一切都是理所当然的，如果哪一次她发现妈妈没有帮她把书包收好，或是给她准备的第二天上学时穿的衣服不如意，就会委屈得掉眼泪。

爸爸长期不在家，妈妈就成了小敏最亲密的伙伴，但凡遇到困难，妈妈总是第一时间帮她解决，但小敏还是常常和妈妈怄气。

不论是出于补偿心理，还是出于对孩子的爱，小敏的妈妈都绝对到了溺爱的地步。这样的做法虽然可以理解，却是很不明智的。

妈妈溺爱孩子，都是为了让孩子生活得幸福，但是孩子能让妈妈呵护多久呢？总有一天，她需要与别人一起应聘、一起工作、一起生活，到那时她的困难谁来解决？

　　有的妈妈正是知道自己不能保护孩子一生，越发有求必应、百般顺从了。这样的妈妈可以说是不负责任的，因为她没有为孩子的将来做任何打算，并且让孩子错失了很多学习成长的机会，她将一个低能儿抛给了社会，这样的行为不可饶恕！

　　孩子是需要经受挫折才能健康成长的，溺爱只会让孩子养成不好的生活习惯和性格。被溺爱的孩子很难遵守规矩，也不懂得自我约束，在他看来，规矩是为别人准备的。

　　由于凡事都有妈妈包办，这样孩子往往有太多优越感，做事情眼高手低，也不善于与人相处。当别人帮助了自己，在溺爱中长大的孩子也不懂得感恩，反而觉得是理所当然；当他看到别人比自己优秀的时候，不仅不会向别人学习、替别人高兴，还会产生沮丧、嫉妒的消极情绪。

　　一位母亲为她的孩子伤透了心，她在心灰意冷的情况下去找心理医生。

　　医生问："当您的孩子第一次系鞋带时，打了个死结，从此之后，您是不是再也不给他买带鞋带的鞋子了？"母亲点点头。

　　医生又问："孩子第一次刷碗的时候，打碎了一只碗，从此以后你是不是再也没让他刷碗？"母亲称是。

　　医生接着说："孩子第一次整理自己的床铺，用了很长时间，您看不过去，从此代替他叠被子了，是吗？"这位母亲惊愕地看了医生一眼。

医生又说："孩子大学毕业去找工作，您怕孩子找不着工作，便动用了自己的关系和权力，为他谋得了一个令人羡慕不已的职位。现在您却为孩子的适应能力太差而感到恐慌了！您怕他不能胜任一份好工作，怕他娶不到媳妇，怕他以后过得很凄惨……"

这位母亲更惊愕了，从椅子上站了起来，凑近医生问："你怎么知道的？"

"从那根鞋带知道的。"医生说。

母亲问："我以后该怎么办才好？"

医生说："当他生病的时候，您最好带他去医院；他要结婚的时候，你最好给他买好房子；他没有钱时，你最好及时给他送钱。这是你今后最好的选择，别的，我也无能为力。"

……

这则故事中的母亲，就是用自己的爱，为孩子埋下了一个温柔的陷阱，由于被剥夺了犯错误和改正错误的机会，孩子也失去了独立成长的权利。

当他们在日后的生活中遇到一些不如意的事情，除了向妈妈求救，就只能"独自垂泪到天明"了。

妈妈要让孩子学会自立，首先就要从放开自己的双手开始，让孩子自己系鞋带，即使很慢，迟到了他会因此受到批评；即使系到一起，走路摔倒了他会感到疼痛，但所有这些付出的代价，都是让他学会改变方法、正确做事的动力。不然，他在将来就会错失很多机会，付出的代价将会更加沉重。

另外，孩子在开始做事情的时候，需要适当的鼓励和即时的指导，如果妈妈不在身边，孩子很容易感到孤独和被忽略，因此，妈妈对孩子的爱要把握一个恰当的尺度。

妈妈们应该明白，溺爱孩子实际上剥夺了孩子生活中许多重要的东西。比如剥夺了孩子的自主权。溺爱的妈妈多为掌控型家长，喜欢一手包揽，诸如小到穿衣，大到前途，都要为孩子做打算和决断，孩子容易丧失自我，能力退化，胆怯，容易对妈妈产生既抱怨又依赖的矛盾心理。剥夺了孩子的自信心。溺爱孩子的妈妈给予孩子的负面信息要多于正面信息，常常喜欢限制孩子的活动，诸如：这是不能拿的，那是不能碰的，致使孩子运动游戏的能力差，和同伴玩不到一起，内心因此自卑孤独。甚至剥夺了孩子的感恩心。溺爱的妈妈倾心包揽，不给孩子任何成长的机会，也剥夺了孩子帮着做点力所能及的家务、参与家庭的活动的生活体验。

妈妈的爱，不是越多越好，小心你泛滥的爱，为孩子埋下温柔的陷阱，困住孩子的人生！

自我"牺牲"换不来孩子辉煌的未来

我是一位63岁的农民，今天我给你们写信，是想说说我的家事。虽说家丑不可外扬，但这些事憋在心里好长时间了，最近总感到心口疼。

我儿子是一名大学生，也是我们家五代人唯一考出的大学生，这是我老两口的骄傲啊！但因为这个不争气的东西我们也伤透了心。

记得儿子刚考上大学时，我去学校送他。下了火车后，我扛着笨重的行李走在前面，儿子跟在后面。本来就因为坐了一夜的火车，再加上上了点年纪，刚到学校门口，就被大门前一根铁条绊倒了。我重重地摔倒在地上，行李扔出了老远，一只鞋也甩掉了。儿子向四周看了看，像怕谁看见似的拉住我的胳膊猛地用力拽了一下说："干什么啊，丢不丢人！"尽管我的双腿摔得很疼，但还是得很快爬起来，捡起鞋穿上继续去背行李。把儿子安顿好后，我忙着又是挂蚊帐，又是买日用品，这一切似乎在儿子眼里都是天经地义的。

第一学期儿子一共来了3次电话，每次都是要钱。我和老伴种着3亩地，抽空我就到村里的砖厂去做工。开始人家说我老，不肯收，我几乎给人家跪下了，人家可怜我才让干的。小闺女16岁了，初中毕业后上不起学给人家当了保姆，挣的钱交给我后，我一分舍不得用，全寄给了儿子。甚至有一段时间老伴的眼睛肿得厉害，疼得一个劲儿流泪，都舍不得花钱买一瓶眼药水。

为了能多挣点钱，老伴又在村子里找了一份看孩子的差事。给人家照看一天孩子只挣5元钱，没日没夜的。去年冬天，儿子电话打得特别勤，每次都是要钱。我寄了4次有6000多元，我不知道现在上学就得这么多钱。后来才听村里去打工的一个小伙子回来说，他见到我儿子了，正谈着恋爱，很潇洒。说真的，我和老伴听了后不知是该生气还是该高兴。然而最可气的是今年过年儿子回来时，那不争气的东西，居然偷偷改了学校的收费通知，虚报学费。这之前我只是在报上看到过这种事，没想到会发生在我身上。如今好几

13

个月过去了，我一想起这事就心痛，整夜睡不着觉。我不明白，我们亲手抚养大的儿子好不容易考上大学，为什么会变成这样，不知他们在大学里除了学习文化，还能否学到要有良心？

　　这是一篇刊登在《新华每日电讯》上面的文章。这对可怜的父母，几乎牺牲了自己的一切去讨好儿子，得到的却是这样的回报。相信看了这篇文章的妈妈们都感到痛心疾首，可怜天下父母心，怎么会养出这样一个不孝子！同时，我们也能猜到，这样一个毫无感恩之心，虚荣自私的孩子，是很难有光明的前途的。他将为自己的"小聪明"付出很大的代价。但反思一下，不难发现，恰恰是因为父母的完全"牺牲"，孩子才养成现今这种虚荣自私的品性，所以，自我"牺牲"不仅换不来孩子辉煌的未来，甚至会造成孩子品性的恶劣和前途的渺茫。

　　苏联教育家马卡连柯曾说："一切都让给孩子，为他牺牲一切，甚至牺牲自己的幸福，恰恰是送给儿童的最可怕的'礼物'。"

　　但是，家庭对绝大部分女性来说，往往意味着"牺牲"，至少要牺牲很多个人的时间和空间，去处理家庭琐事，例如，孩子不肯睡觉了，老人生病了，亲戚串门了，等等，不得不推掉很多同学聚会、健身课程和个人爱好。一个家的确需要一个凡事都操心的人，这样家里才有主心骨，才能团结在一起。但是这个主心骨就一定要什么事情都做好，抛开自己的一切吗？

　　有一位成功的职业女性，结婚生子后，毅然放弃自己的工作，安心在家相夫教子。但是很快问题就出来了，一方面是教育孩子没有她想的那么顺利，总是问题不断，小孩生病，读书不好，对人没有礼貌等，这一切在她的公婆看来，都是因为她教子无方；另一方面，她觉得自己离以前的那帮姐妹越来越远了，她很久不去做美容，也没有心情购物，整个人的情绪坏到了极点。

后来她去咨询心理医生，心理医生说："你需要一份工作，或者是一个爱好来疗伤。"

的确，100% 将自己牺牲在家务当中，不仅不能达到照顾家庭的理想效果，还会给自己制造伤口。如果家庭中产生不愉快，妈妈们很自然会把原因归结到自己的无能上，渐渐地增加了负罪感和挫败感。而一个爱好，或者一份工作能让妈妈们重新找回自信和乐趣。

为什么说牺牲自我对家庭的好意未必见效？我们想一想，牺牲自我的妈妈们往往把孩子的事情都揽在自己身上，小到系鞋带，大到他（她）交了怎样的朋友、将来读什么大学等，事事都要关心。这样做的结果，往往是孩子不知道妈妈为自己做了多少事情，或者就算是知道了，也觉得理所当然，少了感恩之心。长此以往，孩子不知不觉中学会了自私自利。

爱孩子并不意味着"牺牲"自己，给孩子的爱越多不代表对他越好，为了孩子健康成长，为了家庭幸福美满，妈妈要学会适度从家庭孩子中抽身出来。对很多妈妈们来说，要从家庭抽身回到职业女性的角色稍嫌困难，但我们可以培养一个自己的爱好，或者养花种草，或者养养宠物等。将自己的精力和情感分散开来，这样我们的内心才能达到平衡的状态。孩子、家庭和自己，每一个都能好好兼顾过来。

第二章
爱从认真带孩子开始

那些把干事业和带孩子对立起来的妈妈，那些根本就不在乎和孩子相处时间及相处质量的妈妈，不是她们不爱孩子，而是骨子里不认为和孩子相处是件重要的事。这是完全错误的，因为孩子成长中的每一天、每一种境遇对他的影响巨大，也决定了亲子关系的生疏。

没有良好的母子依恋关系，孩子人格发展就有障碍

妈妈正在厨房烧菜，圆圆像条小尾巴似的在妈妈身边蹭来蹭去，妈妈担心不小心伤着她，于是对圆圆说："圆圆，厨房里很危险的，你先出去玩，一会儿妈妈做好饭就陪你，好不好？""我不！我要跟妈妈在一起！"圆圆撅着小嘴。

"圆圆乖，圆圆最听话啦，你看厨房里这么小，万一妈妈不小心碰着圆圆了怎么办？"

"我就不！"无论好说歹说，圆圆就是不肯出去玩。

平时，圆圆就跟妈妈特别亲，无论是吃饭、玩耍还是睡觉都要妈妈陪着。一见妈妈不在，她就会到处找，甚至妈妈洗澡时，她也

要守在门外。

刚上幼儿园时，圆圆根本就不愿意离开妈妈，无奈之下，妈妈在幼儿园陪了她整整1周，她才慢慢地适应幼儿园了。现在，即使每天去幼儿园，圆圆也对妈妈依依不舍，从幼儿园回家后，她就会寸步不离地守着妈妈。

圆圆的爸爸因为工作忙，平时都是早出晚归，因此，圆圆的吃喝拉撒平时都是由妈妈操持的，这无意中养成了圆圆特别依恋妈妈的习惯。

依恋是婴儿寻求并企图保持与另一个人亲密的身体联系的一种倾向。这个人主要是妈妈，也可以是别的抚养者或与婴儿联系密切的人，如家庭的其他成员。依恋主要表现为啼哭、笑、吸吮、喊叫、咿呀学语、抓握、身体接近、偎依和跟随等行为。

依恋是婴儿与抚养者之间一种积极的、充满深情的感情连接。它对于激发妈妈和照顾者更精心地照料后代，对形成儿童最初信赖和不信赖的个性特点有着重要的影响。

孩子在出生后的第一年对他是至关重要的，妈妈的接纳、喜欢、拥抱、躯体抚慰和精神关注，将促进孩子与妈妈形成信任、安全、温暖的关系，这样的依恋关系能让孩子变得健康、活泼、开朗、自信和自尊。如果妈妈性格强硬，动作粗糙，情绪不好，对孩子疏于照料（让孩子处于饿、渴、冷、潮湿等不安状态），或不愿意亲自陪伴孩子，把孩子寄养在别处，甚至虐待孩子，那么孩子就可能很难与人形成良好的依恋，心理发展延缓甚至出现自闭倾向。有很多不能形成依恋的孩子，在成长中会慢慢出现边缘型人格障碍或自恋型人格障碍等。

而与妈妈形成良好依恋关系的孩子具有以下特征：

人际关系中，开朗活泼，自信和自尊，懂得爱别人，能与人"共情"，没有暴力倾向，善良，宽容，不对别人过度要求。

能正确解读父母教育自己的信息，打得也骂得，孩子不会记恨妈妈，一般也不会让妈妈太伤心。依恋不够的孩子打不得也骂不得，因为妈妈这样做会激发孩子内心深处对妈妈的不信任。

母子依恋关系有以下3种类型：

安全型依恋，这是最常见的依恋类型。孩子在妈妈离开时会哭闹，在妈妈回来时会高兴；如果妈妈在场，通常以妈妈作为认识世界的起点；如果在玩耍，会不断地回到妈妈身边寻求安慰；通常比较爱合作，较少生气，会友善地对陌生人。孩子容易形成积极的人格。

逃避型依恋，是较少见的类型。孩子在妈妈离开时很少哭泣，在妈妈返回时不会太高兴，并设法逃避妈妈；如果有什么需要，不寻求帮助，而会表现出愤怒的情绪；不在意陌生人。

矛盾型依恋，也是较少见的类型。孩子在妈妈离开前就开始焦虑，对妈妈的行为很紧张，担心妈妈离开；在妈妈离开后更加不安，而妈妈回来时，行为又很矛盾——既想亲近妈妈，又拒绝妈妈，较少关注周围的环境，很难安抚，对陌生人也不友好。孩子容易形成消极的人格。

依恋是孩子出生后最早形成的人际关系，是成人后形成的人际关系的缩影。因此，妈妈要与孩子建立良好的依恋关系。

当孩子回家，回到妈妈身旁需要和妈妈重建依恋的时候，妈妈最好不要做以下这些事：

（1）对孩子身上的某些行为、特征、习惯不满意，忙着纠正孩子，让孩子感觉很糟糕，没有安全感。

（2）急于向孩子或让孩子表达亲密感，结果遭到孩子拒绝，这样易引发大人的挫败感和孩子的焦虑害怕。

（3）拒绝原来曾与孩子形成依恋的人（如老人、阿姨），嫉妒孩子对那个人太好，让孩子在客体关系发展中产生混乱的感觉。

（4）扔掉孩子随身携带的旧手帕、毛绒玩具、漫画书，给他买更好的东西，这些东西对孩子内心平静很重要，是一种对妈妈依恋的替代品，要暂时保留，耐心地等待孩子自己失去兴趣。

妈妈要用一种平和、坚定、温暖的方式去引导孩子，孩子会慢慢地完全投入妈妈的怀抱，完成儿童时期心理发展的重要任务——依恋。与妈妈们有着良好依恋关系的孩子，能够形成健全的人格，为幸福的一生打下了最基本、最重要的基础。

"亲生后母"比后母对孩子的伤害更大

世人对后母的印象通常是极为不好的，许多人都认同因为后母的恶劣对待让孩子幼小的心灵有了很大的创伤。但是，社会常常忽视了"亲生后母"其实比后母对孩子的伤害更大。

所谓"亲生后母"就是指母亲虽然把孩子生下来了，却没有尽到母亲的责任，将孩子送给别人抚养或是对孩子动不动就辱骂等。

这种"亲生后母"的现象，可以分为3种类型：第一种类型是由于母亲执迷于某种事情而置小孩于不顾，让小孩感受不到太多的母爱。

中央电视台曾报道由于几个子女不愿意赡养老人，老人将子女们告上了法庭的事件。这几个子女都挺有文化的，自己的家庭也还算不错，但没有一个人愿意赡养老人。究其原因，是因为老人年轻时经常出入各种交际场所，将家里的积蓄挥霍一空，而且对孩子们毫不关心，恨不得将他们赶出家门，稍有不顺心就会大打出手。到老了，老人便想着让子女们来抚养自己，可是几个子女宁愿出钱将她送到"敬老院"，也不愿意抚养她。

这个事例的确让人深思，正所谓这个世上没有无缘无故的爱，也不会有无缘无故的恨。老人以前不善待自己的孩子，没有尽到作为一位母亲的职责，又怎能让儿女心甘情愿地尽孝心呢？

第二种类型是由于孩子出生时或出生后发生了某种变故，如难产、犯忌，等等，导致了母亲心理上的疏远。

妮基出生的那一天，她爸爸过世了，所以她妈妈认定正是因为她的出生带来了爸爸的死亡，于是从小就把她送到外婆家抚养，对她不闻不问。少年时期，她也曾想通过学坏来吸引母亲的注意，她旷课、上网、穿奇装异服，等等，由于母亲对她的继续漠视，她甚至学会了吸毒，最后断送了自己的生命。

妮基的妈妈认为孩子是祸害，才对她不闻不问，以致妮基最后断送了自己年轻的生命。这是多么残忍的妈妈！

最后一种类型是由于子女较多，母亲疏忽了某一个子女。

有一个年轻的妈妈，很幸运生了对双胞胎儿子，因为一个人带不过来，大儿子就送给了外婆带，小儿子自己带。过了两三年，孩子大了一些，外婆就把大儿子送回妈妈身边，让妈妈自己亲自带两个宝宝。可是两个宝宝受到了妈妈截然不同的待遇，妈妈晚上睡觉只抱着小儿子，大儿子就由着他自个儿去睡；两个孩子哭闹时或者争抢什么玩具之类的，挨骂的一定是大儿子。最后造成了大儿子孤僻、不自信的性格。

孩子会和日夜照料他的母亲建立起强烈的母子感情，而母亲在付出爱的同时也一样与孩子建立了母子心灵感应，这种强烈的情感是维系母子亲情的纽带。而早年离家的孩子并没有和母亲建立起感情纽带，心理距离相隔远了，又加上生活习惯大不相同，母亲看着不习惯，孩子看着更不习惯。而且由于没有感情，母亲的教育通常不会手下留情，而孩子对这份苛责也不情愿接受。久而久之母子之间形成强烈的心理对抗，冷漠的种子就埋下了。

无论是哪种类型的"亲生后母"现象，对孩子来说都是巨大的伤害，来自最亲密的人的伤害是孩子生命中不能承受之重。所以，妈妈们，如果你给了孩子生命，也一样要给孩子爱！

孩子的成长需要妈妈的陪伴

养育孩子的过程也是陪伴孩子的过程，只有当孩子感受到你与他同在一起，他才能把你的爱放入心中。

与孩子共同参与活动，陪伴孩子成长，对于亲子关系非常重要。

孩子们通常有自己的社会活动，例如，学校组织的风筝大赛、校际篮球比赛、乒乓球比赛等。一些妈妈可能会认为，这只是毛孩子的游戏，关我什么事儿呀！其实，这种想法是完全错误的。教育学家建议妈妈们，要积极参与孩子的这类活动，因为你的参与就是对他们的肯定。

安吉莉从未忘记参加有孩子参与的每一项活动：市篮球联赛、运动会、学生音乐会、话剧表演——即使儿子只是扮演一棵树。安吉莉是一个牙科医生，对运动一窍不通，对音乐也不大感兴趣，但她还是努力抽出时间去为儿子加油。因为她说，希望自己在孩子成长过程中尽量陪着他。

最近一段时间，儿子迷上了制作遥控飞行器，为此，他甚至办了寄宿，专心地在学校里研究试验。每天，他都会给安吉莉打电话，报告自己的新进展：他的飞行器反应更灵活了……一天，儿子打来电话："妈妈，明天下午就开始比赛了，来替我加油吧！"

妈妈兴高采烈地回答："太棒了！我明天一定准时去。"

第二天，安吉莉把诊所停业一天，上午跑到书店里找了很多遥控飞行器方面的书，又给儿子买了一组昂贵的飞机模型，下午准时赶到学校。遗憾的是，儿子那天并没有取得好名次，面对专程赶来的妈妈，孩子有点惭愧。安吉莉拿出自己准备好的礼物——书和模型递给了儿子，然后用玩笑式的威胁口吻说："小子，看到了吗？这么贵的书和礼物都买了，你要是敢因为一次小小的失败就放弃，那我绝对饶不了你！"

儿子大笑着接过礼物："放弃什么呀！等着吧，下次第一名就是我！"这时，他已经完全振作起来了。

腾出时间陪孩子一起做孩子所热衷的事情，是非常重要的。很多妈妈不明白这一点，一心一意"教育"，却拉开了孩子和自己的距离，到了孩子成年的时候，两个人竟然像陌生人一样，无法对话了。

如果你希望孩子养成持之以恒的品质，掌握其他与工作、生活相关的技能，你就要积极去参与孩子的活动，用你自己的兴趣、可依赖性及独特的指导，为孩子树立榜样。

最好的妈妈不是端坐在书房中写字的妈妈，也不是忙碌在厨房里做菜的妈妈，而是那个一直陪伴着孩子的妈妈。她不是一个符号，而是孩子生命中不可缺少的一部分，共同的回忆把他们紧紧连在一起。

多多陪伴孩子，参加他的集体活动，主动帮他解决问题，这样妈妈才能真正了解自己的孩子需要怎样的爱。孩子的成长需要妈妈的陪伴，你可以错过一份好的工作、一个好的人生机遇，可是，身为一位妈妈，如果你错过了孩子的成长，便也错过了孩子人生中许多美丽的风景。

"双生涯"妈妈的带孩子哲学

据统计，中国的"上班族妈妈"数量超过 3.2 亿。许多"上班族妈妈"每天奔波于单位、学校和幼儿园，经常在工作与孩子之间顾此失彼，左右为难。"双生涯"（家庭生涯和职业生涯）的妈妈们，在忙碌的工作之余还要顾及孩子的身心需要，确实是件很辛苦的事。所以，在工作和孩子之间找到平衡点，对"双生涯"妈妈来说尤为重要。

"朝九晚六"是现在上班族的标准时刻表，这对于辛劳的妈妈来说，意味着早上在孩子起床之前出门，晚上在他已经玩了一天、感到疲惫的时候回家。现代生活的节奏，已经让妈妈错过了很多与孩子相处的时光，就不必说为加班、堵车等支付的时间了。如果妈妈完全被如此繁忙的工作驾驭后，就容易忽视了对孩子的关注，忽视了与孩子的交流和沟通。

《鬼妈妈》是一部以美国畅销小说为题材改编的动画片。

卡罗琳是一个只有十几岁大的小女孩，对身边的一切充满了好奇，但是，由于爸爸妈妈在平常的生活中要处理很多关于工作的事情而无暇照顾她。闲得发狂的卡罗琳只好在家里到处转来转去，并发现了一个惊天的秘密，她通过一扇奇怪的门走入了另一个"家"，那里有和现实生活中一样的居住环境和待人周到的"妈妈"——只不过那个妈妈的眼睛被纽扣缝上了。

正是由于那个"妈妈"熟谙儿童的心理，热情地陪伴她玩耍，卡罗琳觉得自己找到了真正想要的快乐。后来她发现那个"妈妈"是个女巫，于是便和"妈妈"进行了一场斗争……

从这部影片中，妈妈可以从中学到一些道理：孩子虽然小，但是他们确实希望得到妈妈更多的爱和关注。当孩子发现妈妈好像并没有把太多的注意力放在他们身上，心里的黯然失落是非常正常的。

对于孩子来说，他们内心中最需要的是一种爱的感觉，他们希望有更多的时间和妈妈在一起，感受到更多来自妈妈的关注和爱护，这种良好的感觉，是孩子在日后乐观、积极、自信的主要动力源。

曾经还有一位教育研究者给妈妈提出一道多项选择题，以下4个选择你认为哪项最能够帮助孩子在学校里提高学习成绩？

A. 为学校做义工

B. 监督孩子功课

C. 与孩子讨论学校所发生的事

D. 与孩子的老师保持联系

当然，以上的任何一项对孩子在学校里学习进步都很有帮助，但是研究人员的统计结果表明：回答C的妈妈，他们的孩子在学校中的成绩是最好的。这并不意味着其他的选择不重要，而是更加深刻地说明了妈妈和子女共同参加一项活动是多么的重要。

研究表明：受到妈妈关注多的孩子，各方面的表现都很好。

一个孩子在生活中受到妈妈的关注越多，在各方面就会表现得越好。当他感到自己是个备受关注的中心时，就有动力让自己变得更加完美和优异。当一个孩子明显地感受到被关注，就越是希望表现自己，所有的才能都被调动起来。所以，妈妈再忙，也不要忘记关注孩子。关注孩子不是指天天和孩子在一起，心不在焉地应付孩子，而是心情轻松、全神贯注地与孩子交流，即使只是每天晚上睡前的短短 1 小时。

或许，妈妈只是每天简单地问一句"今天在学校怎么样"，却传达出了对孩子的一个明确信号，那就是妈妈很在乎他在学校里的表现。有些家庭的妈妈可以从各方面关注子女的教育，而另一些只有时间去关注孩子一两个方面的问题。但不论何种层次的介入，相信对你孩子的一生都会有重要的作用。每天，我们可以在家中听孩子讲述他在学校中发生或看到的有趣故事，和小孩子一起聊聊天，并不是什么难以做到的事情，所能起到的作用却是最大的。

"双生涯"妈妈，孩子并不会妨碍你的工作，而你也不应该因为工作而忽视对孩子的关注。把握好在繁忙工作中关注孩子的尺度，找到两者的平衡点，也许就不会再顾此失彼、患得患失了。

第三章
孩子成长需要一个幸福温暖的摇篮

人若没有一个好的家庭环境，就很难孕育一个正常的生命。给孩子一个幸福的家，让孩子在生理和心理两方面都健康地成长，成为一个身心和谐发育的人，这才是妈妈所能给予孩子最丰厚的财富。

幸福的家是送给孩子成长的最好礼物

有一对夫妻在接女儿放学回家途中，不知为什么就大吵起来，最后居然扬言要离婚。等争吵暂告一个段落，他们才意识到孩子还跟在后面。他们看到女儿拿着画板在画画，画面上有两个大人，他们表情愤怒，两个大人中间躺着一个小孩。

妈妈很好奇地问："地上怎么会有个小孩，他怎么了？"

"死了！"孩子说。

"他怎么会死了呢？"

女儿沉默了半晌，说："因为爸爸妈妈吵架、分手……"

女儿的话深深震撼了他们。原来，女儿看见班级中所谓的"单亲儿童"总是神情忧郁、落落寡合，她害怕像他们一样。看来，父母吵架、分手后，他们的孩子就好像被抛于旷野，会一点一点死亡。

小女孩在无意间用一幅画泄露了她的心声，也让父母及早警觉：孩子在成长中最需要的就是安定、安心、安全的环境与父母完整的爱。当着孩子的面父母不要吵架，家庭成员之间关系不能紧张，要相互信任和体贴，以免给孩子带来精神上的苦闷。

几乎所有的孩子都渴望自己的爸爸、妈妈能够相亲相爱，希望自己的家充满和睦、友爱、温暖的气氛。而许多父母却时常忽略孩子的这点心理与要求。

良好的家庭气氛是孩子成长的重要依托，家庭气氛是两种环境关系的产物，它包括家庭物质环境和家庭心理环境。家庭的物质环境依每个家庭富有程度的不同而不同，每个父母都会尽最大的努力来满足孩子的物质需要。但是很多父母会忽视为孩子营造一个良好的家庭心理环境。而实际上，家庭心理环境对孩子的影响远远大过家庭物质环境，一个贫穷的家庭里只要有家人间关切的爱和温馨的环境，孩子就会在幸福的笑声中快乐成长，而一个冷漠严肃的家庭即使富可敌国，也买不到孩子的开心和快乐。

妈妈要想把孩子培养成为心地善良、感觉敏锐和能力强的人，家庭日常生活应该是和谐的、欢乐的、充满爱心的，这是首要的条件。要知道夫妻间的互相尊重与爱护是良好的家庭教育的基础，而幸福的家庭是送给孩子成长的最好礼物。

安徒生小时候是在丹麦一个叫奥塞登的小镇上度过的。他家境贫困，父亲只是个穷鞋匠，母亲是个洗衣妇，祖母有时还要去讨饭来补贴生活。他们的周围住着很多地主和贵族，因为富有，这些人便觉得自己高人一等，他们讨厌穷人，不允许自己家的孩子与安徒生一块儿玩耍。安徒生的童年孤独而落寞。

父亲担心这样的环境会对安徒生的成长不利，但是他从来没在孩子面前流露出自己的这种焦虑，反而轻松地跟安徒生说："孩子，爸爸来陪你玩吧！"父亲陪儿子做各种游戏，闲暇时还讲《一千零一夜》等古代阿拉伯故事给他听。虽然童年没有玩伴，但有了父亲的陪伴，安徒生的内心世界也充满了阳光和快乐。

所以，温馨的家庭环境是孩子健康成长的保证，童年时代的安徒生生活在良好的家庭氛围中，才培养出了自己的童话细胞，以及一颗善良、充满幻想的"童话"之心。

由此可见，父母之间的恩爱、和睦的家庭氛围能够为孩子的身心成长注入生机与活力，增加孩子对生活的信心与勇气。如果孩子在一个紧张压抑的家庭氛围中成长，会逐渐变得忧心忡忡、缺乏热情、性格内向，而在良好的家庭氛围的影响下，孩子一定可以健康、茁壮地成长。

对于孩子来说，与变形金刚、自行车、芭比娃娃比起来，一个幸福的家庭才是父母送给他的最好礼物。世界上没有什么事情比爸爸妈妈相亲相爱更令孩子开心，所以，为了孩子能够健康成长，请拒绝争吵，为他们创造一个温馨的家庭环境。

房间的布置渗透妈妈的爱意

孩子成长的一个重要标志，就是有自己的房间，离开父母单独睡觉。让孩子拥有自己的空间，对他的心理健全和人格的发展都有着积极的意义。当孩子拥有自己的房间后，会对家更有一种归属感，建立自我意识，了解自己的重要性。

现在，摆在妈妈面前的一个问题是：怎样让孩子的房间常看常新，创意多多，并且让孩子住在里面感觉到快乐和幸福呢？

家庭装修毕竟属于大额消费，伴随着孩子从婴儿、幼儿、小学到少年的成长阶段，儿童房间如果只靠装修很难随孩子成长而改变，在这个时候，家庭的装饰布置就成了重要课题。妈妈可以不改变孩子房间的大小，而从家具、装饰上来改变房间的格局。

首先要考虑孩子的个性、喜好，除了实用性、安全性、启发性，其他要素如色彩、款式等还应依据孩子的喜好，尽量符合孩子的需要。

1. 多彩与安全——婴儿、幼儿时期

牙牙学语、蹒跚学步的婴幼儿时期，为了培养孩子的视觉和触觉能力，妈妈们会在墙壁、天花板挂上深色浅色的花、水果之类的挂画，孩子的眼睛对色差较大的图案印象颇深，他们会选择自己喜爱的图案与颜色。而在屋中无规则地摆放一些轻便柔软的小玩具，更会激发他们的触摸欲望，锻炼他们的灵活性。

心理学家研究说，6 岁以前是孩子创造力发展的关键时期，如果这时孩子生活的空间过于呆板、一成不变，会扼杀孩子的创造力与想象力。因此，这个时期儿童房基本是无规律的，随宝宝的兴趣爱好而改变。妈妈这时可以把屋里布置得五彩缤纷。一个多姿多彩的空间既可以加深孩子对外部世界的认识，又给予孩子自由、嬉戏的宽敞空间，使他们在玩乐中锻炼自己的想象力和发挥自己的创意。

安全是这个阶段不可忽视的重要因素。小孩子天性好动，有棱有角的家具、饰品就会成为一种潜在的"危险"，而且孩子在这个阶段喜欢用嘴去了解外界，细菌很容易跑到宝宝的肚子里去。妈妈可以参考以下几个标准：

（1）无锐角。家具以及房间中的饰品防止尖锐的边角，以防磕碰。

（2）结构简单，坚固耐用，如五金部件不易拆卸或采用隐蔽式的螺丝等。

（3）无毒性，避免儿童误食或发生过敏现象。

（4）小零件的坚固程度，如抽屉的滑轨等。

2. 绅士淑女——学龄期

上学以后的孩子，渐渐养成性格，也渐渐有了自己的需求。书包、书本、文具怎么摆放，都需要妈妈的指导和帮助。给孩子设计一些专门的储物空间，不但可以节省房子的空间大小，还可以给孩子一个动手动脑的机会。尽管他们设计得没有专业设计师好看，或者和房子不搭配，但这是他们自己的创意，用着更有趣。

一张美术作业、一件手工折纸都成为经典装饰的注脚。由于这时孩子的房间多了一些电器，因此要在书架上、窗台上摆上一两簇花草，调节屋内空气。

灯在房间中的作用不可小觑。除顶灯，床头灯是必不可少的，这样孩子夜里起来可随手打开，灯光不能太强，以免孩子不安。房间整体色调要有所统一，无论装饰材料还是配饰挂件，最好是亮色。现在的市场上适于儿童间的各种玩具造型的灯也多了起来，小男孩、小女孩把喜爱的造型灯摆在床头，给房间增添活力。

这时候可以慢慢强调孩子的性别意识，公主和王子的房间肯定是不一样的，想要培养绅士淑女，最好在他们进入学龄阶段后，就多多在他们的房间里下功夫。男孩子可以有世界地图、地球仪、小科学设备等；女孩子有娃娃、人文书籍、漂亮的墙纸、名画复制品等，都是很好的选择。

此外，还要注意的是，在窗户设护栏，尽量采用圆弧防护棱角；室内尽量不使用大面积的玻璃和镜子；选用带有插座罩的插座；以柔软、自然素材为主。尺寸比例缩小的家具，伸手可及的搁物架和茶几能给他们控制一切的感觉，满足他们模仿成人世界的欲望。

孩子的小小世界，体现了家人对他们的尊重和爱，妈妈们多花一点时间在上面，会带给孩子无穷的乐趣。

当孩子自己改造房间的布局时，只要不是很危险的行为，妈妈不要大声呵斥，因为这时你的孩子正在创作自己的作品，他的思维相当活跃，大声训斥只会阻止他继续创新。妈妈在设计孩子的房间时，多多听从孩子的想法也很重要。

事业型妈妈，不能把权力强迫心理带回家

有一名女将领，曾经为国家的建立立下不少功劳，战争时期，她曾经是一个指挥官，在战争中英勇作战，她的一个手指就是在战争中失去的。

后来她退休后，回到了家乡。她把家庭当成了战场。将以前在军队的一些东西搬到家里，闲着的时候就和这些事物打交道，有事没事就对家人下命令，让他们按照自己的意愿去行事。她经常说："这是组织的命令，我是军人，即使退休了也要按照军人的标准做事情。你们是军人的家人和儿女，所以对于我的任何命令只能服从，不能说'不'。"

她的丈夫性格比较平和，能够忍受她的倔脾气，但她的儿子和女儿则不同。儿子从小就很有主见，并且和母亲一样喜欢控制和影响别人。儿子大学毕业后，想自己创业。可老人坚决不让，她坚持让儿子去军队当兵，并让人给他安排最低、最差、最没出息的岗位，她本来是想锻炼锻炼儿子，结果却使得儿子与她断绝了母子关系。

她女儿本来想嫁给自己喜欢的人，可她为女儿"幸福"着想，坚决让她跟自己的属下结婚，结果女儿嫁过去之后，生活一直不如意，整日以泪洗面。

本来好好的一个家，自从她退休回家以后，变得四分五裂了。

现如今，事业型的女人越来越多，她们都习惯于在职场上呼风唤雨、雷厉风行，往往也会像例文中的老干部一样，把这种权力强迫心理带回家中，对丈夫和孩子颐指气使，居高临下。妈妈不再是温柔善良的依托者；爸爸和妈妈之间不是互较高低，就是妈妈成为一家之主，管理着所有家庭事务；孩子也没有机会向妈妈撒娇，要求妈妈的疼爱，因为妈妈并非慈眉善目，除了安排任务和视察工作，她没有多余的心思来疼爱孩子。长此以往，家庭里孕育不出温暖的气氛，如此冷漠的家庭自然不会有良好的亲子关系，当然，孩子的成长也会受到极大的影响。

其实，不仅孩子和家庭会受到妈妈权力强迫心理的危害，妈妈自身也会受到很大的影响。极端的权力强迫心理不但会扭曲人的健康心理，并且还会引起人生理上的一些疾病。这种现象在女性中比较常见。具有权力强迫心理的女性，大多经常感受到巨大的压迫感，身心疲惫，身体上出现一些症状，如肌肉酸痛、头痛、牙疼、皮肤敏感、月经失调、失眠、紧张、心情忧郁等。在人际交往这方面，她们经常遭遇冲突与不协调，但不得不以压抑或逃避来维持日常生活。所以，无论你是多么"伟大"的人，你在事业上多么成功，你还是一个妈妈、一个女人，不要把自己逼迫得太厉害，如此可怕的权力强迫心理，家庭和你自己都是经不起它的危害的。

事业型妈妈们要记住：工作中的规则是权力，其运作机制是竞争与合作、控制与征服。而家庭则完全不同。家应该以"珍惜"为主旋律，家庭成员之间相互理解、接纳、关爱。如果不明白工作与家的区别，将工作中惯用的权力心理带回家，必然会破坏家庭中的和谐关系。

家不是工作的延续，而是温暖的开始。当你忙完工作回到家中时，请卸掉工作中的装束和工作中的氛围，扮演好你的家庭角色。在家里，你是一个好妈妈，也许你在工作中有着"只处理事情，不理会感情"的磊落之风，可是，当你回到家中时，你所面对的事情已经不是工作，你不需要去处理事情，而需要去感受家的温暖，理解家人的付出，接受家人各自不同的性情。在家里，不谈工作，只谈琐事；不讲效率，只讲感情；不要冷漠，只要温暖。

"一个向左，一个往右"是教不好孩子的

琳琳的爸爸是一家大型公司的部门经理，妈妈是医院的主任医师，家境富裕，条件优越。

但是，几乎每天，爸爸妈妈都要因为她的教育而发生争执。妈妈总是认为，琳琳只要好好学习就可以了，不用做家务。到现在，琳琳还没有自己洗过衣服。爸爸觉得，好好学习是应该的，但是也该有适当的放松。妈妈还总是向琳琳灌输做人要有心计的思想，而爸爸则教育孩子要善良、诚实。

于是，琳琳家中就常常发生类似下面的场景：

6点半左右，琳琳吃过晚饭，问爸爸能不能看一会儿《猫和老鼠》再写作业。爸爸觉得很正常，同意了。可琳琳遥控器刚拿到手，电视还没开，妈妈一把就抢了过去，说："还不快写作业、看书！"

爸爸和妈妈对于琳琳的教育始终持不同的观点，时间长了，琳

琳常感到无所适从。

有一次，爸爸和妈妈又因琳琳的教育问题吵了起来，爸爸说了妈妈几句，刚好妈妈手里拿着一个牙签盒，脾气火暴的她一听爸爸说自己不对，手上的盒子就朝爸爸砸了过去。牙签撒得到处都是，琳琳着实被妈妈的举动吓了一跳。

从那以后，琳琳越来越沉默，在家的时候半天不说一句话，而且经常把自己关在房间里。她的脸上很少有笑容，上课时常常注意力不集中，成绩也由名列前茅退到了中后的位置。

琳琳接受父母截然相反的教育方式，最终自己也不知道该听谁的。心里的疑惑总得不到解决，久而久之，心理上便处于一种混乱状态。这种现象正好印证了心理学上的"手表定律"，即当一个人身上只带一块手表时，他可以知道现在是几点，但当他带着两块或更多的表在身上时，难以确定准确的时间，同时也失去了对准确时间把握的信心。

"手表定律"启示人们：在做一件事情的时候，只能有一个指导原则和价值取向。正如尼采所说："兄弟，如果你是幸运的，你只需要有一种道德而不要贪多，这样，你过桥会容易些。"

同样，在教育孩子的时候，父母之间的教育方针不能经常出现矛盾，比如总是给孩子设定两个截然相反的目标，提出两种完全不同的要求等。这样矛盾的教育会使孩子无所适从，无法形成自己独特的价值体系，甚至行为上陷入混乱。

对于任何一件事情，不能同时设置两个不同的目标，否则将使人无所适从；对于一个人不能同时选择两种不同的价值观，否则他的行为将陷入混乱。

父母双方教育出现矛盾的时候，最好"模糊处理"。父母双方应互相妥协，冷静克制自己，避免在孩子面前暴露出教育观点不一致。事后，可以交换对教育孩子的不同想法，采取一定的"补救"措施，尽量使思想趋于统一。绝对不给孩子拥有两个价值观的机会。

父母教育观相悖的话，除了混淆孩子的价值观，有时会使孩子产生错觉和偏见。当妈妈的要求比较简单或者语言比较委婉时，他会将之与爸爸较严格的要求和直接的话语作对比，形成妈妈更爱自己一些的成见。这样的话，他就会倾向于按照妈妈的要求做，同时对爸爸形成抵触心理。这样的话，孩子和爸爸之间的隔阂加深，既不利于孩子的健康成长，也不利于亲子关系的发展。所以，在教育孩子问题上，父母双方要站在同一战线上，以共同将孩子教育好为目标，如果互争高低，结果只能是爸爸妈妈及孩子"三败俱伤"。

父母不要当着孩子面吵架，如果吵了又怎么补救

一对小夫妻两人吵架了，声音都不大，但是家里的气氛很不好。这时，他们一岁半的小儿子慢慢地走了过来，抱抱爸爸的腿，又抱抱妈妈的腿，眼里含着眼泪，脸上全是恐惧的表情。这个时候夫妻二人意识到原来吵架对孩子的心灵产生如此大的影响，父母的心情和表情足以让一个孩子幼小的心灵感到不安和恐惧。

孩子心目当中唯一温暖的庇护所就是家庭，他们希望家庭中始终充满爱。孩子一旦发现父母开始吵架的时候，就会觉得这个家庭不再温暖，这个庇护所要被毁灭掉，就会失去基本的安全感。虽然夫妻吵架拌嘴对大人不一定会带来多大的伤害，但是父母的表情就足以让孩子的心灵蒙受创伤。

　　一位儿童教育专家曾对小学和幼儿园的孩子做了"你最喜欢什么样的家"的调查。结果发现，孩子们对父母和家庭的要求放在首位的并非是经济、物质条件，他们对吃的、穿的、用的和玩的东西似乎都不大在意，相反，却很关注自己家庭的精神生活。最喜欢的家有5种，而排在第一位的是：和睦、团结、友爱的家。孩子们最喜欢爸爸妈妈和和气气，不吵架、不斗嘴，全家老小和睦相处，让家里始终充满爱。

　　还有一位英国学者曾经走访了20多个国家，对1万多名肤色不同、经济条件各异的学龄儿童进行调查，发现孩子们对家庭的精神生活及家庭气氛十分重视。这位学者总结出各国儿童对父母和家庭最重要的10条要求，而"孩子在场，父母不要吵架"高居榜首。

　　根据调查显示，有85%的宝宝最怕的就是父母吵架。如果一个孩子长期在充满冲突的家庭中生活，容易变得退缩、自卑，与人交往时往往不自信、不主动，不能很好地与他人建立信任关系，容易陷入人际交往的障碍。

　　几乎所有的孩子都渴望自己的爸爸、妈妈能够相亲相爱，而许多妈妈却时常忽略孩子的这点心理与要求。检讨一下自己，是不是也有过这样的行为：

与伴侣意见分歧时，总是毫无顾忌地大吵大闹。

有时候，在孩子面前也忘记了父母的榜样作用，说脏话，不顾及家长的形象。

夫妻之间，可能没有不吵架的，无论是多么大的原则问题，还是鸡毛蒜皮的小事。不过，既然是夫妻吵架，大不了总是床头分、床尾合，进而更能增加夫妻双方的感情。不过，当夫妻成为父母之后，吵架就不只是两个人的事情了，因为在我们的身边多了一个"第三者"——孩子。我们当然不应该当着孩子吵架，这是在任何情况下都应该避免的。对孩子的这种感情和心理的安全需要，任何妈妈都不可掉以轻心。

但如果父母真的在孩子面前吵起来了，事后要怎样来弥补呢？

1. 首先要安抚受惊的孩子

鼓励孩子把当时的感受说出来，弄清楚孩子害怕的是什么，是父母吵架时的腔调和表情，还是怕父母分开之后不要自己了。作为妈妈可以适时使用肢体语言，比如拥抱或者亲吻来传达对孩子的关爱，同时向他保证父母不会不要他，让孩子安心。

2. 父母双方最好再当着孩子的面来和好

可以向孩子说明，吵架的事情已经过去了，爸爸妈妈以后不再吵了。然后要向孩子解释清楚，你们当时是因为一时冲动，没有控制住自己的情绪才吵架的。尽管孩子对这些解释并不完全懂，但是当他看到爸爸妈妈在一起和往常一样心平气和地讲话，自然就会平静很多。时间久了，只要你们不再吵架，孩子就会渐渐淡忘掉。

3. 让宝宝了解父母吵架和他无关

父母在吵架之后应该告诉孩子，大人吵架的事情和他无关，不要让孩子认为是自己不好才让父母吵架的，避免孩子产生自责心理。并且要让孩子知道，不论你们之间是否在争吵，都会是非常爱他的。

父母之间的恩爱、和睦的家庭氛围能够让孩子对生活持有乐观的心态，孩子有更大的生活热情和信心。如果孩子在一个紧张压抑的家庭氛围中成长，会逐渐变得抑郁不安、性格内向，严重的还会形成心理障碍。在良好的家庭氛围影响下，你的孩子一定可以健康、茁壮地成长。

第四章
孩子的成长 99% 来自对妈妈的模仿

在孩子的教育和品德培养中，妈妈的作用至关重要。因为妈妈是培养孩子的第一人，也是时间最长的人，她的一言一行都会成为孩子模仿的对象。可以说，孩子是对妈妈"依葫芦画瓢"，妈妈"长得好"了，孩子才会"画得好"。

孩子的成长从模仿开始

在饭厅里，一个大人抱着一个几个月大的婴儿。婴儿看到了一幅画了许多水果的画，他一边看着画，还一边做出假装吃东西的样子。这个婴儿还是在吃奶的阶段，他怎么知道水果要怎么吃呢？

牛牛是一个只有 15 个月大的男孩。有一天，他拿起妈妈的梳子一下一下地梳理着自己的头发。他的妈妈看到这个举动吓了一跳："我从来没有给我儿子梳过头。他的头发又细又直，即便不梳理也很整齐。当我看到他拿着我的梳子熟练地梳理头发的时候，我感到很吃惊，看起来他好像天生就会梳头。我也很纳闷，他是怎么学会的呢？"

当然，婴儿不是天生就会吃水果的，牛牛也不是生下来就会梳头的，他们很有可能是观察妈妈的一举一动而学会的。对于1岁的孩子来说，模仿是他们学习各种技能和语言的非常有效的方法，也是孩子逐渐产生自我意识的一个途径。

一个小孩看见大厅的芭蕾舞者雕像后，立刻跳起舞来，因为孩子曾经看过别人跳舞的样子，所以他知道雕像的姿势就是跳舞的动作。这就是孩子天生的模仿和学习能力。孩子正是这样得以进步和提高的，他们的智能也是这样得以开发的。所以，父母一定要学会敏锐地观察出孩子的需要，只有这样，才能给予孩子需要的帮助。

实际上，从孩子降生的第一天起，他就开始模仿父母。首先是模仿父母的面部表情和发音，然后是身体运动和话语的模仿。初学语言的孩子，一开始就是模仿和重复周围人对他说的话。研究发现，如果平时和孩子说话的人大多数都是语音标准的人，那么孩子的发音就会比较好；如果周围的成人说话都不太标准的话，那么孩子的发音则会带有方言的语音语调。孩子不仅会模仿成人的语言、神态，也喜欢模仿成人的行为。如果孩子被允许去做"大人"的事情，他会非常高兴，比如拿扫帚扫地。

到2岁以后，大部分孩子开始对成年人如何使用物品有很大的兴趣，比如孩子想学习爸爸妈妈是如何使用手机、餐具和电视遥控器等物品的。这些动作的模仿表明孩子的认知能力已经有了一个重大的跳跃，也就是说，孩子能够意识到他所模仿的动作是带有一定意义的。

3岁以后的孩子，已经知道自己是男孩还是女孩了。这时，他们开始模仿同性成人的行为和举止。比如女孩喜欢穿着妈妈的高跟鞋，或者自己亲自照料娃娃。在性别角色的模仿过程中，孩子会学习那些同性成人的行为方式，并且认同那个人或那种角色，这对孩子以后的行为发展起到重要的作用。

模仿不仅发生在日常生活中，在游戏中也会有模仿。孩子经常在玩耍中扮演某些成人的角色，比如老师、医生、司机、厨师等。这时的孩子不会看到什么就模仿什么，而是会选择熟悉的人和事，把自己感兴趣的行为通过游戏表现出来。这类游戏被称为"装扮性游戏"，对孩子各方面的发展都十分有意义。在装扮性游戏进行的过程中，孩子并非纯粹地进行模仿，而是会在实际游戏情境中进行创造，比如为游戏角色打扮，准备游戏道具，在游戏中安排模仿对象的行为和工作等。这时，孩子的创造行为也不知不觉地发生了。

孩子不仅模仿与他亲近的父母或爷爷奶奶，而且还模仿其他的小孩子。他会通过模仿改变自己的行为和动作而去迎合周围其他小朋友的行为。所以，这时候，孩子一对一的游戏方式就能够使他们有更多的模仿机会。也就是说，一个孩子喜欢和另一个站在他旁边的小朋友一起玩，而不是一群孩子相互之间一起玩。没过多久，你又会发现你的孩子甚至开始模仿陌生人、电视里的人物，或者他在动物园看到的动物。

孩子是靠模仿学习的。孩子通过模仿学习说话，学习语言，学习为人处世的态度，学习形成自己的价值观与个人的行为方式。有些习惯甚至都是通过模仿形成的。

要鼓励和帮助孩子模仿，因为这是他成长的中间站。孩子不仅仅是模仿了，他也会出于自己的愿望而这样或那样去做。他通过每天看见父母刷牙和穿上外衣而逐渐学习这些技能。一旦孩子意识到"我自己能做！让我再试一次"，那么他就逐渐变得独立起来了。确切地说，模仿成了孩子迈向独立的中间站。

另外，孩子的一些模仿会超出他的能力，因此，妈妈需要警惕孩子的安全问题。如果不存在危险因素，那么就等孩子要求帮助的时候再帮他一把。失败是孩子学习过程中不可缺少的一部分，妈妈要时常鼓励孩子自己再去尝试。那么，孩子才会在第一次失败之后再去效仿别人的成功做法，一次又一次地尝试，直到自己成功。

为孩子提供一个良好的"模仿环境"，并做他模仿的"榜样"

既然孩子的行为方式是通过模仿周围人形成的，为人妈妈的你就对孩子的学习有相当大的影响，你是孩子的第一个榜样。孩子的模仿能力与他的生长发育和认知能力有很大关系。而妈妈所要做的是为孩子提供一个良好的"模仿环境"，并且做他模仿的"好榜样"。

想让孩子成为怎样的人，妈妈首先就要做好榜样，孩子会学习父母的一举一动。当丈夫在家时，你却对打来电话的人说他不在，你就教会了孩子说谎；如果你吃饭时狼吞虎咽，那么你就教会了孩子吃饭时要快速；如果你整日看电视，那么你就教会了孩子整日去看电视；如果你大喊大叫着人们的名字，那你也教会了孩子对人没有礼貌；如果你对孩子动怒，孩子就会对别人动怒；如果你对抢占停车位的那个人说了些脏话，你就教会了孩子去说脏话。

其中如果妈妈给孩子树立了一种虐待他人的印象，那则是一件可怕的事情。你怎样虐待了孩子，孩子也会在日后怎样虐待你。为人妈妈的你动用武力，怒气冲冲地打了孩子一顿，天长日久，在孩子的心中则形成一种印象："妈妈就是以这种方式来对待他们的孩子的。"当孩子长大成人后，他也将以此种方式对待他自己的孩子。

相反，如果你能心平气和地讲话而不是怒气冲冲，则教会了孩子怎样在被激怒的情况下保持冷静；你对自己说的脏话道歉时，则教会了孩子怎样对所犯的错误负责；你对自己的怒气负责，便教会了孩子对自己的怒气负责；你彬彬有礼，则教会了孩子彬彬有礼；你能事事与大家分享，则教会了孩子事事与他人分享；你能与人为善，那么你的善良也传给了你的孩子；当你全力以赴做事时，你的孩子也会学着专心致力于所做的事情；你常常读书，则培养了你的孩子对待读书的正确态度；你吃健康食品、积极健身，那么你的孩子也会紧紧地跟从；如果你以一种负责任的方式行事，那么你的孩子也将会以一种负责任的方式行事。

因此，妈妈需要格外注意自己的一言一行。如果你希望孩子能够总是把"谢谢"和"请"挂在嘴边，那么你必须自己先这样做，自己经常说这些礼貌用语才行。另外，孩子对待周围人们的方式也是通过效仿父母而学到的，所以，必须让孩子亲眼看到妈妈的友善、慷慨和富有同情心，而且，一旦孩子有了这些好的行为，妈妈一定要给予鼓励。

孩子会从妈妈那儿学会许多自己的行为方式，所以妈妈必须成为孩子的一个好榜样。孩子也会从身边的环境中学习，所以妈妈应该为孩子创造那些培养他的优点，鼓励他自律、负责的环境。

孩子身处的环境包括他周围的人以及周围的环境。孩子周围的人包括父母和其他家庭成员，小伙伴、邻居、同班同学、老师；周围的环境包括餐厅、操场，还有电视、电影、书刊、音乐等宣传媒体。孩子的行为是融合在他身处的环境中的，如果环境鼓励他嬉闹，他就会玩；如果环境鼓励他踢球，他便会踢球；如果环境鼓励他成为一个团队中的一员，他就会加入团队。

环境具有强大的影响力，它给孩子耳濡目染、潜移默化的力量，就像青蛙在不同的环境中会改变不同的体色，孩子在不同的环境中会长成不同的个性。成功的早期教育一定要给孩子丰富多彩的生活环境和条件，这是孩子快乐进取的物质基础。每个妈妈都想让孩子在好的环境中健康成长，但该如何给孩子创造一个有利于成长的环境呢？

1. 人际环境

孩子是家庭中平等的一员，妈妈不要娇宠溺爱，也不要冷落他。一家人要做到互相关爱、分工劳动、遇事商量，共同享受生活的乐趣；一家人还要互相赞美对方良好的行为表现，运用礼貌和幽默的语言进行交流；一家人可以经常开故事会、朗诵会、运动会，表演各种节目，还可请亲戚、朋友、小伙伴来家里玩，尽情享受亲情和友情。

2. 智慧环境

妈妈要给孩子准备好小书桌、小书柜、玩具柜、科技百宝箱、大地图、地球仪、科学实验器具，再给孩子一个植物园、动物园就更完美了。孩子的生活环境要有色彩鲜艳的图案，美丽的风景画，优美的书法作品。当然别忘记给孩子设立一个锻炼身体的环境，如沙包等。一家人要经常读书、讨论，一起动手做玩具、开展小实验。对于2岁半以上的孩子，妈妈可以每天设立 20 分钟的"静悄悄"时段，个人在自己固定的位置专心做事情，不打扰对方，事后评定孩子的表现情况。

3. 意志环境

养成孩子良好的行为习惯，妈妈可以和孩子一起制定各种作息时间表，如早起、早锻炼的时间。制定作息时间表有利于孩子养成有动、有静的活动习惯。培养孩子按时吃饭、洗漱、排便、睡眠、劳动、看电视的习惯，逐步做到不催促、不提醒，培养孩子的责任感和坚持力。3 岁以上的孩子看什么电视，父母要事先与孩子商量好，以儿童节目为主，在规定的时间内不多看也不少看。3 岁以下的孩子每天以 10 分钟为宜，3 岁以上每天 20 ~ 30 分钟为宜。当孩子逐渐长大，还要教给他怎样用钱、怎样节约、怎样存放，鼓励他买书和智力玩具、援助他人等。

妈妈应该如何对待孩子的不良模仿

孩子天生就有模仿能力和模仿需求，但是他不会分辨什么应该模仿，什么不能模仿。而孩子（尤其是小男孩）特别喜欢模仿影视作品里的坏蛋！为什么？因为坏蛋的造型与表演较之正面人物更有特点，更容易模仿！于是每看完一部电影电视，就会有数不清的小男孩儿在游戏时模仿那个坏蛋，学着那个原本"面目可憎"的家伙——他的模样、他的装束、他的步态、他的腔调！大部分孩子的恶习就是通过不良模仿形成的。

报纸上曾报道过世界上年龄最小的银行抢劫犯——罗伯特，是个年仅 9 岁的孩子，他怎么会抢劫银行呢？因为他刚刚看过一部关于银行抢劫的侦探片，他觉得很有趣，这才照葫芦画瓢，模仿电影上的坏蛋，用玩具枪去"抢劫"银行的！

现在的荧屏与银幕大量充斥着"不干不净"的东西，关于凶杀、打斗、抢劫、色情的镜头在上面屡有出现，这很难避免污染天真的孩子们！尤其是有些宣扬打斗和暴力的影视节目，如果频频出现在孩子们的面前，那么，体力较强、性格较外向的孩子看了就会立刻仿而效之，横行霸道、欺凌弱小，于是渐渐形成了攻击型的性格。而体力单弱或性格内向的孩子则会因为无力模仿而感到自卑，渐渐感到低人一等，甚至害怕长大，害怕将来被人欺侮，于是郁郁寡欢，提心吊胆，原本健康的人格很快被扭曲。试想，如此日复一日、年复一年，怎能不结出恶果！

除了媒体大量的不良影响，现实生活中的诸多恶行对孩子也有着巨大的消极影响，例如，一个粗鲁暴躁的家长对待任何人都很无礼，班级里有个小霸王长期欺负同学，老师动不动就打骂学生，等等。这些看似与孩子没有直接关联的事，其实都在潜移默化中深深影响着孩子，他们对不良行为其实更加敏感和好奇，在自觉或不自觉的模仿中，孩子的恶习就这样形成了。

孩子不懂得分辨好坏，且不会对模仿的行为进行正误判断，因此，妈妈要帮助孩子尽量远离不良行为。首先，要给孩子的生活学习环境"消消毒"。妈妈是孩子模仿的第一人，她首先要有文明的举止行为和良好的生活习惯，另外，她还要扫除孩子旁边的不良影响物，例如，不让孩子与粗暴无礼、满口脏话的孩子在一起玩，当亲戚朋友在孩子面前露出粗鲁一面的时候，让孩子回避，或者给孩子解释清楚这种行为的不好和危害。然而，总是防不胜防，妈妈不可能完全免除孩子的不良模仿，那妈妈应该怎样对待孩子的不良模仿呢？

（1）应该用自己的言行为孩子树立一个可模仿的正确榜样。

（2）要引导孩子在模仿中学习正确的东西，摒弃错误的东西。孩子的辨别能力差，妈妈一定要让孩子有选择地模仿。

（3）妈妈经常和孩子一起讨论研究电影、电视、故事中的人物形象，正确引导孩子分析人物。分析时不停留于表面情节和人物的直观形象，要教育孩子学习英雄人物的勇敢顽强，憎恨敌人的卑鄙凶残，久而久之，孩子就会主动模仿这些英雄人物的形象，学习英雄人物的优良品德和崇高精神，促进孩子逐渐形成正确的道德观。

（4）对孩子已有的不良模仿行为，妈妈应积极地加以纠正。如有的孩子喜欢模仿电影中的坏人，妈妈应该告诉孩子，坏人干坏事，如果发现坏人，就应该把他抓住，交给警察。这样，孩子就会憎恶坏蛋，而模仿正面形象——警察。

模仿是孩子学习的一种途径，但也不宜让孩子只会模仿他人，而应更多地鼓励孩子发表和他人不同的意见，进行独立性的活动，这样才有助于孩子创造性思维的培养。

因此，妈妈对孩子好的模仿行为应当支持，并给予表扬和奖励，使之强化；对于孩子的不良模仿行为，妈妈应当制止，因为这种模仿只能导致孩子正确模仿作用的丧失，不良模仿和破坏性行为的出现，进而产生不良的心理。

和孩子一起模仿——在模仿中进行良好亲子沟通

当你喂小孩子吃饭时，把小勺递到孩子面前，孩子自然地张开了嘴，等着品尝美味。那么你呢，你的嘴是否也张着？你们俩谁先张开嘴？到底是谁在模仿谁？阿姆斯特丹大学的社会心理学教授艾普·迪叶特斯特解释说："在 4/5 的情况下是孩子看到伸过来的勺子后先张嘴，然后父母才模仿孩子的动作；余下 1/5 的情况是父母先演示，然后孩子再模仿。"

艾普教授告诉我们："如同水中的鱼群群居群嬉一样，人也时时参照周边的人们，互相观察、互相模仿。我们需要一种归属感和获得认可、接受的愿望，而模仿可以满足我们的这种愿望。"

这个简单喂饭的例子说明：模仿不是单向的，模仿其实可以理解为妈妈和孩子间的交流的一种方式。

很多妈妈都知道，就是在很小的婴儿面前做吐舌的动作，宝宝也会模仿。新手妈妈也可以和自己刚刚出世的宝宝来做一个特殊的游戏：妈妈在宝宝面前做出亲吻的嘴型，看看宝宝是否也会模仿出同样的姿势。有研究者在刚刚出生不过 42 分钟的婴儿身上就观察到了这种行为。

如果一个 6 个月的婴儿得到一面小摇鼓的话，他会立刻意识到，他不仅可以将他攥紧，也可以松手扔掉。因为这么大的孩子开始有意识地抓住东西，想怎么玩就怎么玩。因而宝宝突然意识到，他可以"有所作为"影响什么了。于是他开始非常热情地练习，将事物与目的结合起来。此时，模仿可以起很大作用。例如，当你把礼品纸揉成一团发出声音，孩子会好奇地学着尝试，是否他也可以用手和纸制造出同样的音响效果。

当人们模仿他人表情的同时，理解他人的情感也就更容易了。神经生理学者发现，大脑具有使人拥有模仿能力的神经细胞——镜像神经元。它不仅仅在做动作，如用手抓玩具摇鼓时活跃，而且在观察别人如何拿起摇鼓时也变得活跃。大脑会模仿该动作，同时还会设想他人大脑中的意图：他想拿起摇鼓晃动发出声响。镜像神经元能让人通过模仿，推己及人从而更加体谅他人。再简单一点说，通过对周围的人表情的模仿，孩子学会了善解人意。

不仅孩子对妈妈的模仿有很大作用，妈妈对孩子的模仿也会产生很大影响。

如果孩子因为肚子痛而整夜睡不安稳，第二天早上，妈妈的情绪通常会有些烦闷，这是人之常情。但假如宝宝这时冲着妈妈笑，所有的妈妈都会不由自主地喜笑颜开，疲劳被笑容驱赶得无影无踪。这是因为妈妈在模仿孩子的笑时，大脑通过面部肌肉的运动传输了愉悦的信息，立即分泌出营造快感的激素。

妈妈在和小宝宝说话时会不自觉地用"儿语"，她们改变了通常讲话的节奏，几乎是像唱歌一样和孩子说话。而且语速相对缓慢，句子之间停歇较长，经常重复所说的话。当妈妈模仿孩子的方式与孩子进行交流，仔细观察宝宝的反应，就会发现宝宝在"密切注视"并"回答"你，尽管他可能还不会说话。宝宝大一点后模仿的能力更强了，比如他还不会说话，可已经能学着妈妈拿起电话听筒煞有介事地"打电话"

了。孩子每一次模仿的尝试都会促进语言的发展，同时加强了妈妈与孩子间的联系。

　　有的妈妈全天候 24 小时为这个小小的"大人物"服务，忙得焦头烂额，担心自己支撑不了多久。宝宝却有能力让你坚持下去，就像他自己一样保持旺盛的精力：不停地挥舞手臂，趴着时不断向前爬。孩子的这种耐力、耐心和集中注意力恰好是妈妈应当效仿的。可以说，孩子引导妈妈，尽全力去生活，尽力过好每一天。

　　妈妈和孩子可以一开始就通过模仿互相交流。你可能会感到，当孩子模仿你时，你的面前似乎有一面镜子，你做什么，孩子也做什么。孩子模仿你，是因为妈妈是他的偶像，他对妈妈的爱是无条件的，他对妈妈的信任是毫无保留的。当你把宝宝抱在怀里，他同时也抱着你，贴在你身上向你表达他的爱，如同你对待他一样。

　　对于新生的婴儿来说，不存在昨天或明天，只有现在。当你给孩子穿衣、洗澡、哺乳时，对他重要的只是你正在做的事情。你可以在宝宝观察你的时候，望着他，用两三分钟来营造一个小小的永恒，一段美好的时间。而且你要将动作的节奏调节到宝宝的频率上来，"慢动作"有时候恰好是合适的速度。这些都有助于宝宝的时间感和记忆的形成。

　　对于孩子的模仿行为，如果妈妈每次都以微笑和赞扬的话对待他，那么他就会因为得到了你的鼓励而继续努力做得更好。另外，如果妈妈和孩子一起唱歌跳舞和做游戏，那么妈妈和孩子之间就可以相互模仿。事实上，妈妈模仿孩子是表扬和认可孩子的一种很好的方式，当妈妈模仿孩子的时候，孩子将感到自己得到了别人的尊重和认可。

中篇

育子秘诀——如何雕刻孩子这块璞玉

第一章
早期教育成就孩子的一生

小孩子的智力水平和学习能力，往往被大人忽视了。到了学龄年纪再教育，其实已经迟了。错过了孩子智力发展最迅速以及学习最敏感的时期，用上九牛二虎之力也很难将孩子的潜能开发到他原本可以达到的高度。

教育真正重要的时期是无限接近零岁的时候

曾有一个专家做了一个实验，他把刚刚生下来且同样体重的小白鼠分成两组，一组放于较大、光线充足的空间，提供丰富的声响、有滚筒、滑梯等玩具，让小白鼠自由追逐玩耍；另一组小白鼠，则关于没有光线的笼子里，没有玩具、没有同伴，虽然提供同样的食物营养，不过经过 19 天的测试，智力的表现大相径庭。

结果显示，前一组小白鼠机敏灵活，人抓不住它们；后一组小白鼠，则呆滞迟缓，即使人去抓它们，也不知逃跑。抽样解剖发现，前一组小白鼠由于常接受丰富的刺激，它们的大脑生出了许多突触发展出紧密的连接；而后一组小白鼠则因少受刺激，脑组织竟然呈现萎缩状态，脑重量及体积也相对变小。

这个实验的结果，主要是用来印证早期教育的重要性，他认为在婴幼儿成长的过程中，一旦错过了生长发育期的发展，脑组织结构就会趋于定型，潜能发展也将受到限制，即使拥有优越的天赋，也无法获得良好的发展。

早期教育受到世界各国教育专家的认同，而早期教育应从什么时候开始进行呢？现在越来越多的教育家、科学家们提出了零岁教育的理念。著名生理学家巴甫洛夫有句名言："婴儿降生第三天开始教育就迟了两天。"日本儿童教育家井深大认为，过去的教育都是从孩子懂话的时候开始，但是这种教育已经迟了，因为在孩子会讲话之前，他就已经获得了比利用语言传授的知识更多的东西。因此，教育孩子的最好时机，既不是上幼儿园的时候，也不是3岁，真正重要的时期是无限接近零岁的时候。

另外，孩子婴幼儿阶段发展的特殊性也决定了早期教育从零岁开始的必要性。这些特殊性表现为：

（1）大脑发育的可塑性。大脑的可塑性是大脑对环境的潜在适应能力，是人类终身具有的特性。年龄越小，可塑性也越大。3岁前，尤其是出生的第一年，是大脑发育最迅速的时期，新生儿受到的外部刺激，将成为大脑发育的导向。早期形成的行为习惯将编织在神经网络之中，而将来若要改变已经形成的习惯却要困难很多。

（2）从幼儿的生理上看，两岁末大脑已基本具备了它的主要生理特征。7岁时已达成人脑重的90％。脑神经细胞的70％～80％是在3岁前形成的。因此，进行早期教育已有牢固的生理基础。

（3）研究表明，在大脑发育过程中，有一系列的关键发展期或敏感阶段，也称为学习的关键期，虽然人类的学习关键期持续时间可从出生延续到青春前期，但人类最基本的情感、行为、技能的学习关键期开始于出生之后、3岁之前。

（4）婴幼儿时期是智力发展的最佳时期，如果把17岁时所具有的普通智力水平看作100％，那么4岁时所获得的智力将达到50％，头4年所获得的智力等于后13年的总和。因此，早期教育在发展幼儿智力上有着关键性的作用。

（5）婴儿一出生，他就要学会适应外界环境，呼吸、吃奶，以后还要逐步学习语言，认识事物，掌握各种动作，学会各种能力，等等，所以婴幼儿时期是一个人生活、心理发展最迅速的时期，一个人一生发展的基础往往是在婴幼儿时期奠定的。

孩子的这些特性，使新生儿教育成为可能和必要。细心的家长只要观察孩子的表现，就会发现0～3岁孩子的学习能力特别强，如能及时进行教育，让孩子的潜能得到最大限度的发挥，孩子会在起跑线上拥有有利条件，自然他的发展就会更好。

也许有些人会质疑对那么小的孩子进行教育，让孩子的大脑吸收过多内容会不会对孩子有伤害？会不会给孩子带来太大压力？

其实，完全不用担心这些问题，因为人的潜能非常之大，心理学家有个研究，说一个人在生命结束时，他的脑细胞只用了5％，科学家只用了10％，这说明大脑实际上是一个装不满的知识仓库，不用担心早教会给孩子的大脑带来超重负荷。另外，婴幼儿都具有本能的自我保护能力。婴幼儿用脑不是外部压力起主导作用，而是他本能的好奇、兴趣、精神生活的追求决定的。外部的信息一旦超过他的负荷，或者枯燥乏味，他会立刻关闭"注意"的门户，从而把自己彻底保护起来。

早教不仅不会伤害孩子的大脑和身体，而且对孩子的身体发育是有利的。有资料表明，美国研究人员曾对549名天才儿童做了37项、2200次的精密身体测量，结果显示这些儿童不仅在身高与体重上较优于常态儿童，而且在各种生理品质上也有此种趋势。例如，他们的肺活量、握力、臂部、腰部及肩部各种宽度都比常态儿童要好。

所以，科学的早期教育，不但不会伤害孩子的大脑，反而能促进大脑的发达和身体的健康。妈妈们可以放心大胆地对孩子进行早期教育，也许你也可以创造出一个天才！

儿童的潜能存在着递减法则

"哈佛女孩"刘亦婷的母亲刘卫华坚持早期教育，使女儿的记忆能力明显超过了常规孩子。以"认生"——婴儿第一次表现出记忆能力——为例，刘亦婷3个月大就开始认生，比平均水平提早6个月，6个半月就出现了"理解记忆"（即明白词汇与物体的关系），而50%的婴儿则是在10个月大时出现的。当她长到1岁1个月时，记忆力的发展又出现一个飞跃。在记忆方式上，她已不再仅仅依靠人类3岁以前所特有的"模式记忆"，而是提前萌发了3岁以后才有的

"分解记忆"能力。在女儿满 1 岁半时，妈妈就试着教她背唐诗。刚开始是两个字一段地教她，没过几天，女儿就可以流利地背诵"朝辞、白帝、彩云"……虽说她并不懂诗的含义，但唱歌一样的朗诵，却能使她感悟到诗歌韵律的美妙。自那以后，婷婷的学习热情一直很高，姥姥教她背了一首诗："雄鸡一唱天下白，千家万户把门开……"在从工厂的路南区到路北区的路上，她看见一只公鸡就背了一遍诗。

经过妈妈的不懈努力，对女儿的教育也结下了满意的果实。刘亦婷聪慧过人，成绩优异，轻松考入哈佛大学。

成功专家罗宾曾说："每个人身上都蕴藏着一份特殊的才能。那份才能犹如一位熟睡的巨人，等待着我们去唤醒他。"事实上确实如此，每一个孩子身上或多或少都有一些将来可以成就大器的潜质。不仅那些聪明伶俐的孩子是这样，即便是那些相对木讷，甚至看起来有些愚钝的孩子也有这样的潜质。一旦有人将他们的潜质打开，凭借这种热忱的力量，原先人们在他们身上看到的那种"愚钝"也会慢慢消失。

儿童虽然具备潜在能力，但这种潜在能力不是一成不变的，而是遵循一定的规则在变化。杰出的日本儿童教育家木村久一总结出儿童潜能的递减规律，比如说生来具备 100 度潜能力的儿童，如果从一生下来就给他进行理想的教育，那么就可能成为一个具备 100 度能力的成人。如果从 5 岁开始教育，即便是教育得非常出色，那也只能成为具备 80 度能力的成人。而如果从 10 岁开始教育的话，教育得再好，也只能达到具备 60 度能力的成人。这就是说，教育开始得越晚，儿童的能力实现就越少。

根据儿童潜能的递减法则，儿童智力发展的这个最佳期非常关键，它对人一生的智力发展起着决定性作用，妈妈们千万不要错过。妈妈教育孩子的第一要旨就是要杜绝这种递减。而且由于这种递减是因为未能给孩子发展其潜在能力的机会致使潜能枯死所造成的，因此，教育孩子最重要一点就在于要不失时机地给孩子以发展其能力的机会，也就是说要让孩子尽早发挥其能力。

我们都知道，有可能长到 30 米高的橡树，实际上很少有长到 30 米的，这是由于生长环境的影响。如果橡树阳光、水肥充足，再加上精心培育，就可能长到 18 ～ 21 米，甚至更高可达 24 ～ 27 米。但一般橡树只能长到 12 ～ 15 米，要是环境不理想，就只能长到 6 ～ 9 米。同样的道理，具有 100 度潜能的孩子，如果放任不管，就只能成为具有 20 度或 30 度能力的人。也就是说，他的潜能只发挥出了一小部分。但如果对他进行适当的教育，他的能力就可以达到 60 度、70 度，甚至是 80 度。也就是说，通过教育，就可把他的潜能大部分发挥出来。

那些"神童"也好，早慧儿也好，只不过是他们的妈妈从小对他们进行了科学的早期教育，使潜质转化为了强大的学习能力，自然在后续教育中就占有极大的优势，总是跑在同龄人的前面。

格莱斯顿也说过："最有意义的事情莫过于把一个孩子内心潜藏的热忱激发出来。"每个孩子都有自己的闪光点，作为妈妈，要做到认清自己的孩子，了解孩子的长处和短处，挖掘孩子的潜能，因材施教，扬长避短，每个孩子都能成才。

所以，妈妈要努力发现自己孩子的与众不同之处，相信孩子的潜能，及早对孩子的综合能力进行正确的评估，及早开发，将对孩子的健康成长大有裨益。

早期智力教育不等于知识教育

斯托夫人这样描述她对孩子的早期教育：我从训练五官开始对女儿教育，首先使她学会使用耳、目、口、鼻等，首先应该发掘耳朵的听力。因为对婴幼儿来说，最重要的是听到母亲轻柔悦耳的歌声，可我感到为难的是自己不会歌唱，因此就对孩子朗读诗歌，我朗诵的是《艾丽依斯》，这是威吉尔的诗，结果发现效果很好。在我轻轻地朗读时，小维尼雷特很快安静下来，听着听着就睡着了。这个方法我后来在别的孩子身上试验过多次，效果都很好。有时候摇篮曲并不能够让婴儿入睡，可是《艾丽依斯》屡试不爽。因此，在我看来这部出色的叙事诗同时也是一首了不起的摇篮曲。

斯托夫人热爱音乐，而且天才地把颜色和音乐联系在一起，开发小维尼的感官功能。她给七音分别标以不同颜色，在墙壁上用三棱镜制造出美丽的虹光，教她弹奏乐器。小维尼 10 来岁自己可以谱曲，自娱自乐，陶冶情操。为了使孩子辨认节奏，她还教小维尼和着诗歌的音节舞蹈。舞蹈可以塑型强身，同时也增强了小维尼对于文学和音乐的通感才能。

维尼雷特还有各种各样的小球和木片，这些玩具五颜六色，很适宜孩子玩耍，她的布娃娃都穿着色彩鲜艳的服装。斯托夫人就是借用这些玩具尽力发展她女儿的色彩感觉。

蜡笔也是不可缺少的工具。斯托夫人经常和女儿做一种"颜色竞赛"游戏。游戏一般是这样进行的：她先在一张大纸上用红色蜡笔画一条3厘米左右的线，然后让女儿用蜡笔平行画出一条同样的红色线，接着她用蜡笔在自己的红色线之后接上一条青色线，再让女儿模仿自己用青色蜡笔画出一条线，游戏就这样进行下去。要是女儿没有用和自己线条相同颜色的蜡笔，女儿就输了，游戏就终止。

斯托夫人对女儿进行训练，没有任何勉强的成分。因为她知道孩子的天性，她的目的是要使孩子的潜能得以发挥。她进行各种引导，就是为了不使女儿的某种潜在素质被埋没。与此同时，孩子在这样的教育之中，总会有事可干，不会因为闲得无事犯常见的毛病，比如咬手指头、哭叫。

以上感官的开发使小维尼在学习知识前已蓄势待发，在正式开始学习语言和其他知识时，便如鱼得水。

斯托夫人的女儿3岁就开始写诗歌和散文，4岁能用世界语创作剧本，到了5岁，她的诗歌和散文开始发表在各种报刊上，并且已能够熟练地运用8个国家的语言。不仅如此，她女儿在其他方面，比如数学、物理、体育、品质等方面也都明显比其他的孩子优秀。这一切成就，有斯托夫人早期教育的很大功劳。

斯托夫人对孩子进行的早期教育涉及很多方面，但是就是没有在知识教育上下功夫，因为她知道，早期智力教育并不是知识教育。早期教育应注重开发多元智能，本着兴趣、需要的原则对孩子实施启蒙教育，应创造适当条件使幼儿的各项能力得到最大限度的发挥，为培养孩子体格健康、智力发达、品质和个性良好打基础。

卡尔·威特认为，从出生到 3 岁之前，孩子的大脑对事物的记忆不是对其特征进行了分析之后才记住的，而是在反复地观察中，将整个事物印象原封不动地做了一个"模式"印进了大脑之中。最初，他的大脑还处在一个白纸状态，无法像成人那样进行分析和判断，因此，可以说他具有一种不需要理解或领会的吸收能力。如果不把你认为正确的模式，经常地、生动地反复灌入幼儿尚未具备自主分辨好坏能力的大脑的话，他也会毫无区别地大量吸收坏的东西，从而形成人的素质。所以，早期教育最主要的不是给孩子灌输知识，应该根据婴幼儿的心理发展规律和年龄性，把重点放在发展小儿的智力和个性品质培养上。因此，婴幼儿时期的早教内容应是以下几方面：

1. 促进孩子语言和思维的发展

科学研究证实，婴幼儿 1 岁半左右是学习语言的最佳时期。此时，幼儿学说话最容易而且学得快，故应及早与孩子说话，不断与幼儿进行语言交流，可以诱导、启发和促进孩子的语言发展。

2. 锻炼孩子的感知觉

婴幼儿感知觉器官的功能，需有相当的刺激输入和锻炼，才能得以发展。妈妈可以向斯托夫人学习对孩子的感官功能的培养方法，利用声音、语言玩具、实物等刺激其听觉、视觉、触觉、嗅觉等，促使他们在听、看、摸、闻的过程中，获得各种印象，让孩子对客观世界有正确的初步认识，这对婴幼儿智力发展有着重要意义。

3. 呵护孩子的好奇心

婴幼儿时期的孩子，对周围的一切都感到新奇，妈妈应珍惜孩子的这种求知欲望，一定要耐心而热情地倾听，认真简要而正确地回答幼儿提出的每一个问题，从而满足他们的要求。

4. 对孩子进行正确的价值观传输

小孩子不会分辨大人对他说的话是好是坏，他只会照单全收、不加筛选地进行记忆，所以，妈妈一定要注意对孩子的思想教育，要经常将真善美的品德告诉他，虽然他不懂其中的意思，但在记忆中会慢慢形成这样的价值观，这对孩子的一生有着良好的意义。

音乐是启迪儿童智慧的"心灵体操"

大家都知道，爱因斯坦是一位伟大的科学家，而不知道他还是一位出色的小提琴家。但是，爱因斯坦之所以能对人类科学做出巨大贡献，与他学习小提琴有着密切的关系。因为音乐无处不在的张力能使人的想象力和理解力发挥到极致。

母亲的音乐熏陶开启了爱因斯坦的智慧之门，爱因斯坦的母亲是一位很有修养的女性，她爱好音乐，在钢琴和小提琴上都有很高的造诣。她是爱因斯坦的小提琴老师，也是他的音乐启蒙老师。6岁时，爱因斯坦学拉小提琴，他的妹妹玛雅学钢琴。稍后，爱因斯坦也学习弹钢琴。随着时光的流逝，爱因斯坦对音乐渐渐入迷。7年之后，当他懂得了和声学和曲式学的数学结构，当他体会到演奏莫扎特作品的技巧和奥妙时，琴弦和心弦一起共鸣了，他一生中的科学和艺术生涯也开始了。

母亲的音乐教育不但开启了爱因斯坦的音乐之门，给了孩子一个多彩的童年，也为他开启了一个智慧之门。爱因斯坦是伟大的，他的母亲也是伟大的，她母亲的伟大就在于用适当的方式对爱因斯坦进行早期智力的开发，并为爱因斯坦的成功奠定了根基。

一位哲学家曾经说过："音乐往往能够造就出天才。"当然，他所说的天才已经超出了音乐的范畴。但值得肯定的是，音乐可以改变一个孩子的气质，因为孩子在接受音乐教育中不仅为他成为音乐家提供了可能，也为其他方面的发展创造了极佳的条件。

孩子与音乐似乎天生就有不解之缘，而音乐又是启迪儿童智慧的"心灵体操"。聪明的妈妈可以充分挖掘和启发孩子与音乐的"缘分"，使他在音乐艺术美的熏陶中，获得一生受用不尽的财富。

音乐是表情达意的艺术，孩子恰恰具有喜形于色、感情外露的特点，他们很难用言语表达他们内心的情感和体验，而音乐中强烈的情绪对比、鲜明的感情描写正抒发了孩子的内心感受，所以孩子发自内心地喜欢音乐，以至于常常情不自禁地随着音乐手舞足蹈。

天真活泼的孩子对音乐天然的热爱和向往让我们确立了这样的信念：每个孩子都需要音乐，每个孩子都有接受音乐文化的愿望和要求。音乐的启蒙就是满足并激发孩子对音乐的兴趣，发现和培养孩子的音乐才能。孩子需要音乐，那么音乐对于孩子生活和成长又有什么意义呢？

一直以来科学家们不断研究音乐，认为它是一种心智"体操"，像玩乐器、练唱、听音乐等可增强身体协调力，对时间的敏感、专注的能力、记忆的技巧、视觉听觉的发展以及对压力的控制都有帮助。音乐与右脑有关，而右脑掌管情绪与感觉，所以玩乐器、唱歌、听音乐有助于宣泄情绪。当我们听到好听的音乐，情不自禁就会手舞足蹈，这是因为音乐刺激了我们的脑神经，使我们活跃起来。日本著名的音乐家和教育家铃木镇一，在自己的著作《早期教育与能力培养》中特别强调了兴趣对于孩子的重要性。他提倡用音乐开启孩子"天才教育"的大门，曾轰动了全世界，而且他用实践证明了才能不是天生的，任何一个孩子，只要教育得当就能成功。

音乐对心智发展的积极效果，从很多实践中都可以看出来。实验证明音乐会刺激新生儿的活动。美国耶鲁大学小儿科的一项研究指出，接受有规律的音乐刺激的新生儿，他们的智商比未接受刺激的高出27 ~ 30 点。

在生活中，只要运用恰当的方法，在恰当的时间引起孩子的注意，一定会让孩子为了快乐而欣赏音乐。培养孩子去欣赏音乐，能懂得欣赏音乐的人是幸福的。但是妈妈该如何让孩子跟音乐进一步接触呢？

(1) 要为孩子创造一个音乐环境：随着人们生活水平的提高，现代化的视听设备逐渐进入了家庭生活，这为培养孩子的音乐素质，提供了物质条件。妈妈可以充分利用音响、卡拉 OK 机和电视机，对孩子进行音乐教育，此外，妈妈还可以带孩子参加一些音乐会、文艺晚会，或者利用茶余饭后的空闲时间，让孩子表演一些音乐节目，也可以亲自为孩子演唱、演奏一些音乐节目。孩子稍大一点，妈妈还可买一些乐器，让孩子学习演奏。

(2) 培养孩子在音乐伴奏下做动作、跳舞：在音乐伴奏下做动作或跳舞，可以发展孩子的节奏感，陶冶性情。妈妈可以教孩子按音乐节拍、速度和情绪做动作，通过运动神经去感知和表现音乐艺术美。

(3) 教孩子唱歌：妈妈教孩子唱歌，应当从教歌谣开始。让孩子从掌握语言的韵律节奏，逐步过渡到掌握音乐的韵律节奏。

总而言之，就像诗人歌德曾说过的那样："为了不失去神给予我们对美的感觉，必须天天听点音乐……"因此，让孩子接触音乐是很重要的。虽然不能让每个孩子都成为音乐家，但至少可以培养孩子的气质，也丰富了他们的艺术生活。

天才是天生的，更是要培养的

爱因斯坦小时候，智力发育的水平看上去不如普通同学，诺贝尔奖的获得者也未必都像居里夫人那样聪颖早慧。孩子的天分是妈妈无法决定的，但是人脑的复杂性和多用性远远超过任何一台电脑，关键在于妈妈如何来挖掘。

经过研究，我们发现，天才的秘密就是智力潜能比一般人开发得多一些、早一些而已。所有天才的诞生都源于为他们的幼年生活安排了丰富多彩的环境，并获得了较好的心灵阳光。莫扎特出生在一个音乐世家，很小的时候就听他父亲演奏音乐，在他的周围有许多乐器。他5岁时就拉小提琴并为小提琴作曲，8岁时谱写了他第一部交响音乐。那么，怎样使用环境法开发孩子的潜能呢？如何为孩子的心灵生活布置充足的阳光，培植健康的情感世界，让孩子始终有个好心情呢？

也许我们都有这样的经验，在镜子前对自己笑一笑，心情马上就会变得愉快轻松。对于大脑的潜能开发也一样，如果能不断输入积极的意识，让意识通过下意识对大脑提出要求，潜意识就会调动体内的潜能发挥作用。比如有一道题苦思冥想都没有做出来，在睡前将有关的条件、信息输入大脑，第二天早上起来，说不准答案就出来了。

1960年，哈佛大学的罗森塔尔博士曾在加州一所学校中做过一个著名的实验。新学年开始了，他让校长把3位老师叫进办公室，对他们说："根据过去3年来的教学表现，你们是本校最好的老师。为了奖励你们，今年我们特别挑选了3班全校最聪明的学生给你们教。这批学生的智商比同龄人都要高，希望你们能有更好的成绩。"

老师们表现出掩饰不住的喜悦，临出门时，校长又叮嘱他们："要像平常一样教他们，不要让孩子或者妈妈知道他们是被特意挑选出来的。"

一年之后，这3班的学生成绩是整个学区中最优秀的，比平均分数高出两三成。这时候，校长才告诉老师们真相，这些学生并不是刻意选出来的，而只是随机抽选出来的普通学生。3位老师万万没有想到事情会是这样的，只有归功于自己教得好而已。而校长又告诉他们，其实他们也是随机抽选出来的。

这就是因为暗示发挥了重要作用，这3位老师觉得自己很优秀，充满了自信与自豪，工作中自然就格外卖力，学生知道自己是个好学生，肯定会努力学好，结果就真的全部优秀起来了。

所以，妈妈在开发孩子智能的时候，要给予孩子积极的暗示，不断给他输入积极的意识，才能激发出孩子的正能量。尤其是越小的孩子，他越需要妈妈的鼓励，需要妈妈的信心来转变为自己的自信。

爱因斯坦既是一个思想家，也是一个科学家，同时还是一个脑袋里充满符号和公式的数学家，是个左脑发达、逻辑思维极强的人。但是，爱因斯坦的思想，首先来自图像和形象，以后把它们翻译成词句和数学符号。他创立相对论不是通过他的理性思维，他没有坐下来用纸用笔一步步算出这个理论，最后得到符合逻辑的结论。理论的诞生是在一个夏天的下午，当爱因斯坦躺在长满青草的山坡上，透过微闭的眼睑，凝视着太阳，玩味着通过睫毛而来的光线，当时他开始想知道沿着光束行进会是什么样子，他就像进入了梦境一样，躺在那里，让他的思想随意遨游，幻想着他自己正沿着光束行进。突然他意识到这正是刚才所探求的问题的答案，这个意识正是相对论的精髓。

孩子的想象力总是无穷无尽的，这是多么宝贵的资源，妈妈千万不要遏制孩子的想象，而是要支持甚至引导孩子积极遐想，也许，就能培养出下一个"爱因斯坦"！

我们经常从照片上看见以万里晴空为背景的冰山景观，相信每一个人都会发出由衷的赞叹：啊，多美啊！而我们所看到的，也只不过是浮出水面的一部分而已。到底是什么造就了冰山之美呢？是那部分隐藏在底下的冰山。堆积在底下的冰山，渐渐地就会将一部分瑰丽地呈现在水面上，在这里"呈现"是不可预料也不好控制的，而"堆积"是完全可以通过计划实现的，而事实上，实现了"堆积"，"呈现"就是不速而至的。"堆积"要计划，包括有目的、有计划、有准备、有措施、有安排、有步骤、有反复、有效率、有节制、有效果。

所以，激发孩子的潜能，妈妈还需要计划，应该给孩子的心智发展提供良好的渠道和方法，使其充分发挥自己的潜力。

总之，天才之所以是天才，不仅仅是因为他有天生的智能，更是因为他后天得到了更早更好的开发。卡尔·威特认为，孩子的天赋当然是千差万别的，有的孩子多一点，有的孩子少一点。没有一个孩子生下来就注定会成为天才，也没有一个孩子注定一生庸碌无为。一切都取决于后天的环境，取决于后天的培养和教育，父母则是其中最为直接和关键的因素。所以，只要妈妈早期教育培养方法得当，每一个孩子都可能成为天才。

第二章
男孩要"穷"养，女孩要"富"养

从来富贵多淑女，自古纨绔少伟男。"穷养儿子富养女"不仅仅是家教古训，更是一种有科学依据的教育方法。科学研究发现：染色体、大脑结构、荷尔蒙，这3大生理因素决定了男孩女孩天生不同。妈妈们也应该尊重性别差异，因材施教，才能培养出优秀的孩子。

男女天生就有差异，要采取恰当的教育方式

人常说，生男生女都一样。可真一样吗？从生理上来说，由于男女生理结构及头脑发育等方面的差异，男女孩会体现出很多不同。

现代研究证明，男孩与女孩大脑发育的差别，早在胎儿时期就开始显现出来。他们的差别在相当程度上是由生理基础决定的。在大脑的构造上，男女就有不同，女性联结左右大脑半球的神经纤维束比男性的要多，这是造成男女行为有别的基本原因。同时，男女在出生时的体型就有差异，男婴平均比女婴重10%，这就造成男孩生来就比女孩更健壮的印象。另外，男孩的男性荷尔蒙要比女孩的女性荷尔蒙高，因此，我们发现男孩的精力更旺盛，而女孩则大多显得更安静。

随着男孩女孩不断成长，这种天性的差别将会对他们的学习生活有越来越多的影响。

女孩大脑的语言区域比男孩更加发达。这可以解释为什么女孩通常比男孩说话要早，而且表达能力也更胜一筹。在学龄前阶段，女孩会比男孩更熟练地说句子，直到上小学时，女生的阅读和写作成绩也要比班上的男生好很多。

但是，男孩的空间思维能力比女孩要出色得多，因此，相对于小女孩来说，男孩的数学成绩要好很多。大脑中有一片负责空间感知能力的区域，这片区域的发育程度决定了立体思维和空间思维的水平。男孩这片区域的发育普遍优于女孩，所以男孩的立体思维也要比女孩更加优秀。在学校里，一般来讲，男孩的数学成绩比女孩要好，男孩尤其擅长几何。

由于男孩的空间感比较好，他们会比女孩提早3～4个月开始奔跑和跳跃，所以比较擅长运动。但是在精细动作的发育上，男孩要比女孩慢很多，所以女孩显现出心灵手巧，画画、写字这些都是她们的强项。

男孩女孩不仅在学习生活中有很多差别，在情感上二者各自的特征也很鲜明。在女孩大脑中负责处理复杂感情（比如忧郁或幻想）的区域更发达，相对而言，男孩的大脑中负责处理简单感情（比如愤怒）的区域更发达。所以我们时常看到同样的一件事情会让女孩感到万分沮丧，但在男孩看来则表现得无动于衷。正因为如此，女孩通常会表现得更加善解人意，甚至在很小的时候就会把问题考虑得很周到。相反，男孩更容易在斗争中被激怒，表现得更加直接和对抗，他们经常会放弃口头表达而选择肢体动作来解决问题。

女孩比男孩更加适应长期压力，所以当女孩遭遇父母离异等痛苦时，表现出来的适应性也更强。对于男孩来讲，他更能适应短期的阶段性压力，比如面对期末考试，男孩就会比女孩表现得更好。同时，男孩女孩在面对失败时的态度也有很大差别，如果一次考试失败了，女孩会觉得是自己的能力不行，男孩还是会满怀信心，认为自己只是没有准备好而已。

正因为男孩女孩存在着天生的差异，所以妈妈在教育男孩和女孩的过程中有必要根据他们的性别行为差异选择教育方式。从宝宝出生以后，就要进行区别教育了。

1岁前，男孩要管，女孩要宠。这段时间里，孩子还没有什么意识，需要父母提前对他们的性别性格有所界定。比如可以经常对男孩说"不哭"，而对女孩子要像对待"小公主"般宠着。

1～2岁，男孩能说20个单字就行。男孩语言能力发育较晚，通常，女孩在1岁左右时，就能说出很多单字和双字；而男孩可能只会说些单字。一位教育学家认为，这是因为男孩的语言中枢神经长得本就慢些，所以在1～2岁时，他能说20个单字就行。

2～3岁，男孩需多防传染病，女孩需多防免疫疾病。宝宝们有了一定的"性别意识"，男孩子更加冲动，女孩子更加细腻。此时不要过于约束其行为，顺其自然。此外，2岁半到3岁的孩子易生病，男孩易得传染病，因此，要少去人多的地方；女孩患免疫性疾病的可能性比较大，家长应多注意这方面的信号。

3～4岁，男孩多做智力游戏，女孩多做体育运动。此时"性别特征"更加明显，男孩一般会特别淘，女孩子则变得胆小内向。这时家长就不能再听之任之了。男孩子应多接触有挫折感的智力游戏；女孩子则应通过体育活动增加安全感。

4～5岁，加强女孩自我保护意识。这一时期，家长应对女孩加强"性生理"教育，提醒她们"不能让别人看到自己的身体"。平时教育她们注意卫生：上厕所前洗手，不要叉着腿坐，别穿太紧的衣服，以免给私处留下健康隐患。

每一个阶段，男孩女孩都有新的差别显现出来，所以妈妈们要跟上孩子的成长步伐，针对性地进行区别教育，确保孩子能够更健康全面地成长，也使得妈妈能够更加了解孩子的特性，形成更好的亲子沟通。

孩子从小就需要分清楚男女

盛夏午后的一场大雨，将闷热的气息一扫而光。骤雨后的空气，显得格外清新。凉爽的天气，让人顿感轻松惬意。

妈妈匆匆地从菜市场买菜回来后，就进入厨房开始准备晚饭。一向淘气的小伟今天却格外地安静，妈妈从厨房出来拿晾在阳台上的围裙，路过自己的屋子时，却不经意地发现，9岁的小伟正在屋子里用化妆品为自己"梳妆打扮"，只见小伟那白皙的脸上涂着眼影、腮红……红的、绿的、紫的，涂得满脸都是，宛若彩绘的大地。

说起小伟，妈妈可是伤透了脑筋，毕竟小伟已经上小学3年级了，却老是喜欢打扮成女孩子的样子。原来，小伟从小就长得白白净净的，特像小姑娘，再加上爸爸特别喜欢女孩，所以家人偶尔会把小伟打扮成女孩，给他穿一些漂亮的小裙子，结果，外人一见到小伟，都以为是个小女孩，都夸小伟漂亮，家人听了心里也美滋滋的。于是，经常给小伟穿一些女孩的衣服。后来，家人慢慢地发现，小伟竟然喜欢上了做"女孩"的感觉，上幼儿园时还经常跟家人嚷嚷着说要穿裙子。原本家人以为，等小伟上小学之后就不会这样了，谁知道小伟却喜欢上了这种女孩子的打扮。

小伟的这种偏爱女性打扮的现象，我们可以称为"性别倒错"。所谓"性别倒错"，心理学家把它定义成：男孩子表现出过分温柔，缺乏男子汉气概的行为，以及女孩子出现过多的男性装扮和行为。

根据研究，我们可以大致归纳出产生性别倒错的几种原因：

（1）遗传内分泌的影响：男孩子女性荷尔蒙太多，或者女孩子男性荷尔蒙太多，都会产生异性化的行为。

（2）父母的角色期望：有些父母特别喜欢某些性别，如有的父母特别喜欢女孩，却生了一个男孩，于是，把男孩当成女孩子来养，把男孩打扮成女孩的样子，久而久之，也会产生性别倒错。

（3）教养方式不当：如果男孩子被父母过分鼓励温柔、胆小的一面，就会使男孩成为娘娘腔；反之，如果父母对女孩过分强调阳刚的一面，也会造成性别倒错的现象。

（4）缺乏同性认同对象：有的家庭由于父亲早逝或者父母离异，家中缺乏男性角色，致使男孩完全以母亲为认同对象，从而导致了他们性别偏差。

此外，父女或者母子关系异常亲密，使孩子失去了与同性相处、接触的机会，也有可能导致孩子的性别认同出现偏差。

其实，无论是男孩或是女孩，在幼儿期不会对自己的性别表现出多大的关注。因而，导致孩子表现出异常性别取向的原因多半来自周围的环境，父母和家庭的影响最为直接，其次就是影视、报刊等传播媒介对孩子的影响。

人类学家认为：人的生理性别是天生的，而心理性别则是在于后天的教育，这尤其取决于儿童期接受的成人的影响和教育。所以，妈妈应该从孩子出生以后就开始进行性别角色的教育，让不同性别的孩子展现出与性别相应的特点，即符合"原型要求"，男孩子就要体现出阳刚之气，女孩子就应该表现出阴柔之美。

在日常生活中，妈妈可以很自然地对孩子的性格给予指导，比如给女孩穿粉色的衣服，给男孩穿蓝色的衣服；把男孩称为"大胖小子"，把女孩称为"小毛丫头"；当男孩摔倒的时候，妈妈鼓励他自己爬起来，当女孩摔倒之后，则被妈妈抱起来。通过这些提示让孩子明白自己是男孩还是女孩。

性别教育，能够让孩子明确自己的性别角色，以及在这样的一个角色下他要成为一个什么样的人，应该承担什么样的社会责任，怎样尊重异性以及和别人交往合作。相反，如果孩子在幼年的时候没有受过好的性别教育，而是遭遇性别的认同障碍，对性别的认同出现模糊，长大之后他的性取向就很可能受到影响。

所以，孩子需要有正确的性别认同。为了让孩子有正确的性别认同，妈妈要对子女付出较多的时间来陪伴他们，同时，爸爸要给男孩、妈妈要给女孩提供模仿的机会。

当然，一些性别认同出现偏差的孩子和同性的大人在一起时，可能会有排斥的现象，但是无论如何，都得坚持下去，同时要表达自己的关心和爱心。

一旦孩子表现出符合其性别的行为时，妈妈应该马上给予口头上的赞美，以鼓励他再度表现出类似的行为。此外，对于孩子的一些不符合性别的行为，妈妈应该及时地进行提醒，告诉他那样的行为是不对的。即经常给孩子一些回馈，让他能更好地了解男女之间的行为差异。

尽早对孩子进行性别教育，及时纠正孩子的"性别倒错"倾向，对孩子形成正确的性别认识和性取向有着至关重要的影响。所以，妈妈们责无旁贷，别以为孩子小就不用分男女，到时候孩子真分不清男女的时候就后悔莫及了。

差别教育不是性别歧视，"一视同仁"的教育未必合理

现代社会，科技飞速发展，竞争日趋激烈，男性已经很难承担一个家庭所需要的全部经济责任。同时，也顺应"男女平等"的时代潮流，很自然地，女性被从家庭中"解放"出来，有了和男性一样出去工作的权利，她们既可以在事业中实现自己的价值，也可以用自己的成果来分担家庭的经济重任。于是，有人打出"男女平等"的旗帜，认为男人和女人完全是平等的，在社会中，女人和男人一样可以承担责任和义务，

也就不需要再区别教育了，女孩子必须有自己的独立性，和男孩子一样，才会在社会上有竞争力，成就一份事业。

尽管男女平等的口号喊得震天响，但是对不同性别采取完全"一样"的教育是根本行不通的。因为，后天的练习能帮助大脑建立起更多的联系——如果对一个男孩用女孩的方式养育，他长大后就会有许多女性的行为。同样，如果把女孩当男孩培养，她们的行为怎么看也都像个男孩。

男孩和女孩的差别是天然的，教育，需要更好地尊重性别差异。但是，对于差别教育的观点，也有人认为带有"性别歧视"的倾向。他们打着"男女平等"的旗帜，认为女性和男性应该在社会中承担同样的责任和义务，没有必要进行教育的区别对待。这种观点实际上放大并误解了男女差异的问题。事实上，差异并不能造成优劣。著名教育家卢梭说过："既不能说一种性别完全不同于另一种性别，又不能说两种性别完全一样，也不能说某种品质隶属于某种性别，男性和女性具有这些品质的程度应有所不同，因此，培养男孩和女孩的目标、方法应有所不同。"

如果漠视这种差异，一味进行相同的教育，并不能让孩子生活得更好，自欺欺人的绝对平等只能引起混乱，造成更大的问题。

小伟是个男孩，是家中的独生子，同时又是家中的长孙，从小就被妈妈娇惯着。他小时候经常和女生一起玩耍，只要被女孩子欺负了，一不高兴就说"我告诉妈妈去"。后来，所有的小女孩都讨厌他，为什么呢？因为他处理事情的时候，动不动就找家长，而且老是计较鸡毛蒜皮的小事。长大后的小伟确实带有很多小女孩性质的缺点：娇气、小气，还有小脾气。

可以看出，小伟的妈妈在教育孩子的时候，最大的失误就是没有注意培养小伟的男孩特质。教育男孩和教育女孩应该是有所区别的，而不能一概而论。小伟妈妈在教管他的时候，根本没有注意到男孩的性格需求，以致后来对小伟的性格形成了不好的影响。

有很多妈妈模糊了男女差别对孩子进行相同的教育，但也有很多妈妈觉得自己对待男孩女孩的教育都是一样的原则，实际上却不是的。当男孩遇到不开心的事情时，妈妈习惯和孩子进行交流，而女孩遇到不开心的事情时，妈妈给予更多的是安慰。在家庭中，女孩总是会比男孩得到更多的温暖、关怀和鼓励，女孩受到表扬的时候比较多，而男孩受到惩罚的时候相对更多。可见，在对待男孩与女孩的教育问题上，还是需要遵从他们的性别特点，找到最适合的教育方式。

其实，无论是教育男孩还是教育女孩，妈妈都希望他们会成长为一个正直、善良、勤劳的人。与此同时，妈妈还希望女孩会更加温柔富有同情心，希望男孩能更加坚定果断。如果在孩子小的时候不为这些品质打好基础，当他们成人之后很可能就负担不了家庭和社会的角色。比如在男孩小的时候如果没有经受过锻炼，成家之后就干不了最起码的家务活，把家庭的责任推卸开。同理，女孩如果过于独立自主，缺乏和耐心和宽容，将来更不可能照料好家庭。妈妈在教育孩子的时候，应该是为他们的一生着想，为他们做长远的规划，根据男孩女孩的差异和社会角色来进行教育，为他们赢得一生的幸福做好准备。

再富也要"穷"儿子，富裕的生活容易毁了儿子

有一个商人有两个儿子。父亲宠爱大儿子，想把自己的全部财产都留给他。但是母亲很可怜小儿子，她请求丈夫先不要宣布分财产的事。商人听从了妻子的劝告，暂时没有宣布分财产的决定。

有一天，母亲坐在窗前哭泣，一位过路人看见了，就走上前来，问她为什么哭得这么伤心。她说："我怎么能不伤心呢？我很疼爱两个儿子，可是我的丈夫却想把全部财产留给大儿子，小儿子什么也得不到。我请求丈夫先不要向儿子们宣布他的决定，但是我到现在也没有想出更好的办法。"过路人说："这个问题很容易解决。你只管让丈夫向两个儿子宣布，大儿子将得到全部财产，小儿子什么也得不到。以后他们将各得其所。"

小儿子一听说自己什么也得不到，就离开家到别的城市谋生去了。他在那里学会了许多手艺，增长了知识。大儿子一直依赖父亲生活，父亲去世后，大儿子什么都不会干，最后把自己所有的财产都花光了。小儿子在外面学会了挣钱的本事，变成了富翁。

这个故事告诉我们，孩子只有摆脱对父母的依赖，成为拥有智慧又能维持生计的人，他以后的人生才会走对路。

很多妈妈热衷于为儿子创造最好的物质条件，而不是教给他们自力

更生的能力。有智慧的妈妈从来都不会给儿子留下财富，担心他们会坐吃山空，会丧失谋生的能力，这样的做法，是为儿子的一世着想。聪明的妈妈们会把谋生的本领传授给儿子，"一技在身，胜过家财万贯"。

其实，妈妈给儿子最好的礼物，不应该是限量版的耐克或芭比娃娃，比有形的财富更重要的，是在保护中让他前进、尝试的环境。这对于现在生活富裕的孩子来说尤为重要。

现在的社会，工业化、数字化、信息化的进程过快，导致现在的青少年，心智成熟较缓慢。也可以说是由于经济基础决定了孩子的心智成熟缓慢。美国的专家做过这方面的研究：20 年前美国的青少年心智成熟是在 15 岁，而现在美国的青少年要到 25 岁至 30 岁心智才成熟。为什么会出现这样的倒退呢？很重要的一个原因就是工业化的进程太快，孩子的物质条件太优越，动手机会和实践能力都大大减少了。所以越是富裕的地区，孩子的心智成熟越慢。而穷人家的孩子则不是，他们的生活压力大，要做很多家务劳动和其他事务。所以，"穷人的孩子早当家"，正是这些从贫困中奋斗出来的孩子，最终才会成大器。

在顺境中的人容易受到迷惑，他们往往会贪图享受，不思进取，不知道苦难为何物，所以没有志向。没有进取心的人，又怎么会有成就呢？而身处逆境中的人则不同，他们饱受磨难，一次次与命运和苦难做斗争。人如果没有动力就不知道奋进，这正是处于顺境中的人所不具备的。当然，穷的含义并不只是家庭经济这一个方面。贫困的意义很广，陷入了困境，都算得上是一种贫困。

也许是中国的妈妈曾经受过很多苦，当她们日子好起来时，便把所有的宠爱都给了儿子，借以补偿自己童年的缺失。像这样在"溺爱"的环境中长大，没有任何自理和自立能力的儿子，在成年之后，会遇到很多本该在青少年时期遇到的问题，但适应能力又不如青少年时期好。

许多男孩一直过着饭来张口、衣来伸手的生活，只要有需要，就可以毫不费力地从妈妈那里得到钱。但对于这些钱是怎么来的，他们从来没想过。而且儿子往往会认为，妈妈的金钱就像蘑菇，取走以后自然就会长出新的，这样的误解让儿子不懂得感恩，也不知道节俭生活。失去感恩和节俭意识的人，也就失去了很多快乐。

妈妈不妨带儿子到自己的工作场所去参观一下。通过这些，让他知道钱是从哪里来的，了解钱的来之不易，了解钱在生活中扮演的重要角色，男孩会反思自己的消费行为和消费习惯，他们会主动想着去挣钱，而不是随时伸手向妈妈要钱。

而现实中有些妈妈尽管自身有许多生活艰辛和身体病痛，但她们总是竭力在男孩面前掩饰，错以为这是爱男孩，却不知这是在害他。生活中有苦也有乐，妈妈不要刻意去掩饰生活的另一面，而应让男孩从小学会分担你的痛苦艰辛，理解生活的不易，长大后他才会珍惜眼前的生活，才会以真诚之心关爱别人。

生活并不是一帆风顺的，是有艰辛的。作为妈妈，当遇到不如意的事情时，应该把实际情况实实在在地讲给儿子听，让儿子明白生活的艰辛。让儿子直接面对，和家长共同承担起家庭生活的艰辛。要通过活生生的事实告诉儿子，生活就是这样，它既会造就幸福，也会带来痛苦。我们生活在这个世界上，唯有直面人生，通过自己最大的努力，才能掌握命运，创造美好的未来。妈妈要教育儿子从小懂得这些，这才是对儿子最大的关心和爱护。

"富"的真实内涵：培养女孩灵魂上的富足感

"富养"，并不等于简单的物质上的满足，让女儿"吃香的、喝辣的、穿金的、戴银的"，不等于"富养"。"富"的真实内涵，是培养女孩灵魂上的富足感。只有精神上的充实和独立，才是真正的富有。充实女孩的内涵，造就自尊、自爱、自信、自立、自强的完美女孩，是"富养"的意义所在。因此，"富养女"，其实是一种教育投资，是一种教育的富足。

这种教育，为的是培养出身心健康的女孩，使女孩见多识广、独立、有主见、明智，很清楚自己要的是什么，什么是自己真正追求的东西，从而能够坚守自己的信仰以至不被外界势力所左右，失去真我。

富也是"丰富"的意思，需要开阔女孩的视野与见识。懂得美，懂得欣赏，懂得辨别，女孩也就懂得了自我保护，而不会被外界的种种所诱惑。

"富养女"是一种智慧的育女哲学，但需要教育者掌握好教育的尺度和方向。真正的"富养"，能培养出内涵丰富、精神独立的女孩，而片面强调物质的"富养"，则可能毁掉女孩的一生。

养育女孩，并不是满足女孩生活上的一切需求就够了，哪怕拥有无数财富的家庭，也不能保证一个女孩能够终身幸福，受人尊重；养育女孩，也不是仅仅答应女孩的一切需求就可以了，为女孩在错误的道路上披荆斩棘，只能走向悲剧。

所以，富养女孩不是要给女孩多么丰厚的物质条件，而是要在精神上使其富足，在人格上使其独立。

富养女孩 20 载，女孩必定美丽、温柔、贤惠，善察人意而又心地善良、纯真、诚实、不吝啬，多情而不软弱。自重自爱，平易谦和，彬彬有礼，富有同情心，能体谅人，正直，乐于助人，尊敬师长、老人，不忘乎所以，有自知之明。活泼而不放荡，稳重而不呆板，有内涵、坦白、洒脱、性情开朗、心胸开阔，不叽叽喳喳于大庭广众，不搬弄是非于朋友同事之间，具有现代青年人的文化教养。头脑灵活，虚心好学，不矫揉造作，事业心较强，谈吐不俗，热情开朗，不缩手缩脚、忸忸怩怩、羞羞答答。女孩需要富养，但是富养更需要学问。

"穷"出胆识，"富"出优雅

"男孩穷养，女孩富养"，但是不能片面地理解"穷"与"富"。富与穷的内涵，是一种对于不同性别的孩子进行不同教育的方法，在教育目的上有所侧重，绝不停留在富与穷的金钱意义上。

然而这种内涵并没有被广泛地接受和认可，对"男孩穷养，女孩富养"的理论，很多妈妈都存在误解。有的妈妈认为，"富着养"就是让女孩子从小过奢华的生活，弹钢琴、看画展，吃穿得精致、日用得奢华，把她当成小公主来伺候，这样长大的女孩自然就会变得拥有高品位、高审美和高贵的气质。

于是许多妈妈挖空心思地满足女儿的各种要求，生怕女儿有一点不如别人娇贵。其实，这是对"富养女""穷养男"的一种误读。富养女，并不单单代表金钱的充裕、物质生活的绝对满足，"富"没有绝对标准，只有相对每一个具体家庭而言的富足。让女孩感到安稳、宁静，通过正确地教育让女儿变得乖巧快乐，变得优雅温柔，陶冶女孩的性情并培养她高尚的品格，才是真正地让女孩富有。

一位家庭经济条件一般的妈妈，非常看重女儿的品格与气质的培养。她为女儿编织各种适合她体型的衣服，严格要求女儿保持爱卫生、有节制的习惯，每个月都陪女儿去图书馆。妈妈从来不在女儿面前表现出窘迫、邋遢的样子，对待爷爷奶奶非常耐心，家里也收拾得非常妥帖。在妈妈的调教下，女儿可爱的天性得到保护，成为她天然的气质，让人怜爱。

在理解"穷养男"上，妈妈又以为就是要让男孩尽量地多吃苦，不管条件如何都要衣着朴素、粗茶淡饭。其实，"穷养"也是一种教育上的投资，是对男孩的性格、职业、人生的投资。它不仅需要狠下心来让男孩自己去体验，还要有把握尺度的智慧。而很多妈妈只看到了前者，忽视了后者。

为了不忘过去最困难的日子，日本一所学校给孩子们做了"忆苦饭"，结果，孩子们面对当年大人吃过的糠菜号啕大哭，拒食3

天。校方毫不动摇，第4天，孩子终于咽下了这顿忆苦饭。在日本的许多孤岛或森林里，人们常常可以看见日本小学生的身影。他们在无老师带领的情况下，面对着既无水源又无淡水的可怕自然界，安营扎寨，寻觅野果，捡拾柴草，寻找水源，独立生存。一位孩子从荒岛归来后，感慨地对老师说："我以前以为我们享受的一切现代化设施都是本来就有的，荒岛的历险才使我明白，人生来两手空空，一切都是劳动创造的。过去老师讲劳动光荣，我们感到很空洞，如今才真正理解了这个词的含意。"

日本人重视孩子的性格教育，让他们自己去面对困难，这一点值得我们学习。男孩们长大了早晚要离开父母去独自闯一片天地，与其让他们那时面对挫折惶惑无助，不如让他们从小磕磕绊绊，"穷"出应对人生的能力和本事。妈妈要做的就是培养男孩这样一种适应压力的能力，让他变得积极进取、有主见、有雄心、理智、自我依靠，只有掌握了这一点，男孩才能掌握自己的人生。

所以，"穷养""富养"并不是经济范畴内的意义，它们的真实含义是思想上的高尚。一个是勇敢进取、独立自主；一个是优雅温柔、性情高雅，虽然二者大不相同，但是没有高低贵贱之分，妈妈如果将这两种高尚情操相应地赋予到男孩女孩身上，那必定是孩子一生受益的财富。

第三章
跟上孩子成长的脚步

孩子一刻也没有停止过长大，而妈妈往往对此后知后觉。与其说是妈妈忽视了孩子的成长，不如说她不舍得孩子羽翼日渐丰满疏远自己，或者不知道如何处理孩子青春期的叛逆和疑问。然而，孩子终究是要长大的，妈妈只有跟着长大，才能引导孩子更好地成长。

"青春期叛逆"不可硬碰，要巧妙应对

最近一段时间，丽群的父母正在为养了一个"叛逆"的女儿而烦恼呢。自从上了初中后，丽群就越来越不听话，经常顶撞父母，有时候父母说多了，她甚至理都不理他们，一副大义凛然的样子，随他们怎么说，自己依然我行我素。

丽群活泼好动，讲哥们儿义气，她特别喜欢打乒乓球，一有空闲，她就会和几个小伙伴一起去体育场打球。

丽群的父母对她给予了很大的期望，希望她现在一心学习，以后能考上好的大学，有出息。因此，平时对丽群要求很严格。

丽群上小学的时候，比较听话，爸爸妈妈不让她玩耍，她只好

忍着。但她在课下喜欢上了乒乓球运动，偶尔征得父母的同意才去打打球。

上初中后，父母为了让她能够考进重点中学，对她的管教更严格了。但是，丽群觉得自己打球并没有影响学习，慢慢地，她与父母的矛盾越来越大，而且还常常闹情绪，打乒乓球的次数反而越来越多，学习成绩也是直线下滑。

这天，丽群放学后打了一会儿乒乓球才回来，一进家门，父亲就质问她："你又去打球了？"

丽群只是看了父亲一眼，没吭声，径直朝自己的房间走去。

"我跟你说话呢！你这是什么态度？真是越大越不懂事了！"

"我怎么了？不就是打会儿球吗？小时候我什么都听你的，可现在我长大了，我有自己的主见，你别再干涉我，行不行？"

"你还有理了？看看你的学习成绩，直线下降，还不都是因为天天打球？"爸爸越说越气。

"我打球从来就没耽误过做作业，也没有影响学习！"丽群理直气壮。

"还不承认，那你的成绩怎么越来越差了？"

"还不是你们整天这不行，那不许的，我心情不好，学不下去！"说完，丽群走进了自己的房间，重重地关上了门，门外，是目瞪口呆的父亲。

孩子在成长过程中，都会经历一个青春叛逆期，这一时期的孩子缺乏适应社会环境的独立思考能力、感受力和行动能力等；另外，初步觉醒的自我意识又会支配他们强烈的表现欲，即处处想体现自己，想通过展示自己和别人不同来证明自己的价值。所以，这一时期的孩子喜欢打扮得与别人不一样，喜欢做一些引人注目、与众不同的事情，也爱说一些令人吃惊的话，希望别人能够对他们另眼相看，这都是他们想要的效果。如果了解到这些，相信很多妈妈就不难理解孩子这一时期的叛逆表现了。

此外，妈妈的教育方法不当，也是孩子产生叛逆的主要原因。比如有的妈妈不尊重孩子的人格，随意对孩子进行讽刺、挖苦、辱骂，甚至殴打，伤害了孩子的自尊心，从而使孩子对妈妈产生对抗情绪。

有的妈妈对孩子的期望值过高、要求过严，当孩子不能达到妈妈的要求时，妈妈就大发雷霆，甚至打骂孩子。

还有一些妈妈由于缺乏心理学知识，不按照孩子的心理发展规律施教，说话过头，经常摆长辈的架子等，这些妈妈不注意的行为，都会导致孩子的叛逆。

同时，有压制就会有反抗、就会出现叛逆，反抗是孩子成长的轨迹，是孩子正在顺利成长的标志。当孩子出现反抗言行时，做妈妈的应放心：孩子在顺利成长呢。

可是令人遗憾的是，很多妈妈一遇到孩子反抗，马上就发起火来："怎么能对妈妈这样，真是不听话的坏孩子。"

反抗，是与自我成长同步出现的自然表现，对于孩子的发展来说是不可或缺的重要一环。所以，欧美等国非常重视孩子说"NO（不）"，在反抗期里不会反抗的孩子才是令人担忧的。

对于孩子的反抗和叛逆，妈妈不要与之对抗，而要巧妙地应付。

这时妈妈最好能记住4个关键词：一是"无知"，二是兴趣，三是放权，四是温柔地坚持。这是许多心理学专家共同的认识。

所谓"无知"，就是装傻，不要老觉得自己懂得孩子的一切，总是告诉孩子怎么做，而应启发他，放手让他自己做，让他体会到成功的喜悦。有的妈妈事业非常成功，这对孩子会构成压力，不如你装傻，让孩子能感到他自己的成功，对超越妈妈更加有信心。

所谓"兴趣"，就是不要只对孩子的学习感兴趣，要学会对他生活中的所有细节感兴趣。比如他爱唱歌，你要学会欣赏他。赏识对孩子的健康成长是非常有效的法宝。

所谓"放权"就是适当地让"权"。在孩子慢慢长大时，他需要在家庭里寻找自己的空间，这时候妈妈要学会少说。比如孩子有自己的生活方式了，和你原来给他的生活方式发生了冲突，不要那么快就做出反应，可以用"等待的艺术"。

所谓"温柔地坚持"，就是有时候对原则性的问题要坚持，但要讲究方法。比如孩子早恋或者整夜泡网吧，这时候你就要温柔地坚持，说这样做对你是不好的。记住，是对他不好。不要强制他不出去，但只要他出去，你就用这种方式来提醒他，这些行为对他的身体、品行和人生发展，都可能会造成很大的负面影响。

妈妈们应记住，4个关键词的核心是平等。

反抗期的孩子是最难"对付"的孩子，不过妈妈不必担心，孩子就是在反抗中逐渐长大，完善自我意识，形成独立人格，为将来适应社会打下基础的。你只要巧妙地应对孩子的叛逆，帮助他们化解青春期可能会遭遇的危险，让他们少走点弯路，就是对青春期孩子最好的照顾。

给孩子上性教育课吧，让孩子正视身体发生的变化

张老师正在讲台上滔滔不绝地向同学们讲述八国联军侵华的史实，却发现林扬有点心不在焉，完全没有在听讲。课后，张老师将林扬在课堂上的表现告诉了班主任秦老师。秦老师也发现了，最近两个星期，林扬上课经常走神，脸色也不是很好，还经常因为不舒服请假。秦老师几次关心地询问林扬是不是生病了，要不要去看医生，每次林扬都涨红了脸，连连摇头。秦老师觉得很奇怪，以前他可不是这样的。最近这是怎么了？秦老师决定找林扬的父母谈谈。

林扬的父母跟老师说了一些林扬在家的反常表现：经常锁着房门不让父母进去，甚至还自己洗床单、被套，这在以前可是从来没有的。细心的秦老师似乎明白了什么，追问道："你们是否发现林扬有过遗精的现象呢？"林扬的父母愣了一下，不好意思地说："上个月我给他叠被子时，发现床单上有块污渍，就告诉了他爸，他爸还笑他早熟呢。"

"那当时林扬怎么样？"秦老师又问。

"很不好意思，什么话也没说。唉，现在的孩子，才12岁，就……"妈妈觉得不可理解。"那他锁门、洗被子是不是那次遗精以后的事情？……"

在秦老师的追问下，林扬的母亲才意识到儿子最近一段时间表

现异常的原因了。

"那你们给他讲过这方面的知识吗？"秦老师问。

"这还要讲啊？以后慢慢地不就知道了。再说，这些事怎么对孩子讲啊？"秦老师愣住了。

其实，父母不知道的是，最近一段时间，林扬已经陷入了深深的自责之中，他为自己的行为感到很愧疚，有一种罪恶感，甚至他觉得自己很下流……

生活中，可能很多青春期的男孩都有过林扬的困惑和烦恼，包括一些青春期的女孩，她们也有自己的苦恼和困惑。

青春期是儿童发育到成人的过渡阶段，是人体成长发育的最后阶段，伴随着青春期的到来，孩子们的身体快速发育成长，他们会产生一连串的疑惑、烦恼、惶恐，甚至伴随着严重的焦虑，影响了他们的日常学习和生活。而青春期的烦恼与焦虑正是由于缺乏适时、适当的性教育引起的。

据调查，很多家庭中妈妈从来不对孩子进行性教育，当被好奇的孩子发问时，妈妈不是躲躲闪闪、引开话题，就是自作聪明地欺骗孩子。对孩子的成长发育、身体变化进行因势利导的性教育，原本是十分自然的事情，但在很多家庭被忽视了。林扬第一次遗精后，爸爸竟然笑话他早熟，使得他产生了强烈的耻辱感，似乎性的发育是他的罪过。试想，如果林扬的父亲不是嘲笑（当然，这种嘲笑并无恶意），而是拍着儿子的肩膀说："儿子，爸爸恭喜你，你已经是个男子汉了。"同时，再给他讲一些有关的知识，那么林扬的心态就一定不是罪恶感、挫折感，而可能是骄傲感和成就感，更不会产生一系列的烦恼、困惑和焦虑了。其实，不仅青春期孩子需要性教育，性教育应该开始于儿童和少年时期，妈妈应积极参与性教育，使孩子从小就得到正确的性教育。

心理学家认为，要根据孩子的年龄对孩子进行不同内容的性教育。5岁前的孩子，性教育主要是解决性别认同问题。妈妈应在洗澡、睡前很自然地让孩子认识自己的身体，不要有意地把女孩扮成男孩或将男孩扮成女孩，以免孩子从小对自己和他人形成性朦胧意识，从而影响孩子的性取向。

6～10岁的孩子，这期间妈妈要对孩子进行较系统的性知识教育。此时，可借助自然现象、童话、寓言故事，采用比喻的手法把性教育内容穿插其中。家长可以从植物开花结果讲起，接着联系到人的性与生殖。可以这样说：一位漂亮的姑娘春天把西瓜种子种到地里，之后她每天都给种子浇水、施肥，种子慢慢长出绿色的叶子。到了夏天，叶子上结出了小花，花谢了就变成了小西瓜，小西瓜越长越大就变成熟透的香甜可口的大西瓜，这个时候就可以摘下来吃了。妈妈在肚子里也种了一粒种子，在妈妈的精心哺育下，这粒种子慢慢长大，10个月后就变成了一个小人，然后妈妈就把他摘下来，于是这个世界上就出现了活蹦乱跳的宝宝。

11～15岁的孩子，这期间妈妈应主动关心询问孩子的性困惑。有一位男孩睡觉时遗精，他认为是生病了，非常担心，又不好意思告诉妈妈，自己在书摊买来不健康的书籍想从中找到答案。一日，妈妈整理他的房间时，发现孩子在看一些不健康的书籍，妈妈这才意识到该告诉孩子一些正确的性知识了，但是妈妈都不好意思向他讲性知识。最后，这位妈妈买来有关青春期性知识的书籍放在孩子的桌上，并通过书信的方式与孩子交流。

需要强调的是，对孩子的性教育，要及早开始，要系统、循序渐进地进行。另外，性教育的重点，并不只是传授与性有关的知识而已，更要培养孩子对性的正确认识和健康的性心理，包括可以正视自己身体的变化，大方、坦然地讨论与学习，要及早让孩子明白，性并不神秘，更不污秽。

正确看待孩子青春期对异性的好感

无论是在老师还是在父母心中，楠楠都是一个聪明、文静、听话的女孩。从小学三年级开始，楠楠就开始担任班长，一直到现在。班主任老师夸她有写作天赋，她的每一篇作文都被老师当作范文在班上朗读。不仅如此，楠楠其他各门功课的成绩也很优秀，还很乐于助人。班主任老师经常夸她是老师不可多得的好帮手。但是，自从班上转来一个帅气阳光的男孩后，楠楠似乎发生了一些微妙的变化。

楠楠变得爱打扮了。以前一直梳着马尾辫的她现在经常变换自己的发型，一向穿着朴素的她现在每天都要换一套衣服。而且，任课老师也反映，最近一段时间，楠楠上课总是走神，经常一个人发呆，最严重的是楠楠的学习成绩出现了明显的滑坡。

让人感到奇怪的是，楠楠以前很讨厌上体育课，也不喜欢运动，经常找各种各样的借口逃避体育课。但是最近一段时间，每次体育课，楠楠都很认真，并且经常去操场做运动。

班主任老师对此感到很纳闷，一面找楠楠谈话，一面把情况反映给了楠楠的父母。楠楠的父母最近也发现她有些反常，经老师这么一说，更觉得吃惊。经过一番观察，父母得出了一个结论：楠楠早恋了。

于是父母对楠楠进行了一次严厉的"审问"，并且毫不留情地翻看了楠楠的书包、书柜、书桌等，终于在一个抽屉里发现了"罪证"——一本厚厚的日记。在日记里，楠楠用细腻的笔触描述了她对新转来的那个男孩子的爱慕之情以及她现在面临的烦恼。

楠楠的父母在看完这篇类似"情书"的日记之后，大惊失色，又气又恨："你小小的年纪，怎么写出这种东西！我们都替你感到害臊！"一向温顺听话的楠楠这次一反常态，涨红了脸申辩道："我做错了什么？我就是喜欢他！他是我心中的偶像！"说完，跑进了自己的房间。

早恋是青春期性成熟过程中，两性之间出现的一种过度亲密的互相接近。现在大多称早恋为"交往过密"。少男少女因为性发育开始成熟，本能地产生互相爱慕的情感。有的人表现为独自的单相思，有的人突破了羞涩的束缚，递纸条、约会、互相倾吐爱恋之心，借口互相帮助，形影不离，个别人则还发生进一步的两性接触。

异性相吸是自然界中的普遍现象，处于青春期的孩子，随着性意识的渐渐觉醒，朦胧中对异性产生了渴望和爱慕，这也是一件很自然的事情。每个妈妈都是从青春期走过来的，回忆一下我们的青春时代，就该知道中学生这种情愫的萌发是多么正常，所以，妈妈在孩子情感发育时，为什么不可以给出更多的理解呢？

确实，早恋是现在令妈妈头疼的一个问题，并且有低龄化的趋势，不闻不问吧，总觉得会耽误孩子的学业；过问吧，又怕逼急了，孩子离家出走、自杀，造成不好的后果。很多妈妈就是想阻止孩子早恋，却用错误的方法推了孩子一把，使孩子不由自主地掉入旋涡中。

有的妈妈小题大做，把孩子的正常交往，如相聚聊天、结伴游玩、一块儿看书、做作业等误认为是早恋，从而加以指责；有的妈妈错误地认为，男女同学在一起就必定是"早恋"，因而忧心忡忡，疑神疑鬼，不让孩子随便出去，平时也不让孩子与异性同学结伴回家；有的妈妈发现孩子跟异性有一些接触后，竟然对孩子冷嘲热讽或者破口大骂，甚至带有侮辱性字眼。这些妈妈用成人庸俗的观念，把孩子们一些原本正常的行为恶俗化了，人为地制造了孩子的罪恶感。她们本想阻止孩子早恋，殊不知很可能把孩子推向了早恋的深渊。

因为人是容易受到暗示的，如果一个人总是被别人暗示他的品性有问题、行为不端正，他就会不断地自我否定，认为自己就是这样的"坏"人，久而久之，也许他就真的变成人们所说的"坏"人了。

所以，妈妈千万不要认为孩子的早恋很可怕，不要破坏孩子内心的纯洁。妈妈应该相信自己的孩子，在一般情况下，男女同学的接触是很正常的，不敢接触才是不正常的。如果发现孩子与某一异性交往过密，就应该巧妙地加以引导，让孩子懂得，异性交往不要太集中于某一个人或一个小范围，否则会失去与多数同学、朋友接触的机会。

孩子的早恋往往与生活单调、没有目标有关，因此，帮助孩子寻找生活的意义，可有效地转移孩子对"早恋"的注意力。

此外，妈妈应该多和孩子沟通、交流，组织一些家庭集体活动，增进妈妈与孩子之间的感情，以便能及时了解孩子的心理和情绪变化，及时教育；同时也能增强家庭对孩子的吸引力和妈妈在孩子心目中的威信，避免孩子过多地从外界寻求关怀与理解。

和早恋孩子讨论一下什么是爱情

处于青春期的孩子容易情感冲动，十分脆弱，情绪又不稳定，考虑问题简单，很少顾及后果，这种心理状况使早恋像天边的浮云一样变幻莫测，早恋者的情绪也会随之波动起伏，彼此间感情往往反复无常。

长期以来，妈妈一向把早恋视为洪水猛兽，过度担心早恋会影响孩子的学习和成长，所以只要一有点什么风吹草动便会全家出动制止，尽管采取种种措施严加防范，但早恋还是不期然地走近了正处于花季的少男少女。

有些妈妈从不对孩子讲述有关"爱情"的话题，对其讳莫如深，似乎"爱情"两个字是病毒、是细菌，捅破了这层纸，孩子就会被感染，失去抵抗力。可是，妈妈越是遮着藏着，孩子越是容易出问题。其实，这就是妈妈忽视对孩子进行"恋前"教育的结果。

但是，要和孩子谈"爱情"这个话题时，妈妈多少会面临尴尬，主要原因大多是："不习惯"。一位妈妈面对早恋的宝贝女儿，突破了"不习惯"的局限，语重心长地告诉孩子妈妈眼中的爱情：

"女儿，听别人说你谈对象了，呵呵，其实这并没有什么不正常，但我需要提醒你的是，现在还不合时宜。因为你目前正处于人生的关键时刻，正需要投入全部的精力在学习上，所以就不妨等过了这一关再说。

况且，人是要经历不同的人生阶段的，而阶段最多、变化最快的恰恰是这五六年光景。随着学习环境和工作环境的变化以及你自身素质的提高，你对异性的认识和审美也会发生变化。所以现在如果过分投入就有很大的盲目性，当然，我不是否认初恋的纯真和圣洁，关键是当它影响了你现在的学习进程时就应该注意到这个问题了。

我们再说说择偶标准吧，先说我们的态度，我和你父亲一样会尊重你的选择，但是我们会给你提出一些建议来供你参考。但可能你们会被男孩英俊的外表所吸引从而忽略了内在的修养，这是比较危险的，因为英俊只会是暂时的、外在的，时间一久你的审美也会疲劳。当两个人真正走在一起的时候便会更在意对方的脾性是否合乎自己的意愿，而脾性的层次则是由修养的程度所决定的。

随着人生境界的转换，每上升一个层次你都会发现并结识更好的异性，而这时你最早的初恋就可能会因为时间和空间的转换而成为你感情的牵绊。所以，作为母亲我建议你把目前可能存在的爱情淡化为友情先珍存起来，等到你学业有成、工作稳定，特别是待到你的情感世界丰盈成熟时再来审视这份感情，如果依然难舍就再续前缘，如果感到似过眼云烟那就让它随风散去吧……"

困惑、羞涩的女儿，听到这些脸上露出了真诚的微笑，似乎明白了很多……

这位妈妈诚恳的话语点拨了处于爱情幻想中的女孩，让她对人生与爱情有了重新的认识。这位妈妈的做法很值得借鉴，妈妈们应该像她一样，多和孩子沟通、交流，了解孩子的心理和情绪，及时帮助孩子找到解决问题的方法。适当的时候，和孩子讨论一下什么是爱情，以帮助他形成正确的爱情观。

另外，当发现孩子早恋的时候，妈妈不应该大惊小怪，反应过激，要知道，青春期的孩子对异性产生好感是再自然不过的事情，对异性有好感，并不意味着一定会早恋，一定会有什么恶果。

而有些妈妈就错误地认为，男女同学走得近一点就是"早恋"，所以她们不让孩子与异性同学一起结伴上下学，更不让孩子出去跟异性同学玩，经常打电话追问孩子的行踪，有异性同学打电话来也不让孩子接……妈妈们的做法势必会对孩子造成心灵伤害，孩子既觉得没有受到尊重，又觉得自己的自由被剥夺了，于是孩子必定会对妈妈产生反感。

其实，早恋是防不胜防的，妈妈不可能24小时都能控制住孩子，而且有的孩子因为厌恶妈妈的控制，由于叛逆而早恋起来。所以，对待孩子与异性同学的接触，妈妈应该给予引导而不是盲目禁止。当妈妈发现孩子与某个异性同学交往过密时，应该处变不惊巧妙地加以引导，让孩子把注意力转化到其他方面上来。

有位妈妈的做法就十分高明：

一次，这位妈妈偶然发现女儿早恋，对此，她不仅没有斥责女儿，反而比过去更加关心女儿，知道女儿喜欢语文，便鼓励她去参加年级朗诵组，还启发女儿写日记，写作水平得到了迅速提高。

于是，女儿的习作频频出现在班级的墙报上。女儿开始由一对一的交往转向了集体，常为班级做好事，而且在一次班干部选拔中被同学们推荐当上了生活委员。

期末考试时，女儿的成绩比以往有了很大的进步，进入了年级前5名，还被评为了三好学生。

现在，学习、集体活动几乎成了女儿的主要活动，当初对异性的爱慕心理也渐渐平息、淡化。

早恋是现在令妈妈头疼的一个问题，也是妈妈需要用智慧来面对的事情。如果妈妈置之不理，或者反应过激，都是对孩子不负责。妈妈们摆正自己的心态，适当地和孩子讨论一下爱情，是引导孩子形成正确爱情观的最佳途径。

"异性效应"对培养青春期孩子是有益的

心理学家曾做过一个有趣的试验：将男女中学生按性别分成两组劳动，发现两个小组的纪律都比较松散，劳动效率低，男生追打现象严重，女生懒散无力。后来将男生、女生混合分为两个小组，情况就大有改观：两组同学劳动热情高涨，互帮互助，自发开展了劳动竞赛。劳动结束时，同学之间还打趣地说："今天的活儿干得可真快啊！"

这就是心理学中所讲的"异性效应"，也就是我们平常说的"男女搭配，干活不累"。与异性朋友结交，在一定程度上可以激发一个人的潜能，使其更敏捷、更加活跃。有男女一起参加的活动，一般人会感到心情更愉快，表现得也更起劲、出色。

所以，妈妈们没必要过度排斥男女一起参加活动，反而要顺势利用"异性效应"来培养孩子。因为"异性效应"对培养青春期孩子是极其有益的，具体表现为以下三个方面：

1. 利用"异性效应"取长补短，丰富完善个性

进入青春期的男孩往往性格开朗、勇敢刚强、果断机智，不拘泥于细枝末节，不计较点滴得失，好问、好动、好想。当然也有的男孩粗暴骄横，逞强好胜。女孩往往文静怯懦、感情细腻丰富、举止文雅、灵活、委婉，让其与异性同学交往，往往易于发现对方的长处和自己的不足，更有利于相互学习、取长补短，丰富完善自己的个性。

2. 利用"异性效应"提高学习与活动效率

男孩在思维方法上偏重于抽象化，概括能力较强；女孩在思维方法上多倾向于形象化，观察细致，富有想象力。男女同学在一起学习，就可以相互启发，使思路更加开阔，思维更加活跃。思想观点互相启迪，往往能触发智慧的火花。

3. 利用"异性效应"提高自我评价的能力

青春期，由于性意识的发展，孩子们往往会非常留心异性同学（特别是自己喜欢的异性）的一颦一笑、一举一动，喜欢对异性同学评头论足，同时也很重视异性对自己的评价。某班的宿舍卫生总是搞不好，不少学生不叠被子，床铺弄得乱七八糟，老师想了个办法，每个学生都在自己的床上贴上名字，检查卫生时，男学生检查女生宿舍，女学生检查男生宿舍。由于谁也不想在异性面前丢丑，因此宿舍卫生大为改观。

由于"异性效应"，青春期的男女学生都希望引起异性的关注，都希望能以自己的某些特点或特长受到异性的青睐。这种相互激励就成为男女同学发展的动力和"促进剂"。如果妈妈意识不到与异性交往的这种积极作用，一味将异性交往认定为有害的、可耻的行为，不仅会伤害到孩子的心灵，而且也不利于孩子的发展。所以，当孩子与异性同学交往时，妈妈不妨顺势利用"异性效应"的积极作用来培养孩子，让孩子坦然地、正当地、很好地与异性相处。

第四章
走出教育误区

教育误区是必然存在的，但是不一定能被妈妈们发现。如果你有意无意地走进教育误区中，你的孩子或多或少就要遭殃了。所以，妈妈们请睁大眼，迈开教育孩子路上的"坑"，让孩子的成长少走一些弯路。

"慢养"才能育出"大器"

源源今年上三年级，班里很多同学都在外面上了特长班，妈妈开始着急了：以前一直觉得让孩子自由成长对她比较好，所以孩子长这么大还没上过任何特长班呢，但是，不能让孩子与其他孩子相比时落后啊！而且，我家宝贝那么聪明，一定会赢过他们。所以，妈妈一口气给孩子报了绘画、钢琴和英语3个特长班，周一周二学英语，周三周四学绘画，周五周末学钢琴。突然间暴增的学习量使源源一时手忙脚乱、无从适应，被强逼着学了1年，什么也没有学好，源源的学习成绩反而下降了，她也不像以前那么快乐活泼了，开始对什么都提不起劲来。

正如源源的妈妈一样，决定一时抛弃功利心去教育子女，可能并不难；但是要自始至终地秉承关照孩子心灵的教育思想，对很多妈妈来说并非易事。因为非功利的教育首先关注的是孩子本身的成长节奏和需求，可能不会让孩子在短期内有学识上的进步。而社会会给妈妈诸多压力：特长生潮流、高分名校情结、就业竞争激烈等，在讲求效率和速度的现实面前，妈妈未必能够稳住阵脚。

我们相信，心胸的大小决定一个人事业的大小。在决定孩子心胸和视野的宽度和深度的少年时期，孩子最大的收获关键不在于有多少荣誉证书，而是学会今后做学问、做事情的道理和方式。因而早期教育就需要妈妈接受一个事实：非功利教育的成果不会立竿见影，但是它是成功的基础。

据统计，1500 ～ 1960 年，全世界 1249 名杰出科学家和 1928 项重大科研成果的创造者在年龄上有一个阶段划分：科学创造的最佳年龄区是在 25 ～ 45 岁，最佳峰值年龄在 37 岁前后。更为精准的数据是，在诺贝尔奖的大部分获得者中，物理学家的平均年龄为 35 岁，化学家的平均年龄为 39 岁。

当然，科学家只是社会精英中的一类，但他们也是最能代表智商的一类人。普通人对科学家总有一种崇拜的情感，因为他们代表人类的思维精英，可以办到我们办不到的事情。上面的统计显示，科学家往往在青壮年才能够有所成就，还有更为典型的"大器晚成"的例子。

1859 年 11 月 24 日，达尔文在伦敦出版《物种起源》时，已 50 岁。他最早的科学著作，也是在 45 岁以后才开始出版的；易卜生的《玩偶之家》，在他 51 岁享誉世界；美国遗传学家摩尔根，他的基因学说是在 49～60 岁完成的，67 岁才获得诺贝尔奖……这样的事实让我们看到，人生在青少年时期可能没有什么重大的收获，命运的转机很可能在你已经成年、感到没有希望的时候到来。但是机遇只眷顾有准备的人，达尔文 22 岁就离家登上"贝格尔号"去环球科考，易卜生 21 岁开始自费发表戏剧作品，摩尔根 20 岁时以最优异的成绩获得了动物学学士学位，24 岁就获得了博士学位。他们从来没有放弃早年的努力，才会有后来的成功。

但是还是有很多人相信一个早年毫无建树的人，可能会在中年之后突然发迹，因而孩子的早期教育也并不是非得严格进行不可，如果孩子有"造化"，富贵荣华也会找上他的。这其实是妈妈们推脱教育责任的一种思想，有哪位真正成功的人不是从一点一滴开始准备的呢？

司马迁的《史记》、宋应星的《天工开物》历时 18 年；司马光的《资治通鉴》历时 19 年；达尔文的《物种起源》历时 22 年；法布尔的《昆虫记》、李时珍的《本草纲目》历时 30 年；谈迁的《国榷》历时 37 年；马克思的《资本论》、摩尔根的《古代社会》历时 40 年；歌德的《浮士德》前后有 60 年……

这些著作问世的时候作者已经走进暮年，但是他们都是从很早就开始积累创作，经历了漫长的酝酿过程，到晚年才最终完成，绝非突然被幸运眷顾而成名。如果仅仅看到别人取得的成绩，而割断他们努力的过程，相信出人意料的奇遇，那他的一生也将在等待中度过。同样，如果放弃孩子教育的黄金时段，而盼望他日后自己成才的妈妈，也往往不能如愿。

成功不可能一蹴而就，成才如是，教育亦如是。妈妈教育孩子的时候要有信心，只有相信孩子会向我们期待的方向发展，看到孩子未来的发展，才会有耐心，教育的目标也才能慢慢实现。妈妈的耐心有多大，孩子的进步空间就有多大，记住："慢养"才能育出"大器"！

教育不能抢跑，学习不能揠苗助长

最近，思琪上课没精打采，注意力涣散，总打瞌睡，成绩有下滑趋势，班里学生也反映说她平时不怎么爱和大伙玩。其实，思琪刚入学时成绩在班里也比较好，比较懂事、守纪律，和同学相处融洽。自从她的妈妈给她"加负"后，她就像变了一个人似的。

妈妈每天给他安排了大量的课外作业，还给她报了奥数、剑桥少儿英语等好几个学习班，她完全没有休息和玩的时间，每天晚上都要念书做作业到11点多，这自然会使平时课堂表现和学习成绩受到影响。

其实，才1年级的孩子，妈妈还是不要给他们过重的学习负担，否则只能将孩子稚嫩的肩膀摧垮。

妈妈们都希望自己的孩子在班上名列前茅，于是超前教育十分盛行。但其实，教育抢跑本身是一种犯规的行为，违背的是孩子成长发育的自然规律。抢跑式的超前学习必然导致过量学习，给孩子造成过重的负担，对孩子的身心发展带来巨大的伤害。正如上文中的思琪一样，过重的负担剥夺了她健康成长的权利，也剥夺了她应有的快乐！

一位儿童教育专家曾说过——智能的总量是相对守恒的，一种智力类型能量的升高必然伴随着另一种智力类型能量的降低。而这种降低往往体现在心理调节能力上。处于超前教育环境下的孩子，他们往往会有超人一等的优越感，而且周围亲戚朋友的夸赞和表扬也会令孩子产生虚荣心。于是，对于这样的孩子，求知不再是为了满足自己的兴趣，而是为了超越别人、赢得荣誉。这些"聪明绝顶"的孩子，日后跻身于"尖子"之中一旦没能继续出类拔萃，或完成了辉煌的学业而在工作中没有醒目的建树，眼前的境遇和昔日的辉煌形成的强烈反差，必将引发出各种不良的心理反应，甚至导致严重的后果。儿童的学习是由玩耍、休闲、睡眠构成的，如果全是"学习"，没有玩耍、休闲、睡眠的消化、反刍时间的话，学习的过程就不可能完成。玩耍不仅是学习重要的组成部分，同时本身就是一种很好的学习过程。过量学习也必然占用玩耍、休闲、睡眠时间，必然对良好性格的养成、心理及生理健康带来影响。因此，多给孩子一些睡眠、玩耍的时间，减去过量的学习负担，反而有利于学习成绩和分数的提高，知识的增长，也有利于身心健康。我对妈妈们的建议是，超前教育可以进行，但一定要适度，千万不能揠苗助长，事倍功半。

　　当然有一些超前教育的孩子取得了良好的成绩，但是这并不代表抢跑式教育就一定适用于每个孩子。孩子都有自身的特点，有些孩子5岁就具备了各方面的能力，比如自理能力、和小朋友交往的能力等，那么，提早入学也无可厚非。可有些孩子即使已经到了入学年龄，却还没做好准备。对于这样的孩子，如果妈妈让他学一些在他能力承受范围之外的东西，负担过重，不仅会影响孩子的身体健康，还会给孩子留下心理上的负担，使孩子长时间处于紧张、沉重的心理状态，对孩子的健康成长极为不利。

所以，妈妈要扪心自问，孩子做好准备了吗？自己做好准备了吗？如果妈妈都没足够的自信，那么，最好还是让孩子遵循规律顺其自然地成长。

其实，知识的学习积累不急，成绩的高低都是暂时的，只要让孩子不断地感受到学习的快乐，保持浓厚的学习兴趣，那么今后他一定会是优秀的学生。所以，妈妈们不如适当给孩子"减负"，毕竟，让孩子有个快乐的童年，才是最重要的。

真正爱孩子的妈妈记住：教育抢跑不是成功的捷径，揠苗助长结不出学习的果实！

不要急于取得教育成果

几乎所有的妈妈都会特别关注孩子的学习成绩，认为学习成绩的好坏就是成功与否的标志，认为只要孩子取得了好的学习成绩，教育就取得了好的成果。这是不正确的，妈妈应该把眼光放得更长远一些，重视孩子学习能力的培养，而不要老盯着眼下的考试成绩。一个学习成绩好的孩子不一定有很好的学习能力，但一个有很好学习能力的孩子将来迟早会有所成就，而且可以为他的长期发展打下良好基础。

人生是一条漫长的学习之路。根据专家的分析：在农业时代，一个人只要 7 ~ 14 岁接受教育，就足以应付往后 40 年生活之需；在工业时代，求学时间延伸为 5 ~ 22 岁；而在目前的知识经济时代，由于科技急速发展，每个人必须随时接受最新的教育。要在这个社会中成功，不只靠一张名牌大学的文凭，而取决于不断持续的终身学习能力。

有报道说，在英国大约有 65% 的毕业生毕业后从事的职业与他们在学校所学的专业无关，这种现象在我国也许更为突出。这是为什么？原因就在于当今世界信息和知识飞速增长，使灌输知识为主的教育已无法面面俱到。针对世界发展变化的重大趋势，著名的未来学家托夫勒在 20 世纪 90 年代早期预言："未来的文盲不再是不识字的人，而是没有学会学习的人。"1999 年，美国教育部组织了 16 位著名的心理学、认知学专家，对近 30 年来学习科学领域大量涌现的研究成果，进行了两年的研究分析，他们得出的结论是："20 世纪 90 年代以来，学习理论和教育研究发生了人类有史以来最本质与革命的变化。"并指出：新世纪的教育的目的要从传统的灌输知识为主的模式，转变为"帮助学生发展必要的认知（智力）工具和学习策略，使他们能够获得创造性地思考有关历史、科学技术、社会现象、数学和艺术时所需的知识，使他们成为自我维持的终身学习者"。

有位社会学家曾经调查了几十位诺贝尔奖获得者，发现这些获奖者大多认为，学生学习时期，并不一定是班上学习成绩最好的，而是掌握了学习方法，这是学生获得学习能力的重要环节。伟大的科学家爱因斯坦回顾自身的教育经历，在一篇《论教育》为题的讲话中曾深刻指出："发展独立思考和独立判断的一般能力，应当始终放在首位，而不应当把获得专业知识放在首位。如果一个人掌握了他的学科基础理论，并且学会了独立地思考和工作，他定会找到他自己的道路。"

事实证明，学习能力是决定孩子能否成为优秀人才的决定因素。学习型组织的倡导者、《第五项修炼》的作者彼德·圣吉说过："因为未来唯一持久的优势，是有能力比你的竞争对手学习得更快。"为了让我们的孩子在未来社会立于一席之地，妈妈有责任培养孩子一生受用的学习能力，并着力培养孩子学习的浓厚兴趣。教育应该从教孩子接受知识，转向教导孩子全方位地学习，以满足终身学习和成长的需要。在注重孩子学业成绩的同时，妈妈更应关注全面培养孩子的学习能力，让孩子享受学习的快乐，拥有成功的学习经验。

心理学家研究发现，学习能力应该是学习时的注意力、写作业的速度和正确率、听课能力、计算能力、书写能力、语言表达能力，还有情绪的稳定性。这些能力又是相互影响的，上课注意力与前庭平衡能力、大脑对身体的控制能力、智商、情绪等因素有关。写作业速度与智力、注意力、手眼协调性、情绪因素有关。听课能力与脑—耳协调训练有关。计算和书写能力与脑—手—眼协调训练有关。语言能力与本体感训练有关。情绪稳定性与触觉训练有关。也就是说，孩子的学习能力都是可以通过专门训练提高的。因此，我们妈妈千万不要因为孩子的成绩不好而不分青红皂白地批评他，如果盲目地以分数为标准来判断孩子的学习，那很容易让孩子的着眼点放在应付考试上，最终影响孩子的求知欲和学习兴趣。

妈妈不要用催促的态度让孩子提高成绩，这会让孩子很反感，此时他不喜欢妈妈干涉他的生活，凡事喜欢按照自己的计划进行。

教育成果不是一朝一夕所能够显现出来的。在对孩子的教育中，妈妈千万不要急于求成，无论孩子学得快一点或是慢一点都无关紧要，孩子取得的成绩是高还是低也不是最关键的，在这个时候妈妈最应该重视的是孩子学习能力的培养，"放长线，钓大鱼"，才能取得更巨大的教育成果。

教育，讲究的就是说理

　　路路在爸爸妈妈眼里是个特别淘气的孩子，他总是和大人过不去似的，你叫他往东，他偏要往西，你叫他认真写作业，他偏偏在那里瞎混时间；你让他在学校老实点，他三天两头被请家长；你让他少玩一点儿，他想方设法跑出去玩，而且一玩就玩到很晚……"你这个孩子怎么这么不听话？快点！给我滚回家写作业！""你把这个错字抄10遍，给我好好记住了！""你下次再在学校闯祸，看我不收拾你！"……爸爸妈妈不知道怎么教育他，就采取绝对强硬手段来镇压路路的恶行，但是，这对路路起不了多大作用，最多被打被骂的当时路路会收敛一点，一会儿，这些警告就消失踪影了。于是，路路还是一如既往地惹祸，爸爸妈妈还是一如既往地头疼……

　　很多家庭和路路的家庭一样，采用的是权威式的家教，认为教育就是命令和要求。而懂得教育艺术的妈妈，在教育孩子的过程中会通过阐述道理来使孩子心悦诚服。

　　妈妈"直言不讳"的批评往往会给孩子咄咄逼人的感觉，使他难以接受而引发对立情绪。相反，如果掌握说服的技巧，就能够让孩子心悦诚服地接受妈妈的观点，教育效果事半功倍。

所以，真正智慧的教育，是正确的说服教育。妈妈在教育孩子时，不要一味使用命令的方式，而应以友善的态度启迪孩子，把道理给孩子讲清楚。如果妈妈在教育方式上不肯用心，只凭一时的喜怒赞扬或批评孩子，或只是发号施令甚至是训斥，孩子一时会被妈妈的威风吓住，作听话状，但他再稍大一些，则不会买妈妈的账了。我们不要苛求孩子立刻听从妈妈所说的每一句话，而是把道理讲清楚，给他们适当留有思考及情绪准备的时间，当他们感觉到妈妈所说的是对的，会更加尊敬妈妈，同时也可以有效地防止孩子的"逆反心理"和对抗情绪。

要对孩子进行说服教育，那么，如何跟孩子进行成功的沟通和说服他呢？教育专家给妈妈的建议如下：

（1）建立一种积极健康的家庭沟通交流关系，应该改变妈妈是决策人，孩子是接受者这样僵化的家庭角色的分配。妈妈在家庭教育中应该懂得进行角色交换，每一个家庭成员都可以对他表述的愿望予以积极的辩解。当孩子能够参与讨论家里的通常是成年人的问题时，他们方才能够更好地理解妈妈。

（2）做孩子的工作要细心，要顺着孩子的天性进行引导。妈妈和子女多沟通，应当把孩子看成一个独立的个体，给孩子一个私人空间。有进步及时表扬，提要求合情合理，纠过错讲究人情。

（3）跟孩子讲的道理应合情合理，不能信口胡说，也不能苛求孩子，因为大人信口胡说，孩子是不会服气的，大人的要求过分苛刻，孩子是办不到的。

（4）跟孩子说理时，孩子会为自己辩解，妈妈应给孩子申辩的机会。申辩并非强词夺理，而是让孩子把事情讲明白。让孩子申辩，他才会理解你的道理，使教育收到良好效果。

（5）要了解孩子的情绪状况，因为孩子和大人一样，情绪好时比较容易接受不同的意见，不高兴时则容易偏激，所以跟孩子讲理，要在其情绪较好时进行。

（6）要孩子遵循的"道理"，妈妈首先要严格执行，再给孩子讲道理时，才能理直气壮。如果妈妈总找借口不去上班，在孩子赖着不上学时，给孩子讲"遵守纪律"的道理，岂能有说服力？

（7）适当的妥协会使孩子更容易听得进你的道理。通情达理的妈妈在孩子看来，比只会说"不许"的妈妈要可亲可敬得多。

（8）说理时不要一味采取教训的态度，"你必须……""不要……"。换种方法，及时肯定孩子做得不错的地方，"上次在姑姑家做客，你表现就不错，这次要再进一步啊"。孩子总是喜欢听肯定、表扬的话，及时鼓励他，会激发他的上进心，给他讲道理，他也能听得进去。

教育，讲究的就是说理。只要妈妈用对了说理方法，把正确的道理说给孩子听，自然会取得很好的教育效果。

利用非正式的机会教育孩子

老师在阅读活动中，教小朋友认识红、黄、蓝3种颜色。活动一开始的时候孩子们看图的兴趣比较高，能够跟着老师进行阅读，不过能坚持到最后的小朋友就很少了。在和孩子进行分析颜色的时候，只有少部分的孩子能够根据分析说出颜色，大部分的孩子对于突如其来的 3 种颜色感到不知所措。当天，老师和孩子们一起在院子里玩滑梯的时候，老师指着滑梯说道："看，红色。"接着，有个小朋友就跟着喊："红色，这是老师说的红色。"通过这样的方法，让那些原本分不清颜色的小朋友分清了红色。老师则是利用了一个很好的观察机会，将教学转移到课堂之外，利用孩子在生活中的常识与兴趣，又对孩子们进行了颜色的巩固。后者可以这样对孩子们说：请穿红色衣服的小朋友先玩滑梯吧，其他的小朋友排在后面。

教育并不限于在教室里进行，教育可以发生在任何时候、任何地点，而发生在非正式教育场合的教育，其实能更好地教育孩子。因为非教条的教育，往往更能深入孩子的内心，为孩子所接受。所以，妈妈何不在孩子的日常生活中，利用非正式的机会让孩子学习、锻炼。在生活中挖掘一些教学内容，不仅可以让孩子们感受学习的快乐，并且使其在生活中得到发展。

对于孩子来说，只有他自己的生活才是对他有意义的、真正的生活。所以在生活教育的过程中，不应该让孩子成为别人生活的旁观者、评论者和模仿者，而应该成为他自己生活的实践者、观察者、体验者和反思者。在日常生活中到处都有学习的机会，生活中随处都有最好的教具。妈妈应该随时把教学与实际生活联系起来。只要把学习渗入日常生活中，不论多少都会有效果。通过这些无意识之中提供的学习机会，无论多么讨厌学习的孩子，也一定会逐渐对学习产生兴趣的。

利用非正式机会对孩子进行技能教育：

比方说，妈妈想和孩子计划组织一次家庭旅行计划，引导孩子对地理产生兴趣。为了完成出游的计划，就需要翻地图、查找参考书，将这些事情交给孩子来做，可以让孩子在不知不觉中学习地理知识，并且很有可能通过这次实践让孩子爱上地理科目。这是教育的一种很好方式。

利用非正式机会对孩子进行爱国教育：

有一位日本妈妈为了对孩子进行民族自豪感的教育，把孩子带到了一个大型的停车场，让孩子数一数在这么多的汽车中，有多少辆是日本制造的，占汽车总数的百分之几，孩子通过计算，统计出70%的汽车都是由日本制造的。在停车场里的这一幕，不知道胜过多少爱国主义教育的课程，强有力地增加了孩子的民族自豪感。这也是在生活中进行教育的极好范例。

利用非正式机会对孩子进行社会教育：

为了让孩子有环保意识，让他认识到垃圾对环境的危害，一位妈妈带领着孩子走进了垃圾填埋场，在距离垃圾场很远的地方，孩子就闻到了一股臭气，捂住鼻子。这样的教育多么直接和生动，不需要妈妈再多说什么，孩子就明白了保护环境是多么的重要，有哪个人愿意生活在这样的环境中呢？

利用非正式机会对孩子进行爱心教育：

有一次，在学到《同情和帮助残疾人》这节课，为了让大家都能体会到残疾人的痛苦，老师把学生分成好几组：第一组同学只能用一只手写字；第二组同学只可以在轮椅上活动；第三组同学被蒙住眼睛在教室里走上两圈。这些真实的体验，让孩子们亲身体会到残疾人生活的困苦，也就很容易对残疾人产生同情和敬佩之情。

总之，生活才是孩子吸收知识的大课堂，非正式的教育才是孩子受到的最多教育，妈妈们一定要学会好好利用非正式的机会教育孩子，让孩子在每一天里，随处都可以吸收很好的知识，然后，在空闲时间里，把吸收来的知识反复思考、反复咀嚼，就可以将那些零碎的知识整合成为更精湛、更有意义的学问。

如果妈妈能让孩子们在生活中找到感受生活、表现自己的平台，那样将会使教育成为轻松的事情；如果妈妈能让非正式的教育发挥出最大的功效，教育才能达到它最终的目的。

"学"前孩子不必早读书

薛涌的《一岁就上常青藤》一书对中国的教育提出了很多值得借鉴的观点，其中"孩子不必早读书"这一观点非常新颖且颇有道理。他认为，在学前阶段，孩子面临最重要的挑战是发展感情和社会技能，即怎么和别人相处、怎么在陌生人的环境中保持情绪的稳定，而非读写算术的能力。当一两岁的孩子离开父母到了幼儿园时，这个孩子就等于走向了社会。对一个幼小的孩子而言，幼儿园构成了他的大世界；要理解和适应这个大世界，是一个非常大的挑战。而孩子在这一阶段的生活经验不需要读写、算术等技能。

他女儿念的就是这么一家不教孩子读写算术的美国幼儿园，她每天的学习就是听老师念图画书。老师虽然不让孩子自己识字，但让孩子在对着图画听故事的过程中，大大激发了想象力和对读书的兴趣，以致她从小听故事成瘾，而对电视缺乏兴趣。另外，这家幼儿园实行小班制，班级里不到10个学生，老师能够充分照顾到每个学生，而且学生在这种环境中也能更好地与老师同学打交道，与人相处的能力得到了培养。虽然，他女儿从这个幼儿园毕业后，没有认识多少字，但观察力十分强，而且情绪稳定、善于和别人沟通、适应能力强。在感情上的成熟和稳定，以及敏锐的观察力、想象力等能力使她在今后的学习中更加轻松容易，而她的学习成绩及阅读水平也一直名列前茅，并且她还先后上了钢琴、芭蕾、中文、法文等大量额外课程，这么多的学习内容，对于她来说全无压力。对于这一切，该幼儿园早期的教育功不可没。

反思一下我们中国的幼儿园教育，相比之下，给孩子的压力确实大很多。基本上所有的幼儿园都很重视孩子的智力开发，所以不遗余力地对孩子进行知识教育。针对家长全方面教育孩子的愿望，幼儿园想方设法地开出丰富多样的课程，拼音、算术、音乐、美术、英语、蒙氏数学、经典诵读等，每天上四五节文化课，让孩子提早进入填鸭式教育。教育孩子的初衷是对的，但是这种方法不一定有用。其中最大的负面影响，就是孩子的天性被压抑了。孩子本来是活泼好动的，现在被强迫坐在教室里学习，无疑是对他们发展的最大束缚。另外，对于幼小的孩子来说，这些在大人眼里很简单的知识是很困难的，本来离开家进入幼儿园这个全新的环境对于孩子来说，就是很大的压力，再被逼迫学习些困难的知识，这不是雪上加霜吗？而且，老师对于学生来说，是高高在上的权威，很难接近和依赖，同学们也是互不相关的个体，这样的环境让孩子没有安全感和归属感，容易引起孩子的社交障碍和情绪不稳定，所以，难怪孩子不愿意上幼儿园。而这样的幼儿园教育，其实就是小学教育的缩影，而学前教育顾名思义是"学"之前的教育，把知识教育提到学龄前，不是与学前教育的定义和宗旨相悖吗？

在薛涌看来，幼儿园的最大功能，是帮助孩子在感情上发育成熟，完成初步的社会化过程。从这个角度来看，中国的幼儿园并没有起到幼儿园该有的作用。在"学"的阶段之前让孩子读书，不仅不能让孩子真正学到知识，反而很可能压抑孩子的天性和创造力，使孩子的感情和心理受到挫折。如此一来，读幼儿园岂不是得不偿失。所以，妈妈千万不要迷信知识教育，孩子的一生有很多时间可以来学习知识，而不急于这一时。让孩子接受科学的早教，让他在顺应天性的寓教于乐的教育中身心得到良好发展，是学前教育的重点，也是孩子一生很好的转折点。

下篇

实用宝典——妈妈解决育子难题的妙招集锦

第一章

如何说孩子才会听，怎么听孩子才肯说

妈妈的定义不只是一个有养育教化责任的长辈，她也是孩子第一个也是最重要的朋友。良好的亲子关系，一定不是要让孩子惧怕你，而是要让孩子相信你、尊敬你。只有孩子相信你、尊敬你，你才能和孩子真正对上话，进行良好的沟通。

每天要有和孩子"单独在一起说话"的时间

读初中一年级的一个男生曾对老师说："我很害怕放假。"老师很奇怪，因为孩子们总是盼望假期快一点到来。在老师的追问下，他说："放假在家里，父母都上班了，只有我一个人在家，我很孤独也很害怕，没有人和我说话，爸爸妈妈根本不重视我，他们回到家里只会问：'作业写完了吗？''这一天你都干什么了？'他们从不知道我在想什么，也不和我聊天。晚上睡觉我从不拉上窗帘，因为我要和星星、月亮说话。我很想上学，因为学校里有同学，和同学在一起我感到很开心。"

一项"家庭教育大调查"显示，60%的妈妈每天与孩子相处的时间有4个小时左右：亲子共处时，最常从事的活动是：35%的妈妈在一起看电视，25%的妈妈在辅导孩子学习，剩下的则是游戏等。而妈妈每天和孩子说话的时间，则缩短在半小时以内，而且说的内容多是"教导性"的。

在这种情况下，家庭教育出现了"想要"和"需要"之间的落差，妈妈最想要的是：孩子功课棒、才艺佳、听话又乖巧。所以妈妈花时间与精力最多的，还是处理"课业与升学的压力""孩子学习的状况"等问题，然而对孩子最希望与妈妈分享的"心情和情绪"，他们的心愿就是妈妈能多和他们说说话，而不是总问："你今天的功课完成得怎么样？""今天你学会什么了？"

许多妈妈觉得给孩子吃好的、穿好的，关心关心他的学习，孩子就会感到很幸福。其实不然，要让孩子感到幸福，绝不仅仅是提供物质上的满足，更重要的是与孩子在精神上有很好的沟通。而每天抽出一定的时间陪陪孩子，就是与孩子进行精神交流的最好渠道。科学研究证明，最有威信的妈妈就是那些每天能安排一些时间和孩子说话的妈妈。

上班族妈妈们常常在跟时间赛跑，有时回到家时，孩子已经睡觉了，然而，聪明的妈妈仍能挤出时间陪陪孩子，和孩子聊聊天，分享他的心情、心事。即使能陪伴孩子的时间很短，但只要注重质量，仍然能让孩子感受到你对他的关心，建立良好的亲子关系，而当孩子得到妈妈的爱与关怀的时候，孩子的稳定情绪与自信心就会持续增长。下面这个妈妈就想出了一个聪明的方法：

我把抽出时间与儿子交流，列为每天的工作内容之一。我回家晚，就强迫自己每天中午抽出半小时，作为与儿子固定的"煲电话粥"的时间，在这点时间里，我用电话与儿子联络，问儿子学习有什么困难？老师对他有什么要求？在学校表现出色不？需要妈妈给什么帮助？开始，儿子吞吞吐吐，不太爱讲，但经不住我启发和开导，他便把学校的困难，与同学的交往，甚至有哪个同学欺负他，等等，都讲给我听。我帮他分析原因，指点做法，引导他正确处理，使他感到每次与妈妈"煲电话粥"都很愉快、都充满喜悦和信心。慢慢地，每天中午，我不打电话去找他，他就会给我打电话，向我汇报学习上的困难，讲述生活中的趣事、思想上的困惑。他还调皮地称中午时间是"妈妈时间"，是"热线时间"。

另外，注重与孩子的情感交流，是妈妈与孩子成为知心朋友的前提，在与孩子交流的时间最好选在吃饭时和睡觉前，因为这是孩子情绪最为平稳的时候。一个母亲，她从孩子很小时，就注意和孩子的情感交流。每天在孩子上床时都要问问他："今天过得开心吗？"孩子长大后，就形成了在睡前和妈妈沟通的习惯，有什么不顺心的事就像朋友一样告诉妈妈。有了这样的感情基础，孩子就容易接受妈妈的建议和忠告，很容易跟妈妈建立起朋友关系。

职场妈妈在工作时，可以暂时把孩子交给保姆、老人或是学校，但是谁也取代不了妈妈在孩子心目中的地位，你一定要多挤点时间陪陪小孩，因为孩子需要和妈妈"单独在一起说话"的时间，他需要从和你的说话中知道你对他的爱，从而获得安全感和幸福感，同时，他也需要可以依赖的你来帮助他分担一些喜悦痛苦。如果缺少妈妈的陪伴与沟通，孩子就容易"情感饥饿"。"情感饥饿"的孩子特别喜欢撒娇、任性，偶尔还会做出一些古怪的行为，以引起妈妈对他的注意，又或者极端地自闭内向、郁郁寡欢。当孩子出现这些情况以后，妈妈才发现自己的失职，而后悔不已，但也许已经来不及了，因为弥补受到伤害后的亲子关系，赶走孩子的"情感饥饿"，大概要花很长很长的时间，甚至永远也不能实现了。

"蹲下来"和孩子说话

在一个圣诞节的晚上，一位年轻的妈妈，带着5岁的女儿去参加圣诞晚会。热闹的场面，丰盛的美食，还有圣诞老人的礼物……妈妈兴高采烈地和朋友们打着招呼，不断领女儿到晚会的各个地方，她以为女儿也会很开心。但女儿几乎哭了起来，妈妈开始还是很有耐心地哄着，但多次之后，女儿坐到地上，鞋子也甩掉了。

妈妈气愤地把女儿从地上拖起来，训斥之后，蹲下来给孩子穿鞋子。在她"蹲下来"的那一刹那，她惊呆了：她的眼前晃动着的全是大人的屁股和大腿，而不是自己刚才所看到的笑脸、美食和鲜花。她明白了女儿为什么会不高兴，她"蹲下来"的高度正是女儿的身高。这一次，她知道了，只有"蹲下来"和孩子一样高，妈妈才能理解孩子的感受，妈妈才能真正和孩子沟通。

众所周知，只有两头高度差不多，水才有可能在中间的管道里来回流动，如果一头高，一头低，水就只能往一个方向流了。孩子与妈妈的交流也是相同的道理。如果妈妈总是站着面对孩子，妈妈与孩子的距离，就不仅是身高上的几十厘米，而是一代人与一代人之间的距离，是一颗心与一颗心之间不能沟通的距离。所以，"蹲下来"和孩子说话，妈妈与孩子才有可能平等地交流。

"蹲下来"，不只是指在生理的高度上尽量地和孩子保持相同的高度，而更重要的是指在心理上的高度要平等，是以平等的态度和眼光，用认真而亲切的态度，把孩子看成一个需要尊重的独立的人。因为只有在心理上妈妈不再居高临下，与孩子完全处于平等时，孩子才会把他的真实想法告诉你。这就是孩子为什么喜欢把心里话对自己的朋友说，却不愿与妈妈说的原因。

其实，是否"蹲下来"与孩子说话，只是一种方式问题，重要的是在妈妈心中，是否把孩子真正当作和自己一样，是具有独立人格的个体，这才是问题的本质。

美国精神病学家威廉·哥德法勃曾经说过："教育孩子最重要的，是要把孩子当成与自己人格平等的人，给他们以无限的关爱。"家庭内部民主平等的人际关系是孩子心理健康的"维生素"。尊重孩子，认识到孩子也是一个独立的人，有自己的情感和需要，放下做妈妈的架子，使孩子觉得妈妈和自己是平等的，这是妈妈为了孩子的健康成长而所应做的。

可是，在我们的生活中却常常可以看到妈妈站在那里，大声呵斥孩子："过来！""别摸！""去！去！去！别烦我"。从说话态度来看，妈妈用居高临下、命令式的语言语调和孩子说话显得很威风，可在孩子心目中的妈妈，却并不可敬，这样的沟通效果自然不好，而且妈妈很容易在孩子心里失去威信，久而久之妈妈说的话孩子也不会听，甚至孩子还会在心中产生厌恶妈妈的情绪。

无数事例证明，妈妈以居高临下的姿态来关心孩子，反而会使孩子产生逆反心理。只有妈妈转变姿态，像对待朋友那样去关爱子女，才有可能让孩子感受到平等。

妈妈只有"蹲下来"和孩子说话，真正同孩子建立一种平等尊重的朋友关系，才能使彼此拉近距离，相互敞开心扉，更好地进行沟通。

无论孩子的想法多么幼稚，也无论听起来多么没有道理，妈妈也要学会耐心倾听，让孩子尽情倾诉。妈妈还应该再学会多问一些为什么，比如孩子为什么会产生这样那样的想法，孩子为什么会认为自己的想法有道理，孩子为什么不赞同妈妈的看法等。

只要这样做了，妈妈与孩子之间的沟通和交流才会越来越多，越来越通畅。也只有这样，妈妈对孩子的教育才会越来越容易，妈妈同孩子之间的紧张关系才会越来越改善，家庭才会越来越和睦。有句话叫"家是休息的港湾"，这句话不仅针对夫妻如此，针对妈妈如此，同样对于孩子们也是如此。

总之，"蹲下来"和孩子说话，是增强孩子独立意识的有效方式。"蹲下来"说话，不仅仅是一种行为的表现，还是一种教育观的体现。只有怀着崇高的责任心和热切的期望才能"蹲下来"；只有把孩子看作平等的个体才能"蹲下来"。

只有"蹲下来"，妈妈才能平视孩子，才能获得和孩子坦诚交流的机会，才能真正明白孩子心中所想以及他们行为的真实动机。

尊重孩子的说话权，做会"听话"的妈妈

露露是小学4年级的学生，最近，张老师发现露露变了。

露露以前活泼开朗、上课积极发言，现在却变得沉默寡言，总是一个人发呆，学习成绩也下降了。老师经过细心了解，才知道了露露不爱说话的原因。

露露以前是个很活泼的孩子，每天放学回家后，都会把学校发生的趣事说给妈妈听，可露露的父亲是个对孩子要求非常严格的人，他把全部希望都寄托在露露身上，希望露露将来能考上大学，出人头地。

因此，妈妈对露露的学习抓得特别紧。他们觉得露露说这些话都没用，简直是浪费时间，因此，露露兴高采烈地说话时，父亲总是会打断他："整天只会说这些废话，一点用也没有，你把这些心思放在学习上多好，快去做作业！"

一次露露说班里发生的一件事，正说得兴高采烈时，父亲说："说了你多少次了，让你别说这些废话，你还说，再记不住，看我不打你！"吓得露露一个字也不敢说，回到自己房间里去了。

慢慢地，露露在家里话越来越少了，每天放学都闷在自己的房间里，因为父亲也不让她出去玩，渐渐地，她的性格也就变了。

从露露的情况来看，亲子之间的沟通交流是影响亲子关系、孩子性格发展的重要方面。许多妈妈都忽视了与孩子交流。不重视对孩子的倾听，时间久了，不良影响就会表现出来。

各位妈妈检查一下，平时的你是否有以下行为：

不注意孩子倾诉的需求，当孩子有话与你说时，总是以"忙"为由，不去倾听。孩子兴致勃勃地诉说时，你经常不耐烦地将其打断。

生活中，大多数妈妈对孩子在生活上十分关心，可在真正平等地对待孩子、注意孩子自尊等方面做得却很不够。

孩子学习和生活上有什么问题，在向妈妈诉说时，稍不如意，就被打断。妈妈不让孩子把话说完，轻则斥责，重则打骂，对此，孩子只能将话咽回去。据某一项调查，70％以上的妈妈承认没有耐心听孩子说话。

一旦孩子的想法得不到妈妈的重视，他们只能把自己的秘密埋藏在心里，做妈妈的也就很难知道孩子的所思所想，这样对孩子的教育就会无所适从。

孩子的说话权得不到妈妈的尊重，久而久之，孩子就会与妈妈产生对抗情绪，以致双方相互不信任，沟通困难。

妈妈不让孩子把话说完，一方面不利于孩子语言表达能力的提高，另一方面也使孩子产生自卑情绪。孩子对着妈妈诉说内心的感受，是提高表达能力、增强社会交往能力的极好机会。

孩子都渴望有人听自己说话，在大多数的情形下，孩子与妈妈不能沟通，就是因为只有人说话而没有人听。如果妈妈们能多尊重孩子的说话权，对孩子的倾诉多一点耐心，不急于打断孩子的话，那么孩子遇到事情时就会乐于向妈妈倾诉，与妈妈建立良好的沟通关系。

当孩子说话时，无论妈妈有多忙，一定要用眼睛看着孩子，不要随意插嘴，尽量表现出你听得很有兴趣。让孩子发表他的观点，完整地听他所讲的话，如果你在某一重要原则上表示不同意他的看法，应告诉他你不赞同他的什么观点，并说出理由。

在提出反对意见时不要过于武断，不应否定一切。即使孩子是在胡说八道，也要控制你的火气，不妄下定论，直到完全理解清楚。

妈妈应尽可能地与孩子交流。而且，应该试着用不同方法使得孩子愿意与妈妈交流。作为妈妈，在倾听孩子说话时，理应更细心、更富有同情心。妈妈应该努力地尊重孩子，从而营造出更加友好的语言氛围。

同时，妈妈应该学会正确"听话"，不打岔、不否定、不责备，以便孩子可以畅所欲言，也便于妈妈看清孩子的内心世界，在此基础上才能创造更多与孩子交流的机会。

每个孩子都有自己的心声，需要有个会"听话"的妈妈来倾听。妈妈尊重孩子的说话权，积极做个会"听话"的妈妈，才能够真正了解孩子的想法和感受，亲子之间才能良好沟通，建立和谐的关系。

用好肢体语言比说好口头语言更重要

妈妈与孩子之间的沟通障碍其实很大程度来自肢体语言。妈妈的表情和交谈时的肢体动作传达感情的程度决定了亲子之间的沟通质量。

心理学家认为，在人际交往中，肢体语言比口头语言能传递更多的信息。我们用语言所传达的信息不会超过所有信息的30%，而其余

70% 的信息是通过非语言的方式进行表达的。而在与年龄较小的孩子交往时，这种比重相差更加悬殊。据研究，在孩子语言能力没有成熟前，妈妈与他交流时，这种非语言的表达方式占 97% 的比重。

其实孩子对于妈妈的表情的敏感程度，远远超过了妈妈的想象。曾经有这样一个实验：让妈妈面无表情地看着 6 个月大、正在笑的孩子，结果，不一会儿，孩子就不再笑了。当妈妈离开后，再次回到孩子身边时，他根本就不看妈妈，故意不理会妈妈。实验证明，面无表情或郁郁寡欢的妈妈会很容易刺伤孩子的心。孩子虽小，但他能清晰地从妈妈的表情、动作上感受到妈妈的态度。

大一点的孩子更不用说了，他们更善于观察妈妈那些语言之外的东西。因此，妈妈在与孩子的交往中，不仅要留意自己的肢体语言所传达的信息，也要学会读懂孩子的肢体语言。

一个 5 岁的孩子撒了谎，对妈妈说："窗帘不是我弄脏的。"他很可能会在说完之后立刻用一只手或双手捂住自己的嘴巴；如果不想听父母的唠叨，他们会用手捂住自己的耳朵；如果看到可怕的东西，他们会捂住自己的眼睛。当孩子逐渐长大以后，这些手势依旧存在，只是会变得更加敏捷让别人越来越不易察觉。而在教育孩子的过程中，妈妈可以适当地运用肢体语言，这样可以强化妈妈口头语言的使用效果。特别是对年龄偏小的孩子来说，妈妈的肢体语言可以使他们柔弱的心灵受到莫大的安慰，例如，一个鼓励的眼神、一个温暖的拥抱，都会使他们觉得温馨，具有安全感。

又如在一些日常的小事中，妈妈也常可以利用肢体语言缓解孩子的心情。

孩子想妈妈了，被别的小朋友欺负时，可以把孩子搂在怀里，脸贴着脸，缓缓地拍着他的背部，嘴里可以轻轻地说些安慰话，孩子那颗惊恐失措的心会渐渐趋于平静。同时，在和孩子谈话时蹲着，让孩子平视你，当他说话不着边际时，妈妈都微笑着等他说完再发表见解，可以伴随一些手势和面部表情，使孩子觉得自己像大人一样被尊重。

或者和孩子玩游戏时，调皮的孩子故意耍赖，妈妈要么刮他们的鼻子，要么摸摸他们的头，再不然就亲亲他们……这时候孩子们开心极了，他们会围着妈妈又蹦又跳，显得异常开心。

总之，除了正常的语言交流，妈妈给予孩子的一个适时的拥抱或者一个轻轻的吻，都可以很好地激发孩子的积极性，让他们体会到妈妈的可亲可敬。而且对于那些调皮捣蛋的孩子来说，当他们犯了错误的时候，妈妈一个严厉的眼神，也许比责骂更有效果。

妈妈的一颦一笑，甚至同一句话使用不同的口气，都可以成功地向孩子表达自己的感情。适当地运用肢体语言，多给孩子一份关爱，妈妈们就一定会多收获一份欢乐，就让妈妈们多用一些肢体语言拉近与孩子之间的距离吧！

80/20——与孩子对话的黄金法则

作为妈妈的你是否经历过这样的情况：当你拖着疲惫的身体，努力地打起精神，准备和孩子好好沟通沟通时，不是被孩子三言两语给打发了，就是被噎得半天回不过神来。不但不能达到了解孩子的目的，还生一肚子气，逐渐丧失了和孩子谈话的兴趣，以至于越来越不了解孩子，越来越不知道该怎样教育孩子。因此，妈妈一定要学会与孩子交谈的技巧，而这个技巧，就是有名的80/20法则。

1897年，意大利经济学家帕累托偶然注意到英国人的财富和收益模式。他发现，社会上的大部分财富被少数人占有了，而且这一部分人口占总人口的比例与这些人所拥有的财富数量具有极不平衡的关系。于是，帕累托从大量具体的事实中归纳出一个简单而让人不可思议的结论：如果社会上20%的人占有社会80%的财富，那么可以推测，10%的人占有了65%的财富，而5%的人则占有了社会50%的财富。这样，我们可以得到一个让很多人不愿意看到的结论：

一般情况下，我们付出的80%的努力，也就是绝大部分的努力，都没有创造收益和效果，或者是没有直接创造收益和效果。而我们80%的收获却仅仅来源于20%的努力，其他80%的付出只带来20%的成果。

显然，80/20 法则向我们揭示了这样一个道理，即投入与产出、努力与收获、原因与结果之间，普遍存在着不平衡关系。小部分的努力，可以获得大的收获。起关键作用的小部分，通常就能主宰整个组织的产出、盈亏和成败。

　　所以，我们做事情应该要把自己的精力花在重要的少数问题上，因为解决这些重要的少数问题，你只需花 20% 的时间，即可取得 80% 的成效。而和孩子谈话，亦是如此。

　　妈妈和孩子能够顺利地交流思想，对于相互之间保持良好关系非常重要，妈妈希望孩子和自己讲讲他们内心的感受，这样妈妈就可以理解和帮助他们。如果我们问妈妈："你经常与孩子交流吗？"

　　得到的回答常常是："当然啦，我们经常说，可他一点也不听。"

　　其实，妈妈所谓的交谈，其中很大一部分是唠叨、批评、说教、哄骗、威胁、质问、评论、探察……这些做法不管出发点是多么好，都只会使相互间的关系更加紧张和充满敌意。试想，如果孩子是你的朋友，你总是板起面孔不管不问地说一大堆，你们的友谊还能维持多久？

　　妈妈们常常犯一个重要的错误，就是她们说得太多。她们过早地对孩子进行长篇大论式的谈话，并且还常用一些孩子听不懂的词。那些在孩子很小的时候就开始对他们讲大道理的妈妈发现，随着孩子年龄的增长，他们变得越来越不好管教。当他们长到十几岁时，他的妈妈又试图用严厉的惩罚来对待他们，但是已经听惯了大道理的孩子会比一般的孩子更不接受这种惩罚。

　　所以，要根据孩子的年龄和成熟程度把握好谈话的"度"。美国著名的成功学大师在教导人们怎样对话的时候，建议我们把 80% 的时间留给对方来发言，把剩下的 20% 的时间拿来提一些能够启发对方说下去的问题。可以说，对话的过程重在倾听，妈妈们更要懂得这个法则。

一般而言，最好对年龄小的孩子侧重管教，而对大孩子则多交谈。例如，告诉 2 岁的孩子电源是危险的不能碰，就不如把他的手一把拉开并严厉地说"不能碰"，以便他更能立即理解你的意思。

可是，如果你不对一个 13 岁的偷偷抽烟的孩子详细地解释尼古丁的害处，而是简单地责罚他，那么将不能收到好的效果。在这些青少年的世界中，他们需要大量的空间去表达自己，需要耐心的听众。妈妈们多多倾听，让他们说出自己的想法，并且及时解答他们的疑惑。这就像大禹治水，重在疏导，而不是想办法用东西堵塞。

当孩子厌烦了你的话语，甚至一听你的谈话就蒙着耳朵钻进被子里，不妨巧妙地运用 80/20 的黄金法则，作为妈妈的你就会发现其实我们可以花最少的力气取得最好的效果。

做积极倾听的妈妈，耐心地听孩子把话说完

一位母亲问她 5 岁的儿子："假如妈妈和你一起出去玩的时候渴了，一时又找不到水，而你的小书包里恰巧有两个苹果，你会怎么做呢？"

儿子小嘴一张，奶声奶气地说："我会把每个苹果都咬一口。"

虽然儿子年纪尚小，不谙世事，但母亲对这样的回答，心里多

少有点失落。她本想像别的父母一样，对孩子训斥一番，然后再教孩子该怎样做，可就在话即将出口的那一刻，她突然改变了主意。

母亲握住孩子的手，满脸笑容地问："宝贝，能告诉妈妈你为什么要这样做吗？"

儿子眨眨眼睛，满脸童真地说："因为……因为我想把最甜的一个留给妈妈！"

那一刻，母亲的眼里隐隐闪烁着泪花，她在为儿子的懂事而自豪，也在为自己给了儿子把话说完的机会而庆幸。

可以想象，如果上文中的妈妈开口训斥了孩子，那么她很可能听不到孩子的内心想法了，这样的误解和责怪不仅会伤害孩子的心灵，还会破坏良好的亲子关系。然而生活中，这样做的妈妈很多很多，所以才有那么多母子之间沟通有问题。其实，很多时候，妈妈多有点耐心听孩子把话说完，就能起到完全不同的效果。

耐心听孩子说完，是一种积极的倾听，但是积极倾听不完全是指默默地在一边听对方说话。积极倾听的核心是以平等的姿态，鼓励对方说出真心话。倾听者要暂时忘记自己或把自己的评判标准放一边，不管你对对方的言语或行为持赞成、欣赏还是批判、反对的态度，都要无条件地接纳对方，积极倾听关注更多的不是话语，而是对方的心理。积极的倾听不仅要感同身受地去体会对方的心情，而且要引导对方抒发情绪，宣泄不满、愤懑、悲伤、快乐、喜悦……

妈妈平日在生活上非常关心孩子，可在真正平等地对待孩子、关注孩子心理健康方面做得却很不够。孩子遇到一些问题，在向妈妈诉说时，不是经常被打断，就是不被重视，甚至是被指责。所以孩子只能将很多话咽回去。有时，妈妈只是机械地听孩子诉说，体会不到孩子在倾诉时的情绪，这种情况下，孩子的想法得不到妈妈的重视，他只能把自己的秘密埋藏在心里，做妈妈的就很难知道孩子的所思所想，这样妈妈对孩子的教育就会无所适从。另外，妈妈不尊重孩子的说话权，久而久之，孩子就会对妈妈产生反抗情绪，导致亲子沟通出现问题。一份调查显示：70％～80％的儿童心理卫生问题和家庭有关，特别是与妈妈对孩子的教育和交流沟通方式不当有关。另外，妈妈不懂得倾听孩子，也会从侧面限制他语言能力和社交能力的发展。

要学会积极倾听，最简单最重要的就是当孩子说话时，无论你有多忙，一定要用眼睛看着孩子，不要随意插嘴，尽量表现出你听得很有兴趣。让孩子发表他的观点，完整地听他所讲的话。对于青春期的孩子更是如此。

很多青春期的孩子往往有较强的逆反心理，他不喜欢听妈妈说话，更不愿向妈妈倾诉心事。但是，如果他向您谈起自己的往事时，请千万要耐心、感同身受地去倾听。他告诉妈妈，证明他在努力向妈妈敞开心扉，试图缩小与妈妈的心理距离。当他说出曾经所受的伤害时，就应当去接受，去理解，去发现更能治疗"伤疤"的方法。如果你在某一重要原则上不同意他的看法，应告诉他你不赞同他的什么观点，并说出理由。当孩子被积极倾听了，他也更加愿意倾听妈妈的话。

用孩子的眼睛看世界，孩子才会听你的道理

深冬的早晨，在一个犹太社区中心健身房外的走廊里，有个2岁的男孩突然大发脾气：他一下子趴到地下，又哭又叫，两脚乱踢，两手乱抓。而他的母亲就在他身旁却一句话都不说，放下手里的包袱，先蹲下，再坐下，后来索性全身趴在地上，使她的头和儿子的头成了一个水平线，两个人的鼻子也碰在一起。走廊里来来往往的人很多，大家都小心地绕开他们，尽量不去注意他们；母子两个旁若无人地趴在那里好半天。最后，孩子脸上的愤怒慢慢消失，显露出平静，哭叫声变成了耳语，终于把哭红的小脸靠在地板上，他的妈妈也同样把脸靠在地板上。孩子看母亲，母亲就看孩子。最后孩子站起来，母亲也站起来。母亲拿起丢下的包袱，向孩子伸出手来。孩子抓住了母亲的手。两人一起走过了长长的走廊，到了停车场。母亲打开车门，把孩子放在儿童座上扣好，亲了一下他的额头。孩子的情绪已经变得非常安稳甜蜜。而在这整个过程中，当母亲的居然没有说一句话。在一旁一直跟踪观察他们的作者，简直要情不自禁地为这位母亲鼓掌！

这是《一岁就上常青藤》这本书的作者薛涌讲述的发生在美国街头的一幕场景，母亲专心致志地趴在地上，仿佛要尽自己最大的努力从孩

子的角度来理解他发脾气的原因。正是由于这一点点虔诚的努力，两个人建立了默契的沟通，孩子平静了下来，而这位母亲自始至终没有说一句安慰孩子的话。也许你会感到很奇怪：既然母亲一句话都没有讲，是什么力量安抚了孩子原本不平静的脾气呢？

这位妈妈的法宝，就是用孩子的眼睛看世界，与孩子感同身受。而与孩子交流，首先最重要的就是要懂得用孩子的眼睛来看世界。在日常生活中，可能很多人都有这样的经验：当我们被人理解之后，内心就会感到温暖有助而心心相印，在这种情况下的人通常容易打开心扉畅所欲言。而当一个人感到自己不被人理解的时候，内心就会感到委屈孤独，什么都不愿意说，甚至是刻意疏远别人。成人都如此，更何况是孩子？所以，妈妈在爱护孩子、教育孩子的时候，也应该设身处地地把自己放在孩子的角度考虑他是否可以接受。

很多妈妈为与孩子沟通感到头痛：孩子心里有秘密不会告诉你；孩子遇到了难过的事情不会找你诉说，甚至孩子遇到了困难都不愿意找你来帮助。难道我们不爱自己的孩子吗？他们为什么要对我们充满了敌意呢？你的至理名言，被孩子当成了耳旁风；你苦口婆心的训导，让孩子感到心烦意乱。这到底是为什么呢？作为妈妈，如果不懂得从孩子的角度来和他交流，那一定会使沟通出现重重的障碍。

有一位妈妈，对自己的孩子很是头痛，因为她的孩子深深迷恋于游戏机不能自拔。爱子心切的母亲怀着恨铁不成钢的心情，每当看到孩子总会劈头盖脸地训斥一番，可是她不曾想过，孩子怎么会甘之如饴地接受她的责骂呢？虽然妈妈是出于对孩子的爱护，但是不可能收到良好的效果，反而会加重孩子的逆反心理。

但是另一位妈妈就很懂得教育的艺术，她在教育孩子之前用心体会了儿童的心态，虽然对孩子沉迷于游戏的状况感到担忧，但是使用了让孩子可以亲近的方式，比如用儿童式的语言问孩子："你今天的手气怎么样？有没有破纪录？"通过这样的问法，我们可以轻松得知孩子现阶段对游戏的痴迷程度，而且不会让孩子有所警觉。结果，这个孩子兴致很高，说："我今天打到了10000分。"这位妈妈的问话传递出的信息并不是对游戏的厌恶，而是好奇，所以让孩子觉得妈妈对游戏也很感兴趣，因为你们对同样的事物感兴趣而愿意和你交流，只要愿意和你沟通，以后的说服就会变得容易很多。

　　同时，当妈妈试图努力让自己用孩子的角度来看问题的时候，他们也会逐渐意识到应该学着用妈妈、老师的眼光来理解世界，这样，妈妈的价值观念，才能得以很好地传递给孩子。

　　如果妈妈细心地感受孩子的人生，不剥夺孩子自由的呼吸空间，那么孩子就能和妈妈好好沟通，就能听得进去妈妈的教导。所以，妈妈应该懂得用孩子的眼睛来看世界，努力让自己通过孩子的视角让他们掌握基本的做人原则，并鼓励他们用这样的原则来理解大人。

第二章
不打不骂教出好孩子的妙招

打骂不是教育孩子的好方法，不打不骂照样能教出优秀的孩子。成功的现代妈妈应该是懂得拒绝打骂和暴力的妈妈，应该是能够给孩子的成长创造快乐天空的妈妈。

"有心无痕"的批评和表扬才能对孩子生效

明明早晨喝完牛奶，随手把空牛奶盒从教室的窗户扔了出去，正巧打着楼下的一位学生。事情反映到老师那里，乱扔盒子的明明被班主任叫到了办公室。

"你知道这种行为的严重后果吗？"班主任厉声质问。

"老师，我错了，我以后再也不往楼下扔东西了！"这时，明明眼里的泪水已在打转。

"幸亏你扔的是纸盒，如果是铁盒、砖块呢，还不把人家脑袋砸破？"

"万一砸出人命来怎么办？"

……

班主任连连质问、斥责，由纸盒而铁盒而砖块而人命开始，说了一大堆，越说越严重，越说越玄乎，似乎还不满足，仍想继续"发挥"，但这时，明明已变得充耳不闻，表情淡漠了。

生活中有很多妈妈也会像这位老师一样，唠唠叨叨地对孩子批评一番，她们经常抱怨，为什么孩子总是听不进去教诲，对批评一点都不能虚心接受。那是因为长篇大论的批评已经超出了孩子的承受范围，致使他们感到麻木或是厌倦了。这好比孩子一次只能吃2根雪糕，你非得一次逼他吃掉10根，那他自然因为吃腻了而从此对雪糕丧失兴趣。

当人的机体在接受某种刺激过多、过强或时间过长的时候，人会调动"自我保护"的本能，出现自然的逃避倾向。这种现象被人们称为"超限效应"。

"超限效应"在家庭教育中时常发生。如，当孩子考试失败时，妈妈会一次、两次、三次，甚至四次、五次重复对一件事作同样的批评，使孩子从内疚不安到不耐烦最后反感讨厌。被"逼急"了，就会出现"我下次还这样，不学了"的反抗心理。又或者孩子是一个大大咧咧的人，他偶尔会把房间弄乱，而妈妈时不时都在念叨孩子不爱整洁、邋里邋遢，久而久之，孩子心生厌倦和反叛，他故意不打扫不整理，以此来响应妈妈的批评。

其实妈妈的本意是好的，想通过强调这个问题，使孩子记忆深刻，下次不再重复犯同样的错误。可是妈妈这种喋喋不休的说教、嘱咐、训斥，最终导致孩子出现了"超限效应"，不但无动于衷，反而异常反感。孩子本身对自己的错误是有内疚之感的，但是，如果妈妈咬住孩子的错误长久不放，过多重复的批评就会导致孩子产生厌倦之情。当厌倦淹没了悔恨自责，孩子就只记得对妈妈的不耐烦，而千方百计地为过错找借口，失去对错误的悔意。所以，孩子听不进去批评，妈妈要反思一下自己是否对孩子的批评超限了。

在教育中，不光是多批评会引发超限效应，多表扬也是如此。表扬过多以后，孩子会变得麻木，对称赞丧失兴趣，从而失去上进的动力。过多的称赞不仅会变得不值钱，甚至会使孩子认为妈妈很"虚伪"。所以，无论是表扬还是批评，都要掌握一个度。过少是妈妈的失职，过多则是妈妈的失误。

在表扬孩子时，妈妈要善于抓住孩子的"闪光点"，及时捕捉孩子的每一次、每一点进步，"对症下药"地对孩子的行为进行表扬，并要适可而止。点到为止、暗香余留的表扬是对孩子有持续吸引力的表扬艺术。当批评孩子时，妈妈更要讲究艺术。要切记：孩子犯一次错，只能批评一次。如果他再犯同样的错误时，可以变换角度来说他。比如孩子放学后写作业，每次写完后都不把书收拾到书包里，你可以批评他。但当他答应做到而又没有做到时，你可以和他一起想办法，比如建议他在"记事本"上记住每天要做的事。批评孩子，既要让他认识到自己的错误并心存自责，又要鼓励他下次积极改进，这才是批评的高级境界。

制定惩罚，不如先规定纪律

内科医师有一句座右铭，大概意思是："首要原则是不伤害病人。"妈妈也需要类似的规定来帮助自己，在约束孩子守纪律的过程中，不要对孩子情感上的快乐造成伤害。

纪律的关键在于寻找惩罚的有效替代手段。

布莱克夫人要去给那些犯过过失的男生上第一次课，她很担心。当她轻快地走上讲台时，绊了一下，摔倒了，教室里爆发出哄堂大笑。布莱克夫人没有惩罚那些嘲笑她的学生，而是慢慢站起来，直起身子，说："这是我给你们的第一个教训：一个人会摔倒趴下，但是依然可以再站起来。"教室里寂静无声，孩子们接受了这个教训。

这样的方法，所有的妈妈都可以仿效，使用智慧的力量，而不是用威胁和惩罚来影响孩子的行为。

当妈妈惩罚孩子的时候，孩子会怨恨妈妈，当他内心充满愤怒和怨恨时，是不可能听得进妈妈的话，不可能集中注意力的。在训诫孩子时，任何可能会导致愤怒的行为都应该避免，而那些会增强自信、增强自尊，并且尊重他人的方法应该大力提倡。

为什么当妈妈惩罚孩子的时候，会激怒孩子？不是因为她们不和蔼，而是因为她们不懂得方法。她们没有意识到她们的哪句话是有破坏性的。她们很严厉，是因为没有人告诉她们如何在不骂孩子的前提下处理棘手的问题。

一天，儿子贾宏从学校回到家，一开门就朝妈妈大声嚷嚷："我恨我的老师，她当着我朋友的面冲我大声叫，她说我说话扰乱了课堂秩序，然后她惩罚我，让我整堂课站在大厅里。我再也不要回学校了！"儿子的怒气让这位妈妈失去了平静，于是她不假思索地把心里所想的话脱口而出："你知道得很清楚，你应该遵守纪律，你不能想讲话就讲话，如果你不听话，你就会受到惩罚，我希望你已经得到了教训。"

当妈妈如此回应了儿子的烦躁情绪后，儿子也非常生妈妈的气。如果那位妈妈没有说上面那些话，而是说："站在大厅里多尴尬啊！当着朋友的面冲你嚷嚷也很让人丢脸！怪不得你要生气。没有人喜欢遭到那样的对待。"这样同情的回应说出了贾宏的烦躁情绪，会消除他的怒气，让他感到妈妈对他的理解和爱。

有些妈妈会担心，如果他们承认孩子的烦躁，提供情感上的急救，会给孩子传达出这样一个信息：他们不担心孩子的不良行为。但是，就像上面提到的妈妈一样，她儿子的捣乱行为是发生在学校里，而老师已经处理过了。她苦恼的儿子从她那儿需要的不是额外的训斥，而是同情的话语和理解的心情，他希望妈妈能帮助他消除心烦。

纪律就像外科手术，需要精确，不能随意下刀，不能草率地抨击孩子。不端行为和惩罚不是对立的两个方面，不能互相抵消，相反，它们会互相滋养、互相增强。惩罚无法制止不当行为，只会让肇事者在躲避侦查上更有技巧。当孩子受到惩罚后，他们会想办法更加小心，而不是更顺从，或更有责任心。

所以，妈妈们可以通过纪律使孩子自愿接受限制和改变某种行为。从这个意义来说，妈妈的训诫可能最终带来孩子的自律。通过认同妈妈和妈妈体现出来的价值，孩子内心会获得自我调整的标准。

对感受要宽容，对行为要严格

教育孩子的目标是什么？是帮助孩子成为一个正派的人，一个受人尊敬的人，一个富有同情心、能承担责任、关心他人的人。如何教化孩子？要使用人道的方法，在妈妈们努力教育孩子待人接物、为人处世时，要想有效果，就不能伤害他们的感情。

孩子从经验中学习。他们就像湿水泥，任何落到他们身上的话都能造成影响。因此，重要的是，妈妈们对孩子的感受要宽容，但对他们的行为要严格，要学会跟孩子谈话时不要激怒孩子，不要对他们造成伤害，不要削弱孩子的自信，或者让他们对自己的能力失去信心。

对待孩子的不良行为要严格，但是，对所有的感受、愿望、欲望和幻想，应该宽容对待，不管它们是积极的、消极的，还是矛盾的。像我们所有的人一样，孩子无法禁止自己的感受，有时候，他们会感觉到贪婪、色欲、自责、愤怒、害怕、悲伤、欢乐和恶心。尽管他们无法选择他们的情感，但是他们有责任选择如何、何时表达这些情感。

无法接受的行为并不是无法容忍的。试图强迫孩子改变无法让人接受的行为，结果是令人失望的。但是，依然有许多妈妈问自己无效的问题：怎么才能使孩子做家务呢？怎么才能迫使孩子专心做作业呢？怎么才能让孩子打扫自己的房间呢？怎么才能说服孩子在外面待的时间不要晚于她规定的时间呢？怎么才能让孩子的日常表现正常呢？

妈妈需要知道唠叨和强迫是没有用的。强制性的方法只能导致怨恨和抵触，外部压力只会带来违抗和不从。妈妈不应该把他们的意志强加在孩子头上，应该理解孩子的观点，帮助他们专注于解决麻烦，这样，妈妈才更有可能影响孩子。

例如，刚刚的妈妈对他说："刚刚，你的老师告诉我们你没有做家庭作业，能告诉我们出了什么问题吗？有什么我们能帮忙的吗？"

不管11岁的刚刚怎么回答，妈妈已经开启了一个对话，将会找到难题的源头，这样，就可以帮助刚刚承担起做家庭作业的责任。

孩子需要一个清晰的界限：什么行为是可以接受的，什么行为是不可以接受的。没有妈妈的帮助，他们很难不依照他们的冲动和欲望行事。当他们知道被允许的行为的清晰界限时，他们会觉得更加放心。

对妈妈来说，限制比强迫执行这些规矩要容易得多。当孩子向这些限制挑战时，妈妈应该学会灵活处理。妈妈希望孩子开心，当妈妈不允许孩子违反规则时，孩子可能会觉得不再被爱了，会觉得内疚。

"今天晚上不许再看电视了。"当12岁的冰冰的电视节目将要开始时，她的妈妈说道。冰冰很生气，喊道："你真小气！如果你爱我，你会让我看我最喜欢的节目，它马上就要放了。"母亲想要让步，对她来说，很难拒绝这样的请求。但是她决定不能有这个先例，她强制执行了她的规定。

因为有很多规定很难强制执行，所以妈妈要把规定按优先次序排列，并且让这些规定越少越好，以保证规定能够得以顺利执行。

当出了问题：要回应，而不是反应

在许多家庭中，妈妈和孩子之间的激烈争吵有一个规律的、可预见的顺序。孩子做错了什么事，或者说错了什么话，妈妈对此做出无礼、侮辱的反应。孩子则用更糟糕的行为来回答。妈妈再反击，高声恐吓，或者粗暴地处罚。

这样的方式解决不了问题。当孩子出现问题时，妈妈们正确的做法是回应，而不是反应。

10岁的雷特保证给家里洗车，但是他忘了。最后他才想起来，试图做好工作，但是已经来不及了，没有完成。

妈妈对儿子说："儿子，这车还需要再洗洗，特别是车顶和左边。你什么时候能做？"

雷特说："我可以今晚洗车。"

妈妈微笑着点点头："谢谢你。"

雷特的妈妈并没有批评他，而是告诉了他一些事实，语气没有丝毫的不敬和贬低。这让雷特完成他的活，而不会对妈妈生气。想象一下，如果雷特的妈妈批评了他，试图教育他，雷特的反应会有什么不同呢？

妈妈问："你洗了车吗？"

雷特说："洗了。"

妈妈开始不高兴了："你确定？"

雷特撒谎道："我确定。"

妈妈生气了："你居然说你洗完了？你就是敷衍了事，你从来都这样。你只想玩，你觉得你能这样过一辈子吗？你要是工作了，还是像这样草率马虎，连一天都干不了。你太不负责任了！"

这样的结果，不仅伤害了雷特的自尊心，而且对他的身心发展也非常不好。

从一些小意外里，孩子可以学到很宝贵的教训。孩子需要从妈妈那里学会分辨什么是仅仅让人不愉快、让人讨厌的事情，什么是悲剧和灾难。许多妈妈对打碎了一个鸡蛋的反应就像打断了一条腿似的，对窗户被打碎的反应就像心被敲碎了一样。对于一些小事，妈妈应该这样跟孩子指出来："你又把手套弄丢了，这很不好，很可惜，不过这不是什么大灾难，只是一个小意外。"这就是所谓的小意外，大价值。

丢失了一只手套不须要发脾气，一件衬衫扯破了，也无须像希腊悲剧里那样让孩子自己动手解决。

相反，发生小意外时，是传授孩子价值观念的好时机。

8岁的黛安娜把妈妈戒指上的诞生石弄丢了，她伤心地哭了起来，妈妈看着她，平静而坚定地说："在我们家，诞生石不是那么重要的。重要的是人，是心情，任何人都可能弄丢诞生石，但是诞生石可以重新替换。你的感受才是我最关心的。你确实喜欢那个戒指，我希望你能找到合适的诞生石。"

但是，当遇到孩子行为不当时，妈妈往往意识不到是因为不安的情绪导致了那样的行为。在纠正他们的行为之前，一定要先处理他们的情绪问题。

所以，当孩子遇到问题或遇到不开心的事时，这时候妈妈们最好的做法是回应孩子，让孩子心灵有慰藉，而不是做出反应、质问孩子。可大多数妈妈都没有养成向对方敞开心扉的习惯，甚至不知道孩子的感受及如何去感受。

如果让孩子说出自己的感受很难，那么如果妈妈能够学会倾听在他们愤怒的外表下所隐藏的担心、失望和无助，将会有很大的帮助。妈妈不要只针对孩子的行为做出反应，而是要关注他们心烦意乱的情绪，帮助他们应付难题。只有当孩子心情平静时，他们才能冷静地思考，才能做出正确的举动。

所以，妈妈的批评对孩子是没有益处的，它只能导致气愤和憎恨。而更糟的是，如果孩子经常受到批评，他们就学会了谴责自己和别人；

他们就学会怀疑自己的价值，轻视别人的价值，学会怀疑别人，甚至导致人格缺陷。

给孩子指导而不是批评

批评和评定性的称赞是"双刃剑"，两者都是在给孩子下判断。为了避免下判断，心理学家不会发表批评意见影响孩子，而是指导孩子。在批评孩子时，妈妈会攻击孩子的人品和性格。而指导孩子时，妈妈陈述问题以及可能解决问题的方法，但不会针对孩子本人发表任何观点。

一旦孩子说错了什么或是做错了什么，妈妈立刻摆出一副严厉的样子对孩子指手画脚，同时带有无礼甚至是侮辱性的批评语言。结果不但没有让孩子心服口服地接受批评，反而引起孩子的反感和顶撞。

吃早餐的时候，7岁的罗文在玩一个空杯子，正在餐厅打扫的妈妈对罗文说："你会打碎它的，不要玩了，你不知道打碎了多少东西。"

罗文自信地说："放心吧，不会打碎的，我保证。"刚说完，杯子就从手掌间滑落在地，摔得支离破碎。妈妈生气地说："你应该放声大哭。真是个大笨蛋，屋里东西全都被你摔坏了。"

罗文显得毫不罢休，他说："你也是个笨蛋，你曾经打碎了最好的盘子。"妈妈一听这话，气得从餐厅里冲出来："你竟敢说我是笨蛋？你太没礼貌了！"

罗文说："是你先没有礼貌的，谁叫你先叫我笨蛋的。"妈妈简直气得无话可说："不许说话，马上回到你的房间去。"

罗文看着妈妈生气的样子，来劲了："来啊！逼我啊！"

这种行为激怒了妈妈，她一把抓住他，狠狠地将他打了一顿。罗文一气之下离家出走，直到深夜才回来，把全家人急得一晚上没睡好觉。

也许，这件事情让罗文得到了教训，他以后再也不玩空杯子了。但是妈妈也应该得到教训，那就是应该用善意的语气指导孩子，使孩子避免再次犯错，而不是用暴力教训孩子。

其实，在孩子玩杯子的时候，妈妈完全可以提醒儿子"小心摔了杯子，割伤了手"，然后对孩子说："玩皮球是个不错的选择。"或者当杯子打碎时，妈妈可以帮助孩子处理玻璃碎片，顺带说："杯子很容易打碎，以后注意点哦。"这种和气的话很可能让罗文为自己的过错感到惭愧，继而会因为自己闯了祸而产生歉意。在没有斥责、没有巴掌的情况下，他甚至可能会在心里思考，并自己得出结论：杯子不是用来玩的。

当孩子出现错误时，批评对孩子往往是没有益处的，它只能导致怨恨和反感。而且，如果孩子老是受到批评，他就学会了谴责自己和别人，学会怀疑自己的价值，学会怀疑别人的价值，导致人格缺陷。所以，妈妈应该给孩子更多的指导而不是批评。妈妈可以从以下几个方面做起：

（1）孩子犯错之后，指导孩子处理问题。当孩子不小心碰翻了果汁，打破了杯子时，妈妈首先要做的不是批评孩子的错误，而是指导孩子怎样处理错误导致的问题，妈妈应该告诉孩子应该如何清理破碎的玻璃杯，如何把地板拖干净。

（2）孩子犯错时，不能辱骂孩子。无论孩子犯了怎样的错，你都不能辱骂孩子，如果你经常在孩子犯错后辱骂孩子，孩子就会朝你所骂的样子发展，假如你骂孩子是个坏孩子，他会慢慢变成真正的坏孩子；假如你骂孩子是个笨蛋，孩子真的会变成笨蛋。所以，如果你真的想让孩子在犯错之后改过自新，就要杜绝辱骂孩子，你只需实事求是地指出孩子的错误，告诉孩子怎么做就可以了。

（3）要及时和孩子交流，让孩子知道错误。孩子犯错了，你可能还不清楚原因。那么你需要和孩子进行交流，让孩子告诉你他是怎样犯错的，这便于你针对孩子的错误提供指导性的意见，最终帮助孩子改正错误。你可以对孩子说："现在没有必要惩罚你，而要搞清楚你是怎么犯错的，这样你才不会犯同一个错误。"让孩子明白，你并没有惩罚他的意思，他才可能放下心理包袱，和你进行交流。

每个人都希望得到指导而不是批评，孩子同样有这样的心理。这就要求妈妈在教育孩子的时候，多用善意的指导和关爱代替批评和责骂，这样孩子才会虚心地接受妈妈的教育和引导。

宽容比惩罚更有力量

宽容，有时候比惩罚更有力量。对人宽容，是做人的一种美德。而对孩子们宽容，则不仅是美德，还是一种教育艺术。

孩子涉世未深，难免会犯错，有时孩子犯错并非是有意的。儿童期是犯错误最多的时期，与成年人的犯错不同，孩子们大多不会明知故犯。也许，孩子出于好奇或无知，也许孩子不能像成年人一样控制自己的行为，这时妈妈需从心底里宽容孩子的过错。

此外，孩子在看待问题上，常常容易夸张或放大自己的问题，以为自己犯了错，妈妈再也不会喜欢自己了，如果妈妈再不能给孩子宽容，他可能会感到绝望。另外，如果因为一些无意的过错训斥、处罚孩子，不利于感化和教育孩子，成年人也会因此失去孩子们的信任。

格雷斯上初三年级时的一个星期六，提出要去庆贺同学的生日，并在人家那里吃晚饭。虽然母亲不愿意女儿晚上出去，又体谅她对友情的珍惜，并且答应了人家，一旦爽约是挺难为情的。所以，妈妈装作平静的样子同意了，问格雷斯几点回家，她答应晚上8点之前。当时她家刚迁入新址，妈妈不放心女儿夜归，与她约定晚8点在地铁车站等她。

那是一个寒冷的冬天。妈妈准时赶到地铁车站，等候女儿归来。不料，等了1个小时，也不见她的身影。妈妈又担心又气愤：言而无信，不知其可，今后再也不能相信她了！妈妈伸长了脖子，冻僵了身子，心里却火烧火燎。

又过了20分钟，格雷斯终于出现了。隔着好远，可以听见她急促的喘息声。显然，她是跑着冲出地铁口的。

妈妈使劲儿克制住自己的情绪，平静地问："回来了。"

"对不起，老妈，我回来晚了。"格雷斯一脸愧意，一边走一边解释。原来，那位同学家又远又不靠车站，而女儿去时迟了，人家不让提前走，加上归时又找不着车站，又等车又倒车，折腾下来就耽误了不少时间。

妈妈宽容地笑了，说："没关系，谁都可能碰上特殊情况，你回来就行了。"随后妈妈又与女儿分析，学生过生日，选在中午庆祝比晚上好，否则让多少人着急呀？而且大黑夜里东奔西走，也不安全，岂不扫兴？女儿听了连连点头，还夸妈妈很理解人。母女俩感情一下贴近了许多。

孩子做事不妥当或犯了错误，常常与他的生活经验不足有关，或者说与其社会化程度低有关。对于孩子做事的特点，妈妈们务必给予理解，做出合乎情理的分析，而不宜夸大问题的严重性，更不应曲解孩子的动机。

同时，孩子犯错误之后，往往有后悔自责之意，是接受教育的黄金时刻。此时，如果以宽容之心且和颜悦色，同其剖析事情原委及是非曲直，孩子可能句句入心、声声入耳，成为进步的一个推动力。相反，如果不问青红皂白，狠狠批评，不许辩解，孩子也可能因恐惧而撒谎、抗拒甚至出走等，使问题复杂化，甚至演化为一场悲剧。

也许可以说，宽容是一种智慧，是一种特殊的爱，是一种胜过惩罚的教育。

当然，教育也需要惩罚，惩罚不是体罚，是教育惩戒，是让孩子学会为自己的过失负责任。没有批评和惩罚的教育是不完整的教育。当然，批评和惩罚要讲艺术，事实上宽容就是一种深层意义上的"惩罚"。

然而，现在的妈妈对孩子往往缺乏一种宽容的胸襟。孩子有了过错，要么责怪谩骂，要么讽刺、体罚，要么干脆撒手不管，这都是不能宽容孩子的表现，这样的教育也无法产生积极的效果。

如何化惩罚为宽容，在孩子心中留下更好的印象？给妈妈们提出以下建议：

（1）保护孩子的自尊心。适当的时候给孩子个台阶下，或者为孩子保守秘密。批评孩子时首先肯定其某些良好动机是十分必要的。

（2）鼓励孩子以后不要犯类似的错误。与孩子分析教训所在，适当提出希望，告诉孩子错在哪里，怎样改正。

（3）与孩子一起评论是非曲直。如确实是孩子的错误，应该帮助其认识到错误，然后促其改正；如果不是，妈妈应反思自己的教育方式和态度，心平气和地与孩子交流。

（4）不要操之过急。孩子改正错误需要一个过程，妈妈要有耐心，不要期望孩子立刻就能把错误改正过来，应该允许孩子在改正过程中有一定的反复，可以多多留意孩子在一段时期内的变化。

宽容的力量更强大，"恨铁不成钢"的妈妈们，选择以宽容之心对待您的孩子吧！您将看到孩子身上闪耀着比以往更夺目的光彩！

第三章
怎样把学习变成轻松的事

学习并不如想象中那么难，凡是觉得学习困难的孩子，都是因为他没有遇到好的引导。只要妈妈用对了引导方法，孩子的学习就可以变得很轻松。

不要把学习暗示为"苦"事

很多妈妈从孩子小时候就向他灌输"学习要刻苦努力"的观念，以期培养孩子良好的学习态度，殊不知少有孩子会认同妈妈。因为人的天性是避苦求乐，妈妈将学习暗示为一种"苦"，孩子自然就对学习这件"苦差事"开始回避。

杜威认为，"凡是所做的事情近乎苦工，或者需要完成外部强加的工作任务的地方，游戏的要求就存在"。如果妈妈把学习暗示成一件"苦差事"，或者给孩子强加了很多任务和压力，使得学习成了一件"苦差事"，孩子就会想逃避、想玩耍而不想学习。所以，要想让孩子喜欢上学习，就不要把学习暗示成或者弄成一件"苦"事，因为没有一个人能在讨厌一件事的情况下把一件事做好。

所以，妈妈在督促孩子学习的时候，要让孩子学会轻松学习的态度，养成轻松学习的习惯！

首先，轻松学习需要劳逸结合，合理安排时间。心理学专家认为，每天要有充足的睡眠时间：初中生为9小时，高中生为8小时。为了更好地学习，每天至少要保证8小时的睡眠时间才能有充足的精力高效率地学习。

一个人的精力如同一根弹簧，你如果在它的弹性限度内拉开它，手一松，就会弹回去，恢复原来的状态。但假如你无限度地拉弹簧，超出了弹簧的弹性限度，当你再松手的时候，它就不会再恢复原状了。

如果孩子睡眠不足，每天"超负荷学习"，就好似超过"弹性限度"，时间长了，必定影响身体健康。同时，由于大脑连续工作时间过长，会疲劳不堪，从而孩子会感到学习很累，轻松更无从谈起，学习效率也会大大降低。孩子的大脑每天都处在兴奋和抑制的交替进行状态，即学习时大脑皮层兴奋，随着学习的进行，兴奋逐渐减弱，并出现抑制，这就需要使大脑得到休息。当孩子学习感觉到很累的时候，不妨就小睡片刻，这样精神就会很好，因为这时睡觉会马上进入梦乡，所以睡眠质量很高，可以马上补足精神，精神补足后，学习效率就会提高，学习也变得相对轻松起来。

妈妈可以帮助孩子养成学习中途休息不超过10分钟的习惯，因为超过10分钟，会较难收心。中午时分，如果能小睡一下，下午和晚上都会很有精神。另外，体育锻炼是休息的最佳方式，这是一种积极的休息方法，对提高学习效率非常有帮助。事实上，只有做到劳逸结合，学习才会变得轻松起来。

其次，轻松学习也要适合孩子的个性。在学习中，每个人的个性各有其优势，不必羡慕别人，别人的方法未必适合自己的孩子。丰富而自由的个性也是一个社会之所以具有丰富创造力的根本原因，没有个性的存在，没有个性表现的自由，就不会有创造力。

再次，轻松学习需要培养孩子的记忆力。许多妈妈认为，人的记忆力是天生的，无法培养。事实上，这种说法是错误的。没有一个人在生下来的时候就认识他的妈妈。他之所以能够认识自己的妈妈，是因为妈妈经常和他在一起。因此，人记忆力的好坏不仅与遗传因素有关，更重要的是和记忆的条件、方法有关。许多妈妈以为孩子记忆力不佳是资质比较愚钝，其实不然，大多数孩子记忆力差，是因为没有掌握记忆的规律，缺乏正确的记忆方法。只要妈妈有意识、有目的地加以培养，任何健康的孩子都是能够提高记忆力的，高效的记忆会提高学生的成绩。

最后，轻松地学习就要从压力中走出来！当自己的孩子感觉学习压力大时，告诉他们让他们自己彻底放松，从学习的压力中走出来。这时，可以听听音乐、做做运动，也可以出去散散步。

让孩子轻松地学习才会有快乐，同时，轻松地学习，也会使孩子的学习效率更高，学习效果更好。也只有在轻松的状态下学习孩子才能不被学习所奴役，才能发现学习的兴趣。

不规定具体时间，写作业心甘情愿

有一个妈妈曾介绍经验：她的孩子以前老是爱看电视，不知不觉就忘了写作业。等到想起来的时候已经很晚了，又害怕明天挨骂又想睡觉，结果哭了一场。

"哭完也还是要写呀，不然明天老师就要批评你了。我们陪着你写，好不好。"妈妈主动提出来陪女儿写作业，好让她尽快投入解决问题的行动当中，而不是把时间浪费在哭上。

"既然已经这么晚了，你写作业的时候要快也要好。如果草草写完，明天照样挨批，还不如现在就去睡呢。要写就把它写好了，这才值得。"女儿终于耐着性子把作业写完，安心睡了。

第二天，女儿回家，朝妈妈坏坏地一笑："幸好昨天做完了，老师今天对那些没写作业的同学可凶了，罚他们回家把昨天的作业再写 10 遍。"妈妈听了笑着说："昨天的滋味不好受吧。往后我们规定一个写作业的时间，平时分成两个，为看电视前和看电视后，周六和周日，就在早上、中午和晚上之间选择。当然啦，这个是由你来做决定的，你挑吧。"

吃过昨天的亏了，女儿当然心甘情愿地选择看电视之前写作业，周末，她有时候会和朋友出去玩，所以都选在早上早餐后做作业。就这样，这个女孩每天都很自觉地在看电视以前把作业做完，周六日吃了早餐也不要父母催，乖乖回屋写作业了。

上面的这个妈妈，最贴心的地方就是让女儿自己选择做作业的时间。一个人只会对自己的选择心甘情愿，如果可以选择不做作业，孩子们多半会选择不做，但是他们没有这个权利。在做作业上，他们完全不能还价。所以，在何时做作业上，妈妈们不妨"放权"，让孩子们自由选一个做作业的时间。

可能有的妈妈会担心：让孩子自己选时间，他们肯定会选越晚越好，能拖就拖。其实这是不信任孩子的表现，在你放下权力的时候，孩子能感受到你对他的信任，这其实是在强化"作业必须做"的意识，他们自己去选择时间，自然就会按照那个时间来做。如果孩子真的"厚脸皮"，出尔反尔，那多半是因为以前家长在他的面前做过这种说话不算数的事情。

分析一下孩子的心理，我们就能明白为什么他们不喜欢做作业。中小学生的作业往往是"抄十遍""做两套试卷"这样简单、重复的事情，缺少乐趣，单调乏味。孩子们实在难以拿出热情来爱上这样的作业；另外，孩子们的自觉性不高，也不能认识到学习对自己人生的重要性，脑袋里面就想着玩，让他们去做作业，简直就是压抑天性，何况老师和家长都是以命令的语气来告诉他们，要做多少，怎么做，何时交上来，就跟交房租时的心情是一样的。

对很多孩子来说，家庭作业犹如一场战争，既要和自己的惰性较量，又要和家长、老师较量。作业做得不好，孩子要挨批，家长看着也生气。想要让孩子爱上写作业很难，但是想要让孩子自觉做作业，不推三阻四，不敷衍塞责，也是有办法的。那就是让他自己选择做作业的时间，这一点很重要。

当孩子忘记做作业的时候，先不要提醒他，假装自己也忘记了这回事。等他自己想起来的时候，妈妈再出来"救场"，孩子才会教训深刻。如果他决定不做作业，那也不要紧张，明天他就会为自己这个决定付出代价了。这是一种成长的经历，妈妈们就做一个冷酷的"看客"好了。

把学习的时间交给孩子去选择，是在鼓励孩子自己决定自己的生活。何止学习的时间可以让他们自己选择，穿哪种颜色的衣服，看什么样的课外书，参加何种兴趣班，这些都可以让孩子们自己去选择。我们都知道"强扭的瓜不甜"，也听孩子说"我的地盘听我的"，何不做个顺水人情，让他们自己安排生活呢！妈妈们也乐得清闲，不为写作业这件事发火闹心，自己做自己的事情。这样的方法才是一劳永逸的。

多向孩子请教，"小老师"进步快

有一个叫小雨的孩子，平时学习成绩还不错，但是考试的时候总是不理想，妈妈分析觉得还是孩子的知识没有掌握牢固。

有一天，小雨正在背地理课本里面的地中海气候什么的，妈妈从外面进来，端了一杯水，笑着说："喝点水吧。你背的这个地中海气候是什么意思啊？"

"这是一个气候术语，就是根据地理气候的特点，把全球分成了不同的气候类型。不过地中海的比较特别，集中在地中海沿岸，所以就叫地中海气候。"孩子喝水的时候回答道。

"哦？地中海和别的地方有什么不同啊，妈妈从来没有想过那么远的地方会是什么样子呢。"妈妈好像真的想去看一看。

"地中海在这里，"儿子指着地球仪，"它的气候特点是……"就这样，孩子把地中海的气候介绍了一遍，又和别的气候做了比较，还顺便介绍了中国的气候特点。妈妈听得津津有味。

"哎呀，你们现在的教材真有意思，可惜我们当年没有这么有趣的书读。"

"妈妈，你要是喜欢，我往后经常给你讲讲？"小雨竟然主动提出了给妈妈上课，妈妈当即说好，并且定下每个双休日选一个下午的时间给妈妈上课，从地理到历史，除了数学都行。孩子自由备课，可以拟定试题、抽查考试、判分数、写评语……

当然，这个妈妈在背后也下了不少功夫，为了提醒儿子不要犯同一个错误，妈妈故意在孩子出错的地方做错，让孩子"纠正"，这样一个学期下来，"小老师"的学习成绩提高了很多。

这种学习方法看起来是在增加孩子的负担，其实是在减轻孩子的心理负担。孩子一直处于一个被安排、被教育的地位，很容易产生厌倦情绪，如果不及时疏导，就会积累成厌学、偷懒的坏毛病。妈妈以一个求教者的身份来接近孩子，孩子的情绪就会适当排解。

两个孩子在一起玩弹珠，当然是其中最会弹的那个玩得比较积极，输的那个不用几个回合就会觉得没有意思了；两个孩子同时学习，当然是成绩好的那个比较积极，总是出错，老被别人比下去的那个积极性会差很多。

无论做什么事，孩子总会在自己稍微有优势的方面表现得积极，比不上人家的方面就不积极。如果他老是没有邻居家的孩子考得好，学习起来自然觉得没意思，大人也是这样的。几乎谁都喜欢处在占优势的那一方，好控制局面。

但不是每个孩子的成绩都好，成绩相对较差的孩子怎么办？必须出现一个比他更弱的人，来增加他的自信心，这个人不是哪个倒霉的孩子，而是我们的妈妈。

当孩子在家学习的时候，妈妈总是以指导者的身份出现，告诉他哪个对哪个错，孩子的心里总是忐忑不安。如果妈妈能虚心向他请教，假装自己不知道，孩子的自信心反而会高涨起来。

这里最需要的，是妈妈的决心和耐心。如果有的妈妈喜欢麻将、逛街等，自然就很难有时间学习了。所以，妈妈适当地做出牺牲才能成就这种学习方法。

当然还有别的方式，比如让孩子给表弟表妹当老师，辅导他们的作业等，不过，这没有让孩子直接复习自己刚学的功课有效。给表弟表妹当老师时，大一点的孩子因为"有恃无恐"，可能养成没有耐心、急躁、伤害弟弟妹妹的行为习惯，所以要慎之又慎。

如果孩子觉得妈妈当学生很奇怪，你可以给他讲孔子不耻下问的故事，这个故事相信很多孩子也听说过。

孔子走在路上，听见两个孩子为太阳的远近争辩不休。一个孩子认为太阳刚升起的时候距离人近，但是到正午的时候距离人远，另一个孩子认为相反。

第一个孩子的理由是：太阳刚刚升起的时候像车篷般大，到了正午看起来就像盘子一样，这不是因为远的东西看起来小，近的看起来大吗？后一个孩子的理由是：太阳刚出来的时候感觉很清凉，到了中午就灼热起来，这不是因为越近感觉越热，越远感觉越凉吗？孔子听了他们俩的话，不能判断谁对谁错，于是拜小儿为师。

太阳的远近究竟是怎样的呢？这也可以成为孩子和妈妈讨论的一个问题。连大学问大智慧的孔子都虚心向孩子求教，妈妈学习也是很正常的，而且，孩子也能学会"不耻下问"这个词的真正含义。

妈妈在向孩子请教的时候，一定要投入请教的过程中，不能一看就知道是在"演戏"，那样孩子就没有认真教课的欲望了。如果妈妈能够提出几个有价值的问题来更好，挑战"小老师"，"小老师"再回去问老师，如此循环，孩子对知识就能理解得更透彻了。

"减压"比"拼命学习"更重要

青峰的父母在社会上都是有头有脸的人物，他们对青峰倾注了很多心血，同时也为青峰设置了极高的标准。在学习上，青峰必须争第一，在父母眼里，第二都不是优秀，只有第一才是赢家。为了达到这个目标，青峰从小学习时间就比其他孩子长，他没有时间看动画片，没有时间出去游玩，放学后不是参加补习班，就是到钢琴教室弹钢琴。青峰是个懂事的孩子，为了自己能使父母感到欣慰，他卖力地学习，所以，从小学到初中，他的成绩都很优异。但是，俗话说："打江山容易，守江山难。"好马也总有失蹄的时候，青峰偶尔也会失去第一名，而这种时候，父母就对他冷言冷语，怪他懒惰不知上进，逼他增加更多的学习时间……在越来越多的学习时间中，在越来越大的压力中，青峰的学习成绩反而越发不稳定了，第一名的次数越来越少，青峰的学习后劲也越来越不足，看着同学们进步非常，而自己却不进而退，他心里产生了巨大的挫败感和失落感，同时，本已经受伤的心还要面对父母越发严厉的批评，青峰最终崩溃了，他变得暴躁不安，情绪波动很大，并且经常失眠。他听不进去父母的话了，也不跟同学老师来往，把自己封闭起来。这样的状态深深影响了青峰的身体和心理健康。最终，他中考一败涂地，没有考上高中。

俗话说，"井无压力不出油，人无压力轻飘飘"。适当给孩子施压是应该的。因为望子成龙是每个家长的愿望。可凡事有个度，过重的压力会让孩子感觉到生命不能承受之重，出现逆反心理，反而事与愿违。父母给予青峰的巨大学习压力，是青峰身心受损的最根本原因。要想避免产生这种不良后果，父母就该改变"压力越大，效率越高"的错误观念。因为如果人的压力过强，就容易变得紧张，思维局促，甚至在极端的情况下，大脑会一片空白，这样的情况，当然不利于水平发挥了。只有在压力适度，人比较放松的情况下，人的能力才会得到充分的发挥。

从前，在山中的庙里，有一个小和尚被派去买油。在离开前，庙里的厨师交给他一个大碗，并严厉地警告他："你一定要小心，绝对不可以把油洒出来。"

　　小和尚答应后就下山到城里，到厨师指定的店里买油。在上山回庙里的路上，他想到厨师凶恶的表情及严厉的告诫，越想越觉得紧张。小和尚小心翼翼地端着装满油的大碗，一步一步地走在山路上，丝毫不敢左顾右盼。很不幸的是，他在快到庙门口时，由于没有向前看路，结果踩到了一个坑，虽然没有摔跤，可是却洒掉了1/3的油。小和尚非常懊恼，而且紧张到了手脚开始发抖，无法把碗端稳。等回到庙里时，碗中的油就只剩一半了。

　　厨师拿到装油的碗时，很生气地指着小和尚大骂："你这个笨蛋，我不是说要小心吗？为什么还是浪费了这么多的油，真是气死我了。"

　　小和尚听了很难过，哭了起来。

　　另外一位老和尚听到了，就问这是怎么一回事。知道了事情的经过，他就去安抚厨师，并私下对小和尚说："我再派你去买一次油，这次我要你在途中多观察你看到的人、事、物，并且回来后详细地描述给我听。"

　　小和尚想要推掉这个任务，说自己油都端不好，根本不可能既要端油，还要看风景。不过，在老和尚的坚持下，他只好勉强答应。

　　在回来的途中，小和尚发现，其实山路上的风景真是美丽啊。远方有雄伟的山峰，不远处有农夫在梯田里种地。走不久，又看到一群小孩在路边的空地上玩得很开心，而且还有两位老先生在树下的石凳那儿下棋呢。小和尚就是这样边走边看风景，不知不觉地就回到了庙里。当小和尚把油交给厨师时，发现碗里的油依然满满的，一点儿都没有洒掉。

妈妈对孩子的教育也应该这样，给孩子要求，但是不要给孩子太大的压力，孩子才能心情放松地去学习和生活。心理学家认为人的各种活动多存在一个最佳的压力水平。压力不足或者过分强烈，都不是一种好现象。比如一个整日混日子，没有什么理想的学生，很难有学习的兴趣；而一个对学习抱有太大的期待，过分追求学习功利性，学习压力过高的学生，势必会为自己制造巨大的压力，最终影响他的学习效率，而学习效率的下降，反过来又会增加他的压力。

压力过强和过弱都不好，那么什么样的压力水平才是最适度的呢？美国心理学家耶克斯和多德森认为，中等程度的压力激起水平最有利于效果的提高。所以，当孩子的压力超过中等程度时，妈妈记得要帮孩子减压，可以从以下几个方面做起：

（1）当学校老师为孩子们施加压力，让妈妈监督孩子学习时，妈妈最好不要让老师牵着鼻子走，而要做到"不管"和"不说"。孩子们已经够累了，就让他们在这种"不管""不说"中学会自我监督、自我放松吧！

（2）无论妈妈有多紧张，都应该尽量避免在考试期间，与孩子发生情绪上的冲突，增加孩子的压力。

（3）确保孩子作息正常。考试压力过大的孩子可能会在考试期间或者备考期间出现乱发脾气、头痛、发烧、肚子不舒服，甚至失眠等状况。调节孩子身心平衡，让孩子和平时一样吃好睡好，维持正常作息，孩子才能处于最佳状态。

（4）和孩子一起做运动。适当的运动，能够让孩子的紧绷状态松懈下来。几分钟的深呼吸，10分钟的暖身操，花半个小时去游泳、跑步，到公园散步，都是很好的解压方法。

饭后学习效率低，不如轻松小憩

很多人一谈到读书学习，总是强调"勤奋是成功之母""手不释卷""一寸光阴一寸金，寸金难买寸光阴"之类的名言。不能说这些名言没有道理，但真理向前多跨一步就可能成了谬误。勤奋程度大小、学习时间长短在一定范围内与成绩成正比，但绝不是越勤奋刻苦、学习时间越长，成绩就会越好。

小海今年升入初三了，他刚吃完饭准备看一会儿电视，这时正在厨房洗碗的妈妈说："初三了，学习这么紧张，不要看电视了，快去做功课。"小海只得无奈地走到书桌旁去学习。但是小海一看见书就发困，他强迫自己看书，眼皮却一直往下跌，实在困得不行了，小海就趴在桌上小睡一下，谁知道妈妈进来看见了，给小海劈头盖脸一顿说："你这孩子怎么这么不上进，叫你别看电视争取时间学习，你就在这里睡觉，人家其他同学这个时候肯定都是抓紧每一分钟努力学习呢，你还在这里浪费时间，看你考不上高中怎么办？"小海听了妈妈的话觉得很委屈，对妈妈说道："我又不是故意要睡觉的，就是太困了啊！我已经尽力强迫自己看书了，你一点也不体谅我！"母子俩争执完后，小海继续看书，但是现在他更看不进去了，这一晚上的时间就这样浪费了！

很多妈妈盲目要求孩子抓紧时间学习，而不重视学习效率和学习状态，造成孩子的学习事倍功半，甚至引起孩子的厌学情绪和不自信。就像上文中的妈妈，逼迫孩子饭后立马学习，结果得不偿失，这不能怪孩子，因为事实上饭后马上进入学习状态是不科学的。生理学上说，吃完饭之后，胃部需要大量的血液来消化、吸收刚吃过的食物，由于大量的血液参与胃部消化，大脑就会缺少血液供应，处于不清楚的状态。人们就表现出想睡觉、犯迷糊。如果此刻坐在书桌旁学习，学习效率会很低。而长此以往，对身体健康也不利。

一般说来，孩子持续学习时间越久，则疲劳强度越重，要消除疲劳就越不容易。如果孩子感到累时适当休息，不但可以迅速消除疲劳，头脑清醒了，也更易于接受理解新知识，学习效果好了，孩子的心态、信心也会大大地振奋。反之，如果妈妈不忍心"浪费"这宝贵的时间，当孩子已经头昏脑涨，眼睛干涩难忍，还要他"坚持"学习，此时大脑反应迟钝，对知识的理解力差，不仅学习不好，更令孩子身心受损。

列宁说过："不懂得休息，就不懂得工作。"学习本身就是一项复杂的脑力劳动，而大脑是唯一能够进行学习和思维活动的器官。要使孩子的大脑保持清醒，并在学习中维持一种兴奋状态，就必须确保每天有充足的睡眠和休息时间，因为休息可以使大脑的功能得到最大程度的恢复，这样才能最大限度地提高学习效率，而不会白白做一些无用功。

为了提高学习效率，让孩子的大脑保持清醒的状态，妈妈就要帮孩子平衡好学习与生活，为他合理安排适当的休息时间，让孩子做到劳逸结合，张弛有度。

（1）确保足够的睡眠时间。生理学家研究表明，中学生夜间睡眠必须保证 8 ~ 9 个小时。因为充足的睡眠对于学习最少会带来两个方面的益处：可以更好地巩固记忆，防止学习结束后带来的记忆干扰和记忆衰退；能更好地恢复记忆。

每天晚上早点睡觉，保证足够的睡眠，能让大脑得到充分的休息，第二天早起，早晨空气清新，头脑清醒，此时学习效率较高，而且，上课不会犯困，听课效果就会较好。这样才能为好成绩开一盏绿灯。

（2）学会间隙休息。休息可分为安静休息、活动休息和交替休息。安静休息是指睡眠和闭目养神。活动休息也称积极性休息，如散步、打球和轻微的体力劳动等，也可以是与他人聊天。交替休息是指将各种不同性质的学科交叉在一起来学习，如文、理穿插复习，这样，大脑皮层的神经细胞不仅不会疲劳，而且还会有相互促进的作用。

（3）用体育锻炼来调节。给孩子制定一个体育锻炼时间表，或者利用好学校安排的体育活动。比如认真上好课间操和体育课。这段时间就是专门用来锻炼的，既然无法做其他事情，与其马马虎虎对待，不如积极认真锻炼，达到健身的目的。周末假日，可以多带孩子到户外锻炼或野外踏青，和孩子一起打羽毛球、散步等。

（4）音乐可消除疲劳。在消除疲劳过程中，情绪因素很重要。积极向上、乐观、愉快的情绪能加速消除疲劳。优美的音乐能振奋情绪，引起轻松愉快的感觉。学生在学习间隙或学习之后，可以通过听音乐来达到消除疲劳的目的。

需要注意的是，所听音乐最好是没有歌词的。因为文字信息进入大脑，会影响大脑的休息；听音乐时不要想其他的事，必须陶醉于音乐中，这样才能完全放松，使疲劳得到彻底地消除。

学习计划，是把学习变得轻松有效的法宝

俗话说："凡事预则立，不预则废。"学习也是如此。一个人如果有了学习计划，就有了奋斗的目标；就可以对整个学习过程的目的、内容、方法、时间安排心中有数；就可以排除干扰、坚持学习；就可以学得主动、学得有成效。

所以，妈妈要教育孩子养成制订合理的学习计划的好习惯。让孩子在轻松的学习氛围中找到适合自己的学习方法，能够在学习中抓住重点，以提高学习效率！

有个叫瑶瑶的同学，学习成绩非常好。她常说的一句话是："学习应该是快乐的事，学习是为了增加快乐，而不是让快乐越来越少。"

实际上，在班里她也是最爱笑的人，时不时还来点恶作剧。一

到课堂上，她的眼睛就放光，举手最多的就是她。

别的同学看她学得这么轻松，非常羡慕，纷纷向她请教。她则拿出了一张计划表说："我全是靠它。"

她的计划和别的同学不一样，每天都用荧光笔标出了大大的"休息"和"玩"，她说："为了保证自己的自由活动和玩的时间，我必须提高学习效率，学得越快，玩的时间越多。"

在学习的部分，她从来不写学习的时间，写的是效果，最多的是"理解""运用"和"熟练掌握"等字样。

别人每天回家先写作业，她则先复习课堂上做的笔记，对照书里的例题，看明白了再写作业，这样就能非常轻松地做完作业。

每天写完作业，她只用10分钟的时间，把新的和旧的知识点都画到一张结构图上，是完全不看书画下来的。画的时候就等于把以前的知识温习了一遍，同时把新知识和旧知识有机地联系了起来。

在计划表上，她每天还留出了半个小时的时间，用来补漏洞。她把所有测验和作业中错过的题，都单独抄到一个本子上，每天补漏洞的时候，就从里面挑题目做，故意挑那些看起来比较生疏、印象不是很深的题，做对一次就打一个钩，做错一次就打一个叉，当一道题目能连续得到3个钩，她就认为自己彻底掌握了，就再也不会去碰它。

在孩子学习方面的培养上，妈妈要告诉孩子像瑶瑶那样为自己制订一个合理的学习计划，这样才能保证学习成绩的提高。计划合理就不会浪费时间，就能挤出更多的时间干其他的事情，这样对于孩子综合能力的提升是有很大好处的。

此外，妈妈在指导孩子制订学习计划的时候，要学会变通，当制订好的学习计划被打破时，让她学会及时调整学习计划。

当学习过程中出现了偏科，就应该花更大的力气来弥补自己的不足；当因为生病等原因无法保证学习时间时，也应该对学习计划进行调整，尽快把落下的科目补上。

那么应该如何引导孩子制订合理的学习计划呢？

首先，妈妈告诉孩子在学习计划中留出机动安排的时间。在每天的学习计划中，应该至少留出半个小时，作为机动安排。主要是用来回顾与复习，把前一段时间学到的知识点串起来，整理成一个系统，以加深印象，更牢固地掌握，把基础打得更扎实。根据各科成绩，合理调整时间安排。学习过程中常常会出现个别科目拖后腿的现象，这时就需要在计划安排上有所侧重，在成绩差的科目上多花一些时间。最好是在不影响正常计划前提下用机动时间来查漏补缺，每天至少要解决一个问题。

其次，妈妈还可以要求孩子每个学期要对学习计划的执行情况做一次总结。学期结束，根据考试成绩，总结一下，原来的学习计划是否得到了很好的执行，有什么具体的问题，在新的学期应该如何调整。

轻松有效地学习，才不会被学习奴役。轻松有效地学习才会有快乐，同时，也会使学习效果更好，让孩子发现学习的兴趣。

第四章
如何将学校教育与家庭教育配合好

家庭教育和学校教育，在孩子的教育中都是必不可少的两个部分。二者互相联系又互相影响，交互对孩子产生巨大的影响。如果妈妈把学校教育和家庭教育配合好，必定是对孩子教育的一大促进。

孩子需要妈妈帮助协调学校和家庭之间的关系

学校教育尽管不应该是教育的主导，但也绝不应该被忽视——那些自学成才者由于对学校的偏见常导致自己孩子的碌碌无为——这些人把对学校的偏见，倾泻到对教育的轻视上是不对的，他们虽然是学校教育的受害者，却是家庭教育的获益者——重视教育的母亲也不应该轻视学校，而应将它看成自己的助手。为了更好地培养孩子，妈妈应该协调好家庭与学校间的三大关系：

首先，妈妈要调节好老师同孩子的关系。

只有师生双方的关系融洽了，才能产生较好的学习效果。妈妈不能寄希望于老师能够找上门来同自己联系，最主动的做法便是自己经常与老师保持联系。

但是在现实生活中很少如此。往往由于妈妈没有同学校协调好，孩子在学校违犯了纪律，老师便通报妈妈，有时还指定让父亲来，因为怕妈妈心软不好配合。父亲被老师的一面之词激得火冒三丈，个别的甚至当着老师的面打孩子，而这样做的后果只能使师生矛盾加深，同时也伤害了自己与孩子的感情，还会使孩子感到走投无路，甚至被逼到邪路上去。

因此，这时真正的家庭配合应该是，冷静帮助孩子分析自己的错误，启发孩子理解老师的心情，指出老师是关心和爱护他的。老师虽然生气，只要他认真改正错误，老师就会欢迎。同时，妈妈要把孩子改正错误的决心转告老师，让老师对孩子不抱成见，对孩子进步充满信心。

其次，调节各科知识间的关系。

由于孩子对各学科的兴趣不同，常常出现偏科的现象。这种学习上的不全面发展，单靠老师是难以解决的，把希望寄托在孩子身上让他自行克服更是难上加难。学校老师只能在学习目的、学习方法上给予指导，但不能完全控制学生对每一学科使用的时间比例，这就需要母亲在家庭自学时间上给予调节，并提供相应的学习条件。

历史上那么多著名的曾被讥为"笨蛋""傻瓜"的天才中，他们几乎都是由于这种偏科导致的，他们本质上其实是神童，但是由于母亲没有及时予以调节，结果导致这些天才学生失去很多成长的机会，甚至真的成为笨蛋。毕加索等的数学极差，他们之所以最后能够成大才，一部分来自他们的努力，更大的原因在于他们的家庭对他们提供的非个人品质方面的支持。

但是，即使是有家族背景做后盾，如果母亲不加调节，学校的环境也同样会对他们的性格造成极大影响。拜伦是个大诗人，但他在学校时最讨厌诗歌，尽管他后来成为诗歌天才，但长期的压抑让他行为怪异、生活堕落。

最后，母亲还必须调节孩子之间的关系。

孩子上学要么与知识产生矛盾，要么与同学产生矛盾。知识上有老师引导，而在同学关系上则要靠母亲的关心。大多数母亲的眼光仅仅盯在分数上，常常忽略了孩子的交友，而一般孩子交上坏朋友后又千方百计地瞒着家里，等到产生不好的后果时妈妈才发现，却已经晚了。1951年物理学诺贝尔奖获得者沃尔顿便是如此，他的母亲一连换了三所学校，朝夕相伴，最后才让孩子走上正轨。所以，母亲必须调节好与孩子之间的关系。

这三大关系，妈妈应协调好，才更有利于孩子的发展。

家长会的日子不能成为孩子的"受难日"

珍珍 5 年级的时候，妈妈有一次去参加家长会。在家长会上，班主任表扬了珍珍成绩优秀，但也反映了珍珍的不足——上课不认真听讲。

妈妈为了了解具体的情况，于是会后就找各科老师交谈了一下。有不少老师反映珍珍上课不认真听讲，有时老师在上面讲话，她在下面嘀咕，甚至对老师的提问唱反调。

妈妈听到老师这么说，急了。于是回家后，妈妈就找珍珍谈话，向她反映老师说她上课不听讲的问题。可是珍珍却不这么认为，她觉得自己有时不听讲是因为自己对知识已经掌握了，但自己从未顶撞过老师。

妈妈不听珍珍解释，认为珍珍不愿面对自己的问题，把珍珍训斥了一顿，珍珍哭了起来。

从此以后珍珍上学，对老师都有点逆反情绪，而且也不太愿意与妈妈交流，成绩也一天一天下降了。

例子里珍珍的妈妈由于没有处理好老师、孩子之间的问题，把家长会的日子变成了孩子的"受难日"，才会最终导致孩子成绩的下降。如果当初珍珍的妈妈在向珍珍反映老师的意见时，也听听珍珍的解释，然后和珍珍一起分析问题的原因及解决方法，也许结果会大不相同。

现在有不少孩子害怕开家长会，尤其是那些成绩不怎么优秀的孩子，对他们来说，家长会就像是"受难日""成绩排名会""老师告状会"，回来后少不了受母亲的训斥或打骂。

其实，家长会，本来是家长通过和学校老师的沟通有效了解孩子的途径，却成为不少孩子的"受难日"。究其原因，在于听到老师反馈意见后的妈妈不知道如何将老师的意见转达给孩子。转达得不当，会对孩子产生干扰甚至打击，让孩子憎恨老师、讨厌学校、厌恶学习，甚至让孩子在自信、道德方面也会失去上进心和判断力，对孩子以后的发展都是极为不利的。

而有些粗暴的家长听到自己的孩子不听话、成绩不好后，回家就是对孩子一顿责骂或痛打，而不去反思自己对孩子的教育是不是也有问题，是不是不够关心孩子等。

孩子的心灵是敏感而脆弱的，对于老师提出来的问题，妈妈应该和老师好好分析一下，找出产生问题的原因，同时也要和孩子好好沟通交流，让孩子信任你，愿意向你倾诉他的困难和困惑，在妈妈的鼓励和支持下解决那些困难。

比如孩子的成绩下滑了，就要分析是不是自己的学习管理方案出了问题，和孩子交流学习上有哪些困难，帮孩子一起渡过难关。或者孩子不想上学了，就要向老师了解具体的情况，是不是因为受了老师的批评或受了同学的欺负处理不好和同学的关系，这时候更需要妈妈在一旁鼓励给孩子信心，而不能几句痛骂、几顿痛打解决问题。

妈妈一定要慎重、冷静对待家长会上老师反映的各种情况，别让家长会成了孩子的"受难日"，而应该让家长会成为孩子成长的一个助推器，帮助孩子解决问题，让孩子更好、更健康地成长！

学校和家庭把孩子放在同一个位置上，不让孩子做"两面派"

有些孩子在学校表现较好，勤快、助人为乐，成了一个遵守纪律的好学生，而回到家中则表现得为所欲为，衣来伸手、饭来张口，成了个无法无天的"小公主"或"小皇帝"；在家里是个"四体不勤"的小懒虫，在学校里却是得了小红花的"劳动标兵"……

孩子居然变成了"两面派"，这可怎么办呢？

7 岁的娟娟今年上 2 年级了，她活泼好动，非常聪明。

平时，爸爸妈妈工作很忙，每天都是早出晚归，于是爸爸妈妈就让娟娟每天放学后，到同住在一个小区的爷爷奶奶家吃饭，写作业。

渐渐地，妈妈发现娟娟到了爷爷家，就只看电视、玩游戏，很晚才写作业，又因为困的原因，作业总是潦潦草草。

于是这天，妈妈忍不住就对奶奶说："您应该先让孩子写作业，然后看电视，而且电视要少看。"

听这话，奶奶却不同意了，说孩子一天上学太辛苦了，回家得先让她休息好了，吃好了。娟娟的爸爸也为此和奶奶谈了好几次。

在一旁的爷爷看不下去了："我和你妈这种方式有什么问题吗？你们弟兄 3 个还不是照样给养大了？看看你们，哪个不像模像样的，我们教育孩子没问题！"

爸爸妈妈看在眼里，急在心里，只能暗地里抓紧教育孩子。可是，娟娟一旦在爸爸妈妈那里被批评，就会跑到爷爷奶奶那里含冤告状。

等奶奶批评儿子的时候，娟娟就偷着乐。而且，娟娟还特别会哄奶奶，总是让奶奶心疼得不得了，更加卖力给孙女撑腰。

妈妈看到女儿小小年纪就懂得了"两面派"的做法，这让她特别着急，如果在家里，就这样为人处世，那等到孩子长大了，步入社会该如何是好呢？

现实生活中，没有一个妈妈愿意自己的女儿是个"两面派"。可事实是，偏偏有许多孩子不以你的意志为转移地成了"两面派"：有的在家里是个多嘴的"小八哥"，在学校里却是个闷嘴"小葫芦"；有的在家被妈妈管得太严格，不准干这干那，一到了学校就成"小霸王"，让别的孩子望而生畏；有的在爷爷奶奶面前是个听话懂事的乖孩子，在爸爸妈妈面前却成了调皮捣蛋的"小恶魔"……

这究竟是什么原因呢？

有关专家分析指出：这些拥有"两面派"的孩子，其实掌握了老师、妈妈的心理。孩子常常按照老师、妈妈的喜好来表现自己，希望获得表扬。

当孩子面对的对象改变了，孩子就急于把自己的另一面变本加厉地表现出来。

孩子通过观察，知道老师不能容忍哪些行为，她就会避免做这些讨老师嫌的事情，多做老师喜欢的事情，自然就成了学校里的"好学生"。

同样，孩子也通过观察，知道妈妈能容忍她的哪些行为，所以她在家里就经常会做这些事情，因为知道你不会责罚她，仍然会爱她。

一般情况下，妈妈的容忍度要比老师大很多，再加上老师固有的权威性，使得孩子在学校里显得比在家里乖很多。

儿童心理学家说，孩子最要不得的，就是从小"两面派"。当面一套，背后一套，"两面派"将影响到孩子健全人格的培养。学校和家庭如果能把孩子放在同一个位置上，孩子"两面派"的现象会减少很多。

对此，妈妈可以一方面了解孩子在家里的表现，一方面和老师联系，了解孩子在学校里的表现。了解老师对孩子的要求，并与老师交流孩子在家中的表现，和老师一起共同教育孩子。大多数孩子都对老师言听计从，把老师的话当圣旨，只要是老师说的，孩子都会去做。

在这种情况下，妈妈可以和老师交流一下，请老师帮忙，通过老师约束孩子在家里的行为。另外，父母的教育也应一致。严父慈母或严母慈父，一个"唱红脸"、一个"唱白脸"的教育方法容易导致孩子对父母的态度不一样，也容易养成孩子"两面派"的性格。

要改变和预防孩子对父母态度不同，妈妈应做到对孩子存在的问题心中有数，在教育孩子时，父母应该互相配合，当其中一方批评孩子时，另一方不要袒护，尤其不要在孩子面前指责对方，应该互相配合、协调一致。此外，父母和老师对孩子所提的要求应一致，这样才不致孩子成"两面派"。

上学不等于"全托管"，家校互补才能教育好

"老师，孩子送到学校，就交给你们了！"很多妈妈会对老师说这句话。这说明虽然现在越来越多的妈妈意识到家庭教育的重要性，并越来越重视家庭教育这一模块，但依然还有少部分妈妈存有这种"把孩子完全交给老师"的意识，以为把孩子送到学校就如同送到了"保管箱"一样，由此之后可以完全不管，只留给老师教育就好。很多妈妈很想和这样的妈妈说一句——孩子上了小学，并不等于"全托管"。换句话说，学校不是幼儿园，小学老师除了教给孩子知识，还要教给孩子全方面综合能力和思想品德，要想孩子的教育出成效，妈妈就要全力配合，只有"三位一体"的教育才能出成效。

教育不是教师单方面可以完成的，这是一个需要社会、家庭通力合作的系统工程。真正富有魅力的教育，永远是教师——班级——孩子——妈妈的一对一。在这当中不难看出，没有家庭教育的学校教育，或是没有学校教育的家庭教育，都不是完整的教育，学校教育必须依靠家庭教育的配合和支持，家庭教育必须与学校教育协调一致。我们会通过家校联系 QQ 群、家校联系本、随机交谈、妈妈座谈会、电话随访等多种途径，加强与家庭的联系，帮助妈妈遵循教育规律，加强自身修养，提高家庭教育的水平，使家庭教育和学校教育形成合力，让妈妈成为我们研究的有力支持者和协助者，使孩子在家中能及时巩固学校学到的习惯，从而真正养成良好的行为习惯。再有，教育好孩子，离不开妈妈的素质，更需要妈妈的直接熏陶。只有好素质的妈妈，才有好素质的孩子，所以作为妈妈，应通过与时俱进地学习提高自己的教育方法和道德素质，让孩子有一个好榜样。

重视家教的妈妈也不该轻视学校

在过去，稍稍有点学识的母亲便充当孩子老师的角色，但是，在信息发展越来越快的今天，让妈妈仍然充当孩子无所不能的老师似乎已经行不通了。那种幻想只凭自己的双手便能构建孩子人生的想法已经显得越来越天真。由于学校在孩子知识教育中也起着十分重要的作用，这就要求妈妈不仅要懂得对孩子进行早期智力教育，而且还要懂得如何与学校教育进行教育上的协调。

在关于学校教育这个问题上，有时妈妈会表现出两种极端。一种是把孩子全权交给学校，而妈妈们不再承担任何教育的责任，而另一种极端就是认为学校教育无用，因此不加重视。而造成后一种类型的原因，多是由于自身对学校教育没有好感，甚至自身就是学校教育的打击对象。他们之所以成长，与其说是学校培养的结果，倒不如说是自学的结果。由于他们对学校有偏见，对自己孩子的学校教育自然不加关心。

有相当一部分杰出人物的后代为此而断送了他们的才华，碌碌无为地度过了他们一生。爱迪生的后代就是其中之一。

爱迪生是一个对学校没有好感的人，他对孩子的读书态度是"如果一个男子抱有雄心壮志，他不需要进大学。"他前妻的观念也如此。前妻同他生的3个孩子，由于无人管教，结果一事无成，甚至连自食其力的能力也没有，只能靠爱迪生给他们买的农场生活。而与其妻成鲜明对照的是其后妻对孩子教育极严，她不但把她同爱迪生所生的3个孩子送进了大学，而且其中的一个孩子后来还成了该州的州长。

相同的父亲，重视与不重视教育，结果就如此迥然相异。

这一类型的妈妈，她们的错误在于对教育的轻视。他们忘了自己虽然没有受到良好的学校教育，但是却受到了良好的家庭教育这一事实。

像爱迪生，是当过老师的母亲承担着他的教育任务。当母亲发现他特别喜欢物理和化学后，便专程上街给他买了本《派克科学读本》，这本书当时极有影响，专讲物理和化学上的实验，有简单扼要的说明，有详详细细的插图，爱迪生也就是按照上面写的一个一个地做实验的。

而爱迪生之所以后来可以取得成功，正是由于他得到了这么好的家庭教育。所以爱迪生尽可以对学校有偏见，但决不应该对教育有偏见，不能将学校教育和教育混为一谈。

与爱迪生形成鲜明对比的，是那些不仅受到良好家庭教育，而且受到良好学校教育的伟大人物，他们在对待自己孩子的教育问题上就表现得大不一样，因为他们深知，这两种教育缺少任何一种，都难以让孩子取得重大成就。最典型的代表就是玻尔家族，他们家族不仅已经几代兴旺，出现了两代诺贝尔奖获得者，且新的一代也崭露头角，以至有人这样预言，如果再有家族获诺贝尔奖，最大的可能便是玻尔家族了！

虽然教育的主权不在学校，而在家庭，但是妈妈们要分清主职与助手的关系。也就是说，学校尽管不应该是教育的主导，但却是教育的助手。让助手顶替主职当然不对，但让主职包揽助手的事务也不正确。

忽视家庭教育而将教育的责任推给学校当然不对，但忽视学校教育而企图以家庭教育代替学校教育也同样不对，这种做法最后也会窒息孩子的成长。

因此，对于妈妈来说，当自己给孩子提供了最好的早期智力教育之后，就需要将孩子送进学校了。但这并不意味着母亲智力教育方面的结束，相反却是一个新的知识教育时期的开始，在这样一个时期里，妈妈虽然不需要授课、讲解，但是却需要她为尚不懂事理的孩子进行指导与协调，而这一工作也是孩子入学后母亲教育工作的新的重心。

所以，如果妈妈真的想让自己的孩子健康成长成才，学校教育是绝不能轻视的。

图书在版编目 (CIP) 数据

教子有方 / 侯海博编著 . -- 北京 : 中国华侨出版
社 , 2020.6

ISBN 978-7-5113-8202-3

Ⅰ . ①教… Ⅱ . ①侯… Ⅲ . ①家庭教育 Ⅳ . ① G78

中国版本图书馆 CIP 数据核字 (2020) 第 078276 号

教子有方

编　　著：	侯海博
责任编辑：	姜薇薇
封面设计：	冬　凡
文字编辑：	李　波
美术编辑：	李丝雨
经　　销：	新华书店
开　　本：	880mm×1230mm　1/32　印张：30　字数：803 千字
印　　刷：	三河市燕春印务有限公司
版　　次：	2020 年 6 月第 1 版　2021 年 2 月第 2 次印刷
书　　号：	ISBN 978-7-5113-8202-3
定　　价：	168.00 元（全五册）

中国华侨出版社　北京市朝阳区西坝河东里 77 号楼底商 5 号　邮编：100028

法律顾问：陈鹰律师事务所

发 行 部：（010）88893001　　传　真：（010）62707370

网　　址：www.oveaschin.com　　E-mail：oveaschin@sina.com

如果发现印装质量问题，影响阅读，请与印刷厂联系调换。

如何说孩子才会听，
怎么听孩子才肯说

侯海博———编著

中国华侨出版社

北京

做父母的都对孩子拥有真挚的爱，都愿意尽其所能地给予孩子最好的，同时期望自己的孩子能成龙成凤。但家庭教育不仅需要爱，更需要方法。为人父母的你，是否常常觉得和孩子有距离感，常因各种问题发生争执？是否常为孩子不听话、不懂事、太费心而苦恼，以致让家里整天充满了呵斥、吵嚷声？是否觉得孩子对你的叮嘱和教导不理解不接受，甚至故意对着干？

当家庭教育出现类似问题时，父母大都把矛头指向孩子，并为其加上一堆让自己难过、让孩子痛苦的"罪名"，却绝少会换位思考，首先分析自己的态度与行为。殊不知，没有教育不好的孩子，只有不会教育的父母。成功的家庭教育，首先源于良好的亲子沟通，而失败的家庭教育，一定是沟通出了问题。所以为人父母者需要学习沟通的技巧，在"如何说""怎么听"两方面多多用心，善于说更要懂得听。

巧妙说孩子才会听，善于听孩子才肯说。父母恰当的语言能搭建起与孩子心灵对话的虹桥，父母用心倾听才能捕捉到有效信息，找准教育的切入点。父母要及时沟通，消除隔阂，清扫孩子内心的尘埃，帮孩子营造一片晴朗的天空。要听出孩子的潜台词，说到孩子的心坎里，以父母、老师同时是好朋友的身份，陪伴孩子健康快乐地成长。

为了建立这个快乐沟通的平台，本书围绕"如何说""怎么听"两个主题，综合教育专家的建议，从以下几个方面进行了探讨和实践：

1. 帮助孩子面对他们的感受。

2. 鼓励孩子与我们合作。

3. 鼓励孩子自立。

4. 表扬，不要贬损；批评，不要伤害。

书中结合家庭教育的典型问题，阐述了完美亲子关系的本质规律和关键点，辅以大量的常见场景和问题加以说明，提供了可行的思路和操作性建议，让父母切实掌握这些技巧，并灵活运用，随时应付各种情况。书中提供的互相尊重而又切实可行的沟通方法，仿佛一把打开孩子内心世界的钥匙，能指引你切身体会孩子内心的感受，把和孩子的矛盾化解于无形之中，缓解所有年龄段孩子与父母的紧张关系。

换种方式教育你的孩子吧。让成人蹲下身子进入孩子的世界，让孩子像成人一样和父母对话，这种沟通的形式一旦建立，就能创造家庭的快乐与和睦，让孩子在你的引导下身心健康，快乐成长。当掌握了说服和倾听的技巧，你的一句话，可能会照亮孩子的一生，你的一次真挚倾听，可能会轻易化解孩子内心郁积的风暴雷鸣。

第一篇

帮助孩子面对他们的感受

第1章　你是"独裁家长"吗

独裁家长让孩子的内心很伤悲

著名的钢琴演奏家郎朗出了一本自己的传记——《千里之行：我的故事》。在书中，他回忆起自己的童年，不免一阵心酸："爸爸以为我贪玩，没有准时学钢琴，歇斯底里地吼叫：'我为了你放弃我的工作，放弃我的生活！你还不练琴，你真是没理由再活下去了，只有死才能解决问题……'"说完这些话，爸爸竟真的拿起一个药瓶让他全部吞下去！回想起过往种种，郎朗仍心有余悸。

"每年的年三十，我也必须练琴八小时再吃年夜饭，菜都凉了……小时候，父亲对我太激进了，其实那是对小孩的一种摧残。"郎朗面对来访者当着父亲的面如是说。

当爸爸看到郎朗书中所写的这些时，却似乎"想不起"那些事了。"我也是该严的时候严、该松的时候松，我也曾经骑着摩托车带他去抓过蜻蜓啊！"

"就两次！"郎朗马上说明。

一脸窘迫的爸爸立即承认："当然，我也有把你的变形金刚踹了的时候！"

总之，郎朗对爸爸的总结是："独裁！"

郎朗的专辑在美国畅销，被称为钢琴神童。但他想到童年的记忆时只说："我心里曾经很悲伤！"可以想到，在那些刻苦练琴的日子里，他的心里有太多的无奈和委屈。

其实，说起来，"独裁家长"并不是一个新词汇。如今，大多数家长在教育孩子的时候总是以成人的眼光去要求孩子——什么事情该做、什么事情不该做，都是家长说了算，完全忽略了孩子的感受。因为大多数家长都有一个念头，那就是——我这样做是为了你好。不可否认，天下所有的父母都盼着自己的子女能有一个美好的未来。但问题是，我们不能因此就完全忽视孩子的感受。要知道，逼着孩子按照我们的要求去做，也许孩子会在我们的高压之下选择"乖乖地顺从"，但是不能让孩子从内心真正认同，结果就会导致亲子关系越来越紧张、疏远。

曾经有一个女孩，学习优异，各方面的表现都不错，但是她说自己不愿意和父母说话。是什么原因阻碍了他们之间的交流呢？让我们来看看这个小女孩内心的真正想法吧。

小学时，我成绩优异，一直担任班干部；初中时征文也屡屡得奖，然后我考上了最好的高中；接着考上了不错的大学，年年拿奖学金，做了团支书，入了党……我妈说我让爸爸很有面子，但我知道，这些不过是他有面子的资本而已。

我从小被要求要出类拔萃，做这做那，一直到现在。我不忍心让父母失望，也从没让他们失望过。但是在这个过程中是他不断地要求，而不是一个爸爸对女儿的爱。

读完这个女孩的内心独白，也许你会觉得这并不能说明父母不爱她，只是教育方式让孩子不能从感情上接受。很多家长都习惯于要求孩子做这做那，他们一心为孩子好，但遗憾的是，他们从来没有问及孩子的真正感受，没有问过孩子是否喜欢这样的安排。而他们这种爱之深责之切的做法，在孩子看来，不过是一种独裁和霸道，甚至被看作一种投入与产出的关系。这样教育的结果，就是你对孩子再好，为他（她）付出再多，他们也不会从内心深处感激你，相反地，说不定还会对你的"独裁"怨声载道。

让孩子按照家长划定的路线去走，还需要看一看孩子是否能承受这份压力。如果父母给孩子的压力过大，不仅会适得其反，甚至可能会引发孩子的一系列心理问题。

因而，家长应该与子女建立一种平等、民主的关系，而不是家长"说了算"的独裁家庭关系。家长需要教育子女，但同时也要接受子女的建议，从传统的封闭式教育模式转向开放教育模式。

【如何说怎么听之现场演练】

测测你有"独裁"倾向吗？

你觉得自己是一个独裁的家长吗？你觉得自己是一个事事都要求孩子的家长吗？通过下面这样一个测验，来看看你是否有独裁的倾向：

1. 当孩子说："爸爸，我今天很不想去上学，我想休息一天。"

你的第一反应会是什么？

发怒的反应：_____

平和的反应：_____

2. 当孩子说："妈妈，我觉得报兴趣班这件事情，我自己做选择就可以了。"你还会继续干涉孩子吗？

干涉的做法：_____

不干涉的做法：_____

3. 当孩子说："妈妈，晚上七点钟有我最喜欢的动画片，我想先看完动画片再做作业，只花费 3 分钟的时间。"你会同意他先看动画片吗？

如果你会同意：_____

如果你不同意：_____

4. 当孩子说："周末的下午，我有两个很要好的同学会来找我玩。我能不能不去爷爷家？"遇到这种情况，你会怎么答复？

同意孩子的说法：_____

不同意的说法：_____

通过上述四个问题，你完全可以给自己一个公正的判断，如果你在这些事情的做法上习惯于强制孩子的意愿，你很有可能有一些独裁倾向。

那么，如何使我们的心变柔软，如何让孩子从内心深处接纳我们呢？

孩子为何不告诉你他在想什么

著名教育家魏书生说过："走入孩子的心灵世界中去，你会发现那是一个广阔而又迷人的新天地，许多百思不得其解的教育难题都会在那里找到答案。"可是在现实中很多家长都遇到过这样的难堪——别说是走进孩子的内心，就是走近孩子的身边，他都会表现出十二分的不耐烦。

很多家长会有这样的困惑，孩子和同学、朋友甚至网友都能侃侃而谈，唯独对自己惜字如金。一旦问得稍微多一些，孩子极有可能会把父母顶撞得哑口无言。很多家长都有这样的感慨：不知道孩子在想什么，也无法知道。明明孩子近在眼前，却仿佛远在天边。

家长迫切地想要把自己的担心和忧虑告诉孩子，也希望孩子能将自己的想法及时告诉自己。可是，家长越是耳提面命、谆谆教导，孩子表现得越叛逆，甚至在内心对父母竖起了一堵高高的"墙"，表示他根本不想让你走进他的世界。

有位女老师问班上的一名学生："你和你父母的关系融洽吗？"那位同学很无奈地说："老师啊，我现在和父母之间的沟通越来越少了，每天回到家之后，我都会将自己关在房间里，除了吃饭，我和父母都不怎么说话。"

为什么孩子不喜欢和父母说话？在女老师的继续追问下，这位同学道出了实情："和他们说话，总像是在接受命令。他们不想了解我的心思，我也就不想和他们说了。"

看到这里，也许很多父母会感到很诧异，因为他们多半都认为自己做得很到位：我天天在跟孩子说，你要好好学习啊，将来一定要考上大学啊，一定要有出息啊，可千万别走某某的老路啊……难道这不是沟通吗？

还有家长觉得：我整天跟孩子在一起，我陪着他写作业，我为他整理书包，难道这不是交流吗？

实际上，问题的关键在于，父母习惯将自己的"教训""命令""责骂"都归于沟通。事实上，这根本就算不上沟通，沟通是双向的、互动的，但是父母习惯用单向、带有指令式的方式和孩子进行交流。虽然，家长往往倾注了全部的情感和孩子进行"沟通"，苦口婆心换来的却不是好的结果。

这已成为一个无法调解的对立问题：孩子总认为爸爸妈妈不了解自己，而家长却总是抱怨孩子不对自己说心里话。纵然家长有为孩子热忱服务的心，孩子也会感到困惑和无力，甚至会感到痛苦和焦虑。

沟通出现了断裂，教育自然难以施行。那么孩子为什么不愿意告诉父母自己在想什么呢？

第一，父母不能放手让孩子自己成长。很多家长喜欢事无巨细地替孩子考虑问题，当孩子要做某事时会表现出不信任，这让孩子十分苦恼，他会用强烈的反抗来表达自己的不满，而父母却很少在乎孩子的这些情绪，反而会用强势来压制他。如此一来，孩子就会觉得父母不理解他，不会再对父母敞开心扉。

第二，教育没有针对性。很多父母都喜欢用大众化的教育方式来教育孩子，喜欢盲目跟风，从来没有深入了解自己的孩子，更谈不上与孩子探讨自己哪些教育让他感觉不舒服。事实上，只有最适宜的才是最好的，那些不相匹配的教育方式，只会让孩子不堪重负，感到负累和压抑。

第三，父母喜欢想当然，自以为是。很多父母在与孩子交流的时候，总是想当然，表面上看起来是在与孩子平等地交流，可实际上却仍然习惯于将自己的想法灌输给孩子，期望孩子听话。如此一来，孩子自然不愿意再和父母沟通。

第四，沟通方式有问题。妈妈的唠叨、爸爸的训斥，都是孩子极为反感的，可是大多数父母除了这两种方式就没有其他的沟通方式。

所以，要想让孩子告诉你他的心中所想，首先必须以信任的态度来对待他，与孩子平等相处，保持一种轻松愉快的气氛，和孩子进行一种朋友式的交谈，这样更容易拉近与孩子的距离。

当孩子跟你交流的时候，一定要用信任、亲切的眼光注视他，让他感到你在认真听，千万不要显出漫不经心的样子，那样的话，孩子的内心也会很沮丧，他当然就不再愿意和父母敞开心扉了。相反，如果孩子觉得父母很重视他，就会变得主动起来，愿意和父母诉说关于自己的事情。

【如何说怎么听之现场演练】

我们的行为是否让孩子反感

日常生活当中，家长一些不经意的举动可能就会浇灭孩子的倾诉欲望，不当的举动、语言和表情极容易引起孩子的反感。下面列举一些情况，看看我们是否让孩子反感了：

在你的印象当中，孩子愿意和你说话吗？如果你觉得你们的沟通还算顺畅，可以跳过这个练习，如果你觉得你们之间的沟通还不够，那么接着往下看吧，或许会给你带来一些启发。

1. 孩子遇到了令他高兴的事情，兴冲冲地跑过来要与我们一同分享，我们的反应是：

和他表现得一样高兴 _____

很平淡，并且认为孩子大惊小怪 _____

2. 孩子走过来要和我们说些事情，恰巧这个时候我们在忙自己的事情，那么我们如何表现：

停下手中正在忙的事情，关注孩子 _____

做自己的事情，对孩子说话很敷衍 _____

3. 我们和孩子一起交流观点，通常来说：

更习惯于听孩子说话 _____

更习惯于发表看法，告诉他什么是对、什么是错 ____

通过以上的小调查，我们也可以对自己和孩子的交流做一个反思，如果你在与孩子交谈时，总是一种以自我判断为中心的方式，那么，孩子也会很难感觉到你对他的重视，不太愿意跟你交流也就很正常了。

怎样做才能抓住孩子的心

笑笑的爸爸妈妈长年都在外地打工，由于工作忙碌，他们把笑笑放在了老家，由爷爷奶奶来照看。这样一方面省得孩子跟着大人奔波，另一方面也能给孩子提供一个好的成长环境。

平时，爷爷奶奶在家里很好地照料笑笑的饮食起居，而爸爸妈妈总会隔三岔五地打个电话问问孩子的情况。

这样的安排似乎挺不错的，似乎一切都妥当了，但事实并非如此。在每次通话中父母都希望能跟孩子多聊聊，但事与愿违：

"笑笑呀，最近在家里乖不乖？有没有听爷爷奶奶的话，没让他们着急吧？"

"嗯。"

"最近学习怎么样啊？有没有考试啊？分数上去了吗？"

"还那样。"

"你们班主任老师有没有批评你啊？"

"……爸爸，奶奶想跟你说话。"

笑笑跟爸爸说着说着，就不耐烦了，索性喊奶奶去接电话，自己跑一边看电视去了。

可想而知，笑笑的爸爸当时的心情一定非常沮丧，他很想跟孩子多说一些话，但感觉总也抓不住孩子。

这就是父母在对孩子的了解上存在一定的误区，他们渴望与孩子进行良好的沟通，但是他们的着重点是想了解孩子的近况，而忽视了孩子的内心，这样的话，当然也就抓不到孩子的"心"。

孩子在和父母交流的过程中，十分在意父母是否重视自己的内心感受，如果在交流的过程中感觉不合拍，觉得父母关注的问题都是自己抵触的问题，那当然就不愿意同父母说话了。

孩子因为学习或者其他方面受到了挫折，渴望能够从父母、家人身上找寻安慰，以缓解苦闷；再加上孩子的好奇心很强，喜欢尝试新鲜的事物，如果家长肯和子女多聊天，不但能够帮助他们疏解情绪，而且也能够从家人那里获得满足好奇心的愿望，这样十分有利于孩子的成长。

婷婷是个十分内向、羞涩的女孩，因为家人很少跟她沟通交流，所以，婷婷跟同桌小玉的关系特别好，有什么心事都愿意跟小玉说。

后来因为一件小事，婷婷惹恼了小玉，小玉很生气，要跟婷婷断绝好友关系。婷婷很伤心，一直以来，她都把小玉当成最好的朋友，现在突然这样，她接受不了，甚至还想到了自杀。幸好被家人及时发现，才避免了惨剧的发生。

这时候，她的母亲才意识到了事情的严重性，转而向专家求教。经过半年多的努力，亲子关系改善了，而婷婷这个不善于处理人际关系的小女孩也变得开朗起来。

事后，婷婷的妈妈深刻地反省了自己，虽然自己爱子女的心从来都没有改变过，但是她过去处理问题的方式确实不妥。比如当婷婷在学校里受了委屈或者是学习上遇到困难向她诉苦时，换来的却是她的唠叨和批评。

久而久之，女儿就再也不愿意同自己讲心里话了，转而将重心放在了朋友身上。现在她喜欢倾听孩子的话，用微笑的脸取代苦瓜脸，并学会了在生活中赞扬孩子，同时以幽默的方式来表达自己的不满情绪。

由此可见，当孩子出现问题的时候，我们要先了解真相，如果是教育孩子的方式有了偏差，就要努力调整自己。

总之，在与孩子交谈的过程中，要想取得良好的效果，抓住孩子的内心非常关键。所以父母在交谈的过程中尤其要注意以下几个方面：

1. 关心孩子的全面发展，在多方面给予孩子鼓励。

2. 设身处地地考虑孩子的内心感受，多了解他们的真实想法。

3. 在交谈中多说一些孩子真正感兴趣的话题，这样才更容易把话说到孩子心里。

4. 对孩子的情绪及心理的变化更加敏感，多给孩子正面引导。

5. 多一些认同、鼓励的语言。

除此之外，作为家长还可以根据孩子的一些小动作来判断他们的内心，以帮助自己调整谈话的内容。当和孩子交谈时，如果发现孩子的神态、动作不太对劲，家长就应该反思一下自己说话的内容，是否让孩子过于反感和不耐烦，具体的判断方法请参见现场演练。

【如何说怎么听之现场演练】

判断孩子内心的小诀窍

孩子在与父母的交谈中，有时会在神情、语速、语调等方面发生微妙的变化，细心的父母完全可以根据这些小小的变化来判断自己孩子的内心。那么我们可以从哪些方面来加以判断呢？

1. 孩子的语速。

A. 平时语速快的孩子突然变得吞吞吐吐起来

你会认为 _____

B. 平时木讷的孩子突然变得滔滔不绝

你会认为 _____

这两种情况都是反常的，最能反映出孩子的心理状态。大体来说，如果语言的速度比平常缓慢，那说明孩子对父母的话感到不满。相反，如果孩子的语速比平时更快了，那可能是孩子对父母的观点很感兴趣。而当孩子内心有某种不安或恐惧的时候，语速也会变快，借此来掩饰自己内心深处的不安与恐惧，以避免父母的怀疑。

总而言之，如果孩子的语速出现了反常，父母要格外关心孩子，这个时候他们的内心在发生变化。

2. 孩子的音调。

A. 孩子将说话的声音突然拉高

你会认为 _____

B. 孩子说话总是有明显的抑扬顿挫

你会认为 _____

法国的教育家狄德罗说过："孩子如果想反驳你的观点，最简单的方法就是拉高嗓门。"我们在日常生活当中也有这样的常识：如果孩子的愿望不能满足，他们最直接的反抗方式就是大哭大闹。

至于那些说话习惯抑扬顿挫的孩子，他们的潜意识中往往希望得到更多人的注意，这样的孩子天生有强烈的表现欲，作为父母，我们可以给予一些适当的引导。

通过以上这些小技巧，相信家长们可以更加准确地判断孩子说话时的内心活动，从而更加了解孩子。

尊重孩子的成长脚步

最近，刘女士忧心忡忡地向教育专家哭诉，说她5岁的女儿萱萱对学习失去了兴趣，上课的时候总是走神，像是患上了"厌学症"。

原来，从年初开始，为了全面培养萱萱，除了平时每天在幼儿园的6个小时课程，每周有两个晚上，她都会带孩子去学2个小时英语，此外，周末还会安排萱萱学习钢琴、美术，平均下来，每天几乎是8小时"学习制"。

起初，萱萱还表现得饶有兴趣，时间一长，她就开始有点厌倦了。再后来，萱萱对学习有了抵触情绪，不爱参加培训班，幼儿园的学习成绩也不太好。更可怕的是，原本活泼开朗的萱萱也变得少言寡语。此时，刘女士才意识到了问题的严重性，急忙寻求教育专家的帮助。

其实，在生活中，像刘女士这样的父母不在少数。有调查表示，至少有一半以上的学龄前儿童或小学生，会在正常的幼儿园或小学课堂学习以外，接受至少一项兴趣培训，而这些培训往往是父母强加给孩子的。

究其原因，是因为很多父母生怕自己的孩子会输在起跑线上。事实上，这样的"超前教育"未必会取得良好的效果，甚至可能会适得其反。因为孩子的成长是有规律的，要知道，教育不是"拔苗助长"。

早在一百多年前，意大利著名教育家蒙台梭利就明确地指出，在儿童成长中的某个阶段，只对环境中的某一项事物专心而拒绝接受其他事物，这个阶段就叫作敏感期。

蒙台梭利通过对婴幼儿的观察研究，共归纳出九种敏感期：语言敏感期（0~6岁），语言能力影响孩子的表达能力，良好的语言能力可为日后的人际关系奠定良好的基础；秩序敏感期（2~4岁），幼儿的秩序敏感力常表现在对顺序性、生活习惯、所有物的要求上，当孩子从环境里逐步建立起内在秩序时，智能也因而逐步建构；感官敏感期（0~6岁），孩子从出生起，就会借着听觉、视觉、味觉、触觉等感官来熟悉环境，感受周围事物；对细微事物感兴趣的敏感期（1.5~4岁），这时正是培养孩子注重细节和缜密思维的好时机；动作敏感期（0~6岁），这时是孩子活泼好动的时期，父母应充分让孩子运动，使其肢体动作正确、熟练，并帮助左、右脑均衡发展；社会规范敏感期（2.5~6岁），这时，父母应与孩子建立明确的生活规范、日常礼节，使其日后能遵守社会规范，拥有自律的生活；书写敏感期（3.5~4.5岁），这一时期对儿童进行书写训练具有很重要的意义；阅读敏感期（4.5~5.5岁），父母可选择多种读物，为孩子布置一个读书的好环境；文化敏感期（6~9岁），父母可在此时提供丰富的文化信息，以本土文化为基础，延至关怀世界的大胸怀。

敏感期对于儿童的成长发展有着极其重要的作用，是其发展心智能力的黄金期，并且这一时期一旦过去就再也不会回来，是不可逆的一段时期。它不仅是儿童学习的关键期，也会影响其心灵与人格的健康发展，甚至影响他整个人生的命运走向。

因此，在日常生活中通过观察孩子"匪夷所思"的行为，准确捕捉到他的敏感期，适时引导、趁势教育、开发智力、挖掘潜能、养育身心、培养综合能力，将成为每位合格家长的必修课。

假如父母能够迅速捕捉到孩子的敏感期，在适当的时候给予帮助，而且善于利用这个时期孩子的特点，将起到事半功倍的效果。

相反，如果孩子在敏感期的兴趣遭到妨碍而无法发展，父母就会丧失以自然的方式来教育孩子的机会。

完美的成长需要抓住完美的时期，敏感期正是教养的重点。敏感期是自然赋予幼儿的生命助力，如果敏感期的内在需求受到妨碍而无法发展，就会丧失学习的最佳时机，日后若想再学习此项事物，不仅要付出更大的心力和时间，成果也不佳。

了解了敏感期的有关知识，作为父母，就不该再对孩子进行"拔苗助长"式的教育，而应该尊重孩子成长的脚步，正确把握孩子的敏感期，在每一个敏感期对其进行相应的训练和智能开发，成就孩子的完美人生。

【如何说怎么听之现场演练】

引导孩子说出他的成长周期

我们作为家长可以多给孩子列一些选项，看看他们对哪方面的问题更感兴趣。

问题1：你现在能认识多少字？喜欢背唐诗吗？（识字能力）

孩子的反应 _____

问题 2：平时你喜欢说英语吗？广播中的英文能听懂多少？（语言能力）

孩子的反应 _____

问题 3：爸爸妈妈给你报的兴趣班，你最喜欢哪一个？（兴趣特长）

孩子的反应 _____

问题 4：你平时喜欢和你的小伙伴们一起玩吗？（交际能力）

孩子的反应 _____

问题 5：带你看的电影，你印象最深的电影是哪一场？（艺术情操）

孩子的反应 _____

问题 6：这个电视剧的情节安排，你觉得都是合理的吗？（逻辑能力）

孩子的反应 _____

根据孩子的具体情况，你大可围绕这六个方面的问题来询问孩子的真实想法，就可以大概判断孩子目前的发展状态。对于他不喜欢的，你可适当引导，但是不要强求。

第 2 章　倾听，沟通的第一步

尊重孩子的话语权

很多家长会习惯性地忽视孩子的讲话，不尊重孩子的说话权，不重视倾听孩子的心声，时间久了，就会严重影响亲子关系。

更为重要的是，话语权得不到尊重的孩子，慢慢地就不再跟父母分享自己生活和学习中遇到的问题了，作为父母也就很难知道孩子心里真实的想法，而这样对孩子的教育也是非常不利的。

美美9岁了，上小学三年级，平时就是一个安静内向的孩子，很少主动去找父母说自己的心事。有一次，数学考试不及格的美美被老师当着全班同学的面讥讽为"白痴"。美美很伤心，回到家里，很想跟妈妈说说今天学校发生的事儿。

"妈妈，我有事情想跟你说。"

"学校里的事情吧，不是说了吗，不要每天回来就一个劲地讲你们学校的事情。"

"可是，妈妈……"

"好了，美美，妈妈很忙，去写作业吧。"

美美默默地回到了自己的房间。想想白天发生的那件事情，她很害怕上第二天的数学课。

从此以后，每次上数学课，美美都担惊受怕，数学成绩也一落千丈。

试想一下，如果在那天晚上，美美的妈妈没有以忙为借口而不听美美说话，事情又会是怎样的呢？也许妈妈就会了解到美美对数学课的恐惧，会帮助她去正确面对。

不尊重孩子的话语权，也会影响孩子的其他能力。家长如果不能尊重孩子的话语权，想打断就打断，一方面不利于孩子语言能力的提高，另一方面也容易让孩子产生自卑心理。所以，尊重孩子的话语权，让孩子自由地说出自己内心的想法，对孩子的成长至关重要。

下面总结了一些家长习惯性的不当行为，可以对照一下，你是否也有类似问题：

1. 从来都不注意孩子倾诉的需求，当孩子主动找你说话的时候，总是以忙为理由，不愿意去倾听。

2. 当孩子兴致勃勃、滔滔不绝地讲话时，你总是习惯性地将其打断。

3. 能够在生活方面将孩子照料得很好，但在真正平等地对待孩子、注意孩子自尊方面做得很不够。

4. 如果孩子在学习和生活上有什么问题，不愿意听他们的倾诉，更不愿意帮他们分析原因。有时根本不等孩子把话说完，轻则呵斥，重则打骂，孩子也就只好将话又咽了回去。

家长在教育孩子的过程中应该谨慎地避免以上习惯性不当行为的出现。我们都知道，人和人之间的沟通无非就是倾听和诉说，如果家长不尊重孩子的话语权，无疑是给自己和孩子的沟通筑起一堵厚厚的"墙"。

如果想要孩子敞开心扉和自己聊天，那么就先从尊重孩子的话语权开始吧。

【 如何说怎么听之现场演练 】

从形式到内容表达对孩子的尊重

每一个孩子都渴望自己说的话能够受人重视。作为家长，我们应该尊重孩子的说话权，对孩子的倾诉多一些耐心，那么孩子遇到事情才会愿意和我们倾诉。

当和孩子在一起交流时，有些小节是必须要注意的，看看你是否都做到了：

谈话时用眼睛注视着孩子 _____

不在孩子说话的过程中随意插话 _____

尽量表达出对话题有兴趣 _____

鼓励孩子发表他的观点 _____

能够完整地听孩子讲述一件事 _____

在某项重要原则上表示出自己的否认 _____

听孩子说话，做到耐心、细心 _____

和孩子交谈时不会随便打岔 _____

和孩子交谈时不会随便否定 _____

和孩子交谈时不会随便责备 _____

看看我们能不能做到这些呢？做到了这些，你就能算得上是一个尊重孩子话语权的家长了。

作为家长，我们应该下功夫学习如何与孩子交流，并且学习多种方法引导孩子和我们交流，营造出更加友好的语言氛围。

耐心地听孩子把话说完

每个孩子都有自己的心声，但未必能像大人期待的那样表达清晰，作为家长一定要耐心倾听，这样才能真正了解孩子的想法和感受。

当孩子在说话时，要用眼睛看着他，表现出你有兴趣听。当实在忙时，要和孩子说明，并约定好可以交流的时间。如果家长在某一重要原则上表示不同意孩子的看法，应告诉孩子不赞同他的什么观点，并说出理由。但是在提出反对意见时不要过于武断，应等孩子说完他要说的话后再评断。即使孩子说得不对，也要控制住火气，不妄下定论。

家长耐心地倾听孩子的诉说，不仅有助于了解孩子真实的想法，还能够让孩子把更大的兴趣投入谈话中去。相反，如果家长没耐心倾听孩子的诉说，孩子对谈话的兴趣也很容易就降低了。

欣欣5岁了，是一个活泼可爱的姑娘，她的父亲是财税局的一名工作人员，妈妈是幼儿园的老师。欣欣每天从幼儿园回来总是叽叽喳喳地说个不停，妈妈也总是很愿意倾听欣欣说。

这个暑假，欣欣跟着妈妈去了乡下的姥姥家里，看到了很多让她觉得吃惊不已的事情。刚回到家里，她就跑到爸爸的书房。她很想把这些事情告诉爸爸。

"爸爸，我跟你说，我看见萤火虫了，一闪一闪地，很漂亮的。"欣欣一边说一边还挥动着手臂做了一个飞翔的姿势。

"哦。"爸爸继续把头埋在自己的文件中。

"爸爸，我也看见了核桃树、苹果树、桃树，很多树。"欣欣看爸爸头也没有抬起来，兴趣就开始降低了。

"哦。"爸爸还是继续看他的文件。

欣欣站在爸爸桌子旁边，看了爸爸好久，转身泪眼汪汪地从爸爸的书房走了出来。

父母不只是在孩子有话说的时候要耐心倾听，在孩子有问题要问的时候更应该耐心。

爸爸带着女儿去动物园里玩，女儿很兴奋。一个劲儿地问爸爸各种各样的问题。

"爸爸，爸爸，鸟儿怎么能在天上飞，老虎怎么就飞不起来呢？"

"因为鸟儿有翅膀，老虎没有呀！"

"爸爸，爸爸，狮子是从哪里来的呀？"

"从大草原上来的。"

"爸爸，爸爸，大象的鼻子怎么那么长呀？"

"好了，这孩子你怎么这么多乱七八糟的问题，别问了。再问下次就不带你来动物园了。"

女儿立马闭上了嘴巴，不敢再问了。

我们都知道，孩子对世界充满好奇，他们的脑袋里也经常充满各种问题。大多数父母在孩子问第一个问题的时候还是充满耐心的，如果孩子连问三个问题，一些父母往往就会不耐烦了，粗暴地打断孩子，不让孩子再问了。这种做法其实极大地伤害了孩子的好奇心。

在家长和孩子交谈时，还有一些细节需要特别注意，如家长一边忙自己的事情，一边听孩子说话；随意打断孩子说话；随意打断孩子的提问。这些行为都会让亲子沟通大打折扣。

静下心来，耐心地听孩子把话说完，走进孩子的世界，回答孩子的问题，这样才能创造更多与孩子交流的机会，才能真正地做到教育好孩子。否则，所谓的"教育"只能称为抚养。

【 如何说怎么听之现场演练 】

向孩子表现出你的耐心

倾听是我们和孩子保持良好沟通并且能够及时了解孩子内心世界的渠道，是呵护孩子求知欲望和好奇心的基本手段。你有没有向孩子表现出耐心呢？应该怎么来做呢？一起来看看下面的一些做法吧：

1.孩子讲话的时候，你会出现以下做法吗？哪一个是你最常用的？

A.不耐烦地打断孩子 _____

B. 心不在焉地敷衍 _____

C. 认真地听孩子把话说完 _____

可能我们会认为，孩子的话毕竟是天真的，没有多大意义，真是懒得听。这实际上就是打断了孩子的求知欲和好奇感，扼杀了孩子的探索心和进取心。

2. 孩子正在说你一点儿也不了解的话题，你会采用什么样的做法呢？

A. 敷衍孩子，不听他说 _____

B. 直接告诉他：我不懂 _____

C. 微笑着认真倾听他的诉说 _____

D. 装作听懂的样子，表现出兴趣盎然 _____

孩子说的事情，在我们看来可能是小事，但是在孩子看来，那是大事，是值得一说的事情。

在网上，有一位母亲分享了她的《没耐心歌》，在这里也分享给家长们，大家一起共勉。

当孩子要你再讲个故事时，没耐心的你找借口推脱，
推掉了他的求知欲。

当孩子打破砂锅问到底时，没耐心的你厌烦的表情，
烦掉了他的好奇心。

当孩子要求你陪他玩耍时，没耐心的你忙着自己事，
忙出了他的孤独感。

当孩子正向你诉说苦恼时，没耐心的你打断了话语，
打跑了他的亲和力。

当孩子汇报不合格成绩时，没耐心的你来一顿责骂，

骂掉了他的自信心。

当孩子因怕挨打而说谎时，没耐心的你真给一顿打，

打掉了他的诚实观。

鼓励孩子说出内心的想法

在家庭教育当中，很多父母都认为培养孩子的独立性是一件很重要的事情。可是独立的第一步从哪里开始呢？那就是父母应该允许孩子有自己的观点和看法，并且鼓励孩子说出来，甚至当孩子的观点和自己的想法有冲突的时候，鼓励孩子与自己争辩。

当一个人对很多事情开始有了自己的想法时，就说明他开始慢慢地独立思考。因此不要阻止孩子说话，要知道在当今社会，培养一个会说话的孩子比培养一个会听话的孩子更重要。当一个孩子说出自己想法的时候，实际上也是其思考和加深对周围事物理解的过程；如果一个孩子能与父母争辩，那么就意味着他的自我意识不断增强和心智日益成熟。

没有一个孩子的思想是在一夜之间能够变成熟的，他们需要一个成长和提高的过程，在这个过程中，他们很渴望说出自己的想法，有时候也难免会和父母发生争论，这就要求父母摆好自己的心态，不要为了维护自己所谓的"权威"而冲昏头脑。

君君今年刚上初一，他是一个活泼好动的男孩，课余时间特别喜欢体育运动，尤其是踢足球，但是他的父亲认为孩子踢球会

耽误学习，时时敦促他好好学习。

这一天，君君和几个伙伴踢球玩，回家稍微有些晚了，他害怕挨骂，赶快和伙伴们一起往家走。

果不其然，他刚走到路口，就看到爸爸已经在楼下等着。爸爸看到他的第一句话就是："成绩不怎么行，玩起来倒是很有劲，我看你将来怎么考大学。"

爸爸的话让君君觉得很没有面子，他争辩道："我今天的作业都完成了。我很久没有痛快踢球了，今天破例晚一点儿，你也不用这么生气吧。"

"今天破例，明天破例，以后就不用学习了。我生气还不是为你好。你还敢在外人面前跟我顶嘴，翘膀硬了是不是？都不知道你以后想怎样。"

"爸爸，你根本就不知道我在想什么！"

就这样，君君和伙伴们闷闷不乐地各自回家，完全没有了先前的愉快气氛。

孩子有自己喜欢的娱乐活动，这本来是再正常不过的事情，但是家长认为这是不务正业，不由分说地对孩子大加责备。

其实，故事中的君君已经向爸爸表示了自己是以学业为重，是在做好作业之后才去踢球的，但是父亲因为反感孩子"顶嘴"的行为，完全不顾及孩子内心的想法就断定他是在动摇自己的家长权威，因此引发了父子之间的巨大矛盾。

在鼓励孩子说出自己内心的想法时，最忌讳的就是拿家长的权威压孩子。有些时候，孩子可能会迫于家长的权威，说出一些违心的话，甚至不惜撒谎。

18岁的杨刚要考大学了，对于自己未来学什么专业，杨刚心里早有了打算，他准备报考社会学。因此当爸爸问他时，他几乎是不假思索。

爸爸听了，半天轻轻说了一句："那个专业就业很不好，希望你慎重考虑一下金融学。"说完转身回到了自己的房间。然后杨刚就听到了房间里爸爸和妈妈争吵的声音。

原来，妈妈支持杨刚的决定，爸爸反对，希望儿子能去学就业前景比较好的金融学。刚开始父母只是偶尔争吵一下，后来争吵的次数越来越多。

有一次，杨刚实在受不了父母每天这样争吵了，于是就对爸爸妈妈说："好了，你们不要吵了，我想了一下，觉得金融学也不错，就报金融学吧！"

殊不知，这只是杨刚的一个谎言，他还是坚持自己的喜好，在填报志愿时填写了社会学，只是当父母知道时，已经无济于事了。这件事让杨刚的爸爸生气了好久，他想不到儿子竟然会欺骗他。但是，志愿也已经报了，他也无可奈何。

总之，父母在教育孩子的过程中，只有鼓励孩子说出自己内心的想法，才有可能让自己的教育起到积极的作用。那么父母怎样鼓励孩子说出内心的想法呢？

鼓励孩子说出内心的想法

鼓励孩子将心中的想法说出来，这是走向成功沟通的第一步。不认真倾听孩子说话，不让孩子把话说完，这是对孩子的不尊重，久而久之，会伤了孩子的心，并且使孩子产生和家长的对抗情绪，造成沟通困难。

1. 再无聊的话也要鼓励孩子说下去。

孩子对你说："妈妈，我今天做了一个很美好的梦……"你会有什么反应？

A. 一个梦有什么好说的？打断孩子的话 ＿＿＿＿＿＿＿

B. 认认真真地听孩子讲他的梦 ＿＿＿＿＿＿＿＿＿＿

我们家长要想和孩子沟通，最重要的是尊重和理解孩子，让他有话痛快地说。多听孩子的话，就能够更多地了解孩子的想法，进而我们可以摸准孩子的脉，沟通上就会畅快很多。

我们要对孩子说的话表现出极大的兴趣和认真的态度，这才会使孩子对父母产生亲近感。孩子一旦认为自己所讲的话被父母接受了，那么他们就会对说话产生自信。

2. 多听少说，给孩子话语权。

很多时候，父母与孩子交流时未必一定要说什么，安安静静地听孩子把话说完，可能就已经满足了孩子心理和情感需求。在孩子说话时，父母的关注、尊重和耐心，是对孩子最好的理解和帮助。

平和、耐心地去倾听孩子的内心想法，不要着急去判断，那么我们一定能够听到孩子最善良的心语。有的时候我们与孩子沟通不良的一个重要原因就是：我们过于主观，并没有静下心来倾听孩子的真实想法，还埋怨孩子，随意打断孩子的话，使孩子关闭了心灵的窗户，再也不愿意和我们交流了。

不要随意打断孩子的诉说

于涛的妈妈是一个爱唠叨的人，一看到他有什么表现不合她的意，就会说个不停。可是她却很少停下来听听孩子的意见和说法，在孩子向她倾诉的时候总喜欢打断孩子的话。

有一次，于涛的学校举办校运会，于涛参加的是长跑，在这项比赛中，他跑出了全校第一名的好成绩。晚上，他拿着奖状和奖品兴高采烈地回到家，看到妈妈在家，便忍不住想跟妈妈分享一下自己的喜悦。

"妈妈，我们学校今天举行了校运会，我参加了长跑。参加长跑的很多人都是高年级的，水平很高啊。"于涛说得津津有味。

此时妈妈正忙着打扫屋子，似乎没听清楚，就说了句："嗯，快去写作业吧。"

"可是，我今天还是跑了第一名，跑前面两圈的时候，我前面还有好几个人呢，我以为自己要跑倒数了，谁知却后来居上……"没等于涛说完，妈妈就打断他说："你这孩子，叫你去写作业，你没听到啊！整天就知道不务正业。跑步好有什么用？重点大学能因此就要你了？"听完妈妈的话，于涛觉得很没意思，悻悻地走了。

在成人交际中，我们知道随意打断别人的话是不礼貌的行为，但在与儿童的沟通中，容易忽略这一准则。结果，有不少家长就像于涛的妈妈一样，根本就没有耐心听完孩子的诉说，随意打断孩子的话，令孩子失去了倾诉的欲望，不愿意跟父母交流自己的想法、分享自己成长的经历，影响了和谐亲子关系的建立。其实，和孩子建立良好的亲子关系并不难，不随意打断孩子的说话，就是一个简单而实用的方法，能起到完全不同的教育效果。

如果父母总是随意打断孩子的话，就会造成诸多消极的影响：一是会让孩子觉得自己得不到父母的尊重，长此以往，他们就会习惯于把话藏在心里，不肯对父母说；二是会让孩子觉得自己和父母的地位是不平等的，自己的说话权得不到重视，时间长了，孩子就会与父母产生对抗情绪，以致双方相互不信任，沟通困难；三是可能会影响孩子语言表达能力的提高和性格的发展，一些孩子可能会因此而变得自卑、内向、沉默寡言。

琪琪是家里的独生女，但是没有一点娇滴滴的姿态，相反很像个男孩子，平时大大咧咧、外向活泼。同学们都给她起了一个外号叫"琪哥哥"，她自己对于这个外号也欣然接受。

在学校，琪琪学习成绩还不错，老师也经常夸奖她。尽管这样，但琪琪的父母总觉得一个女孩子必须要做一个淑女，这样才能有气质、有未来，因此他们打算改变琪琪的这种性格。

以前，琪琪回来的第一件事情，就是对爸爸讲一讲她今天又做了什么让同学们吃惊的事情。有一天，琪琪依旧高兴地回到了家中，看到爸爸坐在客厅里看电视，就扔下书包，跑向了爸爸。

"爸爸，我告诉你一件事情。"琪琪边说边走向爸爸。结果琪琪还没有走到爸爸跟前，爸爸突然站了起来。

"琪琪，我现在要跟你说一件事情，那就是我希望你以后每天回到家里能安静点，不要喋喋不休。"

"你先不要打断我，听我说完，再听你说嘛。"琪琪委屈地嘟着嘴说道。

"以后，你要是每天回到家中继续说个不停，我会一直打断你说话，直到你不再说为止。"

"你们这是干吗呀？为什么不让我说话呀？"琪琪突然大声哭了起来，可是爸爸依旧不为所动。

后来琪琪果真如她的父母希望的那样安静了下来，再也不跟父母说自己的事情了。

有调查显示，70%~80%的儿童心理问题和家庭环境有关，特别是与父母对孩子的教养和交流沟通方式不当有关。为了帮助孩子健康成长，父母不仅需要平时多与孩子沟通和交流，更应该在双方对话的时候多点儿耐心倾听，别打断孩子说话。

【如何说怎么听之现场演练】

提醒并鼓励孩子把话说完

孩子虽然小，但是他们也有自己独立的人格，有表达内心感受、阐述自己看法的自由。让孩子把话说完，是对孩子人格的一种尊重。孩子如果说得有理，那就赞赏；孩子说得不合理，那就进一步交换意见，直到解开孩子心中的疙瘩为止。只有这样，才能建立起健康、和谐的家庭关系。

1. 当孩子欲言又止的时候，你会怎么做？

觉得无所谓 _____

鼓励他把话说下去 _____

孩子也有话语权，当他想说话的时候，我们应该给他表达的机会。一个孩子如果总是被"住口"二字打断，慢慢就会变得沉默，并且变得懒得跟大人交流了。大人的这种"禁言令"让孩子觉得自己根本不受重视，说了也是白说。所以，当孩子想说话时就让他尽情地说，当孩子沉默的时候就鼓励他说。鼓励孩子说出内心的想法、不满或者委屈，会让孩子变得善于思考，也会使他的自主意识得到加强。

2. 当孩子说话的时候，你的表情神态是？

孩子说他的，我干我的 _____

表现出专心听的样子 _____

当孩子向大人们倾诉的时候，父母亲最好做出很重视的样子，这样会让孩子高兴，并且使他们的自信心得到增强。

善于听出孩子的弦外之音

相信很多成年人都有这样的经历，有时候会因为不好意思，选择用一种很隐晦的方式表达自己想说的话，可是还是满心希望听这话的人能听出弦外之音。

其实，不只是成年人，孩子也会有这样的时候。随着年龄的增长，孩子的语言表达能力会不断提高，他们希望得到话语权，希望被尊重、被认可，尤其是对于父母，他们的期待也就更多一些。但是有些时候，孩子又会常常出于一些特殊的原因不愿意将心中的想法直接告诉父母，而是用一种特别的手段。此时的父母应该细心观察孩子的举动，揣摩并理解孩子话中的弦外之音。

李铮是某市重点中学的一名学生，不仅在班上担任班长职务，还在校学生会任职，可以算得上是一个出类拔萃的学生。可最近，向来自信乐观的李铮却有了心事，原来，他在不知不觉中对班上的一名女生产生了好感，他觉得有些困惑和迷茫，于是想把自己的心事跟妈妈说说。

一天晚上，妈妈正在电脑前加班，看妈妈已经快忙完了，他走过去，没有直接说自己的事情，而是试探性地问："妈妈，你是不是累了？"

"儿子，妈妈不累。"

"妈，你晚上回家还要工作，一定很辛苦，我给你捶捶背吧！"

"儿子，妈妈知道你懂事，可我现在还没忙完呢。"

听了妈妈的话，李铮知趣地走开了。后来，妈妈转念一想，觉得儿子今天的举动异常，应该有什么事情想跟自己说，于是，她放下了手中的活儿，说："儿子，妈妈忙完了，你有什么想跟我说吗？"

于是，李铮把自己的问题和困惑向妈妈诉说了一番，经过妈妈的开导和教育，他顿时觉得轻松了很多。

在日常生活中，做父母的要多关心和了解孩子，尤其对于那些性格偏于内向、说话喜欢拐弯抹角、不善于表达的孩子，父母在交流的时候要尤其注意观察。这类孩子的内心想法和感受可能不像自己表达的那么简单，也许有着更为深层的内容。

另外，作为父母还可以通过孩子一些肢体语言、情绪及习惯的突然变化来推测孩子是不是话里藏话。比如一个平时大大咧咧的孩子突然说话小心翼翼，这时候父母就要小心了。孩子心里可能还有一些无法直接开口的话等你去听呢。

只有听出了孩子所说的话的弦外之音，才可以更好地了解孩子的需求，有针对性地帮助孩子解决问题。

其实，要做到这些，也不是很难。下面是给家长的一些技巧：

第一，要认真倾听孩子诉说。只有认真地倾听孩子说话，让孩子感受到你是关心他的，他才会慢慢地打开自己的心门。如果一开始就不认真听孩子诉说，孩子也会将你拒之门外。

第二，在与孩子的交流中，要仔细地观察孩子的表情、肢体动作等。孩子的内心其实是藏不住事情的，稍微有风吹草动，他们就会在情绪上或者肢体上表露出来。只要父母细心地观察和留意，一定可以感知到孩子内心的事情。

第三，多站在孩子的角度上想问题。孩子问问题的时候多半是从自己的角度出发，比如，他们问父母每年被遗弃的孩子有多少，其实，他们关心的并不是这个，而是自己会不会被遗弃。

每个父母都想通过和孩子的交流走进孩子的内心世界，那么就请父母多观察孩子，留心孩子的动作和神情，善于倾听孩子说话的弦外之音。

孩子问话中的隐藏含义你了解吗?

和孩子对话是一门艺术,这种艺术有着独特的规则。孩子的问话,有时会隐藏着更深层的含义。作为家长,你了解这个现象吗?孩子的信息经常有需要解读的密码。

1. 孩子说话也会"声东击西"。

如果有一天,孩子问了你一个奇怪的问题,你会怎么回答?

比如说:爸爸,你说中国一天会有多少个孩子被抛弃?

你的回答是 _____

小朋友安娜问爸爸说:"报纸上说全世界每年有很多孩子被抛弃。"安娜的爸爸对这类社会问题很感兴趣,说道:"这真是一个值得探究的问题,回来我要查查资料。"

实际上,安娜并不是想弄明白到底有多少孩子被抛弃,她这么小的孩子,怎么会关心那些社会问题呢?安娜真正是想知道,自己会不会也同样被抛弃。如果爸爸对这个问题够敏感的话,可以这样对孩子说:"你担心爸妈也会像其他父母那样抛弃你吗?放心吧,我们会一直好好照顾你的。"

2. 孩子说话懂得"借人喻己"。

打个比方,你的孩子不擅长绘画,每次画画都画不好。有一天,你们一起在少年宫看画展,孩子指着墙上的画问:"这幅画怎么画得这么难看?"你会有怎样的反应呢?

A. 说实话回答法:"这幅画是很难看。" _____

B.泼冷水回答法："再难看也比你画得好。"_____

C.纠正型回答法："不要这样说，对人不尊重。"_____

D.陶醉型回答法："但是很可爱是不是？"_____

在这些回答中，孩子最喜欢听到哪一种呢？其实，孩子这样说，用意并不在那幅画上，只是他很想听听家长的想法，他最在意的是"画画不好，究竟会怎样"，这才是孩子真正在意的事情。如果我们明白了孩子的用意，就会安慰孩子"只要画出心中所想，就是最好的画作"。毕竟，我们不要求孩子一定要当专业画家。

第3章 让孩子从容面对他们的感受

怎样让孩子感受好些？那就是接受他们的感受

在日常的生活中，可能很多人都有这样的经历：当被人理解之后，内心就会感到温暖，在这种情况下的人通常容易打开心扉、畅所欲言。而当一个人感到自己不被人理解的时候，就会感到委屈孤独，什么都不愿意说，甚至刻意疏远他人。

成人如此，孩子也一样。所以，家长在注重爱护孩子、教育孩子的时候，也应该设身处地地把自己放在孩子的角度考虑他是否可以接受。就如文章中的那位母亲一样，在孩子突然发脾气的时候，不是去指责他，而是理解孩子的感受，从而让孩子心情渐渐平复，可以说，这就是那位母亲安抚孩子的力量。

很多家长为自己的孩子感到头痛，他们认为孩子从来都不会说出自己心里的话，尤其是生气的时候，只是一个劲地无理取闹。很多父母总是不自觉地站在大人的角度，只对孩子所做的事情进行评论，却忽略了孩子的感受。

刘芸已经 14 岁了，是一名初中二年级的学生，平时学习成绩很优秀，最喜欢的科目就是语文，从小到大获得的奖状贴满了家里的墙，里面有不少都是作文竞赛获得的奖状，父母对刘芸的学习一直很有信心。

可是她最近上课总是心不在焉，尤其是上语文课的时候。原来，刘芸的语文老师是一名新来的大学生，刘芸很喜欢他，觉得他上课风趣幽默，说话的声音也很好听。可是，同时，刘芸也很烦躁，一个学生怎么能喜欢自己的老师呢？她很想把这件事情跟妈妈说说。

一天晚上回到家，刘芸忐忑不安地把这件事情说给妈妈听。妈妈听了很生气，就对她说："你这么做是不对的，明天我就去你们学校给你转个班。"刘芸听了这句话后，立马就站了起来，转身走了。而刘芸的妈妈却还一头雾水，觉得孩子怎么成这样了，真是越长越不懂事。

其实，对刘芸来说，她需要的是妈妈的理解，希望妈妈能理解自己的感受，从而让她可以轻松一些。可是，刘芸的妈妈却没有做到。如果做父母的都不能理解孩子的感受，那孩子的感受怎么会好呢？天下父母都希望自己的孩子顺心如意、没有烦恼，但这是不可能的。不良情绪来了，与其逃避和压抑，不如站在孩子的角度，先接受孩子的这种糟糕的感受，然后和孩子一起去解决问题。

【如何说怎么听之现场演练】

从孩子的角度来理解他们的感受

孩子眼中的世界和大人眼中的世界是不同的，我们不可以用成人的规则去要求孩子，而是应当将自己置身于孩子的立场，肯定孩子的想法。你能做到吗？

1. 孩子做了错事，但是你能客观地挖掘出他的优点并加以肯定吗？

孩子出于好奇拆掉了家里新买的收音机，你会怎样？

A. 狠狠地训斥 ＿＿＿＿＿＿＿＿＿＿＿＿＿＿＿＿＿

B. 肯定他的好奇心 ＿＿＿＿＿＿＿＿＿＿＿＿＿＿

面对这样的问题，如果父母考虑到孩子的好奇心，就会对孩子的行为有所宽容。但是更多的父母会站在成人的角度，对孩子的决定、选择，都持一种怀疑或者是否定的态度，这样很容易使孩子产生自卑情绪和挫败感，造成亲子关系的疏离。

父母和孩子之间不是主仆的关系，应该相互关心和尊重，我们冷静客观地站在孩子的角度来看待问题，用孩子的眼光来审视出现的问题，才能够赢得孩子的信赖。

2. 你能够做到客观地放弃对孩子的成见吗？

当孩子有些事情做得让你不满意，你会怎样认为？

A. 这个孩子好笨，你很不满 ＿＿＿＿＿＿＿＿＿

B. 在他的年龄层算是不错了，你相信他 ＿＿＿＿＿＿＿

有一些家长，往往对自己的孩子要求特别严格，会对孩子的行为有各种不满意、各种指责，似乎孩子就应该什么都知道。这种做法实在是很不应该，因为孩子和大人在思维方式上有很多不同。如果我们总是以一种成人的眼光来看待孩子，并且对孩子抱有成见，这对孩子来说是不公平的。

越担心，他们越困惑

有一项调查显示，在现实生活中至少有 70% 的父母觉得自己很称职，而在这些父母中，又以独生子女的父母居多，原因是父母觉得自己什么活都愿意替孩子做，什么苦也都愿意替孩子受。可是，这样真的就是称职的父母吗？这样对孩子的成长来说是一件好事情吗？

相信下面的场景父母很熟悉：

"这件衣服脏了，我拿去洗洗。"乐乐高兴地拿起自己的脏衣服对妈妈说。

"不用，你先放着吧，待会儿妈妈帮你洗，别累坏了，宝贝。"妈妈笑着对乐乐说。

"妈，周末我们几个同学想一起去郊游。"乐乐兴奋地向妈妈请求道。

"啊，又不是班集体的活动，不安全，我不放心，不能去啊。而且，你明天还要上兴趣班呢。"妈妈一脸担心地说道

"你这也不让、那也不让，就只知道让我学习，我到底还有没有自由啊？"乐乐终于生气了。

"这话怎么说的？我们这么做不都是因为爱你、关心你吗？"妈妈一脸无辜，觉得自己很委屈。

乐乐是五年级的学生，因为是家中的独生女，父母不仅对她呵护备至，总是觉得孩子还小，什么都做不了。乐乐想自己洗衣服，妈妈怕她洗不干净；乐乐想自己端饭，妈妈觉得她会把碗打

碎；乐乐想出去玩会儿，妈妈觉得她会迷路。妈妈总是口口声声地说："这一切都是因为爱你、关心你！"然而，乐乐并不因此感到开心，觉得妈妈不相信自己，还剥夺自己成长的机会，妈妈所谓的爱也已经让自己不堪重负，渐渐地就对妈妈心生怨恨，喜欢和妈妈对着干。

现在的很多孩子都是独生子女，都是家长的掌上明珠。家长们总是觉得孩子小，愿意帮他们做一切。家长本以为自己无私的爱就能保证孩子幸福健康地成长，可是孩子并不这么认为，反而认为家长阻碍了自己成长的自由，从而引发不快和矛盾，影响了亲子关系的和谐。像文中的乐乐就是如此，妈妈无微不至地照顾她的生活是为了表达关爱，可在她看来，却阻碍了她的动手能力。

爱孩子是人之常情，但是在爱孩子的过程中，要讲究原则、把握尺度。要知道，家长和孩子看问题的方式不尽相同，所以，聪明的家长应该学会站在孩子的角度考虑问题，充分尊重和理解孩子的想法，不要因为心中有爱就对孩子过度约束。要知道，爱得多不如爱得对，真正的爱应该是孩子成长道路上的不竭动力，而不能成为孩子前进的阻碍。

如果家长总是觉得孩子什么都做不好，不愿意让孩子自己去尝试，孩子也会在内心对自己产生不信任感，这对孩子以后各种能力的发展就会产生不良影响。因此，如果家长真正爱孩子，就应该给予孩子适度的自由，让他们根据自己的意愿和兴趣爱好，自由地学习和探索。

不少教育专家提醒父母：不要抓紧孩子，担心太多，这样孩子只会越来越困惑。相反，要给予他们自由和鼓励，孩子会表现出优秀懂事的一面。

"妈妈，我想跟同学去爬山，我很喜欢爬山。"王琪跟妈妈说。

"去吧，注意安全。"王琪的妈妈回答道。

"爸爸，我不想去上钢琴课了，我不喜欢钢琴，我比较喜欢运动点的项目，要不给我报一个羽毛球班吧。"王琪跟爸爸说

"这个，你自己决定吧！"王琪的爸爸回答道。

王琪今年已经 14 岁了，是家里的独生女，却很少在她身上看到独生子女的娇气。相反，只要是她力所能及的事情，她都会自己去做。而且，王琪也是一个很有主见的人。王琪说，这一切都归功于父母很少去否定她的想法，让她做自己想做的事情。

每个父母都想成为一个好父母，做一个称职的父母，希望自己可以给孩子前进的动力，那就不要再去轻易地否定孩子，而是去鼓励孩子，让他们在实践中得到一些情感的满足，获得一些前进的经验。这才是真正称职的父母，这才是真正地爱孩子。

【如何说怎么听之现场演练】

鼓励孩子做一切他能做的事情

放手并不等于放任，作为家长我们要给予孩子方式、方法上的指导，其余的则要鼓励孩子自己动手实践。我们用这种方法来支持孩子走上独立成长的路，同时也为孩子指明了前进的方向。

如果我们什么事情都习惯帮孩子包办，那么孩子就不会得到锻炼，以后也就只能长期依赖父母了。

最好用鼓励的方式来引导孩子自己做事情，这样既不需要我们代劳，同时还会让孩子收获成就感，一举两得。

举个例子，看看我们如何来做：

幼儿园有一项活动，要孩子用线来穿珠子。你坐在孩子旁边，你想为他做些什么呢：

A.看到孩子笨拙的小手就着急，帮他穿好 _____

B.帮他做一半，他拿珠子，我穿线 _____

C.什么都不做，静静地看孩子自己穿 _____

想一想，这三种做法，哪一种会让孩子得到的锻炼最多？无疑是最后一个，我们还可以一边观察孩子，一边给予鼓励："再来一次，没问题，你肯定行的。"

我国著名的教育家陈鹤琴说过："凡是孩子能够自己做的，应该让他自己做。"放手让孩子做事，我们会发现孩子的潜力无穷大。但是，如果我们一直是"大手帮小手"，我们的孩子也会在无形中被剥夺许多发展的机会。

与孩子的感受产生共鸣，有助于他自己解决问题

聪明的家长做孩子的顾问，对孩子旁敲侧击；愚钝的家长做孩子的主人，让孩子唯命是从。

在日常生活当中，有些家长在教育孩子的时候，不知不觉就摆出家长架子，强迫、训斥孩子，导致孩子反抗，关系僵持不下。

这就是典型的"中国式家长心态"，当家长的觉得孩子就应该无条件服从，却很少站在孩子的立场上去体会他们的感受。

有一位母亲，出于担心和爱护，常常在女儿面前唠叨：少与男生来往。有一次，有几个同学邀约女儿一起去为朋友过生日，竟然遭到了母亲的一顿臭骂，这使女儿受到极大的伤害，她觉得在同学面前很没面子，同学也不愿再跟她来往。她因此怨恨母亲："你们不让我好过，我也让你们难受。"她向父母喊叫："我就是要气你们！就是不好好读书！就是要把你们的钱拿去花光！"

实际上，父母的担心是可以理解的，只要和孩子好好沟通，孩子肯定也是可以理解的。可是，故事中的母亲却不顾孩子的感受，粗暴地制止了孩子的行动，这让孩子对她产生了深深的怨恨。试想一下，如果这位母亲换一种做法，告诉孩子："我知道你想和同学们出去玩，也能体会到你的感受，可是，你要记住你目前的主要任务是学习，请你在玩的同时不要忘了学习，可以吗？"这时候女儿一定能理解母亲，并按时回家，好好学习的。

站在孩子的立场上，考虑孩子的感受，与孩子的感受产生共鸣，对于孩子自己解决问题是大有裨益的。

陈宇飞是一名小学四年级的学生，成绩都很优秀，除了体育课。身体瘦弱的他特别害怕上体育课，甚至装病来逃课。陈宇飞的老师把这个情况告诉了他的父亲，父亲决定跟儿子好好谈谈。

父亲晚上下班以后，走进了儿子的房间。

"儿子，今天你们老师告诉我，你没有去上体育课哦。"

"爸爸，我不喜欢体育课。"

"我知道。"

"你知道?"

"对，因为爸爸小时候也很讨厌上体育课。那时候的我个子比较低，也比较瘦，体育课上老是被同学们嘲笑。"

"那后来呢? 爸爸也没有去上体育课吗?"

"不是，后来的我，每次都去。"

"为什么呀?"

"因为，要勇敢地去面对才是男子汉。不能因为害怕就逃避，相反要去克服。你说呢，小男子汉?"

"好的，爸爸，我会试着去克服我的害怕，去上体育课的。"

"对嘛，这才是男子汉，不要害怕，只要勇敢迈出第一步，就会不一样的。你看爸爸现在不是很壮嘛。"

随着孩子的成长，他们也会慢慢地试着自己去解决一些生活或者学习中出现的小问题，当然，面对有些问题的时候，孩子会很迷茫或者困惑，这时聪明的父母要做的，首先是和孩子的感受产生共鸣，慢慢让孩子自己去解决问题。

【如何说怎么听之现场演练】

反思一下我们与孩子的沟通

下面，让我们一起来反思一下与孩子每天沟通的情况:

1. 你和孩子的沟通主要在什么时间段？每次的时间有多长？

比如说：晚上八点后，大概一个小时；或者早晨，大概半个小时；或者是随时随地沟通；或者是根本没有沟通。

_____

_____

2. 你和孩子在一起进行沟通的主要内容和方式是什么？

比如说：主要通过跟孩子聊天来教育孩子；或者用命令的口气来训诫孩子；或者是监督孩子学习。

_____

_____

3. 你在什么情况下和孩子沟通的效果更好一点？什么情况下和孩子沟通的效果更差一点？

比如说：在与孩子聊天、谈心、游戏的情况下，效果会更好一点；用温和、友好的态度与孩子进行沟通时，效果比较好。诸如此类。

_____

_____

做完这三个方面的测试，你大概就可以分析出来自己和孩子每天有多少时间在一起、在一起的时候都做些什么、和孩子主要是通过什么方式来沟通、沟通效果怎么样。通过这些分析，你就可以为自己和孩子的沟通打个分了。

不过大体说来，我们和孩子沟通要注意以下几点：

第一，与孩子沟通时，要使用孩子能够理解的语言。

与孩子的沟通应该是一个双向互动的过程，如果你讲的话孩子无法理解，那么沟通就是无效的。如果我们只是一厢情愿地喋喋不休，根本不考虑孩子有没有兴趣听，久而久之，孩子就会对父母的话充耳不闻。

第二，与孩子沟通，要使用孩子喜欢的沟通方式。

一味使用说教、命令、强迫等方式让孩子听你的话，孩子必然会反感。大多数孩子喜欢聊天的方式，父母可以在聊天的过程中把教育的道理融进去。孩子处于比较兴奋的状态时，也会比较容易接受父母的教育。

切忌对孩子不闻不问，放任自流

余涛的父母是律师，平时工作比较忙，抽不出时间照顾和关心孩子，所以余涛的妈妈把余涛的爷爷奶奶接来和他们同住。余涛从小到大的多数时间是跟着爷爷奶奶一起过的，由于爷爷奶奶对他有些溺爱，他渐渐就养成了一些坏习惯，如自私、任性、懒惰等。

一天，余涛的爸爸出差回家，看到余涛正对奶奶发脾气，对奶奶说着很不礼貌的话，爸爸大声呵斥道："余涛，奶奶平时对你那么好，你怎么能这么对奶奶呢？"

"不用你管，反正你平时都不怎么理我，有什么资格管我！"余涛理直气壮地说。

"我是你爸爸，我怎么就没有资格管你！"爸爸十分生气。

"你还知道是我爸爸，那你平时怎么什么都不管我，别人都有爸爸辅导功课，可我没有；当别人受了委屈可以找爸爸哭诉，可我不能。"孩子越说越委屈，居然哇哇大哭起来。爸爸一时手足无措，愣在了一旁。

一些父母鉴于严格管教孩子的弊端，主张让孩子顺其自然地成长。实际上，这种观念有失偏颇，对孩子管得太严极易使孩子反感并产生逆反心理，而对孩子不闻不问、放任自流也不能很好地引导和教育孩子，会让孩子失去行为标准，甚至养成一些坏习惯，而这些坏习惯是会陪孩子一生的。

认为"树大自然直"，对孩子放任自流的父母实际上是忽视了孩子成长的特点及孩子成长中环境因素的重要影响。在最初的时候，孩子就是一张白纸，后天的教育和环境对于孩子个性的形成和发展、思想观念和道德品质的培养等有深远影响。

因此，要想孩子健康成长，父母应该进行适当的干预和引导，切忌对孩子不闻不问、放任自流。但在管教孩子的时候，父母应该掌握两个要点：

首先，父母应该掌握好分寸和尺度，切不可管得太严。父母只有先掌握好管教的分寸和尺度，既关心和爱护孩子，但又不过分限制孩子，不约束或缩小孩子自由发展的空间，积极为孩子创造出愉快轻松的环境，孩子才能健康成长。

璐璐的父母都是教育方面的专家，他们在教育璐璐的时候，就很注意管教的分寸和尺度问题。

"妈妈，我想玩会儿再去写作业，可以吗？"

"可以，但是只能玩一个小时哦。不然，妈妈就会认为你是一个说话不算话的小孩，明天玩的时候就要减少时间了！"

"爸爸，我也想去荡秋千。"

"好的，爸爸帮你推，你自己要抓紧绳子。"

对于璐璐的要求，只要是不过分，父母都会在安全的范围内去满足。

其次，父母应该随时做好孩子的榜样，在教育孩子之前先纠正自己的不良行为。家庭是孩子接受教育的第一课堂，父母就是孩子最初的老师，只有父母先做好示范，孩子才会有样学样，接受好的影响。当父母行为不端时，孩子也会出于模仿而做出不好的行为，所以，想要教育好孩子，父母先要以身作则，纠正自己的不良行为。

小雨今年上一年级，学习成绩很好，老师希望她帮助一下学习差的同学，于是就安排小虎做了她的同桌。小雨很不情愿，回家跟妈妈说了，于是小雨的妈妈就带着小雨去找老师。

"小雨妈妈这是去哪里了？"从老师那里回来时，遇到了小虎同学的妈妈，小虎的妈妈问道。

"到小雨的姥姥家去了。"小雨的妈妈回答道。

小雨看着妈妈觉得很奇怪，回到家里，爸爸问小雨去了哪里，结果小雨回答说"跟妈妈去姥姥家了"。

"去姥姥家干什么呀？"爸爸继续问。

小雨回答不上来了。

"怎么小小年纪就说谎话呢？"

"妈妈就是这么跟小虎的妈妈说的。"

小雨的妈妈当时就愕然了，然后意识到自己犯了一个很严重的错误，于是立马蹲下来，告诉小雨："刚才妈妈犯了一个错误，对小虎的妈妈说了谎话，妈妈知道自己错了。说谎是一种不好的行为，小雨以后千万不能学，知道吗？"

小雨点了点头。

总之，在教育孩子的过程中，父母会遇到很多问题，但只要父母心中有爱，坚持正确的教育方式，就能教好孩子，切忌对孩子不闻不问、放任自流。

【如何说怎么听之现场演练】

当一个"又闻又问"的家长

家庭是孩子成长过程中一个至关重要的因素，父母对孩子的教育是责无旁贷的。如果我们对孩子的行为不加约束，任其自然发展，这样做肯定会害了孩子。

所以，我们要当一个"又闻又问"的家长，拾起自己对孩子监督的职责。

下面一起来做几个测试题吧，看看你是不是一个"又闻又问"的家长。

1. 你认为孩子的成长应该"放养"吗？

A. 是的，成长是水到渠成的事情 ＿＿＿＿＿＿＿＿＿

B. 不是，否则教育就是空谈 ＿＿＿＿＿＿＿＿＿＿＿

如果家长在孩子成长的关键几年中放任自流、不管不教，那么结果会是相当糟糕的。教育家布鲁姆说过："幼儿期被剥夺了智力刺激的儿童，永远达不到他原来应该达到的高水平。"

2. 你认为对孩子不闻不问就是在培养其自觉性吗？

A. 是的，我对自己的孩子很自信 _____

B. 不是，好习惯也需要培养 _____

教育学家说，要想达到自律，必须要经过漫长的他律过程。好的习惯会使孩子终身受益。在孩子还没有养成良好习惯的时候，父母应该起到监督检查的作用，而且要持之以恒。所以，如果我们真的爱他，就好好管管他吧。

3. 你对于"民主"怎么看？

A. 民主就是给孩子自由 _____

B. "民主"这个词不适合放在家教上讲 _____

C. 你有别的想法 _____

家庭教育需要民主，民主气氛下长大的孩子自信心强，而且性格较为独立。但是世界上没有绝对的民主，只有相对的自由。如果孩子本身有缺点，那就绝对不能姑息，在这个时候谈民主，就是一种荒谬。

"乖孩子"可能有讨好的心理

当孩子年纪还小的时候，他们的价值观、是非观不是十分明确，而往往在这个时候，父母的话能够在孩子的潜意识中造成一定影响，甚至会影响他们一生。因此，父母在这个时候，需要特别注意，不要只顾纠正孩子的行为，而忽略了对孩子价值观、是非观的引导和教育。

有些场景，在生活中并不陌生。一个男孩子淘气不听话惹家长生气了，家长会说："你这么不听话，以后没有人会喜欢你。"爸爸妈妈们希望孩子做个乖小孩，于是就不假思索地说出了这句话，以为这样孩子就听话了。却不知道，这句话的危害性是持久的，它会对孩子的性格造成难以估量的影响。

"大家都喜欢干净整洁的小孩。"

"听话的孩子人见人爱。"

"见到长辈主动问好，人家才会喜欢你，你看隔壁的明明，总是收到很多礼物和糖果。"

孩子听了这样的话之后，态度可能会来一个180°大转弯，真的变得比从前听话了，不和家长顶嘴了，见到客人知道主动问好了，也爱干净整洁了。家长也打心眼里高兴，觉得孩子变乖了，真是一件可喜的事情。但是，仔细想想，孩子这样的改变，真的就值得高兴吗？

认真一推敲就会发现这样的教育其实是有漏洞的。张口闭口就对孩子说"你要怎样怎样，大家才会喜欢你"，很容易培养出一个迎合他人、没有自我、见风使舵的家伙。

孩子在很小的时候，没有什么主见，他的人生观容易受到大人的影响。如果家长总是和孩子强调"你怎样才能人见人爱"，那么孩子在潜意识中就会为了得到别人的夸奖而改变自己，他们会像个"小大人"一样世故老练，懂得讨好别人，懂得按照世俗的价值观来行事，但并不明白好行为的真正意义。

如果任由孩子这样发展下去，孩子会变成什么样的人呢？他们会变得不再天真，不再无忧无虑，而是像个成人一样，脑袋里想的是怎样迎合世俗、迎合他人。虽然，家长起初的愿望只是为了让他变得听话。

等孩子再长大些，这种曲意迎合可能会导致他的从众心理更加明显，以致将市侩的观点当作正确的观点。那个时候，他可能会这样说话：

"当老师有什么了不起，还不一样骑自行车上班。"世俗的价值观让孩子知道，用功读书没用，会赚钱才是硬道理。

"爸爸，你要是当大官就好了，我的工作就有着落了。"世俗的价值观让孩子知道，有权有地位，是条万无一失的捷径。

自然成熟的水果总是比催熟的水果可口，这是再简单不过的道理。同样，家长也有责任保护孩子，不要让他们被催熟。要怎么做呢？

这就需要以一种健康的心态来引导孩子，比如送给别人礼物，要告诉孩子说，这样做的目的是为了表示谢意和尊重，双方沟通感情，而并不是为了得到某些特别的照顾。另外，对孩子和同学的交往也要正常看待，不要用世俗的眼光和金钱去衡量，不能说出类似"朱××的爸爸可是局长，你不要惹他"之类的话。

现在有很多家长都感慨，他们的孩子，年龄不大，却都变成了小人精——所了解的东西与年龄严重不对称。其实，这些都是家长在引导上的失职。

比如当孩子不讲卫生的时候，家长不要说"别人不喜欢"这样的理由，可以说"妈妈洗衣服真辛苦，她的劳动成果我们一定要珍惜。讲卫生才能健健康康，脏兮兮的很容易携带病菌"。

父母都希望孩子能拥有正确的价值观、明确的是非观，那么身为父母，先从自身做起吧，好好想想自己教育孩子的说法是不是禁得起推敲，千万不要在教育孩子时说出"这样做大家才会喜欢你"这种话，不要引导孩子有讨好心理，让他多了解一些真正的道理。

【如何说怎么听之现场演练】

用正面的语言和孩子沟通

当给孩子指出缺点的时候，最好是让他心服口服，不能以气势压人。还有就是要诚实地说出孩子这样做的弊端在哪里，而不要简单地以"别人不喜欢"来概括。

当孩子犯错的时候，和孩子进行沟通也是有技巧的，家长们可以用下面的沟通小技巧来试一试，看看是不是效果会更好。

1. 和孩子沟通要留有余地。

举例：孩子每次临走时总是忘记关电源，一次、两次、三次，你该怎么办：

A. 不跟他费口舌，自己关掉 ＿＿＿＿＿＿＿＿＿＿＿

B. 对他一通抱怨 ＿＿＿＿＿＿＿＿＿＿＿＿＿

C. 吓唬他："你这样，妈妈不喜欢你" ＿＿＿＿＿＿＿＿

D. 和他沟通："你总是忘记，我们想个办法，看怎么解决"

＿＿＿＿＿＿＿＿＿＿＿＿＿＿＿＿＿＿＿＿＿＿

和孩子沟通的时候，力求点到为止，给孩子一个自我批评、自我教育的机会。这样的话，孩子才能够接受你的建议。粗暴的批评方式不是解决问题的最好方法，不闻不问更不应该。

2. 和孩子说话注意刚柔相济。

举例：孩子做错了一件事情，引起你大发雷霆。你真的要发脾气吗？想想孩子做过的最让你恼火的事情，以及你当时的状态

A. 是的，尽情地发脾气 _____

B. 发脾气不解决问题 _____

无论是用刚还是用柔，最终还是要以不伤害孩子的自尊心为重点。如果孩子比较内向、脾气比较柔，那就要用刚，以刚克柔，有震撼力。如果孩子比较外向，而且特别有主见，那就一定要用柔，用柔和化掉顽石。家长在教育的时候既要讲原则，同时不要迁就孩子，在讲感情的同时尊重他们的自尊心。

第二篇

鼓励孩子与我们合作

第1章　营造最好的沟通氛围

和孩子开展平等的对话

美国前总统西奥多·罗斯福有句名言："在儿子面前，我不是总统只是父亲。"他也将这句名言彻底贯彻在日常生活中。他很少用命令的口吻跟孩子说话，而是一直以一种平等的姿态与孩子进行平等的交流。

作为家长应该主动理解孩子，相信孩子，做孩子的知心朋友。如果将自己放在了高高在上的位置，那么在和孩子的交流中很容易让孩子产生距离感甚至逆反心理，这都不利于家庭教育。那怎么样做到与孩子进行平等的对话呢？

首先，要意识到孩子是一个独立的个体，不是父母的附属品，这是与孩子进行平等对话的前提。可是，许多父母习惯于把孩子看作自己的一部分，甚至是自己的私有物。在他们的父母的潜意识里，都有这种想法，即孩子是自己的骨肉，把孩子养育大，就可以把孩子当成自己的私有财产，自己也当然有权利处置安排他们的人生。

其次，在与孩子的交流过程中，要认真地去考虑孩子的想法，不要总觉得他只是个孩子，什么都不懂。这也是中国式家长最常犯的一个错误。

赵丽丽是一名小学三年级的学生，很喜欢跳舞，可是她的妈妈总觉得跳舞太耽误学习，不让她去学习。

有一天，赵丽丽想了很久，决定跟妈妈订一个约定，那就是如果她努力学习，成绩一直能保持在班级前五名，妈妈就得答应她让她去学习跳舞。晚上，等妈妈下班后，赵丽丽很高兴地走进了妈妈的房间。

"妈妈，我想跟你签个合同。"

"小孩子家的，知道什么是合同吗？好了，别胡闹了，去看书去吧。"

"可是，妈妈……"

"好了，哪里来的这莫名其妙的想法。学习去吧。"

赵丽丽沮丧地离开了妈妈的房间。

就这样，赵丽丽的妈妈失去了一次与孩子交流的机会。

最后，也是最重要的一点，那就是要放下自己家长的权威，允许孩子自由地表达自己的想法，尤其是在关于孩子的未来发展这种事情上。父母爱孩子，总是替孩子考虑和安排，却很少去考虑孩子的想法和感受，只要父母觉得好的，孩子就必须接受。其实，这对孩子非常不公平，而且也影响亲子关系，很多青春期的孩子和父母的矛盾冲突激化也是源于此。

而这种矛盾其实并不难化解，那就是和孩子展开平等的对话，听听孩子的想法，考虑一下孩子的感受。

欢伊又和妈妈吵架了，妈妈和欢伊都搞不清楚，这是从欢伊上初中以后，她们母女之间的第几次"战火"了。

这一天，欢伊和妈妈吵完架后，很生气地回到了自己的房间里，过了很久，欢伊从房间里又走了出来，递给了坐在沙发上正生气的妈妈一封信。

妈妈：

请原谅我不想再称呼你为亲爱的妈妈，这是因为我也很生气。我们总是吵架，没完没了。用爸爸的话说是"三天一小吵，五天一大吵"。我对于我们之间的吵架也很厌烦。

我知道你是爱我的，做很多决定也是为我好。可是我还是受不了你总是自作主张地替我决定未来。

我觉得自己已经不是一个小孩子了，我有权决定我自己的一些事情。就比如今天这件事情，我不想整个暑假都学习，我想出去旅游，而且爸爸都已经同意了，那为什么又给我报了一个补习班呢？

妈妈，我希望你不要生气，不过我还是要说一下我的这个要求：请你考虑一下我的感受，尊重一下我的决定。

最后，谢谢妈妈。

你的女儿：欢伊

当欢伊的妈妈看到这封信后，开始陷入了思考：也许，真的应该用一颗平等的心来和欢伊谈事情了。

爱，只有在平等的时候才会给人最温暖的感动，不平等的爱有时候带给人的压抑要比温暖更多。

父母对孩子的爱也是如此，只有父母平等地对待孩子，和孩子交流，放下家长的架子，孩子才会更多地感受到父母温暖的爱。

【如何说怎么听之现场演练】

和孩子签个"合同"吧

平等，不只是同龄人的特殊待遇，孩子和父母也要在某种程度上做到平等，比如可以签订一份"合同"明确双方需要做到的。为与父母平等对话而与父母签订"合同"。

五年级的小学生阳阳和妈妈签订了一份双方共同起草的"母子协议"，这份看上去严肃又有趣的协议这样写道：

甲方（母亲）的权利及义务：

每月提供 50 元零花钱；

不能对孩子的朋友不友好；

不能未经允许偷看孩子的私人物品；

不能使用挖苦的语言，要尊重孩子；

孩子不会做的题目，要耐心讲解。

乙方（孩子）的权利及义务：

上课要认真听讲；

每天要按时完成老师布置的作业；

放学之后要按时回家，不能去网吧；

每天预习及复习功课的时间不能低于 30 分钟；

晚上 10 点之前一定睡觉。

教育专家认为，家长与孩子签订协议是一种新的家庭教育方式，它能够使家长和孩子在一个平等的位置上对话。

这种"合同"能够很好地展现家长与孩子之间的平等关系。尊重孩子，能够与孩子站在同一个平台上沟通是非常必要的事情。

现在，我们也可以试着和孩子签个合同：

甲方（ ）：＿＿＿＿＿＿＿＿＿＿＿＿＿＿＿

＿＿＿＿＿＿＿＿＿＿＿＿＿＿＿＿＿＿＿＿＿＿

＿＿＿＿＿＿＿＿＿＿＿＿＿＿＿＿＿＿＿＿＿＿

＿＿＿＿＿＿＿＿＿＿＿＿＿＿＿＿＿＿＿＿＿＿

乙方（ ）：＿＿＿＿＿＿＿＿＿＿＿＿＿＿＿

＿＿＿＿＿＿＿＿＿＿＿＿＿＿＿＿＿＿＿＿＿＿

＿＿＿＿＿＿＿＿＿＿＿＿＿＿＿＿＿＿＿＿＿＿

＿＿＿＿＿＿＿＿＿＿＿＿＿＿＿＿＿＿＿＿＿＿

用沟通代替对孩子的命令

在我们的生活当中，不经意间就会发现父母和孩子的对话充满了父母对孩子的命令，相信在不少家庭中，我们都可以发现这样的景象：

"去，给我回家写作业去！"

"不准说话，赶紧吃饭！"

"今天必须去辅导班听课……"

在父母教育孩子的过程中，很多父母一不小心就忽略了一点，那就是孩子是发展中的个体，具有独立的人格和鲜明的个性心理特征，在向周围世界学习的过程中，他们更喜欢处于主体地位，做学习的主人，而不是一直被父母命令，被动地接受。

了解孩子、尊重孩子、激励孩子、诱导孩子是成功的教育方法，强迫责令，以成人为中心，往往使孩子被动，收不到良好效果。

因此命令的方式应慎用，绝对不能滥用。

举个例子，当孩子玩得开心之时，家长硬性命令孩子去做这做那，孩子不去，家长便拖着孩子去，孩子很委屈，有时还大哭大嚷。其实，只要好言相劝，或者等孩子玩得尽兴一点再做其他事情，效果反而会更好。

田宇今年5岁了，这一天他正在跟隔壁的晓彤在小区的花园里抓蝴蝶，突然他的妈妈急急忙忙地拉着他往小区外面走。原来，田宇的妈妈有急事要出差，准备把田宇送到姥姥那里去，爸爸已经在小区外面等着他们了。

然而，田宇的妈妈并没有对田宇说明原因，田宇说："我要抓蝴蝶。"

"抓什么蝴蝶，妈妈有急事，快！"边说边拉着田宇往外面走。

结果田宇就是不走，不一会儿就大哭了起来。田宇的妈妈越来越着急，就打了田宇，田宇更加委屈，在地上打起了滚。

这时候田宇的爸爸走进了小区的花园。

"怎么还没有出来呢？"田宇的爸爸问田宇的妈妈。

"这孩子太不懂事了，死活要抓蝴蝶。"田宇的妈妈说道。

"田宇，爸爸跟妈妈今天有急事，要把你送到姥姥家，等从姥姥家回来，我们再和晓彤抓蝴蝶，好不好？"爸爸蹲下来对哭着的田宇说。

田宇抹了抹眼泪，点着头。爸爸抱起他往外走，妈妈向爸爸伸出了大拇指。

除了上面的例子，生活中还有一些情况需要父母们注意，比如当孩子用手抓饭吃，妈妈打了孩子的手，孩子哭了，正在哭得喘不过气来之时，爸爸命令孩子"不要哭，闭上嘴"。孩子怎能一下子憋住这口气呢？

纵然成人是一番好心去教育，实际上却起了摧残心灵、摧残健康的副作用，这种命令是孩子不能执行，听从不了，也不应该听从的。

其实，有一种比命令更好的方式，那就是沟通。

不知道父母有没有发现，自己在命令孩子的时候，说话的态度往往是简单而生硬，而在和孩子沟通时，说话的口气往往也心平气和了不少。温和的态度更容易让孩子接受，而粗暴的态度容易遭到孩子的反抗。所以，温和的沟通比生硬的命令往往更有效。其次，孩子在接受命令时，是被动的，而在沟通时孩子是主动的。比起被动的指派，主动的接受就多了一种愉悦的心情，这也是孩子为什么讨厌父母直接命令的原因。

飞扬今年4岁了，每天晚上总是在房间里跑来跑去，一会儿摆弄玩具，一会儿摆弄书本，总之就是不安静地睡觉。飞扬的妈妈每天晚上都要追在他后面：

"飞扬，不要再摆弄玩具了，去睡觉！"

"飞扬，把漫画书收起来，睡觉了！"

"飞扬，去睡觉！"

妈妈的声音越来越大，可是飞扬却还是玩自己的。这让飞扬的妈妈很崩溃。后来，飞扬的妈妈实在是没有力气喊叫了，就走到飞扬面前，心平气和地告诉他："飞扬，小孩子要早早睡觉，才能早早起来，身体才会好。而且，爸爸妈妈明天早上也要早早起来上班，睡晚了，对身体也不好。你能安安静静地去睡觉吗？这对你对爸爸妈妈都好哦。"

飞扬听了妈妈的话，扔下了漫画书和玩具，乖乖地到自己的床上睡觉去了。

飞扬的妈妈也长舒了一口气。

通过沟通，最容易让孩子站在他人的立场上思考，也最容易让孩子养成理解他人的习惯。只有这样，他才有可能成为一个全面发展的优秀人才。所以，当下次父母命令孩子，而孩子依旧无动于衷时，不妨换个方式，好好沟通一下。

【如何说怎么听之现场演练】

平等地和孩子说话

有的父母喜欢冲着孩子摆为人父母的架子，对孩子呼来唤去，常常用命令的语调对孩子说话。可是这样渐渐就会发现，孩子们慢慢不吃这一套了，常常将父母的一道道命令当成耳边风。

命令并不是教育孩子的好方式。

1. 积极的暗示有时会更有效果。

中国著名的教育专家陈鹤琴在《家庭教育》一书中举过这样的例子：一次，他看到自己的儿子拿着一块破旧的棉絮裹着身体开心地玩。

如果是你，你会怎么做呢？

A. 把破棉絮夺过来 _____

B. 不管，任他玩 _____

C. 告诉孩子，这个不干净 _____

D. 其他办法 _____

陈鹤琴思考了一下，觉得还是用积极的暗示去指导最好，于是就对孩子说："这旧棉絮是很脏的，是有气味的，我想你不要玩这块布了吧。你可以去向妈妈要一块干净的布吧。"

结果孩子听了之后，高高兴兴地就去找妈妈了。

无论是什么人，受到激励而改过，是很容易的事情，受到责骂而改过，则是不容易的。小孩子更是喜欢听好话，不喜欢听恶言。

2. 柔和的教育才有回旋的余地。

孩子玩积木上瘾了，可是时间已经不早了，该让孩子睡觉了。你该怎么跟孩子说呢？

A. 命令孩子停止玩耍，马上睡觉 _____

B. 让孩子尽兴地玩，不管他 _____

C. 让他再玩 10 分钟然后睡觉 _____

D. 其他办法 _____

如果父母明白孩子的心理，可以这样对孩子说："呀，这个东西真好玩，可惜时间不早了，乖孩子该去睡觉了。要不你再玩5分钟？"这样说话，既夸了孩子乖，同时又用征求的口气同孩子说话，让孩子感受到了尊重。

而且这样父母说话也为自己留下了余地，即使孩子暂时不听话，父母也不至于为了自己的威严而和孩子大动肝火。

饶有兴味地倾听孩子的喜怒哀乐

我们都喜欢跟自己的朋友交谈，原因是：在我们悲伤时，朋友会给我们鼓励；在我们生气时，朋友会给我们安抚；在我们愤怒时，朋友会让我们平息；在我们兴奋时，朋友可以和我们一起兴奋。

总之，我们的一切情绪都会得到朋友的积极回应。

其实，孩子对父母也有这样的渴望，他们很希望自己的讲述可以得到父母的积极回应，希望父母可以饶有兴趣地倾听自己的喜怒哀乐。

有个男孩今年上初中，是一位超级球迷，虽然学业比较繁重，可是每次有足球比赛都要彻夜不眠地看。

他也很愿意给母亲讲足球的事情，可是每次兴高采烈地对母亲说着精彩的足球赛事时，母亲却没有一点兴趣，偶尔还会在儿子半夜看球赛时呵斥一下他。慢慢地，儿子就再也不跟母亲聊足球的事情了，这让母亲心里有些不好受。

于是母亲给儿子写了一封信：

你是一个铁杆球迷，为了看球，甚至可以不吃饭、不睡觉。说实话，我原本无法理解，对我来说，足球只是一堆人争夺一个球的无聊游戏。你常常深更半夜悄悄起来看英超、意甲转播，虽然为了不吵醒我们，你总是把音量调到最低，但是，你那压抑的激动声响，和偶尔克制不住而发出的大声喝彩，还是会惊醒我，那时，总免不了对你一顿教训。

可有一天，一个念头突然冒出来：能够让你如此如痴如醉的足球到底为何吸引你呢？我怎样才能够体会你在看足球时的快乐呢？有机会一定要尝试一下。

对此，儿子在自己的日记中也有所记载：

奇迹果然出现了！不但是塞内加尔的奇迹，也是我妈妈的奇迹——她竟然从此迷上了足球，每天抢着看报纸，准时看球赛，关心贝克汉姆，询问罗纳尔多。当我们同时情不自禁地站起来给中国队加油的时候，我感到我们的心灵第一次如此相通。我心里只想说："能跟妈妈分享我的快乐，我真高兴！"

我们都希望有人分享自己的欢乐与悲伤，孩子更是如此。我们都希望在讲述自己的喜怒哀乐时，能得到他人积极而正面的回应，孩子也是如此。

可是，有多少父母在孩子向他们诉说自己的喜怒哀乐的时候，做到了饶有趣味地倾听呢？很多父母，在孩子滔滔不绝地讲述着令自己高兴的事情时，打断孩子的话，或者只是简单地敷衍几句。

久而久之，孩子肯定不愿意再和父母分享自己的情绪。因为这种打断和敷衍会给孩子一种感觉，那就是：父母是不关心自己的。所以父母在听孩子讲话时，一定要认真积极地回应。

父母的回应一方面可以让孩子感受到父母对自己的关心和爱护，从而愿意与父母分享更多的成长故事，有助于父母了解自己的孩子；另一方面，这也是对孩子的一种鼓励，鼓励孩子更加从容地把自己内心的想法表述出来，这对于孩子日后的表达能力和交流能力的提高都是有益处的。

有些家长为了维护其尊严和权威，往往对孩子实行命令主义，总要摆架子，对孩子过多地批评、指责，极少鼓励、赞扬。这种家庭教育方式让孩子怎么开口讲心里话呢？有些父母因孩子动作慢，索性代劳，当孩子想表达自己的意见时，父母却抢着说。这种不耐心倾听的结果，会干扰孩子创造性的思考过程，使他变得沉默、依赖。

我们都知道，仔细倾听孩子的诉说并回答孩子的问题对加深亲子关系大有裨益，这可以加强孩子的自信心和安全感。

因此，孩子说话时，无论家长有多忙，一定要眼睛看着孩子，不要随意插嘴，尽量表现出听得很有兴趣的样子。

【如何说怎么听之现场演练】

欣赏孩子有技巧

欣赏孩子，和其他人际关系中的欣赏是一样的，也是一门交际艺术。用什么样的方法对待孩子才会使他们感到舒服呢？这里其实有一些技巧，需要我们掌握。

1. 孩子需要得到全方位的欣赏。

想一想你在日常生活中，对孩子表扬最多的是哪几方面？

_____

如果说，我们对孩子的爱是全方位的，那么我们对孩子的表扬也应该面面俱到才行。孩子任何有益的言行，父母要能在第一时间认可。

2. 欣赏孩子要用非语言因素。

想想你在生活当中，赞赏孩子最常用的方法是什么？

_____

我们表扬孩子，语言是最常用的方法，但并不是唯一的，表情、姿态等也能够起到欣赏的作用，而且还会使孩子感到更加亲切。和孩子交流的时候，要尽量使用亲切的眼神注视孩子，表示自己在专心倾听，让孩子深深体会到别人对他的尊重和支持。

3. 表扬的话语不要扯上批评的尾巴。

想想你在日常生活中，对孩子表扬多还是批评多？

_____

这世界上没有不存在缺点的孩子，所以作为家长，要包容孩子的缺点，不能在欣赏孩子的时候，总是捎带着一个批评的尾巴。比如说，有的父母刚刚称赞完孩子的语文水平提高了，接着就说他的数学成绩太差。这种把表扬和批评混淆在一起的方法，不但不能起到激励的效果，甚至会让孩子失望。

4. 不要进行孩子之间的比较。

你是否经常在自己孩子面前夸别人的孩子？

_____

家长切忌用比较的方式来突出某个孩子——无论是自己的孩子，还是别人家的孩子。孩子们都很敏感，无论当面夸奖哪一个孩子，另一个孩子都会感受到冷落或否定，甚至会觉得大人偏心、不公平。

及时关注孩子的情绪变化

曾经有一位教育家说过："最好的父母一定是懂得孩子心事的父母，是在孩子最需要的时候给孩子关怀的父母。"

其实每个父母都想做一个优秀的父母，希望自己可以懂孩子内心的想法，能在关键时刻给孩子帮助。然而还是有不少父母在教育孩子的过程中发现，这其实是一件很难的事情。

一天，晓峰闷闷不乐地回到家，什么话也没说，可妈妈一看就知道晓峰有心事。

"儿子，怎么了？有什么事情想跟妈妈说说吗？"晓峰的妈妈温和地问了晓峰一句。

"心里有些烦！"晓峰的话中充满了怒气。

"说说吧，看妈妈能不能帮你。"晓峰的妈妈继续温和地对晓峰说。

"今天去上学的时候正好遇到我们班一名女同学，当时她拎的包很沉，所以我就帮她拿了，两人一起走到了教室门口。没想到同学们见了就起哄，连老师也误会了，唉。"

"原来是这样啊！被人误会了，心里一定不好受吧！但你热心地帮助同学拿东西是好事，相信大家的取笑没什么恶意。"

听了妈妈的话，晓峰心头的阴霾渐渐散开了，心情也变好了，高兴地去做作业了。

孩子在成长的过程中，会遭遇到各种各样的问题，有时候他们会选择主动求助，有时候也会把不快藏在心里。

这时候就需要父母及时关注孩子情绪的变化，从细微的地方去感知孩子是不是遭遇到困难，从而帮助孩子解决困难。

彬彬最近在回家的路上，总是被高年级的同学欺负，他们还恐吓彬彬说要是敢告诉家长、老师就让彬彬好看。这让彬彬心里很害怕，即使回到家里也是一副担惊受怕的样子。

他很想跟爸爸说说这件事情，可是想到同学的恐吓，还是没敢张嘴。爸爸隐隐约约地感觉到儿子似乎有什么话跟自己说。

"彬彬，你有话要跟爸爸说吗？"彬彬的爸爸习惯性地问了彬彬一句。

"没，没有。"彬彬结巴着回答道。

"哦，没有的话就去写作业吧。"

就这样，彬彬的爸爸没有觉察出来彬彬的恐惧，失去了一次帮助彬彬的机会。最后，悲剧发生了，彬彬有一次实在忍受不了那些同学的欺负，开始反抗，用刀割伤了其中一个同学的胳膊，让这位同学住进了医院。

试想一下，如果彬彬的爸爸能够及时感觉到孩子情绪的变化，细心地引导孩子，悲剧恐怕就不会发生了。

及时感受到孩子情绪的变化，不仅仅能及时帮助孩子解决问题，更能给孩子安定的力量和支持，让孩子更有勇气战胜困难，并同父母更亲近。

刘强已经上初三了，再也不像小学时候那样，什么事情都愿意跟妈妈说，这让妈妈很沮丧。

于是，刘强的妈妈开始关注儿子情绪的变化，希望能找到一个机会，让孩子主动跟自己说说心里的事情。

有一天，刘强生气地回到家中，用力地把一本物理书摔在沙发上，然后就躲进了自己的房间中。刘强的妈妈感觉到刘强很生气，于是敲开了刘强房间的门。

"我感觉到你很生气，而且，我猜跟那本物理书有关系。"

"今天下午，我们的物理老师正在给我们讲题，我突然想到了这道题其实还可以用另一种方法去解，于是就站起来对老师说了我的想法，结果被他批评了一顿，说我没有礼貌，随便打断他讲话！"

"怎么也得等你讲完自己的想法再批评你嘛！"

"对，我也觉得，他没有给我说我自己想法的机会，这让我很生气！"

就这样，刘强跟妈妈谈了好久，到最后刘强不生气了，刘强的妈妈也很开心，因为自己好久都没有跟儿子谈这么长时间了。

孩子的成长需要家长的关怀。在平时的生活中，家长要学会做一个有心人、细心人，多抽些时间陪陪孩子，多注意孩子情绪的变化，多为孩子分忧解愁，这样孩子才会和家长更贴心，也才会把心里话和家长说。

正确处理孩子的负面情绪

孩子和我们成人一样，有他们自己的烦恼。他们也会郁郁寡欢、怒不可遏、无理取闹……这些情况都很正常。作为家长，我们首先应该接受孩子的负面情绪，然后再积极引导。

在面对孩子的负面情绪时，家长保持良好的情绪是关键。在很多时候，虽然我们深爱着自己的孩子，但是在生气的时候也会表现出否定、责备，这会让孩子忽略我们的目的，而更加关注我们的情绪。

1. 孩子出现担心、害怕的情绪，怎么办？

举例：孩子有一次做噩梦被吓醒了，但是又怕别人知道了会嘲笑自己胆小，你怎么跟孩子说？

当孩子出现类似这种情况，我们可以以一种很轻松的口气安慰孩子，同时用科学知识帮助孩子解答。

像做噩梦这种情况，我们完全可以宽慰孩子说，噩梦只是由于平日玩得太累或者睡姿不好而引起的，而且噩梦本身也不是真实存在的。

或者，我们还可以跟孩子说"哎呀，我小的时候也有类似的担心和害怕，不过后来我自己就能克制了"，这样的方法还是挺管用的，而且屡试不爽。

2. 孩子有点无理取闹，怎么办？

举例：孩子想要一套拼图玩具，你不想给他买，然后他就大哭大叫，你会怎么办？

对待孩子的这种无理取闹，最好的方式就是冷处理，任由他宣泄，不要被他哭闹的架势屈服，也不要同意他的无理要求。

等他哭累了，觉得没趣的时候，就不闹了，这样的处理效果最好。或者，我们还可以对他说"咱们来照照镜子吧，看看你是不是变丑了"。

第2章　让孩子信任我们、接纳我们

教育的过程少不了陪伴的环节

据世界卫生组织公布的一项研究数据表明，平均每天能与父母共处两个小时以上的孩子，其智商要比那些没有和父母相处的孩子高。

不仅如此，那些长时间没有父母陪伴的孩子在成长过程中很容易表现出"情感饥饿"，从而刁蛮任性或者多疑胆怯。

因此，不少教育专家都建议父母，不管多忙都要抽空陪陪孩子，以满足孩子的情感要求，促进孩子健康快乐地成长。

孩子是父母最大的支撑，父母在为孩子拼搏，希望孩子能有一个温馨的家庭、灿烂的未来。

但是，很多父母由于太忙了，根本没有时间来亲自照料孩子，也很少能沉住气耐心陪陪孩子，使孩子难以享受家庭的温馨。

明明的爸爸是一个经理，经常要去工地，早出晚归，甚至有时候周末还要去外地。明明几乎很少和爸爸交流，可是明明一直很希望有机会和爸爸待在屋子里玩游戏。

今天明明的爸爸终于有时间休息了，明明特别高兴。

"好，爸爸就满足一下你小小的心愿。那我给你读一下新买的那本故事书吧。"

"哦，爸爸真棒。走，我们去客厅吧。"说完，明明就拉着爸爸往外走。

父子两人来到客厅，爸爸刚把书翻开，准备给明明讲故事，电话就响起来了。

"儿子，坐在这里等等爸爸啊，我接个电话，马上就回来。"爸爸说完就去和客户聊开了，把明明晾在一边。

打了一通电话之后，爸爸回来找孩子，刚要开始读书，没想到电话铃又响了。

"明明乖啊，爸爸再去接个电话。"爸爸说着又跑开了。

这时的明明心里很难过，觉得原来爸爸这样不重视自己，"算了，还是自己一个人玩吧。"然后就拿着故事书闷闷不乐地回到自己的房间去了。

这是在很多家庭中都会出现的片段，父母可能觉得这没什么大不了，事后哄哄孩子就好了。可是站在孩子的立场来看，这就是对孩子的不尊重，从而让孩子对父母很失望。

还有一种情况：很多家长由于工作确实很忙，实在抽不出时间来和孩子交流，自己内心也是充满愧疚，于是就用物质来弥补孩子，希望以此减少自己对孩子的愧疚感。

但是这样的效果真的好吗？答案显然是否定的。要知道，情感教育的缺失是不可以弥补的。

小强的爸爸工作很忙，可以说是以岗为家，早出晚归，小强很少能看到爸爸。因为每天早上他还没有起床，爸爸就上班去了；晚上他要上床睡觉了，爸爸可能加班还没有回来。

爸爸其实心里觉得很愧疚，不知道用什么样的方法来补偿孩子，他所能想到的，就是用物质来回报孩子。

于是，每当爸爸出差回家，就会召唤小强："小强，快来看爸爸给你带什么好东西回来了。"

孩子立马就从自己的房间跑出来，接过爸爸手中的礼物，说"谢谢爸爸"，然后又跑回自己的房间玩去了。

几乎每次小强的爸爸出差，都不忘给小强带礼物，小强好像也摸清了爸爸的行动规律，每次当爸爸出差回家的时候，他就会主动地跑出来，然而眼睛不是看爸爸，而是盯着爸爸手中的礼物，接过礼物就自己玩耍去了。

有一次爸爸出差回家，恰巧忘记了带礼物给小强，而小强也像往常一样高兴地从自己的房间跑出来迎接爸爸，然后失望地说："咦？你怎么这样就回来了？没有给我带礼物吗？"听到孩子这样的问话，爸爸哑然。

其实孩子最需要的，并不是这些好的玩具和礼品，而是父母的关怀、陪伴和交流。很多家长在年轻的时候没有时间陪孩子，等到孩子长大之后，他们痛苦地发现，孩子已经不愿意和他们沟通了。而如果单纯地靠物质和孩子进行沟通，那会让孩子把沟通看得很功利。

父母可曾想过，你们努力地在外打拼，为的就是让孩子生活得更好，可是在教育孩子的问题上，总是出现重大的失误，是不是有点得不偿失呢？因此，聪明的父母，总是想尽各种办法，抽出时间多陪陪孩子。

【如何说怎么听之现场演练】

试着制定一个"孩子时间"

在日常生活当中，无论有多忙，父母每天都应该抽出一定的时间和孩子在一起，陪伴他们成长。

能够和孩子快乐地在一起，不仅仅是在享受天伦之乐，更重要的是让孩子知道，我们是多么在意并且关注他。来给自己打打分，看看在这方面做得是否到位：

1. 你每天陪孩子多长时间？

A. 不到半小时 _____

B. 一小时左右 _____

C. 一个半小时以上 _____

2. 你平时会固定一些时段和孩子在一起吗？

A. 没有固定时段，想起来就陪一陪 _____

B. 有固定时段，和孩子商量好的 _____

C. 基本不交流 _____

3. 如果孩子要求你陪他，你会怎么做？

A. 果断拒绝 _____

B. 视心情而定 _____

C. 第一时间帮孩子舒缓心情 _____

陪伴孩子需要时间，也需要提升单位时间内的质量。多给孩子时间，多陪伴孩子，很多亲子关系上的问题可能就会迎刃而解。

理解是建立默契的开始

在家长和孩子之间，没有什么是无法沟通的，因为，每一个人都是从孩子长成大人的。

一个心理专家曾经写过这样一个真实的故事：

有一个孩子灰溜溜地出现在我面前，肯定是闯祸了。果然，他老是喜欢打邻居家的猫，人家都警告好几回了，他还是不听。

"是因为有什么心事吗？其实，我能理解你。我年轻的时候也做过一些不好的事情呢。"时光回到了我的少年时代。

"在我读初中的时候，父亲做生意，亏了很多钱。三四年的时间里，总有来路不明的自行车停在我家院子里，等着要账。有一年快过年的时候，还有两三个收账的就是不走，我当时心里特别难受，也很埋怨父亲。后来，我形成了一个习惯，就是但凡看到陌生的自行车停在我家，就会想办法拔了人家的气门芯，让它'圆着进来，瘪着出去'。这件事情渐渐被爸爸发现了，我挨了一顿打。其实，我当时也明白自己这样做是不会让家里少还一分钱的，要账的人走着也能来，我总不能在地上铺钉子扎人家鞋吧，但我心中的委屈和痛苦需要发泄，所以我一如既往地拔气门芯，直到家里要账的人越来越少。"

"这是我小时候的功绩之一，还有很多呢，唉，小时候自己做了错事还不觉得有什么错呢。"

"我打那只猫，是因为它什么都不干就可以吃东西，我却要好好念书写作业才能吃东西，这不公平！"他终于开口了。

"嗯，是不公平，不过你打那只猫也不起作用啊。"一个拧在孩子心中的结，慢慢打开了。

很多人在年轻的时候，对待周围的事情都非常敏感，并且想得很细致。但是到了成年之后，这些人就会完全忽略那些细微而丰富的东西，并且忘记了自己曾经年轻过，觉得读不懂孩子，无法理解孩子了。其实，这些大人在小的时候，有孩子一样的心路历程，只是他们忘记了而已。

20世纪70年代，流行黄色上衣红星帽，左胸口插一支钢笔更时髦；80年代，流行喇叭裤、BP机，扛着录音机上街更拉风；90年代，流行染发，挑几缕金黄色的最有回头率；现在，流行火星文、自拍，在博客上说什么都能找到共同语言……时代一直在变化，而人的成长轨迹是一样的，渴望表达、渴望重视、渴望成功，改变的不过是抒发这些情绪的方式罢了。

要想理解孩子的情绪，需要家长反思一下，想想自己年轻的时候是什么样子，是否也经历过类似的问题，那时候的自己最希望父母怎样做……这样就知道现在身为父母的自己该怎么做了。

家长可以多回顾自己年轻时候的样子，这样就可以明白孩子的过错实在不是什么新鲜事，多多理解孩子，孩子的成长是需要爱和包容的。

而只有真正地理解了孩子，孩子与父母才可能建立一种默契。

每天下午五点放学，童童只要吹一下哨子，童童的爸爸就会抱着足球跑向儿子。而等到晚上七点吃完饭，童童的爸爸只要眼睛瞅一下钟表，童童也会自觉地关掉电视，回到自己的房间写作业。邻居们都说这是一对天生就非常默契的父子。

可是，只有童童和爸爸知道，这默契的建立实在是来之不易。以前童童十分爱玩，讨厌写作业。童童的爸爸试了各种各样的办法，包括把童童锁在屋子里强迫他写、弄坏没收童童的足球让他没办法玩等，可是都不见效。直到有一天，童童对自己的爸爸大声喊道："难道你小时候就只爱写作业，不爱玩吗？"童童的爸爸才想起了自己当年也很爱玩。于是他也开始理解童童了。最后，和童童商量，他陪童童玩一会儿，童童得乖乖地自己写作业。没想到童童很爽快地就答应了。刚开始，童童玩了一会儿后，写作业还得他去催促，后来，只要一看钟表，童童就知道自己该写作业了，父子之间默契了不少。

我们都希望自己和孩子建立一种默契的关系，那就不妨学学童童的爸爸，多多理解孩子。

【如何说怎么听之现场演练】

测试一下，你和孩子的默契程度

你真的了解自己的孩子吗？你和孩子真的存在默契吗？

存在默契的一个重要前提就是对孩子有足够的理解。下面一起做个小测试吧，一共有 8 个问题，你可以试试自己能不能答对，答对的数目越多，说明对孩子的理解程度越高。

1. 你的孩子最喜欢什么颜色？

_____

2. 你的孩子最怕什么？

_____

3. 你的孩子最好的朋友是谁？

_____

4. 你的孩子最喜欢吃的食物？

_____

5. 你的孩子的梦想是什么？

_____

6. 你的孩子最喜欢听的故事是什么？

_____

7. 你的孩子最喜欢的小动作是什么？

_____

8. 你的孩子最喜欢的电视节目是什么？

_____

如果我们答对得很少，那么就要注意了，我们要多花些时间来陪伴我们的孩子，来认识我们的宝贝。

和孩子增加交流，建立默契，其实现的方式可以是多种多样的。即便是同样的父母，面对同样的孩子，也需要不断地调整自己的教养模式，不能总是用一套僵化的套路来和孩子建立默契。比如说，并非总是向孩子刨根问底，就会让孩子觉得有默契，也并不是总帮孩子做事情，孩子就会觉得默契。默契是一种心灵的感应，想做到默契，要在理解孩子、爱孩子的基础上，再施展教育的技巧。

如何应对和大人"对着干"的孩子

不少父母发现，每个孩子在成长过程中都有这样一个阶段：对于父母的话左耳进右耳出，动不动就跟父母顶嘴，或者跟父母对着干。孩子究竟是怎么了呢？怎么突然间就这样不听话了？

罗定的爸爸妈妈是一对很开明的父母，一直以来很少跟罗定有冲突的时候。可是罗定的妈妈最近发现，儿子自从读小学六年级以来，发生了显著变化。他似乎不像以前那样喜欢跟父母交流了，对于父母的一些做法和看法，他也时不时地提出反对意见。有一段时间，他甚至特别喜欢跟自己的父母"对着干"：父母要求他做的事情，他总是找各种理由拒绝；父母给他的意见和建议，他也经常当作耳旁风；当父母想要跟他好好谈谈的时候，他没听几句就索性出门。

"小定，你上次不是说想去看话剧吗？这周末妈妈陪你一起去看吧。"

"不了，我现在不想去了，周末我想跟同学一起去唱歌。"

"小定，过两天就是你的生日了，以前你总想请同学到家里来玩玩，明天爸爸妈妈就给你们足够的时间玩，我已经帮你们准备了很多零食，到时候你们可以好好聚聚。"

"不用了，我现在觉得还是去外面过比较好，我已经跟同学们说了，把地点定在必胜客。"

"那爸爸妈妈也去，顺便帮你埋单？"

"不行，我请的都是同学，你们去不合适。"

"你这孩子，怎么总喜欢跟父母对着干？也不想想如果你是父母，我们老是跟你这么对着干，你心里会好受吗？"罗定的妈妈很委屈地对罗定说，惹得罗定的爸爸哈哈大笑。

其实，罗定之所以会经常做出与父母"对着干"的举动，与青春期的成长阶段和心理密不可分。生活中，面对孩子成长发育过程中的这些心理特征，父母应该多多了解和关心，在这一基础上，父母可以通过一些实际行动来帮助孩子走出青春期的困惑，帮助孩子健康成长。尤其是当孩子出于叛逆而做出一些不合时宜或错误的事情时，父母更应该好好引导和教育了，而不是一味地对孩子进行指责，这会让孩子更加反感父母，从而更加叛逆。

兰兰下学期就读初中了，妈妈发现，她最近变得有些奇怪，总喜欢跟同龄人聊天，却什么话也不喜欢对家人说，有时候妈妈问上好几句，她才勉强回答一两句。更让妈妈担忧的是，原本乖巧的女儿似乎一下子变得叛逆起来了，在很多事情上她总喜欢跟父母对着干。

"兰兰，你不是一直想跟向老师学舞蹈吗？我们昨天已经帮你联系好了，明天就带你去报名上课。"妈妈高兴地说。

"舞蹈？我现在已经不想学了。"兰兰没好气地答道。

"你这孩子，上次不是哭着嚷着要去吗？妈妈费了很大的劲才帮你联系上，现在怎么不想学了？"

"就是不想，我就不喜欢按照你的意思去做，就不想总是顺从你！怎么样！"

这个时候，兰兰妈要怎么跟孩子说呢？硬碰硬行吗？当然不行，这样做的话，只会让孩子的逆反心理更加强烈。其实，兰兰的妈妈不妨和孩子好好商量，在商量的过程中不要急于说服孩子，而是听孩子倾诉，把好她的脉，然后对症下药，就可以取得事半功倍的效果。

在这个过程中，专家给出了以下三点建议，父母在引导孩子的过程中需要特别注意：

第一，尊重孩子，让孩子和父母有同等发言的机会，不能只是父母说了算，不许孩子表达自己的看法。其实，很多孩子不听父母的话并不是认为父母的话没有道理，只是觉得父母用一种高高在上的态度命令自己，这让他们感觉父母很不尊重自己。

第二，了解孩子，在此基础上如果发现孩子有做得不正确的地方，用一种商量和讨论的方式同孩子交流。孩子需要父母的理解，如果父母不了解孩子的喜好，只是站在大人的角度，对孩子进行命令或者评判，孩子当然是听不进去的。

第三，树立孩子的自信心。家长对于孩子处理问题中的积极方面要给予充分肯定，在此基础上与孩子讨论如何进一步完善事情处理的方法，孩子比较容易接受。

总之，要放下家长的权威，用爱心引导孩子，孩子自然会放下自己的叛逆"武器"乖乖和父母站到相同的"战线"上去。

努力和孩子取得思想一致

想让孩子向好的方向发展，作为父母的我们要尝试着改变一些自己的不良做法，不要对孩子过于严厉，也不要总是喋喋不休，否则的话，我们越是卖力地管教，反作用越大。看看下面的一些问题吧，反思一下自己做得怎么样。

1. 你在说话做事的时候照顾到孩子的感受了吗？

A. 从来没有 _____

B. 有时会想起来，有时会忘记 _____

C. 一直很关注孩子的感受 _____

实际上，我们关注孩子的感受，就等同于关注他是否接受我们的建议。有些家长认为教育孩子就是要严厉，在管教孩子的时候不许他这样那样，打骂孩子更是家常便饭。但是，在这种环境中成长起来的孩子，往往懦弱、胆小怕事，要么就是逆反性强。

还有一种家长，喜欢过多地干预孩子的行动，喜欢对孩子唠叨，对孩子的行为和想法总喜欢提出反对意见。这样必定会引起孩子的反感和不满，对于教育和帮助孩子是没有好处的。

2. 你在管教孩子的时候喜欢摆架子吗？

A. 嗯，有必要用这种方式震慑 _____

B. 发怒或不发怒，都顺其心情 _____

C. 尽量和气，以理服人 _____

父母在管教孩子的时候应该以尊重和宽容为前提。尽量多用一些商量的口气和孩子说话，可以温和一点的时候就没必要太严厉，更不要向孩子发号施令。

3. 你愿意多给孩子一些自己做决定的机会吗?

A. 小孩子不懂事，家长代劳 _____

B. 在一些事情上孩子有自主权 _____

在平时，父母可以多给孩子一些自己做决定的机会，让他们有一定的选择权，这样就可以大大减少逆反的行为。如果家长什么事情都独断专行，那么也难怪孩子有意见。

此外，对于那些总喜欢跟父母对着干的孩子，父母应该多多给予安抚和引导，在坚持原则的前提下，可以多多表扬一下孩子的良好表现，或者在日常生活中鼓励孩子玩玩互换角色的游戏，让孩子体验一下做家长的感觉。这样，孩子就比较容易理解家长的用心了。

努力寻找你们的共同话题

由于爸爸妈妈平时的工作很忙，小于从小就跟着爷爷奶奶长大，直到上初中时，他才被接回到父母的身边。

由于长期没有跟父母生活在一起，小于起初与父母的关系不是很好，表现出极大的不信任，并且凡事都喜欢跟父母对着干。

小于的妈妈在多次尝试沟通失败之后，听从了教育专家的意见，试着走进孩子的生活，努力寻找与孩子的共同话题，以缩小与孩子的距离。在知道儿子喜欢打球之后，她终于找到了突破口。

"儿子，今天是周末，你想要打球吗?妈妈有段时间没运动了，很想去活动活动筋骨。"妈妈说。

起初，孩子十分不愿意和妈妈一起去运动，总找各种理由推脱，可几次之后，他终于答应了。

在球场上，母亲和儿子配合得非常默契。打完球回来，妈妈略带佩服地说："儿子，你在球场上表现真棒，没想到遇上高手了。今天我很愉快，因为我们都喜欢打球，以后再一起切磋。"

听完这些话，小于终于会心地笑了，与妈妈的距离感也消失了不少。

有不少父母发现，在生活当中，孩子越是长大了，和自己的关系越疏离，特别是正处于青春期的孩子。

还有一些父母发现，自己的孩子非常善变，在学校中和在家中判若两人，在学校里活泼开朗，但是在家中是一言不发。

实际上，孩子在成长的过程中表现出对父母的疏离是一种比较正常的现象。孩子长大了，他们渴望挣脱父母的束缚，按照自己的意志去安排生活，同时也希望父母能够给予理解和支持。反之，就会表现出叛逆。

当然，对于这种疏离，父母也并不是束手无策的。让父母与孩子交流受阻的另一个关键原因就是父母和孩子之间缺乏共同语言。再加上有些爸爸妈妈常年忙于工作，不重视与孩子的交流，好不容易有了和孩子沟通的机会，又往往将侧重点放在孩子的学习成绩上，对孩子真正感兴趣的事情置之不理。

这种价值观的不同，直接导致父母与孩子之间的隔阂。

要想摆脱这种僵化的亲子关系，最好的方式就是试着和孩子做朋友，努力寻找和孩子的共同语言。

父母如果真的关心孩子的成长，想要真诚地和孩子交流，那么就应该允许孩子有自己的想法，并鼓励孩子说出自己真实的感受。同时，作为父母也要有意识不断地提高自己，多关注一些新鲜事物，多关注孩子喜欢的东西，努力让自己的思想跟上时代，不要让孩子觉得自己很老土。

　　怎样跟上孩子的步伐呢？

　　比如说，喜欢篮球的孩子很想看 NBA 球赛，那么父母就不要因为看电视剧和他抢频道。再比如说，孩子和同学玩得很开心，回家晚了，父母要予以尊重和理解，不能上来一顿臭骂。再比如说，孩子很喜欢流行歌曲，父母也不妨试着学唱几首，体会一下孩子的感受。

　　我跟孩子一起坐在沙发上，看着电视里播放的韩剧《秘密花园》，女儿看得兴高采烈，这让我很奇怪。

　　"你很喜欢里面的男主角吗？"

　　"当然喜欢啦，那是玄彬哦！"

　　"可是，我更喜欢女主角。"

　　"为什么呀？"

　　"因为她很努力呀，作为一个武打替身，她喜欢自己的职业，努力做到最好。而且心地又善良，面对自己喜欢的人，虽然有时候表现出很骄傲的样子，可是私底下却努力跟他学习。"

　　"嗯，男主角也很好呀。那么爱她，照顾她。"

　　"是不错，可那也是因为这样的姑娘值得他爱。"

　　"好吧，妈妈，我想我知道你什么意思了，我也会努力做一个值得爱的女生。"

"哎哟，15岁的孩子说出这样的话，可真是不害臊哦。"

"这都21世纪了，有什么害臊的？"

我笑了笑，看着女儿放下了遥控器回到房间去睡觉了。

在教育女儿的过程中，我尽量避免去讲大道理，大多数时候都是通过孩子喜欢的东西从侧面给她讲述。就这样，即使是在孩子的青春期，我们母女还是关系很亲密，女儿也很少叛逆。

其实，当孩子意识到自己和父母有共同话题的时候，他们自然也愿意和父母多交流，主动向父母敞开心扉，把父母当作自己的朋友。

【如何说怎么听之现场演练】

了解孩子的梦想，协助他实现

如果有一天，我们开始有这样的感觉：我和孩子可以谈论的话题越来越少，我们的共同语言随着时间的流逝而消失。那么，作为家长，我们要尽量想办法了解孩子的兴趣点到底在哪里。

1. 你会尽全力读孩子读过的书吗？

A. 不，他看的我从来不看 _____

B. 有时偶尔翻翻 _____

C. 但凡孩子看过的书，一定亲自过目 _____

我们可以尽自己的努力，与孩子读同样的书，或者寻找孩子喜欢的书给他，孩子和家长就可以拥有同样类似的经验，就可以产生共同的话题，从而变得更加亲密。

2. 你会和孩子一起规划他未来的蓝图吗？

A. 没兴趣，不过小孩子说说而已 _____

B. 会很认真地听，然后夸他有出息 _____

C. 不仅认真听，还给提些建设性意见 _____

只要是养育过孩子的父母，都会达成这样的共识：孩子的梦想瞬息万变，一天会换很多次。他们一会儿说要当企业家，一会儿说要当电脑专家。不过，真正有心的家长，还是可以从孩子的梦想中看到些蛛丝马迹，可以和孩子大概想一想实现一个梦想所需要准备的事项，并进一步具体规划这些梦想。与此同时，孩子会很高兴父母能够认同自己的想法，仿佛一下子找到了知音，如此一来，你们还愁找不到话题吗？

关心孩子的感受，积极地帮助他

每个孩子在成长的过程中难免遇到伤心的事情，因此会偶尔表现出闷闷不乐，不想跟别人交流。但是，如果一个人长期沉默寡言，不想跟他人交往，就需要家长特别注意了。

文文的妈妈最近很为女儿担心，因为在前不久的家长会后，老师跟她说，文文平时性格内向、沉默寡言，上课时总不积极回答问题，下课之后也不怎么喜欢与同学交流，这对孩子的成长十分不利。

文文妈妈回想一下，觉得孩子平时就听话而内向，在公共场合胆子向来比较小，不禁怀疑自己的孩子有"社交恐惧症"。

"文文，今天是周末，你怎么不出去找同学玩啊？"

"不去了，也没什么玩伴，我还是在家好好学习吧。"

"学习也要注意劳逸结合啊，你出去玩吧，去找隔壁的肖丽吧，她今天在家。"

"不，我决不会找她玩的，她那么好动，话也很多，还总喜欢到人多的地方凑热闹，我可不想。"

"热闹很好啊，大家一起玩才开心嘛！"

"我不觉得，我喜欢一个人安静地待着，在人多的地方我常常感到害怕而焦虑，遇到有人跟我说话我还会心怦怦跳、手心出汗，我一点儿也不喜欢跟别人交流！"

文文妈这时才感觉到文文可能是在和别人交往上出了问题。

在现实生活中，像文文一样的孩子不在少数，他们喜欢独自一人，害怕和别人交往，不喜欢在众人面前发言，在与人交谈的时候会表现得焦虑不安，担心自己在别人面前出丑。对人很回避，不能信任周围的人，不能接纳周围的人。

孩子之所以会出现这种行为，主要是源于内心的一种恐惧。这种不正常的心理状态与一个人的性格、心态、成长环境等因素密切相关。

假如一个孩子的性格很内向，那么，他很可能是在童年时期的社交场合受过打击，或者在成长过程中经历过什么让他感到不愉快的事情。这些不舒服的经历让孩子在潜意识中厌恶与人交往。

孩子不爱与人讲话，这本身是一个棘手的问题，说大也大，说小也小，有的孩子在他熟悉的环境中会表现得特别活跃，但是换一个地方换一群人，就会表现出非常内向的一面。要追问具体的原因，说不定还要从家长身上来寻找，很可能是因为孩子本身的生活环境太"安静"了，与人交往的机会太少。

作为家长，要站在孩子的角度了解孩子内心的这种恐惧，关心孩子的这种感受，多多地鼓励孩子。

比如鼓励他主动跟其他小朋友玩，带着孩子参加亲戚朋友的聚会……要知道，童年的孤独是非常痛苦的，让孩子学会主动和别人讲话吧，哪怕声音很小，也要及时给予孩子鼓励，父母的态度决定了孩子下一次勇敢的尝试。

萧炎刚上幼儿园的时候，总是一个人躲在角落里，不跟其他小朋友玩。萧炎的老师看到这种情况后，就把萧炎拉到其他小朋友中间，让他们一块儿玩，但是没一会儿，就发现萧炎还是跑到角落自己一个人去玩了。

后来，萧炎的老师把这种情况告诉了萧炎的妈妈，于是，在一个周五的早晨，萧炎的妈妈和萧炎一块儿来到了幼儿园。到小朋友们活动的时间了，萧炎还是一如往常自己一个人躲在角落里。

这时候，萧炎的妈妈叫来了住在萧炎家隔壁的彤彤，对彤彤说："彤彤，你去叫上萧炎跟你一块儿玩，好不好？"

"萧炎不喜欢跟我们玩，他总是一个人。"彤彤嘟着嘴说道。

"这次他会跟你一块儿玩的。"

彤彤和萧炎的妈妈一起找到了萧炎。

"萧炎，我们一块儿去玩吧。"彤彤对萧炎说。

萧炎看着彤彤摇了摇头。

"去吧，萧炎，和彤彤一块儿去玩，她很想跟你玩。"萧炎的妈妈对萧炎说。

萧炎还是摇摇头。

"萧炎，如果你不去，彤彤会很难过的，你哪怕去跟她玩一会儿，然后回来再自己玩都可以，好吗？"

萧炎点了点头，彤彤也很高兴地拉着萧炎去跟大家玩。玩了一会儿之后，萧炎却没有回来。萧炎的老师看到后，对萧炎的妈妈说："你真是有办法！"

"他只是有些胆小，多多鼓励一下他，就好了。"萧炎的妈妈对老师说。

在这个社会上，学会跟人交往是很重要的，因为良好的社交能够磨炼和增强一个人的能力。

只有当一个人的接触面越来越广，他的知识面才会得到更大程度的提升，情商也随之提高。反之，如果害怕与人交往，那么将来的发展就会受到一定的局限。所以说，家长们不能轻视孩子的交流问题，如果孩子变得不爱说话，或者是看到人就躲，就要及时关心孩子的情况和感受，并给予帮助。

【如何说怎么听之现场演练】

设法让孩子感受到与人交往的快乐

孩子在与人交谈方面出现了障碍，原因有很多，有的孩子因羞怯而紧张，有的孩子因自己的能力和知识欠缺而有自卑感，有的孩子只是缺乏必要的社交锻炼……针对不同的情况，我们要用不同的方法，来帮助孩子提高社交能力。

1. 你会积极关心孩子对交往的感受吗？通常用哪种方式？

A. 经常询问孩子的感受 _____

B. 观察孩子是否有厌恶交谈的倾向 _____

C. 反思自己对孩子说话是否恰当 _____

D. 给孩子更多的关爱 _____

E. 其他 _____

在日常生活中给予孩子更多的关注，尽早纠正不恰当的教育行为，这样的话，孩子出现心理问题的概率会小很多。

2. 你会积极努力地给孩子创造社交的机会吗？

A. 不会，觉得一切顺其自然 _____

B. 会，觉得与人交往，多多益善 _____

一个人，越是不愿意跟人说话，说话的能力就越容易慢慢丧失掉。所以我们要帮助孩子争取社交锻炼的机会，比如说带着他参加一些集体活动、看到别人就主动打招呼、去串亲戚的时候带着孩子，家里来客人的时候给孩子一些说话和表现的机会。这样的话，慢慢地，孩子就懂得如何与人交往了。

如果孩子实在克服不了与人说话的恐惧，我们可以教孩子学习用深呼吸的方式来进行放松和调整。如果孩子的不良反应很严重，也可以带他去看看心理医生。

第 3 章　吸引孩子与我们"合拍"

与孩子一起谈论成长中的悲喜

对于每一个人来说，当自己产生喜怒哀乐时，第一个想法就是与人分享。成年人都有和人分享信息的心理需求，对于孩子来说，也是如此，甚至这种需求比成年人更为迫切。科学家发现，90% 的孩子都渴望自己可以和父母分享成长中的喜怒哀乐。

在一个家庭中，父母的关心和信任可以让孩子对父母更加尊敬和亲近，并且乐于向父母倾吐心声。当一个孩子和家长聊天时，他更希望得到父母专注的倾听、感兴趣的提问，同孩子一起分享他的沮丧，则会令他内心舒畅得多。

总而言之，沟通很重要，孩子的成长需要家长的建议或提出解决问题的途径，也需要家长的支持和理解。很多时候，孩子向家长抱怨，只是想发泄情绪，说完了，心情自然就好了。如果家长不了解孩子的需求，只想为他提供解决方案，可能会让孩子反感，甚至终止沟通。

迪迪放学回到家后，迫不及待地和妈妈分享这天的感受。

迪迪：当班长太累了，既要自己学习，还要维持纪律。

妈妈：既然不喜欢，就和老师说说不当了。

迪迪：可是我也很喜欢当班长，它让我觉得很光荣。

妈妈：既然你喜欢，那就不要再嚷嚷着说累了。

迪迪（沮丧）：可是喜欢不代表不累啊！

妈妈（无奈）：真不知道你到底要说什么。

……

谈过话后，迪迪只觉得情绪无处发泄，她不愿意继续交谈，因为她觉得无趣极了。

如果妈妈换一种谈话方式，更注意倾听，谈话的效果就会有明显的不同。

迪迪：当班长太累了，既要自己学习，还要维持纪律。

妈妈：你今天好像很累。

迪迪：是啊，当班长让我觉得非常光荣，可也让我总觉得有压力。

妈妈：嗯，我明白你的感受，我也曾经有过这样的情况。

迪迪：我该怎么做才好呢，真头疼。

妈妈：妈妈相信你一定能处理好的，来，让妈妈抱抱你。

迪迪：谢谢你，妈妈，我觉得舒服多了。

迪迪继续这样不停地讲着，她很兴奋，喜欢和妈妈说话，因为妈妈愿意当她的听众。

从这个例子可以看出，有时和孩子一起分享成长，只是倾听、感受和理解就行，并不需要过多地提出解决方法。

不过，这并不是说家长可以对孩子不闻不问，只要听他们抱怨抱怨就 OK 了。孩子们都喜欢被需要、被珍视的感觉，家长可以多体恤孩子，当他们发现自己被家人珍视和喜爱，那么他们会有一种莫名其妙的满足感。

有一天，我的女儿很沮丧地回到家中，放下书包一句话不说地走进了自己的卧室。我感觉到孩子一定是在学校里发生了什么不愉快的事情，然后敲开了孩子房间的门。

"妞妞，发生什么事情了？"我坐在孩子身边问她。

"我们班上的一个男生太讨厌了。我代表班级去参加学校举办的英语比赛，没有拿到奖项，心里本来就够难受了，谁知道他还在那里说风凉话，说什么英语学得好，不过是在我们这个班里还算行罢了，但跟其他班的一比较就差多了。"孩子说着说着竟然哭了起来。

"好了，妞妞，他是嫉妒你有机会去参加比赛。"我一边把孩子搂进了我的怀中，一边安慰孩子。

"妈妈，我也觉得我很糟糕，跟其他人一比。"孩子在我的怀里边哭边说。

"不，不管你成绩怎样，在妈妈眼里都是一个很好的孩子，是妈妈唯一的好孩子。"我轻轻地拍着孩子的后背，安慰着她。

孩子听了我的话后，哭了一会儿就不哭了，并对我说："嗯，有妈妈支持，我就很幸福。"

孩子能够和家人畅所欲言，这是培养双方关系的大好机会，父母应该给予孩子更多的爱和理解，但是不要把孩子看成弱者，这样会让孩子心中落下"我什么都做不好"的印象。

只有在父母理性的爱护之下，孩子才能够独立起来，才能够尽快成长起来。

【如何说怎么听之现场演练】

和女孩交流有技巧

当女孩面对压力或者遭遇不愉快的事情时，情绪化往往比男孩更严重，她们希望有人能够在这个时候了解并且帮助她们。如果父母能和她一起谈论问题的细节，分享她的沮丧、迷惑、无助，对孩子的情绪控制能力和人格发展都大有好处。

1. 想一想，你家女孩总是会抱怨些什么？

学习中的抱怨：＿＿＿＿＿＿＿＿＿＿＿＿＿＿＿

生活中的抱怨：＿＿＿＿＿＿＿＿＿＿＿＿＿＿＿

对自己的不满意：＿＿＿＿＿＿＿＿＿＿＿＿＿＿

通常，当女孩遭受压力的时候，她们会抱怨"我的学习成绩为什么上不去""我讨厌那个女生，她长得比我漂亮""为什么我总是这么倒霉""该死的考试什么时候能结束"，用诸如此类的话来表达她的烦恼、失望和挫折。

2. 在女孩情绪不好时，你一般什么反应？

A. 对孩子的暴脾气加以批评 ＿＿＿＿＿＿＿＿

B. 能哄则哄，否则她闹起来让人头疼 ＿＿＿＿

C. 耐心地给孩子讲各种道理，直到吵起来 ＿＿＿

D. 耐心地听她说，不辩解 _____

其实，女孩情绪不好时，只需我们对她的挫折表示关心，让她感受到支持，仅此而已。我们倾听她抱怨，不用太长时间，她的情绪就会慢慢好转，也不再觉得这些是压力了。

3. 你会有意识地鼓励女孩广交朋友吗？

A. 顺其自然，没在意过 _____

B. 鼓励她，这很重要 _____

一般女孩都很关注自己的人际关系，她们喜欢根据个性上的差异，组成一个个趣味相投的小团体。如果一个女孩觉得自己不能够被团体接受，她就会感到孤立，从而产生自卑、怯懦等情绪。所以，我们要鼓励女孩广交朋友。

4. 女孩遭遇失败，你会怎么做？

A. 批评她 _____

B. 安慰和鼓励她 _____

当女孩遭遇挫折的时候，其实在内心需要别人的同情。比如说，女孩在比较重要的考试中失败了，有的家长就会一味责怪她"真没出息"，有的则是同情安慰，积极开导："这次的题目出得也挺偏的，你可以选择复读，还有机会。"前者的态度只会让孩子更加痛苦，后者的态度才是正确的。

给孩子游戏和成长的空间

在自然界中，所有动物都喜欢做游戏，可以说游戏是动物的天性。詹姆斯博士认为，在这种游戏中，动物不仅得到了快乐，能力也得到了发展，比如小猫逗弄老猫的尾巴，能够锻炼它捕捉老鼠的能力。

对于儿童也一样，为了他们生存必需的一些能力，游戏是必不可少的。因此，父母应该给孩子游戏的空间，这对他们的成长必不可少。

对孩子来说，早期的游戏完全可以成为学习的机会，但需要注意的是，这种游戏并不是给孩子买玩具或者玩电子游戏，而是一种需要父母特别设置的游戏。在这一方面，父母可以参考美国著名教育家卡尔·威特的一些教子方法。

老威特几乎没有给小威特买过玩具，他认为孩子从玩具中学不到什么知识。并且相信，玩具是一把双刃剑，利用不好的话可能会起到反效果，而且他尤其反对那些给了孩子玩具就不再过问孩子的父母，对这种行为提出非常严厉的批评。

当然，老威特也意识到，不给小威特买玩具，但也不能让他失去一般孩子都应享有的童趣。

为了让小威特在玩耍中增长知识，老威特在他家的院子里修了一个大游戏场，并在上面铺了厚厚的沙子，周围还栽有各种花草树木。由于沙子铺得很厚，下了雨马上就干，坐在上面也不脏衣服。小威特在这里观花捉虫，培养对大自然的感情。

此外，应小威特的要求，老威特还专门为他配了一套炊事玩具，尽管他还是个孩子，但凡是大人要做的事他也什么都想做，尤其对厨房的活，总是想插手。现在有些父母觉得孩子的这种癖好太琐碎，有些父母甚至对此十分厌烦，这实际上是在埋没孩子的天性。而老威特则认为，对于孩子的这种喜好，如果能引导得好，就能使儿童的知识极大地丰富。

老威特正是从此着眼，给他准备了一套炊事玩具。

小威特的母亲与其他母亲不同，她不是把炊事玩具给孩子就撒手不管了，而是借此进一步开发相关方面的潜能。

小威特的母亲习惯于一边做饭，一边耐心地解答小威特提出的各种问题，并且还监督小威特，让他用炊事玩具学做各种菜。

小威特的母亲还通过各种娱乐游戏来使小威特从中享受到获得知识的乐趣。比如有时小威特当"主妇"，妈妈当厨师，妈妈向小威特请示各种事情。如果小威特下达的命令不得要领，那就失去了当"主妇"的资格而降为厨师。

这时，当上主妇的妈妈就发出各种命令。如果小威特拿错了作料，那么接下来他就连厨师也当不成，只好被"解雇"了。

此外，老威特还为小威特做了许多形状各异的木块，他用这些木块盖房子、建教堂、修塔、架桥，或者筑城。由于建筑游戏需要游戏者仔细动脑筋，因此它非常有利于孩子的智力开发。

老威特认为，与孩子做游戏不能胡来，应当让他尽量地动脑筋，这样孩子就不会感到无聊，也不会借此哭闹滋事，还对孩子的智力开发起到了良好的作用。

【如何说怎么听之现场演练】

提升创意有方法

给孩子游戏和成长的空间，能够让孩子生活得更加愉快，还能够培养其创造力。可能有的家长会纳闷，创意是培养出来的吗？答案是肯定的。

　　大部分的孩子出生之时都有创意潜质，但是有些家长会在不经意之间打压，有的家长则会给予鼓励和赞赏。因此，有的孩子的创造力不断被开发，而有的孩子天生的创造力不断流逝。

　　1. 你能够忍受孩子的胡说八道吗？

　　A. 不能 _____

　　B. 能 _____

　　我们可以细心体会下，从和孩子的聊天中可以感受到孩子的天真、创意和丰富的想象力。但是在现实生活中，有些父母根本就无法容忍孩子的"胡说八道"，觉得这完全是没有逻辑的胡话。

　　如果父母从来不让孩子多点时间去思考，每次只是直接给予答案，那么我们还要怎样期待孩子学会思考呢？如果不愿意思考的话，那又如何会有创意产生呢？

　　我们要培养孩子的创意，除了要给他足够玩耍的时间和空间，给他动脑的机会，同时也一定要能够忍受孩子天马行空无厘头式的回答。

　　也许，孩子口中会蹦出很多令我们感到奇怪的答案，肯定他们，比给他们讲道理更加重要。所以，如果想培养一个创意十足的孩子，那就应该先把成人思维放在一边，跟着孩子一起天马行空地漫游吧。

　　2. 你会想些什么方法来提高孩子的创意？

　　_____

　　其实，提高创意的方法有很多。

　　利用阅读提高创意：我们可以给孩子选择一些具有创意的绘

本，并且在阅读的过程中设计一下思考的机会，让孩子的想法更加活化。

增加生活经验：生活经验越丰富的人，想法就能够获得多元的刺激，并且能够激发出不同的想法和创意。

如果一个孩子每天只知道看童话，那么他的大脑中只会有皮卡丘和哈姆太郎等。强调生活经验，对于创造力的培养，绝对是有帮助的。

让孩子参与家庭大事的讨论

在日常生活当中，如果父母从来不考虑孩子的感受，不让孩子对家里的事情发表意见，那么孩子就会感到在家中没有话语权，从而感到失望愤怒。要是这种情绪无处发泄，久而久之，孩子要么会成为窝窝囊囊、沉默寡言的"闷葫芦"，要么就是事不关己高高挂起的"书呆子"。

因此，有教育专家建议，父母应该尽量多召开一些家庭会议，让孩子参与家庭大事的讨论。

家庭会议会让孩子找到一个说话的窗口，在这里，孩子可以被倾听，可以参与交流甚至是解决问题的环节中，在这种平等民主的氛围下进行的教育，无形中对孩子是一个良好的熏陶，孩子思考问题、组织语言、积极参与的能力都会得到锻炼，而且，在这种情况下孩子也很容易感受到来自父母的重视。

家庭会议是孩子成长的一个小渠道，孩子通过家庭会议上讨论的问题而逐渐熟悉家庭结构。在一个完整的家庭里，需要考虑到家务、财务预算、日程安排和生活方式。而这些，为孩子以后离开父母、自立门户、更好地适应社会打下坚实的基础，还可以锻炼孩子的言语表达能力。

当孩子的想法得到表达，情绪也得到了宣泄，孩子的心理会更加健康，家庭也会更加和谐稳定。

每到月末，孩子就会拿出家庭会议记录本，和父母一起坐在沙发上，开始每月一次的家庭会议。今天晚上，一家人又坐在一起开会了。

"爸爸，你对我这个月的表现满意吗？"儿子真诚地询问父亲。

"嗯，非常满意，只是你今后放学回家时，要尽快洗个澡，可以吗？可能是由于天气太热，你总是抱怨自己浑身痒，影响你的睡眠。"

"嗯，好的，谢谢你的提醒！"儿了在会议记录本上写下"勤洗澡"三个字。

"我这段时间心里总有一股莫名的烦躁，也不知是什么原因。"母亲说。

"我想是你长时间待在家里干家务，而很少外出散心的缘故。这段时间我的工作很紧张，也没有多少时间来陪你。这样吧，下个星期天，我们一家人去郊游好吗？"

"你的建议太好了！"母亲开心地说。于是，一家人又在灯光下开始讨论下周末的郊游计划。

这样民主的对话，没有一个孩子不会喜欢。相反，专制的对话，几乎没有孩子会喜欢，一不小心还会激起孩子的逆反心理。

一个周末，梅丽在家里一边吃零食一边看电视，爸爸回来看到桌子和地板上有很多垃圾。

"你没看到地板脏了吗？这么大了，也不知道收拾收拾，整天就知道玩。"爸爸没好气地对梅丽说。

"嗯，好像不是很脏啊！上次你在家的时候，地板比这还脏，你都说可以等明天再打扫的。"

"你这孩子，怎么这么跟爸爸说话，爸爸忙着工作，可你呢？快点，把电视关了，打扫卫生！"爸爸的口气强硬而坚决，梅丽听后，心里非常不高兴，索性把电视关了，把原来桌上的垃圾全弄到了地上，自己回房间看小说去了。

其实，梅丽本来想吃完手中的零食就打扫卫生的，可爸爸此时却以不容商量的语气命令她，令她十分反感，所以她才选择了和爸爸对着干，如果爸爸能以商量的口气平和地跟她说话，她一定会愉快接受的。

很多父母常常觉得，自己是一家之主，孩子就应该听从自己的吩咐和要求。

他们习惯于不征求孩子的意见，就自作主张地要求孩子去做某事，结果往往适得其反。就像文中的梅丽爸爸，他没有完全了解事情原委就以不容商量的口气下命令，结果引来了孩子的反感。

现实生活中，有些父母虽然征求了孩子的意见，但也只是象征性地问问孩子。很多时候，父母会觉得孩子的意见不成熟，最终还是主观地按照自己的意见去行事，而将孩子的意见弃之一旁。结果，让孩子觉得自己的意见得不到重视，最后也懒得参加这种形式性的"家庭会议"。

孩子是家庭中的一分子，就应该有权利参与家庭大事的讨论，而参与讨论又可以带给孩子不少益处，父母何乐而不为呢？

【如何说怎么听之现场演练】

开个既温馨又高效的家庭会

父母和孩子的沟通就像管道中的水，若是管道一头高一头低，水只能流向低的一头，只有两头差不多高，水才能自由流动。

1. 你平时和孩子说话，注意语气吗？

A. 不怎么注意 ＿＿＿＿＿＿＿＿＿＿＿＿＿＿＿＿

B. 尽量温和，但有时候会受情绪影响 ＿＿＿＿＿＿

C. 对孩子，总是严厉不起来 ＿＿＿＿＿＿＿＿＿＿

在家庭生活中，父母如果想要求孩子做某事和不做某事，应该少用强硬的命令，而尽量以商量和请求的语气来代替，尽量多使用"你看能不能这样""我们想听听你的意见""请你帮个忙吧"等话语。

虽然提出的要求还跟原来相同，但只要父母灵活地改变了语气，孩子的理解就会迥然不同。

2. 你觉得家庭会议可行吗？应该注意些什么？

A. 从来没想过，觉得没必要 ＿＿＿＿＿＿＿＿＿

B. 觉得挺形式的 ＿＿＿＿＿＿＿＿＿＿＿＿＿＿＿

C.觉得是个挺好的方法，可以征求下孩子意见 _____

家庭会议是一种和孩子沟通的方式，根据每个家庭各自的情况，因人而异。如果你觉得家庭会议是个不错的交流手段，那么就可以和孩子一同尝试一下。在会议进行当中，应该注意以下的事情。

（1）成人来负责主持会议，制定规定。

（2）除非特殊情况，否则成员不可以缺席。

（3）不管是反对还是赞同，每个成员都有表达意见的权利。

（4）做到耐心倾听不打岔，不得在会议中大喊大叫，影响会议进行。

（5）每位成员之间应做到互相尊重。

（6）将分散注意力的东西减到最少。关掉电视、电话和收音机等。

（7）由家中的成人做最后决定。

第三篇

鼓励孩子自立

第 1 章 让孩子从自主中得到成长

松开手中捆绑孩子的线

向往自由是人类的天性，18 世纪法国大革命的思想先驱卢梭曾经说过"不自由，毋宁死"，来表达自己对于自由的渴望。

孩子也有同样的渴望，他们也需要自由的空间。尤其是随着年龄的增长，孩子更不喜欢大人打扰属于自己的那片清幽的小天地，他们总有那么多"不能说的秘密"，需要一个人在夜深人静的时候独自享受。

15 岁的初三女孩小兰，为父母一直把她当作小孩子、限制她的自由感到特别烦恼。

她说，父母就像看劳改犯一样管着她，有时比看管劳改犯还要紧。

她所做的每一件事都是父母为她安排的。她感觉自己像一个玩具，毫无自由可言，连每天吃什么、穿什么、看多长时间书、做多长时间功课、练多长时间古筝、看多长时间电视、几点上床、几点起床，甚至连她日记中写的什么内容，父母都要干预……

尤其让她感到不舒服的是，学校就在家对门，父母还要坚持每天接送她，这让她在同学面前很没面子，感觉自己是一个实实在在的囚徒……

孩子的成长需要自由的空间。要想使他们茁壮成长，父母就一定要给他们活动的自由，而不是把他们控制在一个小小的"鱼缸"里，让他们成为鱼缸中悲伤的鱼儿。

父母管孩子，是出于对孩子的爱，这对于孩子健康成长是必需的，然而在现实生活中，有的父母总想事事都替孩子管，会扼杀孩子的天性，令孩子产生窒息的感觉，甚至会对父母心生怨恨。

这是父母和孩子都不愿意看到的后果，也是让父母和孩子都感到很委屈的一种后果，这个时候，父母想：我那么爱孩子有错吗？然而孩子会反过来想：为什么你们的爱会让我如此痛苦，你们这么做是真的爱我吗？

生存法则告诉我们：动物如果学不会自己捕食的话，就有可能饿死。孩子也是同样，在父母庇护下长大的孩子通常没有在社会独自生存的能力，一旦父母因为一些原因无法顾及他们，他们就只能被社会淘汰。

心理学家贝克说得好："对子女督促过严的父母，也许可以迫使孩子养成良好的习惯，却也会使子女有不安、依赖、胆怯、敢怒不敢言、不爱做劳心工作，以及不喜欢参加有创造性的活动等缺点。比较起来，这种教养方法是得不偿失的。"这番话很值得父母深思。

著名的教育工作者孙云晓曾说过："中国的父母正在辛辛苦

苦地酝酿着孩子的悲剧命运，争分夺秒地制造着孩子的成长苦难。实际上，我们的父母在和自己作战，用自己的奋斗来击毁自己的目标。"父母限制孩子的自由，实际上是在制造孩子和自己的距离，在某些时候会导致"控制"和"反控制"的斗争愈演愈烈。

父母应该克制自己的想法和冲动，只有真正把属于孩子的空间还给他们，让他们从单一的学习中解放出来，让他们的生活变得丰富多彩起来，让孩子成为自己的主人，他们才能获得真正的成长。

对此，父母一定要给孩子足够的自由，对一些无关紧要的事情少管或不管，让他们养成独立生活的习惯。同时，避免他们因这些小事产生逆反心理，从而拒绝接受所有的要求，包括合理的要求。

只有这样，父母才能把自己的孩子培养成为生活的强者。成长与成才其实都需要顺其自然，让孩子走自己的路，水到渠成地达到他应该到达的位置。

【小技巧】

1. 在孩子面前不能太强势。

2. 能不管的事情尽量不管，提高其自主性。

3. 不能用"我是大人"来压孩子。

给孩子定的规矩越少越好

每个父母都想不费吹灰之力就可以把孩子教好，因此他们发明了一套简单省事的办法，那就是给孩子定很多规矩。

这些规矩中有要求孩子要主动去做的一些事情，也有一些是禁止孩子去触碰的事情。他们相信这一切都是为了孩子好。

然而，这样做真的就是为了孩子好吗？

首先，这样做的结果有时候还是会在父母的预料之外，尤其是那些禁止孩子做一些事情的家长。

比如不让读不健康的书，不让早恋，不允许玩游戏、网络聊天等。但是一味地严厉禁止，不讲明利害，就容易产生"禁果效应"，反而增加孩子的好奇心，使他们在好奇心的驱使下甘冒风险去尝试那些也许并不甜的"禁果"，反而使教育走向了反面。

不仅如此，一般而言在父母管教过严、定规矩太多的家庭环境下长大的孩子，往往性格懦弱、没有主见、遇事慌张。家长过度限制孩子的自由，处处指责，也会影响他们自身各方面能力的提高，限制孩子的发展。

数年前，美国大学的学生们被各种规章制度束缚着，一言一行都受到关注，好像他们是无力管理自己的小男孩。有些学校像对待小偷一样对待学生，甚至派出"校园间谍"跟踪他们，监视他们的行踪。

学生们被强迫参加各种祈祷会和礼拜活动，如果哪一次活动缺席，就会被记录在案。为了应付点名，他们常常编造各种谎言，想方设法为自己找借口。总之，他们就像无力控制自己的行为，不会调理自己的生活一样，得不到学校的信任。

结果就出现了这样的情况：一旦他们脱离监视和控制，就会抛掉一切约束，像脱缰的野马一样，极度放纵自己。长期的压制使他们不再珍视自由，而是把自由当成放纵自己的大好机会。

后来，在校长艾略特的领导下，哈佛大学决定对学生充分放权，给他们自由发展的空间。

哈佛大学曾因此受到来自社会各界的强烈批评，当其宣布对参加唱诗班和做礼拜不做强制性规定时，家长们更是惊恐万状，害怕自己的孩子会走向堕落，直至不可救药。

但是艾略特认为在严格监督管理下的学生无法形成良好的性格，也不会有一个健壮的身体。

他苦心劝慰那些不安的父母，废除强制性的管理措施只是为了充分发挥孩子的全方位素质，他和同事们也是尽力这么做的。他指出，为了让学生健康成长，必须把他们人性当中最优秀的因素激发出来，相信他们能自己管理自己，相信他们有很好的自控能力和强烈的荣誉感，在走出校门时，不但拥有一张货真价实的文凭，还拥有良好的综合素质。

哈佛大学倡导的自由式教育得到了美国教育部的肯定，并在全国大力推广。今天，在美国这所最有名望的大学校园里，因为废除了许多陈旧的规章制度，让学生充分感受到了自由。

事实证明，得到自由的学生能够很好地管理自己，更具独立品格，更遵守秩序，也更加健康。

虽然现在哈佛大学的学生增加了几十倍，但是犯罪和被开除出院的比例却比艾略特进行改革之前低得多。这就是最好的证明。

有位教育家说，当孩子显露出某方面的天赋时，我们的教育不但不加以引导和启发，反而用纪律的条条框框去限制他，使他符合我们大人的习惯，这是多么悲哀的事情啊。其实我们在用条条框框去束缚孩子行为的同时，也束缚住了孩子的思维，让他们的习惯固定化，使孩子变成一个只会听话而不懂思考的机器。

因此，这位教育家一而再、再而三地提醒父母：给孩子定规矩越少越好，这样才会让孩子的天性得到长远而富足的发展，让孩子健康快乐地成长。

需要注意的是，不少父母有一个错误的观念：若想纠正孩子的坏习惯，就必须给孩子定规矩。

我们这里说给孩子定规矩越少越好，并不是说反对父母纠正孩子的坏毛病，纠正孩子的坏毛病需要父母的合理引导，但是在此过程中，还是避免采取生硬地给孩子定规矩的方法。

提到规矩，我们总是容易想起它的同义词——纪律，然而纪律不应该只是一味地限制，这也不许做，那也不许做，让孩子没有主动的权利。

有时候纪律还有另一个侧面，那就是给予孩子适当的鼓励，鼓励孩子打破常规，让孩子自己去发现。可是，不得不提醒父母的是，只有给孩子少一些规矩的束缚，孩子才会有机会和能力去打破这种束缚。

【如何说怎么听之现场演练】

防止孩子养成违反公德的习惯

少设立规矩不等于完全没有规矩，我们要给孩子设定一个底线，原则性错误是一定要制止的。

1. 不可以让孩子有抱怨的心。

你经常在孩子面前抱怨别人吗?

A. 和别人会，和孩子不会 ＿＿＿＿＿＿＿＿＿＿＿＿

B. 很少会抱怨 ＿＿＿＿＿＿＿＿＿＿＿＿＿＿＿＿

C. 经常抱怨 ＿＿＿＿＿＿＿＿＿＿＿＿＿＿＿＿＿

其实在绝大多数的家庭中，很多家长尤其是当妈的，喜欢抱怨别人。那么，孩子会很自然地学会抱怨别人，推脱自己的责任。

2. 让孩子养成能吃亏的习惯。

你愿意教给孩子学吃亏吗?

A. 不，不想让孩子吃亏 ＿＿＿＿＿＿＿＿＿＿＿＿

B. 会的，学吃亏有大智慧 ＿＿＿＿＿＿＿＿＿＿＿

吃亏是福，会吃亏是一种智慧，能吃亏才能做大事。教孩子别斤斤计较，让孩子不要只顾眼前利益，对他们的成长很有益。

不要过多地干涉孩子的自由

观察自然万象，我们就会发现这样一个真理:只有自由的土壤才能培养出天地间的强者。为了自由，狼宁愿去搏杀，在险象环生的环境中生活，也不愿意享受"被限制了自由的富贵"。

同样的道理，父母如果想把孩子培养成为生活中的强者，就应该多给他们一些自由的空间，不应该随便插手孩子可以自己独立解决的问题。

海伦是 11 岁的小姑娘，她却是一家夏令营的辅导员助手。她为人既公正又热情，而且待人细致周到。海伦的妈妈一向相信海伦的自理能力和出色的社交能力，从来不会对她有半点怀疑。

这一天，妈妈和海伦通电话，感受到海伦的情绪有些不佳。

"亲爱的，你不是很高兴吗？"妈妈问道。

"妈妈，我之前的辅导员走了，新来的辅导员很粗鲁，对我们这些工作人员很厉害。"

"她对你也很粗鲁吗？"

"今天早上，我召集队员的时间有些晚，她竟然当着全队人的面，将我训斥一番，我觉得很没面子。"

海伦说到这里，在电话中忍不住哭了，她的妈妈很为女儿难过："她这样做不对，我现在马上给你们学校的领导打电话，我要去提意见。或者我们辞掉这份工作，回家来吧。"

妈妈心疼女儿，这无可厚非，但是这位妈妈想让校领导批评辅导员，会让海伦更加认为自己是委屈的。其实，海伦本身也有错误的地方，妈妈这样的话会让女儿无法反省自己的责任，这样下去，辅导员在她心中的形象会进一步恶化，从而对今后她们的工作关系更加不利。

说到底，孩子和周围人的关系如何，需要孩子自己去处理。如果家长介入其中，就会剥夺孩子处理问题的权利，让孩子失去一次成长的机会。

当然，这不是说孩子在遇到事情的时候，父母不管不顾，孩子需要父母的指点，需要父母的帮助，但是父母不能过多地干涉。父母要做的就是稍稍地引导一下孩子，把最重要的一步留给孩子来决定。

如果海伦的妈妈能够换一种说法，结果就会不同。

比如妈妈这样说："亲爱的，我很能够理解你，我想你现在一定觉得很不好过，但愿同妈妈谈一谈能让你心里变得舒服一些。"接下来，家长要做的是帮助孩子分析整个事件的全过程，帮助孩子反省一下自己的责任，同时还可以抚慰一下孩子的心情："辅导员老师估计是比较粗鲁，不过我觉得，学会与各种各样的人交往、相处，也是你参加这项服务的目的之一。如果你能够想出办法与辅导员的关系处得融洽一些，对你今后的工作会有好处，也锻炼了你与人相处的本领，你觉得如何呢？"这样的话说出来，会转变先前孩子的抱怨情绪，给孩子留下思考和发展的空间。

不要干涉孩子的自由，不仅仅是不干涉孩子自由发展的权利，也不要干涉孩子自由选择的权利。

不干涉孩子的自由选择，会慢慢让孩子学会独立面对社会现实，并不得不学会承担自己应该承担的责任。

这个社会是很现实的，家长应当允许孩子有机会接触生活的各个方面并且学会如何来应付它们，而不是将他们与现实隔离开来，所以，当孩子在成长过程中出现状况时，家长要引导他们，而不是干涉他们。

每个父母都希望自己的孩子成为生活中的强者，希望自己的孩子勇敢面对人生的风雨，可如果父母不放手给孩子经历风雨的机会，不给孩子独立面对社会的自由，那孩子如何成长呢？所以说，爱孩子就不要过多干涉孩子的自由，让孩子自由地飞翔，才是真正爱孩子。

杜绝"四个过度"

家长对孩子要求得太多，管得太多，会让孩子觉得喘不过气来。所以，我们要杜绝四种过分的行为，对孩子的健康成长是有好处的。

1. 家长期望过高，孩子会对自己失望。

你平时会对孩子抱有很高的期望吗？

A. 会的，希望他很出色，给我们长脸 ＿＿＿＿＿＿＿＿＿

B. 不是，让他顺其自然地成长 ＿＿＿＿＿＿＿＿＿＿

对孩子的期望值过高，会给他们内心造成很大的压力。而一个孩子的成功，并非只取决于智商，而主要取决于情商，要看孩子有没有良好的心理素质，以及好的性格。

2. 家长保护过度，孩子会表现出无能。

孩子觉得你是个唠叨的家长吗？

A. 是的，觉得我很唠叨 ＿＿＿＿＿＿＿＿＿＿

B. 还行，没太多反感 ＿＿＿＿＿＿＿＿＿＿＿

如果孩子觉得你是个唠叨的妈妈或者爸爸，那么你要好好反思一下喽。现在很多家长喜欢包办子女的事情，要知道，如果一个孩子从小不愿意对自己负责，那么他长大之后就不会对家庭负责，也不会对社会负责。

3. 家长过度关爱，孩子反而无情。

你有时会觉得自己养了个"白眼狼"吗？

A. 有点，觉得他们不够懂事 ＿＿＿＿＿＿＿＿＿＿

B. 没有，孩子挺懂事 _____

心理学家说，孩子从出生到 10 岁的时候，他们对家长所表现出的亲近并不是爱，而是依赖。21 岁以后对家长才会产生爱的感情。所以我们不要给予得过多，而是要培养孩子的爱心，这也是我们做父母的责任。

4. 家长过度指责，会让孩子手足无措。

你觉得自己的孩子是"笨孩子"吗？

A. 是的，很笨 _____

B. 不相信有笨孩子 _____

联合国教科文组织曾经做过一次调查，中国的孩子是读书最刻苦，各种比赛成绩最好的。但是中国的家长对自己孩子的满意率最低。

究其原因，可能是因为中国人做人做事都比较低调，很少有人愿意当着别人面夸自己的孩子。殊不知，夸奖能够使平凡的孩子成为天才。

最后的决定授权孩子完成

在父母眼中没有长大的儿女，许多父母觉得自己的孩子还小，不管什么事情都会帮他做好决定，并认为这就是一种爱。其实不然，爱默生曾说："你要教你的孩子走路，但是，应由孩子自己去学走路。"把孩子看成一个自立的人，使其能自行决定自己的行动，并且实施自己的决定，也是对孩子的一种爱。

谢军是享誉世界的国际象棋特级大师，曾获得过多项世界冠军。很多人羡慕她的辉煌成就，但很少有人知道她能够取得这样的成就，完全是因为父母给了她自主的机会。

1982 年，12 岁的谢军小学即将毕业，但她面临着两难境地：是升重点中学还是学棋，在这个分岔口谢军举棋不定。

小学 6 年中，谢军曾有 7 个学期被评为三好生，这样品学兼优的孩子谁见谁要，学校当然要保送她上重点中学。

但是，国际象棋的黑白格同样牵引着谢军和她的一家人。在这个节骨眼上，母亲的一席话给了谢军莫大的勇气，年纪小小的她学会了自主，学会了对自己负责。

母亲叫来了谢军，用商量的语气说："谢军，抬起头来，看着我的眼睛。你很喜欢下棋，是不是？"

这是母亲对女儿选择道路的提问，从某种意义上讲，也是对女儿将来命运的提问。

家庭是民主的，对孩子采取了审慎的商量的办法，充分尊重女儿的意见和选择。

谢军目光坚毅地看着母亲的眼睛，坚定地说出七个字："我还是喜欢学棋。"

听到女儿的话后，母亲同意了她的选择，同时又严肃地说："很好，不过你要记住，下棋这条路是你自己选择的，既然你做出了这个重要的选择，今后你就应该负起一个棋手应有的责任。"

一个 12 岁的女孩很难懂得和理解这段话，却理解了父母的良苦用心。

正是母亲的这段话，使谢军受益终身。假如当初没有这段话，或是父母包办决定女儿的前途，就不会有今天的谢军，也不会有中国这位国际象棋"皇后"。

　　孩子虽然还小，但总有一天要走向社会。现在不培养他自我判断、自主决定的能力，什么事情都由家长解决，一旦孩子离开父母，没有人为他做这一切，而他自己又没有这种能力，那时该去依靠谁呢？

　　这个故事对家庭教育有什么启发作用呢？作为父母又应该从中悟出些什么呢？其实，道理很简单，那就是在家庭教育中，父母要像故事中谢军的母亲一样，孩子的事情让他自己决定，父母只提出参考意见。当孩子自主取舍或选择事物，会激发肩负责任的自主性、积极性、独立性和自律性。

　　几乎没有父母是有意识地损伤孩子的自信心，或损伤他独立解决问题的能力的，但不幸的是这种无意识的伤害比比皆是。

　　由于这个原因，我们要有意识地避免过分保护，给孩子机会让他独立决定自己的事情。当然，在培养孩子自己做主的能力时，也应注意：

　　第一，不要给孩子太多的选择，如"你想穿什么颜色的毛衣"，孩子可能会提出家中没有的东西，若父母不能顺从时，反而会使孩子对父母失去信任。而应该问："你想穿这件绿毛衣，还是那件红毛衣？"

　　第二，不能让孩子选择有害、不安全的事，因为孩子不知道什么有危险。例如，冬天一定要穿棉衣，这没有选择余地，必须执行，但可给些其他的选择："这棉衣让爸爸给你穿，还是妈妈帮你穿？"而不能说"要不要穿棉衣"。

第三，孩子做决定时，不要给其太大压力。如果孩子的决定不太合理、恰当，大人可给些提醒。如果孩子做决定后遇到挫折，产生了失败感，父母也要给予帮助。孩子做决定的机会不可太多，以免给他太大压力。

第四，根据孩子的愿望，运用大人的经验和知识，帮助孩子做一些决定。这是大人与小孩共同做出的决定，是帮助孩子做决定的好方式。

如"要下雨了，在图书馆里避雨比在操场上好些"，这是大人进入孩子的选择中去。在判断正确与错误的选择时还可说"我们已答应某某去展览馆，不遵守诺言是错误的"之类，让孩子知道做决定就是要其负责任。

要让孩子知道，只要尽力而为做出比较合适的决定就可以了，不一定要十全十美。但也不能随意做决定，要让他知道做决定的后果，从而不断学习，不断提高判断能力。

如果孩子坚持穿裙子去操场玩儿，结果不小心擦伤了皮肤，家长不应该说"瞧，我叫你穿裤子你不听"，而应说，"你想一想，如果我们下次再来操场玩儿，该怎么保护好自己呢？"

随着孩子长大，经验增多，做决定的能力与技巧会渐渐提高。这时，父母要舍得对孩子放手，让孩子学着自己去生活，让他在实实在在的生活中找到自我。

【小技巧】

1. 给孩子的选择要限制在一定的范围内。

2. 杜绝孩子选择有害的、不安全的事。

3.孩子做出的选择，家长要尽量支持。

4.孩子迷茫时，可以协助他们做决定。

鼓励并支持孩子实现自己的想法

有一个人在读小学六年级的时候，因为考试成绩好而得到老师的奖励——世界地图册。

回到家之后，他一边帮家人烧水，一边看地图，当看到埃及地图的时候，他想到了埃及的金字塔、埃及艳后、尼罗河等众多令人着迷的东西，心想长大以后有机会一定要去埃及，去体味一下那里的神奇和美妙。因为过于着迷，他竟然把烧水的事情给忘记了。

妈妈见此情景，怒气冲冲地对他说："你在干什么？"

"我在看地图！"他看到是妈妈，便回答说。

"火都熄灭了，看什么地图！"妈妈显然更生气了。

"我在看埃及的地图。"他回答。

"赶快生火！看什么埃及地图？我向你保证，你这辈子都不可能到那么遥远的地方去！赶快生火吧！整天想入非非，你以为想怎么样就能怎么样呀。"说完，妈妈还踢了他的屁股一脚。

在此后的成长过程中，这个孩子一直记得这天的情景，却始终没有放弃去埃及的梦想。

很多年之后，当他第一次出国就去了埃及，而且还坐在埃及金字塔前面的台阶上，寄了一张明信片给他妈妈，上面写道："亲爱的妈妈，我现在在埃及的金字塔前面给你写信，我记得小时候，你踢了我一脚，断言我不能到这么远的地方来，现在我就坐在这里了。"

喜欢做梦是孩子的天性，许多孩子常常会有一个稀奇古怪的梦想。

科学家的一项调查研究发现，拥有梦想的孩子今后更有希望，成功的概率也更大。心有多大，舞台就有多大，梦想决定人生的成就，理想是个人奋斗进取的动力，每个孩子都应该有自己的梦想和理想。

天华已经上小学五年级了，自我意识逐渐增强，凡事也都有自己的想法。一天晚上，他和爸爸一起看电视，电视上讲的是一个有关律师与法治的故事，天华看到电视上的律师既威严又气派，在法庭上表现镇定自如，说起话来滔滔不绝，一会儿引经据典，一会儿举例说明，引得人们纷纷喝彩，不禁也生出了崇敬之情。他说：

"爸爸，这位律师真牛！我以后也要做律师，成为一个像他一样的人！"

听完儿子的话，爸爸有些诧异地看了看儿子，因为他知道，自己的儿子向来内敛，口才也不怎么好，可没想到儿子居然有这样的理想。

面对这样的场景，或许有的父母会这么跟孩子说："做人要有自知之明，你性格内向，口才也不好，怎么能做律师呢？"

而会说话的父母就会说:"你的这个理想不错,不过当律师可不是很容易的事,你从现在就要着手准备啊,比如说学着主动和人交流,还要博学多闻,这样在法庭上才能够旁征博引。"

对于孩子们来说,任何一个梦想都是宝贵的、值得称赞的,说出自己的梦想时,父母应该细心呵护,给予鼓励和支持,并引导和帮助孩子将之转化为现实。

父母在孩子的生命中,充当的角色不是去粉碎孩子的梦想,而应是守护他们的梦想。如果不能守护孩子梦想,那至少应该支持他们完成梦想。在生活中,父母可以试着采纳如下一些建议:

1. 鼓励孩子根据自己的实际条件和社会需求确定合理的理想。

孩子正处于想象力丰富的年龄,每天总会有这样那样的新想法,也会有各种各样的理想,如读了某位科学家的传记,就想当科学家;觉得世界冠军了不起,将来也想成为体育健将;看到当老师光荣,就又想做老师……

对于孩子的新奇想法和诸多理想,家长千万不要泼冷水,更不要去嘲讽,而要不断地去启发引导,让孩子明白,有理想和目标是好事,但理想并不是随便想想和说说就能实现的,而通常会受到社会政治、经济和个人的自身素质的制约。只有尽量使理想与自己的实际情况相符合,并且努力去行动和实践,理想才能成为现实。

2. 支持孩子的理想,并且给予引导和帮助。

孩子的能力毕竟有限,在追求理想的过程中难免会遇到一些困难,此时父母应该多多鼓励和帮助,切忌讽刺、挖苦。相反,在生活中,当孩子说出自己的理想时,父母应该给予一颗呵护的心和一双保护孩子梦想成真的手；当孩子灰心失望的时候，父母可以告诉他，实现理想不会总是一帆风顺，会遇到各种困难，有理想就应该坚持在任何情况下都对自己说"我能行"；当孩子感到迷惑的时候，父母应该为孩子指引正确的前进方向，帮助孩子走出困境。

总之，父母要做的就是呵护孩子的梦想，支持孩子对梦想的追求，而不是为了给孩子一个中规中矩的生活，限定了孩子的人生，毁灭他们的梦想。

【小技巧】

1. 孩子有想法，首先要支持。

2. 站在孩子的角度赞美他的想法。

3. 增强孩子的自信心。

4. 借"实现理想"之机锻炼孩子的某些素质。

第2章　给孩子一定的发言权

不是孩子没主见，就怕家长太强势

很多父母都有过这样无可奈何的时刻：

"今晚我们吃什么？""随便！"
"这两件你喜欢哪一件？""随便！"
"周末李阿姨要把弟弟寄放在我们家，你看着点儿他。""随便！"

不管说什么，孩子都是一句"随便"。
也许，下面这位教育专家的经历可以给做父母的一些启发：

　　有一天，有位热情好客的家长邀请我去某某高级酒店共进晚餐，顺便认识一下她的儿子，解决一些问题。其实，我不太喜欢在饭桌上说什么教育，当时也有其他事情脱不开身，但这个语气坚决、果断的家长，简直就是以命令和通知的语气说，希望我晚上准时到场，万事俱备，就等我开饭。
　　见到那个孩子的时候，我真吓一跳，那位家长看起来十分娇小，但她的儿子却十分高大。我在家长的安排下坐到孩子的旁边。

那孩子很沉默，一直都是他的妈妈在滔滔不绝地向我介绍她自己的工作、丈夫的工作，今天怎么怎么忙，实在没有别的时间等。她讲到口渴，停下来喝水，我便问旁边的小伙子：

"在哪个学校读书啊？"

"噢，他在市一中。"

"你们几点放学？"

"他们四点半就放了，也是从学校直接过来的。"唉，这妈妈真爱说话。

"爸爸在什么单位？"

"崔老师，我刚不是说了吗，他在建行上班呢。"

"你们老家是哪儿的？"

"他们是延吉那边的，爷爷那辈搬过来的。"

我实在忍不住了，就轻轻地碰了碰那位母亲，结果，这大姐说："儿子，你往里面去点，挤着崔老师了。"

……

饭后，妈妈说："崔老师，你看我们家孩子长得不错吧，就是不爱说话，对什么都无所谓，哪像一个十几岁的青年啊。"

我诚恳地说："大姐，真不是你家孩子不爱说话，而是你自己说得太多了。你看我问他的问题，都被你自己说完了，他还说什么呢？"

不是孩子没有主见，是根本不能有主见。孩子表达不好，因此在他说之前家长抢先说了。孩子的决定欠考虑，因此，决定早就下了。孩子呐喊，无视；孩子反抗，打压。终有一天，孩子悄无声息了，当然，又继续充当被父母指责的对象——沉默寡言，没有主见。

强势没有好坏之分，对孩子过于强势就是把孩子推到弱势群体里！

将话语权还给孩子

有些孩子，在日常生活中会直言不讳，喜欢大胆说话，对各种问题都敢于质疑，这本来是值得我们鼓励的精神。但是偏偏很多家长不太喜欢这样。孩子提出各种各样的难题，我们会觉得他"刁难人"；孩子善于质疑，我们会觉得他过分活跃；孩子好奇心强烈，我们会觉得他满脑袋都是歪点子。

在家长的这种束缚之下，孩子的个性就会逐渐被弱化。就这样，我们慢慢将孩子打造成了"听话的绵羊"，而不是"充满个性的野马"。

1. 你觉得孩子有个性好不好？

A. 不好管 ＿＿＿＿＿＿＿＿＿＿＿＿＿＿＿＿＿

B. 挺好，不过要有度 ＿＿＿＿＿＿＿＿＿＿＿＿＿

如果我们采用打压的手段，固然可以让孩子暂时服从我们。但是，孩子如果能够成为一个富有独立自主精神的人，岂不是更好？支持孩子，为他们打造一个"质疑的舞台"吧。

2. 你会通过什么方式为孩子营造发言的机会？

＿＿＿＿＿＿＿＿＿＿＿＿＿＿＿＿＿＿＿＿＿

鼓励孩子多说话，在不同的时候表达自己的感受，对一个孩子的成长来说是重要的。我们可以找机会和孩子攀谈，多和孩子聊天，并且在谈话中不断增加新的词汇，多询问孩子一天中是否发生了什么有趣的事情，并且对他的描述表现出很感兴趣。这些方式都可以让孩子更愿意说话，对于孩子语言能力的培养也很有帮助。

让孩子有发言的机会

有些父母，在餐厅点菜、买衣服、买鞋子、买帽子时，都会有意识地让孩子有发言和选择的机会。不过更多的父母更习惯这样说："这个味道不错，吃这个吧！""这个更可爱。""这件很适合你，买这件吧！"将自己的意见强加给孩子，久而久之，孩子就会逐渐失去主见。

有不少父母担心孩子会做出一些不正确的事情，因此剥夺了孩子发言做主的权利，把自己的想法强加给孩子。虽说父母的出发点是为了孩子好，但他们的这种做法往往得不到孩子的认同和理解。倔强的孩子会在这个问题上和父母争辩起来，性格相对内向的孩子虽然表面上一言不发，却在心底里对父母产生抵触情绪。

还有一些父母往往会不自觉地把自己年轻时没能实现的理想寄托在孩子的身上，希望孩子能够帮助自己实现。如果这一愿望与孩子自己的愿望相同，这种寄托就会成为督促孩子奋斗的动力，但如果这种寄托并不符合孩子的愿望（这种情况更容易出现），父母的这种寄托就会成为孩子成长的负累。如果家长无视孩子的愿望，将寄托强加在孩子身上，那就有可能毁掉孩子的一生。

一位中考刚结束的学生，与妈妈发生了分歧。这个学生的爸爸妈妈都是知识分子，希望自己的男孩将来也能像自己一样当个教授或医生什么的，因此他们坚持让男孩上高中。但儿子酷爱艺术，想考音乐学院。最后妈妈占了上风，私自给他在一所高中报了名。妈妈以为给男孩报了名，男孩就会死心，乖乖地在学校念书。然而事情并不像他们想的那样，上学期间，儿子经常逃课，深夜与其他同学翻出学校围墙到网吧上网，最后被学校开除了。

　　被学校开除，男孩显得很高兴。有人问他为什么被开除了还高兴，这个男孩说道："我根本不喜欢这所学校，我想上音乐学院，可妈妈坚决反对，我只好逃课、上网借此消磨时光。现在我被开除了，他们就得把我送到音乐学院了。"

　　这个故事对家长们有什么启发吗？作为家长又应该从中悟出些什么道理呢？

　　其实，道理很简单，那就是在家庭教育中，孩子的事情让他自己决定，家长最好只是提出参考意见，而不是做决策。不要让孩子一味地跟从父母的决定，而应该让孩子用自己的意志取舍或选择事物，令其有自我决定的机会，并在决定事物的过程中，培养出自主性、积极性、自律性。

　　作为父亲，美国前总统西奥多·罗斯福曾写信给自己的儿子小西奥多，信的大概内容是：

　　在你做决定的时候，最好的情况是你做出了正确的决定，其次是做出了错误的决定，最差的就是你什么决定都没做。我们每个人都是独立的个体，所以做人要独立，要敢于做出决定。即使失败了，也没关系，因为你已经能做自己的主人了。记住：只要学会独立，总有一天你会取得成功的！

让孩子学会如何做决定，是培养孩子高度责任感的重要一步。而在孩子学会如何做决定之前，应该让孩子在跟自己有关的事情上有发言权。

在我还是个孩子的时候，我的父亲就告诉我说："你是这个家庭的一分子，所以你有权对家庭的事情发表意见，尤其是关于你自己的事情，明白吗？"当时的我似懂非懂地点了点头。

我还记得我第一次参与家庭事务，是在我上小学五年级的时候，爸爸妈妈问我同不同意爸爸辞职，因为这会关系到我和弟弟上学的问题。于是，我就问爸爸："如果你辞职了，我们是不是就没有学可以上了？"

"不是，但是你们会换一所小学，学校的条件没有现在的好。"

"其实，我很喜欢我现在的学校。"我对爸爸说。

后来，爸爸就没有辞职，而是等到我上初中以后才辞职。那时候我和弟弟都在上寄宿学校，我们不需要跟着爸爸去他工作的地方，他会每周末回家，我们也只能每周末回家。

慢慢地，随着我和弟弟长大，我们开始越来越像个男子汉，周围的邻居都夸我和弟弟是有主见、有责任感的好孩子，我想这跟我爸爸从小就给我们发言权密不可分。

没有一个人可以一下子长大，成长是一个缓慢的过程，父母在这个过程中应该尽量让孩子对自己的事情有发言的机会。不管他们说得对还是错，都会培养孩子的能力，这对于他们日后走上社会是一笔财富。

【如何说怎么听之现场演练】

鼓励孩子的各种见解

每个孩子既是个体，同时也是主体，他们有自己的思维和意识，会对某些问题提出自己的看法和意见。对于孩子们的各种见解，无论他们说的是对是错，我们最好都给予它们存在的空间，并且不断鼓励孩子积极思考。

1. 你会经常给孩子讲些思维创新的故事吗？

A. 貌似没讲过 _____

B. 偶尔讲过 _____

我们可以找个合适的机会给孩子们讲讲牛顿、爱迪生、华罗庚等这些科学家的故事。他们的共同特点就是敢于坚持自己的意见，敢于怀疑约定俗成的常识。通过我们的引导之后，孩子会明白，坚持自己的见解，是多么重要的事情。敢于讲出自己的声音，是一种有勇气的表现。

2. 若有一天孩子说"书本上有一处错误"，你会是什么反应？

A. 绝对不可能，一定是他没看懂 _____

B. 仔细询问，和孩子共同探讨 _____

古人曾经说过"尽信书不如无书"，当孩子对书中的某些讲法出现质疑的时候，我们首先要对孩子的怀疑精神加以表扬，然后再帮助孩子一起解决他质疑的问题。

有一个小朋友学习《凡卡》这一课时，向老师提问：凡卡很穷，没上过学，他怎么能够自己写回信呢？即便他上过学，他的信中也一定要出现几个错别字才正常。

当时一位老师觉得孩子提出的问题纯属无稽之谈，稍稍敷衍了一下，并不理会，结果孩子感觉很受挫。回到家之后他和妈妈提出这个问题，没想到妈妈听了之后很高兴，说他是个善于分析的孩子。

可想而知，当孩子的言论受到妈妈的鼓励，自信心一定是满满的。

鼓励孩子发出自己的声音

在这个社会，不管是男生女生，如果想在未来的事业中取得自己的成就，必须具备的一个品质就是独立。这种独立包括能力上的独立和思想上的独立。而能力上的独立主要是指，一个人在成年以后可以不依靠父母独自养活自己的能力。

至于思想上的独立，则表现为，一个人对社会上很多事情有自己的看法，敢于对事情发出自己的声音，不人云亦云。

很多父母也希望自己的孩子长大后成为一个有独立能力和独立思想的人，教育专家给出的建议就是：从小就鼓励孩子发出自己的声音。

其实，鼓励孩子发出自己的声音，不仅仅是培养孩子独立性格的要求，对培养孩子的思辨能力也有着重要的作用。

著名的教育家丰子恺曾经说过：鼓励孩子在和大人交谈的过程中发表自己的见解，对于锻炼他们的思辨能力有着十分重要的作用。

英国政坛的"铁娘子"撒切尔夫人也曾表示，自己的父亲从小就鼓励自己对于一件事情要勇于发出自己的声音，甚至鼓励她和自己争辩。也正是基于此，才培养出她强大的政治气场。

鼓励孩子发出自己的声音，就是鼓励孩子勇于说出自己的想法，尤其是在一件事情上和父母持不同意见时，父母甚至可以允许孩子和自己争辩。

一位心理学家经过多年的研究得出结论：争辩是孩子走向成熟之路的重要一步。

能够同父母进行真正争辩的孩子，在以后会比较自信，更富有创意和领袖气质。孩子争辩的时候，表明他在组织语言表达自己的观点，并要分析对方的观点，找到破绽加以辩驳。

这至少有两点好处：一是促进大脑发育，二是增加家庭互动氛围，更利于孩子各方面的成长。

小宇今年上小学三年级，担任班级的班长，把班里的事情都处理得井井有条，得到老师和同学们的一致好评。可是，小宇的同桌筱筱却恰好跟他性格相反，做事情没有自己的主见，唯唯诺诺。于是老师就建议筱筱的妈妈向小宇的妈妈取取经。

"那是因为，我一直都鼓励他对任何事情都要有自己的看法，敢于发出自己的声音，甚至不惜鼓励他和我争辩。"小宇的妈妈对筱筱的妈妈说道。

"和你争辩？这难道不会慢慢地助长孩子不尊重父母的习惯吗？"筱筱的妈妈吃惊地问小宇的妈妈。

"当然不会，只要你尊重孩子，让孩子说出自己想说的话，他也会尊重你的。"小宇的妈妈笑着说道。

很多父母都担心允许孩子和自己争辩，会慢慢助长孩子不尊重父母的习惯。其实，孩子和你争辩并不是不尊重父母的表现，既然真理只会越辩越明，父母又何须担心自己的威严会在争辩中消失呢？

但是提倡争辩，并不是说让孩子胡搅蛮缠、随心所欲、口不择言。争辩是在讲明自己的道理，一旦孩子违背了这个原则，父母就应该制止。另外，争辩也不是凡事都要争论，那只会让生活陷入混乱。让孩子争论，是让他发表有价值的观点，生活中应有的基本原则，是不提倡争辩的。

同时，作为父母，在和孩子争辩的过程中，应该放下自己的家长权威，把孩子当作一个独立的个体。

如果父母一直放不下做父母的架子，不允许孩子挑战自己作为家长的权威，即使允许孩子争辩，孩子还是会心存畏惧，不敢放心大胆地和父母辩论。

每个父母都希望自己的孩子能成为一个独立有主见的人，可是，这种独立和有主见的精神并不是一蹴而就的，而是一个人在成长过程中慢慢累积培养起来的。

因此，父母从小就要鼓励孩子发出自己的声音，这样孩子长大后才有可能成为一个有主见的人。

【如何说怎么听之现场演练】

多了解争辩的积极面

当孩子第一次和你争辩的时候，你一定会感到很意外吧，觉得眼前的这个小孩子不再对父母言听计从了，而是开始有了自己的思想和意志，开始学会了反驳。其实这并没什么，孩子学会争辩不是什么坏事情，父母应该学会用宽容的态度去对待。

请分别列举一下孩子学会争辩的好处和不好的地方：

积极面：＿＿＿＿＿＿＿＿＿＿＿＿＿＿＿＿＿

＿＿＿＿＿＿＿＿＿＿＿＿＿＿＿＿＿＿＿＿＿＿＿

＿＿＿＿＿＿＿＿＿＿＿＿＿＿＿＿＿＿＿＿＿＿＿

消极面：＿＿＿＿＿＿＿＿＿＿＿＿＿＿＿＿＿

＿＿＿＿＿＿＿＿＿＿＿＿＿＿＿＿＿＿＿＿＿＿＿

＿＿＿＿＿＿＿＿＿＿＿＿＿＿＿＿＿＿＿＿＿＿＿

可能大多数的家长想不到孩子学会争辩的积极面，下面就列举一下：

1. 孩子可能在通过争辩了解自己的底线。

当我们想让孩子晚饭后再去做一件事情时，孩子可能会举出一大堆的理由。其实，孩子这种看似挑衅的方法很有可能是在探索他处事的界限到底在哪里。和父母拌嘴能够让孩子了解自己，有机会学会评估自己。

2. 孩子可以在争辩中形成自己的意志。

争辩可以让孩子变得自信和独立。在争辩中，孩子会感到自己受到重视，知道如何才能够表达并实现自己的意志。孩子在与父母发生争辩之后，会意识到父母并非总是正确的。辩论的胜利，无疑会使孩子获得成就感，既是让孩子估量自己能力的机会，同时也锻炼了他们的意志力。

3. 孩子可以在争论中提高反应能力。

孩子在成长过程中，会通过争论学到争论的艺术与技巧。他们长大之后，与各种人都有发生争论的可能，这种学习方法对孩子来说也是重要的。

所以，不能简单认为孩子与父母争辩不是好事情，孩子与父母争辩，证明孩子是有想法的，而且对孩子多方面的发展都有好处。

4. 孩子在争论过程中获得智力的发展。

在争论时，孩子必须根据自己对环境的观察分析，选择并运用学到的词汇和表达方式，试图有条理地表达自己的欲望、观点、挑战父母，这将大大刺激孩子语言能力的发展。而且，通过争辩，孩子可以学到争论、辩论的逻辑技巧，这对孩子日后思维的发展是有利的。

让个性腼腆的孩子有话大声说

英国有这样一句谚语："那些生性腼腆的孩子都是真正被上帝宠爱过的孩子。"我们不知道这些孩子是不是真的曾经受过上帝的宠爱，但是我们知道，在很注重人际交往的现代社会，一个生性腼腆的孩子很难得到更多人的帮助和宠爱。

森森就是一个比较腼腆的孩子，虽然今年已经上初中了，可是从来不敢在班上发言。最让父母头疼的是，他见到熟人也不敢主动打招呼，而是远远地就躲开了。

"教了多少遍了，见了人要主动问好，但现在都还是学不会，真笨！"每当此时，妈妈回到家都要训斥森森一番。

"过来，这是李阿姨，快向阿姨问好。"妈妈跟森森说，森森却一直怯生生地扯着妈妈衣角，躲在妈妈的背后不肯出来。

"为什么别人都能回答出来问题，就你连话都不敢说？这是怎么回事？"爸爸质问的声音极大，儿子的眼泪涌了出来。

面对这个腼腆的孩子，森森的爸爸和妈妈实在是无奈至极，对孩子的未来也很是担忧。

生活中，像森森一样的孩子有很多。这些青少年面对老师、面对爱慕的人、上台演讲前、面试时、比赛前、照相时等，常常感觉紧张、脸红、心跳、发抖，学习或工作中总是惴惴不安，神经绷得如张满的弓，唯恐出了差错……

上中学的小宇以前是个性格很活泼的人，现在见人就怕。面对熟悉的人从对面走过来，内心不知道应不应该和对方打招呼，紧张的情绪就会产生。他发现嚼口香糖可以缓解说话紧张，所以现在一天到晚都要嚼口香糖。他晚上失眠越来越严重，每天觉得自己很难看、声音很难听，所以很少和人交流，看到有人在很流利地谈话就嫉妒。每天要照镜子很多次，不敢笑，也不敢大声说话。学习注意力不能集中，不能回答老师的问题，人际关系非常紧张。

斯坦福大学的心理学家菲力普·G.津巴多在《腼腆：事实与对策》一书中提出这样一个研究结论：如果一个孩子从小就很腼腆，而父母却对此漠不关心，那么孩子很可能一生都会这样腼腆下去。

这样的性格给孩子带来的后果是什么呢？津巴多认为，很多性格腼腆的人会终身不婚或者推迟结婚。而且性格腼腆的人大多数收入比较低，他们给人的感觉是无力承担有重大责任的工作。很多性格腼腆的人即便身怀绝技也会因为社交障碍而难以谋到好的职位。

具体来讲，不敢在别人面前大胆说话的原因主要有两种：

第一种，不想露丑。这些人的想法是：只要我不在他人面前暴露自己的短处，别人也就不会知道我的缺点，而一旦在众人面前说话，自己的粗浅根底、拙劣看法都会暴露出来，那么从此以后，哪还有自己的立足之地？所以，不说话更稳妥。

第二种，不知道该如何组织说话的内容，就像被硬拉到一个陌生的世界一样，所以会感到惊惶。

大体来说，性格腼腆者也分为后天和先天两种类型。有些人生来内向，他们说话低声细语，见到生人就脸红，甚至常怀有一种胆怯的心理，做什么事情都思前想后。而大多数是由于教育不当等后天的因素引起的性格腼腆。有些家长对孩子的胆小不加引导，当孩子见到生人或到了陌生的地方，便习惯性地害羞、躲避，没有自信心。孩子随着年龄的逐渐增长，自我意识逐渐加强，敏感于别人对自己的评价，希望自己有一个"光辉形象"留在别人的心目中，为此，他们对自己的一言一行非常重视，唯恐有差错。这种心理状态导致了他们在交往中生怕被人耻笑。

"我总是不敢在人面前讲话、发言，那会使我心跳加快，脑中一片空白……"有人坦然承认自己说话胆怯，而且对此颇为苦恼。

家庭是孩子练习说话的第一个场所，因此父母一定要注意对孩子的引导，尤其对于天生性格腼腆者。在家中，父母可以有意识地鼓励孩子将自己从书中看到的童话故事或者寓言故事等讲给自己听，当孩子讲不出来的时候，也不要对其大声呵斥，要多多提醒、多多鼓励。

在注意家庭培养的同时，也应该鼓励孩子多和同学交流，鼓励孩子广结良友，与朋友频繁往来，这是练习口才的又一途径，对于孩子克服腼腆的性格有着积极的作用。

【小技巧】

1. 不要给腼腆的孩子"贴标签"。

2. 体会他们的感受，不要指责他们。

3. 帮助腼腆的孩子发现自己的长处。

不要让孩子说一些懦夫用语

生活中处处充满意外和挑战，只有那些真正勇敢的人才可以接受这些意外和挑战的磨炼，成为生活真正的赢家。父母在教育孩子的过程中，也应该培养孩子积极勇敢的精神，这样孩子才能在未来激烈的竞争中取胜，成为人生的赢家。

塞德兹在院子里安放了一个秋千，觉得这会给孩子的童年带来无限的欢乐，可是秋千安放好之后却发现小塞德兹从来不会主动要求去荡秋千，仿佛很害怕荡秋千。

当塞德兹第一次将小塞德兹抱上秋千的踏板时，他吓得哭了起来。

"不，不。"小塞德兹站在踏板上紧紧地抓住绳子，他的动作狼狈极了，不停地哀求爸爸把他放下来。

"这没有什么，很多男孩都会玩，你不用害怕。"塞德兹一边说一边将他稳稳地扶住。

"爸爸，我不想玩这个，我会摔下去的。"小塞德兹哭着说道。

"你不会摔下来的。只要抓住绳子，就很安全。"

"不，我害怕。"儿子仍然坚持。

为了消除他的恐惧，塞德兹把他抱了下来，说道："这样吧，爸爸先给你做个示范。等你见到爸爸玩得很高兴的时候，你一定会改变主意。"说完，塞德兹就上了秋千开始摇荡起来。

"爸爸，你真行！"见爸爸在秋千上荡得很高很高，小塞德兹高声欢呼起来。

"那么，你也来试试好吗？"他问儿子。

"好吧，可是我不要荡得那么高。"儿子终于同意试一下。

第二天，塞德兹下班后回家，还没有走进住处便听到了花园中传来的欢笑声。小塞德兹和莱依小姐正在高兴地荡着秋千。

塞德兹真是一个勇敢而富有智慧的父亲，面对孩子的懦弱，他积极鼓励而不是因害怕孩子发生意外而选择不去理会。然而在生活中很容易发现这样一些家长，为了防止孩子发生意外，便限制孩子的行动，很少让孩子亲自去体验生活。在这种教育环境下，很多孩子慢慢地养成了懦弱的性格，经常说"我不行""我害怕"之类的话。

要知道一个经常说"我不行"的孩子，长大以后是很难有成就的。且不说做人生的赢家，就是自己的生活也可能会一团糟。因此，当一个孩子经常说消极的话时，父母就要对孩子进行一些引导。

张晓飞已经上初中了，可是遇到事情总是很懦弱，这让他的爸爸很担心。知道儿子最怕水，于是爸爸决定从儿子最怕的游泳开始。

"爸爸，我能不能不要去学游泳，我很怕水。"张晓飞站在游泳池旁，胆怯地对爸爸说。

"你忘了昨天爸爸给你讲的那个英雄的故事了？"爸爸望着孩子的眼睛反问道。

"没有，爸爸。"张晓飞不好意思地低下了头。

"如果那个英雄不会游戏，怎么能救落水的小孩呢?"爸爸蹲下来，看着孩子的眼睛问道。

"可是，爸爸，我还是很害怕。"张晓飞继续说道。

"没事，爸爸先给你示范。"

终于在爸爸的耐心引导下，张晓飞跳下了水，学会了游泳。

"孩子，对于任何事情，都不要让自己的恐惧战胜自己的勇气，勇敢迈出第一步，你就是一个勇敢的孩子，而且当你勇敢地迈出第一步之后，你会惊喜地发现，原来事情并不难，就像你学游泳一样。"张晓飞的爸爸语重心长地对他说。

在帮助孩子克服懦弱的性格的时候，父母可以具体参考以下的建议：

1. 经常给孩子讲一些勇敢者的故事。

孩子们都喜欢听故事，也很容易从故事中受到鼓舞。给孩子讲述勇敢者的故事，让孩子感受勇敢的力量，这会在不知不觉中鼓舞孩子改变懦弱的心理。

2. 鼓励孩子参加体育活动。

运动之所以很受人们欢迎，不仅仅是它可以帮助人们锻炼身体，更重要的是它可以锻炼人们的勇气和力量。让孩子多参加体育活动，甚至参加一些体育竞赛，对于克服孩子的懦弱性格是很有用处的。

3. 有意识地多接触孩子害怕的事物。

比如，孩子很怕水，就试着教孩子去游泳;孩子很怕黑，父母可以在夜晚和孩子去楼下散散步。

总之，父母应该努力去培养孩子勇敢进取的精神，尽量不要让孩子说那些"我不行""我害怕"之类的懦夫用语。

训练孩子的闯劲

如果孩子这也害怕那也害怕，我们要通过什么样的方式来帮助他们呢？下面介绍一些可行的方法。

1. 给孩子讲勇敢者的故事。

你会经常给孩子讲些勇敢者的故事吗？

A. 不怎么讲 ＿＿＿＿＿＿＿＿＿＿＿＿＿＿＿＿

B. 会的 ＿＿＿＿＿＿＿＿＿＿＿＿＿＿＿＿＿

榜样的力量是无穷的。为了让孩子拥有进取、勇敢的精神，最好给他们讲述伟大人物善忍耐的故事。

如果孩子怕用电，家长不妨给他讲美国科学家富兰克林与雷电的故事；如果孩子害怕走路，不妨给他讲讲英国探险家斯科特征服南极的故事；如果孩子害怕黑夜，不妨讲讲鲁迅先生黑夜"踢鬼"的故事；如果孩子害怕失败，可以讲讲美国大发明家爱迪生怎么经历了几千次失败发明了电灯，讲讲德国科学家埃尔利希怎么经过几百次的失败而发明了一种新药。

2. 鼓励孩子多参加体育活动。

你认为体育活动有助于培养孩子的勇气吗？

A. 没什么 ＿＿＿＿＿＿＿＿＿＿＿＿＿＿＿＿

B. 还是有一定的帮助 ＿＿＿＿＿＿＿＿＿＿

假日里，家长可以与孩子一起爬山，借以锻炼克服困难的勇气；去公园里玩，鼓励孩子走一走"勇敢者之路"，如独木桥、铁索桥。还可以鼓励孩子参加体育锻炼，参加足球、乒乓球队等。这种体育活动竞争性强，有助于勇敢精神的培养。

3. 有意识锻炼孩子面对所惧怕的事物。

你会让孩子与他惧怕的事情"狭路相逢"吗？

A. 不会 _____

B. 可以锻炼他一下 _____

在确保安全的情况下，可以有意识地锻炼孩子面对所惧怕的事物，如登高、下水游泳、滑冰等。如果怯生，就多参加社交活动，多接触生人。

4. 让孩子享受到勇敢带来的快乐。

孩子好不容易有了勇敢的表现，你会表扬他吗？

A. 不会，没什么大不了的事 _____

B. 会的，一点点地鼓励他 _____

先鼓励孩子完成一件以前不敢干的小事情，比如去楼下取报纸，等孩子回来以后给他适当的表扬，让孩子体会到战胜自己的快乐。要循序渐进，一点点地锻炼他的勇敢。

第四篇

表扬，不要贬损；批评，不要伤害

第1章 赞赏令孩子更加出色

罗森塔尔效应：夸奖带来效益

美国著名的心理学家罗森塔尔教授曾经做过这样一个实验。

他将一群小白鼠很随意地分为 A 组和 B 组，他告诉 A 组的饲养员说，这一组的老鼠非常聪明，同时又告诉 B 组的饲养员说这一组的老鼠智力中等偏下。几个月后，罗森塔尔教授对这两组老鼠进行穿越迷宫测试，发现 A 组的老鼠居然真的比 B 组的老鼠要聪明很多，它们能够先走出迷宫并找到食物。

通过这个实验，罗森塔尔教授得到了启发：这种效应会不会发生在人的身上呢？于是他来到一所普通中学，在一个班里随便走了一趟，然后就在学生名单上圈了几个名字，告诉他们的老师说，这几个学生智力很高，很聪明。

过了一段时间，教授又来到这所学校，惊奇地发现那几个被他很随意选中的学生现在真的成了班上的佼佼者。

为什么会出现这样的现象呢？

这是因为，罗森塔尔教授是著名的心理学家，在人们心中有很高的权威，老师们对他的话深信不疑，因此就对他指出的那几个学生充满了信心，经常称赞他们。

而学生也感受到了这种期望，认为自己是聪明的，从而提高了自信心，就真的成了优秀的学生。

称赞会给孩子以极大的鼓舞，而父母的表扬与其他人相比产生的作用会更大。心理学家经过实验发现，孩子总是在无意中按父母的评价强调自己的行为，以期望得到父母的表扬和认可。

有一位母亲在擦桌子的时候，她一岁多的小孩子蹭过来，学着妈妈的样子，手里拿着一块布，在桌子上抹来抹去。其实，这么小的孩子，完全没有做家事的概念，他只是单纯地模仿而已。

这位母亲则抓住了这样一个夸奖孩子的机会："小伟真懂事，这么小就想帮妈妈擦桌子，将来一定是个优秀的孩子。"

孩子听到妈妈这样讲，马上来了精神，在桌子上擦得更带劲了。妈妈擦完桌子之后，告诉孩子："以后擦桌子的时候要注意，这些边边角角也要擦干净，那就更好了。"孩子很满意地点点头。

因此在日常的教育中，家长应该对孩子多一些表扬，少一些批评。对孩子的一些想法和行为，不能按照成人的标准来判定，应该发自内心地赞美孩子，如"你真棒，我小的时候没有你这样有创意"。这样，孩子进步就会越来越快，也会把父母当作自己生活中的良师益友。如果父母只是一味地指责，甚至是狠狠地训斥，那孩子的无限潜能就会被父母的训斥声所淹没。

鼓励是自信的酵母，夸奖是自信的前提。要让孩子变得更加优秀，最有效的方法就是及时地夸奖和鼓励。夸奖能使孩子坚定自己的信心，从而更加努力地为成功找方法。

可能有家长会有这样的疑问：如果一味地夸奖孩子，让孩子很骄傲怎么办？如果今后听不了批评的话怎么办？孩子将来不听话怎么办？

这种顾虑很正常，而且这种现象也的确会有。夸奖孩子其实是有要领可循的，有些方面一定要夸，而有些方面一定不能夸。

有个小女孩长得很漂亮，所有的人看到她都会赞不绝口："你真是太漂亮了！"

这种话听得多了，小女孩便以此为骄傲，慢慢地添了很多坏习惯，整天不停地照镜子，头发每天都是一洗三梳。后来父母意识到了这一点，就提醒孩子要把心思放在学习上，但是已经无济于事。

还有一个小女孩，非常聪明，可以背很多的英语单词。有一天家里来了客人，奶奶对小女孩说："我们念英文给叔叔阿姨听好不好？"接下来，奶奶就问小女孩苹果怎么说，小女孩说 Apple，又问雨伞怎么说，小女孩都是对答如流，这样一直问了很多。小女孩突然对奶奶说："奶奶，你知道大象怎么说吗？"奶奶愣了一下，说："我怎么可能会知道。"没想到，小女孩当着众人的面对奶奶说："奶奶，你怎么这么白痴啊。"

上面两个例子中的小孩，就是听众人的夸奖太多了，以至于忘乎所以，不仅自视甚高，甚至看不起长辈，这就有悖我们夸奖的初衷。

我们夸奖孩子，为的是让他能更加健康地成长，所以夸奖应该是侧重于孩子的好习惯、好态度、好品格。

比如一个孩子天天坚持写日记，得到夸奖之后，会坚持得更好；一个孩子很懂得让着自己的小弟弟，得到夸奖之后就会变得更加懂事。而对于孩子的天分、长相这些内容，就不需要一次次地夸奖。

夸奖具有启发性和鼓励作用，但夸奖过多，会带给孩子压力，形成焦虑。所以夸奖要适可而止，而应用欣赏、交谈、聆听等方式代替过多的夸奖。总之，我们不能让孩子在受责备的环境中成长，但是也不能让他们整天泡在赞美里，要学会适度夸奖。

【小技巧】

1. 夸奖的话不能言过其实。

2. 有效的夸奖是夸奖过程而不是结果。

3. 夸奖要发自真心。

4. 夸奖要留有余地，给孩子进步的空间。

教育孩子，别总否定他

比起夸奖，批评要更加慎重。尤其是不讲求方法的批评，对孩子人生的打击有着不可估量的影响。

有一个男孩，在他15岁的时候就被关进了少管所，一个记者了解了他的成长经历，觉得他其实是一个挺可怜的孩子。

这孩子小时候有些顽皮，常常受到父亲的打骂，在班里也常被老师当着全班同学批评、讽刺、嘲笑。慢慢地他开始处处与老师对着干，不久就被校长在全校点名批评，回家后再次被父母打骂。在这样的恶性循环里，他最后沦为罪犯。

"一个孩子在成长中没有遇到一点爱的温暖，却总是遭到充满恶意的批评，试问他怎么能改掉自己的坏毛病呢？"这个记者在后来的报道中写道。

是呀，孩子有错难免，如果家长只会打他，学校老师也总是批评他，那么这孩子会怎样呢？他得不到鼓励和支持，他消极到了极点，他觉得自己永远不能重新来过，于是就彻底地放弃了自己。因此，作为父母，在教育孩子的过程中，别总是否定孩子、打击孩子。

简单、粗暴的责骂不但不能使孩子从心底认识到自己的错误，体会到父母对他们的关怀，而且最容易引起孩子的反抗。这种叛逆心理一旦形成就会造成父母和孩子间的隔阂和冲突，孩子越来越不听话、越来越叛逆，越是批评他，他越是和你对着干……

对于孩子来说，他们由于不成熟、自我约束力差，所以在成长过程中不但错误百出，而且经常犯同样的错误。

有些家长对孩子过于苛刻，孩子一出错，就频繁地批评，意图把孩子"骂"醒。但不管是苦口婆心地、言辞激烈地，还是语重心长地骂孩子，这种带有批评成分的教育效果都不十分理想。原因是什么呢？那就是没有人喜欢一直被否定，孩子尤其是如此。

因此在批评孩子的时候，不妨换一种方式，试试"三明治"，这样孩子就比较容易接受。所谓"三明治"是指把批评的内容夹在表扬之中，从而使受批评者愉快地接受批评。

这种现象就如三明治，第一层是认同、赏识、肯定对方的优点或积极面；中间这一层夹着建议、批评或不同观点；第三层是鼓励、希望、信任、支持和帮助。

这种批评法，不仅不会挫伤受批评者的自尊心和积极性，而且还会使其积极地接受批评，并改正自己不足的方面。

此外，父母还需要注意的是，在批评孩子的时候，一定不要攻击孩子的人品和性格，侧重指出孩子在某件事上的错误之处并和孩子一起找到解决问题的办法。简单地说，就是对事不对人。

14岁的乔楠热情开朗，非常讲义气，喜欢结交各种各样的朋友。有一次，同班的王伟被隔壁班的一名大个子同学欺负，乔楠很生气地带着王伟去找隔壁班的大个子理论，最后，竟然打了起来，乔楠失手将王伟的头打伤了。

"你这孩子，怎么就把同学的头打伤了？什么时候变成这样子了？一身的流氓气！"乔楠的妈妈知道这件事情后赶到学校，大声地批评起了乔楠。

乔楠很委屈。他觉得自己只是不小心，妈妈怎么能说自己是流氓呢？于是就不想听妈妈说话了。

不得不说，很多父母在孩子犯错以后，总是急于批评孩子，以为这样孩子就可以知错了。殊不知，不当的批评方式只会让孩子更加委屈，也起不到任何教育效果。

因此，家长们一定要谨慎地批评孩子，注意要对事不对人。试想一下，故事中乔楠的妈妈如果告诉乔楠"帮助同学是正确的，但是不能因此而和别的同学打架，更不能把人打成重伤"，乔楠还会感到委屈吗？会听不进去妈妈的话吗？

把赏识当成孩子成长中的需要

孩子就像一棵小树苗，他们渴望被赏识，渴望被肯定，就像树苗渴望春雨一般。赏识和肯定会让孩子更加自信和快乐。因此，父母应该把赏识当成孩子成长过程中的一种必需品。

也许有的父母担心，一味地肯定孩子，会不会让孩子变得禁不起挫折和批评？还有的家长担心给孩子的肯定太多，会让孩子变得特别在意别人怎么看自己。其实这些想法的产生，是因为没有把赏识和表扬区别开来。赏识和表扬还是有区别的。表扬是把注意力放在孩子身上，而赏识则更加注重孩子所做的事情。

有的父母觉得赏识就是说好听的，或者简单戴高帽子，其实是一种错误的理解。孩子的成长离不开家长的赏识，如果家长总是将对孩子的肯定不说出来，会令孩子感到失望和不满。相反，如果家长总是能肯定孩子，用一种赏识的眼光看待孩子，对于开发孩子的潜能有着相当大的益处。

蒋方舟是90后的杰出代表，2012年从清华大学毕业后被《新周刊》聘用，担任新周刊的副主编。一个22岁的少女，毕业即担任副主编，是一个让人吃惊的事情，很多人都觉得蒋方舟是一个天才。

　　然而儿时的蒋方舟并未表现出过人的天赋，在妈妈眼里，她甚至要比同龄孩子迟钝许多。幼儿园老师反映，蒋方舟内向，不喜欢唱歌跳舞，不像其他小女孩一样爱打扮和出风头。妈妈就想让女儿学点才艺，于是将她送去学电子琴，可是没几天蒋方舟就不学了。不学就不学，妈妈不再勉强，从那以后再也没给女儿报任何兴趣班了。

　　后来，蒋方舟上幼儿园大班时，班上要准备一次英语汇报演出，老师放假回家了几天，再回来孩子们的英语全都忘了，唯有蒋方舟还记得很清楚。老师便让她当小老师来教其他孩子，蒋方舟居然教得很好。妈妈很惊喜，她开始笃信，女儿确实有语言天分。于是，就有意识地让她多看一些书，还鼓励她去写一些东西。每当妈妈发现蒋方舟写的文章中有好句子时就大声赞扬，在妈妈的赞美声中她越来越喜欢文字，开始涉猎大量的书籍，9岁的蒋方舟就以《打开天窗》赢得了众人的关注，后来也是由于文学上的长处被清华大学破格录取。

　　蒋方舟很幸运，有一个懂她、赞美她、支持她、发现她优点的母亲。不难发现，蒋妈妈最大的育儿秘籍就是赏识孩子、赞美孩子。

　　但是不少父母总有这样一个观念，那就是"我的孩子还不够好"，怎么去赏识他呢？其实，每个孩子都有值得称赞的地方，许多父母之所以觉得自己的孩子不够好，主要原因是对孩子的期望过高，已经超过了孩子年龄段应有的能力。所以他们表现一般时，家长就会觉得孩子很差劲，或者没有什么天赋，甚至会出言批评他们。三年级以下的孩子写作文的能力都很一般，这时候如果大人觉得"你写得还没有我好呢"，孩子的自信心和积极性就会受到影响，甚至不愿意写作文，害怕作文考试。

如果家长拿孩子的昨天和今天比较，多看看孩子的进步，就能找到一些孩子的优点、进步来鼓励他。这样的话，孩子会更加有信心。"我发现你说话越来越有条理了""你讲的故事真有趣"，这样一些具体的表扬和赏识能帮助孩子建立信心。

家长在和孩子交流的时候，若能表现出对孩子的欣赏，他们才能拥有成就感，而有成就感的人就容易对自己产生信心，有信心的人就能爆发出更多的潜能。肯定孩子、赏识孩子，实际上就是为孩子的成长搭建平台。

有一位著名的国际妇女活动专家说："现代人类最本质的动力不是追求物质与器官的享受，不是满足生理上的需求，而是满足成长的需求和发挥个人最大的潜力。"

总之，懂得赏识和赞美的家长，才能给予孩子及时的鼓励和赞美，获得赞美的孩子才会一点点做得更好，才能一步步在赏识中走向美好的未来。

【如何说怎么听之现场演练】

赏识不是每天挂在嘴边

很多家长在了解赏识教育之后，就开始试着夸奖孩子，天天夸，结果发现赏识的效果并不怎么明显，甚至有的孩子被夸奖之后变得越来越自负了。是不是我们的孩子不适合赏识教育呢？

赏识只是教育中的一部分，如果被断章取义地拿来用，当然会出问题。只有当我们掌握了教育的规律，赏识才能够成为有效的教育手段，我们的孩子才能够更加健康快乐地成长。

1. 好的关系胜过 100 句赏识。

你觉得你和孩子的关系怎样？

A. 很一般 _____

B. 很默契，无话不谈 _____

首先，如果你想让自己的赏识有效果，最好是和孩子建立良好的亲子关系。当孩子和家长关系很好的时候，我们说的很多话孩子才能听进去。好的关系是沟通的基础，如果没有这个基础，再好的赏识语言都没有用。

2. 表扬时机要恰当。

你和孩子谈话时有"话不投机半句多"的时候吗？

A. 有的，所以很少沟通 _____

B. 还行，基本顺畅 _____

我们在表扬孩子的时候，时机越恰当，表扬的效果就越好。当我们看到孩子有良好的表现时，一定要及时表扬，因为这样做才能让孩子把被表扬的感受和做好事联系在一起，才可以让孩子乐于重复他之前被表扬过的行为。

注意鼓励效果的持久强化

心理学家赫洛克曾做过一个十分有意义的实验：他把 106 名能力相等的孩子分为 4 组，第一组为表扬组，每次练习后都给予这个组的孩子表扬和激励，即使他们的表现一般；第二组为受批评组，每次练习后都对这些孩子严加训斥，即使这些孩子中不乏表现优异者；第三组为受忽视组，每次练习后对这个组的孩子基本不予评价，只让其在一旁静听前两组所受到的批评与表扬；第四组为控制组，既不给予这个组的孩子任何表扬与评价，也不让他们听到对前两组的表扬与批评。

通过一段时间的练习，然后让被试者再做一组难度相等的练习题，每天做 15 分钟，共做 5 天。之后分别检测四组被试学生的学习效果，结果发现受表扬组的学习成绩明显高于其他组，其次是受批评的，再次是被忽视的，最差的是被控制组。

通过这个实验，赫洛克告诉我们：如果想要一个人表现得优秀一些，持久的鼓励是很重要的。

在约翰逊 2 岁之前，母亲丽贝卡就让他从石板上学会了认字和写字母。3 岁的时候，他就熟知鹅妈妈的故事，熟悉朗费罗和丁尼生的诗。4 岁，约翰逊就能拼出爷爷、丹（家里的一匹马）这样的单词。丽贝卡花了大量的时间来开发孩子的心智，而且经常告诉朋友和亲戚，他是个智力超常的孩子。从现代教育学的观点来看，贝丽卡这样做给约翰逊一种强烈的心理暗示，对培养其自信心具有积极的作用。

丽贝卡为约翰逊树立正面榜样，并用不断的鼓励来塑造儿子的性格，同时也激发儿子身上的优点。约翰逊则用行动实现了丽贝卡的愿望。

约翰逊在 28 岁时赢得了一次国会特别选举，从而进入国会，成为最年轻的议员。丽贝卡写信祝福，并告诉儿子自己永远支持他。

而在约翰逊看来，母亲丽贝卡的爱和鼓励是他不断进取的永远动力，正如他于 1956 年的母亲节，在寄给母亲的信中写的那样："有你做我的母亲我是如此幸运——你有如此美好的精神，还有无限的爱的奉献。你一直是而且永远是我的动力，无论我是什么或将成为什么，所有那些好的方面都应该归功于你，谢谢你长久以来坚持不懈地鼓励我。"

通过这个故事可以得知，父母长久以来坚持鼓励约翰逊，最终让他成了最年轻的议员。现实生活中有不少父母却总是喜欢给予孩子负面的评价，并认为，这是在让孩子认识自己的不足，进一步提升。他们不知道这些负面的评价会严重打击孩子的自尊心和自信心，孩子长期受到这些话语的影响，就会在心理上形成负面的自我表象，久而久之，就会固化成他们的行为特点。

偶尔鼓励孩子一下，固然可以使孩子获得惊喜，但是要想让孩子取得长久的进步，就必须注意鼓励效果的持久强化。美国的一个学校采用发"代币券"的形式褒奖学生，如果老师要褒奖学生的某种良好行为，就会给这个学生发一张价值若干元的代币券。这张代币券可以在学校的小卖部换取同样价值的小商品。如果学生不马上兑换代币券，或将自己的良好行为保持一段时间，抑或又有新的良好行为，他就可以到教师那里换取一张面值更大的代币券。如果学生仍不兑换，并持续保持良好行为，教师的褒奖方法则仍根据以上原则类推。

这种做法使学生的良好行为得到了持久强化。这是因为该校的做法契合了心理学中"期望与效应"理论，即人做某事的积极性等于成功概率和价值判断的乘积。也就是说，奖励的同时要给予学生一定的期望，这样才会收到更好的效果。

【 如何说怎么听之现场演练 】

鼓励孩子最常见的 15 个小动作

以下提供 15 种常见的小动作，我们可以在日常生活中使用这些方法来鼓励孩子，只要注意在具体环境中根据情况灵活调整，便可以使孩子在爱和鼓励的环境中开心成长。

看看下面这 15 种行为，有没有你经常做的？

1. 随时给孩子来个拥抱 _____

2. 自信地说"我爱你" _____

3. 说"来，好宝贝，亲一个" _____

4. 摸摸他的小脑袋 _____

5. 对孩子甜美地微笑 _____

6. 讲个美丽的床边故事 _____

7. 为孩子鼓掌 _____

8. 经常奖励他"小红花" _____

9. 专心听孩子说话 _____

10. 每天都有"亲子专属对谈时间"_____

11. 减轻孩子的分离焦虑 _____

12. 关爱与管教并行 _____

13. 和孩子一起玩耍 _____

14. 有些事让孩子做主 _____

15. 换位思考 _____

孩子的伤疤不能揭

在现实生活中，有不少父母老是喜欢揭孩子的伤疤，认为这样就可以让孩子改正错误的习惯或者行为。然而却发现，不但没有让孩子改掉错误的习惯，反而让孩子和自己越来越疏远。

张华和陈默是表兄弟，两个人在同一所学校上学，两家住得不远，所以两家人往来比较密切。有一天，张华的妈妈带着张华到陈默家玩儿，此时陈默的妈妈正因为孩子的数学考试成绩不理想而训斥孩子。

"你怎么搞的？怎么又考得这么差？都不知道你平时是怎么学习的，我都要被你气死了！"陈默的妈妈大声地训斥着陈默。

陈默不说话，低着头，似乎也在为此而觉得羞愧。

"唉，孩子考试考不好是常有的事情，下次考好了就行了。"张华的妈妈觉得这样训斥孩子很伤孩子的自尊心，就急忙劝解道。

"唉，你不是不知道呀，他小学的时候学习还是不错的，可自从进入初中以来，他的成绩就开始退步了。"陈默的妈妈向张华的妈妈说道，然后又转过身来训斥陈默。

"下次考好？哼，我看你下下次都很难考好。你想想看，这个学期你哪次考试让人满意了？去年期末考试的成绩就很糟，数学没有及格，英语也考得很不好。这学期的期中考试你还是没有长进，英语还是只考那么点分，数学仍旧是不及格，你丢不丢人啊？"妈妈对着陈默又是一阵数落。

"其实我也想好好学的，我也不想这样的！"在妈妈的强势下，陈默的辩解很无力。

"那你还不好好反省一下，下次考好点，不要总是不及格了，很丢人的。"看到妈妈当着表弟和姨妈的面这样批评自己，陈默觉得很不好意思，于是没有再说什么，低头进了房间。

在孩子的成长过程中，挫折与失败总是难免的，有些失败会随着时间的流逝被淡忘，但是有些失败已成为他们心里的阴影。这时候，就需要父母的鼓励和安慰，帮助孩子走出失败的阴影。

可是，在现实生活中，我们还是能看到不少父母像陈默的妈妈一样，反复提孩子失败的经历，随意揭孩子的伤疤，这无疑会给孩子的心灵带来伤害，而且对父母来说，也不是一件好事情。

站在孩子的角度说，揭孩子的伤疤会让孩子想起从前失败的经历，进而加重他自卑失落的心理。很多父母总是故意提起孩子的失败或者挫折，想以此激励孩子努力，这是一种非常错误的观点，这不仅不会给孩子以激励，相反还会让他备受打击。试想一下，如果一个人失败的经历总是被反复提起，那他的信心该如何建立呢？他只会被失败带来的失落感困扰，从而更加自卑失落。

每一次的失败，就像一个伤口，如果父母希望孩子心理的这个伤赶快好起来，就不要随意揭孩子的伤疤，相反，要尽量给孩子鼓励和安慰，才能让孩子尽快走出阴影，重获自信。

【如何说怎么听之现场演练】

批评错了要道歉

有时，由于我们批评不当，给孩子造成或大或小的"伤害"，这样的孩子需要得到事后的安抚。如果有必要的话，我们应该向孩子道歉。

1. 不要碍于面子，而不愿道歉。

你会不会因为自己是家长而不好意思跟孩子开口道歉？

A. 确实比较难开口 _____

B. 不会，我错了我一定认错 _____

有些家长认为，孩子是自己的，想怎么批评就怎么批评，觉得管教孩子是天经地义的事情。即便是批评错了，也觉得没有必要向孩子道歉，认为"天下没有不是的父母"。有的父母虽然想道歉，但担心损害自己的权威。其实，当父母批评孩子失当时，对孩子说声"对不起"丝毫不会影响父母的形象，反而会赢得孩子的尊重。勇于向孩子道歉，是为人父母爱心与责任心的体现，更是孩子健康成长的需要。

2. 家长可以多做自我批评。

你觉得自己是个善于反省的家长吗？

A. 不怎么反省自己 _____

B. 有时会想想自己的做法 _____

我们在养育孩子的过程中，除了多关注教育孩子的方法，也要反思一下自己，比如想想自己有没有乱发家长的威风、有没有不分青红皂白就指责孩子、有没有用恶毒的话刺激过孩子、是不是对孩子的要求太高了，等等。如果我们发现自己对孩子的批评管教方式有问题，也要及时修正，这样才会在教育孩子的时候更加客观。

3. 请孩子监督自己的脾气。

你觉得亲子之间互相监督、坦诚相待怎么样？

A. 这样的话孩子更难管了 _____

B. 这个主意挺好，对孩子对大人都好 _____

有位妈妈非常爱发脾气，经常动不动就打骂斥责孩子。有一天，她出门忘记了关窗户，孩子向她嚷嚷："你怎么不知道把窗户关上呢？这么大的风，刮进来好多尘土！"妈妈听了愣在那里：这分明是自己平时教训人的口气！从那以后，她就严格控制自己不乱发脾气。

教育孩子，平等是基础，我们最好把孩子放在和自己平等的位置上，孩子才愿意和家长沟通。做家长的，不妨请孩子做个监督者，随时监督家长会不会发脾气。家长可不要小看这个民主行为，相信用不了多长时间，就会发现孩子脾气变好了，你的脾气也变好了。

第 2 章　消极刺激让孩子内心黯然

不要总表现出对孩子的"不满意"

有一次，几十个中国孩子与外国孩子一起进行某项测验，并且把自己的分数拿回家给父母看，结果中国的父母看了孩子的成绩之后，有80%表示"不满意"，外国父母则有80%表示"很满意"。而实际上，外国孩子的成绩不如中国孩子的成绩好。

中国的父母总是习惯用挑剔的眼光来看待孩子，也用同样的眼光来看待周围的世界，而外国的父母则习惯用欣赏的眼光看待自己、孩子和世界。其实，大多数的中国父母的这种不满意，并不是真的对孩子自身不满意，而是和别人家的孩子对比得出来的不满意。而这种对比很容易导致中国父母在教育孩子时常以别人为标杆。

人家的孩子去学钢琴，自己的孩子也一定要学；人家的孩子考上了哈佛，自己的孩子也一定要朝着这个目标努力才行……一些学生与父母产生矛盾，就是因为父母总是和别人比较。"别人是别人，我是我，为什么我不能按照自己的情况来设计人生呢？"

父母应该明白，每个孩子都应该有自己的人生轨迹，也应该坚持做自己，而不是与别人比来比去。想想欧文·柏林那句著名的"做你自己"，这是他送给作曲家乔治·格希文的忠告。

柏林与格希文第一次会面时已经很有声誉了，而当时的格希文只是个默默无名的年轻作曲家。柏林很欣赏格希文的才华，说自己愿意以格希文目前收入三倍的薪水请他做音乐秘书。可是柏林也劝告格希文："最好不要接受这份工作，如果你接受了，最多只能成为欧文·柏林第二。要是你能坚持下去，有一天，你会成为第一流的格希文。"格希文接受了忠告，最终成为当代极有贡献的美国作曲家。

父母对孩子总表现出不满意的另一个重要原因就是，很多父母望子成龙的心太过迫切，似乎容忍不了孩子暂时的落后与普通的成绩，往往把自己急躁的心情压在孩子身上，但是这样的做法常常会适得其反。

每个父母都希望自己的孩子成龙成凤，可是，仔细看看周围，哪个成龙成凤的孩子是在父母的不满意声中成长起来的呢？孩子需要得到父母的肯定和鼓励，一个在父母不满意声中长大的孩子，只会越来越让父母失望。

身为父母应该学会多想想孩子的优点，感谢孩子给你的生活带来了幸福和快乐，不要总是想着孩子这也不好那也不好。如果总是抱怨，对孩子和家长而言，生活又有什么乐趣呢？调整好自己的心态，少责骂批评孩子，多给予他们赏识与鼓励，他们才会有信心继续向前走。

1. 不要想当然地为孩子规划人生。

2. 不要给孩子施加压力。

3. 试着每天夸奖孩子一个优点。

不要随意使用批评孩子的权利

生活中，我们经常听到这样的对话。

"妈，不要再说我了，再说我就疯了。"

"怎么，我还说不得你了，作为你妈，我就有这个权利。"

有不少父母在教育孩子的过程中，总是动不动就批评孩子，总觉得这是自己的一种权利，而且批评孩子也是为了孩子好呀。却忽略了，批评给孩子带来不少负面效应。

比起温和地向孩子指出他的错误，直接批评孩子的错误让他很难接受，从而，真心实意地改错的概率也比较小，孩子可能会想"以后不让父母知道就是了"。

西南交通大学心理咨询中心主任宁维卫向父母们建议说："不要轻易批评你的孩子!"他说，孩子犯了错误之后，在简明扼要抓住要害、严肃认真地指出错误后，要更多地给予肯定，要知道批评的目的重在改正。他还说，有的家长批评孩子时，没有指明改正的方向和具体方法，只是单纯地指责孩子这不对、那也不对，孩子听半天之后，还不知道应该怎么去做，这种批评是没用的。毕竟对孩子来说，发现自己错在哪儿才算真正明白了问题。

8岁的西西从邻居家拿了一个很漂亮的洋娃娃，回家后整晚都兴高采烈。这时候妈妈气冲冲地走了进来。

"洋娃娃哪里来的？"妈妈站在西西面前，严厉地问。

西西不说话，只是坐在床前望着妈妈。

"哪里来的，我问你话呢？"

西西还是不说话。

"小小年纪不学好，竟然会偷东西了。"妈妈一把拽过西西手里的洋娃娃。

"我没有偷，我只是拿来玩玩。"西西辩解道。

"不经过别人的同意，随便拿就是偷！"妈妈的声音越来越大。

西西大声哭了起来，边哭边说："你干吗这么凶，你吓着我了。你就不能好好跟我说吗？我恨你！"

其实，西西的妈妈完全可以选择另一种做法，那就是蹲下来，心平气和地告诉西西，不经过别人的同意，是不能随便拿别人东西的，西西也会乐于接受。可是，西西的妈妈在气头上却选择了非常不明智的做法，招致了西西对她的怨恨。我们都相信，不管是批评还是夸奖，父母都是为了孩子好，是爱孩子的。可是爱也是讲究方法的，为什么非要选择不理智的方法呢？想想父母批评孩子时和孩子的对话，是不是很像两段独白呢？一段充满了批评和指令，另一段则全是否认和争辩。这样的对话，对孩子和父母来说都很痛苦。

批评还容易激起孩子的逆反心理，尤其对处于青春期的孩子。

"你不知道，我都快疯了，不管我怎么批评，他就是不听，那也就算了，还偏偏跟我对着干。"一位妈妈向教育专家抱怨道。

"可是，你为什么要一直批评他呢？"教育专家反问道。

"他做错事情了嘛。"妈妈说道。

"对，他做错事情了，也许他自己已经意识到了，只是羞于承认，或者不敢承认，这时候你应该去鼓励他、安慰他，而不是批评他。也许他还没有意识到，那你就应该给他讲道理，让他意识到自己错了，他自然会改。你越是批评，他只会越反感，于是就跟你对着干了。毕竟孩子有自己的自尊心。"教育专家建议道。

这时候，这个妈妈恍然大悟。

每个孩子都希望在自己迷茫无助，尤其是犯错以后，得到父母的帮助而不是父母一味地批评。所以，当孩子犯错的时候，若站在孩子的角度，放下家长的权威，去试着帮助孩子改正错误，这才是真正爱孩子。

【如何说怎么听之现场演练】

批评的技巧

当孩子犯错的时候，我们如果是一味地责备孩子，不讲究批评技巧，结果往往会事与愿违。那么家长在批评孩子的时候，应该注意哪些技巧呢?

1. 低声好过高声。

你觉得批评孩子的时候,抬高声音他就会听话吗?

A. 有时还是管事的 _____

B. 觉得这不是个好方式 _____

俗话说"有理不在声高",我们在批评孩子的时候,应该低于平常说话的声音,这样反而会引起孩子注意,这种低声的"冷处理",往往比大声训斥的效果更好。

2. 沉默好过喧嚣。

你使用过"沉默不语"的批评方式吗?

A. 没试过 _____

B. 有时用的 _____

孩子一旦做错事情,总是会担心父母责怪他。如果家长的表现与孩子的预期一样,那么孩子反而会有一种如释重负的感觉,对批评和自己所犯的过错也就不以为然了。相反,如果父母保持沉默,那么孩子的心理反而会紧张,进而反省自己的错误。

3. 暗示好过明示。

孩子犯了错误,你会上来就骂得他狗血喷头吗?

A. 有时会,太气人了 _____

B. 这样不是解决问题的好法子 _____

当孩子犯错的时候,如果家长能够心平气和地启发孩子,会让他愿意接受家长的批评和教育,而且这么做也就保护了孩子的自尊心。

训斥应该避开众人，在私下里进行

有不少人可能在大街上看到过这样的场景：一个在前面"暴走"的家长和一个在后面哭闹的孩子，家长不停地训斥，孩子不停地哭。

英国教育家洛克有一句名言："父母不宣扬子女的过错，则子女对自己的名誉就愈看重，他们觉得自己是有名誉的人，因而会更小心地维护别人对自己的好评；若是当众宣布他们的过失，使其无地自容，他们愈会觉得自己的名誉已经受到了打击，设法维护别人对自己好评的心思也就愈淡薄。"

很多家长很少注意照顾孩子的自尊心，相反，还有一些家长认为，在大庭广众之下教训孩子，可以让孩子加深印象，这样可以避免以后重犯类似的错误。

实际上，当众教育孩子不但会使亲子之间的矛盾公开，而且还会招来周围人的侧目、围观。最为重要的一点，这会给孩子的心灵带来极大的伤害。科学调查显示，那些经常在大庭广众之下被父母训斥的孩子长大以后比其他孩子更容易产生自卑心理，也更容易走上犯罪的道路。

我们都希望别人认可和欣赏自己，这是人的本性，孩子也一样。对于那些自尊心极强的孩子而言，父母当众训斥自己，简直是一种莫大的侮辱，难以接受。

刘洋已经12岁了，但是性格内向，不太爱说话，很少和同学交流，平时学习成绩在班里也只能算是中等。

　　有一次，刘洋的妈妈到学校开家长会，老师告诉她，刘洋的成绩最近有些退步。结果还没等老师说完，刘洋的妈妈就大声呵斥起了刘洋："怎么成绩又退步了，不是回到家一直在看书吗？你怎么就这么笨呢？你说我养你有什么用？"刘洋的同学窃窃私语，刘洋拉了一下妈妈的衣服。

　　"怎么，还怕人说呀，怕人说你就好好学呀。"刘洋的妈妈还是一个劲地说着，结果刘洋没等妈妈说完，就跑出去了。

　　从那以后，刘洋变得更加内向，更加不愿意和同学交流，总觉得同学们在对他评头论足，觉得同学们都瞧不起他，学习成绩也是一落千丈。最糟糕的是，从那以后，刘洋开始对妈妈充满了怨恨。

　　有些家长会觉得，在众人面前训斥一下孩子不是什么大不了的事情。但是对孩子来说，这是天大的事情。他们会很长一段时间处于担心和害怕中，害怕同学们从此用一种异样的眼光看自己，担心自己在同学面前抬不起头。就在这种担心和害怕中，孩子会变得敏感多疑。

　　还有一些家长，当孩子在公共场合哭闹、提要求时会觉得很没面子，一时心情急躁就会训斥孩子。可事实是，这样不仅没有维护到家长的面子，有时还会适得其反。建议家长能够平静地和孩子沟通，简单说出自己拒绝的理由。实际上，无论多大的孩子都能够明白家长拒绝的话语，家长只需要耐心地告诉他就可以了。

如果孩子当众让你难堪

越是有人关注，小孩子就越是会做出令人不可思议的举动。如果有一天，你的孩子当着很多人的面，做出让你很没面子的事情，那么你该如何对待他呢？是打他、不理他，还是有什么更好的办法来制止他？

给孩子界定很多的条条框框绝对是一件有难度的事情，但这也并非实现不了，我们应该掌握一些这方面的小技巧。

1. 保持冷静。

孩子让你觉得没面子了，你能按捺住情绪吗？

A. 不能，会发火 _____

B. 还是忍住脾气 _____

当孩子的举动不合时宜的时候，家长要保持冷静确实是一件很难做到的事情，但是我们要记住，孩子这么做并不是在故意使坏，他们年龄尚小，有时并不了解自己的这些行为将会带来什么样的后果。如果我们忍不住脾气，对孩子来说是很无辜的。

2. 忽略旁人的眼光。

你觉得自己是个特别爱面子的人吗？

A. 是，一般人都挺爱面子的 _____

B. 还行吧，不是特别爱面子 _____

千万不要把孩子的举动当成没有家教的表现，适当的时候应该忽略旁观者的注目，只管理好自己的情绪，管理好孩子就可以了，不必过分看重旁观者。

3. 了解"反向规则"。

当孩子一味任性的时候，你会怎样？

A. 发脾气制止他 ＿＿＿＿＿＿＿＿＿＿＿＿

B. 先反思孩子为什么这么做 ＿＿＿＿＿＿＿＿

当你的孩子穿着一双成人的鞋子走来走去时，当他站在糖果柜台大吵大闹，甚至打滚的时候，家长需要往好的方面想：

1. 小孩子只会对亲近的人发脾气，他们觉得这些人会给他带来安全感。

2. 孩子能够任性，说明他们有自己的想法、自主性和自我意识，这难道不正是家长们所希望孩子拥有的吗？

绝情的话千万不能说

我们总是很容易在生气的时候说一些绝情的话，虽然事后感觉很后悔，可是无奈话已出口，即使道歉，说这并不是自己的真心话，也总是难免让听话的人心里不快。

父母在教育孩子的过程中，也有可能出现这种情况，一时生气，脱口而出，对孩子说一些类似于"滚出这个家"等伤害孩子心灵的话，而大多数的时候，父母也不会因此去向孩子道歉，于是就给孩子留下了可怕的阴影，造成了不少悲剧。

期末成绩出来了，晓红这学期成绩下降了很多，妈妈很生气，狠狠地对她说："你还好意思拿着成绩单回来啊！叫你少看点电视你不听，现在成绩这么差，你好受了吧？"

"我又不是故意考不好的，我是……"

"你当然不是故意的啊，你就是现在成绩不好，才考得差的，别找什么借口了！"孩子话还在嘴边，妈妈就打断了她的话。

"你就是从来都不相信我，你就是故意误解我的意思，你就是对我不好！"

"你说什么？你这孩子怎么这样了？我让你吃好的穿好的，花那么多钱供你上学，你居然说我对你不好，你还有没有良心啊？"

"本来就是，你从来都不关心我心里想什么，总是这样骂我，谁家的妈妈这样啊？"

"好啊，那你去找别的妈妈啊，你滚吧，想去哪里就去哪里，快点滚！"

晓红生气极了，当真跑了出去，在街头流浪了两天，直到爸爸妈妈找到她，把她带回家。

生活中，孩子离家出走的事件屡有发生。许多情况下，孩子是被父母的话逼出家门的。"你滚吧，想去哪里去哪里"这句气话有惊人的杀伤力，往往把孩子逼出家门，而且在心里留下永久的伤痕。

其实，当家长说出这句最后通牒式的话来，无非是想逼迫孩子就范，或者是想以它来结束这场口舌之争，并没有把话当真，甚至事后会非常后悔自己说出了这样的话。然而这会让孩子认为家长一点也不在乎自己，随随便便让自己走就是因为自己一点也不重要，所以，不少任性要强的孩子，因为忍受不了家长的嘲弄而离家出走。他们当然不想离家出走，可一旦就此低头，便会显出自己的软弱，就这样屈辱地留在家里，还有什么自尊可言？所以，他当然要逞一回英雄，就这样真的离家出走了。就算孩子没有出走，也会在心里一直记得这个伤痛。

有一次，聪聪妈正在和孩子说说笑笑，两个人你一言我一句，一边说一边笑。聪聪妈说到兴头上，来了句："我的乖宝宝啊，你怎么一下子长这么大啊，你要还是个小娃娃该多好玩啊。要不妈妈拿你去换个小娃娃吧。"这么说不要紧，没想到聪聪听了之后，睁大了惊恐的眼睛看妈妈，接着就开始哇哇大哭起来，眼泪就像开闸的水一样涌出来，一发不可收拾。聪聪妈这才意识到问题严重了。本来嘛，自己说把孩子换出去，在孩子看来就是妈妈不喜欢他呀。

总之，绝情的话不能说，不管是生气还是开玩笑，这会让孩子感受到深深的伤害，而且也不能解决任何实际的问题，如果说得太绝情，甚至会切断父母与孩子之间的感情。

【小技巧】

1. 多说爱语，别嫌腻。

2. 时刻尊重孩子，哪怕是开玩笑。

3. 多和孩子一起玩，大家都高高兴兴的。

孩子说谎，找原因胜过责骂

诚实就像一件漂亮的衣服，对于孩子的成长而言，这件漂亮的衣服不是一件装饰品，而是一件必需品。那些拥有这件漂亮衣服的孩子，会交到更多的朋友，会得到更多的肯定和爱。可是，总有一些孩子调皮捣蛋，忘记了穿这些漂亮衣服。

这时候，作为父母应该怎么办呢？

是大声地呵斥，以此警示要是再犯就挨揍，还是耐心教导，仔细分析孩子说谎的原因，告诉他说谎的坏处，让他不要再犯？有不少父母都不自觉地选择了前者，因为，他们知道孩子撒谎后的第一个反应就是生气，生气几乎掩盖住了理智。

一个母亲就曾讲过这样一个故事：

一个月前，女儿去张同学家玩，回来的时候把同学的小卡片拿来了，我发现后鼓励女儿还给同学，并要求她向人家承认错误，还告诉她别人的东西再好也不可以拿，如果喜欢可以和爸爸妈妈商量等，女儿答应了。

我以为事情就这样结束了，没想到后来和女儿的另一个佟同学的妈妈通电话，她告诉我说女儿那次和张同学说是佟把她的卡片拿回了家，她帮助人家还回来。

我听了以后很惊讶，真不敢相信小小的女儿变得这么"复杂"，竟然可以用一个谎言掩盖自己的错误，难过、生气、慌乱，许多的感觉交织在一起。

晚上回家后我问女儿那天是怎么和同学说的，她似乎意识到了自己的谎言被揭穿了，有点不安，但并没有说出真话，只说自己忘了。

我也实在没有耐心再听她继续撒谎了，就开始大声地训斥她，并且要求她明天分别向两个好朋友道歉。可是女儿却哭着跑开了。

第二天早晨火气消了以后，我问女儿为什么要说谎，她说因为怕同学笑话她，所以才那么说。

我理解她的心情，因为女儿的自尊心比较强、爱面子，可是我告诉她，做错事就要勇敢地承担责任，否则这是一个比前一个错误还要严重的错误。女儿点了点头，说自己知道错了，以后再也不撒谎了。

仔细想想，父母的生气并非没有理由：辛辛苦苦养大的孩子怎么转眼间就变成了一个说谎精，平日里品德教育的作用都去哪里了？可是，生气归生气，生气之后就应该立马冷静下来，找找孩子说谎的原因。要知道，只有对症下药，才可能让孩子真正改掉说谎的习惯。

需要注意的是，不少父母总觉得撒谎是一个不可饶恕的错误，撒谎的孩子一定是品行出了问题。其实，仔细分析孩子说谎的原因，就知道这种说法有些小题大做。孩子撒谎固然不好，但是并非孩子的所有错误都与"品德不端"有关。许多时候，孩子犯错的最初原因可能在家长身上，也可能是无意中模仿大人的不实之词，或出于自我保护的本能，或为了迎合家长的过高期望，满足某种虚荣心。孩子犯错，作为家长要正确理解并加以引导，根据不同情况客观分析，对他进行正确的教育引导，即使孩子犯了错，只要说了真话，就应肯定他的表现，并引导他不断完善自己。

【小测试】

你的孩子是哪种"说谎型"？

孩子的说谎类型有很多种，父母要冷静地进行分析了解，并找出说谎原因，针对具体情况进行处理解决。

A.想象型：孩子简单爱幻想的小头脑中总会滋生出各种既夸张又烂漫的想法

B.安慰型：孩子总是将自己的幻想等同于事实，来弥补自己的幼小无知

C.虚荣型：孩子会编造出谎言，想哗众取宠，并以此来抬高自己的身价

D.模仿型：如果大人出现了不诚实行为，孩子会不自觉模仿

你的孩子是以上的哪种类型呢？

面对说谎的孩子，家长应该怎么办呢？

1.关爱孩子，尊重、信任孩子。

2.以正面教育为主，对孩子多表扬、少批评。

3.耐心细致地说服教育。我们可以帮助孩子分析说谎的原因，以及可能产生的后果，让孩子在拥有足够安全感的情况下，坦然承认自己的错误，培养孩子的勇气。

4.以身示范，让孩子积累正面的道德经验。

图书在版编目 (CIP) 数据

教子有方 / 侯海博编著 . -- 北京 : 中国华侨出版
社 , 2020.6
ISBN 978-7-5113-8202-3

Ⅰ . ①教… Ⅱ . ①侯… Ⅲ . ①家庭教育 Ⅳ . ① G78

中国版本图书馆 CIP 数据核字 (2020) 第 078276 号

教子有方

编　　著：	侯海博
责任编辑：	姜薇薇
封面设计：	冬　凡
文字编辑：	李　波
美术编辑：	李丝雨
经　　销：	新华书店
开　　本：	880mm×1230mm　1/32　印张：30　字数：803 千字
印　　刷：	三河市燕春印务有限公司
版　　次：	2020 年 6 月第 1 版　2021 年 2 月第 2 次印刷
书　　号：	ISBN 978-7-5113-8202-3
定　　价：	168.00 元（全五册）

中国华侨出版社　北京市朝阳区西坝河东里 77 号楼底商 5 号　邮编：100028
法律顾问：陈鹰律师事务所
发 行 部：（010）88893001　　　传　　真：（010）62707370
网　　址：www.oveaschin.com　　E－m a i l：oveaschin@sina.com

如果发现印装质量问题，影响阅读，请与印刷厂联系调换。

解码青春期：

别和青春期的孩子较劲

侯海博 —— 编著

中国华侨出版社　北京

很多母亲都有这样的体会，女儿进入青春期后突然变得陌生起来。她开始在意脸上的小痘痘，开始向往精致的高跟鞋，开始和心仪的男孩子"谈恋爱"，甚至开始跟父母强调起了"自由"，追问起了未来；同时，她也不再愿意把所有的小秘密都告诉妈妈，不再把老师的话当"圣旨"，不再坚定地认为学习是自己唯一该做的事，甚至专挑那些师长反对和禁止的事来做，似乎只有这样，才能证明她的存在与长大……

进入青春期的男孩，随着知识的不断积累、生活经验的不断丰富和心理素质的不断提升，他们的需要、动机、兴趣、能力、气质等人格特点也在不断地发生变化。他们开始学会了关注、分析、反思；开始带着怀疑、警觉的态度认识、评价每一个人、每一件事；开始有了"初生牛犊不怕虎"的气势……与此同时，他们也开始时不时地顶撞父母，不再像过去那么听话了，甚至会公开地向父母叫板。他们的自我意识迅速发展，独立意识越来越强，他们认为自己已经长成大人了，有能力独立地处理一些事情。他们渴望别人把他们看作大人，当成朋友，尊重和理解他们；希望父母给予他们足够宽松与自由的空间。然而父母却并不一定能认同和理解他们，所以他们跟父母较劲、疏远，可是他们内心还有自卑、虚荣与嫉妒……

作为曾经同样经历过这段"成长的烦恼"的人，父母应该最能理解孩子面临各种情形时心中的不安与困惑，了解孩子充满疑问，却又无人可问的无助与迷茫。可以说父母是青春期孩子最合适的老师。但事实上，并不是每个父母都是合格的老师。一方面，因为面对孩子突然的变化，自己没有做好充分的准备，所以在与孩子沟通时往往还是简单而粗暴，端起家长的架子强势管教。这种方式对于敏感、叛逆的青春期孩子简直是火上浇油，不但不会起到帮助孩子的作用，反而会导致孩子与父母更加疏离，甚至针锋相对。另一方面，孩子进入青春期后，面对自身产生的种种变化，或紧张、或尴尬，很多问题即使面对父母也羞于启齿，再加上那种自以为成年的心理让他们开始有意识地保护起了自己的隐私，跟父母的知心话也越来越少了。这两方面的原因导致原本亲密和谐的家庭关系，在最需要沟通交流的时候产生了严重的障碍。

《解码青春期：别和青春期的孩子较劲》这本书分为上下两篇，分别针对青春期女孩和青春期男孩的不同特点进行解码，是一本专属于青春期孩子的百科书。从青春期生理变化到心理变化，从青春期叛逆到早恋的处理方式，几乎无所不包，面面俱到；它也是一本能够让父母和孩子一起阅读的亲子书，一字一句都凝结着父母的疼爱与呵护，让孩子感受到父母的浓浓爱意与细致入微的关怀；它还是一本送给天下父母的青春期孩子成长笔记，让父母可以从中得知孩子那些不肯讲出来的烦恼和秘密，理解孩子产生种种变化的原因，面对孩子的教育时不再束手无策，成为孩子青春期最知心的良师益友。

目录

上篇·女孩的心思不用猜——这样呵护青春期女孩

第一章

我真的要长大了吗
——解码青春期女孩身体变化的秘密

第二章

我进入青春期了吗

——解码青春期女孩心理变化的秘密

第三章

为什么我不可以
——解码青春期女孩叛逆的秘密

第四章

情窦初开的年纪
——解码青春期女孩酸酸甜甜的心事

下篇·男孩的秘密别揭穿——这样引导青春期男孩

第一章

我是个男子汉了
——解码青春期男孩身体变化的秘密

第二章
没有人考虑过我的感受
——解码青春期男孩成长的烦恼

第三章

觉得自己无所不能

——解码青春期男孩叛逆的秘密

第四章

花季雨季自多情
——解码青春期男孩的懵懂心事

上篇

女孩的心思不用猜——这样呵护青春期女孩

第一章

我真的要长大了吗——解码青春期女孩身体变化的秘密

胸部总是有轻微的胀痛，怎么回事呢

形形平时在家里，遇到困难就会对爸爸妈妈说，但是这几天形形感觉有些不舒服，不敢告诉爸爸，也不敢告诉妈妈，只能自己忍着。

原来，形形的胸部最近总是感觉有一种轻微的胀痛，这是之前从来没有过的，别提多难受了。是不是生病了呢？她自己不知道，也不敢和妈妈说，觉得不好意思说。

不过，在私下里，形形和自己的好伙伴说了，她才知道原来她的小伙伴们有的也会感到疼，而且还说这是正常的现象。女孩乳房发育的时候都会感到胸部胀痛，而且有的还会有"痒痒"的感觉。同伴说得特别肯定，这让形形大吃一惊。奇怪，她们都是从哪里知道这些呢？

不过，和伙伴们交流之后，彤彤的心中释然了许多：原来不止自己一个人难受啊，这下可算放心了。不过这种疼痛究竟要持续多长时间呢？彤彤还是无从知晓。

妈妈告诉我

彤彤，看着你一天一天地长大，妈妈真的从心里为你感到高兴。

很多女孩进入了青春期之后乳房开始发育，在乳房发育的过程中会出现一些轻微的胀胀的疼痛或痒痒的感觉，很像是伤口结疤或愈合时的那种又痛又痒的感觉。不要怕，这是乳房生长过程中的正常现象，过一段时间就会好的。

不过，在这段时期要注意对乳房的保护。无论是在体育课上，还是在任何公共场所中，比如乘公交、逛商场等，要小心不要让别人或坚硬的东西碰撞到乳房；在读书、写字的时候，身体要与桌子保持合适的距离，不要把前胸紧贴桌子边沿，以免挤压到乳房；当感觉乳房又疼又痒的时候，千万不要用手去捏或者抓痒，以防止伤害到乳房。

我该穿文胸了

一天，妈妈下班回家后，直接走到了丹丹的屋里。"丹丹，这是妈妈买给你的。"

妈妈一边笑吟吟地对丹丹说着，一边从包里掏出来一个袋子，里面是白色的胸罩。

"呃……"丹丹显得有点不好意思。

妈妈说:"女孩在胸部发育到一定程度时,就应该开始穿文胸了。否则的话,胸部就有可能下垂,影响美观。"

于是,在妈妈的指导下,丹丹开始学习如何穿戴文胸,还真是有点儿麻烦呢。首先,要用手将松散的胸部收到胸罩罩杯中,然后再将内衣最突起的地方与乳头重合,使整个乳房被覆盖住,最后再把背后的扣扣上,把肩带调整到松紧适当。

丹丹穿好衣服之后走到镜子前照了一下,觉得自己漂亮了很多,不像从前那样邋遢了。

穿上胸罩,虽然好看,但是很不舒服,感觉有点透不过气来。妈妈说,这可能是刚开始穿不太适应的缘故,以后慢慢就能适应了。

呵呵,看着镜子中的自己,丹丹觉得自己长大了。

妈妈告诉我

丰满的乳房能够衬托出女性特有的曲线美,而佩戴文胸是保护乳房最便捷的方法。

在乳房发育的初期,是不需要佩戴文胸的。一般说来,当女孩子的乳房发育到乳头变得明显,跑动时会感到乳房摇动的时候,就说明她应该佩戴文胸,保护逐渐发育的乳房了。

可能在最开始,你对于佩戴文胸感到很不习惯,觉得穿戴起来太费事,而且穿上之后又不舒服。不过,妈妈还是希望你能够坚持佩戴,因为佩戴文胸有很多的好处:

1.佩戴文胸有利于乳房保持清洁。

2.佩戴文胸可以起到支持和衬托乳房的作用,使其血液循环畅通,有助于乳房的发育。

3.能够避免行走、运动或劳动时乳房的过度摆动，防止乳房松弛甚至下垂。

4.可以促进乳房内脂肪集聚，使乳房更丰满，还可以弥补乳房过小等缺点。

下面出血了，不要慌

今天，薇薇经历了一件重大事件：早上起床的时候发现内裤上面沾满了血！这是怎么回事？大约过了半个小时，薇薇隐约感觉到又在流血，她赶快跑到卫生间里"观察"了一下：果然，流血没有结束，还在继续。

薇薇忍不住惊慌害怕起来：这不会是什么不治之症的前兆吧？如果自己生病死了怎么办？想到这里，薇薇拿出自己最心爱的大号SNOOPY毛绒玩具，准备把它送给好朋友。

薇薇哭着去找妈妈："呜呜，我下面流了好多血。"妈妈看到薇薇这副样子，不但没有着急，反而笑着说："薇薇，不要怕，没事的。"嗯？薇薇哭得正伤心，妈妈的这句话让她感到很诧异，薇薇好奇地望着妈妈。

"薇薇，这是正常的生理现象，每个女孩都会有。它的学名叫'月经'，每个月都会有一次出血。""那流的是血啊！"薇薇还是有点儿难过，"如果血流没了怎么办？""不会的，流出来的是身体代谢后的血，对你的身体有好处。"妈妈耐心地向薇薇解释。

听妈妈这样一说，薇薇平静了下来。"薇薇，妈妈帮你把卫生巾垫上吧。""好。"

妈妈告诉我

薇薇，估计你到现在也没有想明白女孩为什么要有"月经"这种东西吧，让妈妈来告诉你吧。

女孩的身体中有一个叫"子宫"的器官，就好比一个装东西的空房间。将来当你怀孕、生小孩的时候，子宫就是装未出世的婴儿的地方。但是现在，这个子宫一直都处于空闲的状态。我们平时在生活中都有这样的常识，当房间很久不住人的时候，就需要打扫，否则就会很脏。子宫就好比是这个房间，隔一段时间就需要打扫一下。所以，子宫内膜的保护层每隔28天会自动脱落排出，于是就有了月经。对于"月经"的到访，你应该感到欣喜和高兴才对，根本用不着担心害怕。

大部分的女孩在11~15岁会经历第一次月经，以后就会逐渐规律，每隔一个月左右来一次。因为每个人的体质不同，所以每个女孩的"月经周期"都不尽相同。

在一般情况下，月经周期是从一次月经开始的第一天，到下一次月经开始的那一天，一般在22~32天，多数人约为28天。在月经期间，出血时间一般是3~7天，多数人是4~5天，其中第二天、第三天的出血量会比较多一些。

接受这个"新朋友"吧，以后每隔一个月左右，它都会如约而至，和你相会。

月经不是每个月都来吗

　　上次的"出血事件"薇薇吓得半死，后来听妈妈一说才明白，原来每个女孩都会遇到这个"小麻烦"。虽然"月经"有点麻烦，但毕竟是成人的自然现象，再说以后它每个月都要和自己会面，所以，无论如何也得接受这个"伙伴"呀。薇薇记得上次妈妈跟她说月经的周期是一个月左右，可距离上次的月经都过了一个多月了，怎么还没有来呢？难道是自己的月经不正常吗？薇薇要问问妈妈，妈妈一定知道的。

妈妈告诉我

　　薇薇，现在的你，一定在为"好朋友"没有准时到访而感到焦虑不安吧？

　　其实，这是很正常的现象。月经在每个月固定的时候来算正常，但也会因人而异，有的隔一两个月来，也有的过了半年还不来，还有的一个月会经历两次。尤其是在初潮之后的月经周期都是不太准确的，所以你不要过于担心。

　　在月经初潮的时候，由于卵巢的功能和调节机制都不稳定，所以在月经初潮后的半年到一年时间内，月经不一定按照规律每月来潮。初潮后，一般隔几个月、半年甚至一年才会有第二次来潮。而且每次月经的时候经血量的多少也不一样。这些都是正常现象，并非病理现象，因为身体的发育受很多因素的综合影响，而且月经对于女孩来说也是一个大的转折，需要一段时间来发展和完善。一般来讲，从不规律的月经逐渐到规律、正常的月经，这个过程所需要的时间，最多不会超过 2 年，以后你就会按月规律地来潮。

当然，对于月经的早来与晚来，也有很多其他的因素。比如月经对周围的环境很敏感，如果近段时间你的心情过于紧张，月经往往就会跳过不来了；如果你现在正在进行"魔鬼减肥计划"或者是"野外大探险"之类的活动，身体忙于适应这种新的生活环境，月经也会跳过不来。再告诉你一个小常识，当怀有宝宝的时候，也不会来月经。可见，月经与我们的心理和周围环境有很密切的关系。

肚子疼啊

放学之后，几个小伙伴原本计划要去学校旁边新开的"现酿酸奶刨冰"那里尝尝味道，而小琴却提前撤了，她说道："你们去吧，我要先回家。"同伴们都觉得很奇怪，这太不符合小琴的性格了，要知道，她可是个好奇心很强的女孩。

如果是在以前，她怎么会轻易放弃尝鲜的机会呢？小谷走过去问她："你怎么不去了？"小琴对小谷说："大姨妈来了，肚子疼啊。"

"大姨妈来你家啊，哦，"小谷于是依文解义道，"以前从来没有听说过你还有个姨妈。"

"不是……"小琴像盯一块木头一样看着小谷，"每个月都要来的，那个来了。"小谷一听便乐了，原来月经还有这么个"雅称"啊，此姨妈非彼姨妈也。

"还不错嘛，有个姨妈，月月都来看你，哈哈哈。"小谷拿她打趣，"我肚子很疼啊，你居然拿我找乐，"小琴对小谷说的话很是不满，故作深沉地说道，"哎！交友不慎啊。"

看小琴急了，小谷的话也收住了，关切地问她："很疼吗？"

"嗯，"小琴跟小谷说，"是啊。肚子又疼又胀，腰酸，特别难受。"

"那你赶紧回去好好休息吧。"

转天，小琴准时来到学校上课，小谷暗自佩服她的精神。课间的时候小谷去找小琴："你的那个姨妈，还疼吗？"

"好了，不疼了，"小琴笑了笑，"昨天回到家，妈妈帮我放了一个热水袋在肚子上，喝了很多热水，睡了一觉，今天就好了。"

看到好朋友不难受了，小谷也就放心了。

妈妈告诉我

小琴，在月经期间，很多女孩都会感到不同程度的下腹胀痛或腰部酸痛，这些都是正常的现象。

在月经期间，由于子宫内壁的肌肉会不断收缩，以便排出萎缩脱落的子宫内膜和经血，所以在行经的前两天，会出现腹痛、腰痛等现象。在经期的后期，伴随着子宫内充血的减轻，这些不适的症状就会自然缓解。

如果在月经期间感到腹痛的话，最便捷的方法是多喝热水或者姜糖水，也可以在小腹部放一个热水袋，躺在沙发或床上休息。

在月经期间不要做剧烈运动，但是轻微的运动可以有助于排出子宫内的充盈物，缓解疼痛。需要注意的是，寒冷、淋雨、洗凉水澡都会加剧腹痛，所以应该在经期尽量避免。

一般的经期腹痛等不适，不需要特别治疗，也不会影响正常的学习和生活。但是有些女孩子在经期会出现下腹剧烈疼痛，并伴有头晕、出冷汗等症状，以致无法进行正常的学习和生活，那就是痛经了。

"特殊时期"可以游泳吗

学校的游泳馆建好了，大家都想在第一时间过去体验。"露露，下午我们一起去游泳馆吧。"媛媛和露露商量着。

"嗯……"露露正要答应，"不行，我的大姨妈来了。"

"我有办法，你可以戴上卫生栓，这样就没有问题了。"媛媛帮露露想出一个好主意。

"好，那我和你去看看吧。"看媛媛实在是太想去了，露露就打算陪她一起去。

来到学校新盖的游泳馆，真气派呀！游泳池里已经有很多同学了。媛媛换好了泳衣，跳下水游了起来。看着她舒展的动作，露露想：怪不得媛媛的身材那样好。据说游泳是减肥最有效的运动。

"露露，快下来啊。"媛媛兴冲冲地冲着露露喊道。露露看着下面凉丝丝的水，心里不觉有点发怵。上次来事的时候，那种疼痛让她十分后怕。不行，不能下去。露露在上面冲着媛媛喊道："我不下去了，在上面等你。"露露和自己搏斗了半天，最后，理智告诉露露，还是不要沾凉水的好。回到家一定要问问妈妈，看看到底在这种"特殊时期"能不能游泳。

妈妈告诉我

露露，妈妈为你做出的判断感到高兴，你是个对自己负责的好孩子，对此妈妈很开心。在月经期间绝对不可以游泳，经期前后几天也不可以，最好是在经期结束三天之后再去游泳。

因为经期游泳很容易引起生殖系统的疾病，而且极容易导致月经失调。游泳池中的水都会使用消毒药，具有强烈的刺激性；而且游泳池是公共场所，存在着交叉感染的问题。有的女孩认为：只要戴上卫生栓就OK了，其实这种方法并不可取。经期从子宫流出的血本身就是病菌繁殖的培养基，而且月经期间子宫是开放的。卫生栓被水浸湿之后，病菌极容易透过棉层进入体内，造成生殖系统的感染。同时，游泳池中的水温一般都低于身体的温度，冷水会刺激腹部使其紧缩，带来不适。

月经期间不仅不要游泳，最好连凉水都不要沾。因为女孩在月经期间身体相对比较弱，再者经期使用凉水容易引起风湿。

当然，经期可以洗澡，但是不可以用凉水洗澡，也不可以用盆浴。因为在这个时候子宫口是张开的，容易受到污染，所以洗澡最好还是采用淋浴。经期阴部容易产生异味，尤其是在夏天，如果条件允许的话，最好每天都要洗个热水澡。

我要选择什么样的卫生巾

今天，妈妈带着晗灵来到了超市，帮助她挑选卫生巾。超市两排货架上都摆满了各种品牌、各种类型的卫生巾，看得晗灵眼花缭乱。要不是有妈妈帮忙，晗灵肯定不清楚到底如何挑选和购买。"嘿嘿，如果是让我选，我就选包装最好看的。"晗灵说出了自己的看法。妈妈随手拿过来几包不同的卫生巾给她："你看，这几种卫生巾，它们有不同的特点，有带护翼的，有不带护翼的；有日用的，也有夜用的；有的是超薄型，有的是丝薄型。"

啊！原来看似很平常的卫生巾，居然有这么多的种类呀。刚开始晗灵还觉得有点奇怪，听了妈妈的讲解之后晗灵才明白，月经在开始和快结束的时候，流血量是不一样的，所以要根据不同的情况来选择不同类型的卫生巾。

"晗灵，你看，这些卫生巾的外包装都写明了长度和厚度，这是为了方便挑选更适合自己的。"妈妈指着包装上面标注的规格标准给晗灵看。

就这样，妈妈一边给晗灵讲解，一边帮她挑选。"妈妈，我们一次性多买一些吧，这样就省得以后再买了。""不可以哦，"妈妈说，"卫生巾一定要用新鲜的。"

新鲜的卫生巾？晗灵觉得老妈真搞笑。

"卫生巾的卫生要求是非常严格的，离生产日期越近，质量就越有保证。一般的卫生巾是通过高温消毒的手段来达到无菌的，而一次性消毒灭菌的有效期是有限的，超过了期限就没有无菌的保障了。如果卫生巾储藏的时间太久，即使不拆封也会变质、污染，所以不能一次性买太多。"

嗯，妈妈讲的是很实用的知识呢。

妈妈告诉我

晗灵，相信你了解了不少关于如何选购卫生巾的知识。不过，妈妈还有一些要嘱咐你的话，你要看仔细了。

1.对于药物卫生巾，应谨慎购买使用。

药物卫生巾可以对女性的私处起到保护的作用，防止妇科疾病的发生，但并不是对每个人都适合。因为每个人的体质差异很大，有些人的皮肤接触到某些物质容易引发感染。

2.卫生护垫不要经常使用。

月经期的前后几天，卫生护垫不失为一种方便、实用、清洁的选择，但有的人即使不在经期，也保持垫护垫的习惯，觉得这样比较干净卫生。其实这是一个误区，因为娇嫩的皮肤需要一个非常透气的环境，如果封闭得过于严实，使湿气聚集，就容易滋生病菌，造成各种健康问题。

在使用卫生巾时，还有很重要的一点需要你注意：在月经期间，卫生巾一定要经常更换，因为经血中有丰富的营养物质，容易滋生大量的细菌。用过的卫生巾，千万不要丢到马桶里，而应把它包好放到垃圾箱里。

白带里为何会出现血丝

这天在洗澡的时候，瑶瑶很意外地发现内裤上的白带里有血丝。要知道瑶瑶这个人最忌讳看到血，出血了，总不是好现象吧。而且妈妈以前告诉过她，正常的白带是白色的稀糊状，看来，是有点儿不正常了。不行，瑶瑶决定赶快问问妈妈。

从浴室出来，瑶瑶走过去找妈妈："您以前跟我说的那个白带……好像有点问题，上面有血。"

妈妈听瑶瑶这么一说，很关切地问她："是经常有血，还是偶尔有？"

"我刚看见的，不多，所以才问您啊。"

"哦，那没事，"老妈不紧不慢地说，"不用担心，青春期女孩的白带里有少许血丝是正常现象。"

"为什么会有血丝呢？"瑶瑶百思不得其解地问道。

"呵呵，是这样的，"妈妈认认真真地讲给瑶瑶听，"在月经来潮时，我们女性会出现排卵期，而此后，我们体内的雌激素水平下降，这一变化会使子宫内膜有小片剥离，并引起出血。因此，会在白带中出现少量的血丝。这种情况是青春期女孩发育的正常现象。现在明白了吗？"

原来是这样啊，听了妈妈的讲解之后，瑶瑶放心了。

妈妈告诉我

瑶瑶，关于白带的问题，妈妈想和你仔细地讲一讲。

少女在经历了青春期之后，随着卵巢功能的完善，阴道内会有一种乳白色或透明状的液体流出来，量有时会比较多，有时会比较少，这种黏稠的液体就是白带，白带的主要作用是保护阴道黏膜湿润。

白带和月经一样，不是病态，而是女孩子都会有的一种正常的生理表现。判断白带是否正常，需要从量、色、质地、气味几个方面来观察。

正常的白带应该是乳白色或无色透明，略带腥味或无味。白带的分泌量、质地受到体内雌激素、孕激素水平高低的影响，排出的量随月经周期而时大时小，具有周期性的变化。

而白带中的血丝，分为生理性和病理性两种，而你的情况是属于"生理性"的，所以不用担心紧张。但是，如果你的白带很长时间持续异常，比如异味、含血量多等情况，那你要立刻告诉妈妈，以便及早就医。

战"痘"时代开始了

不知为什么，枫枫的脸上新长出来很多红色半透明的疙瘩，用手摸一摸，有点儿痛。如果只是痛的话枫枫也能忍，最烦人的是它使枫枫"破相"了，这些疙瘩密密地分布在枫枫的脸上，同学都笑她，说她是"满天星"。

实在是气愤！回到家，枫枫闷闷不乐地告诉了妈妈这一切，妈妈不但没有替她打抱不平，反而开心地笑了起来。原来这种疙瘩叫"青春痘"，貌似不是青春年少的人还长不出来呢。

妈妈告诉我

枫枫，青春痘是青春的象征，也是走过青春的痕迹，为什么要怨恨青春痘呢？你现在正处在长身体的时候，所以新陈代谢的速度很快，皮肤大多数都是油性的，很容易形成油脂包，而油脂包会堵塞毛孔，因此逐渐形成了青春痘。所以，对待青春痘，最好的方法就是要做好皮肤的清洁工作。

平时妈妈总是提醒你，洗脸一定要洗干净，仔细洗，不要像小花猫那样用手抹抹就算洗完了。否则，脸上会滞留很多的油脂和细菌，增加青春痘发生的可能。当脸上正遭遇着青春痘的时候，应该在每天早晨起床后和晚上临睡前，认真彻底地清洁面部皮肤。要注意的是，选择清爽型的洁面乳对皮肤有益，尽量不要使用含有油脂的洗面乳。

如果脸上的"痘况"实在是很不乐观的话，可以到药店买一些药膏涂抹在发炎的部位，这样可以使发炎的部位变干燥，然后用凉水清洗干净即可。坚持每天用药膏清洗发炎部位，能帮助你的皮肤更快地恢复正常。

雀斑能治好吗

青春期不仅是"战痘的年代"，还会有其他的状况出现。最近莎莎出了新的状况——脸上长出了一些小黑点，那形状就像是一粒一粒的小芝麻。几天之后，脸上又多了两个小黑点。如果以这样的速度发展下去，用不了多长时间，莎莎的脸就会成为地道的"芝麻饼"。

"Hi，莎莎，看到你的脸，我口水都流下来了，真想吃一口。"莎莎仿佛又听到了同学的嘲笑。

那天晚上，莎莎做了个噩梦，梦到自己脸上的小黑点越来越多，直到整个的脸都变成了黑色。早上醒来，莎莎还记得前一天夜里的梦，起身小心翼翼地照照镜子，还和以前一个样子。莎莎不禁倒吸了一口凉气，梦里的样子实在是太可怕了。

莎莎赖在床上："长得丑不是你的错，出来吓人可就不对了。"老师和同学会不会在背后笑话自己呢？正当莎莎在犹豫要不要去上学时，妈妈走了过来："莎莎，这都几点了，你怎么还不起床，上学快要迟到了。"莎莎可怜巴巴地望着妈妈："我不想去上学了，你看我的脸上长满了小黑点。"

妈妈凑过来看了看莎莎的脸，说道："是比前段时间多了不少。但是不能因为这点小事不上学啊。"莎莎还是赖在床上，一声不吭。

妈妈又安慰莎莎说："以前我的脸上也长过雀斑，后来，你姥姥教给我一种民间偏方，一用就好。等晚上你放学回来，我告诉你。"莎莎听后眼睛一亮："真的有吗？那妈妈现在就告诉我吧。"妈妈故意卖了个关子："听话，先去上学，要不然的话我就不告诉你了。""嗯嗯。"莎莎听了之后，高兴地起床了。

妈妈告诉我

莎莎，你不用担心。你脸上长的那种像芝麻一样的小黑点，叫作雀斑。

雀斑是一种很常见的皮肤病，它是由于皮肤的色素沉着而形成的，对身体健康没有任何影响，但有可能会影响到容貌。雀斑从儿童时期就会出现，到青春期的时候会明显增多。所以不仅仅是你，相信你班上有很多女孩也和你一样遭受着雀斑的困扰。

造成雀斑的原因主要有以下两种：一种是遗传因素，如果父母就有雀斑，那很可能下一代也会有雀斑。妈妈小的时候就长雀斑，所以你现在也长雀斑。有的时候，即便是父母没有雀斑，而爷爷奶奶外祖父母有雀斑的话，也会隔代影响到你们这一代。另一种是有的女孩皮肤对阳光很敏感。

妈妈在年轻的时候也有雀斑，当时你姥姥教给了我一些有效的民间偏方，我现在还记得，你也可以试一试：

方法一：养成喝柠檬水的习惯。因为柠檬中含有大量的维生素C、钙、磷、铁等，不仅可以美白肌肤，还可以起到祛斑的效果。

方法二：每天晚上洗完脸之后，在脸上敷一些黄瓜汁或柠檬汁40～50分钟，然后用清水冲掉，再涂上护肤霜。连续涂抹20天，可以起到很好的祛斑效果。

方法三：用干净的茄子皮敷面，过一段时间后，脸上的小斑点就不会那么明显了。

试一下妈妈告诉你的"独门秘籍"吧，相信你很快就可以战胜雀斑了。

我是不是"小猿人"

看了《十万个为什么》，妮妮才知道人类的进化需要漫长的时间，人类的祖先，和类人猿长得很像呢。其实，妮妮的身体也长有很多的毛毛，除了"小胡子"之外，身上也长有汗毛，而腋下和阴部这些地方长的毛则又黑又长。

人类还没有进化好吗？可能百万年之后的人就不会长体毛了吧。妮妮最羡慕的是班上的小白，她就没有这么多的毛毛，还得意地抬起胳膊向大家炫耀："你们看，我从来都不会长那些黑乎乎的毛，多难看啊。"妮妮想，小白可能就是猿人进化得比较彻底的那一类吧。"我不认同，"有同学否认妮妮的想法，"小白一点儿都不聪明，学习成绩也不好，怎么可以说是进化得彻底呢？"

看来，衡量进化是否彻底的标准是有分歧的：是以长毛的多少来衡量，还是以智商高低为衡量的标准？回到家，妮妮把白天讨论的问题跟妈妈讲了，妈妈听了之后笑得前仰后合："我的孩子啊，你们怎么会想出这么奇怪的问题啊？""人家不懂啊，所以才问你嘛。"妮妮噘着嘴，对妈妈的反应表示抗议。

妈妈接下来耐心地对妮妮讲道："女孩在进入青春期之后就开始长体毛，首先在外阴处长出'阴毛'，这是女孩们进入青春期之后最先发生的变化。所以，你不是什么小猿人，这是每个女生都会有的正常现象。"

"嗯，原来是这样啊，"妮妮继续问妈妈，"不过这些毛毛有点……不雅观啊。"

妈妈温和地摸摸妮妮的头，对她说："当女孩的生殖器官逐渐发育成熟时，外生殖器附近开始长出阴毛。有的少女会和你现在的反应一样，对阴毛产生厌恶的心理。其实，每一个人都有，这有什么可感到害羞的呢？在欧洲，有人把阴毛这个部位称为'维纳斯丘'，听起来还很美妙呢。"

听完妈妈的讲述，妮妮豁然开朗。原来，身上长的毛和进化没什么关系啊！

妈妈告诉我

妮妮，我猜你会认为"阴毛没有什么用"，实际上你不知道，阴毛是为了保护我们的身体才长出来的，它能够吸收这些部位分泌出来的汗和黏液，所以有利于身体的健康。

在古代，民间流传着这样的说法，老人们把不长阴毛的女人称为"白虎"，把不长阴毛的男子称为"青龙"，认为这是不祥之兆。这个迷信的说法也从侧面反映出不长阴毛的人是多么少见。

像你们这个时候所长出来的那些毛毛，相对于成人来说，较细且短，也比较少。

人类的种族、气候、地域、性别、营养以及情绪等，都会影响毛发的生长。即使是同一个种族的人，毛发的生长也有早晚、快慢、多少、粗细、长短以及颜色深浅的区别，这些都属于正常的现象。

我要瘦瘦的好身材

经过了一个寒假回到学校后，很多同学都说冰冰胖了不少。"冰冰，小脸有肉了。"居然连老师看到冰冰都这样说，弄得冰冰有点儿不好意思了。女孩的身材很重要，谁不希望自己能瘦一点儿呢？冰冰很羡慕那些长得瘦的孩子，她们都显得很精致。冰冰也很怨自己，谁叫自己在家里吃了这么多东西，怎么会不发胖呢？

不行，冰冰要给自己安排一个"减肥计划"。冰冰拒绝吃各式快餐，而且以素食为主，鱼肉之类坚决不碰。不仅如此，米饭也尽量少吃，因为稻米属于"淀粉类"的食物，吃多了也会发胖。所以，要想成功减肥，就要管住自己的嘴。

妈妈似乎看出来冰冰有点不好好吃东西，除了吃饭的时候叨叨两句，这几天把饭菜做得色香味俱全，昨天是"叉烧鸡腿"，今天是"蟹棒炒虾仁"，总之，拿出十八般武艺，希望能勾起冰冰的食欲。

看到老妈做出的菜肴，冰冰口水都要流出来了，恨不得把一整盘菜端过来大吃一气，可是，自己已经下定决心要减肥了，在苗条和美食之间，一定要舍弃一个。

"无论多么好吃的菜，都诱惑不了我。冰冰，千万不能吃，吃了你总是那么胖。"冰冰在和自己做心理斗争，还好，她抗住了，没有动筷子夹一口尝尝。"来，冰冰，就吃一口，你一定会喜欢妈妈做的菜。"妈妈给了冰冰温柔的一刀。"不行，一口也不吃，不想吃。"面对如此考验，冰冰要保持住自己的气节。

冰冰拿起筷子，只吃桌上的那一盘"素炒笋片"，希望自己能保持吃素的习惯。"冰冰，最近一段时间，看你总是不好好吃饭，是怎么回事啊？"妈妈直截了当地问她，"是不是想减肥啊？"听到妈妈胸有成竹的问话，冰冰点点头承认了。

"俗话说，一口不能吃成胖子，一下子也不可能吃成瘦子啊。你现在正处于青春期的发育阶段，身材稍稍胖一点儿没有什么不好。可能你认为，你的体重和你每天吃多少有直接关系，如果你超重或肥胖，一定与你长期过量饮食有关。所以你就觉得如果以后吃得少了，就可以减肥了，对吧?"

"是啊，我就是这样想的，"老妈真是神算啊，"胖了一点儿都不好看。"

"其实你这样想是错的，这是一个误区。事实上，如果你吃得很少，体重当然会减轻，但减得更多的是肌肉，而不是脂肪。我们的身体非常聪明，它会在食物充足的时候储藏能量，在你饿的时候节约能量。当你在绝食或者减少饮食的时候，身体会以为饥荒来了，它就会尽可能地节约能量，把你的新陈代谢水平降下来。而肌肉往往被首先划分出来供给能量。这时，你会觉得不想动，总想休息，无精打采。"妈妈很专业地帮冰冰分析了一下节食减肥的不可行性。

"如果用这样的方法减肥，我敢断定你不会坚持太久，因为强烈的饥饿感和食欲会逐渐超过你最开始减肥的决心。到了那一刻，你又会开始原来的饮食习惯，继续大吃大喝，你的体重也会迅速增加，甚至超过你原来的重量。"

听了老妈的一番分析，冰冰恍然大悟，觉得妈妈所说的一席话，胜过她少吃 10 顿饭!

妈妈告诉我

冰冰，青春期是人体生长发育最旺盛的时期，身体需要充足而均衡的营养，而节食势必造成营养缺乏，从而给身体造成极大的危害。

首先，节食会使人体的各种维生素摄入不足，谷类中含有丰富的维生素 B_2，如果不足会出现口角炎等病症；而蔬菜中则含有大量的维生素 C，缺乏时会造成坏血病症；维生素 D 缺乏则可引起骨代谢异常，身体长不高，甚至骨骼变形；维生素 A 缺乏则会出现夜盲症。

其次，节食会引起蛋白质摄入不足，女孩的青春期发育一般比男孩子早，同时伴有明显的内分泌变化。蛋白质不足的后果最为严重，会造成营养失衡，从而导致发育缓慢、消瘦，抵抗力下降，智力发育也会受到一定的影响，严重者还会出现营养不良性水肿。

最后，节食还会导致人体所需的热量不足，处于青春期的女孩机体代谢旺盛，活动量大，机体对营养的需要相对增多，每日所需的热量一般不少于12552千焦，如果达不到这一要求，就会对生长发育产生影响，青春期的热量比成年期高25%～50%。

青春期厌食症会导致人的体重下降、消瘦、营养不良、闭经等。要改善营养状况，就要吃东西，少量多餐，逐步增加消化能力。不能完全由饮食补充时，需静脉补充，当体重比原来下降35%～40%，或在3个月内体重下降25%～30%时，就会出现心律不齐或贫血，在消化能力逐渐好转的情况下，可用药物刺激食欲。

总之，处于青春期的女孩正是长身体、长知识的重要阶段，这一阶段的体质将影响到一生的健康。所以，单纯为追求外表美而不科学地节食是不可取的。所以，妈妈劝你要慎重地考虑节食这件事。

处女膜是什么

"安青，你有没有发现，电视里有些情节我们看不懂？"梅子神秘地问她。

"啊！"安青觉得梅子这话问得有点儿奇怪，"梅子，难道你看电视都看不懂吗？这智商……"

"不是，我讲给你听。那个故事是这样的，一个女的和一个男的，他们结婚之后的转天早晨，床单上什么痕迹都没有，然后那个男的就很生气。你说，这是为什么呢？"梅子把在电视上看到的情节原原本本地给安青讲述了一遍。

听了梅子这么一说，安青也是一头雾水："梅子，这个我也不知道。"

"喷——"梅子冲着安青扮了个鬼脸，"居然说我智商低，你也不知道吧。"面对梅子的得理不饶人，安青也只好装深沉。不过，这个问题也勾起了安青的好奇心，究竟是什么原因呢？

妈妈告诉我

安青，如果你想解开上面的疑团，只需要找到一把钥匙，而这把钥匙，就是女人特别珍惜、男人也极其看重的——女性的处女膜。

处女膜属于女性生殖器官的一部分，在胎儿3～4个月的时候开始出现，并在以后的日子里逐渐发育。处女膜是女性位于阴道口与阴道前庭的分界处，环绕阴道口的一层薄膜状组织。处女膜中间通常会有一个小孔，当女孩子月经初潮到来以后，经血便顺着这个小孔流出体外。

这可不是一个简简单单的薄膜，它对女性的身体健康起着重要的保护作用。女孩子在进入青春期之前，生殖器官发育并不完善，阴道的黏膜较薄弱、酸度也较低，很多有害物质很容易侵入体内，而这时候的处女膜虽然还比较小，但是很厚，这就能有效地阻止细菌侵入，对女性生殖器起到很好的保护作用。

当然，当女孩子进入青春期后，生殖器官逐渐发育完善，阴道已经具有抵抗细菌侵入的作用了，而这时候的处女膜也变得大而薄，保护作用也就不明显了。

回到最初我们的疑问，床单上的血是从哪里来的呢？大多数情况下，这是女性在第一次性行为之后处女膜破裂所导致的。长期以来，女性处女膜的完整性通常被认为是女性婚前贞节的证明，如果新婚后的床单上有血渍，则说明女性在新婚前是处女，因为处女膜破裂时会有血渍流出。

那么，仅仅用床单上是否有血来验证女性是否为处女是否科学呢？这对女性是否公平呢？

其实，这种验证方法是不科学的。因为每个人的处女膜都是不相同的，有些人的处女膜较厚且弹性很好，在第一次进行性行为时处女膜可能不会破。也有的人很特殊，根本没有形成处女膜，当然，这样的人比较少见。所以，将新婚之夜床单上是否见血作为判断女性是否为处女是不科学的。

平时大家也要格外注意，生活中有很多因素都可能导致女性处女膜破裂。很多人都知道，女性在第一次性行为的时候通常会使处女膜破裂而出血，但是在很多意外情况下，处女膜也有可能会破裂。例如，女性在参加很多剧烈的体育运动——跳高、骑马、武术等时可能会导致处女膜破裂，或者使用内置式棉条不当，或者从事繁重的体力劳动等，都有可能导致处女膜的意外破裂。

第二章

我进入青春期了吗——解码青春期女孩心理变化的秘密

过分！爸妈居然偷看我的日记

"妈妈，这几天我回家会比较晚哦！"陈果和妈妈提前打了招呼，就去学校了。陈果想要做什么呢？原来，她已经和死党约好，这几天每天晚上都要去学校的广场练习跳肚皮舞。

陈果担心妈妈反对她跳肚皮舞，所以就偷偷地进行。

"果果，你为什么每天都这么晚回来呢？""我晚上和囡囡在一起。""你们都干什么了？"妈妈穷追不舍地问道。"在学校的操场，我们在练习长跑。"陈果编了一个谎话，企图瞒天过海。

一天，陈果回家之后妈妈脸色很难看地说道："果果，你今天晚上去做什么了？""去操场长跑了。""你不要骗我，你们根本就没有在操场，我刚刚从操场回来。说吧，你去做什么了？"

眼看纸里包不住火，陈果怒气冲冲地问妈妈："为什么我做什么都要告诉你呢？我又不是三岁小孩。""你去跳舞妈妈又不会反对，为什么要对妈妈撒谎？"看着妈妈手里拿着自己的日记本，陈果"哇"的一声哭了出来。

妈妈告诉我

有人说，如果你想要知道什么是提心吊胆的滋味，就养一个女儿吧。我们总是习惯将女孩子看得很娇弱，因为事实证明，女孩子比较容易上当受骗。陈果，你晚上不按时回家，妈妈比较担心，但你已经长大了，又不好问来问去，只有通过看日记的极端方式来解决了。

其实妈妈也有错，如果平时对你无话不谈，你也不会对妈妈隐瞒什么。妈妈知道看别人的日记是不对的，妈妈向你道歉，请你原谅妈妈。

为了不让这样的事情再次发生，我们约定，以后以诚相待。偷看你的日记，这是头一次，你要相信妈妈的本意并不是伤害你，理解妈妈对你的期望，妈妈是害怕你有什么闪失，否则的话，我又为何要提心吊胆地去看你的日记呢？

我们常说一个巴掌拍不响，其实你的做法也很不妥，是吧。你有什么事情不主动跟父母谈，这样也不对啊。无论什么时候都要记住，女儿对妈妈是可以毫无保留的。

爸妈太忙，很久没和他们聊天了

悦悦的爸爸和单位里的叔叔们一起出差了，要好多天才能回来，而妈妈这几天又碰巧要加班，每天很晚才能回家。

以往晚上回到家，迎接悦悦的必定是一桌丰盛的晚餐，还有妈妈细致的关怀："悦悦不要偏食，多吃一点儿蔬菜。"但是现在每天回到家，迎接她的是那些放冷了需要在微波炉里面加温的饭菜，还有那张毫无色彩的便条，上面写着加班、聚会之类的话。

"为什么他们会那么忙？在他们的心目中事业比我还要重要吗？"这样一想，悦悦的心里就凉了半截，觉得自己像是一只流落在黑暗角落里的小猫。

晚上快十点钟，妈妈才回来，看到悦悦还没有睡，她轻描淡写地问了一句："这么晚了，怎么还不睡觉，明天你还要上学呢。""嗯。"悦悦轻声应了一下，看到妈妈疲惫的身影，不知道说些什么好。也许妈妈确实是累了，她不声不响地草草收拾了一下，对悦悦说："你不要学到太晚，妈妈先去睡觉了。"哎！悦悦多希望妈妈能过来和她聊聊天，或者多问问她最近的情况。想到自己的好朋友和妈妈的关系跟亲姐妹似的，只有自己和妈妈越来越陌生，悦悦就感到很难过。"我觉得自己的家里已经很久没有听到欢笑声了……"悦悦拿起笔，记下了自己此刻的心情。

妈妈告诉我

悦悦，有一天，妈妈在下班回家的路上看到一对母女有说有笑地从身边经过，才发现我们已经好久没有谈心了。最近妈妈工作太忙，爸爸又不在家，所以把你撂在了一边，你一定很不习惯吧。可能你有一点儿怨恨，我很理解你的心情，平时学习紧张、忙忙碌碌，爸爸妈妈都不在身边，不能及时给你更多的关心和照料，可能你会觉得我们之间产生了隔阂，这都是很自然的事。

其实，在一个家庭中，与家人关系疏远的原因主要是缺乏交流，彼此之间不了解，自然无话可说。妈妈是多么希望你能够敞开心扉，把心里的故事讲给妈妈听，可是看你总是很沉闷的样子，真不知道你心里在想些什么。

妈妈还是希望你能和我多交谈，希望你能主动地向我们介绍你的生活状况。你每天在学校都遇到了什么好玩的事情，周围的环境发生了什么变化，只要你留心观察，每天都会有新发现。把你每天的所思所想记录下来，讲给妈妈听，这不是很有意思吗？

或者等到妈妈休息的时候，妈妈和你一起去学校里面走一走，看看你学习的环境如何。以后再听你说到学校里那些好玩的事情，肯定感觉更不一样了。

不过，妈妈想给你提个小建议：回家的时候你可否对我笑一笑？我太需要你的笑容了，如果你整天都把自己闷在小屋里，对妈妈很冷淡，让妈妈以为你很忙，那妈妈也不好打扰你。

有的时候可能妈妈工作太多，没有更多的时间陪你。但是我还是希望你能够回到家里来向妈妈多少讲一点儿学校里的故事，哪怕只有一件事情。因为如果人与人长期不交流的话，即便是想说也不知道应该从何说起了。长此以往，只会造成恶性循环，所以要强迫自己开口。

好烦，同学们又嘲笑我了

梦舒是一个看上去还算可人的小女孩，她最大的苦恼就是——她的成绩不好，每次考试都是全班倒数第一名。每当总结考试的时候，老师就会说："梦舒，希望你以后能够取得进步，不用太多，只要前进一个名次，对你而言就是一个纪录。"

课间休息的时候，总会有几个调皮捣蛋的小男生小女生过来起哄："梦舒，这次又是你考倒数第一，你的底盘够重的啊，我们想挪都挪不动。"同学们听到这些都忍不住笑出声音来，可怜的梦舒成了大家的笑柄。

这个班里，似乎没有梦舒的话，同学中间会少很多"欢乐"。只是这一点儿都不好玩。不过梦舒很老实，面对大家的奚落，她从来都不还击，有时只是走过去，笑一笑，看上去确实过于柔弱。

难道学习成绩差的孩子就理应遭受这种待遇吗？梦舒有的时候也在这样想，觉得实在是不公平、不合理。那天，几个淘气的女孩居然把她的文具盒和书包，从教学楼的窗户扔到楼下去了，而梦舒居然什么都不说，只是默默地跑到楼下把东西捡了回来。梦舒和其他的同学在一起玩，因为她知道他们肯定会嘲笑她。而且在课间的时候即便没有什么事情做，梦舒也不敢写作业，因为如果她在学习，肯定会有同学过来奚落她。所以，她只好在课间的时候一个人闭目养神。

那天梦舒请同学们吃饭，可能是为了请求他们不要再欺负她了吧，那些同学毫不客气地接受了她的邀请，却还是一如既往地欺负她。梦舒觉得自己很孤独、很难过，因为在班上没有一个好朋友和她玩……

妈妈告诉我

梦舒，其实每个人都有各自的优点和缺点，也许是因为你觉得自己的成绩差，所以理所应当接受别人的嘲笑，这其实是错误的认识。

人最重要的是不能看不起自己，更不能自卑，要先找到自己的优点，并且正确对待自己的缺点。成绩对于学生来说固然重要，但也不是说成绩就可以说明一切，比如一个人的品德、能力、素质等，是不能单凭成绩衡量的。像班上那些欺负你的同学，成绩虽然比较好，但是能说他们是品德高尚的人吗？他们将来会成为社会上有能力的人吗？

当周围的人都比自己强的时候，出于自尊心可能会感受到有压力，觉得别人都很厉害，觉得自己很孤独，好像是被抛弃了，其实大可不必这样想，因为每个人都有无限的潜力，只要通过自己的努力，成绩一定会有所提高。以前妈妈的班上就有一个女同学，起初她的学习成绩特别不好，但她的上进心很强，她放弃了很多玩耍的时间，每天在家里暗自努力，最后考上了重点学校。所以首先要对自己有信心，然后付出努力，就会使人对你刮目相看。

另外，人生中会遇到各种挫折，当遇到困难的时候，如果用逃避来解决问题，一定是最愚蠢的做法。最重要的是不可以自暴自弃，也不要轻易否定自己，比如你的那些同学，他们素质真的是特别低，又爱嘲笑人又爱欺负人，这样的人也不值得去交往，所以不要因为他们而对生活失去信心，在我们周围还是有很多人关心着我们的。

老师私拆了我的信件，好气呀

　　雨婷平时喜欢上网，而且特别喜欢去论坛网站灌水。其实论坛是个藏龙卧虎的地方，有很多"高人"在论坛上发表自己的言论，所以，一有时间雨婷就会在论坛里泡着。

　　后来一次偶然的机会，她在论坛上看到了一篇关于古龙小说人物大串烧的帖子，那个帖子写得特别精彩，可以看得出作者对古龙的小说有着很精深的研究，巧的是，雨婷也是个古龙小说迷，心想如果可以和这位朋友多多交流，那多有趣啊。

　　后来，雨婷在网上认识了这位朋友，而且他给雨婷讲了很多关于古龙及小说中的故事。后来，这位朋友出国了，虽然两个人可以通过网络联系，但是那位朋友说写信是更好的方式，因为这样的话雨婷可以得到一些外国的邮票。于是，雨婷就把学校的通信地址留给了他，而且一直期待着他的来信。

　　那天下午，课间的时候，有个同学过来告诉她说："雨婷，老师找你，快去办公室吧。"

　　嗯？难道自己犯了什么错误吗？雨婷心里边琢磨着就来到办公室，只见老师手里拿着一封信，对她说："雨婷，这是你的一封信。老师想提醒你，现在还在求学阶段，其他与学习不相关的事情最好不要去涉及。"

　　那封雨婷盼了很长时间的带有外国邮票的信，居然在老师的手里！

　　雨婷定睛一看才发现，老师居然把她的信拆开了，怎么可以私自拆别人的信件呢？雨婷不禁火冒三丈，可是面对老师又觉得不好发作，只好对老师说："那是我认识的一个笔友，经常通信讨论古龙的小说。"

老师似乎也没有抓到雨婷什么小尾巴，而且雨婷也根本没有做什么不好的事情，只好说："嗯，以后多注意专心学习，和学习无关的事情最好少做，现在本来功课就很紧张，你的成绩还有很大的提升空间。"

雨婷无奈地说"是"，但心里很生气，老师居然这样就把自己私自拆信的行为掩饰过去了！

妈妈告诉我

雨婷，妈妈想和你说的是，这件事确实不怨你，不过妈妈希望你还能和从前一样尊敬自己的老师，好吗？作为一名老师，私自拆阅学生的信件，虽然是个别现象，但是确实存在，而且这种事情更容易发生在班主任或政教老师的身上。应该说，这种行为是违法的、不道德的。但是究其原因，这样做大多是出于无奈，无奈的背后也是对你的关心。因为青少年正处于与同学、同龄人之间发生横向联系的年龄，由纵向年龄到横向年龄的发展是人生中心理发展的正常阶段，也是人长大走向成熟的必经之路。老师们也是了解到了这个特点，所以才会为你们而担心。像你们现在这个年龄的青少年思想活跃，很想独立处理一些问题，但又不免有天真幼稚的一面。横向交友是必要的，但有时把握不好分寸，会出现一些不正常的倾向，比如和社会上不三不四的人或外校不太好的学生建立联系，甚至形成团伙，或者在校外交了异性朋友，经常有书信往来，耽误了学习等。老师们怕同学在交友方面出现偏差，影响品德和学习，这种关心和担心是十分必要的，也是老师对学生负责的表现。

朋友间的这种交往带有隐蔽性、封闭性。有的老师苦于不了解你的思想动向和交友目的，只能采取私自拆信的行为。私自拆信严格说来是一种违法行为，即便是家人之间也没有互相拆信的权力。老师私自拆阅学生信件的行为同样是错误的，但其出发点是好的，所以你对老师的这种行为还是要予以谅解。

雨婷，你是个善解人意的孩子，相信你是可以理解老师的良苦用心的。要想完满地解决这个问题，可以应用以下几种方法：

第一，开门见山、直截了当地向老师提出意见，指出这种做法是违法行为，不希望老师这样做。但要注意的是，首先应说明理解老师的心情，理解老师只是采取的方法不好，在谅解的基础上善意地提出自己的意见，我想老师是会接受的。

第二，你可以有意识地主动接近老师，常和老师交流自己的想法，使老师能了解你的思想动向。

第三，从思想和行动上严格要求自己，树立正确的交友观，如果是不三不四或者底细不清的人最好不联系，把主要的精力放在学习上，以行动让老师放心，这才是最根本的。

不管怎么说，老师私自拆阅学生的信是错误的，是侵权行为，是不容许的。但我们要从实际出发，具体问题具体分析，要在理解的基础上解决好这个问题。

如何摆脱失眠的困扰

哎呀！又要英语考试了，晚上不可以睡觉，好好复习！碧春平日里最不喜欢学习的便是英语。碧春的一位同学也很有同感，还总是煞有介事地对她说："碧春，咱们英语学不好，不算丢人，我们是中国人。"

"对！明明是只猫，干吗总是学狗叫！"每当谈论起抵触英语这个话题，她们两个孩子总是可以建立统一战线。不过，说归说，眼看着就要英语考试了，不背不行。背单词、背句式、背课文，然后把以前做过的题再看一遍，万一能碰到原题呢。那天晚上，碧春熬夜到晚上三点多。经过碧春的奋发努力，考试总算是顺利通过了，但是后患无穷——从此以后，碧春每天晚上都无法安然入睡。"教给你一个好方法。"碧春的一个同学对她说道，"你在睡觉之前，捧本书看，记住要捧一本没有意思的书看，这样很快就困了。"

其实这种方法碧春早就试过了，根本就无济于事。就这样度过了不知多少个夜晚，碧春的脸色逐渐变得蜡黄，精神也越来越差，白天也没有办法集中注意力听课，别提有多难受了。怎样才能摆脱自己的不眠夜呢？这个问题，碧春决定要问问妈妈。碧春详细地把自己失眠的情况告诉了妈妈，当妈妈耐心地听完碧春的陈述之后，告诉她说：

"碧春，一定是你前段时间把生物钟打乱了，所以最近才总是失眠。女孩在进入青春期以后，身体状况会发生巨大的变化，体内原有的生物钟被打乱了，可能会在一段时间内晚上躺在床上翻来覆去睡不着。其实，等到你身体中的生物钟恢复了平衡之后，失眠就会自然消失了。"

"你睡不着的另外一个原因还可能是：发现自己失眠之后，心情异常紧张，结果越担心就越睡不着，越睡不着就又越担心，形成了一种恶性循环。"碧春听了妈妈的解答之后，又问道："那您能不能先给我买一点儿安眠药？这样的话，在生物钟调整好之前我也可以安心睡觉了。"

"碧春，你还这么小，千万不要想着吃安眠药，安眠药服用的时间过长，也会有依赖性。你所需要做的事情就是使大脑放松，这远比安眠药管用。只要大脑放松了，你自然而然就会睡着了。"妈妈耐心地说道。

碧春今天晚上要试着放松一下大脑，争取做个好梦。

妈妈告诉我

碧春，人的一生大约有1/3的时间都是在睡眠中度过的，睡眠对于人体的意义，就像呼吸和心跳一样重要。但是，有很多女孩也和你一样，受到失眠的折磨。对于失眠的原因，有些专家曾经做过分析，主要有以下五大因素：

1.身体素质不同。大多数习惯失眠的女孩天生都比较柔弱。由于体质较为敏感，对外界事物的变化也就会很敏感，造成情绪变化较大。她们往往遇事容易激动或惊恐，多思多虑导致失眠。

2.精神状态不同。当精神受到外界的刺激或干扰时，最容易导致失眠。比如和爸爸妈妈或者同学老师之间遇到某些不愉快，发生争吵以后，常常会使女孩多思多虑甚至过度担心，从而打乱正常睡眠，甚至引发失眠。

3.某些疾病影响。如果女孩在患病或手术之后身体虚弱，也会导致失眠。此外，睡眠不好也常常是抑郁症、焦虑症等精神疾病的症状。

4.药物的副作用。抗精神病药、抗抑郁药、抗焦虑药或安眠药，以及一些扩血管药、抗生素、抗结核病药等，都有可能引发失眠。

5.睡眠环境不同。如果家庭周围的环境经常有噪声，就容易引发失眠，比如夜间施工就很可能会影响睡眠休息。

避免上面这些容易导致失眠的因素，可以帮助你把失眠的可能性降到最低。

现在，妈妈给你提几个小建议，帮助你养成良好的睡眠习惯，如何？

1.在睡觉之前不要喝咖啡、茶水等这些含有咖啡因的饮料，吃晚餐的时间不可以太晚，而且晚上尽量少吃油腻的食物，这些好习惯将有助于你睡眠质量的改善。

2.最好在白天保证有一定的运动量，让自己有适量的疲惫感，这也可以使夜间的睡眠度更深。大部分的失眠患者都是由于精神活动超负荷，而体力活动不足导致的。

3.在睡觉之前泡个热水澡，也可以用热水泡泡脚，都有助于睡眠，使人更容易入睡。

4.如果白天在学校里遇到了烦心的事，到了睡觉的时候就不要再想了。在睡觉之前让自己的心情保持平静，听听令人舒缓的音乐，能够帮助你更快进入梦乡。

5.在日常生活中最好不要在床上做其他的事情，比如不要在床上看书、打电话、看电视，如果经常在床上进行活动的话，会破坏定时睡眠的习惯。

6.最好不要错过最佳的睡眠时间，一般来讲，一天24小时当中，最佳的睡眠时间是晚上的11点至凌晨1点。如果错过了这段时间再入睡的话，很容易导致半夜睡不安稳、醒后疲劳，使睡眠质量下降，从而引发失眠。

难以启齿，为什么会有性幻想

那天晚上玉竹的小伙伴不舒服，玉竹只好一个人去上晚自习。平时有这个小伙伴陪伴，今天突然没有人陪她，还真觉得有点不习惯。

不过巧的是，班上的男生S君恰巧也去上自习，玉竹正好与他一路同行。S君是班上一个颇有争议的人物，大家对于他的传奇故事都多少略有了解。比如他每天早上6点钟起床，到学校偏僻的小树林里面练习剑法，既可强身又可防贼。玉竹的小伙伴们还曾经把S君当作笑柄，多次相约将来有机会一定秘密跟踪他，领教"大侠"的剑法。不过，和S君交谈几句后，玉竹发现他并非八卦人物，侃侃而谈又幽默风趣，那个晚上玉竹过得很愉快。直到晚上睡觉之前，玉竹还会想起S君说的笑话，很愉快地入睡了。早上醒来之后，玉竹朦朦胧胧中觉得S君就在自己的身旁……

天哪！都在想些什么！玉竹马上坐了起来，深吸了一口气。气定神闲，不要胡思乱想，玉竹收拾了一下乱糟糟的情绪，准备赶快上课去。

妈妈告诉我

玉竹，处于青春期的女孩，常会想入非非，把曾在电影、电视、书刊等社会传播媒介中看到过的性爱镜头或故事，通过大脑的重新剪辑移植到自己身上，或者用丰富的想象，虚构与自己爱慕的异性交往的种种情景，从而满足自己的性欲望。这种带有性爱色彩的梦幻心理就称为性幻想。性幻想是性生理发育的产物，它是在人的清醒状态下，虚构出的带有一系列性爱情节的心理活动。

青春期是人一生中生长发育最旺盛的时期，随着性生理的成熟，产生了性欲望和性冲动。但是在现实生活中，青少年不能以合乎道德、法律的途径来满足对性的欲望和需求。一般来讲，从性成熟到以婚姻形式开始正常的性生活有8～10年的过渡时期。这期间，有性爱的主观愿望而无性爱的客观可能，就容易导致青少年展开丰富的想象，以梦幻取代现实。

性幻想在处于青春期的中学生中普遍存在，只是有的想得多一些，时间长一些，有的想得少一些，时间短一些。一般女孩比男孩要多，尤其是思想活跃、感情丰富又闲暇舒适的女孩发生的频率会更高。性心理学家蔼里斯曾指出，对于先天遗传有艺术家倾向的人，性爱的白日梦所消耗的精神和时间比较多，而艺术家中尤以小说家为甚。

性幻想在人入睡之前及睡醒之后卧床的时间里，或在闲暇时较多出现。有人把性幻想称作"白日梦"，就是在白天的时候，有时在上课、走路，甚至在听别人说话的时候，脑海里会浮现出与眼前的实际情况毫无关系的图像和情节，如同在过电影。在性幻想入神的时候，有些人可能出现性兴奋。

其实，就性幻想的本质而言，它是青春期男女以至未婚成年人的一种自慰行为，是在没有异性参与的情况下进行自我满足性欲的活动。性幻想的过程反映了幻想者强烈想实现但又不能得以实现的愿望，这种幻想起到了一种补偿作用，可以宣泄内心的压抑，满足心灵的渴求，对心理冲突起平息和抚慰的作用，可以说这是性幻想的积极作用。

所以，玉竹，对于性幻想，你要有一个正确的认识，消除不必要的焦虑。性幻想在人类性心理中占有重要的地位，它对人类性心理的发展也具有一定的积极意义。所以一个人具有一定的性幻想是正常的，也是必需的。

虽然说青年人的性幻想是一种正常现象，但还是给许多女孩带来烦恼和困惑。如果女孩过分沉溺在性幻想之中，以至于整天都是昏昏沉沉的，在自己的幻想中度过，有些可能会变成"单相思"，或"钟情妄想"，以致分不清幻想和现实，影响正常的工作、生活、学习和休息。所以年轻女孩应学会善于控制自己，以避免过多的性幻想。

要做到这些并不容易，不过妈妈这里有几条好建议，最关键的是让自己的生活丰富起来，不会空虚无聊，思路才会逐渐清晰。

1.不要过分地沉迷于言情小说、淫秽物品和影视之中，而应多阅读一些内容深刻、健康的文艺作品。

2.多参加丰富多彩、有益于身心健康的活动，特别是户外的体育锻炼。

3.可以适量学习一些关于心理方面的知识，加强心理的自我调节，尽量避免把注意力集中在性问题上。

为什么控制不住想嫉妒别人

今天莲莲在学校里和同学闹了一点儿小别扭，回到家时眼睛都哭红了。

"莲莲，你怎么了？"妈妈看到莲莲这个样子，吓了一跳。

"呜呜……今天，班上有个女生当着我的面说老师偏心眼儿，说老师偏向我。"

事情是这样的，白天上体育课的时候莲莲旁边有个女生在站队列的时候和莲莲说了几句话被老师看到了，就把她们两个人都叫了出来。由于莲莲的态度比较好，所以老师就让莲莲回到队列继续上课，而那个女孩因为和老师顶嘴还对老师翻白眼，所以被罚站了一节课。

等下课之后，她就到处和别人讲是老师偏向莲莲，本来应该是莲莲和她一起罚站的。莲莲心里很难过，忍不住就哭了。

"原来就是这点儿小事呀，莲莲不要哭了，看看你多没出息啊，"妈妈笑着安慰莲莲道，"估计那个女孩是看你没有被罚站才生气了，所以下课要在同学中间讨个说法吧。"

"嗯，她就是这个意思，那也不能在背后议论我呀。本来就是她先和我说的话。""莲莲，这样的同学，我们不要理会，好不好？相信你的同学也不会喜欢她的。""嗯，是，她周围的朋友特别少。""对啊，谁愿意和这样一个小气的女孩在一起玩呢？看到别人比她好就生气，这实在是不应该。莲莲，你也要从心里原谅她，也要同情她，毕竟她罚站了一节课。"听妈妈这样一讲，莲莲破涕为笑。

妈妈告诉我

莲莲，嫉妒是人固有的一种心理，即对才能、际遇、名誉、地位比自己好的人怀有怨恨的情感。它是一种负面情绪，是人际交往中的不利因素。

嫉妒是基本人性之一，只不过有的人会把嫉妒表现出来，有的人则把嫉妒深埋在心底。

嫉妒是无所不在的，朋友之间、同事之间、兄弟之间、夫妻之间、亲子之间，都有嫉妒的存在，而这些嫉妒一旦处理失当，就会形成足以毁灭一个人的烈火。朋友、同学、同事之间嫉妒的产生大多是因为以下的情况，例如："他的成绩又不见得比我好，可是老师却喜欢他！""他和我是同班同学，在校成绩又不比我好，可是竟然比我发达，比我有钱！"换句话说，如果你受到了肯定或奖赏、获得了某种荣誉，那么你就有可能被同学或同事中的某一位（或多位）嫉妒。女孩的嫉妒会表现在行为上，说些"哼，有什么了不起"之类的话，但男孩的嫉妒通常藏在心里，藏在心里也就算了，有的会开始跟你作对，表现出不合作的态度。

有嫉妒之心者，也往往自傲自大，认为"老子天下第一"，从而看不起别人，无视别人的成绩，贬低他人的才干如草芥。而当别人取得一些成绩时，他的心理便会失去平衡，总会千方百计地给那些优于自己的人制造出种种麻烦和障碍：或打小报告，无中生有，唯恐天下不乱；或做扩音器，把一件小小的事情闹得满城风雨。嫉妒者还终日郁郁寡欢，唉声叹气。只有被嫉妒者降到了与他一样或较低的位置，他们才会消除嫉妒心，从而偃旗息鼓。这也正应了"小人长戚戚，君子坦荡荡"一说，嫉妒别人者也属于小人之列。

本来，嫉妒是人类的一种普遍的情绪，它源于人类的竞争，其本身具有一定的生物学意义，或起积极作用，或起消极作用。有些人嫉妒是出于不服与自惭而不甘居下，所以奋发努力，力争上游，这就是积极的心理与行为。这种情形在充满竞争的现代社会里，更有其积极的意义。爱情当中的嫉妒也是有一定积极意义的。爱情具有强烈的排他性，自己的恋人如果反对你同别的异性接触和交往，正是反映了他（她）对你的爱的程度。相反，如果从不"吃醋"，毫无嫉妒心，那么也许你们之间的关系还只是"喜欢"水平的友谊，而不是爱情。莎士比亚就曾经把嫉妒视作爱情的"卫道士"。

嫉妒心理出现以后，很快就会导致嫉妒行为，例如中伤别人、怨恨别人、诋毁别人。而更强烈的嫉妒心理还有报复性，它把嫉妒对象作为发泄的目标，使其蒙受巨大的精神或肉体的损伤。青年的嫉妒心理出现以后，如果不能直接用某种嫉妒行为达到目的，就可能会转而等着看嫉妒对象的"好事"，稍有一点儿挫折或失败出现在嫉妒对象身上时，他们便幸灾乐祸，鼓倒掌、喝倒彩，以此挖苦对方，满足日益膨胀的嫉妒心理需要。如果嫉妒对象遭受到比较大的挫折，他们更是乐不可支，不给予半点儿同情和安慰。实际上，嫉妒心理及相应的嫉妒行为除了暂时地平衡他们的心理之外，毫无可取之处。一方面，身受其害的嫉妒对象会远离这个"作恶多端"的嫉妒者，旁观者也会对嫉妒者的小人行径不满，嫉妒者以前建立的一些人际关系也可能由此而失于和谐，变得紧张起来。

另一方面，嫉妒者也并不是一个胜利者，他们自己也承受着巨大的心理痛苦，在以后的交往活动中也会裹足不前，不敢与那些条件优越或有很强能力的人交往。所幸的是，严重的嫉妒心理在大多数人那里找不到生长的温床，只有心胸狭隘的人容不得别人比自己有半点儿的超出，在交往中，心胸狭隘的特点更是暴露无遗。他们总希望别人都围着自己转，一旦满足不了这个愿望，他们就会发脾气。他们还会因为一些微不足道的事而产生嫉妒心理，别人在外貌、财富、学识、地位、爱情等方面的差别（主要是优越），都可以成为滋生嫉妒的基础，例如，别人因长得可爱成为交往的焦点，他（她）就会嫉妒得暴跳如雷。这些心胸狭隘的人往往还缺乏修养，他们在本不该产生嫉妒心理时却产生嫉妒的怨恨之后，总是不能控制情绪的发展，更不能将其转化到积极的方面，而是立即将嫉妒心理转变成嫉妒行动，一直到发泄了怨恨、平衡了心理之后，方才罢休。

就拿周瑜来说，一生度量太窄的周瑜，在取得火烧赤壁大战成功后，竟容不下与他共同抗曹的诸葛亮，并密令部将丁奉、徐盛击杀诸葛亮。不料诸葛亮早有准备，密杀不成。对此，周瑜万分气愤。几次阴谋不成，使周瑜一次比一次生气，最后被"气死"了。

周瑜在临死之前，非但未能悔悟自己的致命弱点，反而含恨仰天长叹："既生瑜，何生亮?"可见嫉妒之心，到死也不肯更改。

什么是青春期歇斯底里病

不知为什么，曼曼总是感觉到恐惧。平时大家在一起上体育课，她却非常害怕体育活动，担心身体会受伤，总是想着自己的腿会被摔断，眼睛会被打瞎，皮肤会被划破，甚至会感到跳远很可怕。

她还总是说自己失眠，读书的时候头昏脑涨，学习感到吃力，健忘，还常常感到身体疲惫不堪。在睡觉时她总是做噩梦，在意识模糊的背影上出现大量的错觉、幻觉和不系统的妄想，内容多是可怕的场面，如看到野人，有野兽袭来等，常常在梦中出现惊恐、喊叫等行为。她为此痛苦不堪，曾去看过医生，医生说她有轻微的神经衰弱症状。

她是一个胖胖的女孩，其实很可爱，但是由于同伴的玩笑，她决定要绝食减肥，经过一系列自虐之后，终于把体重从 65 公斤降到了 40 公斤，但是感到体力大不如从前，而且出现了闭经、胃疼等症状，进食多些便感到恶心。唉! 其实胖点儿不也很好看吗? 何苦要自己找罪受呢?

以前有一个邻居老大爷夸她的手白白胖胖的，很可爱，她却总是怀疑那个大爷不怀好意，以后就再也不敢见那个邻居老大爷了。

总之，曼曼就是这样一个恐惧感很强的女孩，总是感到自己很不安全。她自己也说不清楚自己处在一个什么样的心理状态，不知道该怎么办才好。

妈妈告诉我

曼曼，你很可能就是那种传说中的歇斯底里人格，这类人有以下特点：人格发展幼稚不成熟，情绪不稳，容易感情用事，有过分的幻想，容易把幻想当作现实，以自我为中心，自私、任性，重视别人对自己的关注、照顾，以过分做作夸张的行为引人注意等。

歇斯底里反应是由刺激或不良暗示引起的神经系统功能失调与精神异常。青少年由于学习或工作的压力大，受家庭或社会生活的不良因素影响，加上自我心理发展不成熟，容易患歇斯底里症。

歇斯底里症一般以心理治疗为主，采取分析疗法、行为疗法及集体疗法进行治疗。由于歇斯底里症好发于青少年，尤其是女性，所以提供一个较好的人际环境无疑有助于防治歇斯底里症的发生，同时，歇斯底里症容易与其他神经性、精神性疾病相混淆，因此，必须把握歇斯底里症的人格特征与具体表现，以免延误治疗。

一般来说，患有歇斯底里病的人都会有下面三个明显的特征：

1.高度的情绪强度和易变性。他们的情绪反应过于强烈，常常带有夸张的色彩，并且情绪很不稳定，容易从一种情绪转为另一种情绪。他们常常感情用事，判断是非的标准经常从感情出发。

2.高度的受暗示性。他们的暗示感受性很高，很容易受到他们尊敬的人或有好感的人的言行的影响。这种病人的自我暗示感受性也很高，甚至可引起躯体的种种不适应症状。

3. 高度的自我显示感。他们喜欢夸耀自己，愿意成为人们注意的中心。

洁癖并不是好事情

向秋是个看上去清爽可人的小女孩，但她有一个毛病：洁癖得厉害。"向秋，那边有个空座位，过去坐吧。"同学一片好心，看到一个座位便想让给站在公交车上老是扶不住的向秋。"嗯，不去，那个椅子太脏了。"向秋宁可站着，也不愿意坐在那里，可见她有多么的洁癖。"切！那我去坐了。"那个同学看自己的好心被人当成了驴肝肺，心里同样不爽。

可是向秋也不是针对某个人，只是从小在家就洁癖习惯了，怎么办呢？据向秋自己说：她卧室里用的塑料凳子，如果有第二个人坐过的话，她就不会再用了，其洁癖程度可见一斑。

那天向秋从店里买来一块好吃的比萨饼，放在桌子上正要准备和伙伴们一起享用，这时隔壁的小宠物狗跑过来嗅了嗅饼的外包装。不幸的是，这一幕让天性洁癖的向秋看到了，她只好把饼分给了大家，自己坚决一口不吃。

"如果狗刚才带进去狂犬病毒怎么办？不行，我不敢吃，你们几个吃了吧。"其实，向秋也知道这样做是不对的，但是她控制不住自己，即便明知道不对，也无法摆脱。这就是向秋，不知她的这种症状是否是强迫症？

妈妈告诉我

向秋，你的习惯真的有一点强迫症呢。

让妈妈来告诉你什么是强迫症吧。

所谓的强迫型人格是一种以强烈的自制心理和指控行为为主要特征的人格障碍。患有强迫症的青少年凡事要求严格和完美，容易把冲突理智化，平时总会有不安全的感觉，对自我习惯过分地控制，过分注意自己的行为是否正确、举止是否恰当，因此表现得特别死板、缺乏灵活性。一般具有强迫性人格的人责任心都很强，往往用十全十美的高标准要求自己，追求完美，同时又墨守成规。在处事方面会表现得谨小慎微，难以做出决定。他们的情感以焦虑、紧张、悔恨时多，轻松愉快时少。不能平易近人，也难以热情待人。

强迫型人格障碍与幼年时的家庭教育和生活经历有直接关系。父母管教得过分严厉、苛刻，要求子女严格遵守规范，绝不准自行其是，造成孩子做事过分拘谨和小心翼翼，生怕做错了事而遭到父母的惩罚，做任何事都思虑甚多，优柔寡断，并慢慢形成经常性紧张、焦虑的情绪反应。另外要注意的是，有的时候正常人也可能会有一些强迫特征，不应与强迫型人格混淆，强迫型人格患者的职业或社交能力一般会受到严重限制甚至损害。

强迫型人格障碍患者把行动的自主权交给了"规矩与习惯"，把自己活泼的心智缩进了牢笼。因此要打开锁链，打开牢笼，让曾被囚禁的自由思想主宰自己的行为。"棒喝"便是打开牢笼的妙法。

当一个人过分执着于经典与规矩时，他对多变的现实常会感到无所适从。有强迫型人格障碍的人已经习惯于按教条办事，总是按"应该如何，必须如何"的准则去做，在某种程度上像个机器人。要改变这种状况，就应努力寻找生活中的独特事件，让这些独特事件给他们带来新的观念和解决问题的新思路、新方法，以起到"棒喝"的作用，改变以往墨守成规、循规蹈矩的习惯。

另外，自己也可以对自己做些暗示，制造一些"棒喝"，当感到将要不能控制某些行为的时候，对自己大喝一声"Stop"或"No"，都是有效的方法，这时人的思维、行为的习惯会被打乱，自我意识就能起作用了。当自己对他人办事不放心，迟疑着不肯把事情交给手下人去办时，就可以对自己大喝一声"当断则断"，在那一瞬间抛弃所有的顾虑，把任务很快交给下级。

从来不敢一个人，怎么办

静香其实是个文静漂亮的小女生，平时看上去总是高高兴兴、快快乐乐的。可是有一天，在没有人招惹她的情况下，静香居然一个人偷偷地哭了起来。"静香，你怎么了？"看到静香在哭，同伴赶快过来安慰她。"呜呜……有的时候，我在想，人活着为什么要有众多的烦恼？我的脑子里经常出现许多离奇的幻想，坐在窗台前，看到蓝天白云，思绪就会如同江水一样伸展到遥不可及的远方。有的时候我会幻想自己走在春光明媚的森林中，清澈的小溪从我的脚下欢快地流过。这时候我的白马王子走了过来，轻轻地拥着我飞过小溪，远方有一匹骏马在等着我们……我只有在幻想的时候，才能看到很多美好的事物，以至于对周围的人毫无反应。"

啊？听到静香的这一番陈述，同伴感到不知所云。静香的脑袋里究竟想的都是什么啊！"静香，其实我也觉得你总是有一种忧郁气质。"同伴小心翼翼地对她说，生怕伤了她脆弱的心灵。

"是啊，我以前总是开朗活泼，现在却越来越怕见人了，一个人整天生活在自己的世界里，觉得现实生活中的事情没有什么意义。"

可怜的静香，她怎么会变成这个样子？"说真的，我最近都开始怀疑自己是否得了精神病，好像有点喜欢孤独又害怕孤独。我自己也不知道究竟是怎么回事。"静香自己也不敢相信自己了，会不会真的是情绪上出什么问题了？

妈妈告诉我

静香，如果妈妈没有判断错的话，你应该是有一些孤独心理在作祟。处于青春期的女孩，一般很容易感到孤独，她们都有这样一种体验：觉得自己是大人了，于是总想在一夜之间成熟起来。与父母的关系不再像过去那样暖融融地打动心扉，反而觉得唠叨刺耳；老师似乎也失去了往日的威信，就连平时最要好的同学，现在也不是那么亲密无间、无话不谈了，自己一肚子的心事不知道该和谁诉说，难怪女孩们总是感叹："没有人理解我！我好孤独。"

青春期女孩孤独心理的形成，虽然与个人性格发展及生活经历有关，但更重要的是人际环境的制约。所以当一个女孩形成了孤独心理之后，最需要的是家长、老师、同学的共同协助。所以静香，你要多和他人接触，才能改善自己的情绪。

如果想克服孤独感，必须从以下几个方面入手：

1.放开自我，真诚、坦率地把自己交给别人。要主动亲近别人，关心别人，因为交往是一个互动互助的过程，所以别人也会对你以诚相待。这样你就能扩大社交面，融洽人际关系，不再形单影只，孤独感自然就会消退了。

2.尽量缩小与同龄伙伴的距离。既不自傲清高，做脱离集体、高高在上的"超人"，也不自卑多疑，脱离同伴，做索然独居的"怪人"。从文化教养到兴趣爱好的各个方面，都应该与同龄人互相沟通、互相学习。

3.培养广泛的兴趣、爱好。为自己安排好丰富有益的业余生活，把思想感情从孤独的小圈子中解脱出来，投入广泛的高尚的活动中去。

第三章

为什么我不可以——解码青春期女孩叛逆的秘密

为什么难以抵制游戏的诱惑

"盼盼，你天天都把时间耗在网上，这怎么行呢？早知道会这样，当初就不应该给你买电脑。"妈妈看着盼盼整天卧在电脑旁边，活像一只懒猫，不由得抱怨起来。

"妈妈，我很快就可以到达终点了，你等一下啦。"盼盼在屏幕前目不转睛地点着她的"祖玛"游戏。要说这实在是一种很有魔力的游戏，看上去那么幼稚和无聊——就是一个小蛤蟆打球的游戏，却让很多人都上瘾了，盼盼当然也不例外。她用了一个星期的时间，从第一关一直打到第十二关，眼看就剩最后一个关口没有突破，盼盼觉得自己是胜利在望了，所以格外努力。

妈妈看怎么都说不动她，只好一个人叹了口气，出去了。

最终盼盼没能通过第十二关，她略感扫兴，关上电脑站了起来，觉得头昏脑涨的。

去妈妈那里看看她是不是还在生气呢？盼盼悄悄溜进了妈妈的大屋里，假装一只小猫蹲在地上："喵呜……"

妈妈看她那副样子，觉得又好笑又可气，她拍拍旁边的凳子说："过来，坐这里来。"

盼盼乖乖地爬了上去，接下来免不了要接受一番"思想教育"。

"盼盼，妈妈很担心你的眼睛会坏掉。因为你坐在电脑前总是连续几个小时不动，那样不仅对眼睛的伤害很大，而且对颈椎也很不好。

而且，你算过自己耽误了多少时间吗？你现在的学习这样紧张，而每周却把大量的时间耗费在那些没有意义的游戏上。

这样浪费时间，你不觉得自己很空虚吗？拿这些时间做点儿别的事情，不是更有意义吗？"妈妈语重心长地对盼盼说。

盼盼也知道自己错了，郑重地点了点头。

妈妈告诉我

盼盼，随着电脑和因特网在中国的普及，中国人沉迷网络的现象令人担忧。中国青少年中沉迷网络的人数比例甚至超过了美国。有一位教授说，由于网络游戏的巨大利润以及政府鼓励市民进行高科技消费，中国人沉迷网络的情况可能会越来越严重。

但人还是要回到现实中，如果我们不能处理好网络与现实的关系，那么极可能出现种种问题。网络的积极作用不言而喻，但它是一把"双刃剑"，负面影响不容忽视。

我们为什么如此迷恋网络呢？因为在网络这个虚拟世界中，我们可以成为自己想成为的人，获得成功的机会远远高于现实生活，个人可以获得心理满足。在现实生活中获得成功，需要自身付出较大代价。而在网络的聊天活动、游戏中，较易获得虚拟的成功，从而能体验这种成功的喜悦。总体上说，网络对青春期女孩的危害主要有：第一，网络成了青春期女孩在虚拟世界感受、实现自我价值的场所，久而久之，她们就会逐渐疏远现实生活，变得越来越虚幻；第二，网络成了青春期女孩寻找精神寄托的场所，在现实中得不到满足，便在虚拟世界里沉沦，有的从聊天开始发展成网恋，有的甚至利用网络行骗；第三，网络成了青春期女孩寻找刺激的场所；第四，网络成为青春期女孩忘却生活烦恼的"防空洞"，生活不顺、时间没法打发时，她们首先想到的就是上网、玩游戏，有的甚至通宵达旦沉迷其中；第五，上网滋生开支的"黑洞"，极易诱发犯罪，盗窃、抢劫事件也在逐年快速增长。

为预防网络对身心的不利影响，建议在上网时注意以下几点：

1. 在平时的学习和生活中要树立健康的道德观和恋爱观。既然是学生，就应该将主要精力放在学习上，在课余时间可以多参加一些有益身心健康的活动。

2. 不要随意在网上结交朋友，更不能随意给人自己的地址，更不能轻率与网友约会。

3. 不要浏览黄色网站和其他不健康的网站。

4. 不要混迹于复杂的社交场所，尽量少在网吧上网。

5. 经常与家长或你所信赖的亲友、师长沟通，以求得他们的指点、开导。

6. 正常的上网浏览，每次最好不要超过半小时，一天最好不超过 2 小时。时间过长，不但影响视力，还会使颈椎、腰椎等出现问题。

7.要学会区分网络社会与现实生活的界限，不能沉溺于网络的虚拟世界中，或将上网当作逃避生活问题的主要工具。

网络时代更多的是考验青少年的自制能力。聪明的女孩一定懂得如何把握自己，学会用正确的方法成为资讯时代的大赢家，而不是沦为网络的奴隶。

我也要叛逆一次

都说青春期是女孩们的"叛逆期"，但是妈妈觉得宣萱一点儿也不叛逆，是个乖孩子。眼见着周围的同学一个个都"叛逆"起来了，宣萱也感到有点奇怪，为什么自己就不叛逆呢？

平常在家里，只要是老爸老妈的吩咐，宣萱一定会老老实实地去做。所以，同学们常常笑她说："宣萱，你是班上唯一幸存的乖乖女了。"

实际上，宣萱并非不想叛逆，只是老爸老妈的教育方式很民主，不管什么事情都会设身处地地替她想一想，所以即便是宣萱想叛逆也没有机会啊。

不过这段时间老妈对宣萱的要求有点严格，为什么呢？因为她觉得宣萱的英语成绩一直都不好，所以给宣萱定了一个计划，要在下次考试有大的起色才行，同时还给她报了英语补习辅导班。宣萱不喜欢学英语，更不想上什么英语课，心里暗想这次自己一定要找机会"叛逆"一次。

周五的晚上，妈妈对她说："宣萱，我们明天去上英语辅导班。"

宣萱听了之后，当然不愿意了："我不想去。""你的英语成绩本来就不好，再不补习一下，肯定会落在同学后面了。"妈妈耐心地对她说。"我说不去就不去，懒得去上学。好不容易周末休息。"这大概是宣萱第一次拒绝妈妈的安排吧。

宣萱的一反常态也让妈妈感到有些吃惊，不过她没有着急，而是和气地问道："为什么不想去呢？你有什么想法，和妈妈说说好吗？"老妈使出了"以柔克刚"的高招，让宣萱实在招架不住。

"妈妈，我一周休息两天，如果把时间都用来上英语课，我就没有时间安排自己的事情了。那样会很累的。""嗯，你要是不说我还真没有注意。那这样好不好，我们一周就上一天，好吗？另一天留给你自己休息。"妈妈试探着和宣萱商量。"好。"宣萱爽快地答应了。偶尔"叛逆"了一下，其实没有想象中那样好玩。宣萱决定，以后还是要做"乖乖女"。

妈妈告诉我

宣萱，你的偶尔"叛逆"是很正常的事情，我虽不能说为你的"叛逆"高兴，但我很理解你想要"叛逆"的心情。

现在的你正处于"心理断乳期"的关键时刻，所以你或多或少会产生一些独立倾向。处在这个阶段的你虽然情感起伏不大，自己却难以驾驭。当你有了喜怒哀乐，不但不愿意向爸爸妈妈吐露，甚至要埋怨我们不理解你。如果我处置不当，对你的看法予以否决的话，一定会增加你的反抗情绪。

所以，我只好采取了一种"和平协议"的方式来应对你这个小叛逆。

看到你的情绪稳定了，妈妈就稍稍松了一口气。

宣萱，虽然说你现在已经长大了，开始有自己的想法了，不过妈妈还是希望你能够直接和我表露自己的心声，明确地告诉我对于一件事情你想怎么做。如果你不说的话，我和爸爸肯定无法猜透你的内心想法。所以有想法一定要大胆地说出来，只要你的想法是合理的，妈妈就会尊重你的选择。

不参与传看低级趣味的书

"最近小枫在看什么好书，看得那么入迷？"一贯活泼的小枫近来变得不爱说话了，这引起了朋友们的好奇。只见小枫手里捧着一本装帧精美的小说，跟大家说："我在看一本很好看的书。"说完，把书的封皮在同学的眼前一亮：《和校花在一起的幸福日子》。

"你们想看吗？等我看完了，就借给你们。"小枫对大家说道。大家都为小枫的行动之"光明正大"所"折服"，如此低级趣味的书，竟然大张旗鼓地拿到班上来，不怕老师没收啊！

妈妈告诉我

小枫，妈妈想劝你远离那些没有内涵甚至低级趣味的图书。所谓"低级趣味"，就是与文化、文明、道德相悖的趣味。譬如，饭桌上讲黄段子，用手机发黄色短信，就是低级趣味。

再如举办接吻大赛、鼾声大赛、喝酒大赛等，也属低级趣味。虽然确实热闹非凡，新闻效应不错；但你只要稍加留意，就会发现，参赛者绝不会有高雅之士，围观者也尽为无聊闲人，举办的地方又多是缺乏文化氛围的地方。

某些报纸也总追求"低级趣味",譬如特别钟情于明星绯闻，明星的红杏出墙，明星的移情别恋，写得津津有味、绘声绘色，甚至不惜捕风捉影、道听途说，将子虚乌有的事情写得栩栩如生。这样做，据说是为了满足某些乐于"低级趣味"的人。

在生活中我们面临着太多的诱惑，低级趣味的娱乐活动就是其中的一个。当你与之遭遇时，一定要坚决抵制。如果有不好的朋友请你去一些不健康的娱乐场所，你应态度坚定地拒绝。平时的课余活动安排，可以采用读书、画画、郊游等活动方式，多与道德高尚的人接触，以他们为楷模，"谈笑有鸿儒，往来无白丁"，久而久之，耳濡目染，自己也会近朱者赤，逐渐变得谈吐文雅、举止文明、行为高尚，成为一个情趣高雅有品位的人。要从现在开始就做一个"脱离低级趣味"的人，对低级趣味活动做到不听、不看、不参与，从思想上筑起一道"防火墙"，加强对自己的保护。

该和什么样的人成为朋友呢

雪松说她刚从社会上认识了一个朋友，大家都替她感到高兴。因为雪松的朋友也是大家的朋友，交友范围又可以扩大了。而且听雪松介绍说，那个女孩特别会打扮，喜欢时尚。大家都一个劲儿地叮嘱雪松，一定要让她们都见见这个新朋友，雪松豪爽地答应了。

一个周日的下午，雪松邀请大家一起去蛋糕店，那个时尚女孩也如约而至，雪松热情地向大家介绍。"萝莉来了，这些都是我的好朋友。"雪松把她的这些朋友们都介绍给了萝莉。"Hello。"萝莉做了一个时髦的手势向所有的人打招呼，然后大家一起亲切地交谈起来。

在谈话的过程中，雪松的好朋友中有人很敏感地意识到这个"萝莉"有可能是个不良少年。因为她刚坐下，就开始介绍她昨天的经历，什么和人去蹦迪啦，晚上又跟人熬了通宵啦，今天刚刚睡醒就来认识我们啦之类，不知是否在炫耀她的朋友很多、她的个人魅力很大呢？

但是，根据她说话的内容可以判断出来，大部分时间都是在消磨时光。只是这个习惯于以貌取人的雪松，应该是被萝莉的时尚外表蒙蔽了吧。朋友们从心里有点替她着急。

"等哪天咱们找个时间，我带你们去打保龄球吧，没关系，我认识的一个哥们儿是开球馆的。"这个萝莉大方地对大家说。雪松一脸的兴奋，这个新朋友大大地满足了她的虚荣心，她说道："好呀，我们还从来没有玩过呢。"而雪松的朋友们却都默不作声。和那个"萝莉"说再见之后，雪松的几个好伙伴就在一起相互合计："这个女孩和雪松才见面不久，为什么对我们这么大方呢？她一直没有上学而在社会上混，又认识这么多三教九流的人物，肯定是个复杂的人。回来我们要提醒一下雪松。""嗯，我也这么认为。不过也说不定那个萝莉是个好人呢，不过给我的感觉不好。我想我们还是委婉地提醒一下雪松，让她不要上当才好。"对于这个萝莉，大家都商量好了对策，准备找个好时机劝劝雪松。

妈妈告诉我

雪松，喜爱交朋友是青少年的普遍特点。这样有助于扩宽我们的生存空间，也有益于在学习生活中相互帮助、取长补短、增进友谊。可是，如果万一不慎与思想品德不好的人结为朋友，则会身受其害，到那时也许就后悔莫及了。

不论是谁，在一生当中都要结交一些朋友，而交什么样的朋友，对自身的发展来说至关重要。常言道，近朱者赤，近墨者黑，如果我们的朋友是比自己更优秀的人，那么我们也会变得更优秀。

朋友就像书籍一样，好的朋友不仅是我们的伙伴，也是我们的老师。在交朋友的时候，一定要重视她的品行，如果是一个品格不好的人，即便有十八般武艺我们也要敬而远之。正如孔子所说："友直，友谅，友多闻。"如果你想让自己变得更优秀，就一定要交比自己更优秀的朋友，通过这样的方法不断刺激自己力争上游。我们在生活中会遇到形形色色的人，所以要练就一双火眼金睛，在对朋友友善的同时也要有一点儿防备之心，正所谓"交浅不言深""与人只说三分话，未可全抛一片心"。对于和我们还不是很熟悉的朋友，也不要完全地相信她。对于新认识的人，如果不好判定她是否值得交往，一定要征求父母长辈的意见，并且和最亲近的朋友商量商量。最好的方式是认识她周围的人，这样才能更客观地了解她。在与朋友交往的过程中要尽量减少自己感情上的喜恶，要以客观的态度看待事和人。

那么，怎样防止自己在交友过程中，误中坏人的圈套呢？关键是在初次交往的时候，要注意听其言、观其行，认真识别对方道德品质的好坏。如果觉得对方的人品不端，那就不妨敬而远之，避免继续往来；即便不得不往来，也要有所警觉，不要发展成为"深交"。倘若认不清对方的情况，则可以从侧面继续了解。一般说来，同班、同级的学生和经常往来的近邻，互相都很熟悉，只要自己有端正的伦理道德标准，明确是非观念，在上述伙伴中择友，通常是不会选错的。还需要注意的是，交友的范围不宜扩大到社会上去。

我们在与人交朋友的时候，一定要切记真诚待人，多关心对方，多了解对方。结交朋友不论贵贱，而且与智商完全没有关系。

当然，我们也有可能遇到不好的朋友，甚至会因为结交朋友而上当受骗，对此，我们自己要能够合理防备，也不要对于交朋友有抵触心理，因噎废食。

躲开那些不靠谱的"江湖术"

最近，娜娜的班上特别流行用星座理论来算命，比如千琴对此就尤为投入。作为千琴的好朋友，娜娜太了解她的变化了，自从千琴开始研究星座之后，逢人就免不了问一句："你是什么星座的？""千琴，星座很有趣，随便玩一玩乐一乐就行了，你真的把它当成学问来研究吗？"娜娜含蓄而委婉地劝说道。

千琴新买了一个文件夹，把她研究的资料整理好，小心翼翼地放在里面存档，有"四十八星区图""十二星座谱""星座与血型对照"，反正让人感觉比较崩溃。

"娜娜，你听我说，星座这个东西，它是有科学依据的，根据我的研究，是这样的一个情况。"千琴极力纠正娜娜对于星座的错误认识，企图使娜娜以"科学"的高度来解读星座，"你看，人在不同的月份降生的时候，由于这个月的星座与地球有特殊的磁场关系，人就受到了辐射，从而带上了星座的个性，所以不同星座的人个性都很鲜明。"千琴根据这一重大理论，发现星座中有很多值得研究的内容，从此一发不可收拾，成了地地道道的星座教主，同学们经常听到她的讲演："星座是在人类的天文地理知识极大丰富之后才有的理论，可以说是人类文明不断发展的产物，星座占卜的最初目的，是根据人们出世时行星和黄道十二宫的位置，来预测他们一生的命运。后来以此发展成为几个分支，一种是专门研究重大的天象（如日食或春分点的出现）和人类的关系，叫作总体占星术；另一种是选择行动的吉祥时刻，叫作择时占星术；还有一种叫作决疑占星术，根据求卜者提问时的天象回答他的问题……

"但是还有一点我不明白，就是星座理论中所谓的幸运日、幸运数字和幸运颜色是怎么来的，我一定坚持研究下去。"唉！这个千琴，娜娜真服了她。

妈妈告诉我

千琴，一般而言，人们都希望能够预知自己的未来，还希望自己现在所做的事情能够得到外力的积极帮助，迷信活动运用的便是这种心理，而同学之间玩的"扑克算命""看手相"也是这种心理的一种反映。玩而不信算不上是迷信活动。但是，如果已经到了痴迷的地步，那就很有可能迷信上了。

迷信活动不仅荒诞，而且对青春期女孩的成长是极为不利的。

1. 影响青春期女孩心理健康正常的发育。

青春期女孩的心理尚未完全成熟，正处在发展的过程之中，而热衷于迷信活动很容易导致心理负荷和承受能力之间的平衡失调，甚至产生一些心理偏差。如果卜算的结果不好，就有可能对女孩造成不好的心理暗示，长此以往，肯定是不利的。成长过程中的女孩如果碰到了困难和挫折而没有得到正确引导，就极容易受到各种迷信活动的影响，轻信荒唐的迷信预言。

还有一些迷信活动的过程和结果会使女孩长期产生惧怕感，比如很多学生中盛传一种叫作"笔仙"的游戏，关于请笔仙预言等玄而又玄的传说，往往使参加者精神上变得疑神疑鬼，产生一些心理阴影，甚至出现精神恍惚或精神分裂。

2.参加迷信活动不利于青春期女孩树立正确的人生观。

如果一切都是命中注定，那我们还有什么必要努力进取呢？只要坐享其成就可以了，我们也不用整天辛苦地背书考试，因为命里注定考试过不了，所以背了也没用。这些观点不是很可笑吗？

青春期女孩缺乏足够的鉴别能力，而且心理承受力尤其脆弱，如果经常接触这些迷信活动，很容易在碰到挫折的时候为自己找借口——一切都是命运的安排。导致逃避责任和不敢面对困难，不思上进，完全把希望寄托在荒诞的猜测上，将整个人生建立在虚幻的运程上，陷入唯心主义和命定论的泥潭而不能自拔。长此以往，必将形成错误的世界观和消极的人生观。

3.热衷于迷信活动一定会影响正常的学习生活。

大多流行于学生中的迷信活动都具有刺激性、神秘性、交流性和娱乐性，这些迷信所带有的明显特征恰恰契合了青春期女孩好奇心强、寻求刺激的特点，加之自控能力差，很容易沉湎其中，甚至对于迷信的一些东西非常熟悉，迷信的东西比科普知识还要普及。迷信思想也会误导学生作弊，因为她们看了《十二星座学生作弊指数》对"作弊指数"的分析说："双子座：作弊指数90%。作弊对于双子座来说，简直是家常便饭，而且作弊时绝对没有一点儿犯罪感……"如此这样的迷信理论堂而皇之地被学生们津津乐道，无疑会对学生的正常学习活动产生严重的影响，也会败坏校园健康向上的学习风气。

4.迷信活动也会给社会治安带来隐患。

在生活中，我们偶尔会听到一些由于迷信上当受骗的案例，社会上利用封建迷信扰乱社会治安的事情也时有发生，这足以引起我们的重视。作为一名学生，我们不应该传播或参与封建迷信活动，因为我们的是非观还未完全建立，而且我们还在求学阶段，还有更重要的事情要做，对吗？正常的宗教活动与骗人的迷信活动的主要区别是：后者是以骗人、坑人钱财为主要目的的，甚至会有意触犯法律。因此，即便是最虔诚的宗教人士也会对迷信活动加以抵抗反对的，我们就更不应该相信了，你说是不是呢？

我为什么不能为偶像疯狂一次

寒寒是××明星的疯狂崇拜者，她每天都哼着××的歌，××仿佛成了她生活的全部。在寒寒小小的卧室中贴满了××的海报，她的铅笔盒里都是××的大头贴。甚至在她的衣服上，都彩绘上××的靓照。

对于寒寒的这种过激行为，同伴们常常在一起旁敲侧击，但是寒寒并不以为然，执着地爱着她心目中的星星。

最近听说××又闹绯闻了，交了一个新的女朋友，寒寒好伤心，她对周围的好朋友们说："××的那个女朋友，究竟哪一点好嘛！我看不出来。如果是我做他的女朋友，肯定比那个家伙要好。"寒寒的豪言壮语把同伴们逗得前仰后合。

每当小报上报道了关于××的新闻，寒寒绝对会在第一时间向大家播报，××的所有情况都牵动着寒寒的心，她甚至开始计划攒钱，梦想着有一天坐飞机去很远的地方看望。寒寒心想："××，也许我的学习成绩并不是最好的，但是我向你保证我是最爱你的。"

真有一次，×× 来到当地巡演，寒寒不惜花大价钱买了 VIP 的坐票去看演出。那天突然下起了倾盆大雨，却丝毫不影响寒寒去看演出的兴致。回来的时候同伴们看她全身都湿透了，不知道是汗水、雨水还是泪水。其实 ×× 的歌很多人也都喜欢听，但是并不像寒寒那般崇拜到了着魔的地步，简直是一种病态。

妈妈告诉我

寒寒，其实，在大多数父母看来，孩子追星可以，但是要有个度，超过了底线的疯狂崇拜就不是什么好现象。并且最重要的一点是，不应该完全将明星作为"精神支柱"，把明星看作自己的"神"。这样长久下去，必然会对未来失去方向，甚至会因为不理智而发生惨剧。十几年前，刘德华的歌迷杨丽娟为了见他，不惜让自己的父亲卖肾筹钱。杨丽娟疯狂迷恋刘德华，父母不但没有发现女儿的问题，反而还支持女儿追星，一家人都为"星"狂。当杨丽娟的追星程度越加疯狂时，她已经陷入妄想症的深渊不能自拔。她认为地位、权势比她高的人也会喜欢她，而且认为刘德华也喜欢她。杨丽娟为了完成这个心愿，不惜一切代价。

这种错误的崇拜最终导致了整个家庭的破灭。

羡慕和崇拜名人并没有错，这是女孩普遍的心理，要知道成长本身就始于崇拜。但是，由于缺乏自制力和辨别能力，女孩对名人的崇拜往往会陷入一种盲目，只看到名人表面上的光环，而迷失了自我的境地。如果一个女孩沉湎于对明星的追逐和依恋当中不能自拔，一味关注明星们的漂亮外表或者八卦新闻，关注他们的名声或收入，这样只会耽误了自己学习和进步的时间。

女孩崇拜明星并不一定是件坏事，最重要的是要让她知道如何崇拜才最正确。如果能看到明星们最杰出的地方，学习明星的精神或优点，并与自己的实际联系起来，确定自己的奋斗目标，那崇拜明星就是挺好的教育机会。正如一位女中学生在评价刘德华时所说："刘德华不止歌唱得好、戏演得好，而且还热心为社会服务。他非常关心我们的学业，常常要我们把成绩表拿给他看，鼓励我们把书读好。所以，我崇拜他、学习他，让自己变得更好。"除此之外，女孩们还要明白的是，每一位明星的背后都有我们看不见的努力。

第四章
情窦初开的年纪——解码青春期女孩酸酸甜甜的心事

越来越爱照镜子了

　　如果秋珊要一个人到野外去生存，随身必带的东西一定会是镜子。镜子是秋珊最亲密的伙伴，话说爱美之心人皆有之，秋珊当然不例外。只不过，秋珊最近有点过分地爱照镜子了，有的时候会因为照镜子的时间太长而耽误上学的时间。

　　就拿今天早上来说吧，秋珊在洗脸的时候，发现在额头上长了一颗痘痘，天啊！这怎么得了！秋珊灵机一动，决定把刘海梳下来，这样一修理，就可以把痘痘隐藏在头发里面了。

　　等秋珊把刘海梳好以后，又照一下自己的新形象，哎，这样一点儿也不好看，本来自己的脸就是圆圆的，这样一弄之后就变得更圆了，活像一个樱桃小丸子。不行，这个样子绝对不行，到了学校会被同学笑死的。要不，还是把额头上的那颗痘痘露出来算了……

就这样，秋珊对着镜子左照照、右照照，直到妈妈过来喊她："秋珊，你在里面已经待了十多分钟，快点儿出来，难道你不去上学了吗？"妈妈的话提醒了秋珊，差点忘记要去上课！秋珊只好依依不舍地离开了镜子。到了学校，上课的时候，秋珊依然惦记着自己额头上的那颗"小痘痘"，于是索性掏出随身携带的小镜子仔细地"端详"它，不知什么时候，老师来到了她的身边。

"秋珊，把镜子给我。"老师严厉地批评了秋珊，并且毫不留情地没收了她心爱的镜子。唉！这都是照镜子惹的祸。可是尽管这样，秋珊还是对照镜子特别的热衷，说真的，要是没有什么特别的"干扰"，秋珊保守估计，自己可以对着镜子照半个小时。

秋珊是如此爱照镜子，以至于老妈经常会半开玩笑地对她说："以后你就挎着镜子出门吧，走到哪里都可以照。"呵呵，这倒是一个挺好的主意呢，就是有点太沉了。不过，秋珊的心里也在嘀咕，是不是爱照镜子也是一种怪癖呢？

妈妈告诉我

秋珊，是正处在青春发育期的女孩。爱照镜子并不是什么大问题，但是任何行为都要有一个"度"。

俗话说：女大十八变，越变越好看。爱美也是要有一个限度的，这也就是对环境的适应。你本身就有着青春期的自然美，每天只要干净整齐地去上学，就已经很美了。即便不去照镜子，你的美丽也绝不会跑掉的；而你不停地照镜子，也不会为你的美"加分"。

如果是因为照镜子浪费了许多时间，分散了学习精力，又在不适当的场合照镜子而受到非议，不仅会影响你的学习，也容易让别人对你产生偏见，这就会让你的公众形象"减分"，你说这样是不是很不值得呀？妈妈建议你今后早上梳洗完毕后，就不要带镜子去学校了。

青春期的女孩容易出现情绪上的不稳定，而且可能安全感比较低，或者对自己的某些缺点、劣势、幼稚等存在着担忧，这才是总爱照镜子的真正原因。但只靠照镜子，并不能帮助你走向成熟，反而更显得你不自信和幼稚，所以，你必须积极调整自己的行为。有许多办法可以让你不心慌，变得镇定和成熟起来。

有照镜子的工夫，不妨试试做下列活动：与同学聊天，参加体育、文娱活动，听音乐，朗读你喜欢的诗歌或小说；在课堂上专心听讲，认真做笔记，积极回答问题……

对于周围的其他女生，你应该多多观察，为什么别人不会像你一样那么爱照镜子？应多与同学交谈沟通，同学都会给你帮助，同时你也要多关心同学和伙伴的喜怒哀乐，为集体、同学做一些自己力所能及的事情，这会使你感到快乐和满足。

一个人要走向独立，就必须在同龄人群体中找到自己的位置，只有这样才能摆脱不自信的状态。"青年心理学"中有一个理论认为：同龄人团体是青少年"心理断乳期"的"哺乳室"；也就是说，同学和伙伴会告诉你怎样变得自信和自强。而"镜子"不会说话，并不能做你的"心理奶瓶"，反而会加重你的心理负担。"以人为镜"，才是你的唯一出路。

为什么喜欢在男孩面前大声说话

夏瑶本来就是一个喜爱炫耀的女孩，只是如果有男孩子在旁边，她会炫耀得更厉害。有一次夏瑶和几个女孩围在一起说话，有一个男同学坐在了离她们不远的地方。这时夏瑶故意抬高了自己的声调："你们看爸爸新给我买的镯子好看吗？是翡翠的呢。"夏瑶一边说一边用眼睛瞟了一下旁边的男同学。"你们知道吗？翡翠分为好多种呢，有 ABCD 四种货，爸爸给我买的是 A 货，纯天然没有经过人为加工的，所以很珍贵。"夏瑶用她的大嗓门继续说道。

"真的很漂亮呢。"一个同学在旁边夸奖道。"哼，市场上卖的好多翡翠都是不值钱的，我一眼就能看出来。"夏瑶得意地炫耀。这时，坐在她们旁边的那个男孩子走了。夏瑶一下失去了刚才的亢奋。

妈妈告诉我

现在的时代变化很大，女孩子不再像从前那样被要求"笑不露齿"或只能文静、柔弱了，她们和男孩子一样渴望能更多地探索这个世界、了解这个世界，也在与很多男孩子共同的学习、生活中发现他们身上的很多优点。比如，勇于冒险、敢于尝试、兴趣广泛、知识丰富，又比较开朗大度，和男孩子在一起能避免很多女孩子之间的小冲突、小矛盾，没有那么多斤斤计较、"小心眼"的麻烦。所以，很多性格比较外向、活泼开朗的女孩子常常喜欢和男孩子在一起玩。

到了青春期以后，也会有女孩子"一反常态"地喜欢在男孩子面前表现自己。比如，当有男孩子在场的时候，会特别注意自己的发型、衣着，会有意大声说话或者说些自认为很深奥、很吸引人的话题，或者大声唱歌、扭动着身体走来走去等。其实，这与男孩子调皮捣蛋、出洋相一样，是为了吸引异性，尤其是自己喜欢的异性的注意。

为什么会莫名其妙地多愁善感

涵涵这几天就像是一只病歪歪的小动物，变得不像从前那样爱笑了。奇怪，一向阳光的涵涵怎么突然抑郁了呢？是不是出了什么事情？"涵涵，看你不是很高兴，你没什么事情吧？"同学蕾蕾关切地问她。涵涵被蕾蕾这么一问，实话实说了："我最近一直都挺好的，什么事情也没有发生。最近我在听电子音乐，都是很苍凉的那种，听上去很有沉重的感觉，可能是因为这个原因吧。"确实，音乐能够改变一个人的情绪，看来涵涵的忧郁不是不正常的现象。听涵涵这样一解释，蕾蕾松了一口气。

"其实涵涵，你可以试着听听乡村音乐，那个调子比较欢快。"蕾蕾提出了建议。"我也有很多调子轻快的音乐，只不过沉重的音乐听起来更有感觉。"涵涵向蕾蕾解释说。

蕾蕾记得以前妈妈曾经教育过她"年轻人不可以有颓丧气"。正因为年轻，所以才应该是朝气勃勃的，如果一个年轻人总是暮气沉沉的样子，那是很不好的。所以，蕾蕾也习惯了高兴的样子，后来发现，一个习惯真的可以形成一种性格，一旦习惯了高兴，人就看上去很开朗。

蕾蕾觉得莫名其妙地多愁善感，会给周围的人造成压力。希望涵涵努力做个快乐的人吧。

妈妈告诉我

林黛玉是抑郁的，也是美的，但是正是她的抑郁美，害得她在如花的年龄里过早地离开人世，留给后人无限的惋惜。

抑郁不只是文学作品里有，现实生活中，抑郁似乎更是如影随形。根据世界卫生组织的研究发现，平均每一百人中就有 3 人罹患抑郁症，其中因为抑郁症而带来身体疾病，甚至自我毁灭的例子比比皆是。继癌症、艾滋病后，抑郁症已成为世纪三大疾病之一。

很多女孩当遇到学业退步，与朋友吵架、和家人有冲突时，都很容易有疏离感而导致抑郁。多数抑郁的女孩，或多或少会在言语、行动上流露出蛛丝马迹，例如，觉得"我觉得没什么未来""生活不可能好起来了"；严重的甚至有"活着没意思""我不会再烦你了""没有我，你们会过得更好""我很希望一觉就不再醒来"。所以，当女孩出现突然写信、把心爱的东西送走、告诉朋友师长绝望想放弃的感觉、有自伤的行为、对药物或武器的来源突然感兴趣等状况，就有可能走入自我伤害的歧途。

抑郁症在西方社会被称为"精神上的流行性感冒"，其传播范围之广，受其影响之容易，可以从"流感"二字看出来。在东方社会，抑郁症也不少见，尤其是中国人，性格内向，往往不愿暴露真实想法，宁愿被抑郁情绪折磨，也不愿寻求精神病专家进行心理咨询。如此发展下去，可由抑郁情绪跨入抑郁症患者的行列，有的人更是以自杀了结。

抑郁是成功之路上最不受欢迎的敌人，它是悲观的孪生姐妹。一个人整天沉浸在抑郁的阴影中，还有什么乐观、积极向上的心态去追求成功呢？

抑郁是一道无形的网，它不仅网住了你的思想，还网住了你的行动。如果你心中梦想的是成功，那么请你尽快地走出抑郁的低谷。这里介绍几种帮助青春期女孩走出抑郁的方法：

1.问你自己：可能发生的最坏情况是什么？如果你必须接受的话，就准备接受它，然后想办法改善它。

2.抑郁的人往往变得邋遢，你应反其道而行之。服装整洁，理理发，洗个澡，多对自己笑一笑。

3.反复地说出自己的名字，给自己打气，并对自己说："这没有什么了不起的！"这是一种积极有效的心理暗示。

4.尝试着改变交往的对象，结识新朋友。

5.多做自己感兴趣的事，如跑步、唱歌、听音乐等。帮助别人，做一些公益性的事。你将会找回自我的价值，感受到生活中有比个人忧愁更为重要的事。还有其他一些方法，例如，让自己忙碌。

卡耐基说，抑郁的人一定要让自己沉浸在自己喜爱的事情、工作里，否则只有在绝望中挣扎。

青春期的女孩正如含苞待放的花朵，应该享受的是阳光的照耀。不要让抑郁蒙住了自己的眼睛，尝试着走出抑郁的沼泽地，你会收获温暖的快乐，温暖的美丽。

为什么对别人的评价那么敏感

放学之后，顾兰闷闷不乐地回家了。妈妈看到顾兰这副样子，感到很奇怪。"平时总是爱说爱笑的小女孩，今天怎么一脸的愁苦呢？遇到什么困难了？让妈妈来帮助你吧。"妈妈在一旁关切地询问＋

安慰＋加油打气地对女儿说。"妈妈，我以后对自己再也没有自信了，原来我的缺点这么多。"顾兰说着说着，眼泪就快要掉下来了。

"怎么了？我们家的顾兰是个很好的小女孩啊！谁说顾兰不好啦？"妈妈看顾兰这个样子，更加纳闷了。"是这样，今天评选三好学生，老师将名单贴在班里的墙上进行公示，让同学们踊跃地提出我的优点和缺点。结果，我得到了一大堆的缺点。"顾兰把一张纸拿给妈妈看，那是同学们对顾兰的所有评价。优点：开朗，喜欢笑，对同学很友善；勤奋好学，而且也刻苦努力；团结同学，从不会和同学吵架或闹别扭。缺点：学习成绩不稳定，忽高忽低；对同学不够一视同仁；不能积极主动热情地帮助同学；有时打扫卫生不认真。

妈妈看了同学们对顾兰的那些评价之后，笑着说："顾兰，你的优点也不少啊，你怎么没有看到呢？""他们说的优点我觉得说得都对啊，关键是他们给我提的缺点让我心里有点难过，原来在同学的眼中，我有这么多毛病。"

"哦，我明白了，"妈妈笑着帮顾兰分析问题，"你也是只喜欢听好话的孩子吗？有一种小孩只喜欢听别人夸奖，不喜欢听别人说他的缺点，这样的孩子会有进步吗？"听妈妈这样一讲，顾兰不好意思地笑了。

"如果你觉得别人对你的评价是对的，就应该虚心接受，如果觉得他们说得不对，就要好好反思自己，看看是什么原因造成别人对自己的这种印象，这样想的话才不会辜负同学们给你提的这些意见，对吗？"妈妈问顾兰。

"嗯。"顾兰点点头。"不论别人如何评价我们，都不要对自己丧失信心。缺点人人都会有，不要因为别人的评价而丧失了对自己的自信，那损失就大了。"妈妈笑着对顾兰说。听了妈妈的话，顾兰不再难过了。

妈妈告诉我

顾兰，驾驭自己就是要相信自己，对自己充满信心，永远保持一颗坚定的心，这样你的未来就会在你的掌控之中，那种前途未卜的庸人自扰的想法也就灰飞烟灭了，就没有什么可担心的了！

保持信心就如同争取高贵的名誉一样重要，信心是走向成功的最有力的保障。因为生活就是这样，有时决定你成败的不是能力的高低，而是你是否有信心，是否相信"我能行"。每个人的能力大小虽然各不相同，但如果一个人具有成功的信念，肯定会对他的能力产生影响。

生活中，一个缺乏信心的人，就如同一根受了潮的火柴，是不可能擦亮希望的火光的。生活中，才能并不出众、表现平平、安分守己的人占大多数，但平凡不等于平庸，连古人都说"天生我材必有用"，难道我们就那么在乎别人的眼光，只能坐以待毙等待别人的评价吗？

无论一个人多么聪明，多么有才华，如果他对自己的聪明才智不能给予肯定，没有一点儿自信，那么他实际上什么都没有，只不过是一个摆设而已。任何一个成功的人都对自己的能力、实力等有一个准确的定位，他会对自己所具备的能力非常自信，也有足够的能力说服自己、认可自己。

英国历史学家弗劳德说："一棵树如果要结出果实，必须先在土壤里扎下根。同样，一个人首先需要学会依靠自己、尊重自己，不接受他人的施舍，不等待命运的馈赠。只有在这样的基础上，才可能做出成就。"

有一位书法家把自己的一幅佳作送到画廊里展出，他别出心裁地放了一支笔，并附言："观赏者如果认为这幅字有欠佳之处，请在上面做记号。"结果字面上标满了记号，几乎没有一处不被指责。过了几日，这位书法家又写了一张同样的作品拿去展出，不过这次的附言与上次不同，他请每位观赏者将他们最为欣赏的妙笔都标上记号。当他再取回作品时，看到上面又被涂满了记号，原先被指责的地方，现在都变成了赞美的标志。

这位书法家不受他人的操纵，所以在任何情况下，都不会迷失自己，都会有完全的自信。

天底下最难的事莫过于驾驭自己，这绝对是一个很大的挑战，怎么才能不虚度一生呢？怎样才能知道自己选择了合适的职业或恰当的目标呢？与其让双亲、老师、朋友或经济学家为我们制定长远规划，还不如自己来了解一下我们"擅长"做什么。

明确了目标后，行动也不可能是一帆风顺的，我们要学会适应，要把困难作为正常的东西加以接受。生活中的逆境和失败，如果我们把它们作为正常的反馈来看待，就会帮助我们增强免疫力，防御那些有害的、具有负面影响的反应。

其实，驾驭自己最重要的是有勇气、有自信改变自己的命运。

种瓜得瓜，种豆得豆，我们所得的报酬取决于我们所做的贡献。你一定会为自己在生活中的行为或者获得赞誉或者蒙受耻辱。有责任心的人们关注的是那些束缚自己的枷锁，在关键时刻，宣告自己的独立。

从现在开始，把自己的命运掌控在自己的手中吧，做自己的主宰，用自己的奋斗营造自己的未来，这将是人生中最有意义、最有价值的一件事。

我总是不敢抬头看男生

曼云开始怀疑自己是否有一些心理障碍，为什么自己只要一看到男生就会感到特别的紧张和害怕？有的时候，有男同学坐在曼云旁边，曼云都不敢抬头看一眼，也不敢同他说话，她自己感觉难受，对方也会觉得不自在。

在一次全校举行的运动会上，曼云到现场的时候比较晚，基本上没有座位了。同班的同学对曼云大喊："曼云，那边有个空位，坐过去吧。"曼云顺着同学指的方向一看，空位旁边是个男同学。曼云宁可站着，也不愿意坐过去。曼云和同学摆摆手，示意自己不过去坐了，要一直站在原地。

那场运动会一直持续了 3 个小时，而曼云就在那里站了 3 个小时，其害羞程度可见一斑。

妈妈告诉我

曼云，我知道你在看男生的时候心情很紧张，压力也很大。但是，妈妈想告诉你的是，事情并没有你想象的那么严重，你应该先让自己放轻松。

你可以选择听听音乐、唱唱歌，或者读一些优美的诗词，看点富有哲理的散文，给自己的思想一个自由奔涌的机会，然后坐下来，静静地向日记倾诉，再现一个自然的你。

你真的不应该自我压抑。一个刚刚进入青春期的女孩，即便喜欢上了班上的某个男同学，也是很自然的一件事情，这种感情不同于儿童，也不同于成人，是非常纯洁的，应该珍惜。

你可以把它作为秘密，甜甜地埋藏在心里，也许永远都不会被人知道，但是不要因自己的这种心理现象而埋怨自己，因为每一个进入青春期的女孩都会有这样的情感产生。你之所以看到男孩子会感到紧张，是把这种原本正常的、可以理解的感情，当成了肮脏的、不该有的东西，因而在内心深处产生了深深的自责。

那么，应该怎样做才能既珍惜这种少女之情，又不致陷入早恋而影响学习和身体健康呢？许许多多的过来人都有一条共同的经验，就是将自己的目标投向更加美好的未来，为了自己理想的实现，你会将自己的注意力转移到许多有益的事情上，当你在和男同学相处的时候，可以把他们作为参与竞争的伙伴而在一起坦然地学习，探讨问题或完成某项事情。如果以性别来论，社会就是由男人和女人组成的，一个自立于社会的女性不仅要掌握现代的科学文化知识，也得具备各种与人打交道的本事。作为成长阶段的中学生，自然是需要全面锻炼自己的，哪能见了男生就不敢抬头呢？妈妈还想告诉你一个秘密：有不少学生，在异性同学面前都会有或多或少的不安和紧张。不过，他们大多数将自己的情感藏在了心里，努力让自己做到坦然、大方，渐渐地也就习惯成自然了，你只要留意调整一下心态，就会变得落落大方。

喜欢上一个男生，该怎么办

晓轩最近有一点儿魂不守舍的样子，周围的同学都感觉到她有点不太对劲儿。不仅如此，以前的那股泼辣劲儿也有所改变，连班上感觉最不敏锐的同学都看出来了，觉得奇怪："晓轩近来温柔了许多。"

那天，晓轩在说话的时候不经意地向大家透露了她的小心思，原来她喜欢上了班上的一个男生。

"那道题目他会做，我要去问他。"

"你们觉得他是不是对人有点冷？"

晓轩和同学在说话时拐弯抹角地透露出自己想去靠近他，想让同学帮助客观地评价她这种美好愿望。只不过，那个男生看上去像块木头，对晓轩并无半点儿感觉。虽然落花有意，可惜流水无情，因此晓轩心情抑郁了。

其实同学们都猜到了晓轩的心思，可是晓轩却不和大家挑明了说，一个人把心情小心地收藏起来。可以想见，晓轩的内心该有多么的痛苦。

"如果将来我要是喜欢一个男生，我就直接跟他说。喜欢就喜欢，不喜欢就算了，至于这么磨叽吗？把一个好端端的人都折磨成半神经了。"同学们很想帮帮晓轩，却感到无从下手，只能希望她不要耽误了学习。

妈妈告诉我

晓轩，青春靓丽的女孩，自然会喜欢吸引男孩子的注意。但是你所喜欢的那个男孩，却很可能是一个保守而又内向的人，也很可能因为你不曾与他见过而怯场；虽然他想认识你，但因为顾虑重重，很可能保持沉默。生活中经常会出现这样的情况：一对本来可以相识、相恋的男女，因各自的心理作祟，或者在一个清风习习的早晨，或者在一个月色朦胧的夜晚，擦肩而过了。这种情况固然有一种神秘的美丽，但终究没有收获和拥有，是不是感到有一些遗憾？

所以，爱除了心灵的感应与感觉，还有行动的表白。不论是爱或者被爱，都是一件很幸福的事，可幸福不是等来的，它需要努力，需要创造。爱，需要勇敢地表白。很多男人在表达爱意时比女人更胆怯，所以，女孩们应该学会鼓励那个自己心中也暗暗喜欢的男孩。当你遇到一位自己喜欢的男孩，在什么都没有开始时，你要是以为"他不一定喜欢我"，你可能会永远失去他，失去选择的机会。还有的女孩刚开始就想："如果被拒绝了，那该怎么办？"或者"他态度很冷淡，我如何是好？"其实大可不必存在这些顾虑，如果每个人都这么想："如果被拒绝，我该怎么办？"那么，你永远也得不到一份真爱！很明显，问题并不在于会不会被拒绝，而在于如何克服这种自卑不安的想法以及自愧不如的心理。假如你很想与自己喜欢的男孩约会，你可能会在电话机旁呆坐半天，拿起电话要拨号却又放下，就这样反反复复，犹豫不定。

事实上，只要你勇敢地拨一次电话，事情就会完全解决，你也能摆脱那种焦急如焚的心境。即使遭到拒绝，也没有什么大不了的。你只要保持轻松、宽容的心情就会感到焦虑不安是多余的，因为你做了一件值得也应该做的事情。

不要过多担心，勇敢地迈出第一步，主动一点。如果你真的遇到了一个喜欢的也值得你喜欢的男孩，不要羞涩，要学会发挥自己的魅力，用魅力赢得对方的青睐。下面一些技巧不妨试试。

1. 记住对方的资料。

在男女交往中，免不了要互相介绍，这时候你一定要全神贯注，千万要记住他的名字，否则会让他觉得你过于高傲或心不在焉，就可能对你敬而远之。除了名字，他的职业、籍贯、电话号码、兴趣爱好、饮食口味等，都要牢记在心。在适当的时候，不经意地让他知道你对他的小细节记得很清楚，他便会开始留意你。

2. 不露声色地展示自己。

中国人普遍都有着含而不露的性格特征，男性大多喜欢含蓄、内向型的女性，开放型的女性虽然可以朋友遍天下，但在绝大多数男性心目中，她们容易走近却不容易走进，只可为友却不可为妻。假如你觉得自己没有足够的能力改变他的这种观念，却又无法割舍对他的感情，不妨投其所好，经常让他眼睛一亮，使他发出由衷的惊叹：原来她是这样优秀！

3. 与其他异性交往要把握分寸。

事实证明，男人的嫉妒心是一笔可以利用的资源，一个被若干异性爱慕着的女性比落落寡合的女性的魅力大得多。只要使用得法，你所钟情的男子就会出于对其他异性的嫉妒而对你产生兴趣，但是最好点到为止。"欲擒故纵"不失为一种好办法，但要记住"物极必反"，你如果过于讨人喜欢，而且来者不拒的话，你的形象将会大打折扣。

4. 要做一个"变形金刚"。

太阳每天都是新的，人也是一种喜新厌旧的动物，当你心仪的男孩仍对你无动于衷的时候，不要着急，冷静思考一下，是不是自己哪些地方落伍了？也许是在忙忙碌碌中放弃了自我更新。你不妨时时改变自己，让他每次见到你都有一种全新的感觉。譬如，改一下打扮，变一下发型……当然，最根本的还是精神面貌的改变，注意万变不离其宗，需要改变的是你的弱点，而不是优点，盲目改变不如不改。

5. 鼓励那个自己暗暗喜欢的男孩。

有人曾做过一个这样的小测试，如果遇到一个你非常满意的异性，你是否会主动搭讪并建立联系？答"会"的女人占55.7%，而答"会"的男人占比竟比女人低 5.7 个百分点。

不主动与那个自己喜欢的异性联系的原因有很多，有 24.3 的女人和 28.5% 的男人觉得这样做有违自己的行事准则，23% 的女人和 21.3% 的男人是因为担心受到冷遇，4% 的女人和 14.3% 的男人怕被笑话。因为缺乏勇气而不与自己喜欢的异性搭讪的男人占 49.9%，女人占 30.8%。可见男人在表达爱意时，比女人更胆怯，女孩们应该学会鼓励那个自己心中暗暗喜欢的男孩。如果你能够掌握以上方法，并灵活运用，相信你心仪的男孩一定会乖乖地到你身边来！

如何正确和男生交往

尔容进入青春期之后，可能是受到电视剧的影响，和男孩的交往开始变得小心翼翼起来，一说话就脸红，而且语气也娇气了许多，连周围的同学都感觉有点儿肉麻了。

"尔容，你的作业本呢？没有交？"课代表过来找她询问。尔容看了他一眼，温柔地笑了一下："不好意思啊……嗯……"课代表大概是着急往老师那里送："你到底带没带啊？什么时候能给我？"尔容轻轻地说着："嗯……你等等，让我找一下。"说着，脸居然红了。

"快点，快点，还有五分钟就要打铃了。"课代表实在是着急了。只见尔容用轻柔的动作在书包里翻了半天，结果什么也没有找到："我好像没有带……""哎呀，明天带过来吧。"课代表说完之后，一溜烟地直奔老师的办公室。

也许是因为尔容太过于敏感，以至于很多男孩都不愿意理她。相比之下，她的好朋友小俊却和男孩在一起玩得很好。因为小俊总会表现得很自然，所以不会像尔容那样让人感觉不自在，在男生那边的口碑也不错，他们有事情都爱找小俊帮忙。小俊大大咧咧的性格，使她看上去很可爱。

妈妈告诉我

尔容，女孩到了青春期时，由于性生理的发展和逐渐成熟，性意识开始觉醒。在心理上强烈地意识到男女有别，意识到男女之间的交往与同性之间的交往，无论是在交往方式上，还是在交往的内容上，都会有许多不同。因而，不可避免地产生了对异性的一种朦胧的好奇心，渴望了解异性，不自觉地产生了对异性的一种青涩的爱恋之情。这时的女孩开始有意识地修饰自己的仪表，注意自己的谈吐，希望自己能够引起异性的注意，同时也对异性产生了好感。我们在异性面前或是表现为热情、兴奋，用种种方式表现自己；或是表现慌乱、羞怯和不知所措，面对这一切，许多女孩都会表现出极大的不安。这种变化是青春期异性之间相互吸引的表现，是一种正常的心理变化。到了一定的年龄，每个人都会产生与异性接近的欲望，这是人的一种情感需求，并不是病态，也并不可怕。

但是，青春期的我们毕竟处于一个较为特殊的人生阶段。一个人的价值观、世界观基本上都是在这一阶段成熟起来的。在此阶段，人的身心发育还不够完善，情感认识还不够理性，情绪掌控还不够稳定，很容易因为一时冲动而酿下苦果。那么，刚刚步入花季的少女应该怎么做呢？

与异性交往，很重要的一点是互相尊重和理解。男女之间在气质、性格、身体、爱好等方面往往有着较大差异，只有彼此互相尊重和理解，异性友谊才能维持和发展。同时，不论男女，在交往过程中都不要过于随便。真正的异性朋友，自然可以堂堂正正地来往和接触。

但毕竟有性别差异，一举一动都要大方得体，不能过于随便，否则可能会伤害彼此和身边的其他人，有损友谊的牢固。

当然，在与异性交往时，特别重要的一点是要分清友谊与爱情的界限。友谊和爱情之间既有联系又有区别。人与人之间的爱情关系和友谊关系都是以彼此之间相互欣赏为基础的。友谊和爱情两者之间有严格的区别：首先是内涵不同。友谊是同学或朋友间的一种平等的、诚挚的、亲密的、互相依赖的关系。而爱情是一对男女之爱，并渴望对方成为自己终身伴侣的关系。其次是对象不同。友谊是广泛的交往，而爱情是在一对男女之间发生的。友谊可以通四海，朋友可以遍天下，人们可以和各种对象发展友谊。而爱情是男女之间的隐私之情，只能是真挚专一、忠贞不贰的，如果第三者加入，便会产生嫉妒心理和排除异己的行为。再次是要求不同。友谊关系中，主要承担道德义务。而爱情关系在双方缔结婚姻关系后，不仅承担道德义务，还要承担法律责任。异性朋友一定要注意，不要模糊两者的界限，否则不但会失去友谊，还会失去爱情。

因此，与异性交往，要学会正确利用奇妙的"异性效应"，学会彼此欣赏和相互学习，同时要尽量把握好交往的尺度，让自己身边多一些朋友。

我好像对体育老师有特别的感觉

新来的体育老师姓牛，第一节课的时候向同学们做了自我介绍："大家好，我就是牛老师。"雅容在下面接了一句："有没有猴老师呢?"

不过这个牛老师长得很帅，不是某个学生这样认为，而是全班同学公认的：他的肩膀宽宽的，个子高高的，穿着天蓝色的运动衫，胸前垂着哨子，手里托着篮球，那样子实在是潇洒。连班上的男生都惊呼："哇！帅哥。"

这位牛老师脾气非常温和，站在列队前，总是向大家微笑，他笑得那么自然、那么亲切，立刻拉近了他与同学之间的距离。

在篮球课上，他一遍一遍地教大家做运球、投篮的动作，他健美的身姿，实在令人着迷。之前雅容没有摸过篮球，所以在练习的时候笨手笨脚的，牛老师耐心地帮助她纠正动作。以后的课余时间，这位牛老师经常成为全班女生的谈论话题："牛老师的气质，就像是《灌篮高手》里的樱木花道。"

"他也有点像流川枫。"同学们说什么的都有。"不过在我的心中，牛老师就是牛老师，不管是樱木花道还是流川枫，都比不上我的牛老师啊!"雅容认真地说道。雅容的伙伴们早就发现她特别喜欢谈论牛老师，便问她："雅容，你是不是喜欢牛老师?""你们不也很喜欢吗？我只是和你们一样的喜欢而已。"虽然雅容口头上没有承认，但是在心里已经肯定了，牛老师的一切在雅容的眼里都是那样的完美。只是雅容不知道牛老师是否也同样喜欢自己呢?

妈妈告诉我

雅容，对年轻、有风度的异性老师产生爱慕之情，这是可以理解的，他也许是第一个闯入你心房的具有很大吸引力的年轻男子，与周围的男同学相比他肯定要出色很多。你对他产生好感，是十分正常的心理现象。

然而，坦率地讲，你的这种爱慕之情并不一定是真正的爱情，换句话说，这只是一种对异性，尤其是对优秀异性的一种朦胧的好感，常常表现出既成熟又幼稚，既清醒又迷糊，既狂热又消沉的矛盾心理，并开始把目光更多地集中在异性身上，憧憬着梦幻般的甜美爱情生活。但是，这时候的你对于什么是真正的爱情知之甚少。

爱情是双向的感情投入，爱情不能仅凭感情，还要有思想、道德、学识、性格、气质、习惯甚至家庭影响等很多方面的考虑，而且需要处理很复杂的人际关系。作为一个学生，你现在能驾驭这么多吗？所以，最明智的选择是及时控制自己的感情，先将这段美好的感情沉积在心底，等你长大之后，随着眼界的开阔、知识的增长，你会渐渐走向成熟，会把这段美好的感情作为人生一段珍贵的回忆。

也许你会感到很难控制你的感情，这是肯定的。建议你从以下几点入手试试：

1. 改变环境。尽量避开与老师单独相处的机会，多参与体育活动，多与同学们在一起，将自己融入集体，就不会更多地沉湎于个人的感情之中了。

2. 转移感情。发展自己的兴趣爱好，课余时间多读课外读物，参加各种体育活动，多做些社会工作，将自己的生活充实起来，你将会发现一个更加广阔的充满生机的天地，自然也易于从缠绵中摆脱出来。可以在周末的时候约上好朋友，投身到山清水秀的大自然中，让轻轻的风、柔柔的水、波涛汹涌的海和层峦叠嶂的山启示你人生的丰富多彩，帮助你走出迷茫。

最后，我想，人生最可贵的就是拥有理智，希望你能够理智地控制自己的感情，收获美好的未来。

我也收到情书了，好害羞

今天绝对是紫萱有生以来最值得"纪念"的一天，因为她收到了第一封情书——虽然说只能算是一张小字条，不过，也可以称为"微型情书"。"情书"的作者是坐在紫萱前面的同学当当，没有想到平时不爱说话的他，居然还挺有"勇气"的。这封信的内容如下：

"紫萱，我十分欣赏你的气质。我很希望能够和你一起超越友谊。让我走近你，了解你，好吗？即便你不同意，也不要逃避，我仍然愿意和你做好朋友。"呵呵，这封情书写得真是精彩啊，可是为什么当当同学的作文水平不是很好呢？紫萱得意地把这张字条收好，心里却忍不住臭美了起来，直到晚上回家，她还沉浸在兴奋的状态中，而妈妈一眼就看出了紫萱有什么事情。

紫萱把这张字条递给妈妈看，并且问道："妈妈，我应该怎样处理这封信呢？要给他回信吗？"妈妈没有立刻回答紫萱的问题，沉吟了一会儿说道："你对这封情书是怎么看的？"紫萱实话实说："没有什么特别的看法啊，只不过心里有一点儿高兴，那种感觉是没有办法形容的。"说完之后，她的小脸居然有点红了。

妈妈拍拍紫萱的头说："你可以好好保留这张小字条，若干年之后，或许这是你宝贵的青春记忆。至于是否要回信，你自己看着办吧。妈妈相信你能处理好。不过你要准确地将自己的意思传达给他，一要感谢，二要礼貌地回绝。"

听了妈妈的话，紫萱心里一阵感动，有这样一位善解人意的妈妈真是太幸福了。

妈妈告诉我

紫萱，爱是一种崇高而无私的人类关怀，就像纯正的巧克力一样，含在口里，慢慢地融化、消失，不带半点杂质；它芬芳、甜美，悄无声息地渗透到人心的最深处；它是令人感动的、艳羡的。每个女孩都渴望爱情，都希望沉醉在爱河中感受人生的幸福。

爱如玫瑰，娇艳欲滴，当你忍不住伸手采撷的时候，玫瑰之刺会划破你的双手，血像那火红的玫瑰，疼痛会让你揪心。然而，不疼又怎知爱情的酸甜，不痛又怎知爱情的苦辣？

爱情是复杂的，正如我们常说的，心有千千结，情有千千结。人的感情世界，千姿百态。而爱情处于人类感情世界的中心与巅峰，是人感情最敏感、最瑰丽、最奇妙、最神秘并且变化无穷的部分。难怪王尔德说："生命对于每个人都是很宝贵的。坐在绿树上望着太阳驾着他的金马车，月亮架着她的珍珠马车出来，是一件多么快乐的事。山楂的气味是香的，躲藏在山谷里的桔梗同在山头开花的石楠一样是香的。可是爱情胜过生命……"

不管哲学怎样聪明，爱情比它更聪明，不管权力怎样伟大，爱情比它更伟大。爱情的翅膀是像火焰一样的颜色，它的身体也是像火焰一样的颜色。它的嘴唇像蜜一样甜，它的气息闻起来跟乳香一样。"爱比'智慧'更好，比'财富'更宝贵，比人间女儿们的脚更漂亮。火不能烧毁它，水不能淹没它……"

爱是一种无声的默契。爱是洗尽铅华、发如乱草般靠在你肩头的疲惫的脑袋；爱是尽敞脆弱，任酸楚与失意的泪水在你面前无须掩饰地真情流露；爱是飘雪冬夜的一杯热茶，是低落时爱人唇边一缕暖暖的微笑；爱是情愿为漂流如风的自由套上缰绳，躲在斗室的柴米油盐中相依相守。

女人是爱的使者，在爱情中妙龄男女情深深、意浓浓，彼此无微不至地关怀，相互之间寻求心灵最和谐的默契，相视一笑间最是动人。爱情于女人来说，是阳光下的瀑布，流光溢彩、绚烂辉煌。爱情是女孩一生中最华美的篇章，它为女孩的生命增添了五彩的光华，女孩的气质因为有了爱情而有了精华和灵气。

情感是阳光下的瀑布，璀璨夺目；爱情像七彩的花环，绚丽而夺目。古往今来，多少痴情少女不顾一切地奔向爱情，投入爱情的怀抱，抱着找到另一半自我的梦想，至死不悔。爱情是美好的，是迷人的，是绚丽多姿的。它就像一场春雨，冲去了大地所有的污秽，让世界充满新鲜泥土的清香。正如艾青所写的：

"这个世界，什么都古老，只有爱情，却永远年轻；这个世界，充满了诡谲，只有爱情，却永远天真。只要有爱情，鱼在水中游，鸟在天上飞，黑夜也透明；失去了爱情，生活像断了弦的琴，没有油的灯，夏天也寒冷。"

爱情是人类永恒的话题，是人生永久的颂歌，爱情让平淡的生活绽放光彩，让短暂的生命源远流长。女人，因为有了爱，所以才有了追求美丽的动力。

学会把握感情的分寸

　　自从和当当相处熟悉之后，最近一段时间都是紫萱和当当两个人一起回家，难怪紫萱的好朋友都说："紫萱，没看出来你是个重色轻友的家伙，把我们都彻底抛弃了。"而当当在一旁高兴地笑着。

　　一天，当当跟紫萱说："紫萱，今天你能够晚点儿回家吗？我有好多题不会做，你能不能帮我讲讲。"那天晚上，紫萱一直给他讲题目讲到了八点多钟。

　　不过从那以后，当当经常会要求紫萱晚一点儿回家，为他讲两道题目。时间一长，紫萱觉得有点儿不高兴了：自己为什么要凭空为他付出这么多呢？况且我也有很多的事情要做啊！那些题目他如果上课好好听讲的话一定是可以做出来的，为什么一定要在课下耽误别人的时间呢？难道别人的时间不宝贵吗？难道他因为是自己的好朋友就可以随便耽误自己的时间吗？这样一想，紫萱心里突然觉得很委屈。

　　难道他是为了利用自己吗，还是他觉得我们是好朋友，就不和自己太客气了？总之，紫萱的心里很不爽！那天，当当又要让紫萱晚点儿回家，紫萱想了一下，告诉他："今天妈妈要我早点儿回家。"当当听了一愣，然后说道："你家里的事情很重要吗？"紫萱听了这话开始心里冒火了："难道只有你的事情重要吗？"说完之后，头也不回地走开了。

　　在回家的路上，紫萱忍不住委屈，哭了出来：为了他，紫萱牺牲了很多自己的时间，却没有换来当当的感谢，反而让他觉得自己为他做些事情是天经地义的。紫萱觉得自己很傻，怎么之前从来都没有为自己考虑过呢？

妈妈告诉我

　　紫萱，恋爱中的女孩很容易盲目，以为只要一切都听他的就可以获得他永远的爱恋。其实不然，当他腻味了你的一贯顺从和忍耐时，他就会觉得你淡而无味。爱情应该是双方的付出，要在互相爱恋的前提下，互相慰藉，互相理解和体贴，而不是一厢情愿。

　　恋爱中的女孩常常为了一份心跳的感觉而忽视很多生活细节，即使偶尔感觉到了一些不妥也会以种种理由为对方开脱，直到有一天发现这个让自己倾心付出的男人并不是真的爱自己。

　　女孩应该睁开双眼谈恋爱，跟着感觉走只会在甜腻的爱情中越走越远，丧失自我。在选择爱情的另一半时，更应该擦亮双眼，看看对方是否值得真心投入，如果答案是否定的，那么就应该立刻从这段感情中抽离而出，以免受到更大的伤害，千万不要被一时的甜蜜冲昏了头脑，那样只会让你后悔莫及。

　　张爱玲，中国现代女作家，一位孤僻的天才。她与胡兰成的爱情悲歌，至今仍令人唏嘘不已。

　　张爱玲与胡兰成相识时，他是有妻室的，并且因政治原因曾在南京入狱。张爱玲却对这一切都不以为意，只觉得爱是自己的，其余的都是别人的，无须考虑。浑然不觉中，她在爱情这个问题上失去了慧眼，丧失了判断力，只是盲目地、投入地去爱。

　　胡兰成在张爱玲面前从不掩饰自己的浪子本性，张爱玲明知他不爱家、不爱国、做事荒唐，可依然觉得他会好好爱自己。甚至当胡兰成告诉她自己是个没有离愁的人，张爱玲也只是一味地欣赏，不曾想到人若冷酷至此，不是无情又是什么。在送给胡兰成的第一张照片背面，张爱玲写道："见了他，她变得很低很低，低到尘埃里，但她心里是欢喜的，从尘埃里开出花来。"爱让高傲的她变得谦卑至此，然而她却没有想过，一个男人得知已经彻底征服了面前的女人，便会很容易对她失去兴趣，不再为她神魂颠倒。爱与谦卑可以放在心里，没必要告诉他。爱到一百分，只告诉他十分即可，否则太多的爱会令他不自觉地看轻你。婚后不到两年，胡兰成就在武汉娶了护士周训德，在温州又与范秀美有了情事。他以张爱玲豁达慷慨为由，明目张胆地欺负她。张爱玲去温州看胡兰成，胡兰成不喜反怒，还说："夫妻患难相从，千里迢迢特为来看我，此是世人之事，但爱玲也这样，我只觉不宜。"胡兰成将张爱玲安排在火车站旁边的一个小旅馆里，白天陪她，晚上陪范秀美。尽管胡兰成没有告诉张爱玲自己与范秀美的关系，然而聪明如她，怎会不一望即知？她只得黯然离去。

经过一年半的考虑，张爱玲写信给胡兰成，提出分手，"你不要来寻我，即或写信来，我亦是不看的了"。后来胡兰成曾写信给张爱玲的好友，流露挽留之意，张爱玲也没有回信。这段旷世绝恋最终以暗淡的结局收尾。

聪明如张爱玲，亦会在爱情中犯种种错误，亦会遭遇旷世浪子，亦会伤心萎谢，实在令人叹息。

传说有一种荆棘鸟，它自离巢就开始寻找荆棘树，历经千辛万苦找到之后，便把自己的身体扎在最长、最锋利的荆棘枝上，然后，它放开歌喉，唱出一生中唯一的一曲，这歌声宛如天籁，凡尘任何精灵都不可能发出如此美妙的声音。这声音是小鸟用生命换来的，也许最美好的东西都是用最深刻的痛楚换来的。女人追求爱情也像这荆棘鸟般执着和痴迷，为了爱义无反顾地付出全部，却让自己伤痕累累，痛不欲生。

有多少或悲或喜的爱情故事，就有多少痴心女子的情泪。女孩本不该让自己沦为爱情的奴隶，任人摆布。盲目地爱着，最后只能以痛苦结束。自怜自伤的女孩多么可悲，早知今日，为何不在这段感情产生之时就理智地看清可能的后果，果断地选择是继续还是放弃？

我们能重新做回朋友吗

自从那件事情发生以后，紫萱和当当的矛盾激化了很多，紫萱不得不重新考虑自己下一步究竟应该怎么做！紫萱觉得自己毕竟是一个学生，最重要的事情是好好学习，将来考重点大学，在前面还有很多美妙的梦想在等待她去实现。自己不可以因为这么一个家伙而辜负父母的期待，草率地耽误自己。仔细想想，这样做，是对家人的不负责，是对自己的不负责，又对得起谁呢？紫萱很想找个机会拒绝当当。

那么要怎么和他说呢？如果在他刚刚开始写信给紫萱的时候不理会或者不回信的话，那还比较好。可是，两个人都在一起有一段时间了，紫萱的好伙伴们都嘲笑她"重色轻友"了，同学在有意无意之间也在观察他们的情况，老师也一定在暗中观察她，很有可能紫萱会成为班上的负面形象……紫萱想了又想，觉得自己左也不是，右也不是，真不知道应该怎么办才好！最关键的，是那个当当，紫萱只是想和他终止这样的关系，不想让他来分散自己的精力。但是紫萱并无恶意，还希望和他成为好朋友，紫萱希望他不要误会自己，也不要抱怨……

妈妈告诉我

紫萱，如果说传道授业是教师的天职，保家卫国是军人的天职，救死扶伤是医生的天职，那么，你们现在的职责就是学习。学业应是你心中的第一重要事项，没有任何事可以动摇学业在你心中的地位，包括情感。对于谈恋爱会不会影响学习，众说纷纭。学生常持的观点是：他们在交往中尽量不影响学习。也有许多恋爱的学生反映，恋爱不会影响他们的学习；更有少部分人认为，恋爱可以促进学习成绩提高，因为两个人在一起可以互相帮助、共同进步。然而，家长和老师的观点则是：恋爱会对学习产生不良影响。

现实中，人们也会看到恋爱成为学习动力的事例，但毕竟是少数，而且少得可怜。人们看到更多的是不愿看到的后果：因为谈恋爱，双方耗费了大量的时间和精力，不再能集中注意力到学习上，从此学习成绩一落千丈，一蹶不振。而且由于男女在性格和心理素质上存在差别，情感问题对女生情绪的影响要大于男生。

我们还有很长一段路要走，需要用更多的知识来充实头脑，所以，需要学习。学业对于青春期女孩的意义是其他任何事情都不能取代的。

情感PK学业，注定你是最后的输家。这样愚蠢的事情，不要做！

怎样提分手可以不伤害他呢

紫萱终于下定决心要和当当"一刀两断"了——不过下这个决心的过程是多么痛苦，只有紫萱一个人知道。紫萱想，让两个人都来真诚地面对这一切吧。紫萱想把自己的想法，原原本本地说给当当听，相信他会理解的。此时最好的方法也只有快刀斩乱麻了，长痛不如短痛，就这样吧。晚上，紫萱没有一丝睡意，给当当写了一封很真诚的信：

当当：

我很高兴和你一起度过了一段快乐又难忘的时光，它将成为我一生中最美丽的经历，我会把它珍藏到永久。只是，我们现在还都是学生，老师寄予我们希望，父母也对我们抱有厚望，我不想辜负他们。和你在一起的日子很快乐，但是我迷失了自己，我很想重新回到以前，专心地学习，实现我最后的理想。

当当，我只是想说，你是一个很好的男孩，我想和你分开并不是你的原因，只是我很难将自己的精力集中，所以请你不要误会。同时，希望你也能好好学习，努力向上，争取好的成绩。

放下笔，紫萱长长地舒了一口气。

每个人的一生，都有自己要做的事，自己并不是为了一个当当而活，而是要为自己的将来而努力。

妈妈告诉我

紫萱，你应该好好祝贺一下自己，你终于知道什么对自己才是最重要的。

青春期女孩在面对异性时，面对此种情窦初开的现象，更应该冷静地思考：我真的喜欢他吗？他是我的最爱吗？我了解对方吗？对方了解我吗？他有什么优缺点？我能容忍他的任何缺点吗？我能在学业与交异性朋友之间做妥善的安排吗？因为交异性朋友就牵涉"做决定"与"负责任"的问题，什么时候做决定较恰当？什么时候做决定较完美？什么时候交异性朋友较理想？这些都是必须深入去考虑的问题，在身心尚未发展成熟时就交异性朋友不但对自己的成长没有帮助，相对地还会影响并阻碍其他各方面的发展。

更重要的是，青春期女孩通常无法为自己做的决定负责，必须由父母或他人来承担后果，一时的激情必须以终身的幸福作为赌注。因此，喜欢一个人要等他长大，也要等自己长大，长大以后再说爱。

很多女孩常把一句话挂在嘴边"只要我喜欢有什么不可以"，我是我自己，父母说左我就要说右！父母说黑我就要说白！父母说我错，我就要错！在此种情怀与逻辑推理中，只要男女相爱，永结同心，海誓山盟，在一起有何不可？殊不知，年轻的心是飞扬的心，同时也是脆弱的心，容易受到伤害，从而影响一生的发展。

当你做任何事，做任何决定时，除了考虑自己也要顾虑他人，我如此做对自己、对亲人、对他人有无影响？行为的后果如果损己利人或对大家都有损害就应该慎重考虑。而当此时，更要真的弄清楚：我真的爱他吗？难道不是一时冲动吗？我现在还小，以后会不会出现什么变化？

男孩的秘密别揭穿——这样引导青春期男孩

第一章

我是个男子汉了——解码青春期男孩身体变化的秘密

青春期有人开始得早，有人开始得晚

男孩也许会发现，有的同学青春期来得比较早，在别的孩子还没有进入青春期时，他就已经长出了小胡子；而有的同学青春期又来得晚些，别的孩子都变声了，他还保持着童音。这个时候我们就需要了解一些青春期身体发育方面的知识了。

刘强是个多才多艺的学生，不光美术拿过奖，从小学三年级开始，就进入了少年合唱团，还成为合唱团的队长。可是现在已经上初中的刘强，觉得当合唱团队长领着大家唱歌，是很没面子的事情。因为进入初中后，合唱团里的人因为青春期变声，开始陆陆续续地离开合唱团了。而刘强不但声音一直没变，就是个子也没长多少。有时新来的小学生一不小心还会喊他同学，而不是哥哥。

为此刘强跑到音乐老师那里，请求退出合唱团。老师因为熟练的学生越来越少，人手不够，希望刘强能再帮他一段时间，刘强也只能罢休了。可是每次在学校见到从前在一起的队员时，他就会觉得不好意思。

有时，刘强看到那些嘴唇上已经有些淡淡的绒毛的男生，觉得好羡慕。虽然不好看，可是那是变成男子汉的象征呀。刘强很担心，怕自己长不高，长不大。他把自己的心事告诉了好朋友。他的好朋友的妈妈正好是医生，知道刘强的苦恼后，便约他到家里玩。

刘强和好朋友在院子里玩儿，好朋友的妈妈走过来，指着院子里的一丛月季花说："刘强，你看这些花蕾有的大有的小，你知道哪个花苞会开得最漂亮吗？"刘强摇摇头，问："您知道吗，阿姨？""我也不知道。不过我知道它们都在努力让自己健康成长，努力让自己开得最美。"刘强好像明白了什么。

给男孩的悄悄话

科学定义，青春期是指性器官发育成熟、出现第二性征的年龄阶段。世界卫生组织将青春期规定为 10~20 岁。在中国，青春期一般是指 11~17 岁。但是，具体到每个孩子，青春期又有着"个体差异"，就是说每个孩子的青春期有着迟早快慢的差异。相关资料表明，青春期的早晚快慢受遗传、营养、生活习惯、情绪及周围环境等因素的影响。

医学上将青春期发育的早晚归为不同的发育类型。一般来说，分为早熟型、均衡型和晚熟型三种。早熟型的孩子青春期开始最早，八九岁就进入了青春期；均衡型一般是 12~16 岁进入青春期；而晚熟型在 15~16 岁才进入青春期。

为什么到了青春期就会长毛毛

进入青春期以后，男孩子突然发现自己从内到外都变了。似乎是一夜之间，自己身上多出了很多毛毛。你有没有因为这些毛毛而烦恼过呢？

洗澡时，逸飞突然发现在自己私部长出了怪异的毛毛，他被自己的这一发现惊到了。他突然想起去公共澡堂时曾见到大人们身上有很多毛毛，以为只有大人才会有的东西怎么在自己身上也有了呢？

他很不理解，每一次去厕所时也开始感到不好意思，偷偷看同学一眼，发现同学的身体并没有变化，而自己是怎么回事呢？他百思不得其解。

后来班里的其他孩子也出现了这些问题，有的嘴唇旁边长出了小胡子，看上去上嘴唇脏乎乎的。也有的人腿上长了汗毛，毛茸茸的，自己看着也感到很困惑。

"我不喜欢别人用开玩笑的语气对我说：小家伙你长胡子了！这让我感到自己特别透明，我自己的身体他们好像了如指掌似的。

"难看死了，我要拔掉它……这东西太讨厌了。"

给男孩的悄悄话

相信很多男孩子在当时都存在这样的困惑。因为突然之间自己的阴部、腋部、胸部、腿部、唇边，甚至脚上都会出现毛茸茸的细毛，变得连自己都不太敢认了。那么，这些毛毛究竟是怎么出来的？

其实，这些毛毛的到来是一个好的音讯，它告诉正在成长的你，其实你已经不知不觉踏上了通往成熟男性的路途。一般来说，男孩子到 13 岁左右，会从阴茎根部的两侧长出体毛，也就是阴毛。这时候的阴毛往往颜色浅且细，随着青春期的发育，这些阴毛会逐渐增多，逐渐覆盖阴部，毛毛的颜色逐渐加深、加粗，并开始变得有些卷曲。这些毛毛其实都是在青春期男孩体内分泌的雄性激素的刺激下产生的，在长出阴毛的同时，男孩子还会陆续长出腋毛、胡子，身体上的体毛也会变得长且浓重。这些都属于正常现象，男孩子没有必要为此而烦恼和担心。这反而证明了自己在外形上开始变得成熟。

男孩子应该注意，对于这些自己并不十分喜欢的毛毛，不要用镊子或手拔掉，也不要用剃须刀刮，否则很容易破坏毛毛周边的毛囊，容易感染毛囊炎或引起皮肤感染。

其实，男孩应该正确看待这些毛毛，并且认识到它们的出现是青春期男孩第二性征的表现，并不会对自己造成伤害，所以，对于自己突然变成满身长毛的"小泰山"，男孩也不必有太多的顾虑，顺其自然就好，因为健康最重要。

男孩子的胸部也会增大吗

随着青春期的到来，很多男孩子也会出现乳房肿胀，并伴有疼痛。他们会担心自己与别的男生不一样或者自己得了什么病，因此而苦恼万分。

高君打篮球的时候，胸部被同学手肘碰了一下，当时挺疼。大家一起玩儿，难免会有碰撞，加上过了一会儿就不疼了，所以高君就没太注意。

几天过去了，高君洗澡时偶然发现，自己的乳头部位突起，有时候碰到会疼，揉一揉，觉得里面好像有肿块。高君以为是打篮球时碰的，就去药店买了些消炎药。可是几天后肿块还在，并没有消失，并且又大了一些，高君有些害怕，就让爸爸带自己去医院检查。医生看了看说，不是肿块，是乳房发育。高君和爸爸听后吃了一惊。不是女生才乳房发育吗？怎么自己一个大男生乳房还会发育，真不可思议。医生说，青春期男孩分泌雄性激素时也分泌雌性激素，导致乳房发育。这是很正常的现象，没什么，过一段时间就好了。但要注意不要过度使用补品，因为有些补品含有激素，会使乳房异常发育。

高君回家后，把这事情告诉了妈妈。妈妈听了也很吃惊，说："以后不再随便给高君买补品补身体了。还以为多吃些补品，对正在长身体学习压力又大的高君是好事儿，没想到反而弄巧成拙，以后可要注意。"

给男孩的悄悄话

青春期，与高君有着同样烦恼的男孩并不在少数。有个男孩担心地说：我的乳房很肿，摸上去感觉乳房内有一个硬块，并伴随有疼痛感。还有的男孩之间会开玩笑说某同学乳房变大了要变成女孩子了。可以看出，很多男孩会有这样的疑惑：乳房发育一般不是指女孩吗，难道男孩子的乳房在青春期也会发育？其实这是一些认识上的误区，男孩子在青春期也会有乳房的发育，这属于正常现象。

其实，男性青春发育期的乳房发育也是第二性征的表现，也会出现硬块，这是正常的生理变化。乳房主要是由乳腺组织和脂肪及结缔组织构成的，乳腺细胞能识别和接受雌性激素，当二者结合后就会使乳腺细胞增生，乳房发育隆起，乳晕可能会变得更宽，颜色更深，乳头变得稍大，等等。

男性青春期乳房发育是指男性在青春发育时，乳腺组织良性增生所导致的一侧或两侧乳腺的增大。一般发生在 12~16 岁，增大的乳腺组织一般不超过 3 厘米，可能是不对称的，并有轻度触痛，大多持续 12~18 个月，随着性发育的成熟而逐渐缩小至消失，也有的持续 2~3 年，甚至长期存在。

男孩进入青春发育期后，睾丸在产生分泌雄性激素的同时，也分泌极少量的雌性激素。雌性激素便使乳头部位的乳腺细胞不断增殖，导致乳房形成硬块，肿块一般不会超过乳晕。当然并不是每一个男孩都会乳房明显增大，有的男孩子雌性激素分泌微乎其微时就看不出变化。形成的硬块几个月后就会随着内分泌的调节自然消退，所以一般不需要治疗，不影响其他第二性征的继续发育。

为什么我的嗓音变难听了

相信很多男孩子都经历过这样的苦闷，那就是自己的金嗓子在不知不觉中变成了公鸭嗓，因此而变得不再喜欢说话，在班里的表现也不活跃了。其实，变声是青春期十分正常的生理现象，男孩子没有必要为自己好嗓子的丧失而悲伤。

韩冲是一个初二的男生，他一直都是班里的活跃分子，还因为自己清脆的嗓音，一度想等到高考之后考取播音主持专业，成为一名新闻联播的主持人呢。

但是自从寒假过后，大家眼里活跃的韩冲开始变得沉默，他不爱参加集体活动了，也不爱和同学们一起玩，总是在自己的座位上低着头忙忙碌碌，而且好像不太开心的样子。

韩冲究竟怎么了？班主任李老师也注意到了韩冲的变化。有着多年班主任工作经验的李老师利用一个自习课的时间，把韩冲约到了操场上。

"小伙子，这次学校的朗诵比赛怎么没有报名呀？"

"嗯，嗯，我不太想去，我，我……"他吞吞吐吐，也没有说明白自己为啥不想去。

李老师耐心地看着他，听着他瓮声瓮气的回答，微笑着说："是不是觉得自己声音不如以前好听啦？"

韩冲本来低着头，看着自己的鞋子，突然抬起头，跟老师说："是呀，我的嗓子突然毁了，天天哑，开始以为感冒了，后来一直这样。我一听到自己这么难听的声音，就再也不想说话了，怎么能参加朗诵比赛呢？还不够丢人呢！"说到最后的时候，他的眼睛里已经闪出泪花。韩冲为了嗓子的事情已经苦恼了好久，经李老师这么一问，禁不住难受，都快要掉下眼泪了。

李老师耐心地给他讲解了青春期男孩发育时候关于变声的问题。李老师的话为他解开了心中的困惑，他的脸上重新绽放了笑容，李老师看着他雀跃的背影，由衷地笑了。

给男孩的悄悄话

相信很多青春期的男孩子可能曾经被女孩起过"破嗓子""唐老鸭"这样的绰号，这真是让青春期的男孩感到郁闷。"为什么我变她不变？为什么自己有种沙哑带磁性的感觉？"要想解决这些疑问，就有必要来了解男孩子的"变声"这一生理现象。

变声指的是人的声音由童音变为成人声音的过程，这是人成长成熟的一个必经阶段，不仅是男孩，女孩也会经历一个变声的过程，只不过女孩子变声不如男孩子明显罢了。

那么，进入青春期后声音为什么会变呢？这是因为人的声音主要是由声带的震动引起的，而声带的震动又与喉头的发育直接相关。进入青春期之后，由于雄性激素的分泌增多，会刺激男孩子喉头的快速发育，喉头逐渐变得突出，形成男性特有的喉结。与此同时，声带也跟着增长、增宽和增厚，这样经由声带的震动而发出的声音就逐渐变得低沉，由此，男孩子曾经细而高的童声就逐渐被粗而低沉且略带磁性的音质所代替。这也就是所谓的青春期变声。

怎么才能不驼背呢

青春期男孩出现驼背是很常见的，一般认为这是由于脊椎承受的负荷超出其负载能力而导致平衡失调引起的。有的同学会得来"骆驼"的绰号，因此而苦恼。所以了解一下驼背的知识，有助于同学们远离驼背。

林远涛的妈妈一直为林远涛的小驼背烦心。林远涛的爸爸妈妈身材都很挺拔，林远涛虽然个子没问题，但是驼背弯腰的，看着没精神。奶奶也说小小年纪，应该朝气蓬勃像个小马驹似的才对。所以林远涛只要在家里一弯腰，大家谁见到谁就会过去给他拍直，有时会吓林远涛一跳，弄得林远涛很气愤。

林远涛的妈妈跟爸爸商量，想带林远涛去医院检查一下，看能不能给孩子矫正过来。远涛的爸爸说:"现在的孩子书包那样重,天天闷着头看书,你就是矫正了,不注意也是不行。"远涛的妈妈想了想觉得也对,不过也不能不管呀。于是跑到商场给远涛买了有助于脊柱健康的书桌、书包,还有矫正姿势的用品,等远涛回家拿给远涛用。

可是看着远涛跳进家门的时候,妈妈觉得,其实这孩子用不着这些东西。原来远涛考试得了第一名,所以高兴得背也不驼了,精神也抖擞了,真像奶奶说的,像个撒欢儿的小马驹。林远涛的爸爸妈妈互相看了一眼,想到平时可能是给远涛的压力太大了,只注意孩子的学习和身体健康,没照顾好孩子心灵上的健康,于是决定星期天带远涛出去玩,好好跟远涛谈谈成长的事情,告诉他怎样面对困难与压力。

给男孩的悄悄话

青春期男孩出现驼背是很常见的,但是驼背不仅生理上承受着痛苦和折磨,还影响美观,对自尊心和自信心造成打击。

专家指出,青少年驼背除了遗传或外伤导致的脊柱变形,更多的是由于平时身姿不对等后天原因造成脊柱变形而形成的。青春期的同学,由于要适应身体和心理的各方面变化,情绪不稳定,挑食、偏食等现象很普遍,这样会造成营养的不充足、不均衡,再加上体育锻炼过少,就会出现驼背现象。

当然,处于青春期的男孩驼背和年龄阶段也有很大的关系,因为,青春期男孩的身高增长很快,有的男孩可能在12~13岁的一年里就增高12厘米。但是,在身高增长时也会出现"慢"的问题,比如,肌肉增长慢、身体横向增长慢等,这就造成身体纵向拉长,而横向的增长却跟不上纵向的增长。男孩与女孩相比个子增幅会更大，再加上天天坐在教室学习，如果坐姿不正确，就会形成驼背。

青春期的男孩，由于没有完全适应身体和心理的变化，会出现缺乏自信心、性格孤僻、怯懦等心理问题，导致男孩形成低着头走路的习惯，久而久之也会形成驼背。此外，现在学生的负担还是很重的，沉重的书包，也是造成驼背的因素。

什么是包皮过长

所谓包皮，是指阴茎皮肤在阴茎头处褶成双层的皮肤。现在关于包皮的广告纷飞，讲述了包皮过长给成年人造成的负面影响。但是，到底什么样的状态才称得上包皮过长呢？

小飞是一个活泼好动的初一学生，他刚入学就被老师选为班长，而后又因为擅长打篮球，学习成绩好，成为同学们都喜欢结交的男孩。小飞的父母常常以他为傲，小飞也一直认为自己是个各方面都很突出的孩子。

这天课间，小飞和一名男同学去厕所，小便的时候，那名男同学无意地看了小飞一眼，眼睛随后便瞪得很大，他指着小飞大叫起来："小飞，你，你这个……"其他男生闻声也围了过来，大家都盯着小飞的"小弟弟"，小飞莫名其妙地问："怎么了，有什么问题吗？""是包起来的！怎么没有'头儿'啊？跟我们的怎么不一样啊？"男生们指着小飞的"小弟弟"窃窃私语，小飞羞红了脸，他迅速地拉上裤子，跑回了教室。

回到家里，小飞关上门拉开裤子看看，自己的"小弟弟"好像真的和其他同学的不太一样……这个发现让小飞很伤自尊心，他觉得样样出色的自己，这下子脸面丢大了。

小飞的闷闷不乐引起了父母的注意，爸爸问了他好几遍，他才吞吞吐吐地告诉了爸爸原因。爸爸听后哈哈大笑。爸爸拿出生理方面的书籍，耐心地为小飞讲解生理知识，让小飞知道这并不是什么难以解决的事情。

放暑假的时候，爸爸带小飞去医院做了割包皮手术。开学之后，小飞又恢复成了那个活泼开朗的男生。

给男孩的悄悄话

包皮的功过自有不同的说法，有的人认为，包皮能保护阴茎，而有的人认为，包皮过长会藏污垢，不利于健康；男孩的包皮会呈现出不同的差异，有的显得长些，有的则刚盖住龟头。

一般在青春期期间，阴茎会猛增，龟头也开始膨胀，勃起时龟头就会暴露出来。正常的情况下，此时能将包皮轻易地拉到龟头后面去，并不再完全盖住龟头。但是，也有一部分男孩子进入青春期后，阴茎头仍然被包皮严实地覆盖不能显露出来，这就是所谓的包皮过长。严重者则包皮无法往后拉，龟头也无法完全显露时，这样的被称为完全性包茎。

包皮过长会窝藏分泌物，给细菌提供滋生的环境，从而引起包皮和阴茎头发炎，导致龟头红肿、痒痛，严重者会糜烂、溃疡、有异味，诱发阴茎癌等。青春期是男孩转为男人的过渡期，为了成年后的健康，对包皮过长要给予重视。

一般来说，如果包皮稍微长点，开口宽大易于上翻，这样也便于清洗，只要多注意清洁，经常将包皮翻过来彻底清洗并保持干燥就不会影响正常的生活。但是，如果开口过小，不便于清洗，并且曾引起过阴茎发炎等情况的话，就应该考虑进行包皮环状切除手术。

一般而言，包皮手术应在青春期前后进行，不需要全身麻醉即可进行手术。

为什么"小弟弟"总偏向一侧

许多男孩发现自己的"小弟弟"在勃起时总会偏向一边，这些男孩子会担心弯曲的"小弟弟"是否健康。

小文是个内向的男孩子，他喜欢读书，喜欢写文章，更喜欢思考，钻研问题。但是这几天，小文发现了一个让自己很困惑的问题，那就是他的"小弟弟"总是偏向一边，他把它拨到另一侧，"小弟弟"又会自己歪向那一侧。

"我不会是有什么问题吧？"读过很多书的小文虽然年纪小，生理方面的知识有限，但是他隐约记得一些书上对"小弟弟"的描述。

越来越担忧的小文不敢把自己的害怕告诉父母，他怕父母以为自己不好好学习，整天胡思乱想。他也不敢和同学们说，担心同学们笑话他。

"小文，我们去游泳吧。"同学叫小文。小文慌乱地摇头，他说自己还有事，就赶紧跑了。泳裤那么贴身，万一被同学们看到，岂不是要笑话自己。

怀揣心事的小文在回家的路上，遇到了另一位同学小凯。"小凯，你怎么没去游泳，大家都去了。"小文问道。

"我，我有事。"小凯吞吞吐吐地答道。

小文也有自己的心事，没有多问，二人就各自回家了，其实小凯也正是有着和小文一样的担忧才没去游泳。

这件事情让这两位青春期的少年陷入深深的隐忧之中，而又不知道该向谁诉说。

给男孩的悄悄话

小文发现自己的"小弟弟"总偏向一边，以为是自己身体不健康，这样由于阴茎偏向一边给男孩带来尴尬的案例很多。其实，阴茎偏向一边的问题是大多数男孩都会遇到的情况。一般情况下，阴茎偏向一边是正常的现象，如果不是由于包皮系带过短，导致勃起后发生的偏向一边，就不需要过度担心。

在医学上，阴茎弯曲称为"阴茎海绵体白膜异常"，也就是左边部分白膜较多，于是就会把阴茎拉向右边，如果右边部分白膜过多，就会把阴茎拉向左边。有人经过观察和调查发现，那些习惯用右手触摸阴茎的人，其右侧的阴茎海绵体的发育就较快，在勃起的时候阴茎就会向左侧偏，反之也是这样。

目前，还没发现阴茎弯曲和穿过紧的衣服有关，但是处于青春期的男孩，阴茎处于发育速度较快的阶段，最好还是选择宽松的裤子，这样可以给阴茎提供一个相对自由宽松的环境。如果你很介意阴茎总是偏向一边，不妨在触摸阴茎时经常左右手交替使用。其实阴茎偏向一边是正常的生理现象，只有极少数男性的阴茎是直立的，并且阴茎弯曲也不会影响日后的生活。

"流白"是怎么回事

不少青春期的男孩子的尿道口会流出白色的分泌物，有时候被同学们误认为是遗精，这到底是怎么回事呢？

城城和光光是孪生兄弟，两个人的感情很好，从小在一张床上睡觉，一张桌上吃饭，形影不离。

这日，光光从外面玩耍回来，发现城城满脸担忧地趴在床上："你怎么了，刚才叫你你也不出去玩儿。"城城不好意思地看着光光："我，我有点不舒服。""你怎么了，是不是病了，我叫妈妈去。"光光准备把在客厅看电视的妈妈叫进来，却被城城一把拉住。"别叫妈妈，"城城一脸紧张，"我告诉你，我，我可能得什么奇怪的病了。"

城城搞得光光也很紧张，原来，城城这几天，总是发现自己的尿道口有白色的分泌物。这在以前从来没有发现过。城城在学校上厕所的时候故意观察了其他男孩，却没发现和他一样的人。城城认为自己得病了，光光也摸不着头脑："要不，我们还是问问妈妈吧，让她带你去医院看看。""我不去，不要告诉妈妈，这太丢人了。"城城把自己埋到被子里。

看到弟弟这么难受，光光也手足无措，他不明白，为什么弟弟会出现白色的"尿"，两兄弟就这样惊恐不安地过了好几天。

直到有一天上生理课，老师讲解生理知识的时候，两兄弟才明白，原来这叫"流白"，属于正常的生理现象。两个人才松了口气。

给男孩的悄悄话

就上面故事中那个男孩遇到的那种现象，其实很多青春期的男孩子都有。进入青春期后，男孩子便会对性刺激敏感。当男孩接受视听上的性刺激时便由尿道口流出一些清凉的分泌物，分泌物有时还会略带乳白色，这在医学上称为"流白"。

一般情况下，男孩子性成熟后便具备了生育的能力，尿道后端膀胱颈处的前列腺便会分泌前列腺液，腺液具有润滑、养护精子增强其活性的作用，这也是人类进化过程中保留下来的。

腺液就是男孩"流白"中的分泌物。因为尿液和精液都是经由尿道排出，所以，"流白"发生在尿道口。这是一种正常的生理反应，但这种润滑剂里面没有精子，当阴茎勃起海绵体充血时，"流白"就会更多，是为生育做准备的。有人认为"流白"是肾亏的原因，这是一种错误的认识。

青春期的男孩子"流白"是正常的生理现象，是为成人后生育后代做准备的。如果，男孩因"流白"困扰，可以尽量避开一些视听方面的性刺激，自己意识里也要适当控制关于性刺激的事情，与异性交往适度，专心于学习，转移注意力即可。其实，"流白"对身体没有什么损害，也不会影响正常的生活和学习，无须为此担忧。

如果尿道口流出较多的白色分泌物，同时伴有明显的尿急、尿频、尿痛等症状，又有不洁性交史时，多为患了淋菌性尿道炎；分泌物较少而有明显的尿路刺激和不洁性交史，则可能患了非淋菌性尿道炎。这两种情况都是性传播疾病，应尽早就医，否则，有转变成慢性前列腺炎的可能。

我的"小弟弟"比别人的短

进入青春期的男孩子，会对自己的身体，特别是性器官有个初步的认识，但是有时会存在着一些误解。一些男孩误把阴茎的大小等价于自身的性能力。其实，认为阴茎大性能力就强是不科学的。

李明是个奇怪的男孩，他从不和大家一起洗澡，就算是夏天热得受不了的时候，男孩子们跳进河里，打水仗嬉戏玩耍，李明也是躲在岸上，不肯下水。

开始男孩子们还会叫李明，时间一久，大家也就渐渐遗忘了李明的存在。李明的妈妈看在眼里，很是担忧，她害怕李明有忧郁症，不合群。

于是，她和李明爸爸说了李明的情况，李明爸爸是个内科医生，平时工作很忙，不常关心儿子。听说儿子最近表现得很抑郁，他很担心。

这天，他故意提早下班，在李明放学路上等着李明。"爸爸，你怎么来接我了？"看到忙碌的爸爸专门来学校等他，李明很是吃惊。爸爸笑着搂住李明的肩膀，"咱们父子俩好久没一起散散步了，爸爸来接你正好和你散散步，谈谈心。"

在散步的途中，爸爸知道了李明忧郁的原因，原来，李明有一次洗澡，一个男孩无意嘲笑李明的"小弟弟"小，李明不服气，于是，澡堂里几个男孩子就纷纷比了起来，果然，李明是最小的。这给李明带来了不小的打击，从此之后他便拒绝和男孩子们一起洗澡、玩耍，他害怕遭到嘲笑。

"爸爸，我是不是有什么病啊？"李明终于将内心的担忧问出。爸爸哈哈大笑，"你还小，发育还没完全，等你长大了，就不会存在这个问题了。"

给男孩的悄悄话

其实，男孩子们对阴茎的大小不用这么在意，到底是多大为大、多小算是小不能武断定义。在现实生活里，阴茎的大小是不会影响夫妻生活的。所以，阴茎比别人小的男孩，不必为此担忧。

男孩在青春期，会把阴茎的大小看成自己未来生命力的标志，最容易忧虑阴茎的大小。很多男孩子在一起比较阴茎的大小，比别人的大就会很高兴，比别人的小的男孩就会产生自卑感。

青春期的男孩必须明白阴茎的大小不影响性能力，因为自己的"小弟弟"比别人的小而自卑是没有必要的。男孩要摒弃那种错误的认识，拒绝受某些广告与偏见的影响。摆正自己的心态，因为，男子汉的气概是多方面的综合气质，提升自己的人格修养，增加自己的学识才是最重要的。

再说了，处于青春期的男孩，阴茎正是迅速发育的时候，有的增长得较早，有的可能会晚些，所以，不必过早在意。

生殖器发育有个体差异，我国成年男子的阴茎长度，在正常非勃起状态时为 4.5~8.6 厘米，勃起时为 7~16 厘米，均属正常。一般阴茎会长到 25 岁左右。

推算阴茎大小是否正常的公式：国际男性保健组织（MTD）通过近 30 年研究得出：正常阴茎长度 M=（身高 T-105）×0.618/3.14（厘米），正常阴茎直径 D=M/3.14（厘米）。上述公式只是根据大多数的统计数字进行计算，实际数据证明阴茎长度和身高没有关系。阴茎的大小和种族及遗传的关系比较密切。

阴茎短小的诊断要点如下：

1.阴茎短小，在勃起状态下长度 <6 厘米；非勃起状态下长度 <3 厘米。

2. 难以或不能进行正常性生活，或不能完成直立性排尿动作。

3. 多伴有男性副性征发育不全，或伴有其他生殖器官畸形。

4. 性染色体检查多属正常，其组型是 46，XY。

阴茎短小症状：

1. 阴茎疲软时自耻骨到阴茎头的长度小于 6.5 厘米。有的小阴茎长度不到 3 厘米。

2. 睾丸很小，有的只有花生粒或者拇指大小，且质地较软，有的阴囊里根本没有睾丸，称为隐睾症。

3. 第二性征发育不良，无胡须、腋毛和阴毛，而且还不同程度地显出皮肤细嫩、音调尖细、无喉结等女性的特征。

4. 体型改变：肥胖、乳房发育，臀部增大，身材矮小等。

5. 精液中常常无精子，但有时可见生精细胞。

6. 睾丸、阴囊及前列腺不育发育不全。

7. 阴茎勃起无力或不能勃起。绝大部分是不能勃起。

8. 严重的小阴茎可出现排尿困难。

为什么不能拔胡子

刚刚步入青春期的男孩，对于初次到来的"胡须先生"，在如何处理方面会存在一些盲点或误区，而这误区往往会对自己造成一定的伤害。

今年刚上高中的少华看着镜子里自己的下巴，皱着眉摇了摇头，那三五根刚冒出来的胡子就像是长在心里的刺，看着别扭。他盯着镜子的自己看，真丑，像个老头，他开始在心里嘀咕解决方法：

用老爸的刮胡刀？听说用了刮胡刀之后，胡子就会长得更快、更密，而且必须要天天刮才行，否则就会很快长出茂密的胡子来。就这么留着？跟老山羊一样，本来就瘦，再加上这几根胡子，去了学校，同学们肯定给我起外号，没准就是老山羊之类的名字，多难听呀！胡子不能留，也不能让它长得更旺盛，只有一个方法了：拔！

少华思前想后，做了这个自认为十全十美的决定，他进了卫生间对着镜子揪住了一根最长的胡子一端，使劲拽了下来，好疼，他捂着下巴揉了半天，强忍着才没有喊出声来。胡子是没了，周围的皮肤都红了，而且很疼。但是为了美，少华不顾疼痛难忍，又一一拔下了剩下的几根。

没过几天就开学了，胡子的事情也被少华甩到了脑后，但是，一次早晨起来洗漱的时候，突然发现下巴上起了好几个大大的包，跟青春痘似的，但是都在下巴周围。他也没在意，以为是青春痘。

拔胡子的事情继续着，他坚决要清除掉那些长出来的胡子，可是下巴上的痘痘也层出不穷，他终于忍不住，去问了教生理课的生物老师，那个男老师是个刚从大学分配来的老师，跟他们也差不了几岁。那个男老师听了少华的问题之后，笑着问："你拔胡子了吧？"少华惊诧地说："老师，你怎么知道？"老师笑着告诉少华胡子是不能乱拔的，不仅疼，而且影响美观，还会引发感染……

给男孩的悄悄话

如果男孩子细心的话，会注意到一些很有特色的胡子造型，如鲁迅先生的八字胡、阿凡提的山羊胡，抑或是两鬓连至下巴的络腮胡，这些胡子似乎已经成为某些人或某些种族的标志，当然，胡须也是男性的一项专属。

男孩子在进入青春期后才会长出胡子，这是体内分泌出来的雄性激素激发出来的，而且刚开始出现的胡子通常比较稀疏、比较细，有种茸茸的感觉，因此有些男孩子就会觉得很难看，于是他们就学着大人那样每天起来将胡子剃掉。其实这样做完全没有必要，随着青春期的发育，胡须会自己慢慢变得茂盛起来的。

但是有些男孩子会对着镜子拔胡子，这样的做法可就要不得了。因为胡须周围有丰富的血管和组织，如果用手拔的话很容易损伤这些组织，不仅自己感到疼痛，而且很有可能因为手的不洁净使细菌侵入皮肤损伤毛囊，引发炎症，如果情况更严重的话很有可能会导致永久性的脱毛症状。

我不想变成"臭男人"

处于青春期的男孩由于腺体分泌旺盛，汗腺都很发达，尤其是到了炎炎夏季，汗腺的分泌更加旺盛，如果不能及时地蒸发和清洁，在细菌的作用下会产生难闻的汗臭味。很多男孩还会认为这是一种不会影响身体健康但又挥之不去的病。

成军是个热爱运动的男生，上了初中后，他加入了校篮球队、校足球队、校羽毛球队。每天都活动在操场上，挥汗如雨。

本来，男孩子喜欢运动这是好事，锻炼身体，强健体格。但是成军渐渐发现，自己开始被同学们疏远，他不明白这是为什么。

有一天，他打球回来，满头大汗地坐到座位上，同桌捂着鼻子，一脸厌恶地看了他一眼，把凳子往另一边移了移。

"你怎么了？不舒服吗？"成军关心地凑了上去。

"没，没什么。"同学嘴上虽然这么说着，但还是躲着成军。

摸不着头脑的成军闷闷不乐地打开书本，放学后，成军走在回家的路上，遇到了之前的邻居小伟，二人亲热地打着招呼。小伟刚运动完，一头大汗，成军闻到小伟身上的汗臭味："你这汗臭味太重了啊，得赶紧洗澡去。"

小伟哈哈大笑："你还笑话我，你运动完，比我还严重呢。"

小伟的话提醒了成军，他忽然明白过来同学们的反应是怎么回事了，原来是嫌弃自己身上的汗臭味。

"谢谢，谢谢，我终于知道了。"成军向一脸莫名其妙的小伟道谢后就跑回家了，困扰他很久的心结终于解开了。

给男孩的悄悄话

随着青春期的到来，男孩迎来了人生的转折，有许多惊喜不断出现，但是也会出现一些让人烦恼的事情。有的男孩会发现自己身上开始有一种很难闻的汗臭味，特别是那些爱运动的男孩子，刚上过体育课的话，周围同学会抱怨脚臭的男生。于是身上有汗臭味的男生就会觉得很自卑，怕给别人带去不舒服，不敢和别人走得太近。

到底这可恶的汗臭味是什么原因造成的呢？根据医生的解释，青春期的汗臭是一种正常现象，不是什么病症，它主要是由于青春期的孩子腺体分泌旺盛，大汗腺分泌增加，就会出大量的汗液。大汗腺主要分布在腋窝等不便于立即清洗的地方，这些汗液分泌多的部位，就会有大量的细菌在这里繁殖。而细菌则会把汗液分泌物分解成不饱和的脂肪酸和氨，就会散发出难闻的汗臭味。

一般来说，出汗对身体是很有好处的。它是人体正常的新陈代谢，可以把杂质排出体外，还可以调节体温，是机体的一种体液调节。由上文可以看出，汗臭味并不是由出汗多直接引起的，汗液不会散发出臭味。其实，只要多注意个人卫生，及时清洗汗液分泌多的地方就会减少汗臭味。比如有轻微的腋臭，只要做到勤换内衣内裤、勤洗澡，然后在腋下部扑适量的爽身粉或芳香剂就可以有效地去除异味。再如脚臭，尽量穿透气性好的运动鞋，多注意个人卫生就会好些。

青春期的学生正是爱美的时候，觉得汗臭味让人不喜欢自己，这种心态也是正常的。但是，不能为此就不去运动，人为地减少出汗或抑制出汗，这种做法是不科学的。

为什么会遗精

通常而言，12岁以下的男孩子很少会遭遇到遗精的烦恼，因为遗精这种现象往往发生在14岁以后。

秦老师发现，最近两个星期，林扬上课经常走神，脸色也不是很好，还经常称不舒服请假。秦老师几次关心地询问林扬是不是生病了，要不要去看医生，每次林扬都涨红了脸，连连摇头。秦老师觉得很奇怪，以前他可不是这样的，上课的时候很活跃，就是在课下，也经常和同学们打成一片。最近是怎么了？秦老师决定找林扬的父母谈谈。

林扬的父母跟老师说了一些林扬在家的反常表现：经常锁着房门不让父母进去，甚至还自己洗床单、被套，这在以前可是从来没有的。细心的爸爸似乎明白了什么，问妈妈："你是否发现林扬有过遗精的现象呢？"妈妈愣了一下，不好意思地说："上个月我给他叠被子时，发现床单上有块污渍，你刚好出差，我忘记和你说了。""那当时林扬怎么样?"爸爸又问。"很不好意思，什么话也没说。唉，现在的孩子，才12岁，就……"妈妈觉得不可理解。"那他锁门、洗被子是不是那次遗精以后的事情?"

在爸爸的追问下，林扬的妈妈才意识到儿子最近一段时间的异常表现：不太爱和父母说话，晚上睡得很晚，早晨很早就起来了。而且，也不让爸爸给他擦背了。

"儿子已经是个男子汉了，看来需要给他讲讲这方面的知识了。"爸爸笑着说。爸爸的谈话对林扬来说非常重要。最近一段时间，他已经陷入了深深的自责之中，他为自己的行为感到很愧疚，有一种罪恶感，甚至他觉得自己很下流。

给男孩的悄悄话

用科学的眼光看，遗精其实是一个正常的生理现象，指的是不经性交而精液自行泄出的现象，通常发生在睡梦中，当然，也可能是无梦而遗。遗精现象可以分为两种情况，即生理性遗精和病理性遗精。如果遗精次数为一周两次或是更长时间一次，身体没有伴随任何不适症状，那么基本上属于生理性遗精。生理性遗精对身体没有任何损害，也不影响学习和生活。但是，如果遗精次数过于频繁，一周数次或是一夜数次，清醒状态下因为性意念而引发遗精，这样的遗精现象就属于病理性遗精，应该引起足够的重视并及时接受相应的治疗。

隐秘部位要呵护

对于步入青春期的男孩，有必要认识自己身体上至关重要的器官——生殖器。生殖器，也叫性器官，顾名思义，也就是用以繁殖后代的器官，因此，它对人类所起的重要作用也就不言而喻。

肖腾是个15岁的男孩，他腼腆沉默，在班里是那种默默无闻的男生，由于比较高，座位也在后排，只是和周围的几个人比较熟悉，跟前排的同学很少来往。最近，他变得更加沉默了，他有了自己的小心事，也有了自己的小秘密。而最苦恼的是，他不能跟任何人分享这个秘密，但是他面对这个秘密又不知道该怎么办。

肖腾怎么了？原来，他洗澡的时候，猛然间发现自己的那个部位不像以前那样了，它长大了许多，自己以前怎么没注意呢？什么时候变成了这样？洗澡的时候，他不断地想，它怎么变得这么大了？而且周围还有了黑色的绒毛，弯弯曲曲地围绕在四周。别的男同学也是这样的吗？好几次，他都想问问班上那几个要好的男同学，他们的"小弟弟"是不是也发生了这样的变化，但是一直都开不了口，觉得很不好意思。他不想任何人发现他的秘密，即使爸爸妈妈，他也不想告诉。

还是老爸敏锐的观察力帮他发现了肖腾的小秘密，老爸神秘地走进他的房间，还避开了老妈在家的时间。老爸说："儿子，跟你说点咱男人的事情！"肖腾看着老爸神秘到有点鬼鬼祟祟的样子，也来了好奇心："什么男人的事情呢？"老爸说："到了你这个年纪，就该是某些部位开始发育的时候了，你那儿有变化吗？"说完指了指肖腾的裤裆。肖腾点点头。老爸继续说："这个事跟老爸聊聊没啥不好意思的，我也是从你那个年纪过来的，但是由于当时不注意，走了很多弯路，现在老爸以过来人的身份给你讲点注意事项。"

父子俩开诚布公地谈论起身体的事情，肖腾开始觉得不好意思，老爸一再劝解，父子俩开始了一场关于隐秘部位呵护的探讨。

给男孩的悄悄话

肖腾的小秘密，是无数青少年男孩曾经拥有过的秘密。对于步入青春期的男孩，有必要认识自己身体上至关重要的器官——生殖器。

男性的生殖系统主要由内生殖器和外生殖器两部分构成，外生殖器包括阴囊和阴茎，内生殖器包括生殖腺体也就是睾丸、排精管道（附睾、输精管、射精管和尿道）及附属腺体（精囊腺、前列腺和尿道球腺）。当男孩子出生开始的几年内，阴茎、阴囊和睾丸变化不大，当进入青春期后，阴茎开始逐渐变长变粗，阴囊和睾丸逐渐增长，且附近的皮肤颜色逐渐变黑，并在附近长出阴毛。

青春期正是男孩性器官成长的敏感时期，青春期又被称为"是非期"或是"朦胧期"，男孩在步入青春期尚且有些许朦胧的时候，一定要及早认识到保护生殖器的重要性和必要性。只有这样，才能给自己一个健康的身体和未来。

怎样才能少做性梦呢

性梦其实是进入青春期一种潜在性意识活动，也是男孩身体发育成熟的表现，是正常的生理现象。

刘星最近表现得很低迷，上课无精打采，下课也不爱和同学们在一起玩儿。老师看到他这样，便主动找他了解情况，可是刘星支支吾吾地说他没事，就是最近太累了。老师感到很担心，就主动联系了刘星的家长。听到刘星最近的表现，刘星的父母也很担心，他们在刘星回家后，对刘星问了半天，可是刘星总说自己没事。

有一天晚上，刘星爸爸因为在书房里加班，睡得很晚，上厕所路过刘星屋子的时候，看到屋里亮着灯光。刘星爸爸推门进去，看到刘星呆坐在床上，刘星爸爸关切地过去问道："怎么了，儿子，怎么大半夜的不睡觉？"刘星看着爸爸，可怜巴巴地问："爸爸，我是不是不纯洁了，我感觉我不是个好孩子了，我很难过。"爸爸吃惊地听着刘星的话，原来刘星最近总是梦到自己和女孩子拉手，有时候还会亲吻，今天，他甚至还梦到了自己和女孩子……"爸爸，我怎么会这样啊，我跟你保证，我没有早恋。"刘星难过得眼眶都红了。

刘星爸爸拍着刘星的肩膀，"不要担心，儿子，你没有变坏，你还是爸爸的好儿子。"第二天，刘星爸爸把刘星的情况告诉了刘星妈妈，他们一起对刘星讲解了青春期男孩子的变化，让刘星知道，做性梦并不是可耻的行为，只要保持日常生活的健康快乐，不要总把注意力放在性梦上，这样就能放松心情了。

给男孩的悄悄话

青春期的男孩很多都做性梦，这是一种伴随性成熟出现的正常的生理现象。很多男孩为此觉得自己不纯洁，甚至有罪恶感，我们要消除这种误解。大多数男孩都有过做性梦的经历。性梦内容五花八门，男孩子出现遗精不必为此困扰，它其实是进入青春期后一种潜在的性意识活动，也是男孩身体发育成熟的表现，是正常生理现象。不过，如果性梦过于频繁，并伴有梦遗，就会影响他的精力，所以，我们要合理避免性梦的频繁发生。

进入青春期后，性器官逐渐发育成熟，青春期男孩的心理也在发生着微妙的变化，此时，他们不仅对异性开始产生亲近的意识，而且对两性的奥妙比较好奇。又由于日常生活中电影书刊对青春期孩子会有不同程度的影响，会在意识层面让他们渴望接触和了解异性，这种欲求就以性梦的形式表现出来。其实按照心理学家弗洛伊德的说法，这是人的性本能的反映。而男孩子的荷尔蒙多些，所以男孩子做性梦的可能性非常大。

所以，我们要正确认识这种现象，打破传统关于性梦有害的误解，相反，性梦还有助于消除紧张的性心理，只要在适度的范围内，性梦对身体反而是有益的。

为什么半夜醒来"小弟弟"会勃起

男孩们在一起会谈论到的话题就是"小弟弟"勃起的事，但是，一般都是在受到外界刺激，特别是性刺激时才会那样，为什么半夜醒来"小弟弟"也会勃起呢？

小可晚上一向睡得很好，一觉睡到大天亮。昨天他睡前喝水喝多了，睡到半夜被尿憋醒，摸索着打开台灯，迷迷糊糊走去卫生间。

在打开卫生间的灯时，小可在镜子里看到了古怪的现象，自己的"小弟弟"居然胀了起来，在内裤里支撑起了一个小帐篷。

这是怎么回事？小可回忆自己没有做性梦，也没有关于这方面的想法，那为什么自己的"小弟弟"会这样呢？

小可厕所也不上了，赶紧回到自己的屋里，打开电脑，百度了起来。查过之后，他放下心来，原来这是很正常的生理现象，并没有什么值得大惊小怪的。

后来，小可和其他男孩子聊天的时候，发现其他男孩子也会有这样的情况，大家都说，有时候半夜迷迷糊糊的，会发现自己的"小弟弟"勃起了，不过过一会儿，就会软下去。

青春期男孩都经历过这样的事情，这更让小可放心，自己是个身心健康的男孩，并没有什么可担心的。

给男孩的悄悄话

为什么半夜醒来"小弟弟"也会勃起呢？这是因为随着青春期的到来，男性的阴茎增大，逐渐发育成熟，在这时，由于性激素的大量分泌，会带来一些生理上的不平衡，同时也使男孩们心理上发生变化。这个阶段，大多数男孩醒来会发现阴茎不自觉地硬邦邦的，想方设法让它变软都不行，他们就为这种现象感觉不安和内疚，以为这是不正常的，便生出很多烦恼，就连白天看女孩的眼神里也充满着歉疚。专家认为，青春期男孩每晚平均可勃起 6 次左右，每次勃起的时间可达 20~30 分钟，这是很正常的现象。

为什么阴茎会在半夜或醒来勃起呢？这就得从我们的睡眠谈起，从我们躺到床上到入睡，来回不停地改变睡姿的时候，阴茎就会勃起，而通常我们一个晚上要周而复始地改变四五次睡姿，这也正是阴茎一晚要勃起好几次的原因所在。而在这四五次之外的时间，阴茎通常是缩小的、柔软的。这时发生阴茎勃起现象时，不必慌张，也不必刻意去控制，这是很正常的，往往在一段时间过后，它就会很自然地软下去。

半夜醒来阴茎会勃起，这是青春期正常的生理现象。青少年在成熟过程中要学会慢慢控制自己的好奇心理和正确对待自身的生理变化，慢慢适应这种反应，从而使自己的身心健康地发展。

一滴精真的等于十滴血吗

青春期的男孩也许常听人们说"一滴精十滴血"，也会在书中看到过"损失精液，大伤元气"的言论。但是，这种说法是不是有它的科学根据呢？

迷恋上网的亮亮常常会从网上得来许多新鲜的信息和词汇，这天亮亮上网浏览网页，无意中他的目光停留在了一句话上："一滴精等于十滴血。"一滴精液就是十滴血，这也太夸张了吧。

亮亮想起自己几次半夜遗精，被子上湿湿的一大片，心里不禁一凉，那自己会损失多少血啊！

就在亮亮的担心还没有解除的时候，更让他担心的事情发生了。学校组织学生去医院体检，轮到亮亮的时候，医生给他量了血压，还为他验血。医生好心地提醒他："小同学，你最近有些贫血，让你妈妈多给你补充一下营养。"

自己居然贫血，以前这种情况可从没发生过，难道真的是因为自己遗精，耗损了血液，想到这里，亮亮后怕起来。

晚上回到家，他偷偷给自己上大学的表哥打电话，告诉他自己的担忧，表哥听后哈哈大笑："这完全是两回事，亮亮，你那么爱上网，自己去网上查查这到底是什么关系，就不用担心了。"

表哥提醒了亮亮，他立刻打开网页，搜索起了精液和血液的关系，结果网上的信息告诉他，这两者并没有关系。这下亮亮放心了。

给男孩的悄悄话

中医认为，精液对身体是很重要的，"中医讲精是人的精华，也是'元神'，所以称之为精"。男孩们从中可以领会到精液的重要性，然而，"一滴精十滴血"这种说法是不是有它的科学根据呢？这就不能凭空而论了，得找到足够的理由来证明"一滴精十滴血"的说法是否真实。

事实上，科学发现，血液和精液之间是没有任何关系的，这一点只要分析一下精液的成分就会清楚。精液中除含有精子，其他部分叫作精浆，而精浆的成分和血浆相比是没有多少差异的，除去90%的水分，它也是由极少量的蛋白质、糖和微量元素等物质构成的。所以，一滴精十滴血的说法是没有科学根据的。同时，精子是成熟的睾丸在垂体分泌的促性腺激素作用下分泌雄性激素，使精子在睾丸中发生的，而排出精液的损失是和唾液差不多的，况且这两者都是可以很快地由相关分泌腺分泌出来的。

就是不排精，精囊腺内贮存的精子会越来越多，虽然其内部的环境有利于精子的成熟和存活，但是，在里面精子也不能无限期地存活下去，它们会有一个不断老去、丧失活力的过程，相反，排出精还有助于使附睾内老化的精子和新生的精子维持一个有益的平衡，从而保持身体的健康。这就是人们说的"精满则溢"，它本身就是人自身的一种调节。

所以，处在青春期的男孩们不要害怕排精会损耗精力，并开始担心自己的身体是否健康。而"一滴精等于十滴血"的说法更是不合情理、不科学的，男孩要正确对待青春期的排精现象，保持身心愉快，抛弃错误的传统认识。

第二章

没有人考虑过我的感受——解码青春期男孩成长的烦恼

为什么爸妈不停地唠叨

青春期的男孩一般正处于中学阶段，此时的学习任务很重，这个阶段不仅是男孩们成长发育的黄金期，也是长智力长知识的黄金时期。这个时候，男孩心理上也渐渐成熟起来，遇到什么事有了自己的主见，这是很好的，然而，当男孩和父母的观点冲突时，如何对待妈妈的唠叨和爸爸的吼叫呢？

陈才上初一了，学习任务骤然加重，他每天都要做作业到很晚，周末还要上各种各样的补习班。上初中真辛苦啊，还是小学轻松，陈才发现，上了初中后，不只是学习任务加重了，就连爸妈对他的态度也不一样了。

妈妈开始不停地唠叨，他回家晚了，妈妈就要问他干什么去了，跟谁一起玩儿，有时候妈妈还不相信陈才的话，非要打电话求证才行。

如果陈才说谎了，那妈妈就会联合爸爸一起指责他，陈才的爸爸是个退伍军人，嗓门很大，也很严厉。每当陈才犯错误，他就会大声训斥，上了初中后，这种情况变得越来越多，让陈才都不愿意回家了。

这天是周日，陈才本想上完奥数班，和几个同学去踢球，可是妈妈告诉他，晚上给他报了个绘画班，让他去参加。

陈才实在不想去，就悄悄地翘课了。等他回到家里，爸爸坐在沙发上等着他，"你干吗去了？""我上课去了。"陈才胆怯地回答。"胡说，老师打电话说你根本没去。"爸爸大发雷霆地吼叫起来，妈妈也在一旁责备陈才。陈才捂着脑袋，苦闷地想，为什么父母总是这么不通情达理，妈妈的唠叨什么时候能停止，爸爸怎么才能不责骂自己。

给男孩的悄悄话

不可置疑，每个父母都望子成龙，为此，他们不惜一切。看到青春期男孩的一些不正常举动，他们会大惊小怪，妈妈会说东说西，爸爸可能就会更严厉地警告你。妈妈会不厌其烦地向你唠叨，给你讲"一定要考上某某名校""得为自己的未来做好打算"等，而爸爸则会对你的一些行为怒吼不止，"不许玩游戏""再逃课就打断你的腿"等。这让每个青春期的男孩都会觉得很厌恶，但是一味地和父母对着干也解决不了问题。

此时，正确而客观地对待父母的唠叨和怒吼就显得非常重要了。男孩要学会站在父母的角度上考虑一下，也许他们的方式让我们觉得不舒服，他们的关心可能给我们带来一些压力，但男孩要看到他们焦急的期盼，而对于他们的一些过于激烈的表现，你可以试着和他们进行沟通，把自己的想法和计划告诉他们，一是为了让他们知道你不是漫无目的地活着，也不是如他们所说的从没考虑过自己的未来。二是在交流的时候，有一些因为年龄和经验少你自己解决不了的问题，可以让父母帮着出出主意，从而使问题得到有效而合理的解决。三是通过交流，你可以减轻精神压力，使自己获得自由的成长环境，因为通过交流，减轻了彼此间的猜测，父母就会给你更大的自由空间。

所以，正处于青春期的男孩面对妈妈的唠叨和爸爸的怒吼时，沟通是最好地缓解双方压力的方法，记得去尝试啊。

为什么爸妈什么都要管

也许，有些男孩子没有注意到，不知从什么时候起，自己不再是爸爸妈妈眼里的乖宝宝，开始有自己的想法，并强烈地要求付诸实施。其实，这些是男孩进入青春期后，渐渐出现的叛逆心理。那么，我们一起来了解一下什么是叛逆心理吧。

这些天陆涛跟妈妈一直闹矛盾，两个人谁也不让步，陆涛觉得很委屈，就去找自己最喜欢的老师诉苦。

原来，陆涛十分喜欢轮滑，自己攒钱偷偷买了一双漂亮的轮滑鞋。陆涛暗里计划着，每天放学后去练一小时轮滑，争取下半年能参加轮滑赛。因为练轮滑，陆涛每次回家都很累，有时满头大汗，有时累得不吃晚饭就睡了。陆涛妈妈很纳闷，就在打扫房间时仔细找了找，结果就把那双陆涛舍不得穿的轮滑鞋翻到了。陆涛妈妈不但没收了鞋，还不准陆涛再去练习轮滑。陆涛为此跟妈妈闹了矛盾。陆涛觉得自己的事情自己可以安排好，自己喜欢做什么、怎么做这是自己的自由，妈妈不应该干涉，何况自己做的又不是坏事情。陆涛讲完后，老师想了想说："陆涛，回家先跟妈妈道歉，不管怎么样跟妈妈闹矛盾是不对的，你这样做也不是解决问题的办法。跟妈妈好好说，争取妈妈的理解，这才是好的办法。"

陆涛回家跟妈妈坐下来好好谈了谈，最终妈妈答应了陆涛，不过每天不能练习太久，怕耽误学习。陆涛又开始了他的轮滑计划，而且还有了妈妈的支持。

给男孩的悄悄话

让我们先来分析一下青春期的叛逆心理，进入青春期后，男孩子在生理上发生了很大变化，身体渐渐发育成熟，然而近年来，随着物质生活水平的提高，青春期提前来到，然而生理上的成熟并不意味着心理上的成熟，其实很多男孩子的心理并不成熟，于是在青春期期间就出现了叛逆心理。

专家说，青春期的叛逆意识突出表现在他们的独立意识。对于男孩子而言，这种情况更严重。一些男孩子会希望得到独立、得到认可，在没有完全认识到自己的实力的情况下，总想着一鸣惊人，总想着挣脱父母的束缚，寻找更宽更高的天空。所以，这些男孩子会自发地采取一些接近自己梦想的措施，但是，在父母眼里，男孩子很多做法是好高骛远不切实际的。此时，出于对他们的关心，父母就会出面阻止。这就出现了男孩子们认为的被剥夺自由的现象。

客观地说，父母有父母的想法，男孩子也有男孩子的想法，没有谁对谁错，最主要的是缺乏沟通。如果男孩子把自己的想法告诉爸妈，爸妈也再听听他们的想法。在互相尊重的前提下，真诚沟通就会少很多抱怨。

"自由"是高贵的字眼，但是通往自由的道路不止一条，男孩子们能让爸妈放心自己，自己也舒心地实现自己，才是最好的选择。

大人总是说话不算话

青春期的男孩子越来越有自己的想法，并且这些想法千奇百怪无所不有，因为他们想把自己的想法变成现实，也就会冒出不同的要求。面对男孩子们的要求时，大人们会经常当面随口答应，而后来又不兑现。这是让很多男孩子很苦恼的事情。面对这种情况，青春期的男孩应该怎样做呢？

刘奎一直梦想自己能有一辆很酷的山地车，但是爸爸一直不答应。再过些天就要开校运动会了，而且是几所中学联谊举行，刘奎是这次给学校争光的主力。出差在外的爸爸听到这个消息后，一口就答应了给刘奎买山地车的事儿。刘奎兴奋得一夜没睡，最后几天还在拼命地加紧训练。

功夫不负有心人，比赛场上的刘奎像小明星一样吸引着大家的眼光。爸爸回家后看到刘奎的奖杯奖状，乐得合不拢嘴。刘奎也很期待地看着爸爸，"爸，我的山地车什么时候能到？"

爸爸神秘地笑笑，说："三天后就寄过来了，好好期待。"

三天后，刘奎兴冲冲地跑回家。刚进家门，爸爸就说："在你房间里呢，去看吧。"刘奎连蹦带跳跑进了房间，可是并没看到什么山地车，而是书桌上摆着一台新电脑。刘奎有点失望，兴奋劲儿一下子就没了。爸爸走进来，看到刘奎闷闷不乐地坐在椅子上，一声不响。爸爸说："电脑比山地车更安全，对你也更有价值啊，这样不是很好嘛。"刘奎不高兴地说："说话不算数，你们大人都这样。在我心中，山地车比电脑重要！"刘奎说完走了出去，弄得爸爸无可奈何。

给男孩的悄悄话

"一诺千金"是书本上教给男孩子们的，他们是那么重视承诺，认为那是千金不换的事情。但是，大人又有着大人的解释。青春期的男孩子，身体发育渐趋成熟，但是，心理上还存在着稚嫩的情况。在大人眼里，这些倔强的有想法的男孩子依然是长不大的孩子，他们会认为孩子还没有足够的能力去实现那些特立独行的想法。但是面对他们提出的要求，又不愿意让他们伤心，就会出现随口答应的情况。而这些青春期男孩子的记忆力又非常好，加上自我认可的意识强烈，就会在心里一直记着大人们的承诺。其实，很多时候，大人们早已忘记了那随口的承诺。这样，男孩子们就难免会觉得大人们说话不算话。

究竟为什么会产生这样的误解呢？究其原因，还是青春期的男孩子想法奇特，并且特别希望得到认可，而大人又认为他们仍是孩子，还没适应男孩子的成长。要想消除这些误解，男孩子和大人们都要认清男孩子所处的阶段的特殊性。男孩子要知道自己处于青春期，有很多的想法，并且要求大人们帮助实现它们是值得肯定的，但是，也要多反思一下要求的可行性。大人们则要认识到男孩子已经慢慢接近成人，要尊重他们的想法，对他们的各种要求要给予重视，能帮助实现的就帮助实现，如果觉得不可行，也要给男孩子解释清楚。

只有这样，才能建立起和谐的家庭关系，男孩子不再是不懂事的男孩，大人也不再是不重承诺的大人。

妈妈为什么不相信我

随着青春期的到来，男孩子们越来越有自己的主见，他们把自己的想法看成非常神圣的事情，并想通过自己的努力实现它。然而，让很多青春期男孩苦恼的是，妈妈竟然不相信自己，这有点让他们觉得不可理解。应该怎样让妈妈相信自己呢？

这个学期，卢田在绘画班认识的几个好朋友是一个学校的，大家脾气很投合，天天在一起，关系越来越好。最近几个好朋友商量着，能不能找个时间大家一起骑车去郊外采风。卢田也想去，可是不知道妈妈答应不答应。大家知道卢田家教严，所以最后决定星期天去，那样卢田就有时间跟家里好好沟通下。

吃晚饭的时候，卢田说了去采风的事儿。妈妈一听就急了，"几个小孩子家，骑车去郊外多不安全。毛毛躁躁的，磕着碰着怎么办，不行，不能去！""我们不是小孩子，已经长大了！""不能去就是不能去！吃饭，吃完饭做作业去。"卢田闷闷不乐地回房间去了。

后来几个好朋友出主意，让王鹏妈妈帮卢田求情，看卢田妈妈能不能答应。结果，卢田妈妈不但没答应，还说王鹏妈妈不顾虑孩子的安全帮着孩子瞎起哄。弄得卢田很不好意思，不停跟王妈妈道歉。

卢田不好意思再麻烦大家，只好放弃了和大家一起出去。等到星期一上学时，看着大家凑在一起，兴高采烈地说着采风遇到的那些趣事，和那些有趣的战利品。卢田觉得自己落了单，心里很不好受，暗暗地责怪妈妈管得太严，让自己脱离大家脱离现实，这对自己的成长一点都不好。一连几天，卢田都不爱和妈妈说话。卢妈妈也很生气，对卢田爸爸说："这孩子真不懂事儿，我这是为他好呀，不理解不说，还跟我闹脾气！"卢田爸爸笑笑说："孩子大了，应该适度地让他自己安排一些事情了。"

给男孩的悄悄话

其实人们所说的理解万岁，是很有道理的。男孩子们随着年龄的增长，进入青春期后，身体和心理上的变化一般不会非常明白地告诉妈妈的，此时，妈妈对男孩子们的认识，很大程度上来自揣测。所以，难免会发生理解上的错位。

妈妈的不相信，一般是出于担心。例如，假期来了，很多有探险精神的男孩子，自己组群骑车去一个想去的地方。妈妈看着孩子在自己身边，还会觉得一不小心他们就会出现磕磕碰碰的状况。现在，男孩子要骑车去旅行，妈妈就更不放心了。就会说出些不相信男孩子的话，而男孩子就会想证明妈妈的想法是错误的，证明自己能够独立做一些事情。再三坚持下，妈妈若还不同意，男孩子们就会认为得不到妈妈的信任。

这些都是非常常见的现象，随着年龄的增长，等男孩成为真正的男人了，有了较切实的想法，也有能力为自己的所作所为负责的时候，就能取得妈妈们的信任了。这些暂时的不相信，一般是出于关心，出自不放心。当然，妈妈们也会在看到你的成长后学会相信你，相信你们这些未来的"男人"们。

其实，青春期的男孩子们只要学会换位思考，就会明白妈妈为什么不相信自己了。妈妈们的这种不相信是暂时的，它不是不信任，是对处于青春期男孩子的一种呵护。

为什么"差生"喜欢搞破坏

进入青春期以后，男孩子们就更关心自我价值，关心别人是否注意到了自己。但是，学习成绩不好的男孩子在自卑的同时又想获得别人的关注，他们能想到的办法就是搞破坏。于是就有了"我是差生我怕谁"的念头。

"李立，到底是怎么回事，你能跟老师讲清楚吗？"

"没什么好说的，要罚就罚。"

"李立，你这样的态度是不对的，难道你没有意识到自己行为的错误性吗？"张老师耐心地说道。

原来事情是这样的：

李立是初二的学生，性格活泼好动，但注意力不放在学习上，经常上课时大声讲话，引起很多同学的不满，自己却满不在乎。

这天上午上数学课时，数学老师在讲台上讲几何题，大多数同学都在认真听讲，所以整个教室格外安静。李立刚开始也听得挺认真，可听了一会儿后就开始坐不住了。

"喂，张梅！张梅！你看我新买的小乌龟，可好玩了！"

同桌张梅正在做老师刚刚布置的作业，所以没理他。

李立以为张梅没听到，就用力推了推她，"喂，你听到没有？"结果李立这一推使张梅正在写字的笔在作业本上画了一道长长的斜线。张梅很生气地说："你不学习，我还要学习呢，你这人怎么这么自私啊！"李立一听火气就上来了，于是二人越吵越凶……

正在上课的老师为了不影响其他同学只好将二人叫到办公室询问情况。

"反正我不怕处分，也不稀罕什么优秀学生的称号。我就是个差生，我怕谁啊！"李立一脸不屑地对老师说道。

给男孩的悄悄话

所谓差生，就是在班级中经常违反道德原则，或者犯有严重过错的学生，他们常常表现为人生观、价值观不能适应社会大众要求，不能遵守纪律，不能按时完成学习任务，不好好地做作业等。现在改叫后进生。

由于个体存在差异性，在一个班级里学习的学生在学习成绩、思想品德、身体条件等方面肯定有差别，只有暂时的后进生，没有所谓的差生。

"差生"是青少年对自己认识的偏差。只有认识自己的不足，努力发现问题解决问题，后进生才可以转变成优等生。

现在暂时处在后进生行列的青少年们，要充分认识自己的缺点和不足，更要发现自身的闪光点，培养自信心，甩掉思想包袱，乐观快乐地学习、生活，不被暂时的困难打倒。培养坚强的意志，确定目标后，就要努力去实现，努力才会成功。

如果你的周围有后进生，应用包容的眼光看待他们，友好地和他们相处，当他们在学习生活中遇到困难的时候伸出援手。

同学讨厌我怎么办

青春期的孩子有一个特点，就是对与自己合拍的人无话不说，而对自己讨厌的人闭口不谈。其实有的时候不是别人不喜欢你、讨厌你，而是你无意间的外在行为让别人误解了你。

自从转学后，贾谊整天闷闷不乐的，新的学校、新的班级丝毫没有引起他的兴趣，没有任何的新鲜感，原本性格内向的他变得更加沉闷了，在学校几乎不与同学来往。每天放学后，其他同学都三五成群有说有笑、高高兴兴地回家，而他却常常独自一人走在回家的路上。

有一天晚上，他对妈妈说："妈，我不想在这里上学，我能回到原来的学校吗？"妈妈一听，满脸疑惑关心地问："儿子，怎么了？想以前的同学了吗？这可是这里最好的中学了，现在我们一家都在这儿生活了，不可能再回去了。"

"妈妈，我想我以前的同学了。"

"现在，你不是也有新同学了吗？妈妈相信，你很快就会交到好朋友的。"

"妈，班上的同学一点也不喜欢我，不喜欢和我交朋友。"贾谊伤心地回答道。

"你怎么知道同学们不喜欢你呢？你主动接近同学了吗？主动和同学打招呼了吗？"妈妈关切地问。

"妈，我是新同学啊！我害怕主动接近他们啊！班级的集体活动，他们也没有邀请我参加，放学后没人愿意和我一起回家。"贾谊一脸的委屈。

"儿子啊！你刚到一个新的班集体里，这正是锻炼你胆量的好机会。你要学会主动融入班集体，让更多的同学了解你，知道你的兴趣爱好，这样才能交到朋友，才有同学喜欢你啊！"

贾谊听后，大声说道："妈妈，谢谢您！我会努力的，我会让同学们了解我、喜欢我的。"

妈妈听后，满意地点了点头，高兴地说："儿子，妈妈相信你一定会做到的。"

给男孩的悄悄话

每个人都有自己的个性，不同个性的人会欣赏不同的人，所以，有的男孩子担心同学们不喜欢自己，如果同学们都不喜欢你的话，说明你的性格里存在着一些不足，那么就要检查自己个性里的不足，来和同学融洽相处了。

简单地说，个性就是一个人的整体精神面貌，即具有一定倾向性的心理特征的总和，是一个人共性中所凸显出的一部分。在日常的人际交往中，我们会发现，有的人行为举止、音容笑貌令人难以忘怀；而有的人则很难给别人留下什么印象。有的人虽曾见过一面，却给别人留下长久的回忆；而有的人尽管长期与别人相处，却从未在人们的心目中掀起波澜。出现这种现象的原因就是个性在起作用。一般来说，鲜明的、独特的个性容易给人以深刻的印象，而平淡的个性则很难给人留下什么印象。

其实，个性没有好与坏之分，但是有些方面会让人不喜欢，比如过于自私等。被同学不喜欢是一件非常痛苦的事，青春期也是学习科学文化知识的关键时期，如果和同学关系不好的话，肯定会影响情绪，会出现消极的心理，孤独感和失落感都会找上门来，长期下去，还会导致抑郁。

为什么被老师批评感到很丢脸

青春期的男孩子，随着生理和心理的成熟，自尊心也会很强，会很爱面子，被老师骂觉得丢脸是很正常的。不过，仔细想一想，就会发现，被老师骂其实不是丢人的事，反而是很幸运的。

"郑波，郑波，王老师叫你放学后去办公室，她会在那儿等你的。"班长李铭哲从老师办公室走了出来，来到郑波的座位旁对他说道。

"你快说说，王老师找我到底是什么事啊？"

"我不知道啊！王老师没有对我说，不过看样子她很生气，放学后，你自己去办公室找她吧！"

郑波一听，心头涌上一种不祥的预兆，"天啊！难道老师知道我晚上不上自习，外出上网的事了吗？怎么办才好啊？这次死定了。"郑波心里不由得想到。

最后一节课，郑波一直心不在焉，一心想着这件事。放学后，郑波忐忑不安地走进了王老师的办公室。"王老师，听说，听说，您找我啊！"正在批改作业的王老师听见后，抬起头看了他一眼，继续批改作业。

郑波见王老师阴沉着脸，看上去很生气。他战战兢兢地站在一旁，不敢看王老师一眼。过了一会儿，王老师说道："郑波啊！你看看你的作业，这道题我已经讲过好几遍了，你还是做错了，而且字迹潦草，上课的时候经常开小差，注意力不集中，你说说你最近都干什么了？""王老师，我真的没，没干什么。""没干什么，不要以为我不知道你多次逃课上网的事。"

郑波一听，脸"唰"一下就红了，低下了头，不敢正视王老师的眼睛。"郑波啊！你是一个聪明的孩子，学习也很认真。现在正是学习的时候，这是现阶段你们要干的事啊！虽然上网是一种缓解学习压力的方式，但要有节制啊！更不应该逃课上网啊！马上就要升入高三了，现在抓紧时间学习，才是你一门心思要做的事啊！不要给自己留下太多的遗憾！"

"王老师，我知道错了，我会改正的，今后我会认真学习，不辜负您对我的期望。"郑波抬起头看着老师说道。"知道自己错了，你依然是我心目中的好学生，老师相信你一定能做到的。"王老师亲切地回答。

郑波听后，笑着说道："我一定会改正的，请老师相信我。"王老师点了点头，郑波带着一脸的轻松走出了办公室。

给男孩的悄悄话

老师是我们人生的指路人，是陪我们走过青春的朋友。所以，自古以来"良师益友"的关系被人们推崇。不过，还有"严师出高徒"的说法，所以，严厉的老师对青春期的男孩子管教会更严格些，有时怒其不争时还会出现骂人的情况。于是很多男孩子觉得被老师骂很没面子，觉得是一件丢人的事。

调查发现，一般老师会竭力帮助每一个学生，看着每一个学生成长，但是，由于精力有限，老师对每个学生的关注程度肯定不一样。只有学习非常好或者非常差的学生，老师才会天天盯着，被老师骂其实就是被老师关注的方式之一。倘若没犯错的话，老师不会无缘无故地骂一个学生的，更不会骂一个敏感的青春期男孩子。所以，检查一下自己是否真的做错了事，及时改正，这是老师对自己的负责，自己也要对自己负责。不能曲解老师的本意，否则对自己的成长是有害的。

　　大家都知道，对某个人听之任之、不管不问地放任，如果老师这样做，肯定是一种不负责任。所以，自己犯错了，被老师骂也是一种恩惠，要珍惜老师给的改正机会，做最好的自己。

为什么每次选班干部都没我的份儿

　　学生们都认为在班里做班干部是一件非常光荣的事情，很多孩子都希望自己能成为一名班干部。但是，班干部毕竟是少数，大多数孩子还是和班干部的位置无缘。于是，那些热心肠又没被选中的同学就会很郁闷：为什么每次选班干部都没我的份儿？

　　王尚一直是个积极的学生，对班里的事情很热心，是老师得力的助手，班里的大小事情都缺不了他。可是每次选班干部，王尚都会落选，最多也就是做个小队长。王尚一直不明白，为什么自己总选不上，是不是因为自己不优秀，还是自己做事不够好，渐渐地王尚就不再像从前那样积极了。老师看到王尚渐渐消沉下去，就派王尚跟班长一起组织最近的篮球比赛。

　　课间的时候，王尚跟班长还有体育委员一起讨论这次参加比赛的人员，最后人员都差不多了，就是差一个有力的后卫，体育委员一筹莫展。王尚一下子想起了高强，说："让高强上，他控球能力超强，当后卫肯定行。"体育委员听了一拍大腿说："对呀，我怎么没想到，还是你小子点子多。"

　　放学的时候，班长通知那些定下来的同学留下，大家在教室里商量比赛的事儿。可是有几个同学提出不想参加比赛，尤其是王尚举荐的高强。高强说自己那天要跟父母去姥姥家，给姥姥过寿。王尚一听就很生气，这是给班级争荣誉的好机会，晚去姥姥家一会儿又怎么了。再说后卫不好找，就高强最适合，他还推三阻四地推荐别人，拿什么架子。结果王尚和高强争得不欢而散。第二天还是体育委员和班长耐心地做高强的工作，才说服高强参加比赛。王尚看着班长和体育委员说服高强时的样子，终于明白了为什么自己一直不能选上班干部的原因。原来除了激情，做事情还要学会体谅别人，要有耐心。自己虽然能力也不错，总能解决那些关键难题，但是耐心和宽容却比不上班长和体委。王尚知道了自己的不足，不再消极地对待选班干部这件事了。他还是像以前那样积极帮助老师和同学，而且，在做事情的过程中，克服缺点锻炼自己。老师看着王尚的变化很欣慰也很欣赏，觉得这个孩子是个可塑之才。

给男孩的悄悄话

青春期的孩子，特别是一些男孩子，怀有一颗为班级做事的心，但是每个班的班干部就那么几个，因此不免就会抱怨，为什么每次选班干部都没自己的份呢？这一问题有时还会困扰这些男孩子，让他们觉得自己不够优秀，由此会变得消沉和不求上进。其实，每个人都很优秀，只是表现的方面不同而已。可是，究竟是什么原因让同样优秀的男孩子没有被选为班干部呢？

一些老师认为，班干部的分工不同，就要求不同性格和气质的学生担当，比如，班长就要求具有领导和管理才能；生活委员就要具有亲和力、要体贴；体育委员首先得喜欢运动；学习委员就要学习成绩优秀，等等。

在选班干部时，这些因素都要考虑进去，在一群优秀的学生中，还要选择适合做班干部的学生。比如有的男孩子喜欢特立独行，就不太适合做班长。但是特立独行也不是坏事，这样的男孩子比较有个性，就会有创新。所以，能否被选为班干部并不代表一个学生是否优秀，努力做最好的自己就行了。

和同学闹矛盾遭报复

青春期的男孩子和同学之间闹矛盾是很正常的，只不过是"三天恼了两天好了"的青春期小摩擦，但你走过青春期再回首往事，便会觉得那时的小摩擦也是美好的。但是，有的男孩子遭到同学的报复就不正常了。

"加油，现在离比赛结束还有3分钟，我们还落后3分，这次一定要赢隔壁班，不然我们就太丢脸了，上次他们就赢了我们。大家要防范好对方，特别是对方的5号，他是我们重点防范的对象，大家要注意配合，投篮命中率要高点，剩下的时间不多了。"高二（1）班篮球队队长李玉斌顾不上擦脸上的汗水，大声地对队员说道。说完后，李玉斌和队员们相互拍了拍肩膀，簇拥在一起大声地喊道："加油！加油！"随后大家精神抖擞地重返了赛场。

裁判一声令下，精彩激烈的比赛又开始了，李玉斌和队员们全力以赴，争取在紧急关头挽回落后的局面。他们配合得十分默契，传球的速度十分快，特别是队长李玉斌带球过了对方两三个人，一个漂亮的三步跨栏，把球投进了篮筐。啦啦队的同学们冲着他们大声地喊道："加油，我们还落后1分。"此时，离比赛结束还有一分半钟。

对方见他们投进了一球，也变得紧张了起来。此时，由李玉斌他们控球，他把球传给了队友陈亮。正当陈亮带球进攻时，与对方的高个子球员发生了碰撞，陈亮摔倒在地，球到了对方的手里，裁判没有吹哨。对方球员带球过人，轻松地把球投了进去。球落地的一刹那，整场球赛结束的哨声吹响了。

李玉斌与队员认为对方球员是故意那样做的，才导致他们失去了最后一线希望。如果没有这样的故意行为，他们就有可能赢得此次比赛。李玉斌和队员们越想越不服气，难以咽下这口恶气。队员张潭气愤地说道："不能就这样便宜了（2）班，是他们故意的。"

放学后，李玉斌带着几名同学堵在校门口，等着（2）班的队员。李玉斌二话没说，冲上去把（2）班篮球队的队长按倒在地，抢起拳头打了下去。

老师得知后，急忙跑了出去，把他们拉开，带回了办公室。最终在老师的耐心教导下，李玉斌认识到了自己的错误，低头向对方球员道歉。

给男孩的悄悄话

故事里所提的同学之间的矛盾，让从青春期走过的人都会会心一笑，甚至会觉得那时同学之间的小矛盾都是甜蜜的。

俗话说"一辈同学三辈亲"，同学之间的友谊是非常珍贵的，它值得每一个青春期的男孩子珍惜。所以，不要轻易因为一些琐事计较，当同学之间有矛盾时也不要记在心里，一笑而过，是一种风度。有的男孩子和同学闹矛盾遭到了报复，就是不可思议了。

一般来说，同学之间也不会有什么深仇大恨。一旦事情已经发展到了这种程度，就要认真思索对策。遭到报复的男孩子首先要自我反思一下，是不是自己做了伤害同学的事，伤害了别人的自尊，如果自己做了过分的事情伤了同学，那就要敢做敢当，向同学赔礼道歉，化解彼此的矛盾。

其次，如果自己确实没有做什么对不起同学的事情，彼此之间只是一些小摩擦，却遭到了报复，那么就大度一些，原谅同学。没有不可化解的矛盾，只要有颗真诚的心，同学早晚会理解你的良苦用心的。

为什么同学总给我取外号

绰号一般又称外号、诨号，是周围的人根据某人的特征、特点或体型给他另起的非正式名字，以表示亲昵、开玩笑、憎恶或嘲弄的意味。善意的外号大家都能接受，但恶意的外号是每个人都反感的。

"麻秆，帮我再讲讲这道题。也不知道怎么回事儿，老弟我去办公室转了一圈，问了半天还是没明白。"戴天乐大大咧咧地一边走一边喊，大家听了都笑了。坐在旁边的陆伟听了一脸的不高兴，觉得很没面子。陆伟个子高但很瘦，打篮球的时候其他班的一个同学喊过他一声"麻秆"，从此班里其他几个同学也经常这样喊他了。

戴天乐走到陆伟旁边把书一放："麻秆同学，帮我讲讲呗。"

陆伟理也没理："不会！"

"怎么了，跟谁生气了，这么大脾气。小心变成枪杆哦。"

陆伟听了，气得一下子从座位上站了起来："你再说一遍，谁是麻秆？"

戴天乐吓了一跳，也火了："发什么神经，开个玩笑怎么了，爱讲不讲，臭脾气。"

陆伟听到戴天乐说自己臭脾气，更火大了。旁边的同学一看，赶紧把戴天乐拉走了。

戴天乐一边往外走一边说："没见过这种酸溜溜的人。"陆伟听到气得不行，一把把戴天乐放在自己桌子上的书摔了出去。被拉着刚要出门的戴天乐看到自己的书被摔在地上，甩开同学的手，跑回来跟陆伟扭在了一起。

马老师看着两个衣衫不整的学生站在自己面前，气得都乐了："戴天乐，陆伟，你们俩真行啊，就为这点事儿，你俩就打起来了？"

"他当着那么多同学的面喊我外号，嘲笑我。"

"谁嘲笑你了，我开玩笑的。"

"谁跟你开玩笑，叫别人外号就是不尊重人。"

"还吵，你们两个都不对，老师现在没时间，都回去好好想想。"看着两个人蔫蔫地走出去，马老师摇了摇头。

班会的时候，马老师用"外号"做话题让大家讨论。当大家争论叫别人外号是不是不尊重别人时，马老师打住了大家的争论，讲起了自己高中时的外号。大家很惊奇，安静地听着。马老师讲完时，陆伟和戴天乐互相看了一眼，都不好意思地低下了头。

给男孩的悄悄话

一般的男孩子不会在意绰号，还会因此更了解自己、了解他人。同学之间取外号本是很正常的事情，有的同学出于好玩或愚弄喜欢给别人取外号，正确运用这一游戏还会拉近彼此的距离。但是，青春期的男孩子心理也是非常敏感的，对于同学喊绰号也会很反感。

一般来说正处于青春期的男孩子对别人说自己胖、矮、小眼睛比较介意。因为随着青春期的到来，他们会慢慢在意自己在他人眼中的形象，男孩子们当然就会讨厌被人指出这些常人看来是负面的特征。

男孩子要了解，同学之间相互取外号是很正常的，没有恶意，如果你觉得不舒服可以直接告诉他们。不要因为同学的玩笑话就感到自卑，要坦然面对自己、接受自己。

第三章
觉得自己无所不能——解码青春期男孩叛逆的秘密

要不要用文身纪念青春

文身，俗称刺青，就是用有墨的针刺入皮肤底层而在皮肤上制造一些图案或字眼出来，在身体上刺绣各种花纹。

陆青有个从小一起长大的朋友，那个孩子很早就辍学了，经常和社会上的小混混们在一起厮混，暑假的时候，他来找陆青玩，他的胳膊上文了一条龙，黑色的龙纹在胳膊上盘旋，看起来就像电视里那些跟古惑仔有关的电影。

那个朋友极力地向陆青炫耀自己身上的文身，那是多么的帅呀，这文身就是用来证明自己年轻过，也疯狂过。

陆青家教一直很严，爸爸妈妈对陆青的要求很多也很细，陆青一直是个乖孩子，规规矩矩上学，放学回家，朋友也不多，而且妈妈还禁止过他和这个朋友交往，只不过他们是从幼儿园就认识的小伙伴，妈妈也没有强行反对他们的来往。

看了人家胳膊上的文身，想起电影里那些帅气的打斗镜头，还有那些黑社会电影里一个个疯狂的文身，陆青心动了。他想着：我长这么大，怎么也该自己做主了，好歹也给我自己留下点青春的礼物，就当是纪念也好。

他开始询问那个男孩关于文身的事情。那个男孩见他对文身感兴趣，急忙热心地推荐了几个可以文身的店铺，并且热情地要带陆青立刻过去文身。

但是陆青明白，对于他从小受到的教育来说，文身绝对是不被允许的。他还很犹豫，要考虑一段时间才能决定。所以就让他的朋友先走了，自己一个人开始思考文身的事情。他甚至在晚上查看了大量的文身图片，还有一些关于文身的资料。他的心里蠢蠢欲动，发誓要给自己的青春留下个大大的印记。

陆青怕被父母发现，内心不断挣扎。他思前想后，又觉得自己也不是那种在社会上混的人，好像没必要文身，如果被学校发现了，肯定还得被处分。而且，听说文身就是用针将墨水刺进肉里，很疼很疼。他甚至想要不要用掷硬币的方式来做决定。

给男孩的悄悄话

要文身吗？这不仅是陆青一个人的问题，很多人在看到别人身上的文身后也会蠢蠢欲动。喜欢看明星演唱会的孩子也不难发现，有些明星也文身，而出场的明星往往是金发闪耀、光彩夺目的。喜欢看香港警匪片的青少年会发现，片中很多男性身上都有文身，或龙或虎，抑或是某个情人的名字。文身似乎成了某一个特定群体的象征，象征自己的虎胆英雄。

走出电视，走在真实的生活世界中，你依然能够很轻易地发现身边很多文身的人。文身现在越来越成为一种时尚、一种艺术、一种文化，也渐渐成为新新人类彰显个性的一种方式。在生活里，他们确实看起来很另类，很吸引人眼球，可是你知道吗？在文身的背后，他们也要付出很沉重的代价。

光鲜的表面隐藏的，是你不知道的伤害。关于文身后的遭遇，网上曾经流传这样一个说法："想当兵就不能；想找个好老婆，女孩儿家人不干；走路上说你是小流氓；找工作说你是混混。"这几句话真的说出了那些文身者的内心隐痛。

为什么我不能像偶像明星一样染发

随着青春期的到来，男孩子也开始逐渐注重自己的外表。偶像明星的时尚造型被越来越多男孩模仿。小时候的"和尚头"已经不能满足青春期男孩们的需求，他们喜欢把头发留长，并在发色上做文章。但是，你知道染发的危害吗？

刘立杰升旗之后被教导主任逮到了办公室，跟他一起被逮的还有三四个同学，他们有个共同点，就是头发都不再是黑色的。刘立杰的头发染成了黄色，那几个同学的头发有棕色的，甚至有个火红色的，看起来就像是火鸡的羽毛。大家都低着头，不敢看教导主任的黑脸。

主任开始一个个询问原因。得到的结果基本一致，他们都比较喜欢韩国的那些明星，而那些明星偶像都把头发染成了各种奇特的色彩。现在电视电影上流行的韩国明星深得青少年的喜爱，他们奇异的造型也让学生们以为那就是美，争相模仿起来。教导主任深深叹了一口气。

这帮正值青春期的孩子们盲目地追逐明星服饰打扮的事情，每年都会发生，经常有不穿校服，穿着奇装异服到学校来的，以前是女孩子比较明显，现在男生的势头也开始上升。看着这些五颜六色的头发，主任无奈地叫来了被逮孩子们的班主任，让他们一一带回去进行教育和开导。

刘立杰也被自己的班主任老师带回来了。老师没有给他讲大道理，没有讲那些每天都听的耳朵长茧的话，而是告诉他，染发的危害。原来染发剂里有那么多致癌物质。他以前都不知道，只是觉得像韩国明星那样的头发颜色就是比自己的黑头发好看，现在外面也流行染发，就把自己的头发染了，没想到还有这么多危害。

而且，老师给他做了思想工作之后，他突然觉得，那些明星们也没有那么好看。老师告诉他，做自己才最重要，模仿别人，永远没有人家本人漂亮。他想着老师说的话，决定回去就把头发弄回本来面貌，还要告诉自己的同学，染发有很多危害。

给男孩的悄悄话

爱美的男孩在变换头发颜色的时候，必须得考虑健康问题。

目前大多数染发剂中都含有致敏物——对苯二胺。这种物质很容易引起红肿、发痒、湿疹等过敏症状。还有一些染发剂中含有芳香胺类化合物，这是一种致癌物质。另外，染料经皮肤、毛囊进入人体，然后进入血液，很有可能会破坏血细胞，对身体百害而无一利。

有一对英国夫妇，妻子是金发碧眼，丈夫却有着棕色的头发。丈夫很爱妻子，非常想拥有和妻子一样的金发，于是他总是不断地染发。后来，电视上报道说他常使用的那种染发剂出了问题，严重影响健康，他便说出了这样的话："我喜欢金发，但我不能用健康来换取美丽。不知道之前染发是否已经影响了健康，但今后我是不会再染发了。"

每个人都应该用这样的理智来维护自己的健康。盲目模仿明星染发会严重损害青少年的健康，爱美的男孩还是要三思而后行，因为健康比时尚、潮流更重要。

吸烟很酷吗

吸烟是一种不良嗜好，它对人体健康危害极大，对他人（被动吸烟者）和环境都有害。目前，我们并没有把抽烟作为一种恶习进行挞伐，但是青少年还是不要染上吸烟的习惯，尤其是在公共场所更是要对自己与他人的健康负责。

于宾是一名高二的学生。自从上高中后，于宾的个头猛长，转眼间小不点长成了高大的男子汉。长大了的男子汉可以帮助别人做很多事情了。他能轻松地给家里换灯泡、换煤气；在学校大扫除时帮助女同学擦高处的玻璃；在外边遇到不平事也挺身而出。这些事情都让于宾觉得自己长大了，是个有担当的男子汉了。

周末家庭聚会时，见到许久未见的表哥。表哥从小学习成绩就好，现在在一所名牌大学念书，家里的亲戚总是教育于宾要向表哥学习，爸爸妈妈还要于宾考表哥上的那所大学。的确，表哥不仅博学多才，还外貌英俊，性格开朗，有很多女孩子喜欢他。现在的表哥更帅了，留长的头发，时尚得体的衣服，优雅的谈吐，这些都令于宾羡慕不已。

于宾滔滔不绝地和表哥谈了很多学校的趣闻，也向表哥抱怨物理有多难，食堂的饭菜有多差。表哥边微笑着倾听边从口袋里抽出一根烟点燃了。表哥帅气地用手指夹着香烟，悠闲地向外吐着烟圈，于宾不觉看呆了。家里爸爸不吸烟，也不允许他碰香烟，学校里更是视香烟为洪水猛兽。他从来没有想过吸烟可以这么帅，可以这么有男子汉气概。

回到学校后，脑子里不断浮现表哥吸烟的情形。于宾暗暗想：自己吸烟应该也和表哥一样帅，而且听说很多同学都偷偷尝试过呢，我也一定要试试。

于是，于宾买了一包烟，上厕所的时候在厕所里偷偷地学着抽，刚开始总觉得自己做了什么见不得人的事，总有一种罪恶感。后来竟然在厕所里认识了几个"烟友"，一下就觉得自己比其他同学要成熟，一种"优越感"油然而生。

慢慢地，周围的很多同学都发现于宾吸烟了。可是令于宾没有想到的是，吸烟不仅没有给自己增加男子汉的魅力，反而损坏了自己的形象。现在很多同学都用异样的眼光看自己，有些女同学甚至躲着自己，似乎自己是什么怪物。

体会到被孤立的滋味，于宾下定决心：一定把烟戒掉，以后再也不吸烟。

给男孩的悄悄话

据医学家研究表明，青少年正处在生长发育时期，其生理系统、器官都尚未成熟，对外界环境的有害因素的抵抗力较成人差，易于吸收毒物损害身体的正常发育。而烟草中含有毒物质20多种，烟雾中有害化合物多达300种以上。吸烟所造成的死亡率大大超过酗酒和车祸，它对冠心病、睡眠、性功能、心理等都有直接影响，难怪有人说吸烟等于慢性自杀。

目前，青春期男孩抽烟的比例上升较快。有的人以为吸烟的人才有派头儿；有的人出于好奇，抽着玩的，竟成为"老烟民"；有的人想戒烟，但总是以写作或要研究问题为借口，烟不离口；甚至有的人睡在床上也要抽支烟，以致引火烧身，悔之莫及。

吸烟"上瘾"只是一种顽固的习惯，它不同于吸毒成瘾。在戒烟过程中也没有很大的痛苦和病理反应，因此较易戒除。但严重嗜烟者的戒烟亦有较大难度，戒除过程中有消极反应。

为什么不能喝酒

古今中外，许多人都爱酒，无酒不欢，酒虽然是交友叙怀的好东西，可一旦嗜酒成癖，成为陋习，则要坏大事的。

刘铭是高二七班的班长。他为人热情正直，对班级工作积极负责，得到了老师的信任和同学们的喜爱。

有一天，刘铭看到同班的张华手上绑着绷带，脸上似乎也有伤痕。刘铭就关心地询问张华，张华吞吞吐吐只说是自己不小心碰伤的。看到张华不愿意说，刘铭也就不好问了，只是在私下里打听。

原来，张华的伤是酒后和别人打架所致。在高一暑假和同学聚会时，张华就学会了喝酒。并且不知什么时候认识了一帮"酒友"。这帮朋友没事就聚在一块儿喝两杯，刚开始的时候，张华还是应付朋友，可是到后来自己也迷上了喝酒。考试考好了喝酒庆祝一下，情绪不好了就以酒浇愁。

刘铭觉得问题严重，就直接找到张华。"你是不是喝酒了？这违反了学校的纪律。"刘铭顿了一顿，"我们这么大正是长身体的时候，喝酒不利于生长发育。而且喝酒很容易出事的。你看，你不是都受伤了吗？"张华很厌烦："没事，我有分寸。"刘铭见张华不听劝便把事情报告给了班主任。

班主任很重视，他严厉地批评了张华，讲了酗酒的诸多坏处。可是张华却觉得老师小题大做。他心里嘀咕：都这么大了，喝点酒算什么。

有一天，终于出事了。酒后的张华骑着自行车在马路上飞奔，由于脑子不清醒，竟然撞到路旁的垃圾桶上，结果摔得大腿骨折还伴有脑震荡。现在的张华连生活都不能自理，只能卧床休息。

高中时间那么紧张，自己却只能躺在床上忍受痛苦，一想到这些张华就很后悔：自己不该不听班长和老师的话，不该学着喝酒。张华暗下决心：从今天起再也不沾酒了。

给男孩的悄悄话

如今有许多青春期男孩认为饮酒是交友的好办法，而热衷于聚会狂饮，或结交一些酒肉朋友，嗜酒成癖，最后导致是非不分，良莠不辨，惹出祸端。因酒后的一时冲动而犯罪的时见报端。

青少年正值发育的黄金时段，酗酒的危害不可小觑：

酗酒伤肝。肝脏是人体最重要的解毒器官，也是合成胆汁、贮存肝糖原的脏器，过量饮酒引起脂肪肝，必然导致消化吸收功能障碍和免疫功能下降，使机体对各种疾病的抵抗能力降低；酗酒可损伤大脑，使记忆力下降，使智商和判断力明显减退；经常醉酒可导致血管痉挛、呼吸肌麻痹；长期酗酒将造成心肌脂肪化，损伤心脏功能，诱发高血压、冠心病。

经常酗酒还会损伤生殖功能。医学研究证实，酗酒会导致生殖腺功能降低，使精子中染色体异常，从而导致胎儿畸形或发育不良。

为什么赌博不能碰

俗语说得好："赌博赌博，越赌越薄。"可就是这么一个让人越来越"薄"的"赌"，却使一些孩子走向了歧途。因此，青春期的男孩有必要认识清楚赌博的危害。

王锋最近上课注意力总是不集中，还哈欠连天。

早上九点，语文课上，林老师正在声情并茂地讲述《背影》，讲台下很多同学眼里已经泛起泪光，老师对学习效果很是满意。眼光一瞥，竟然看见王锋趴在桌子上睡着了。课后林老师把王锋叫到办公室严厉地问他："最近怎么回事，上课总是瞌睡，这几天的作业都很潦草，上周的作文都跑题了！出什么事了吗？"王锋嗫嚅道："我……我最近睡得有点晚……上课就犯困。"老师一听觉得有问题，于是接着问："那你晚上都干什么了，为什么不早点睡呢？是作业太多还是看电视看得太晚？""都不是，就是……家里妈妈他们打麻将，有时候人不够……拿我凑数。"王锋小声说。

原来，王锋的妈妈最近迷上了麻将，吃过晚饭后，就在家里摆牌局。写完作业后，王锋偶尔也会过去看看，觉得很新奇。刚开始爸爸妈妈不让他看，怕影响他学习，时间长了没发现什么异常也就不管他了。有时候牌瘾上来，"三缺一"的时候还会拉王锋凑数。王锋玩麻将只赢钱不输钱，因为大人们都不要他的钱，他还用自己"赚"的钱买了心仪已久的飞机模型，为此他很是得意。

慢慢地，王锋也痴迷打麻将了。放学后潦草地把作业写完，就等着妈妈他们打麻将。妈妈他们一般都要玩到凌晨以后，虽然王锋被强制回房睡觉，但是听着外面搓麻将的声音心里就痒痒，在床上一直翻腾到牌局结束才能入睡。白天上课时，除了打瞌睡就是回想昨天晚上的牌局。

林老师意识到问题很严重，当即教育了王锋并马上找到了王锋的父母。爸爸妈妈没有想到自己的娱乐活动给孩子带来了这么坏的影响，当即保证再也不让王锋接触麻将。

给男孩的悄悄话

赌博是以扑克、麻将等工具，用财物作赌注争输赢的行为。目前，在青少年之中，这种不良行为具有很高的发生率。大量事例证明，青少年赌博的危害性极大。

青春期男孩赌博往往会导致学习成绩下降，并会诱发失眠、神经衰弱、记忆力下降等症状，造成心理素质、道德品质下降，伴随而来的是社会责任感、耻辱感、自尊心都会受到严重削弱，更严重的是赌博还会导致违法犯罪，现实生活中有许多男孩因为赌博引起暴力犯罪。

青春期正是身体和心理成长的关键时期，人生中很多良好的习惯和性格的养成都是在这时候打下基础的。那么，对于这一时期的男孩来说，健康趣味的养成会成为自身一种无形的资本，并会使得自己以后的人生受益无穷。

哥们儿义气不等于男子汉气概

在影视剧里，人们经常见到那些为了朋友不惜上刀山下油锅的人，现实生活中的男孩子们又往往误认为那样就是英雄好汉，于是，自己也开始在身边的朋友圈中拉帮结派。

小军是个很讲哥们儿义气的男孩子，在班上以他为首，聚集了几个脾气相投的男生，大家抱着"有福同享，有难同当"的思想，把彼此的事情都当成自己的事情来看待。

有一天，这些孩子中一个叫黄凯的男孩与高一年级的同学马力发生了争执，吃了点亏。于是黄凯便向他的那帮哥们儿求助。小军看着受了委屈的黄凯，心想：哥们儿有难，我怎么能袖手旁观？于是立刻拉上他的那帮哥们儿，气势汹汹地冲向了马力的班级。

马力看架势不对，急忙道歉，但是小军为了在朋友面前争面子，硬是将马力劈头盖脸地狠揍了一顿。结果马力直接被送到了医院急救，而小军也受到了学校的严厉处分。

给男孩的悄悄话

确实，"义气"在历史上也曾一次次被传为佳话，如刘关张的桃园结义，为了结拜兄弟甘愿肝脑涂地。再或者梁山好汉，他们现在似乎已经成了义气的代名词。但是那毕竟是在古代，并且是在一个战火纷飞的年代里。而今天的男孩子们与意气相投的朋友在一起，往往有意识地将自己与意见不同的其他人对立起来，稍微受到外界的影响便容易将矛盾放大，进而采取打击报复的方式来彰显自己所谓的"义气"，而结果呢，往往是伤害了别人也耽误了自己。

正处在青春期容易躁动的男孩子们，遇到同学间可能出现的各种矛盾，一定要冷静处理。多站在别人的立场上考虑，不要轻易就将对方搁在对立面上，这样不但不利于矛盾的解决，反而容易激化矛盾。如果一心只想着帮圈子里的哥们儿，把黑社会的帮派气息带进学校，无疑会对学校良好的氛围造成亵渎与污染。

作为容易冲动的小男子汉，不要将自己锁定在某一个小圈子里面，身边的所有同学都有优秀的一面，都有值得自己学习的地方，也都有需要别人帮助的时候，因此不要轻易将他人排斥出去，要学会理解他人、关爱他人，这样自己身边的朋友会多很多，不管对人还是对己都是利大于弊。

不卑不亢巧对"校园霸王"

有不少男孩在上学阶段都经历过被"校园霸王"欺负、勒索。而这些"校园霸王"都是欺软怕硬的假霸王，如果想摆脱他们，就要做到不卑不亢。

12岁的肖勇所在学校里有个叫张健的"小霸王"，留过两次级，比班里同学都高大，总找碴儿要同学的钱、和同学打架，专门欺负弱小的同学和新同学。有一天放学后，肖勇就被张健给拦住了，他往肖勇面前一站说："喂，借我100块钱花花，怎么样？"肖勇有些害怕了："我没有钱。""没有钱就回家去取！明天不把钱交给我，就叫你尝尝我的厉害！"张健说着，狠狠地在肖勇的肩膀上捶了一拳。

肖勇回到家，哭着把这件事告诉了爸爸。爸爸说："对待欺负你的人，你越软弱就会越受他欺负。最好的办法首先是要不怕他，既勇于谴责和抵抗，又要以诚心对他，帮他改正。"肖勇认真地点了点头。

第二天，当张健又来找肖勇要钱的时候，肖勇鼓起勇气大声地对他说："我又不欠你的，凭什么给你钱？你要是再这么霸道，我们就一起去老师办公室评评理！"听到肖勇的声音，旁边好多同学都围上来，他们平时都受过张健的欺负，早就对他不满，见肖勇这么勇敢，纷纷过来支持他。张健一看形势对他不利，很心虚，只得放过了肖勇，嘴里却还硬硬地说："好小子，下次你等着瞧！"

后来肖勇了解到张健的身世。张健父母离了婚，都不在他的身边，他只好和上了年纪的奶奶一起过。奶奶身体不好，没有人给张健辅导功课，更没有人和他玩，所以他脾气暴，不讲理。肖勇想，张健一定也很想和大家一起玩，只是大家都不接受他。

一天中午，肖勇看见张健独自在操场上打篮球，一连投进了很多球，不禁为他喝起彩来，张健一看有人为他喝彩，心里十分得意。肖勇走上前说："你打得真好，不知可不可以教教我？""小子，你还真有眼光！"张健更得意了，早忘了那天的不快。

从此肖勇每天和张健学打球，有时间还帮张健补习功课。他俩居然成了一对好朋友。渐渐地，在肖勇的帮助下，张健不但学习有了很大进步，而且还改掉了欺负人的毛病，有了更多的朋友。对此他十分感谢肖勇。

给男孩的悄悄话

面对"小霸王"，首先要不怕他，勇敢地应对，可大声呼喊同学和老师，寻求帮助，要随机应变，不轻易妥协。但以人身安全为准则，在寻求解脱困境不成时，可以把钱给对方，最重要的是记住对方的特征，事后向老师、家长报告。要意识到，报告老师、家长并不是什么怯懦的行为，而是勇敢的一种得体形式。

如果正巧你所遇到的"校园霸王"是熟悉的同学或常接触的同学，在事后应设法了解对方的性格和家庭情况，努力地发掘赞扬他的优点，把握自己的原则，不卑不亢地与他相处，帮助他，这样可以为你赢得一个朋友。毕竟许多学坏的同学本性都是善良的，只是受了某些因素影响而暂时误入歧途。当然，首先要保证对方处在学校、社会的教育控制之下。如果对方被利益迷了心窍，且已不顾一切行为的后果，则应坚决地把这种事交由老师、警察处理。

面对校园"小霸王"，不要硬碰硬，这样往往容易使自己吃亏以至受伤。面对校园暴力，要不卑不亢，机智应对。即使自己真的应付不了，那也不是自己的错，不需要隐藏，而是要在事后及时地寻求家长或老师的援助，这样才能够让自己尽快地走出危险困境。

为什么不能好奇"刺激药片"

吸毒问题已成为困扰人类社会的一大顽症，世界各国采取了各种各样的方法与手段竭力遏制毒品发展蔓延的趋势，但是，吸毒人员总数却在逐年上升。随着冰毒、摇头丸等新型毒品的出现，吸毒人群中又多了一群相对弱小的身影——青少年。

陈铭偶然的机会认识了同学晓刚的表弟，那个男孩很早就不上学了，每天在街上和一些小青年混在一起，每天无所事事，就在各种娱乐场所出没。暑假的时候，陈铭和晓刚都挺无聊，晓刚的表弟就提出，带着他们去寻找好玩的东西。两个初中生禁不住那个男孩的诱惑，就跟着他去了一个废旧的车库。

那个车库里还有几个和他们年龄相仿的男生，穿着破洞的牛仔裤，有的赤裸上身，还能看见胳膊和背上的刺青，还有手臂上烟头的烫伤。陈铭心里打鼓，想回家了。晓刚却拽着他说，看看到底有什么刺激的东西。

晓刚的表弟跟自己的那群哥们儿介绍了陈铭他们，就从车库里面一个破桌子里拿出了一个小瓶，里面是白色的药片。他拿出一片吞了下去，然后递给了晓刚和陈铭，要他们尝试一下这个刺激的药片。

陈铭觉察出了异样，坚决不吃，他拉着晓刚就走。他突然觉得那就是那些摇头丸之类的。晓刚的表弟忙劝说，让他们可以体验一下那种成仙的感觉。看着晓刚动心了，陈铭非常着急。他必须劝说晓刚，阻止他尝试这些"刺激"的药片……

给男孩的悄悄话

"白色瘟疫""生命毒剂""头号杀手"……对于毒品，任何一种表述都不为过。这种轻则害己毁家，重则祸国殃民的东西，21 世纪的今天，正如洪水猛兽般侵袭着我们年青一代的身心。据国家禁毒委员会统计，目前，全国登记在册的吸毒人员已达 133.5 万人，其中 35 岁以下的青少年占全部吸毒者的 58.1%。毒品不但是摧残肉体、销蚀灵魂、毁灭家庭的恶魔，更是严重危害社会治安、践踏人类文明的世界公敌。在吸毒者人群中，80％有违法犯罪行为。生活中，犯罪分子会利用以下招数来诱惑青少年："吸一两次毒品不会上瘾。""别苦恼了，来点刺激的，这东西能解决一切烦恼！""免费尝试"谎称"吸毒治病"。他们用这些办法使人上瘾后，再高价出售毒品。处于青春期懵懂的男孩，对于毒品一定要提高警惕，辨别来自外界的诱惑因素，并充分认识到毒品的危害，珍视自己的生命，提高抵制毒品的能力。不要有任何好奇心，不要以身试毒。以身试毒必然要付出惨痛代价。绝不抱侥幸心理，绝不要"第一次"。不结交有吸毒、贩毒行为的人，慎交朋友。遇有亲友吸毒，一要劝阻，二要回避，三要举报。

第四章
花季雨季自多情——解码青春期男孩的懵懂心事

为什么会对女老师产生好感

　　青春期男孩对年轻、有气质的异性老师产生爱慕之情，这是可以理解的，她也许是第一个闯入你心房的具有很大吸引力的年轻女子，与周围的女同学相比她肯定要出色很多。你对她产生好感，是十分正常的心理现象。但是，你知道如何控制这种感情吗？

　　新来的语文老师姓慕容，第一节课的时候就向同学们做自我介绍："大家好，我就是慕容老师。"思嘉在下面接了下茬："老师你是慕容复的亲戚吗？"大家都看过《天龙八部》电视剧，全笑了。慕容老师也笑了，笑起来格外甜美。

　　慕容老师很漂亮，这可是全班同学一致公认的：她身材苗条，个子高高的，穿着天蓝色的连衣裙，样子非常清纯。连班上的女生都惊呼："哇！美女。"

这位慕容老师脾气非常温和，站在讲台上，总是向大家微笑，她笑得那么自然、那么亲切，立刻拉近了她与同学之间的距离。

语文课上，她一遍一遍地给大家讲解问题、朗读课文，她柔和的嗓音，实在令人着迷。之前思嘉对语文课从没有兴趣，所以在做练习的时候笨手笨脚的，慕容老师耐心地帮助他纠正错误。

以后的课余时间，这位慕容老师经常成为全班男生的谈论话题："慕容老师的气质，就像是《天龙八部》里的王语嫣。""她也有点像是阿朱。"同学们说什么的都有。

"不过在我的心中，慕容老师就是慕容老师，不论是王语嫣还是阿朱，都比不上我们慕容老师啊！"思嘉认真地说道。

思嘉的伙伴们早就发现思嘉特别喜欢谈论慕容老师，问他："思嘉，你是不是喜欢慕容老师？"

"你们不也很喜欢吗？我只是和你们一样的喜欢而已。"虽然思嘉口头上没有承认，但是在心里已经肯定了，慕容老师的一切在思嘉的眼里都是那样的完美。只是思嘉不知道慕容老师是否也同样喜欢自己。

给男孩的悄悄话

坦率地讲，男孩的这种爱慕之情并不一定是真正的爱情，换句话说，这只是一种对异性，尤其是对优秀异性的一种朦胧的好感，在这一个年龄段的青春期男孩，常常表现出既成熟又幼稚，既清醒又迷糊，既狂热又消沉的矛盾心理，并开始把目光更多地集中在异性身上，憧憬着梦幻般甜美的爱情生活。但是这时候的你对于什么是真正的爱情知之甚少，对于优秀异性的所谓爱慕其实只是一种欣赏。

青春期的男孩渴望成为一名真正的男子汉，当他认识到自身的不足时，就会把注意力放在更为优秀的异性身上。而老师又常给予他们学习和生活上的关怀，这使得青春期的男孩常常欣赏自己的女老师，甚至幻想自己将来也要找像老师一样温柔完美的女性作为妻子。

这种想法只是男孩分不清爱慕与欣赏的区别，所以最明智的选择是及时控制自己的感情，将你对异性的欣赏转变为让自己更优秀的动力。等你长大之后，随着你眼界的开阔、知识的增长，你会渐渐走向成熟。

把握友情与恋情的尺度

在男女交往中要区分开什么是友情，什么是爱情。要把两者的界限明确化，而不能模糊不清，以免造成误会。

林雨自从和马莎莎相处熟悉之后，最近一段时间放学都是和她一起回家，难怪青峰说："林雨，你这个重色轻友的家伙，把我们都彻底抛弃了。"

一天，马莎莎跟林雨说："林雨，今天你能够晚点回家吗？我有好多题不会做，你能不能帮我讲讲。"那天放学后，林雨一直给她讲题目讲到了八点多钟。

从那以后，她经常会要求林雨晚一点回家，为她讲两道题目。时间一长，林雨觉得有点恼火了。

林雨心里比较不高兴：为什么自己要凭空为她付出这么多呢？自己有很多的事情要做啊！那些题目她如果上课好好听讲的话一定

是可以做出来的，为什么一定要在课下耽误我的时间呢？难道我的时间不宝贵吗？难道她因为是我的好朋友就可以随便耽误我的时间吗？

那天，她又要让林雨晚点回家，林雨想了一下，告诉她："今天妈妈要我早点回家。"

她听了一愣，然后说道："你家里的事情很重要吗？"

林雨听了这句话开始心里冒火了："难道只有你的事情重要吗？"说完之后，头也不回地走开了。

在回家的路上，林雨郁闷坏了：为了她，自己牺牲了很多自己的时间，却没有换来她的感谢，反而让她觉得自己为她做些事情是天经地义的。为什么我不为自己的利益多考虑考虑呢？

给男孩的悄悄话

在学校异性同学之间正常的交往、互助甚至建立一定的友情是无可非议的。但是友情与早恋是有区别的。友情是公开的、坦诚的，一般为多向性的有求必应。所谓公开的、坦诚的，就是说同学间的友情，在老师、家长或其他同学面前不仅从来不避讳，不躲躲闪闪、不偷偷摸摸，而且愿意让他人了解这种友情，有时还可以以这样的真挚友情而自豪。所谓多向性，就是说与某同学友情笃厚，还可以与另外的某同学或某几位同学也友情甚好；也允许或接纳那位同学与其他一位或几位同学都交上朋友，这样有求必应。

而初期的恋情是隐蔽的、自私的、单一的，一般表现为主动寻机相助。这种交往从开始时就不想让家长、老师或大多数同学了解，也不愿意他(她)再考虑与另外的异性同学建立更为亲密的友情，而总是绞尽脑汁地去创造条件、寻找机会尽力给对方以关照或帮助，以求得对方的好感。

正处于青春发育期的中学生，对异性的好感仍属于正常的心理现象。有了这种心理也并非就是洪水猛兽，并非十分可耻，关键是自己怎么调控、怎么把握。作为学生，应在学习进步的关键时期将主要精力放在学业上。

为什么单恋如此苦涩

青春期的男孩不要轻易说你爱谁。只有弄懂了爱的深层含义，你才有资格说出这个字。爱一个人，是要负责任的，问一问自己，已经做好准备了吗？

那次和妈妈一起去参加一个夏令营，有一个小姐姐吸引了安可的注意。她在那个夏令营里做志愿服务生，看上去清秀漂亮，温文尔雅。

有一次，安可不经意闯入了这个夏令营的后房，看到她在那里准备中午的饭菜，当时吃了一惊："原来你的工作就是负责日常的伙食啊？"安可很难想象这样一个相貌秀气的女孩为什么愿意把自己放到这样低微的位置上。

她却笑了笑说："我们是来这里参加学习，做什么工作不是为人民服务呢？放下心来让自己做最基本的工作，才会真正树立服务社会的精神。"安可听她这样一讲，觉得有道理，心里更加尊敬和佩服她了。

以后，安可总是会抽时间特意跑到那里去看她在做什么，如果是集合的话，他也会努力希望能够从人群中找到她。有时看到她不忙了，他还会找机会和她一起聊聊天。

"我也在这里当志愿者，好不好？"安可问她。"其实，只要你具有这样的精神，身在哪里都一样，真的。"她一脸真诚地对安可说。

从夏令营回来之后，安可经常会一个人默默地想念她，想起她清瘦的样子，想起她那张秀气的脸和在厨房里工作的辛苦，想起临走时她对自己的鼓励。

给男孩的悄悄话

男孩子小时候也许都梦想自己是一个英俊的王子，历尽千辛万苦，终于找到了自己心目中的公主，她美丽大方、温柔体贴，最喜欢的就是她那双会说话的大眼睛；女孩子小时候也许都梦想自己是一个美丽可爱的公主，等着白马王子来迎接自己，他英俊高大、机智幽默，你最喜欢的就是他深沉且略带忧郁的眼神。

男孩和女孩长大后，都会按照自己梦中的样子去寻找自己的公主和王子。当发现某个人的某种特质与自己梦中的理想对象相符时，就会对对方产生好感，也就是我们说的喜欢。可能你认为这就是爱，而实际上，这两者是有本质区别的。

喜欢是尊重对方，认为对方有其优点值得自己去尊重，且有好评，也认为对方的态度与自己相似。这就是喜欢的情感。而爱情则包含亲密的感情，关怀对方，和情绪上的依赖。由此可见，许多人的爱情感觉，其实只是有浓烈的喜欢感觉而已。不只是异性同学，甚至是学校老师，荧幕媒体的明星偶像，都是爱慕的对象，这只是个人产生好感，认为对方某些部分与自己相似而喜欢对方而已。但有些人将这种喜欢当作爱情，认为对方与自己的关系和别人不同，因此有时候会产生认知的偏差，误以为我对你这么好，你怎么可以不理我，怎么可以和别人嘻嘻哈哈，不是认为自己已坠入爱河，就是自己在单恋，或者失恋。一见钟情也就是这种将对方的某些特质与自己梦中情人特质吻合配对的喜欢情感而已，只不过误以为是爱情。这是时下许多青少年的苦恼来源，因为这种感情欠缺相互亲密的成分。

也许现在我们还不成熟，考虑问题还不全面，日后随着知识的增长、视野的开阔、心智的成熟，很容易"见异思迁"。其实并不是你"变心"了，而是本来并没有去爱——爱一个人是要求感情专一的。

老师为什么要干涉我和女孩的友谊

青春期的男孩女孩，几乎无不面临着"早恋"的问题。这个"早恋"，尤其是父母、老师眼中的"早恋"，常常引起各种误会和曲解，也给男孩子们带来了不少的困扰。

小全是个开朗的男生，班级里无论是男生还是女生，都喜欢和他一起玩儿。小全最近迷上了集邮，一到周末就跑去邮票市场，这天又是周末，他一大早就赶去邮票市场，在人头攒动的市场里，小全遇到了同班同学小丽。

原来小丽也是个集邮爱好者，两个人聊邮票，聊得很开心，从那天以后，两个人常相约去邮票市场。课间也相互交换邮票。渐渐地，同学们之间传出了他们的绯闻，但小全不在乎，他光明磊落。

可是有一天放学，班主任把小全叫进了办公室，"小全，听说你最近和小丽常在一起玩儿啊？"

小全知道老师的意思，他说："老师，我知道您什么意思，但我们就真的只是好朋友的关系而已。"

老师拍拍小全的肩膀，"老师没别的意思，就是提醒你，还是学习为重。"

后来小丽也被叫到了办公室，之后，小丽总是有意无意地躲着小全，小全知道，小丽是怕同学们的风言风语，也怕老师说她。

但自己和小丽真的只是好朋友关系，为什么老师就是不肯相信他们，还要从中阻挠，干涉他们之间的友谊呢？

难道男生和女生之间，就不能存在亲密无间的友谊吗？

给男孩的悄悄话

像故事中所说的那样，青春期的孩子们常常要发问：男女之间就不能存在亲密的友谊吗？

当然，如果同样的情况发生在其他的年龄段，也就不会存在这样那样的误解了。但是青春期的孩子们首先也应该理解父母、老师的心情。毕竟青春期是一个特殊的时期，男孩女孩们在荷尔蒙的作用下处于情感朦胧的时期，长辈的担心是不可避免的。况且他们大多因担忧孩子的认知不够，担心早恋影响学习生活而进行阻挠，不论如何，初衷都是为了孩子。

但问题在于如何把握一个"度"的问题。当长辈的这种担忧和疑虑变成一种过分敏感的怀疑时，就会不可避免地凭空出现一些"早恋"，正常的男女孩友情被无情地阻止且永恒地产生隔阂。这时青春期男孩们就应该知道，在理解老师、家长的基础上，与他们进行说明和沟通也是必要的。当长辈们相信你是真正能够成熟地处理这个问题的时候，这样的事情也就不容易发生了。

为什么面对女孩子会别扭

随着青春期来临，男孩女孩们逐渐进入性发育成熟时期，这一时期的他们会对异性感到好奇，喜欢接近异性，却表现出对异性的异常恐惧，害怕与异性接触。事实上这就是患上了"异性恐惧症"的表现。你有这样的表现吗？

"小明，把你的橡皮借我用一下。"同学涓涓向小明伸出手。

小明从铅笔盒里拿出橡皮，头也不抬地递给涓涓，涓涓用完后，对小明说："小明，你这块橡皮真好看，借我用几天吧？"

"嗯，你用吧。"小明还是头也不抬，他的脸红得像个大苹果。

小明从小就这样，和女孩子说几句话就会脸红。

走在回家的路上，涓涓从后面跑了过来，说："小明，咱们一起回家吧？我家就住在你家附近。"

小明点点头，也不说话，涓涓一路上滔滔不绝地讲着笑话，小明一句话也不说。快到家的时候，涓涓生气地拦住小明，说："小明，我是不是得罪你了，你怎么老是不搭理我，我们不是好同学吗？"

小明慌乱地摇头："没有，没有。"

涓涓生气地扭头就走："你不爱和我玩，我还不和你玩呢，有什么了不起的，哼。"

小明很难过，他不是不爱和涓涓玩，只是他面对女孩子，总是不知道该怎么办才好。小明很苦恼。

给男孩的悄悄话

青春期男孩们容易对异性产生好奇心，常常刻意接近女孩。但是，有的男孩，由于害羞、紧张，会对与异性交往产生恐惧心理而引起误会。像故事中的涓涓，就因为小明的态度，而误认为小明对她抱有偏见，不爱搭理她。实际上，小明却是很清楚的。他对于涓涓其实丝毫不反感，只是克服不了自己内心的障碍而不自觉地与她远离。当误会发生的时候，也鼓不起勇气来说明真实情况。

这样的案例其实很常见。几乎每个班里都有几个羞赧的不敢跟女孩说话的男孩，一有女孩靠近就会红起脸来。

这种青春期"异性恐惧症"的产生，可能是因为男孩子与同龄的女孩接触太少，容易觉得不知所措；也可能是因为父母的传统教育，让他们觉得男孩女孩的关系很神秘复杂，冲不开内心的枷锁；更有些是怕出糗、被嘲笑、被无视，因而当他们与女孩相处时，即使不是出于恶意，也总是刻意保持距离。

对于这种状况，其实男孩们只要自然对待就可以了。刚开始可能羞于面对，无法自我克服，但是随着年龄的增长，与异性的接触是难免的，慢慢便会愈加坦然地对待它。只要不刻意放大"异性恐惧症"的症状，就必定能够在逐渐地成长中去克服它。

有女孩子喜欢我，为什么不能炫耀

爱慕，尤其别人对你的暗恋，应该放在心里，让它自然酝酿、生长，没必要拿出来炫耀。这种炫耀会伤害到对方，也有可能伤害到你自己。

学校的心理咨询室外面有个小小的信箱，有一天心理老师收到了这样一封求助信件：

在学校那个小天地里，我们所有的方面都会拿到竞争的天平上比个你输我赢才肯罢休。男孩子们的虚荣在各个方面都会不断膨胀，我们会在学习成绩上一较高下，也会在运动场上玩命奔跑，只为成为那个最受瞩目的人。

与女生交往，男生会觉得很有面子。而被女生追，对虚荣的男生们而言是一件特别荣耀的事情。我就是这么一个虚荣的家伙。

我不知道爱情是什么，我也没有真的喜欢过哪个女生。我不能体会那种喜欢一个人的心情。但是班上有个文静的女生，有天突然找到我，说有话跟我说，我被她拉到操场。绕着操场转了一圈又一圈，她都不说话，好久之后，她才吞吞吐吐地告诉我，她喜欢我。她说运动的时候看见我受伤了还坚持，觉得我很坚强，后来就一直关注我。

我忘记了怎样结束了那次谈话，后来她经常用精美的信纸给我写信。信的内容大部分都是柔软的文字，还有来自一个女孩子的关心之类的。我并没有特别的感觉，只是被一个女生这么关注，感觉自然良好。

一次课间，我跟几个哥们儿吹嘘我如何受欢迎的时候，就说了这个女孩追我的事情，并且添油加醋地说她死缠着我不放。同伴们投来羡慕的目光的时候，她正好经过附近，我抬起头看到了她泛红的眼睛。

我后悔自己的吹嘘，可是大家都知道了她追我的事情。她再也没理我，在班里也更沉默了，听说班主任还找她谈话了。学期结束后，她就转学走了。我连道歉的机会都没有。

给男孩的悄悄话

这位男孩的来信道出了他的苦恼。面对别人的喜欢，我们该怎么做呢？

拥有异性的爱慕，是可喜的事，因为这代表你有着某种吸引力，你会因为自己拥有这种魅力变得更加自信。根据一般人的心理，遇到让自己觉得骄傲兴奋的事情就喜欢与人分享，但是感情这种东西是不能分享的——对于爱慕你的人而言，这就是一种伤害。

设身处地地为喜爱你的人想一想：我爱慕你，投入了纯真的情感，这种情感却被你当作炫耀的筹码。试问这对爱慕你的人而言，是不是一种莫大的伤害？炫耀异性的爱慕，是自己不自信或不成熟的标志。把异性的爱慕变成提升自己身份的一个筹码，而不是真心地去对待这份感情，何尝不是一种残忍？

所以，青春期的男孩子一定要注意，不论是在什么情况下都不能炫耀异性对你的爱慕。请把这份美好的感情深埋在心底，你会保护一颗敏感而温柔的心，从某种程度上讲，也是保护了你自己。

我被拒绝了，太受打击了

爱情是美好的，如带刺的玫瑰，为了接近它，我们伤痕累累也在所不惜。可是你确信自己真的足够"强壮"，足以抵挡爱情给你带来的一切不幸吗？特别是你的爱被对方拒绝的时候，你是否会从此萎靡不振呢？

付凌霄最近心情极差，每天精神萎靡的样子，看起来就像是经受了重大打击的小老头，一点精神劲头都没有。最近学校也没有举行什么大的活动，也没有考试，按说他没理由遭受这么大的挫折啊！

好友李翔发现了他的异常之处，一天放学的时候，李翔开门见山地问凌霄："咋啦？最近好像是闷闷不乐？"

凌霄支支吾吾半天，也说不出啥原因。

李翔着急了："到底咋回事呀，你看你这郁郁寡欢的，有啥事把你愁成这样？"

凌霄看着搪塞不过去了，只好老实交代："我被拒绝了！"

"啥？怎么被拒绝了，你向哪个女生表白来着？"

凌霄不好意思地点头："是呀，我从来了3班之后，就发现那个叫白合的女生还蛮特别的，我就经常看她，发现她真漂亮，学习也好，人也安静，不像有些女生那么八婆！"说起了白合，凌霄眉飞色舞，精神气十足。

"那你们现在怎么样了？"

"她倒是没事，见了面跟没事人儿似的，还照样跟我打招呼。但是我觉得特难为情，都不好意思再跟她说话了。"

"人家都没事，你干吗跟自己过不去呀？"李翔实在不想看着哥们儿无精打采的样子，看着就难受。

"是，她是没事，但是我都向她表白了，而且被拒绝了。你说我见了她，心理能好受吗？"凌霄喃喃地说。

怎么才能帮朋友走出这个小阴影呢？李翔一时也没有什么好的办法。

给男孩的悄悄话

你被拒绝，说明你已经勇敢地去向对方表达你的想法，你已经在按照自己内心的渴望去生活了，你已经尝试了。为什么还要责备一个勇敢的自己呢？

不可能所有的人都喜欢你。这个世界上，如果真的是能够碰到一个你喜欢的人，而她也喜欢你，那当然是万幸。但是当别人不喜欢你的时候，你不能因此而对自己失去信心。你需要的是时间，世上真爱你的那个人一定会出现，只要在人生的道路上继续前行，终有一天会与其见面。

当然，无论怎样讲，当表白被拒绝的时候，那种失落感是没法避免的。我们需要一个很好的方式来发泄自己的郁闷。比如和最好的朋友聊聊，如果你的父母足够开明，也可以向他们述说。运动也是一个不错的发泄方式，可以去跑跑步、踢踢球。总之发泄一下，比自己一个人闷着头郁闷要好得多。

爱了，就要担当责任

爱情是神圣纯洁和永恒的，而责任是在一定条件下必须履行的义务，是不可推辞和忌言的。青春期的男孩女孩不要为爱情昏迷了头脑，忘却了责任。

胡岩现在陷入深深的苦恼之中，他开始后悔自己当初的行为，他也不知道未来怎么办。现在一切都如一团乱麻，他不知道头绪在哪里。这沉重的负担让他喘不上气来。女朋友左叶在他身边低声的哭泣，还在小声地询问胡岩，现在该怎么办。

一对高中生，陷入了一场麻烦之中。他们是早熟的孩子，高一的时候就开始谈恋爱，很快两人就偷尝禁果。但是事情并不像他们道听途说来的那么妙不可言，除了生涩的疼痛，两人再没有任何快乐可言。

年轻无知的他们也不懂得采取安全措施，两个人偷尝禁果的两个月后，左叶忧心忡忡地告诉胡岩自己怀孕了。这对一对尚在高中的恋人来说，无疑是晴天霹雳。他们一下子陷入了慌乱中，到底该怎么办？

两人达成一致，不能告诉父母这件事情。这件事情如果让爸妈知道了，非打断他们的腿，但是肚子里的孩子还在一天天长大，左叶的情绪也越来越差，她只是跟家人说自己是学习压力大才这样的，但是跟胡岩在一起的时候，她就会拼命问胡岩，到底该怎么办，到底该怎么办？都是你的错！女孩的抱怨，让胡岩的心搅成一团，太后悔当初的冲动了，如今这个恶果他自己一个人怎么承担？左叶后来就开始不断地提醒胡岩，一定要对她负责任，所有的事情都是胡岩应该负责，都是胡岩害了她。

来自事件本身的压力，来自女友的不断施压，胡岩终于忍受不了这么大的心理压力了。他跟爸妈摊牌。事到如此，爸妈没有过多训斥他，直接找到了那个女孩，协商问题的解决方案。最终，两家大人达成了协议。左叶父母带着女儿去了很远的城市做流产，而胡岩却陷入了深深的抑郁。

他不能原谅自己不能负责，而他也无力承担全部的责任。一直处于巨大压力状态下的胡岩只好靠着抗抑郁药物来维持自己的正常生活。

犯了错，真的是男孩一个人的错吗？爱情的责任该如何承担呢？

给男孩的悄悄话

爱情非常美好，但是不堪一击，因为人们总是喜欢把爱情建立在虚无缥缈的幻想世界里。青春期的少男少女渴望美好的爱情，只认识到爱情带给人快乐和心理愉悦的一面，却认识不到爱情的责任是多么大的重担。青春期孩子出于种种原因不愿意与家长交流，而家长也出于不好意思不便与孩子交流，导致一些偷尝禁果的"小情侣"可能会面临身体的损伤甚至意外怀孕的问题。所以，对于青春期的孩子来说，一定要了解相关的生理卫生知识，做好生理防范。如果发生了身体损伤或者意外怀孕及时告诉家长，尽快地处理问题，以免造成终身的伤害和遗憾。

爱情是需要现实考验的，此时的少男少女或许沉迷在爱情的美好里不能自拔，但在漫长的平淡无奇的生活里，他们的爱情担负不起生活的责任，美好褪去，才意识到过早地恋爱不仅没有收获真正的爱情还耽误了自己的学业，彼时后悔却又来不及了。因此，及早认识到爱情的责任感十分重要。

当爱情与责任融为一体的时候，就赋予两者特定的含义。爱情就不仅仅是取悦对方，而是包容对方一切优缺点；责任就不仅仅是暂时的允诺，而是呵护对方一生的幸福。当爱情脱离责任的轨道时，它就是一列货车，伤人伤己；当责任飞离爱情的恒星时，它就是一颗流星，瞬间逝去。只有爱情和责任真正统一于男女之间的时候，爱情与责任才是完美和负责的。但在婚前婚后有所侧重，婚前谈的是感情，婚后担的是责任。只有融贯双方的责任，才是真正的爱情。

图书在版编目 (CIP) 数据

教子有方 / 侯海博编著 . –– 北京 : 中国华侨出版社 , 2020.6

ISBN 978–7–5113–8202–3

Ⅰ . ①教… Ⅱ . ①侯… Ⅲ . ①家庭教育 Ⅳ . ① G78

中国版本图书馆 CIP 数据核字 (2020) 第 078276 号

教子有方

编　　著：侯海博

责任编辑：姜薇薇

封面设计：冬　凡

文字编辑：李　波

美术编辑：李丝雨

经　　销：新华书店

开　　本：880mm×1230mm　1/32　印张：30　字数：803 千字

印　　刷：三河市燕春印务有限公司

版　　次：2020 年 6 月第 1 版　2021 年 2 月第 2 次印刷

书　　号：ISBN 978–7–5113–8202–3

定　　价：168.00 元（全五册）

中国华侨出版社　北京市朝阳区西坝河东里 77 号楼底商 5 号　邮编：100028

法律顾问：陈鹰律师事务所

发 行 部：（010）88893001　　传　真：（010）62707370

网　　址：www.oveaschin.com　E－m a i l：oveaschin@sina.com

如果发现印装质量问题，影响阅读，请与印刷厂联系调换。

读懂孩子的心

——青少年常见问题心理解析

侯海博◎编著

中国华侨出版社

北京

　　和孩子成为朋友，让孩子和自己无话不说，是每个父母的心声。但实际上，我们见到太多剑拔弩张的亲子关系，孩子深陷麻烦和苦恼之中，却不愿向父母敞开心扉、寻求帮助；父母越问孩子越不说，父母越着急孩子越封闭自己，始终无法走进孩子内心的父母不禁叹气："小时候那么可爱的孩子怎么一下子就变了呢？"

　　其实，不是孩子不愿意与父母吐露心声，而是父母需要了解孩子的想法，应以恰当的方式和孩子沟通。青少年时期是人一生中重要的阶段，也是一个成长较快的阶段，在这个阶段，孩子必然会出现成长的烦恼和心理的困惑，只有跟得上孩子的成长，才能读懂孩子的心，对孩子可能需要的帮助及时伸出援手。

　　青少年是朝气蓬勃的，充满了探索和求知的欲望，容易受到流行元素的影响，但由于还不够成熟，难免缺乏判断能力。很多家长由于自认为是"过来人"，为了让孩子"少走弯路"，对孩子诸多限制，管得太严，使孩子感到压力大，没有自由，自己的想法不被重视，跟父母有代沟，进而产生叛逆心理。本书通过对青少年的内心需求的探讨，帮助父母找到打开孩子心灵世界大门的钥匙，从心理和生理两方面引导孩子走出困惑，让每个父母都能成为孩子的良师益友，成为他们成长道路上的引路人。

本书针对 12-16 岁青少年在家庭沟通、性格形成、学习方式、人际交往、价值观、生理发育、情感需求等方面可能出现的心理问题进行深入浅出的分析。阅读本书，有助于家长走进孩子的内心，为孩子的健康成长保驾护航。

目　录

第三章　平时母慈子孝，一写作业鸡飞狗跳：破解学习困境

第四章　孩子不会与人相处：因为你还不懂人际交往

第五章　谁的青春不迷茫：塑造孩子正确的价值观

第六章　青春期的孩子秘密多：孩子叛逆有生理原因

第七章　懵懵懂懂的纯真情感：谨慎处理孩子的情感

第一章

沟通的方式是家庭教育的根基：重视家庭沟通

叛逆、代沟、误解、冷漠，一提起青少年与家长的关系，很多人都会想到诸如此类的词语。青少年一谈到父母，张口就是"他根本就不了解我，没什么可谈的"，家长一说到子女，闭口就是"现在的孩子太不像话，一点也不懂事"。

究竟是什么使家庭里失去了应有的和谐？答案是缺乏沟通！没有了沟通，青少年与家长之间就出现了一道厚厚的心灵壁垒，阻断了亲子之间的交流。于是，家长不理解孩子，孩子不体谅家长。时间一久，误会越来越深，最终导致"冷战"局面。青少年时期是成长过程中心理问题的多发期，家长作为孩子的监护人，应该主动去了解青少年的心理，多与子女交流，帮助他们排解心里的困惑。只有多沟通，才能营造和谐的家庭氛围。

父母什么都不了解——用沟通消除亲子间的代沟

小区里最近出了件热闹事，电视台跑到燕子的家里去采访了。原来燕子和父母闹得很僵，成了亲子沟通节目寻找的典型。在面对电视台的记者时，燕子说，父母要求自己整天除了学习还是学习，跟自己说话的时候就只有吃饭、穿衣、学习这三样话题，父母关心的只有自己饿不饿、冷不冷，从来没有问过自己累不累，至于自己有什么心事，父母更是连想都没想过，自己真是烦透了。事实上，燕子是一个品学兼优、在班级名列前茅的好学生，家境也十分不错。但就是这样一个在外人眼中无可挑剔的家庭，实际的气氛已经达到"冰点"。"别看我表面上什么也不缺，但我真正想要的父母不给我，因为他们根本不知道我需要什么，他们不屑于了解。"而燕子的父母又有另一番说辞，"孩子整天都是什么'粉丝''玉米'的，听着就犯晕，哪知道这些孩子都在想些什么！"燕子的母亲在面对记者的时候如此回答。

心 理 解 析

　　代沟就是两代人之间因年龄、价值观念、思维方式、行为习惯、兴趣爱好等方面的不同而在认识和行为上产生的差异、摩擦或冲突，也是指由于两代人彼此间意见不一致从而在心理上产生相互排斥的现象。现实中，"代沟"已经是一种很普遍的社会现象，而且大多数家长也承认代沟的存在。很多时候家长坐在一起谈到孩子的时候会达成一种共识，就是认为青少年不理解父母的良苦用心，听不进劝解，最终导致双方缺乏共同语言。从理论上分析，家长与孩子之间的相互不理解是产生"代沟"的主要原因。

　　代沟的确是由两代人共同造成的，但是其最初的成因并非如家长所分析的那样——问题全出在孩子身上，家长也要负一半的责任。大多数家长都有共同的想法：孩子是自己生的，做的一切自然都是为了孩子好，各方面的经验也比孩子多，所以孩子要无条件地听自己的话。没有了交流，才出现了孩子"不理解"家长的情况。

　　事实上青少年具有独立思考的能力，他们有了主见和对未来的想法，但家长还总觉得他们还是孩子，对社会事物的认识还不够全面，怕他们会受到伤害。于是，总是放不开手，什么事都给他们安排好，忽视青少年的意愿，通常在此时，他们会因受到摆布而大力反抗。由此父母和孩子之间的矛盾就产生了：父母抱怨孩子不听话，而青少年怨恨父母管得太多。家长教育方法不得当，与孩子的自我发展不同步，从而导致两代人之间产生比较激烈的冲突。

　　父母望子成龙，这本身没有什么错。所有的父母都会把希望都寄托在孩子身上，把全部的爱无私地奉献给自己的孩子，就是希望他们能超越自己。在父母心里，孩子能够快快乐乐地长大、能够考入理想的学府、能找到一份称心如意的工作，能过上安逸舒适的生活，自己就是再苦、再累、再艰难也毫无怨言。正所谓"可怜天下父母心"。

然而父母却没有想到，时代的演变使得当代青少年的价值观较从前有着颠覆性的变化。他们把父母给予的爱误解为不自由和束缚，把父母的教诲说成是唠叨，有时还认为父母根本不疼爱自己，青少年的这种想法和做法让很多父母感到迷惑和不解，于是出现了代沟。

此外，在思想观念上，青少年比较开放，喜欢追求新事物，易于接纳新观念，但稳定性较差，容易改变；而家长则较为保守，讲求实际，不喜欢追求时髦，倾向于保持传统习惯。在行为方式上，年轻人会突破传统习惯，灵活性强，喜欢按自己的意愿行事，敢于尝试、勇于冒险，往往冲动而急躁；而家长做事谨慎、沉稳，讲求踏实、注重质量、不愿冒险，不喜欢做没有把握的事。由于这些差异，亲子之间的心理距离以致"代沟"就形成了。

专 家 支 招 ....

家长在面对与孩子间的代沟时，应该做到：

1. 承认代沟的存在

家长面对代沟，不要回避，要迎难而上。生活中的代沟，其实可以不必计较，所谓萝卜青菜，各有所爱。而思想上的代沟，需要在沟通中进行碰撞，在碰撞中取得个性的共振。两代人之间不能伤感情，不然不但无法沟通，而且会加深隔阂。

2. 要与孩子及时沟通

交谈是最直接、最有效的沟通方式，父母应主动创造谈话情境、营造交流氛围，多与孩子"以心换心"。但请注意这种交谈应建立在双方平等的基础上，父母应以朋友的身份参与交流，切忌用居高临下的态度，否则很可能会适得其反。

3. 要尊重孩子

家长要给孩子一片"情感自留地"。青春期的少年渴望独立，对事物具有一定的鉴别、评价能力，因而不愿事事被大人干涉，他们迫切需要得到父母和周围人的尊重，承认其独立意识和人格尊严。过多地保护会使孩子内心烦躁，产生抵触情绪，报复和逆反心理也会日趋严重。

4. 要学会接纳孩子的想法

家长应学会在接纳孩子想法的基础上因势利导。在家庭生活中，家长要学会接纳孩子想法的态度和意见。这种接纳不是被动的，而是在真正弄清对方的意见和态度是否合理之后，心悦诚服地放弃自己的见解而接纳对方。或者，将双方的意见取长补短，相互融合。

不让我这么做，我偏这么做——纠正孩子的逆反心理

张强今年 17 岁了，上高中二年级。在高一的时候，张强的成绩很优秀，可是进入高二后，张强的成绩大幅退步，上课不好好听讲，作业不按时完成，上学变成了应付差事，对学习好像忽然之间再也提不起兴趣了。当他因为不按时完成作业或是考试成绩不理想而受到老师的批评时，总是一副不服气的样子，常常和老师顶撞，有强烈的抵触情绪。有一次物理老师对他说了一些比较过分的话，张强从此再也不听物理课了，一上课就睡觉，也不完成课堂练习和课后作业。张强的父亲长期在外地工作，他和母亲一起生活，母亲工作较忙，对张强要求特别严格，缺乏必要的关心和理解。现在张强一听到母亲唠叨就发脾气，甚至一回家就直接把自己关进房间，连个招呼都不打。问他问题，他要么装听不见，要么就随口敷衍，多问几句学习上的情况，他就不高兴地大声嚷嚷："没完没了的，烦不烦啊！"不仅仅是老师和母亲，谁的话他都听不进去。总之，你让他往东，他偏要向西。

许多孩子的父母可能都会遇到这样的尴尬场面：你说不，他偏说要；你说要，他偏说不；有时他明明做不到的事情，还坚持要自己做，拒绝父母的帮助；而另一些时候却每一件事情都要父母包办。其实，孩子的"反抗"不过是建立自我的方式。为了要弄清自己是谁、要的是什么，孩子必然要经过一段否定成人要求的时期。其实，孩子这种不稳定的表现，正是他要进入一个稳定时期的前奏。换句话说，青少年的反抗是他进一步成长的信号。

一些正值青春期的孩子，反抗性极强，他们常常容易激动、爱发脾气、与大人唱反调，正是因其自我意识开始树立，做事要按自己的意愿做才产生的这些行为。如果大人稍加约束，就会产生反抗心理。

孩子对大人的对抗，有的表现为外向型的对抗，如用言语顶撞，或破坏东西；有的则表现为内向型的对抗，如阳奉阴违、心口不一，表面乖巧，内心抵触。孩子的对抗行为大都发生在十几岁，这时候孩子的自主性逐渐增强，对问题有了自己的主见，因而对成人的一些行为采取排斥的态度，尤其是成人的干预行为，更容易引起他们的对抗情绪。

因为处于青春期的孩子视野更开阔、自主意识更强，他们已经有了自己评判事物的标准和看待问题的特有角度，不再像以往那样时时处处听从家长的命令。这些特有的标准和角度在同龄人之间心领神会，形成了青少年的西文化，却让家长不得其门而入。一些家长渴望探究明白，随时随地都想监控自己的孩子，而孩子随时随地又想摆脱家长的监控。在监控与反监控的较量中，家长的权威和地位经受着前所未有的质疑和挑战。

孩子有了逆反心理，经常让家长很恼火，越是恼火就越发训斥孩子，但家长的训斥反而更增加他们的反感情绪。

逆反心理会导致孩子无法正确判断事物，盲目地否定一切。这不仅影响他们能力的发展，而且还会造成青少年的不合群及被边缘化，这些对孩子的健康成长是百害而无一利的。那么，如果孩子有了逆反倾向，家长应该怎样纠正他们呢？

1. 以正确的方法关心和爱护子女

家长疼爱孩子是可以理解的，但应以孩子的正确发展为目的来关心和爱护他们。对孩子的关爱，不应只局限于物质方面，还要注意孩子心态的变化，以正确的观念教育孩子。父母应创造机会，让孩子多与同伴交往，提高社交技能，从而养成良好的品格。父母也应当让孩子去接触社会，参与劳动，打破家庭封闭之门，让孩子了解事情并不是他所想的那么简单，学会从多角度考虑问题。

2. 平等地跟他们沟通

交谈可以使双方相互沟通，只有沟通才能促进相互理解。但是，交谈必须建立在双方平等的基础上，可以以朋友的身份与孩子"平行交谈"。家长用"平行交谈"的方式跟青春期的子女谈话，往往能引起热烈回应。"平行交谈"的意思是家长与子女一面一起做些普通活动、一面交谈，重点放在活动上，而不是谈话的内容，双方也不必看着对方。这种非面对面的谈话方式会让家长和孩子都感到轻松自在。家长与孩子的谈话内容，最好是多谈一些如何学会求知、学会做事、学会共处、学会做人等。在交谈中，还要注意从事情到关系、从事情到感情、从一般到特殊等原则，从而使孩子与家长之间能够交心。

3. 要有理解之心

一定要认识到这是孩子人生中一个必经的阶段，不要那么担心和难过。其实家长在那时完全可以回想一下十五六岁时候的自己，没准也有与父母起冲突的时候，或者在日记中表达思想的时候，即使那些思想现在看来十分幼稚可笑。所以，应以理解的态度来看待这个时期的孩子，看待逆反这件事情。

4. 鼓励孩子诉说原因

家长可以鼓励孩子述说唱反调的原因，这样一来可以帮助孩子整理自己的思绪，给孩子一个反省的机会，二来家长听了原因后也加深了对孩子的理解。有时，孩子"唱反调"只是为了博取更多的关怀和重视罢了。所以，家长可以听听他们怎么说，给孩子充分表达的机会。

5. 转移话题

当家长和孩子陷入争执中，双方都很冲动时，不妨先转移注意力。如果双方在过激时都说了伤害对方的话，尤其若家长在极度的愤怒和失望之下，说出孩子不能接受的话，正处于叛逆期的孩子很容易做出一些过激的举动。因此，在这种情况下，双方须冷静处理。

我跟你们没话说——消极沟通

蒙蒙自打上了初中以后，和父母之间的交流就变得越来越少。每天放学之后，蒙蒙总是把自己关在房间里，不到吃饭的时间不出来，吃完饭后又把自己关在屋子里。以前，蒙蒙遇到了什么不开心的事，都会和父母说；遇到了解决不了的难题，也都会和父母去商量，可是现在，蒙蒙也不愿意和父母沟通了，弄得父母不明所以。有时候，蒙蒙做错事了，父母说蒙蒙两句，蒙蒙也不顶撞，默默地听过之后，随口敷衍两句，扭身就回屋了。父母有时候误解了蒙蒙，蒙蒙也不像过去那样据理力争，同样是把门一关，保持沉默。

蒙蒙的父母对此越发着急，但是又找不到好的解决途径。无意中，蒙蒙的母亲看到了蒙蒙的日记，日记里写着："他们根本就不了解我，更谈不上什么理解了，平日里就为了那么一件小事唠唠叨叨那么长时间。他们根本就不知道我想要的是什么，每天还在说什么现在的孩子多幸福，要吃有吃、要穿有穿的风凉话，他们知道我现在一天活得有多累吗？要是他们不再逼着我今天学这科，明天补那科，我宁愿去挨冻受饿。在他们心里只有考试成绩，根本就没有我，他们只是希望我考试成绩排在前面，好让他们在和同事聊天的时候，有东西可以用来吹嘘……"

蒙蒙的母亲看完后感到十分惊讶，没想到蒙蒙的小脑袋里竟然积蓄了这么多的不满，可是蒙蒙的妈妈又不敢去问蒙蒙，害怕让女儿知道自己偷看了日记，关系会越闹越僵。

"父母是孩子的第一任老师"，大多数家长都同意这个说法。但很多父母以"师者"的身份自居，高高在上地对孩子进行说教。这种做法实际上拉开了家长与孩子的距离，造成孩子对家长的漠视，现代青少年对家长的敌视与对抗心理，往往就是这样形成的。例子中蒙蒙的父母就是这样，在蒙蒙的心里，父母就是另一个老师，只逼着自己学习、逼着自己出成绩，而很少关注自己的内心，父母不知道自己在想什么、自己想要的是什么，自己也无法与父母进行对话，只能用一种沉默的方式对父母的这种管教方式表示对抗。

其实，相对于"师者"的身份，家长更应该扮演的角色是"朋友"。在教育心理学中有一种说法，对青少年的教育有四种策略：一种是独裁策略，这种家长对孩子进行独裁式的教育与管理，完全控制和支配孩子的日常行为，完全漠视孩子的个人意见和心理需求，只按照自己的构想去培养孩子；一种是监护策略，这种家长对孩子过于溺爱，强调满足孩子一切的需要，对孩子宠溺过度；一种是和平共处策略，在这样的家庭中，家长与孩子互不交流也各不相干，亲子关系相对淡漠；最后一种是民主合作策略，这样的家庭充满民主气氛，孩子在家长面前可以畅所欲言，家长与孩子能够很好地沟通交流，彼此互相关心、互相信赖。

这四种策略中，前三种的教育策略都是不妥当的。过分的溺爱会使孩子从小养成任性、以自我为中心的习惯，缺乏心理上的耐受性；

过分的严酷、简单粗暴又会养成孩子执拗的不良性格，对家长产生冷漠的态度。

此外，父母离异导致家庭分裂也会对孩子的心理产生极其恶劣的影响，使孩子产生屈辱感和怨恨情绪，这种情绪一旦形成，他会仇视父母、仇视生活群体中的所有人，不相信任何人，产生一种对抗心理。

除了家长的种种问题，致使青少年对父母采取无声对抗的原因还有一部分出自青少年自身。

一方面，青少年的认知水平还处在相对天真的状态，在遭受外部刺激产生矛盾时往往会产生一种敌对与反抗心理；另一方面，青少年本身在被拿来与人比较时，容易产生心理不平衡。因此，就会产生一种敌对心理。最终，这些敌视、反抗、创伤都会形成一种沉默的结果。

青少年时期是人生最重要的发展时期，良好的心理素质和个性品质正是在这个时期打下的。在这样的关键时期，如能为青少年心理健康、个性发展奠定坚实的基础，就能成为青少年发展的财富。相反，如果由于沟通的疏忽和失误，造成青少年性格发展等方面的缺陷，就会给他们的发展造成无法弥补的损失。

专家支招

面对青少年这种沉默的对抗，父母要想办法使孩子打开心扉，一旦孩子肯说话，那么这种敌对的态度就削减了一大半，同时也为接下来的沟通打下了良好的基础。因此，家长们要努力做到以下几点：

1. 尊重孩子的独立性

孩子的内心世界日益充实，有自己独立的想法，并强烈希望能够尝试，实现自己的想法。因此父母要给孩子一片自己的天空，让孩子从中学会表现自己，养成独立的个性。

2. 尊重孩子的内心体验

父母要真正做到对孩子的同情理解、真诚尊重，使孩子得到认可、接纳、鼓励和有益的帮助。家长对孩子内心世界的忽视往往导致他们的误解、抱怨、消极抵制，甚至公开反对。

3. 让孩子公开表达自己的情感

家长通过认真对待孩子的心灵需要，注重孩子的内心感受和反应，潜移默化地引导孩子反思自己，从而形成密切和谐的人际关系，同时培养其善于沟通、真诚友爱、自主自立的品质。

这家我待不下去了——别把孩子逼得离家出走

小强现在读初三，一向是老实听话的乖孩子，可是就在前几天，小强做出了一个让全家人都震惊不已的举动——离家出走。小强的父母找遍了他平时常去的地方，走遍了他平时要好的朋友家，就是找不到，最后只得求助于警方。警方在接到报案后立即展开调查。在对学校的调查中警方了解到小强在校期间与社会上的一些青年来往十分密切。警方立刻对与小强接触密切的这些社会青年展开调查，不久，警方就在其中一个社会青年的家中找到了小强。

在警方与小强的交流中，小强透露自己离家出走的原因。原来小强学习成绩一直不好，如今眼看中考就要到了，家里给自己的压力太大，自己有些承受不了，也觉得自己的成绩无法向家长和老师交代，因此在和一些朋友沟通之后决定先离家出走，在躲过中考之后再回家想办法向家里人解释。

心 理 解 析

青少年时期，孩子的心理处于最脆弱及最容易冲动和叛逆的阶段，这时候孩子的心理承受能力比较低，做事总是很极端，容易产生离家出走的行为。

由于"万般皆下品，唯有读书高"的观念影响，社会上形成了追求高学历、高录取率的风气，家长对子女期望过高、要求过严，给了青少年过大的压力。面对这些压力，孩子们只有通过中考、高考才能有出路，这使得他们夜以继日地加紧学习。学习优异者担心水平不能正常发挥，学习不良者自暴自弃，失去学习的追求与热情。有些学生尽管花费了大量的时间和精力去学习，但由于没掌握适当的学习方法，在考试中屡遭失败，再加上家庭各方面的压力，使得孩子不堪重负，那么离家出走就成了孩子摆脱这种压力的途径之一。

两代人之间不能有效沟通，也是孩子离家出走的一大原因。当青少年产生了厌学情绪又无法在家庭中获得理解时，就容易萌生离家出走的想法。

有一些青少年常遭打骂，生活在对他们身心发展不利的家庭里，为了免受打骂而一走了之。还有一些离家出走的青少年是因为忍受不了学习压力，或升学压力而选择离开。更多的青少年离家出走的原因就是报复自己的老师和家长。他们受到或自认为受到家长的不公平对待，因此用离家出走这一行动进行报复。他们并不是真的离家出走，只是想通过看到父母的焦急状态而获得满足感。因此当暗中窥视父母东寻西找的狼狈相时，还会幸灾乐祸、得意扬扬。

青少年离家出走的危害是多方面的，一是耽误了自己最宝贵的学业，把自己难得的求学时光在出走和流浪的生活中虚度；二是极易沾染上社会不良习气，甚至走上歧途；三是让自己的亲人担惊受怕，为寻找他们遭受心理、经济上的双重损失；四是给社会带来很多安全隐患，同时也危及其个人人身安全，比如，被社会上的坏人所诱骗或利用。

专家支招

青少年离家出走的原因通常有很多，比如说人际关系紧张、学业负担过重、逆反心理、厌学情绪、盲目从众心理等，这些都是致使青少年离家出走的重要因素。遇到青少年离家出走的情况，家长们应该采取以下对策：

1. 要做到提前准备，防患于未然

既然孩子离家出走的原因在于学习压力过大，家长就应该在孩子入学时就帮助他们减压；如果孩子中途遭受挫折，应注意鼓励，采取措施让孩子迎头赶上。只要使孩子不丧失学习的信心，离家出走的现象就不会出现。

2. 要加强与孩子的联系

父母要加强与孩子的感情交流，从生活上关心他们，从感情上亲近他们，从心理上理解他们，拉近与孩子的距离。同时，家长还要加强与学校的联系，及时全面掌握孩子的在校情况，并定期向学校老师通报学生在家的情况，避免学校与家长之间出现监管"盲点"，要逐步形成家庭、学校、社会"三位一体"的网络。

3. 对于出走的孩子，要亡羊补牢，自我反思

对于离家出走的孩子，家长应积极地与他们沟通，以欢迎的态度，接纳孩子回家，而不是加以责备，家长应该反思自己为什么会使孩子产生离家出走的想法。消除孩子离家出走的动机，从而使他们打消离家出走的念头。

你为什么要看我的日记——尊重孩子的隐私

小区派出所出现了一件"奇怪"的案子，一向懂事的成成怒气冲冲地闯进来向警察报案，一进门就说："我忍受不了了，我爸妈有事没事总是随意偷看我的日记，这严重侵犯了我的隐私权。对此，你们应该加以处理。"看着气急败坏的成成，值班的民警小陈先是一愣，紧接着笑了起来，拉把椅子让成成坐下，和他谈起了"案情"。

过去，成成的父母为了提高成成的写作能力，要求成成每天记日记，而且就像检查作业一样，对成成的日记每次都要"审查"一番。可是到了初中之后，成成有了自己的心事，经常会把心底的秘密记在日记里。这样一来，成成就不想给父母看自己的日记了。同时，成成

也越来越不喜欢跟父母交流了。可是关于检查日记这一点，父母已经形成了习惯。所以依然我行我素，这就招致了成成极大的反感，和父母大吵了一架，并跑来"报案"了。

青少年正处于生理和心理上的特殊时期，此时的他们会变得敏感，自我意识高涨，内心世界渴望独立、开始要求平等。在这个阶段，他们的日记也不同于小时候的日记，会在其中表达自己的真实思想，并将其作为秘密。

在青少年阶段，孩子从对父母的言听计从开始走向独立，他们开始要求别人尊重自己，希望脱离对父母的依赖。而父母此时却更想了解孩子，所以就对他们的若即若离有些不满，于是监视愈演愈烈，导致亲子间发生冲突和矛盾。这个时期的孩子急于摆脱父母的"束缚"，也许这会使父母感到失落。父母渴望了解孩子，想搞清楚孩子在想什么、做什么。孩子的"搞独立"，会使父母情不自禁地探究孩子的想法，往往会碰触孩子的隐私，引起孩子的巨大反抗。

专家支招

如今，父母对待青少年的隐私应该抱着这样的态度：

1. 要调整自己的心态，顺应孩子对自身权利的要求

青少年时期的孩子已经"长大了"，父母应该允许孩子有属于自己的隐私，给孩子属于自己的空间。孩子心中有秘密是很正常的事，没什么值得大惊小怪的，父母应以理解和宽容来对待他们，不要苛求孩子把什么都告诉你，允许他们有自己的"自留地"。我们可以换位思考，如果别人在侵害自己的隐私，自己是什么感受？因此家长应给予孩子理应享有的隐私权。

2. 通过合理的、光明正大的途径了解孩子的"隐私"

父母想要了解孩子内心的想法是可以理解的，但"偷看"的方法不可取。事实上父母平常只要细心观察孩子的一举一动，就可以看出孩子的思想变化，然后根据孩子的性格特征，采取相应的措施。父母的爱子之心无论多么迫切，也千万不要采取偷看或干预孩子隐私的办法，否则效果将会适得其反，因为如果你没有充分表现出对孩子隐私的尊重，孩子也不会从内心去尊重你，这样一来，亲子之间只会越来越疏远！父母与孩子应该形成一种类似于朋友的关系，父母平时多与孩子像朋友一样的谈心，让孩子主动打开心扉，进行一种轻松自在的和谐交流。

你们根本就不让我说话——与孩子平等交流

佳佳在大人的眼里是一个性格内向、很少说话的女孩，可是在同学和朋友的眼中，佳佳性格开朗、聪明活泼。平日里父母经常会自作主张地替佳佳说话。比如母亲和她在路上碰见了熟人，熟人看见佳佳，总会问她一些问题，往往是佳佳正要回答，母亲已经替她说了。再问别的问题，妈妈同样还是会替她回答。渐渐地，再遇到外人时，佳佳就不怎么说话了。于是佳佳在别人心里形成了不爱说话、性格内向的印象。

忽然有一天，佳佳认真地对自己的父母说："爸，妈，咱们吃完饭好好聊聊好吗？我希望我们能够坐在一起，平等的对话。"佳佳的父母听得目瞪口呆。之后父母才发现，他们和佳佳之间太缺乏沟通，所以他们根本不了解自己的女儿，女儿的心思、个性、性格、爱好等，他们都说不上来。

心 理 解 析

在大多数家长的眼中，现在的青少年是最幸福不过的了，他们吃穿不愁，娱乐项目丰富多彩，在学校里接受完整的教育，在家里更有长辈和亲朋好友的呵护与关怀。很多家长喜欢用"痛说革命家史"的办法教育孩子，总是对孩子说："当初在困难时期，每人每天的口粮都是有限制的，全家人一个月只有六两猪肉！你看看你们现在，每天大鱼大肉的，还有什么不知足的啊！"家长认为给予孩子足够的物质支持就够了，可是事实上孩子们真的认同这种说法吗？为什么那么多处于青春期的孩子总是觉得空虚，觉得别人不了解自己？为什么孩子们除了自己的父母跟谁都可以对话？

青少年随着自身年龄的增长，心理发育的逐渐成熟，不仅仅只满足于物质生活上的要求，他们更希望家长能够正视自己的成长，给予自己话语权，能够平等地和家长对话。他们渴望与家长进行平等的沟通，这是更高层次的精神需要。所以，当家长不能与孩子平等交谈、沟通时，孩子会有严重的失落感和压抑感。这也正是很多父母百思不得其解的问题：自己对孩子已经非常关心了，可是孩子还在抱怨父母不了解他们，孩子的心事，就是不愿意对父母吐露。

专家支招

尊重永远是打开一个人心扉最好的钥匙。父母想要与孩子进行良好的沟通，就要尽量做到以下几点：

1. 给孩子平等对话的机会

人的思想、行为、动机总是会通过语言不知不觉地流露出来，所以家长应当多跟孩子就他们感兴趣的、关心的事情展开对话。要鼓励孩子说话，并且善于抓住孩子话语的含义，即便他们说得不准确或不全面，也要认真去倾听，让孩子觉得真正受到重视。

2. 耐心回答孩子的问题

当孩子向你提出问题时，家长应该暂时放下手头的事情，认真地听听孩子的问题，并且尽量用孩子能够理解的语言给孩子一个答案。"自己玩去！""我很忙，别来烦我！"这样的话会伤害孩子，让他们疏远你。

3. 对孩子付出真诚和尊重

无论在什么时候，两代人之间真诚、平等的沟通，才是最好的亲子教育方法，才是最有效的教育手段！要想提高亲子沟通的质量，需要家长尊重孩子相对脆弱的自尊，并且时刻满足他们日益强化的"成人感"。在日常生活中，最好能让孩子觉得你是他们真诚的朋友，可以依赖的对象。

我就喜欢踢足球——顺应孩子的兴趣爱好

小勇从小就喜欢踢足球，在小区里经常可以看见小勇抱着足球和一些年纪相仿的同学在那里玩。后来，学校组建校足球队，小勇报了名，而且还通过了考核，成了校队的一员。小勇的妈妈得知消息后，极力反对。小勇的妈妈认为这是"不务正业"，肯定会影响学习。为此，小勇的妈妈给他报了很多的课外补习班，她想这样一来，小勇就没有时间去训练，校队就不会要他了，那么就不会因为踢球分散学习精力，而且参加补习班又能补充加强在学校学到的知识，是一箭双雕的好办法。但小勇对课外补习一点儿都不感兴趣，他认为自己在学校的学习已经能应付考试以及升学的要求了，所以小勇根本就不去补习班上课，而是去了学校，参加足球队的训练。小勇的妈妈知道后与小勇大吵了一架，母子关系闹得很僵。

兴趣爱好对青少年而言是很重要的。对于孩子的兴趣爱好，父母在为孩子做决定时，如果父母的兴趣与孩子的兴趣相一致，以后的事情进行得就会很顺利。但事情往往是孩子的兴趣与父母的兴趣不一致，这就容易出现矛盾——是尊重孩子的兴趣，还是强迫孩子屈从于家长的兴趣。通常，家长会认为，孩子什么都不懂，还是应该听大人的，大人毕竟比孩子有更丰富的人生经验。可是作为孩子的父母应该明白一点，你所决定的事要由孩子去实现，你如果违背了孩子的意愿，不尊重孩子的兴趣，往往是没达到自己的目标，还挫伤了孩子的自信心。

每个青少年都有自己的兴趣爱好，也许这个兴趣爱好，在别人看来不可思议，或是微不足道，但是对青少年自己而言，却是他的最爱，是他的精神支柱。作为父母，应该要理解那些为了捍卫自己的兴趣爱好而冲动、过激的青少年。

另外，一些青少年会由于青春期的逆反心理或是觉得家长对自己的期望过高让自己不堪重负，才会和家长在兴趣爱好上较劲儿。还有一些青少年可能是因为其他一些外在的因素，而维护自己的兴趣爱好。

专家支招

对于青少年的兴趣爱好，家长非但不应该打压，反而应该加以引导和鼓励。家长应该做到：

1. 要善于发现孩子潜在的特殊兴趣爱好

父母应该敏锐地发现孩子在某些方面的天赋，用心去发掘、培养。这无论是对孩子今后的事业发展还是孩子本身的性格养成都是十分有益的。

2. 要对孩子的兴趣爱好表示理解和肯定

孩子有自己的兴趣爱好，这其实是一件好事，每个家长都不会希望自己的孩子将来是一个眼高手低的书呆子。面对这种情况，父母应该对孩子加以鼓励。这样可以使孩子的兴趣爱好得到进一步的发展。

3. 适当培养，不要强迫

家长在培养孩子的兴趣爱好时不要急于求成。可以和孩子商讨学习培养的计划，引导孩子循序渐进地发展自己的兴趣爱好。千万不要把兴趣爱好当成作业每天强迫孩子完成，这样做只会让孩子对自己的爱好慢慢失去兴趣。

4.把握好孩子的作息时间

家长在培养、发展孩子的兴趣爱好的过程中，要注意合理安排孩子的作息时间、学习时间、发展兴趣爱好的时间要适当分配，孩子本身的意见同样可以作为参考。需要注意的是，平常父母对孩子的教育态度要端正，不能因为自己是父母、长辈就无视孩子的兴趣爱好，或是逼迫孩子按自己的所谓"合理规划"来生活。这样做必定会引发孩子激烈的反抗。

你们烦不烦呀——总是唠叨只会适得其反

初中刚入学的时候，小磊和同学因为打篮球发生了矛盾，小磊一气之下用玻璃瓶把同学的头打破了，缝了十来针。为此，学校给了小磊记过处分。对这件事，小磊的父母不仅对他进行了没完没了的批评，还时常把它当成把柄拿出来唠叨两句："你别忘了你是个带着处分的学生！""你要是再打架，后果就更惨了！"

一开始，小磊确实意识到自己错了，觉得父母的批评是正确的也是应该的。可是到后来，父母好像已经养成了习惯，只要小磊有一点点不对，父母就唠叨个没完。小磊在想，我已经都改了，你们怎么还是这么没完没了啊！有时实在听烦了，小磊会忍不住回敬父母几句，可是父母对于小磊的反抗，更是唠叨个没完，还说小磊越长大越没出息。

小磊积蓄了很久的怒火终于爆发了，他对父母说："我早就已经改了，你们怎么还是没完没了啊，是不是要提醒我再去打一架，好让学校开除我啊！"说完，小磊跑到学校里去故意挑事打架，结果被学校开除了。在校长办公室里，看着对校长苦苦哀求的父母，小磊只是冷笑，心里想，这不怪我，都是你们逼的。

心 理 解 析

　　爱"唠叨"，这可能是许多父母的通病，而且常常是事无巨细，不分场合，不分时间，没完没了。有的是叮嘱、关心和期望，有的是批评、警告，有的是漫无目的，甚至是为了唠叨而唠叨。而唠叨多了，必然会遭到孩子的反抗。很多家长对此很不解，认为孩子一长大就不听话了，我说你是为了你好，别人家的孩子，我还懒得说呢！实际上，每个孩子都是有自尊的，随着自我意识的完善，他们要求一定的独立性，希望得到父母的尊重并给予自己一定的空间。如果父母总是没完没了地说，他们肯定受不了。

　　青少年时期的孩子和童年时期的孩子最大的差别就在于自我意识的增强。随着年龄的增长和心智的发育，青少年的自我意识逐渐发展起来，独立意识变得越来越强烈。在青少年的内心里，最渴望的事情就是像"大人"那样去生活。他们不希望家长再把他们当小孩子看待，更讨厌家长对他们进行强制教育，至于父母，尤其是母亲没完没了地唠叨，意味着依然把他们当孩子，依然认为他们什么都不懂，依然无时无刻对他指手画脚。所以当父母唠叨时，他们会认为这是对自己的侵犯，无论针对什么，都是对自己的不尊重。在这个时候，唠叨的内容已经不重要了，他们所强烈抵触的是唠叨本身，即便是对自己的关心，他们也不会接受。何况父母说的都是"这不行，那不行""你必须这样或那样"的话。这时，对立、反抗的情绪就会更强烈。他们会反抗、争辩，甚至有过激反应。

专 家 支 招

　　面对孩子的激烈反应，身为家长要相应地做出一些改变。在家庭教育中，我们提倡身教重于言教，家长身体力行，用榜样的作用去影响孩子；要多倾听，少唠叨。

　　另外家长还要注意以下几点：

1. 要点到为止

随着年龄的增长，孩子的自尊心在变得越来越强的同时也会变得越来越脆弱。家长对孩子的说教应该做到点到为止，不必事无巨细，更不能没完没了，很多时候家长只要稍稍提一下，孩子就会明白。

2. 要给孩子一定的自主空间

有些家长总是认为：你是我生的，你听我的天经地义，你不听就是反叛。要知道，随着年龄的增长，孩子的个性、思想、认知等也逐渐发展。他有自己的原则，而且希望大人能够尊重自己的想法。对家长来说，过多地干涉孩子的行为，控制孩子的思想是非常危险的，很容易引发孩子的逆反。

3. 注意和孩子平等的沟通

很多家长在跟孩子说话的时候总是高高在上，告诉孩子应该做这，不应该做那，根本没有意识到孩子也有自己的想法。在孩子看来，家长总是跟自己讲一些没有意义的、空泛的大道理，对这些枯燥的"训话"真是烦透了。所以很多时候，大人和孩子应该进行真诚的双向交流，把"唠叨"变成互动式的沟通，这样孩子也更容易接受。

4. 说教不如建议

很多时候，家长总是根据自己的经验和习惯等来告诉孩子应该怎样怎样。但事实上，家长过多地说教，远没有比给孩子提出建议帮助大。大人可以把自己的经验告诉孩子，提供一些具体的方法，但不要强制孩子接受自己的想法。

第二章

好性格即是好命运：塑造孩子好性格

　　性格决定命运！良好的性格能够改变人的一生。青少年时期是一个人心智、性格的成型阶段。这一时期，孩子的心智尚未完全成熟，很容易就会出现心理问题，例如浮躁、自卑、猜疑、虚荣等。这些问题会影响青少年未来的性格走向。而且一旦过了青少年时期，一个人基本上就定型了。到那时，就真的"江山易改，本性难移"了。因此，家长要格外地关注青少年的心理，排除种种对青少年性格养成不利的因素。

我总有新的爱好——摆脱浮躁心理

　　一天，娜娜兴高采烈地跑回家告诉妈妈自己要学舞蹈，以后要当一名舞蹈演员。父母对娜娜找到奋斗的目标感到非常高兴，为此全家还庆祝了一番。可是加入学校的舞蹈队还没两天，娜娜就觉得跳舞太辛苦了，总是摔跟头，还是拉小提琴比较时髦，于是就改学小提琴。隔了没多久，又觉得小提琴太吵了，想要学个既安静又高雅的，于是就改学画画。可是学着学着忽然觉得画画要求太高、太烦琐，又跑去学唱歌……就这样周而复始，娜娜不断地换班，转换学习科目，始终没能好好静下心来专心学好一门才艺，一个学期下来，娜娜发现自己什么也没学会。

浮躁心理是当前一些青少年的通病，主要表现为青少年做事盲目，缺乏思考和计划性，而且对于某一件事情缺乏恒心和毅力，急于求成，不能脚踏实地，无法静下心来，稍不如意就轻易放弃，不肯倾尽全力。比如，有的孩子看到歌星挣大钱，就想当歌星；看到企业家、经理神气，又想当企业家、经理。有了理想却又不愿为了实现理想而努力学习。还有的孩子兴趣爱好转换太快，干什么事都没有常性，做事情总是朝三暮四、见异思迁，今天学绘画，明天学电脑，三天打鱼两天晒网，忽冷忽热，最终哪一样也没有学好。还有一些青少年，他们对任何事都患得患失，也经常焦虑不安、喜怒无常，总是自寻烦恼。

很多心理实验表明，那些具有强硬而不灵活、不平衡的神经类型的人，容易急躁，沉不住气，做事易冲动，注意力易分散。对此，应当引起家长重视。有的家长只知道给孩子灌输知识，却不知培养孩子的意志和品质，因而造成有的孩子学习怕苦怕累，做事急躁冒进，缺乏恒心。

总体来讲，青少年出现心理上的浮躁，主要是由于两方面的原因：

第一是社会原因。现今社会正处于转型期，社会利益与结构正在进行大的调整，每个人都面临着在社会结构中重新定位的问题，导致心神不宁，焦躁不安，迫不及待。社会上的这种浮躁心态，也必然渗透到家教领域中来。无视孩子的个体需求而进行过度开发，希望得到一个秘诀、找到一条捷径，使孩子快快成才，这便是家庭教育中浮躁心态的典型表现。

第二是青少年的个人原因。个人间的攀比是产生浮躁的直接原因。"人比人，急死人"，通过攀比，青少年对社会生存环境不适应，对自己生存状态不满意，于是过火的欲望油然而生。在受到拜金主义、享乐主义、投机主义等社会心态驱使下，不少青少年最向往的一个目标是为金钱而学习。但学习又缺乏恒心与务实精神，缺乏对自己能力的准确定位，因而使孩子们显得异常脆弱、敏感，稍有"诱惑"就会盲从。

浮躁是成功、幸福和快乐最大的敌人。浮躁是一种冲动性、情绪性、盲动性相交织的病态社会心理。浮躁使人失去对自我的准确定位，一旦形成风气，对国家及整个社会的正常运转都是有害的，必须予以纠正。

专家支招

浮躁的人，不论做什么，总是不能全身心投入，做一件事的时候，不是想着以前的事情，就是想着做完这件事情以后接下来要做什么，他们的心不是在以前，就是在以后，但永远不在现在。为了改变孩子的浮躁心理，父母应指导孩子注意以下问题：

1. 要帮助孩子树立远大的理想

家长只有帮助孩子明确生活的目的和对崇高理想的追求，才能使孩子对生活和学习产生高度的责任感，这对防止孩子浮躁心理的滋生和蔓延是十分有利的。俗话说："无志者常立志，有志者立长志。"家长要告诉孩子立志不在于多，而在于"恒"的道理。要防止孩子"常立志而事未成"。

2. 要培养孩子形成先思考后行动的习惯

家长无论要求孩子做什么，都要让孩子先思考，后行动。就像出门旅行，要先决定目的地与路线；上台演讲，应先准备好讲稿。家长要引导孩子在做事之前，经常问自己这样一些问题："为什么做，目的是什么，希望什么结果，最好怎样做？"并要具体回答，写在纸上，使目的明确，言行、手段具体化。

3. 培养孩子的责任心

家长要培养孩子对事情负责的心态，做事情要有始有终。不焦躁，不虚浮，踏踏实实地做每一件事，一次做不成的事情就分开做，积少成多，不断积累便可达到目标。

4. 正确引导孩子的好奇心

青少年的好奇心是很强的，家长应把孩子的好奇心引入对问题、对事物、对现象的深入探讨中，让孩子对深层次、更本质的内容产生兴趣，从而锻炼孩子的思维能力，提高孩子的思维水平。

5. 帮助孩子调节心理状态

孩子有时候在学习中会感到心情烦躁，这时候家长可让孩子先把功课放一放，听听优美、舒缓的音乐；可带孩子出去散心，减轻他的负担，让他心情平静下来，重新投入学习中。这样，孩子专注于学习，浮躁之心自然就消失了。

6. 有针对性地"磨炼"

家长可以采取一些有针对性的措施，"磨炼"孩子的浮躁心理。比如说让孩子练习书法、学习绘画、弹琴、解乱绳结、下棋等，有助于培养孩子的耐心和韧性。不仅如此，家长也要指导孩子学会调控自己的浮躁情绪。例如，做事时，孩子可用语言进行自我暗示，"不要急，急躁会把事情办坏""不要这山看着那山高，这样会一事无成""坚持就是胜利"。只要孩子坚持不懈地进行心理上的练习，孩子的浮躁心理就会慢慢平复。

7. 用榜样教育孩子

家长在教育孩子的时候要身体力行，为孩子做出榜样。家长要为孩子树立勤奋努力、脚踏实地工作的良好形象，以自己的言行去影响孩子。此外，家长也可以借助其他的榜样去鼓励孩子，如革命前辈、科学家、发明家、劳动模范、文艺作品中的优秀人物以及周围同学生动、形象的例子来教育培养青少年勤奋不息、坚韧不拔的优良品质。

别人都不行，我最棒——如何使孩子不再自负

小童从小是个要强、拔尖的孩子，干什么都要赢别人、都要得到别人的表扬才行。如果她输了，就会用大哭、大闹来表示自己的不满。为了让女儿高兴，让她"必须赢不能输"的心理得到满足，父母多是顺着女儿的意思，在和她下棋、玩扑克、做游戏时故意输给她，对她的一切表现都给予表扬、鼓励，"你真棒、你真是个聪明的孩子、你是最能干的"等，反正是什么最好听，什么最让女儿兴高采烈就说什么。

可是，在学校就不行了。小童上课回答问题、做作业不可能保证一点错不出，偶尔还会因为马虎、不认真被老师批评，这是小童接受不了的，每次都会发一通脾气，弄得老师一点办法都没有。和同学一起，小童也总是认为只有自己的观点正确、方法最好，对同学们说的话不以为然，也看不起别人。而一旦事实证明她错了，或是在游戏、比赛时输给了别人，小童就会找各种借口为自己的错误和失败解释，永远不承认自己输了。当然，她心里也不舒服，于是就回家和父母找碴儿、吵架，再在父母故意的谦让和顺从中找回心理平衡。

 心 理 解 析

虽然说自信很重要，但过分的自信就是自负，两者之间存在着一个临界点，青少年有时把握不好两者的度，这就需要家长给予一定的帮助。

自负的青少年有时会取得一定的成绩，但往往没有远大理想和志向，而只满足于眼前取得的成绩。而且，他们看不到别人的成绩，只会"坐井观天"。自负的青少年很难和同学们友好相处，因为他们不能做到平等相待，总是以高人一等的态度对待别人。自负的孩子情绪也不稳定，当人们不去理睬他们时，他们就会感到沮丧，一旦遭到失败和挫折时，又会从骄傲走向悲观、自卑和自暴自弃，否定自己的一切，

觉得自己什么都不如别人。

自负与自卑相似，都是源于对自己的不正确认识。自负者过高地评价自己，他们仿佛通过放大镜来看自己的长处，甚至视缺点为优点，而在看别人时，则总是容易贬低他人的优点，夸大对方的不足。

自负者往往自视过高。他们很少关心别人，与他人关系疏远。自负者通常看不起别人，总认为自己比别人强很多。自负者往往好高骛远，不切实际。他们为自己制定过高的目标，容易遭到失败的打击。总之，自负就是骄傲自大、目中无人。

一般地说，自负多表现在独生子女身上，或是表现在家庭条件较优越、具有某种先天优势的孩子身上。自负产生的原因是多方面的，但是从家庭方面来讲，多是由于家长对孩子过分宠爱、不能正确客观地评价他们所导致的。

自负的表现也是多方面。有的青少年因自负而不能和同伴友好地相处，常常让人感觉他们高高在上、盛气凌人；有的青少年对大人傲慢无礼，不尊敬长辈，瞧不起成年人在某些知识方面的缺陷；也有的孩子因自负而不爱与人说话，不爱回答别人的提问，甚至变得爱挖苦人、讽刺人。自负可以说是条件较优越者普遍存在的一种不健康心理，许多有专长或智力超群的孩子都容易受其侵害。

自负往往会导致自满，使青少年丧失进取心，滋长虚荣心。另外，自负心理还容易使儿童意志脆弱，经不起挫折和打击。

专家支招

青少年的自负心理是自我认知缺陷的一种表现，处处瞧不起别人，对大人傲慢无礼，是一种缺乏自知之明的表现。如果家长再对孩子的评价不适当，就会给孩子带来一种错觉，以为自己真的毫无瑕疵。为了纠正孩子的自负心理，家长可以从以下几个方面去努力：

1. 给孩子正确的评价

家长要逐渐改变对孩子的评价方式，对孩子的评价应客观实际。

孩子总是有不足的地方，家长不要因为溺爱孩子就不切实际地吹捧他，这样易形成孩子的自负心理。

2.给孩子适当的批评

家长对孩子的表扬要适当，对孩子的批评也要恰如其分，既不能以偏概全，也不能掩耳盗铃、视而不见，而要客观地指出孩子的不足。这样可以帮助青少年正确地认识自己。

3.让孩子养成独立生活的好习惯

家长应创造一些遭遇挫折的机会，经历适当的挫折可使孩子心理机制健全，不至于过分自负，经不住任何打击。

4.增加孩子接触社会的机会

当孩子看到外面纷繁复杂的世界，接触到比自己更优秀、更具专长的人，认识到"强中自有强中手"，就不会为自己的"强项"而自负了。因此，建议家长多带孩子出去走走，看看外面精彩的世界，而不要"坐井观天"，夜郎自大。

我家很有钱——赶走孩子的虚荣心

李莉家境富裕。上了大学后，李莉发现自己吃的、穿的、用的都比室友强很多，因此感到很有面子。可是不久，寝室来了一个更"时髦"的女孩，吃的、穿的、用的都比李莉要强，为此李莉觉得自己在室友面前丢了面子。

因此，李莉不惜借钱购买更昂贵的衣服，而且还办了很多张信用卡，透支买了很昂贵的项链、戒指，为的就是把新来的室友比下去。而且李莉经常对别人说自己家多么的有钱，这些衣服都是爸爸妈妈给她买的。直到有一天，李莉的室友无意中看到了银行寄来的账单，大家才明白过来是怎么回事儿。室友都觉得李莉太虚荣了，从此大家对李莉的态度发生了转变，李莉也为此陷入了苦恼之中。

心 理 解 析

　　随着生活水平的提高，青少年爱慕虚荣的风气日盛。这与其怪孩子爱慕虚荣，不如怪社会、学校和家庭教育各环节没有树立起青少年对待贫富的正确价值观。相比之下，西方一些发达国家在淡化贫富意识方面，倒不乏积极有效之举。

　　如日本中学明文规定禁止学生穿名牌服装或名牌运动鞋来学校，并对何为"名牌"做了明确具体的界定。此举得到高达九成的富裕家庭家长的欢迎。

　　在美国，虽说有关学生是否该穿校服上学一直存有争议，但很多州的中学依然实行"校服制"，且赢得了家长的支持。支持者认定"千篇一律"的校服尽管表面上似乎限制了孩子的个性发展，却有效避免了贫富生在服装上的优劣之别，从而避免了对穷孩子自尊心可能存在的伤害，也避免了富孩子虚荣心的滋生。

　　加拿大中学大多向学生提供免费午餐，孩子无论贫富，吃的一律相同。即便在贫穷的肯尼亚，有幸收到救助的中学往往给每个学生都发放一份救济物品，而不论孩子的家庭是穷还是富。有人质疑：富家子弟并不缺这份救济物品，"照发"是否意味着浪费？但学校方面认为，让大家都领到一份，就会大大减轻穷孩子心理上的压力。

　　上述种种，虽未消除青少年在贫富上的实质性差别，但在营造淡化青少年贫富意识的氛围上，创造了一个良好环境。

　　据有关调查表明，独生子女的虚荣心较强，在被调查的独生子女中有 20% 存在较强的虚荣心。虚荣心往往会导致青少年产生其他心理问题，如嫉妒、自卑、敏感，这些都会阻碍孩子的发展。青少年虚荣心形成的原因主要来自家庭。由于现代家庭孩子少，家长们总怕孩子受委屈，于是对孩子总是有求必应。自己孩子穿的、戴的都不能比别人差，别人的孩子买什么，自己的孩子也得买，决不能让人家比下去。于是在家长的纵容下，孩子的欲望无限制地膨胀。另外，独生子女的父母溺爱孩子，总是爱讲孩子的优点，掩盖他们的缺点，孩子听到的都是赞美的声音，很少有人指出他们的缺点。由于孩子对自己客观评价的能力还很差，家长具有绝对权威性，慢慢地孩子就从家长眼里的"十全十美"变成自己心中的"十全十美"，再也容忍不了别人超过自己。

绝大多数青少年的虚荣心属于一般心理现象，不需要心理治疗，只要进行自我心理调节就行了。但在两种情况下，需要有足够的勇气面对自己：一是诚实会给自己带来难堪的时候，二是不诚实会给自己带来荣誉的时候。

虚荣心强的青少年在个性成长中，经常会出现各种问题，如为了满足其虚荣心而经常说谎，情绪不稳定，不认真学习，缺乏意志力等。虚荣心强对青少年来说无疑存在负面影响，家长应采取必要的方法加以纠正。

专家支招

不管经济条件如何，家长都不能放纵孩子的消费欲，应有目的、有计划地加以引导，逐步纠正孩子追求穿戴、羡慕虚荣的坏习惯。其具体做法是：

1. 让孩子学会悦纳自己

人生最大的悲剧莫过于自己不能接受自己。由于不接受自己，往往把自尊心和人生价值建立在两个错误的基础之上：一是他人的缺点，二是他人的肯定。当发现自己比别人好，或得到他人的肯定时，就会感到自己很有价值。一旦发现自己不如别人，或失去他人的肯定时，就觉得自己毫无用处。而悦纳自己意味着把自己的尊严和价值建立在自身的优点之上，这是一种自我肯定。如果能悦纳自己，那么就不会为自己的普通而自卑。

2. 教孩子客观地认识自己

要让孩子对自己的优点和缺点有一个客观的认识，既不要过高地估计自己，更不要无视自己的短处。优点并不一定是自己比别人好的地方，缺点也不一定是自己不如别人的地方。并且，优点和缺点往往是相辅相成的，没有绝对的优点和缺点。如果孩子能客观地认识自己，即使自己不如他人，或者被人轻视，也能自我排遣，获得心理平衡，不至于用夸张或逃避的方式来保护自尊。

3. 教孩子学会把握攀比尺度

人是生活在比较之中的，要完全摆脱比较是不现实的。但过分比较往往是虚荣的起点，比过了头，就可能走火入魔，成为虚名的奴隶。

4. 教会孩子正确地对待荣誉

荣誉应当与个人的真实努力相符，否则只能是虚假的。孩子需要得到别人的尊重，也有得到别人尊重的权利，但这种尊重必须建立在孩子的真实努力之上。要取得好成绩，一定要靠认真、刻苦地学习，否则，即使赢得了"荣誉"，也不光彩。

他们总在背后议论我——别在心里种下猜疑的种子

春节时新新拿到了爷爷奶奶给的压岁钱，在回家的路上他就迫不及待地打开红包，然后忽然说出了让父母瞠目结舌的一句话："这钱是真的还是假的？"父母起初并没有在意，可是一天去邻居家做客，邻居张阿姨的儿子学习一直很优秀，墙上挂满了奖状，新新一张一张地看得非常仔细。妈妈很高兴，心想这下新新可受启发了。万没想到新新不屑地冒出一句："这些奖状连个图章都没盖，你说有没有可能是假的？"妈妈仔细回想发现新新最近很多疑，别人说话声音小时，他总会侧耳倾听，如果没听到说什么，就很不高兴，然后战战兢兢，絮絮叨叨。

 心 理 解 析

著名的哲学家培根曾说过："猜疑之心犹如蝙蝠，它总是在黑暗

中起飞。这种心情是迷陷人的，又是乱人心智的。它能使人陷入迷惘，混淆敌友，从而破坏人的事业。"

多疑和猜疑是不同的。猜疑心理只是一般的怀疑，可能是符合客观事实的。多疑心理可以是自我怀疑，也可以是怀疑周围的人，但往往是没有缘由，不合事实的怀疑，这种不良的心理会严重影响青少年的正常生活和学习。具有多疑心态的青少年往往会固执己见，他们通过自身的想象把生活中无关紧要的事情凑在一起，把别人无意间的言行举止，误认为是对自己怀有敌意，在没有足够的证据时怀疑别人欺骗自己，甚至把别人的好心好意误解为阴谋诡计。于是，在人际交往中自筑鸿沟，最终反目成仇。新新的行为是典型的多疑表现。心理学研究表明，多疑是属于偏执型的性格缺陷。家长应当在平时多多注意孩子的一举一动，对孩子的心理走向心中有数，不要让多疑的情绪破坏了孩子的心理健康。

青少年多疑主要是由以下几个方面造成的：

一是在过去的生活中经受过挫折。有些青少年可能曾经受过别人的欺骗或遭受过挫折，从而使内心变得异常敏感，不敢相信任何人。

二是自卑。有些青少年由于性格内向，不善于交往，缺乏自我意识，总是认为自己赶不上别人，感觉别人看不起自己，怀疑别人在背后议论自己的缺点，久而久之会变得更加不自信，多疑的不良心理也就随之而来了。

三是与世隔绝。整天待在家里，很少和外人接触，对外面的世界感到恐惧，因此导致害怕与别人交往，从而产生更多的不信任和戒备心理，这也是产生多疑心理的原因之一。

专 家 支 招

没人愿意与一个疑神疑鬼的人交往，因此，对于青少年来说，建立良好人际关系的第一步就是消除多疑心理，做一个心胸开阔的人。作为家长则应该做到：

1. 让孩子认识多疑的危害，加强自身修养

家长首先要督促孩子加强自身修养，让孩子平时多看一些健康向上的书籍，端正人生态度，然后教导孩子全面认识到多疑心理的危害及可能产生的不良后果。最后帮助孩子果断地克服多疑心理，用宽阔的胸怀、友善的态度与别人交往，让孩子认识到这个世界上真的没有那么多阴谋诡计。

2. 培养孩子对他人的信任感

家长要让孩子去信任他人，用真诚的心与对方交朋友，这样，孩子就会从多疑的偏执中慢慢走出来。朋友多起来了，猜疑心也就没有其存在的土壤。

3. 帮助孩子树立自信心

家长要不时地鼓励孩子："你是最棒的。"这会让孩子充分相信自己的能力。慢慢地，孩子也就再不会因自卑而多疑了。

4. 让孩子正确看待自己的优缺点

多疑常常表现为孩子过多地注意自己的缺点，由自己看不起自己演变成怀疑别人看不起自己。因此，家长要分散孩子的注意力，不要让孩子总是把注意力停留在自己的不足之处上，要让他们正确看待自己的优点和缺点。这个世界上没有十全十美的人，家长要做的就是帮孩子发现长处，弥补短处。

将来怎么办——小心患上抑郁症

张淼原本是个品学兼优的孩子，可是一升入初三就开始情绪不稳，烦躁易怒，经常和父母争吵，故意和父母作对，自我控制能力明显比以前差。近段时间以来还出现情绪低落、失眠、不愿出门、不愿说话、食欲差、消瘦、注意力难以集中、记忆力下降的情况。同时还伴有兴趣减退，感觉不到快乐，对以前特别感兴趣的活动也提不起兴趣，语言、思维及运动迟缓，担心自己将来考不上大学，找不到工

作，对不起父母，认为自己不如别人，觉得自己是家人的负担。

张淼的父母对此很担心，因此为张淼请了一位心理医生。心理医生诊断说，张淼的这种情况属于明显的心理抑郁。张淼的父母感到很不可思议，认为张淼还是一个孩子，是不可能患上抑郁症的。张淼自己对此也很迷惑："我年纪轻轻的，怎么可能得抑郁症呢？"

每一个青少年都有较强的自尊心和成功的愿望，但因他们对挫折的承受力差，经不起失败的打击，常常因失败而感到痛苦和恐惧，进而感到无力应付外界压力，最终产生了抑郁情绪。严重的还会有食欲不振、失眠、胸闷、头晕等一系列症状。

抑郁是影响青少年心理健康发展的一个重要因素。它如一张无形的网罩住本该充满激情的心灵，让祖国的花朵整天生活在闷闷不乐的环境中。对于朝气蓬勃的青少年来说，抑郁心理的破坏性是极其严重的。处于抑郁情绪当中的青少年，经常生活在焦虑、烦闷的心境中，内心孤独却不愿向家长、同学和老师倾诉。在学习上，经常精力不集中，情绪低落，反应迟钝，以至于成绩下滑。因此，作为家长一定要重视抑郁症，让你的孩子怀着一颗战无不胜的心去面对人生。

青少年产生抑郁的原因主要包括家庭、自身、人际交往和教育四个方面：

第一，家庭原因。家长错误的教育方式与青少年抑郁性格的产生有着极大的关系。在家庭中，父母是子女的表率，他们的一言一行，都深深影响着孩子。然而有许多父母在教育孩子时往往相当极端，生活中溺爱孩子，当孩子的"保姆"；学习上则是吹毛求疵，成了孩子的"监督官"。这种专制的家庭教育方式，常使他们的孩子在生活上不自立，在学习上怕失败，从而在心理和性格上都受到压抑，逐渐变得忧愁、抑郁。

第二，自身原因。青少年的自我意识发展还不够完善，他们对自我的认识和评价往往是片面的。理想和现实的冲突会让孩子产生一种挫败感，由于他们的心理承受能力还不强，就容易变得忧虑和苦闷。理想是青少年学习的动力之一，但青少年在学习和生活中往往对自己期望过高，虽具有爱幻想的特点，却不能很好地处理理想与现实的关系，因此他们在学习中很容易因失败而感到苦闷和彷徨，产生无力感，陷入抑郁情绪，最终变得孤独，压抑。

第三，人际交往原因。目前，学校和家庭的双重压力让孩子把时间几乎全用到了繁重的学业上，从而无暇顾及同学间的情感沟通和交流。巨大的压力使他们感到生活单调乏味，缺乏情趣，继而感到孤独寂寞，进一步导致了抑郁情绪。

第四，教育原因。尽管我国的教育正由"应试教育"向"素质教育"转变，但一些学校为了片面追求升学率，常常取消各种课外活动，把孩子变成"读书机器"。家长会上，优等生的父母得意扬扬，"后进生"的爸妈脸上无光。父母逼，老师赶，青少年的"学习活动"变成了"应试活动"，极大地限制了青少年广泛的兴趣和爱好，使他们长期处于紧张、焦虑的情绪状态之中。

专 家 支 招 ....

下面为如何应对青少年抑郁心理提出几点建议：

1. 家长要与孩子积极沟通，并对自己的做法进行反思

面对孩子的抑郁心理，家长最先要做的就是跟孩子进行真诚的、良好的、心与心的沟通，让孩子打开心扉，以便了解孩子心中真正的想法，找到抑郁心理形成的根源。与此同时，家长也应当时常反思，扪心自问"自己有没有真正关心过孩子在想什么？""自己是不是把孩子逼得太紧了？"

2. 鼓励孩子走出家门，多交朋友

孤独会导致抑郁和烦躁等情绪，心理尚未完全成熟的青少年自然更难以应对孤独感的侵蚀。父母可以尝试减轻孩子的学习压力，给孩子一些可以自由支配的时间，并且鼓励孩子走出家门，与社会亲密接触，与同学多多交流，交更多的好朋友。这样一来，孩子就会更加开朗，很多不愿跟家长说的心事则可以和朋友们分享，心理压力也就有了宣泄的出口。

3. 帮助孩子树立正确的考试观、成败观

要告诉孩子在人生的道路上不可能只有成功没有失败，在考试中也是如此，考得差的时候，要及时查漏补缺，认真反思，只要认真学，下次肯定能考好。一时的失败并不可怕，坚持不懈的人最终必定取得成功，不要把考试和排名看得太重。

4. 让孩子拥有健康的心态

青少年总是认为世界上除了成功就是失败。若因一次考试成绩不好，便一蹶不振，认为自己是失败者，因此影响了上进心并不值得。所以，作为家长一定要让自己的孩子摆脱这一错误的认识。告诉孩子什么事情都要一分为二地思考，正确看待生活中的失败和成功，要在失败中看到自己也有进步的一面，任何事都要往积极的方向上去想，才能保持一种轻松的心态。

总之，朝气蓬勃的青少年不应该被抑郁所控制，应努力培养健康向上的心理，去学习，去生活，去成长，去迎接属于自己的明天！

凭什么他是优秀班干部——不要嫉妒别人

小瑞自幼聪明伶俐，深受亲友和老师的喜爱。从小在一片赞扬声中长大的他，渐渐变得异常地争强好胜，容不得别人有任何强于他的地方。

小瑞喜欢打扮，而且总要和同学比，有一次，一位同学买了一件非常漂亮的 T 恤衫，别人称赞不已。小瑞可不高兴了，暗中嫉妒，背后说那位同学的坏话。考试时，别的同学成绩考得高一点，他也嫉妒，背后议论别人是事先知道了题目，或者是运气好。

最让小瑞痛苦的是，他的同桌劳动委员华华被评为"优秀班干部"！身为班长的小瑞为此食不甘味，夜不成眠。总是想着同桌被评为"优秀班干部"的事情，心里很不平衡，没事总是找碴儿和同桌闹矛盾。最近上课也不注意听讲了，以至于成绩一落千丈。

嫉妒是一种不良的心理状态，是由于个人与他人比较，发现别人在某一方面或某几方面比自己强而产生的一种羞愧、不满、怨恨、愤怒等组成的复杂情绪。每个人都会产生嫉妒的心理，但是随着人的成长和成熟，很多人对嫉妒情绪有了认识，进行自我调控，因而表现就不一样了。这样看来，有的青少年嫉妒心强是不成熟的表现，只要引导得法，不难克服。

嫉妒之心，人皆有之。一般来说，爱嫉妒的青少年情绪变化快，一会儿幸灾乐祸、得意忘形；一会儿不怀好意地骂人或搞恶作剧；一会儿又自怨自艾，意志消沉。孩子的嫉妒心理如果长期得不到纠正，就必然会引发行为障碍。

在现实生活中，不够成熟的青少年最容易产生嫉妒心理。具体地讲，主要体现在以下几个方面：

首先是学习。成绩优秀、交往能力强的孩子往往容易被其他同学嫉妒。因为这些人所具有的优势常被关注并获得肯定。而这些方面处于劣势的人常会因受到忽视而情绪失落，内心产生淡淡的酸涩味。虽然其中有些人能够正确地对待人家的成绩，但也有部分人完全抑制不住这种"痛苦"，自觉或不自觉地显露出诸如不满、挑剔、造谣、诬陷等言行。

其次是才貌。才貌双全是每一个人都向往和追求的，也是得到赞赏和成功的条件。但并不是每一个人都能够做到才貌双全，因为这其中有很多因素不是自己能决定的。才能平平者、容貌平庸者要想成功和幸福，就须付出非同寻常的努力和代价。因此嫉妒心便产生了。

再次是同学家庭条件好。穿着好看的衣服，背好看的书包等都会成为青少年产生嫉妒的原因。

嫉妒就像幽灵似的困扰着青少年，践踏着他们之间可贵的友谊。嫉妒是阻碍青少年前进的拦路虎，嫉妒的人总是拿别人的优点来折磨自己。社会是复杂的，青少年们难免会遇到各种各样想不通的问题，这都是在所难免的。在遇到这种情况时，要积极调整心态。否则，它就会给青少年带来麻烦，影响未来的发展。

青少年常常喜欢与他人做比较，发现自己在才能、体貌或家庭条件等方面不如别人时，就会产生一种羡慕、崇拜和想要奋力追赶的心情，这是上进心的表现。但有时也会产生羞愧、消沉、怨恨等不愉快的情绪，这就是一种嫉妒心理。当青少年开始考虑自己的专长，注意起同学的成绩以及别人对自己的评价时，嫉妒就会表现出来。这主要是因为青少年心理发育尚未成熟，对自己各方面能力还认识不足，遇上比自己能力强的人时就会感到不安所致。另外，青少年若是过于以自我为中心，更多关心着的是自己，待人中缺少善意，处处想表现自己的优越，就会给嫉妒心的产生提供机会。

虽说嫉妒是一种可以理解的正常的情绪反应，但这并不意味父母可以对孩子的嫉妒心理采取听之任之、放任不管的态度。因为嫉妒情绪会演变为人格的一部分。另外，孩子嫉妒心过强，也容易受外界的刺激，产生其他不良情绪，不仅影响进步，而且对身心健康极为不利。同时，嫉妒对个人、集体和社会均起着耗损作用。

专家支招

从心理学的角度看，嫉妒是一种病态的心理，是一种有害的情绪，也是一种自私的表现。它对友谊的危害是不言而喻的，应当克服它、摆脱它。对于未成年的孩子来说，摆脱嫉妒心尤为重要。家长、老师具体可以做这样一些事：

1. 不要对孩子做不恰当的比较

每个孩子都有自己的特点，对不同的孩子做同样的对比，显然是不公道的。既然嫉妒来自不如别人的感伤，那么对比中的不当只能点燃孩子心中的妒火。

2. 提倡友好竞争

公平、友好的竞争，要依靠能力与智慧。小学生书画水平、书面表达能力和考试成绩的提高，都离不开勤学苦练。要创造机会让集体成员通过竞赛比谁学习勤奋，比谁考试优异，比谁有特长，使全体学生都能参与竞争并通过竞争得到提高。

3. 提高孩子的自信心

提高孩子的自信心，不让其有事事不如人的感觉。自信心充足的孩子，确信自己在父母心中及周围人心中有牢固的位置，所以，他能够平心静气地与人分享成功的喜悦，正视与同伴之间的竞争。

4. 引导孩子广交朋友

让孩子更多、更充分地与集体在一起，和同伴一起游戏、绘画、跳舞、听音乐，使孩子接受友谊与集体意识的熏陶，了解在一个群体中，不同的人拥有不同的能力。

5. 教育孩子承认差异，努力奋进

现实中的人必然是有差异的，不是表现在这方面，就是表现在那方面。一个人承认差异就是承认现实，要使自己在某方面突出，只有靠自己奋进努力，嫉妒于事无补，只会影响自己的奋斗精神。我们应该把"努力改变自己"作为指导思想。家长千万不可用贬低孩子所嫉妒对象的办法来减轻孩子的嫉妒心理，那样会导致孩子只看到别人的不足而放弃自己的努力。

中国古代有这样一副对联，叫作"欲无后悔须律己，各有前程莫妒人"。希望有嫉妒心的青少年读读此联，然后，不断地反思自己，并改掉自己的不良行为习惯。人生在世，重在不断地自我完善，而不是击倒他人。俗话说得好："临渊羡鱼，不如退而结网。"

我的东西不让人碰——改正自私的缺点

何斌是家里的独生子，深受父母、爷爷奶奶的疼爱。家里所有的人都会把好吃的、好用的留给何斌，何斌逐渐地变得很"独"。

有一次，何斌的父亲晚上要加班赶稿子，顺手拿起何斌的咖啡冲了一杯。这些咖啡是何斌的爷爷给何斌买的，因为何斌现在面临中考，经常熬夜，所以爷爷买来给他提神用的。

然而，何斌看到父亲动自己的咖啡后就不愿意了，说那是爷爷给自己买的，只有他才可以喝，甚至伸手要从父亲手里去抢。何斌的母亲跑过来，连劝带哄，表示第二天一定会给他买更多的咖啡，这样何斌才算作罢。

何斌不只是对吃的"独"，对于用的也一样。他的东西更是丝毫不让别人碰。何斌和同学到老师家里补习英语，同学看见何斌的"文曲星"非常好，便忍不住用手去摸摸，并且对何斌说："你的'文曲星'很不错呀！"说话时他的眼神中流露着对那个"文曲星"的喜爱。可是何斌却很小气地将"文曲星"收了起来，对同学说："这个是我妈为了让我学好英语给我买的，你要想要的话，回家让你妈给你买呀！"

自私是一种常见的心理状态，自私表现为凡事只为自己考虑，不顾及他人感受，以自我为中心。自私的青少年通常过分关心自己，注意自己的快乐和幸福，很少考虑他人，一切以满足自己为主，一旦自己的要求没有得到满足，就会长久的郁闷。自私可能在一定程度上对青少年的发展起到推进作用，但不利于青少年的长期健康成长，而且随时会让自私的青少年因心理失衡而躁动不安。

人的性格是在一定的家庭和社会环境中形成的。目前城市家庭多是独生子女，家里的大人都以孩子为生活重心，长辈的疼爱也让孩子感到自己是家里的中心，他们的任何要求都会通过各种途径得到满足，以家长的妥协而告终。这种过分的溺爱、迁就，久而久之形成了青少年以自我为中心的个性倾向。

自私产生的原因，一方面是青少年有天生的利己倾向。在青少年心理发展未达到成熟阶段时，他们往往单纯地认为"我即世界"，在学习和生活中固执己见，不能接受公正、正确的意见。于是，青少年在衡量外界时便以是否有利于自己为唯一的标准，相应地行为也如此。另一方面是家长在孩子成长过程中错误教育造成的。父母对孩子过分宠爱，总怕孩子受一点苦、受一点委屈，对孩子过分的需求总是有求必应，容忍、迁就他们的错误，这样使孩子自大，不关心他人利益，一切为自己的心理便产生了。

专(家)(支)(招) ┈┈┈┈┈┈┈┈┈┈┈┈┈┈┈┈┈┈┈┈┈┈┈┈

人类社会是在群体生活中发展起来的，它要求人们彼此之间必须相互协作、关心和帮助。如果一个人总想到自己，就容易发展成为一个自私、吝啬的人。当然，对已经形成自私倾向的青少年，家长不必十分恐慌，也不要感到束手无策。青少年的可塑性很强，只要家长认真对待，方法得当，就能收到良好的效果。

1. 创造分享的家庭气氛

从孩子最在乎的食物开始，如果孩子独占的话，家长就要把食物拿过来公平地分配，不能放任不管。一开始，孩子可能会不满意，但家长绝不能让步，一定要坚持到底。偶尔的"旧病复发"也是正常的，只要家长坚持就一定能纠正过来。

2. 不要溺爱孩子

孩子吃独食，不愿与他人分享，是与父母的溺爱密切相关的。很多父母出于对孩子的爱，把好吃的好玩的全让给孩子，孩子偶尔想让父母分享，父母在感动之余常说："我们不吃，你自己吃吧。"长此下去就强化了孩子的独享意识，他们理所当然地把好东西据为己有。

3. 适当满足孩子的要求

对于孩子的合理要求可以适当满足，对于不能及时满足的要让孩子学会等待，不能过分迁就。如果有一次妥协，孩子就知道下次有机可乘，所以，家长要有狠心、恒心和耐心及坚持到底的决心。

4. 让孩子懂得分享

日常生活中，爸爸妈妈可让孩子多和同伴交往，教育孩子吃的东西要分给别人吃，玩的东西要和别人一起玩。孩子在交往、玩耍时，爸爸妈妈最好让他和较大的孩子在一起，这样，较大的孩子不仅可以适当带领、照顾他，而且可以制止孩子的"独占掠夺"行为，因为大一点的孩子有一定的自卫能力，而小一点的孩子则往往能服从较大的孩子。

总之，在生活中要处处为他人着想，他人才会处处为你着想，让我们用心用情去感受这个美丽的世界。

坏了！完了——别让悲观情绪困扰孩子

"马上就要高考了，可这孩子的情绪却越来越糟糕，成天垂头丧气的，该怎么办呀？"阳阳的母亲在与学校老师沟通时，显得很是着急。

阳阳平时学习成绩还算可以，而且在父母眼里，阳阳一直是个活泼开朗的孩子。可是现在，阳阳的母亲发现阳阳的情绪越来越低沉，对什么都不感兴趣，而且经常长吁短叹，说什么高考的独木桥太难过了，自己肯定考不上大学。

阳阳的母亲也跟阳阳谈过话，可是对于母亲的开导，阳阳根本听不进去，只是一味地感叹自己考不上好的大学，或者即便是能考上好学校，也没什么好的前途，毕业后照样找不到工作、买不起房子、买不起车，根本没有未来，没有希望。

　　培养青少年乐观向上的性格非常重要，因为乐观向上的性格是他们应对人生中悲伤、不幸、痛苦、失败的最有力武器。乐观向上是指对未来充满信心和希望而又不断进取的个性特征。乐观向上，精神愉快，才能有良好的心态投入工作、学习和生活中，才能开拓新事业，开创新生活。不仅如此，乐观向上也有助于人的身体健康，使人精力充沛。反之，悲观失望、对前途丧失信心，不仅使人一事无成，而且有损青少年的身心健康。

　　为什么一些青少年在遇到问题的时候，第一时间想到的往往是事情糟糕的一面，因而得出否定的结论？这种悲观的情感和处世态度，显然不是他们这个年纪所应当具有的。

　　负面的生活经验，诸如学习成绩差、失去朋友、父母离异等，都会让孩子变得杞人忧天，凡事都往坏处想。

　　乐观是成功的催化剂，悲观是失败的孵化器。培养青少年的乐观精神就是在点燃孩子对未来、对成功的希望之火。乐观的人总是认为命运可以创造，即使遇到一些挫折，还是深信自己能够扭转颓势。他们相信自己有能力改善现状，即使处于逆境还是认为自己能够克服不幸。这样的生活态度与童年的快乐经历有关，特别是与父母的关爱有关。

　　根据专家的解释，乐观和悲观之间最大区别就是对有利和不利事件原因的解释。乐观主义者认为，有利的、令人快乐的事情是无处不在的，而且是普遍的。他们能努力使好事发生，而一旦不利的事件发生了，他们也能将其视为暂时的，不具普遍性的，对其发生原因也能用乐观豁达的态度加以解释。

　　而悲观主义者考虑的恰恰相反：认为好事总是暂时的，坏事才是永远的；好事只是靠碰运气，偶然发生的，坏事才是必然的。在解释坏事发生的原因时，他们也常常归结为宿命，或他们无力改变的原因。

悲观不仅仅是思考的负面方式，还是对孩子健康的最大威胁。塞利曼经过多次研究发现，今天的孩子与20世纪前30年的孩子相比，患抑郁症的危险要高出10倍。更可怕的是，患严重抑郁症的年龄提前了。他对3000多位9～14岁的儿童做过调查，发现有9%的孩子已经发展到抑郁症的后期。

有一位父亲对一对孪生兄弟做"性格改造"，因为其中一个过分乐观，而另一个则过分悲观。一天，他买了许多色泽鲜艳的新玩具送给悲观的孩子，又把乐观的孩子送进了一间堆满马粪的车房里。

第二天清晨，父亲看到悲观的孩子正泣不成声，便问："为什么不玩那些新玩具呢？"

"玩了就会坏的。"孩子仍在哭泣。

父亲叹了口气，走进车房，却发现那乐观孩子正兴高采烈地在马粪里掏什么。

"告诉你，爸爸，"那孩子得意扬扬地向父亲宣称，"我想马粪堆里一定还藏着一匹小马呢。"

父亲送给两个孩子每人半瓶饮料，悲观的孩子没有喝，因为他看到只剩下半瓶了。乐观孩子拿起来高兴地说："太好了，还有半瓶呢！"

可以看到，即使是在同样的境遇、同样的环境中成长的人，也有人幸福，有人沮丧。

当然，没有人是能够每分每秒都快乐着。不过，调查数据显示，性格悲观的孩子，相对于乐观开朗的孩子而言，更容易在学业上遭受失败，更容易出现健康问题。但是，作为父母，完全有能力改变这一点，帮助孩子看到事物光明的一面。

专家支招

乐观向上的性格在青少年成长过程中的作用很大。但是，如果孩子已经出现了悲观、孤僻、懦弱或冲动的不良性格，应该怎么办呢？父母们可以采用以下方法：

1. 确立塑造孩子乐观性格的信心

孩子现有的性格是否属于悲观性格，父母应该有一个明确的认识，而且双方认识应该一致。既然认为已有的性格存在缺陷，就应当矫正，不必灰心丧气，更不能破罐子破摔，明白"性格是可以重塑的"道理，确立起建立乐观向上性格的信心。

2. 帮助孩子学会正确地进行自我分析

随着年龄的增长，孩子的自我意识越来越强，自我分析能力也会随之产生。但是，孩子年龄毕竟还小，自我分析很难做到全面。有了一点成绩，就沾沾自喜；遇到一点困难，又会垂头丧气。沾沾自喜一多，容易产生自负的性格；垂头丧气一多，又会养成悲观的性格。

3. 调整成人与孩子间的关系

孩子与老师、家长间的关系如何，在很大程度上决定了他的自信心程度，培养孩子的自信心，首先应检查一下自己与孩子的关系是否有助于自信心的培养。如果孩子感到老师、父母喜欢他、尊重他，他们的自信心就会变强。相反，如果老师、父母对孩子训斥多，粗暴，态度冷淡，孩子就情绪低沉，对周围的事物缺乏主动性和自信心。

4. 重视与保护孩子的自尊

多赞许，少责备，有助于提高孩子的自尊心，因为有高度自尊心的孩子，容易对自己所从事的活动充满信心，而缺乏自尊心的孩子，不愿参加集体活动，认为没人爱他，缺乏自信。因此，作为老师、家长，切忌用尖刻的语言，讽刺挖苦孩子，不用别家孩子的优势比自家孩子的不足，不在别人面前惩罚孩子或不尊重孩子，不把孩子的话当"耳旁风"，不滥施权威，以免损伤孩子的自尊心，使之产生自卑感，而丧失自信心。因此要特别注意保护孩子的自尊心，帮助孩子树立坚定的自信心。

5. 引导孩子学会自我调节，及时排除不良情绪的干扰

在家庭中，父母随时注意指导孩子排除心理障碍，学会调节自己的情绪，使悲观情绪、不良情感及时得到化解，也就不会导致悲观性

格的形成。比如，孩子有了苦闷，要让他尽量诉说，发泄其情绪，不要让他的委屈长期压在心头，更不要不问青红皂白地批评、斥责；还可以回避孩子敏感、忌讳的话题；或者转移孩子的思路，减轻心理负担，诸如此类。因为父母对待孩子的态度，往往是孩子乐观性格形成的重要因素。

此外，在生活中多给孩子一点爱，爱是孩子获得安全感和信任感的源泉。父母对孩子的爱奠定了孩子最初对生活、对未来的信任基础。在生活中常常拥抱孩子、抚摸孩子，经常说"孩子，我为你的进步而高兴""孩子，你是家里的重要成员"之类充满爱意的话，都会让青春期的孩子们感觉到很有安全感，让他们在充满爱的阳光下快乐地成长。

我不如别人——摆脱自卑心理

黄娟是个性格内向的女孩，她总是觉得自己长得很难看，加上小时候因烫伤在胳膊上留下的一小片伤疤，使她感觉非常自卑，在学校里她从不和同学们玩耍，自己总是在窗户旁静静地发呆，好心的同学想和她一起玩耍时，她也总是躲着，上课时，即使是自己会的问题，她也从来不站起来发言。一天，放学回家的路上，经过一家饰品店，同学们硬是把她拉了进去，她顿时羞红了脸，很着急地说："我长得这么难看，戴什么饰品都不好看。"便哭着跑回家了。

心 理 解 析

自卑是一种消极自我评价或自我意识，即由于个体认为自己在某些方面不如他人而产生的消极情感。自卑感就是个体把自己的能力、品质评价偏低的一种消极的自我意识。具有自卑感的人总认为自己事事不如人，自惭形秽，丧失信心，进而悲观失望，不思进取。

具有自卑心理的青少年孤立、离群，自信心和荣誉感受到压抑，当受到周围人们的轻视、嘲笑或侮辱时，这种自卑心理会被大大加强。自卑是一种消极的心理状态，是实现理想或愿望的巨大障碍。

自卑使人变得敏感，经不起任何刺激。青少年产生自卑心理的因素很多，有专项调查表明：近一半的学生认为自己笨，不聪明；有四分之一的学生认为自己坏习惯太多，如马虎、懒惰、自制力差等。自卑心理如同厚厚的迷雾，遮住了青少年的双眼，让他们看不到光明。自卑的青少年遇事常常会这样想："这件事我无论如何也干不了，我不是这块料。""我对这件事太没有把握了。"一件事在没做之前，就不抱成功的希望，没有追求的勇气，一开始就从心理上自己打击自己，这种自卑心比其他任何因素都更能破坏他们的生活。自卑的青少年，总哀叹事事不如意，老拿自己的弱点比别人的优点，越比越气馁。

有的青少年在旁人面前面红耳赤，说不出话；有的青少年认为大家都欺负自己因而厌恶他人。因此，若对自卑感处置不当，无法解脱，将会使青春期的孩子们消沉，无法在生活、学习上体现真正的自我价值，发挥应有的水平。

⊙专⊙家⊙支⊙招⊙

严重的自卑感会造成严重的心理问题，对青少年的学习、生活都有很大的危害。要帮助他们摆脱自卑的阴影，父母首先必须改变自己对孩子的态度，重树孩子的自信心，让孩子懂得自我肯定。以下是几种消除青少年自卑心理的方法：

1. 降低要求

有的孩子之所以越来越自卑，一个重要原因就是家长的要求过高，使得孩子得不到肯定。长此以往，每做一件事，他在潜意识中就总会对自己做出否定："我的脑筋不好使""这个事情我干不好""别人就是不大喜欢我"，等等。

让这类自卑的孩子学会自我肯定的首要目标是：帮助他从自己的行为中获得满足和动力。不要奢求孩子完美地做好每一件事，而应该首先鼓励孩子去做，然后努力发现孩子在做这件事的过程中值得肯定的方面，从而增强他的自信心。要让孩子懂得：做该做的事，并努力把它做好，这本身就是成功，也是对自己最好的肯定。

2. 引导孩子建立积极的人际关系

积极的人际关系能让青少年更开朗，也更具包容性。良好的人际交往能纠正青少年的偏执心理，也能慢慢引导他逐渐敞开自己的内心，公正地评价自己和他人。

3. 努力强化孩子的自我肯定

许多自卑的孩子对自我的肯定往往是脆弱、飘摇不定的，因而极其需要得到外界的强化。强化孩子自我肯定的方法很多，比如，要求孩子为自家记一本"功劳簿"，让他每周至少一次写出自己的"功劳"，并告诉他，所谓"功劳"，不一定非得是很大的成绩，任何一点进步，以及为这种进步所做出的任何小小努力，都有资格记载入册；也可为孩子准备一些奖品，每当孩子做出了一点成绩，或一件令他感到自豪的事，他就有资格获奖；你还可以教孩子学会以"自言自语"的方法不断对自己做出赞扬——当孩子遇到困难踌躇畏缩时，不妨让他自己鼓励自己："我可是一个不怕失败的好孩子，来吧，让我再做一次努力吧！"

4. 让孩子接触同伴，锻炼自己

心理学家指出：孩子的性格在游戏和日常生活中表现得最为明显，也是纠正不良性格的最佳环境。爱模仿是孩子的一大特点，父母要让性格软弱的孩子经常和勇敢的小伙伴在一起，跟着做出一些平时不敢做的事情，并将小伙伴的言行举止作为自己模仿的对象，耳濡目染，慢慢地得到锻炼，变得勇敢、坚强起来。

当然，对于自卑情结，最重要的是防患于未然。在教育青少年的过程中，要避免因望子成龙，给孩子施加过大的压力，或总是拿自己孩子的短处去和别的孩子的长处相比，以免使孩子产生自卑心理。

敢惹我？要你付出代价——摒除孩子的报复心

李某和张某是高中同学。不久前，李某新买了个MP3，爱不释手，甚至在上课的时候偷偷地听起歌来。张某看到后，对李某进行劝阻，但是李某不听，结果张某向老师打了小报告，老师没收了李某的MP3。对此，李某心怀记恨，扬言要张某"好看"。

一个月后，学校举行运动会，李某和张某都报名参加百米跑，而且也进入了决赛。

在决赛的时候，李某和张某的跑道相邻。比赛开始，在起跑的时候，李某故意伸出腿绊倒了张某，结果张某在决赛中跑了个倒数第一。赛后，李某走到张某身旁，得意扬扬地说："叫你当初向老师打报告，这回摔倒，你活该。告诉你，咱俩的事还没完。"

之后，李某几次三番找张某的麻烦。张某没办法，把这件事告诉了父母。后来在家长会的时候，张某的母亲把这件事告诉了李某的父亲。李某的父亲皱着眉，心想："我家孩子平时表现不错啊，怎么会有这么强的报复心理呢？"

◇心◇理◇解◇析◇

报复心理是一种以攻击方式对待那些给自己带来不愉快的人，从而发泄怨恨及心中不满的情绪。报复心理是一种不健康的心理状态，具有这种心理的青少年通常是对自己不认可，或曾经历过他人的耻笑，自尊心、自信心受到了严重打击，于是内心变得自卑、敏感，容易误解别人的意思，对别人经常有戒备防范心理。

父母是孩子最好的老师，他们的一举一动、一言一行都在某种程度上影响着孩子。父母的优点也好缺点也罢，都潜移默化地影响着孩子。或许，有些不在意的言行也往往成了孩子模仿和参照的对象。

青少年报复性行为的形成，大都与家庭环境和教育方式方法不当有关。现在的家庭一般都是独生子女，孩子自出生就受到百倍的呵护和关爱，过分地娇宠无意间使孩子形成了以自我为中心的心理，凡事都由着自己的性子来，如果家长听之任之，或者一味地妥协、迁就，那就大错特错了。

每一个生活细节都能成为蕴含重大教育意义的事件，孩子教育中无小事，每一件小事都是"大事"，都可以扩展为孩子的一个好习惯或坏毛病。因此家长需要更加敏感、更加用心，让每天遇到的一些"小事"，都成为教育孩子形成好习惯的教材。

青少年有报复心理一般可由以下几种原因导致：一是没有亲情和关怀。很多家长认为自己的孩子大了，不需要像对待小孩子似的了，加之有些家长忙于工作而疏忽了孩子。其实青春期的孩子特别需要呵护，特别是感情交流，在亲情和关怀没有得到满足时，经常会通过报复把坏心情宣泄出来。二是缺乏尊重和交流。孩子在课堂受挫时或没有被理解时，会感觉自己没有得到应有的重视和尊重，就会产生对抗的心理。三是没有表扬和认可。如果所有美好的愿望和积极的举动都不被家长和老师重视，特长没有展示的机会，那么就会使孩子产生因积怨而心态失衡。

青少年之所以会产生强烈的"逆反心理"和"报复行为"，从主观因素看，由于孩子年龄尚小，还没有形成正确的价值观，对周边事物的判断还非常片面和稚嫩，严重存在独生子女"以我为主"和"自私任性"的心理。从客观因素看，家长在家庭氛围的构筑和家庭教育的方式上存在缺失，孩子的家庭地位被抹杀，孩子的思想意识被遗忘，孩子的人格自尊被忽视，孩子的情感抒怀被封闭；老师在教育过程突出主观意识，缺乏对学生深入了解、细致观察、耐心倾听、平等交流，疏忽了对学生健康个性的培育和失衡心态的矫正，诱发了不良心理和不满情绪的爆发。

　　青少年时期人生观发育还不成熟，认知能力也有一定的局限性。因此，作为家长，对于孩子过强的报复心理，不能听之任之，应找到问题的根源，及时纠正孩子出现的心理、行为偏差，使孩子的学习、生活、交往按正常轨道前行。

　　1. 改善家庭教育环境

　　孩子报复性行为的形成，大都与家庭环境和教育方式方法不当有关。在纠正孩子的不良行为时，首要的一点就是改善家庭教育环境。

　　2. 及时发现，及时处理

　　当孩子第一次出现报复倾向和行为时，要及时予以纠正。因为初次的问题纠正起来比较容易，一旦错过这个时机，以后解决起来就不那么容易了，有时甚至花费数倍的时间和精力也未必能解决好。

　　3. 引导孩子变挫折为动力

　　当孩子在交往中遭遇挫折时，成人应引导孩子分析受挫折的原因，从中汲取教训，并想办法克服困难。当孩子自己克服了困难时，成人应鼓励、肯定。这样，孩子就能体验到成功的喜悦，增强克服困难的信心。如果孩子独自克服不了困难，成人应给予适当的安慰，并提供一定的帮助，以免造成孩子过分紧张，影响身心健康。

　　4. 帮助孩子加强社交的目的性、计划性

　　孩子在同别人交往时常常是无目的、无计划的。成人可在孩子交往前有意识地提醒他，设想交往的过程及交往中可能出现的困难，适当教给他一些应对的技巧。这样，孩子对交往中可能出现的挫折就有了一定的心理准备。

　　青少年时期是人生中最美好的时期，千万别让报复成为成长道路上的"包袱"。

没有人跟我玩——消除孤独感

北京青少年研究所发布了一项调查结果，发现 34.9％的青少年对"孤独"感到担心、忧虑。在调查中，很多青少年经常提及"孤独"。其中一位名叫王蕴的孩子的说法就很有代表性。

"你孤独吗？你害怕孤独吗？" 16 岁的王蕴几乎每天都要上网，在她的网络圈子里，这句话已成为朋友间的暗号和彼此的问候语。"孤独是我的烙印。"王蕴摊开手掌看了看，随即又攥紧了拳头。

王蕴性格开朗，是家里的独生女，在旁人看来她应该特别幸福才对。"别看我老和一大帮人一起唱歌、聚会，可我还是找不到可以交心的朋友，没有人可以真的理解我的感受。"王蕴告诉调查员，她最好的"朋友"就是博客和日记。

心理学家认为，孤独感的形成，主要与人所处的环境有关。比如，现在的孩子很多都是独生子女，城市空间拥挤，城市中人们之间的冷漠，网络繁荣造成的人与人之间面对面交流的减少，学校里课程的紧张等，都是导致现在的青少年整日与电脑、电视为伍，朋友越来越少的原因。一些孩子有孤独感，还可能缘于自己错误地看待人际关系，认为人与人之间没有真情可言，每个人都是自私的，没人能理解自己，从此孤芳自赏，任由孤独折磨。还有的孩子有孤独感，缘于自己的性格内向，习惯于独处，因此不善或不愿去关心、帮助别人，因而也常常得不到别人的温情和理解，从而形成孤独感。最后，有些孩子由于遭遇了一些意外事件的打击，所以心理受创，一时难以恢复，从而逐渐形成了孤僻的性格。

孩子性格孤僻肯定不利于自身成长，家长首先要搞清楚其中的原因，做到有的放矢，有针对性地排解孩子的不良情绪，让他变得合群。

美国有位心理学家曾建造了一个实验室。他设置了一张舒适的床并准备了许多美味佳肴，人在实验室里可以随意吃、喝、玩、睡，生活是完全"自由舒服"的，唯一的缺陷是完全与世隔绝。他提出，"谁进去生活就可以获得一大笔酬金"。进去的实验者竟无一人吃好睡好过，不到两天就神经质地敲打墙壁要求"释放"。当他们出来时一个个神情呆痴，动作愚笨，不协调，许多天不能恢复常态。这个实验说明孤独对人的身心健康影响很大，对人体的摧残很严重。

专 家 支 招

孤独会给人的身体、个性、心理、社会活动等带来很多不利的影响，家长应努力帮助孩子摆脱孤独带来的痛苦，帮助孩子健康、快乐地成长。下面就给家长们提出以下几点建议：

1. 帮助孩子树立起自信心

对于青少年来说，与人交往需要自信心作为基础。自我封闭的人就如同作茧自缚，要想冲出孤独的包围，必须首先冲破自卑心理织成的茧，树立起自信心。只要能做到这一点，相信再与人接触时，就会行为自然、表现得体，进而获得别人肯定性的评价，得到别人的友谊，逐渐消除孤独感。所以说，作为家长，帮助孩子树立自信心是非常重要的。

2. 鼓励孩子多参加集体活动

家长应该适当地将自己的孩子"赶出家门"，让他们去参加集体活动。青少年在集体活动中，不仅可以结识许多伙伴，还可以在了解他人的基础上了解自己，学会用集体交往的规则调节自己的言行，学会尊重他人，信任他人，谅解他人，学会处理集体和个人的关系。家长也可以有目的地培养孩子的兴趣爱好，比如跳舞、打球、朗诵、游泳、溜冰等。共同的爱好是迅速拉近人与人之间距离的桥梁。相信当孩子在进行这样的活动时，孤独感也会悄然离去，就能体验到人与人之间真诚交流的快乐。

3. 培养孩子的爱心

我爱人人，人人爱我。要知道，爱别人，关心别人，这是赢得友谊的关键，所以培养孩子的爱心，引导孩子关心别人，爱护别人，那么他也会得到别人的关心和爱护，从此远离孤独。

4. 让孩子有所追求

如果孩子能够为了一个理想而努力拼搏、奋斗的话，那么他将会过得非常充实，不会感到空虚寂寞，孤独也就无从谈起。

5. 让孩子生活在温馨的环境中

家长有义务让孩子生活在温馨、和谐的家庭环境中。也只有在这样的环境中走出来的孩子，身心才会得到健康的发展。父母要积极改善与孩子的关系，不要用尖刻或消极的语言批评孩子。多给孩子一些温暖，关注孩子的生活、学习和健康，每天抽时间与孩子游戏、散步、交谈，使孩子感到自己在父母心中的地位和分量，心中得到爱的满足，建立安全感。

我不管，我就要这么做——孩子任性需要引导

小雨今年上高一，由于父母在外地工作，小雨多数时间由爷爷奶奶带。小雨乖巧的时候真的是很惹人喜爱，能歌善舞，表达能力也很强，爷爷奶奶对她也是格外宠爱。小雨也非常争气，凡事只要老师讲过一遍就能记住，而且做得非常好，因此成绩也很突出。

可小雨有一个很大的毛病——太任性，什么事情都要依着她，不如她意，她就会生气，甚至发脾气。在家里全家凡事都要让她三分，对了让夸奖，错了不能罚，否则脾气一上来，最后还得是大人让步。她爷爷经常说，这孩子好起来特别好，闹起来的时候拿她一点办法也没有，真的是太任性了！

任性在青少年群体中相当普遍，同时也是一种不健康的心理表现。通常，青少年会用任性来要挟父母或其他亲人，满足自己的某种需要。对于青少年的任性，很多父母束手无策。

事实上，孩子的任性心理不是与生俱来的，而是父母不加约束、过于放纵的结果。父母对孩子的正当要求，比如要求自己吃饭，主动做作业等，要给予鼓励和帮助，对他进行训练，对于不正当的要求要予以制止。假如孩子一闹家长就满足他的要求，他就会认为这是达到目的的好方法，以后就会常用这种方法满足自己的愿望。因此家长经常无原则地依从、迁就，无意中就培养了孩子任性的坏习惯。任性的孩子往往没有一颗平和的心，因为父母经常迁就他，他就希望自己的一切要求都能够得到满足。任性是独生子女的通病，主要表现为固执、抗拒、不服从父母管教、不按照父母的要求去做等。孩子不听话，父母的要求和愿望难以实现，父母就会对孩子不满，就容易出现不理智的表现。有的会采用打骂的方式对孩子严加管教；有的对孩子放任自流；有的则对孩子的要求妥协，天长日久更助长了孩子的任性行为。

此外，青少年由于心理发育不成熟，对生活中的许多事情缺乏正确的认识和判断能力。如果从青少年的心理角度来分析，任性就是孩子的性格偏执、意志薄弱和缺乏自我约束能力的表现，而且周围的生活、学习环境对孩子的性格、意志的约束能力有很大的影响。任性是青少年的一种心理需求的表现，当孩子随着生理发育开始接触更多的事物时，他们对这些事物的认识，不是像成年人那样进行分析后再做出的，而是凭着自己的情绪与兴趣来决定的，即使这些事物对自己不利，他们也往往会固执己见。一般任性的孩子自尊心都比较强，因此可以采取对比诱导法，用一些他所知道的榜样的事例与他自己的任性行为进行对比，使他的自尊心和好胜心受到一点打击，进而，促使他从其他角度去认识自己的缺点和不足，来改变自己任性的行为。

任性心理会导致孩子无法正确判断事物，个性固执不讲理，这不仅影响对他们生活能力的培养，而且这样的孩子也经不起生活中的考验和挫折，这些对孩子的健康成长是有百害而无一利的。严重者还会因冲动而走上犯罪的道路。

专家支招 ··

很多青少年的任性往往令家长们大为头疼，其实对青少年来说任性并不是天生的毛病。家长通过一些手段完全可以使孩子改掉这一毛病：

1. 对孩子管教不要太严厉

有一些父母对孩子的管教过于苛刻，一旦孩子难以达到其要求，父母就会给予批评、惩罚等。久而久之，孩子就会产生抵抗行为，就会变得任性。

2. 要学会尊重孩子

一些家长在孩子面前总是端着一副大人的架子，对孩子不太尊重。孩子一旦犯错误，就不分青红皂白地贬斥一番，甚至在公众场合大声责骂，毫不顾及孩子的颜面。对此，孩子为了保护自己的面子和自尊心，往往会产生任性的对抗行为。

3. 不要过分迁就孩子

很多孩子的任性行为就是家长一味地迁就导致的。孩子小的时候，经常会提出一些不合理的要求，有些家长不但不纠正，反而持迁就态度，时间一长就会使他们形成任性心理且产生一些不良的行为。

嘿嘿，其实我是在骗他们——说谎其实是不敢面对现实

刘宇是一名高中生。每次考试结束，父母都会拿成绩说事，数落刘宇一番。对此，刘宇很是郁闷。又一次期末考试，刘宇考砸了，心里忐忑不安地想："平时考得不错，都会挨骂，这次死定了。"突然间，刘宇"灵机一动"，干脆把成绩单改了算了。于是刘宇用扫描仪把成绩单扫到了电脑里，修改了成绩后又打印了出来。

回到家后，刘宇拿出成绩单，父母看到修改后的成绩喜笑颜开，破天荒地夸奖了刘宇一番。刘宇对此大感意外，同时暗自窃喜。此后，刘宇经常向父母谎报成绩，到后来，不只是谎报成绩这么简单，还经常编造各种借口向父母骗钱。

直到有一次，刘宇的父母在与其他同学的家长聊天时，才知道刘宇一直在骗他们，他们在刘宇的口中已经很难听到真话了。

心 理 解 析

说谎是青少年比较常见的一种不良行为。从心理的角度来看，青少年说谎具有一定的灵活性。

大多数青少年出于保护自己的目的，使自己免受痛苦而说谎，就像例子中的刘宇，因为害怕父母的责备和为了博得父母的欢心而撒谎，并由此养成了说谎的习惯。

现实中，有些家庭对孩子的要求比较严格，特别是在孩子上中学以后，认为中学是以后上大学的关键时期，所以对孩子抱有很大的希望，这时父母如果发现孩子做错了一件事就会开始打骂，这样严重地伤害了孩子的自尊心。就像案例中的刘宇，考试成绩不理想，骗家长是怕自己的自尊心再次受到伤害。

但也有一些青少年觉得说谎能给自己带来一种良好的自我感觉，他们感到说谎新鲜、刺激，因为自己的说谎成功而感到内心轻松、愉

快。他们认为在被不易欺骗的老师和父母面前说谎，自己会有成就感，自以为很了不起，这已是造成青少年说谎的一个重要原因。比如，有时候孩子为了让周围的人夸奖和表扬，就把一件自己本没有做到的事情和别人说自己做到了，好面子；如果没有做得很好，就说那件事不是自己做的，也说谎了。

另外，许多孩子不诚实的原因，始于家长说谎。成人的言语不慎，使孩子受到暗示，从而模仿成人的行为。在孩子的心目中，父母和老师的形象都很高大，其行为与品质时时潜移默化地影响着孩子。一旦成人说谎，青少年最后可能将这种行为作为合理的行为而接受下来。

青少年的说谎欺骗行为还受到社会因素的影响。目前社会上存在着许多虚假现象，如电视、广播、网络、报刊、广告等媒体的信息言过其实或具有欺骗性，这些现象都对青少年产生了不良的影响。

专家支招

诚实是做人最基本的品质，诚信的人处处都会受到人们的信任和尊重。青少年正处在人生观、价值观形成的时期，诚实品质的培养对一个人今后的人生旅程至关重要。青少年处在青春期，说谎是可以纠正的。对此，家长应该帮助青少年改掉说谎的毛病。

1. 家长要分析孩子说谎的原因，对症下药

家长要想帮助孩子改掉说谎的毛病，首先要弄明白孩子说谎的原因、动机，要正确区分撒谎的性质。青少年说谎的起因是有区别的，家长要确实了解清楚孩子为什么要说谎，从而采取有针对性的解决措施，消除说谎的行为。了解说谎动机，正视、反省自己。孩子说谎都有其一定的心理原因，了解动机才能找到辅导矫正之法。

2. 面对孩子的说谎，要正确引导

青少年说谎，内心都是矛盾重重，想承认错误，又怕失去信任。因此，家长一旦发现孩子说谎，不要"严刑逼供"。要凭借观察力和判断力，抓住时机，及时引导，以宽容、真诚、信任待之，使其感到没

必要撒谎，从而进行彻底的自我反省。这样可以使孩子重新做回一个真诚的人。特别要注意的是，家长在处理孩子的说谎行为时，最好单独进行，避免使孩子难堪，引发对立情绪，激化矛盾。

3. 减少环境影响，给孩子一个安全的环境

很多孩子说谎是因为受到了不良环境的影响。所以家长要及时了解、掌握学生的交友情况，尽量避免孩子与有说谎习惯的同伴交往过密。家长最好能够与学校保持密切联系，合力教育孩子，不给说谎行为创造机会，努力使孩子养成实话实说的好习惯。以"说真话，不说谎"的同学为好榜样，形成"实话实说"的人受人尊敬的观念，提倡在学习和生活中实话实说，有困难、有麻烦及有不愿意做的事，都当面讲清楚，不阳奉阴违。

4. 用奖惩鼓励法和自我暗示法帮助孩子改掉说谎的坏习惯

家长在面对"说谎成性"、难以自控的孩子时，要采取必要的引导治疗方法。家长可以与孩子协商，以签订合约的方式，直接帮助孩子自我观察、自我管理，消除、纠正撒谎的不良行为，在孩子取得进步的时候，及时给予奖励和肯定，使其保持、巩固、发展；如果未能完成目标，则按约定给予惩罚，以示警醒。另外，家长可以要孩子把自己的优点、长处写在纸上，提高孩子的自信。同时，在孩子的优点、长处旁边写下"撒谎害人害己，要彻底改我一定能改掉撒谎的坏习惯"这类的文字，使孩子进行自我暗示。积极的自我暗示能产生巨大的内驱力，使人自信，自强不息，每当遇到问题，就要想一想对自己的要求，不断鼓励自己坚持良好行为。坚持自我暗示，就能逐步改掉坏习惯。

5. 家长要以身作则，做出诚实的表率

家长的榜样作用很重要，俗话说："言传不如身教。"家长应该用自己诚实的行为去影响孩子，为孩子做出表率。如果家长不能在孩子面前树立起诚实的形象，就会在孩子的心中形成"你都不诚实，凭什么不让我撒谎"的印象，会对孩子产生极其不良的后果。

我就是平静不下来——帮助孩子告别冲动

瑶瑶今年只有14岁，可是同学们都觉得她不好相处，因为她很容易冲动，动不动就发脾气，只要有事情不合她的心意，她就很难控制自己的情绪，总要拿某个人或某件东西当出气筒。

比如，上课迟到挨了批评，回家后就责怪妈妈没能早点儿叫她起床；在校值日打扫卫生不干净，就怪扫帚不好用；考试成绩不理想，就说老师出题太难太偏，故意为难她……总而言之，瑶瑶就是情绪容易激动，喜欢发脾气。

而且，瑶瑶发脾气的时候总要搞破坏。比如，考试不理想，她会气得把试卷撕得粉碎；同爸爸妈妈吵嘴，她会摔碗、摔杯子；甚至字写不好，她还会折断铅笔……

为此，同学们都不敢再接近她，觉得她像个炸药包，一触即炸。

心 理 解 析

有很多青少年在日常生活和学习中很容易冲动，冲动会给孩子的生活带来消极影响。事实上，当一个人的行为和愿望遭到妨碍时，就易滋生冲动情绪。处在情绪冲动中的孩子往往不能客观、公正地看待问题，而且自制力差。在所有不良情绪中，冲动最能削弱一个人的思维能力，当青少年处在这种状态时，他们的行为控制力与对周围事物的理解力都会大幅度降低，容易意气用事，并做出一些不该做的事情来，比如损坏物品、伤人的不理智行为。情绪冲动不仅容易造成过激行为，妨碍人际关系的发展，还容易使人罹患某些躯体疾病，比如心脏病等。

通常，青少年产生冲动情绪的心理原因主要有这样几个方面：

1. 成长阶段特点所致

青少年时期，人的神经系统的兴奋过程和抑制过程虽都在发展，但兴奋过程仍占优势。因此，情感兴奋点比较低，稳定性差，经常因一些小事产生冲动情绪。

2. 感情用事造成的

青少年的生活、交际知识贫乏且经验不足，辨别是非的能力不足，容易感情用事。

青少年一般还不能有意识地调节自己的情绪，如破涕为笑等。青少年由于心理不够成熟而易情绪冲动，随着年龄的增长，辨别是非能力的增强，他们调节自己情绪的能力也会逐步提高。

3. 家长的娇惯

某些家长对孩子娇生惯养，使孩子心理发展不平衡，从而形成任性、暴躁、冲动的性格。

另外，有些孩子因为经常受到父母的打骂也易形成暴躁性格，加上他们遇事又不能克制自己，所以会产生冲动情绪。

专 家 支 招

对于情绪比较容易冲动的孩子，家长要起到帮助、引导作用，让孩子学会更好地控制自己的情绪。

1. 帮助孩子学会理智地思考

家长应该帮助孩子学会用理性代替感性来指挥自己的行动。当孩子遇到与他们相左的意见时，家长告诉孩子遇事三思而行，不要仓促表态，而要对其利弊反复权衡；学会将"热处理"转变为"冷处理"。并且，家长要教育孩子做事考虑后果，当孩子遇到一些不愉快的事情时，不要感情用事，考虑一下后果。

2. 用延迟反应法帮助孩子平稳情绪

"延迟反应"法，就是使青少年遇到问题时不急于做出反应，而先冷静思考一番，这种"冷处理"会纠正许多不必要的偏差，可使他们变得更加理智。同时，要锻炼孩子情绪的稳定性，让他们待人做事不要太情绪化。还要增强他们的耐力和容忍度，遇事不要过于冲动。冲动的孩子往往自我控制力差，这就需要磨炼他们的自我控制力。积极的方法就是当孩子动怒时，转移他们的注意力或者改变环境因素，待一切平静下来之后，再把问题弄清楚。

3. 家长要多与子女沟通

家长要多和孩子进行交流，探讨一些他们在学习和生活中可能遇到的问题的解决办法。如果能够经常交流探讨，孩子就会养成遇事善于思考的好习惯，而他们的情绪也自然会得到控制。另外，当看到孩子有进步表现时，要予以奖励，以巩固已有成果。在正强化的作用下，孩子的自我控制能力就会有所提高，对冲动情绪也会有所调节。

4. 对孩子不要过分溺爱，家长要培养孩子的独立精神

家长对孩子的娇生惯养会使孩子的心理承受能力下降。家长对此应该进行反思。在生活中，既要满足孩子的合理要求，又要对孩子的一些无理要求进行教育，并坚决制止。

5. 对待孩子的冲动行为要灵活处理

当孩子情绪冲动的时候，家长需要灵活处置孩子的冲动行为。比如说，当孩子与他的同学或朋友吵架时，我们可暂时不予理睬，让他们自己去处理。

6. 家长要做到言传身教

家长要注重言传身教。对于孩子，家长要以身作则，身体力行，要善于调控自己的行为举止。平时，家长不要对孩子大喊大叫，而要用自己的行为告诉孩子如何控制冲动情绪；对孩子说话态度要坚决，而语气要平缓，要让他们在可能冲动的情况下，先对自己说一声"让我等等，让我想想"。如能这样，就能对孩子控制自己冲动情绪提供帮助。

一遍又一遍地重复——摆脱强迫心理

何闯是个很懂事的孩子，他知道父母供养自己很不容易，所以自打懂事时起，他就极为严格地要求自己，一点儿时间也不许自己浪费。正因为如此，他的学习成绩一直在班里名列前茅，初中一年级期末考试，他还考了全班第一名。为此，父亲特地给他买了块手表作为奖励。

可是，这块父亲买的手表却成了何闯的心病，他总是担心自己会把手表弄丢。结果很不幸，他担心的事真的发生了。手表丢失以后，何闯的内心极度内疚，而且常常有意识地到操场和马路边寻找，并希望能够找回来，但结果事与愿违。从此之后，他便经常在马路边低着头徘徊。

近段时间以来，何闯的行为泛化得越来越厉害，老是想着自己是否渴了或者饿了？沙发该不该坐？泡在盆里的衣服是马上就洗还是过一会儿再洗干净？见到电灯就要反复检查灯的开关，出了房门就要反复地查看门是否关好锁好……

何闯的这种表现其实是一种强迫心理在作祟。有这种心理的人常有这样的表现：

做任何事情都追求完美；苛求别人按照自己的方式做事，即使并不适合对方，而一旦别人不照着做，心里就很不痛快；对别人做事很不放心，常有不安全感，反复考虑计划是否得当，反复核对检查，唯恐疏忽和出差错；完成一件学习或工作任务之后，常缺乏愉快和满足的体验，相反会因某些细节处理得不够圆满而感到悔恨和内疚；拘泥于细节，甚至生活小节也要"程序化"，不遵守一定的规矩就感到不安；经常犹豫不决，常推迟或避免做决定；过分沉溺于职责义务与道德规范，没有业余爱好，拘谨吝啬，缺少人际交往。

强迫心理在青少年时期发作的男孩多于女孩。一些强烈的精神因素可作为这种心理的诱因，如性格主观、任性、急躁、好胜、自制能力差等。少数患者心理脆弱、性格内向，自幼胆小怕事、怕犯错误，对自己的能力缺乏信心，遇事十分谨慎并反复思考，事后不断回想并多次检查，凡事总希望达到尽善尽美等。严重的强迫心理，会使人感到对任何事情都无能为力。有这种心理的人，总是无休止地反复考虑所有行为的长远后果，并且因此陷入无法进行任何活动的状态。有强迫心理的人也容易出现暴力行为和其他冲动行为。

青少年产生强迫心理主要是受强迫性神经症或者强迫性人格障碍的影响，抛开遗传因素，家庭环境是青少年产生这种心理的主要原因。如父母在生活制度、作息时间、卫生习惯上过分苛求孩子，会使他们养成"遇事反复推敲，事后后悔自责"的不良习惯。

社会原因也是造成青少年产生强迫心理的一大因素。处于发育期的青少年，生理发育迅速，但心理发育不成熟，在竞争激烈的社会交往中出现的各种不适现象，可使他们形成强迫型人格障碍。处于青春期的青少年，自我意识很强，当他们在社会交往中出现了难以适应的情况时，就会产生强迫心理。

专家支招

家长在面对青少年的这种强迫心理时要积极介入，努力矫正他们的心理障碍。

1. 家长要对有强迫心理的孩子进行行为干预

对于有强迫心理的孩子，家长可以在他们欲进行强迫动作或思维时，进行行为干预来分散他们的注意力，从而阻止他们强迫动作或思维的发生。

有强迫心理的人，习惯把行动的自主权交给"规矩与习惯"，"当头棒喝"便是行为干预的妙法。当孩子感觉自己不能控制某些行为时，就告诉他们对自己大喝一声"停"或"不"。这时，人的思维和行为习惯就会被打乱，自我意识就能起作用。当发现孩子叫停的力量不足时，家长可以在必要时"棒喝"一下，这种效果也很理想。

对于强迫心理较轻的孩子，家长要给予理解、关心和肯定。要根据他们的特长，安排他们从事有规律、需谨慎的工作和活动。同时，也要指出他们的性格缺陷，帮助他们丰富生活内容，分散注意力，为他们提供更多的成功机会，不断增强他们的自信心。

对于强迫心理较严重的孩子，家长则需要为孩子联系心理医生进行治疗。

2. 让孩子做到"三不"

有强迫心理的孩子，他们虽有克服这种心理的强烈愿望，但苦于无法摆脱这种症状，从而给他们的生活、学习、工作造成了障碍。家长在帮助孩子改正时，应该让孩子遵循"三不"原则，即"不怕不理不对抗"。"不怕"，就是要消除各种脱离实际、毫无根据的恐惧心理，正因为"怕"，才使他们主观认识歪曲，从而造成了不良的心态，这完全是不必要的；"不理"，就是不去注意那些症状，不谈论、不听；"不对抗"，就是不要企图排斥这些症状，要完全接受它们，做到"忍受痛苦，为所当为"。实际上，只要不在字面上去纠缠性地理解这种"症状"，而真正按照上述方法去做，症状便可很快消除。

3. 必要时，要使用药物治疗

青少年产生强迫心理，很可能是受强迫性神经症或者强迫性人格障碍的影响。因此必要时需要有药物介入治疗，若将药物治疗与认知行为治疗相结合，效果会更好。

离开家我可怎么办——摆脱过分依赖的心理

李娜考上的重点高中在外市。开学后，她对高中的寄宿生活极不适应，非常想家，于是就产生了许多心理上的矛盾与困惑。半个学期后，李娜觉得无法再忍受了，在同学的陪同下走进了心理诊室。

见到心理医生，李娜开口就说："医生，我想转学，该怎么办转学手续呢？"

医生问她："转到哪里？"

李娜答道："转回我家那边的高中。"

医生接着问："为什么要转学？"

她没有答话，却呜呜地哭了起来。心理医生温言劝慰了她好一阵子，李娜才平静下来。她向医生诉苦："我是真不应该来这里读高中，现在我连一天也待不下去了，我每晚都会想家。晚上躺在床上，一想到睡的地方不是自己的家，就很难入睡。晚上做梦还经常见到爸爸、妈妈，我也知道这是梦，但就是不愿意醒过来。梦总是要醒的啊！梦醒后一睁眼，我就心烦、心酸。我每天都不想起床，不想吃早饭，也不想去做早操，但又担心这样会垮了身体。每当在校园里散步，听见广播里放的音乐有妈妈之类的歌词时，我就要哭，一边走一边哭。走回寝室时，我已哭成了泪人。班上组织春游、秋游，我毫无兴趣，看到同学玩得高兴，我更是感到孤独和伤心。我就是想回家。

"周末，看见本地同学纷纷回家，我更伤心。我知道，爸爸、妈妈肯定希望我快快乐乐地读书。因此，我努力使自己快乐起来，想强迫自己忘掉家里的温馨和幸福，把注意力集中在学习上。但无论何时何地，我的眼前总会浮现出父母和初中、小学时的老师和同学……我根本不能忘掉他们。现在，我的学习成绩一天天地下降，又怕自己被淘汰而遭到别人耻笑。为此，我整天提心吊胆，担心期末考试不及格，更担心家里人对我失望。现在，我真的后悔跑到这里来读高中。"

李娜接着说："我父母没上过大学，不是工作生活得挺好吗？我愿意回家去，就是当清洁工、摆地摊都行。所以我想转学，转到家那边的高中。也许转学后，我能够重新振作起来。"说到这里，李娜又哭了。

过了一会儿，李娜抬起头来对医生说："入学后，我经常给家里写信，有时还打电话。我甚至把省下来的一些生活费，全都用在给家里通信和打电话上了。我现在觉得自己快要崩溃了，只有父母和亲友的150多封来信，才能使我强打起精神来。"

　　上面例子中的李娜，有严重的对父母依赖的心理。青少年对父母的过分依赖是现代社会中较为常见的一种青少年心理问题，主要表现为孩子缺少主见、有无助感、有被遗弃感，无独立感、过度容忍别人、害怕孤独、难以接受分离、易受伤害等。他们对父母有着过分的渴求，这种渴求是强迫性的、盲目的、非理性的，与真实的感情无关。他们宁愿放弃自己的个人兴趣、人生观，只要能找到一座靠山，或能得到别人对他的温情就能心满意足。依赖型人格容易使孩子越来越懒惰、脆弱，缺乏自主性和创造性。

　　通常，这种对父母过分依赖的形成与家庭环境有着密切的联系。在一个人的幼年时期，孩子离开父母就不能生存，在孩子的印象里，保护他、养育他、满足他一切需要的父母是万能的，他必须依赖他们，总怕失去了这个保护神。这时，如果父母过分溺爱孩子，并鼓励他们依赖自己，不让他们有长大和自立的机会，久而久之，在孩子的心目中，就会逐渐产生依赖心理。到青少年时期以后，如果家长仍然不放手让孩子独立，孩子也感到不能自主，总是希望父母来替自己做决定的话，那么心理障碍便形成了。

　　孩子从小就受到父母的遗弃，或父母对孩子的依赖性表现出过多、过分的苛刻和指责，都会导致孩子在青少年阶段过分依赖父母。

专家支招

　　青少年如果产生了过分的依赖心理，会影响个人的发展。对此家长应注意：

1. 培养孩子的自主意识

当孩子过分地依赖家长时，家长就要让孩子检查一下自己的行为哪些是依赖别人的，哪些是自己决定的，以便让孩子树立起自我独立的意识。对自主意识强的事件，家长要告诉孩子应坚持自己做。依赖行为并不是能够轻易消除的，一旦形成习惯，就会发现让孩子自行决定每件事真的很难，可能会不知不觉地回到老路上去。为防止这种现象的发生，简单的方法就是让他们找一个监督者，最好是找他们最依赖的那个人。

2. 消除孩子心中遗留的童年依赖印迹

青少年的依赖意识与童年时期遗留下来的依赖印记有关。家长在对孩子的依赖的矫治过程中，要消除他们在童年时遗留下来的依赖感。家长可以经常选择一些合适的、能增强自立性与独立性的任务让孩子去完成。孩子过分依赖性的形成，不是一朝一夕的事。因此，消除青少年心中的依赖感也并非一朝一夕就能完成，家长要有充分的信心和足够的耐心。

3. 帮助孩子建立独立的信心和勇气

有心理依赖的孩子比较缺乏自信，有一定程度的自卑意识。家长可以有选择性地让孩子做一些略带挑战性的事情。比如，让孩子独自一人到附近的景区进行短途旅行；独自一人去参加一项娱乐活动；或一周规定一天"自主日"，这一日不论什么事情，决不依赖他人。通过做这些事情，可以重建孩子的勇气，从而改变他们事事依赖他人的不良习惯。

我快要崩溃了——严防陷入歇斯底里情绪

玲玲是初三的学生，她学习很用功，每天很早就起来复习功课，老师也非常喜欢她。可是班里的一些男生总爱变着法儿戏弄她，说她只会啃书本。繁重的学业本来就让玲玲倍感压力，再加上同学们的态度，玲玲的精神就变得很脆弱。家长把玲玲带回家来休养了一周，返校以后，玲玲情绪变得好多了，待人热情，爱和大家聊天，可是大家却像躲瘟神似的躲着她。前天晚自习时，玲玲突然歇斯底里地哭起来，下课后同学们都走光了，她却坐在教室里不愿回家。老师拉她，她又抓又咬。

心理解析

"歇斯底里"是青春期比较常见的一种心理障碍，尤以女性较多见，这种病症多发生在青春期。歇斯底里发作时，往往会大哭大笑、又唱又跳、满地打滚等，玲玲突然大哭，抓住老师又打又咬，就是歇斯底里的表现。凡是有这种情绪的人，自我意识容易出现障碍，情感方面出现失调现象。

产生歇斯底里的情绪，一方面与青少年个人的性格密切相关，另一方面是受到了外界的刺激。

通常出现歇斯底里的人都有一些不良的个性特点，比如任性、敏感、冲动。这样的人一般心理都比较脆弱，容易受伤害，神经容易崩溃。这类性格的人有以下几个特点：

1. 情感代替理智

这种性格的青少年高度感性，情绪反应强烈而不稳定，容易从一种情感转移为另一种情感，他们待人处事往往感情用事，如对某人有好感时，觉得他十全十美，是世界上少有的好人，但当遇到一点小事时就立刻认为这人一无是处，是最大的恶人。他们的情感和行为极易受别人的言语和行为的暗示，尤其是当他对某人印象良好时，则对该人的意见会不加分析地盲目接受下来。

2. 以自我为中心和好幻想

这种性格的青少年好夸耀自己、显示自己，乐于成为大家注意的中心，喜欢得到别人的赞扬。他们富于想象力，特别是当情感反应强烈时，想象和现实常混淆在一起，以致有时连他们自己也弄不清楚到底是想象还是现实。

这样性格的青少年受到外界的强烈刺激时，本身的性格弱点会使其对刺激的反应加剧，导致大脑功能失调，呈现各种不同的非正常心理。例如，遭受惊吓、亲人突然死亡、受侮辱、自尊心受伤害，都有可能诱发歇斯底里。

上面例子中的玲玲，她本可以正常地继续学习，可是"大家像躲瘟神似的躲着她"，使她的自尊心受到严重伤害，无法再保持心理平衡，终于引发了歇斯底里的情绪。

专家支招

对于歇斯底里，防重于治，家长在其中起着很重要的作用。

1. 查明原因，采取有针对性的应对措施

家长应先弄明白是什么原因使孩子歇斯底里，然后与学校老师、同学配合，改善孩子的生活环境，排除造成心理刺激的因素。如果家长能够取得学校、老师、同学的帮助，使大家转变对孩子的态度，会有助于康复。

2. 采用适当的方法引导孩子

家长帮助孩子认识在自己身上发生的具体表现，从而提高反省自己言行的积极性和主动性，正视自己的心理问题并自觉主动地加以调节。还可以通过闭目静思来帮助自己反省。家长也可以暗示孩子控制自己的情绪。患者可以经常用下列暗示语来暗示自己，例如"不要太激动，不要以自我为中心"等，来暂时控制孩子的情绪。

3. 帮助孩子去了解自己，培养孩子健康的性格

家长应该使孩子认识到自己性格中的弱点。通常，性格内向、任性、过分敏感的人都易造成歇斯底里症。因此，家长要及时发现孩子性格中的弱点，并让孩子认识到这些性格弱点将给他们带来的危害，帮助孩子克服弱点，以正确态度对待自己的学习、工作、生活，改善人际关系，使孩子健康发展。另外，家长不要过分溺爱孩子，要教会孩子正确对待批评和挫折，以增强孩子的心理承受力。

4.为孩子创造良好的生活环境

青少年在歇斯底里发作前常有某些症状，此时可使其有意识地转移注意力，做有意义的事，或暂时离开当时环境，以改变其心境，防止病情发作。家长平时要合理安排孩子的生活，注意劳逸结合，保证充足的睡眠，对于提高大脑皮层的工作能力、防止病情发作也有一定意义。

对于陷入歇斯底里情绪的孩子，家长更要帮助他们走出困境。歇斯底里不可小觑，如在青少年时期没有彻底治愈，则复发的可能性会比较大。

第三章

平时母慈子孝，一写作业鸡飞狗跳：破解学习困境

很多青少年在学习的过程中会出现种种心理问题，比如说上课走神、学习拖拉、考试马虎、害怕考试、偏科、厌学等，这些心理问题严重地影响了青少年的学习效果。很多受困于这些心理问题的青少年，尽管平时很努力，可是成绩平平，还因此遭到父母和老师的批评，进而自信心产生动摇——我可能就不是学习的料，学习好坏是天生的。

可是，从来就没有天生的优等生。影响学习成绩的因素除了个人努力程度，还与学习方法、学习习惯有关。好的学习方法、学习习惯是后天养成的，因此只要培养青少年良好的学习方法与习惯，帮助他们走出心理误区，加上个人的努力，人人都可以成为优等生。

上课不知不觉就走神——集中注意力

小海是一名初中生，入学时成绩虽然算不上突出，但也还算过得去。可是一个学期下来，小海在班级的名次急剧下滑，成了成绩倒数的学生。为此，小海的父母很是着急，主动到学校找到了班主任刘老师了解情况。

刘老师对小海的父母说，小海有上课走神的问题。很多时候，老师在讲台上讲课，小海一开始也的确很认真地听老师讲课，但是一会儿他就开始走神。有时候发愣发呆，不知在想什么。

起初，刘老师以为小海是故意不想听课。但在与小海谈话之后，刘老师得知小海并不是故意的，其实他自己也不知道究竟是怎么一回

事，脑子总是在不经意间就开了小差，小海也在为自己的这个毛病苦恼。了解到这样的情况，小海的父母十分着急，不知道怎样才能帮小海改掉这个坏毛病。

上课注意力不集中是青少年在学习中比较常见的一种现象，也是青少年学习中的大敌，的确要引起父母和老师的高度重视。

上课注意力不集中，对学习成绩的影响非常大。现代社会条件下，青少年的智力水平并无太大差别，因此课堂上听课的质量就成了决定成绩好坏的关键。不过，很多青少年在上课时很难做到注意力高度集中，经常会走神。事实上，走神往往是在不知不觉中产生的，学生自己都不知道这究竟是怎么回事，这使得他们在受到老师和家长的批评时，心里觉得很委屈。

其实，对于青少年来讲，上课注意力不集中是一种很常见的心理现象。青少年阶段是一个人从幼稚走向成熟的时期，同时也是一个朝气蓬勃、充满活力的时期，更是一个多梦的时期。爱思考、好想象正是青少年的特点。上课的时候，这些特点在无意中体现出来，就导致了走神、注意力不集中的现象。如果青少年长期这样下去，就会严重影响听课效果，导致学习上的缺漏不断累积，和其他同学的差距越来越大，影响自信心，恶性循环，最后自然会与理想的学校失之交臂。

案例中的小海刚入学的时候成绩并不差，属于中等学生，可见其成绩下滑并非智力因素所导致，而是因为处于青少年期的他，上课不经意间就会走神，从而影响了听课的效果，最终导致学习成绩下降。

通常来说，学习成绩好坏的决定性因素就是注意力能否集中，可以说，注意力是保证学生学习的前提条件。除了青春期的因素，导致注意力不集中的原因还有以下几点：

首先，睡眠不足。很多青少年都有睡眠不足的情况。学习时处于一种应激状态，睡眠不足导致青少年在上课的时候注意范围缩小和注意持续时间的缩短，会直接影响听课效果。

其次，烦恼多，压力大。青少年时期是人生的一个关键时期，无论是学习方面还是人际交往方面都有自己的烦恼与压力，比如交往的烦恼、升学的压力。这样，在上课的时候，青少年就会不自觉地想到这些事情上面，而且经常越想越烦恼。

最后，心中没有清晰明确的学习目标。大多数的青少年在学习这件事情上，目标往往不明确，不知道自己为什么而学习，或者不知道自己要达到什么样的目的。心中揣着这些"不知道"去上课，自然难以集中精力。

〇专〇家〇支〇招 ·······

作为家长，需要了解到的注意力是生理和心理的共同影响，会随生理和心理一道走向成熟。处于青少年时期的人，由于这一时期特定的心理、生理状态导致了上课难以集中注意力。许多家长不了解青少年的发展特点，要求孩子老老实实地坐着，布置大量的功课，要求他们长时间集中注意力，这对孩子来说很难做到。应该说，绝大部分青少年的注意力发展是正常的，家长大可不必过于担心。但是要遵循青少年的生理、心理成长规律，关心并训练他们集中注意力。在此期间，家长们应该努力做到以下几点：

1. 培养孩子对学习的兴趣

作为家长，与其没完没了地斥责孩子注意力不集中，不如通过教育孩子提高对所学课程的兴趣，使之在主观上提高注意力的集中程度。要知道"兴趣和爱好是最好的老师"。很多孩子在听课时难以集中精神，而玩电子游戏时却能够专心致志，不受干扰，这是因为孩子们对电子游戏有浓厚的兴趣。培养兴趣是训练青少年集中注意力的一个手段。也许孩子们对课堂所学的知识不如对电子游戏那么感兴趣，但是，可以培养对所学知识的间接兴趣。比如说通过把知识融入游戏中间，通过游戏调动孩子们的兴趣。只要有兴趣，听课的自觉性就强，注意力就会集中。

2. 帮助孩子明确自己的学习目标

孩子在上课时分心的一个重要原因，是因为孩子不知道自己为什么而学，没有一个明确的学习目标就无法定位当前的学习任务。所以要想集中注意力，就必须时刻提醒孩子把注意力稳定在学习目标上。有了目标，孩子才能更好地集中注意力。

3. 让孩子保持充足的睡眠

充足的睡眠可以维持正常的脑功能，如果青少年晚上休息不够，白天大脑对外界的干扰因素的抵抗力就会降低，上课自然就会注意力不集中，从而出现上课走神的现象。此外，睡眠不足还会造成记忆力减退和逻辑推理能力下降。因此，家长要保证孩子有足够的睡眠时间，并意识到，孩子注意力的维持本身就是有时限的，如果睡眠不足或者过度疲劳，注意力自然就会分散。

一提学习就头疼——摆脱厌学情绪

小明是某中学一名初一的学生，从小到大，小明的各科成绩都很优秀。但是进入中学以后，小明突然开始讨厌学习，学习成绩也直线下降。他的表现也大不如前，遇到好"欺负"的老师，小明就经常不去上课，遇到比较严厉的老师，小明虽然不敢逃课，但是上课也不听讲，只是趴在桌子上睡觉。放学回家后，小明把书包扔在一边，既不复习功课，也不做家庭作业，而是躺在床上看电视，要不就是玩手机、发短信。每当父母一提到"学习"这两个字，小明就表现得特别烦躁，还用两只手捂住脑袋在床上打滚，并且说自己头痛、难受，不让父母再提"学习"。为此，小明的父母伤透了脑筋。

心 理 解 析

　　如今，很多的青少年都有厌学的情绪，且随着学生年龄的增长越发明显，已经是一个较普遍的现象。而且，不只是成绩不好的孩子厌学，就连那些成绩非常优秀、在老师眼里是好学生、家长眼里是好孩子的青少年都存在厌学情绪。在他们的内心世界里，学习是件很烦心的事，一提起来头就会疼。

　　其实，学习是一个人认识世界最基本的也是唯一的途径，大千世界奇妙的事物有很多，学习本应该是一件令人感到快乐的事情，应该符合青少年的天性。但是一旦机械的、枯燥的重复取代了刚接触知识的新鲜感和趣味性时，孩子就会感到丧失了学习的乐趣，那么他们便会产生厌学情绪。

　　学习本身是耗费精力的事情，在这个过程中学生的精神始终处于一种高度紧张的状态，久而久之就会产生心理倦怠。不仅如此，学习也是一个长时间的过程，并非一朝一夕就可完成。一个人无论进行什么性质的工作，时间长了，都会多多少少产生厌倦情绪。

　　此外，不会学习也是导致孩子产生厌学情绪的一个重要原因。这些孩子往往学习时集中不了注意力；不能把新旧知识联系起来进行学习；不能筛选知识中重要的内容；无法将学到的知识正确、合理地表达出来。孩子如果不会学习，日益繁重的课业内容就容易导致厌学情绪的产生。

专 家 支 招

　　面对青少年一提学习就头疼的现象，身为家长，应该做到：

1. 帮助孩子确立适当的学习目标

　　父母为孩子确立一个适当的学习目标，可以在孩子的学习过程中起到指引的作用。而所谓明确的学习目标，就是指要切合实际，不要笼统地提出要求。应该具体地告诉他每天要完成的课程进度。所谓适当，是指学习目标的难度不能太高，也不能太低，要具有一定的挑战性，让他觉得付出努力就能达到，这样才能激发孩子的潜力。如果学习目标定得太高，就会使他丧失信心；而定得太低，他又会觉得不用努力就能实现，从而丧失兴趣。

2. 帮助孩子体验到成功的快乐

孩子都很在意别人对自己的评价，因为他们会按照别人的评价认识自己。一个总是失败的孩子体验不到成功的快乐，也就不去努力了。对于一个经常完不成作业的孩子，家长最好让他先做几道容易的习题，让他能轻而易举地完成，再调整作业的难度。如果孩子的学习不好，不要将失败的原因归为孩子不聪明，家长可以从学习态度、意志力等方面去寻找原因，千万不要说他笨，让他在别人的评价中否定自己。

3. 鼓励孩子进行自我激励

如果孩子能够经常自我激励，相较于其他孩子，他能更容易地走出某一场考试失利带来的心理阴霾。要帮助孩子树立自我激励的目标。那么就要让他学会自我暗示，经常对自己说一些能够提高信心的话，如"我一定能成功"。另外还要让孩子在行动中摆脱消极情绪。如果孩子因为害怕失败而对学习产生恐惧，那么就要告诉他采取什么样的行动能消除这种情绪。

4. 培养孩子对学习的兴趣

学习是一项艰苦的劳动，这种观点当然不错。但若老师抱着"书山有路勤为径，学海无涯苦作舟"的信条不放，一方面强化吃苦，常念苦经，大讲特讲"头悬梁，锥刺股"的成功经验；另一方面常常做苦事，倡导苦干，用时间加汗水的方法来推进学习活动，那么只会使过重的课业负担压得学生苦不堪言。如此这般，青少年对学习如何能产生兴趣？以苦为乐，恐怕大部分学生做不到，表现的往往是痛恨学习。要倡导轻松愉快的学习，变苦学为乐学，如此才能吸引学生的注意力。为此就应该改进教法，想方设法地激发孩子的学习兴趣。在引导孩子学习的过程中，抓住事物的新奇性、形象性、矛盾性、变化性、对比性等特点，用感官上的刺激，引起孩子们的兴趣与关注，进而接近、了解未知事物，解决新问题。在教学时，要采取丰富多样的方法，设置各种巧妙的情景，不断呈现事物的这些特性，努力将学生的注意力牢牢吸引住。

一听"考试"就如临大敌——如何应对"考试焦虑症"

小玲是个很用功的学生，上课认真听讲，回家后认真完成作业，平时也十分听老师、父母的话，总之，在老师和家长的眼里，小玲是一个很乖的学生。

小丽就在小玲家楼下，两个人是同班同学，平时上学、放学都在一起。在老师和家长的眼里，小丽平时学习不如小玲用功，在课堂上，许多小玲能够回答上来的问题小丽却回答不出来。可是，每次考试成绩出来后，小丽都比小玲高出十几分，这给小玲的心理产生了很大的压力。

不知不觉间，期末考试又临近了。考试的前一天晚上，小玲不停地看书、复习，生怕自己考不好。父母劝小玲早点睡觉，可是小玲躺在床上翻来覆去就是睡不着，好不容易睡着了，很快又被惊醒。到了第二天早晨，小玲又早早地醒了，看到母亲端来的早餐，觉得没有胃口，吃不下去。从家里到学校这一路，小玲的脑子里满是关于考试的事情，手脚也不自觉地发抖。进入考场之后，小玲感觉自己的脑子里空荡荡的，之前复习过的东西突然间全都不见了。小玲为此惶恐极了，手心都攥出了汗。最终，这次考试，小玲又考砸了。

从以上案例中小玲的表现来看，可以断定她患上了"考试焦虑症"。"考试焦虑症"是学生由于对学习成绩、考试反应过度而造成的

焦躁不安、心神不宁，常伴有睡眠不稳、噩梦、食欲不振、心慌、发抖、头痛等症状。考试焦虑不仅对孩子的身心健康不利，而且还直接影响着孩子的学习成绩。小玲身上所表现出的对考试的过分不安和畏惧就是考试焦虑症的典型特点，颇具代表性，应引起我们广大家长、老师的足够重视。

考试给孩子带来了很大的心理压力和精神负担。本来，考试应该是教师发现学生知识和能力的缺漏，帮助学生查漏补缺的一种手段，也是学生自我检验、自我测评的一个好机会。考试本应是学生学习的朋友和助手，却由于分数的特殊作用成了学生可怕的敌人和对头。考试的作用被扭曲了，而学生就成了直接的受害者。

一些孩子在考试前担心自己考不好，觉得会被父母责骂，同时在学校里也抬不起头，这种想法可谓是造成孩子心理负担的主要原因。

每当考试临近，有考试焦虑情绪的学生大部分会感到不同程度的学习困难，具体包括记忆力下降，精神难以集中，注意力易分散，思维停滞。记得很熟的单词怎么也想不起来，做了多遍的题目，却突然看不懂是什么意思。生理上则容易出现疲倦、失眠、多汗、厌食、心跳加速、头脑混乱，甚至引起神经衰弱的症状。

很多时候，父母对孩子期望过高，提出了很多不适当的要求，如每门课要考多少分、力争考上某某大学等，孩子的心理负荷过重；或者错误地夸大考试与个人得失及前途的关系，过分渲染考试失败的情景等，这种做法也会使孩子在过大的压力下产生紧张、焦虑的情绪。

通常来讲，如果学生考试的结果达到了老师、父母以及自己考试之前对自己的要求，那么就会产生一种积极的心理反应，这种反应所引起的愉快的情绪，会极大地促进人的行为动机，从而形成良性循环。反之，如果考试的成绩和老师、父母以及自己当初的设想差距很大，就会产生消极的心理反应。这种反应所引起的沮丧情绪，就会极大地压抑人的行为动机，从而形成恶性循环，加重孩子的考试焦虑。因此作为家长，要学会给孩子减压，给孩子打气，不能没上战场，就从心理上败下阵来。

　　备考时期，很多考生在重重压力之下，会出现或多或少的考前失眠、焦虑，甚至考试恐惧等现象。遇到这种情形，家长应该帮助孩子消除过度紧张心理，使他们在考试中能够发挥出正常水平：

　　1. 对孩子的期望与要求要合理

　　现在的孩子大多是独生子女，父母的希望全都寄托在孩子一个人的身上。因此难免会提出这样那样的要求，但是一旦要求失当，就会对孩子产生不良影响，所以父母一定要注意提出的要求要顺应孩子的生理和心理特性。同时，要尊重孩子，不能苛求，当孩子未达到要求时，千万不要嘲讽挖苦，或者板着脸不搭理，这样会使孩子感到压抑，或是出于逆反心理对抗家长，从而加重孩子的焦虑。父母应给孩子一定的自主权利，与孩子谈话时应以平等的语气商讨。如果孩子脾气倔强，也要耐心教育，不要用命令、训斥的口气，甚至采用粗暴和强制的方法，须知任何与孩子心理和生理发展违背的行为与方式都是错误的，都是有害的。

　　2. 让孩子明确考试的目的，端正对待考试的态度

　　考试的意义并不是为了和别人争名次，归根结底是为了检查自己掌握知识的情况，以便根据存在的问题加以改进。如果把注意力放在担心其他同学比自己强上，是毫无意义的，它不仅会使自己远离当前的中心任务，把精力白白地浪费在毫无价值的猜测上，而且还会使我们丧失应有的信心和勇气。告诉孩子们，考试时他们应该做的是：抓住重点，排除杂念，汲取其他同学成功的经验，立足于自我潜能的发挥上。

　　3. 为孩子营造一个宽松的环境

　　要防止青少年的考试焦虑现象，作为父母，应尽量给孩子一个宽松的环境，切不可动辄施高压、搞处罚。父母有责任和义务提高自己对孩子的管理、教育能力，及时发现和解决孩子产生的问题。平时，要尽量每天抽出几分钟时间与孩子交心，拉近父母与孩子的距离，增进彼此之间的感情。要把孩子培养成自信、豁达、活泼、开朗的人，那么家庭环境一定要整洁、舒适、有条理；家庭成员之间要和睦、民主，营造一个良好的生活环境和家庭氛围，这是让孩子远离焦虑、实现健康成长的一个重要条件。

就是对它没兴趣——找对方法不偏科

露露从小就很讨厌数学，认为数学一点意思也没有。上了中学以后，露露面对枯燥的概念、复杂的公式，更是感觉到毫无头绪，因此越发的讨厌数学，看到"数学"二字就两眼发黑，听到别人提到数学头皮就发麻。

可是没办法，数学是"主课"，不学也得学。中考即将到来，露露的压力很大。露露知道自己其他的几门功课实力都很强，如果有什么差错，就肯定是出在数学这一科上面了。为此，露露每天都花大量的时间在并不感兴趣的数学上，却发现自己根本提不起兴趣，效率低下，是在浪费精力和时间。

偏科是青少年在学习过程中普遍存在的现象，一直以来令家长们头痛不已。

青少年在学习中出现偏科，主要有三种情况：第一种是文科或理科突出，其他方面较弱；第二种是暂时性的偏科，表现为有一科特别突出，其他科目平平；第三种是一科较弱，其他都较强。偏科表现在学习态度上，就是不用心去学习不感兴趣的科目，成绩也比较落后；而对感兴趣的科目下很大功夫，成绩突出。

偏科的出现，本身并不存在智力方面的原因，归根结底是个人能力结构的特殊性所导致的，是很常见、很普遍的一种现象。人总会有长处和短处，有的方面自己擅长，有的方面自己不擅长。但是现行的考试体制却要求我们成为各门功课齐头并进的全才，于是也就出现了"偏科"这个说法。

当然，除了上面能力结构问题的客观因素，学生们的一些主观心理因素强化了"偏科"这种现象。有的青少年从小就喜欢阅读，语言能力较强，加上上学时写作训练的强化，因此对语文情有独钟；有的青少年头脑反应迅速，对理科问题解决起来轻松自如，对需要大量背诵、书写的文科则感到枯燥无味。还有的青少年由于对任课教师有意见，进而影响到听课态度，从而反映到学习上，产生偏科。有的青少年在学习过程中，某个科目总是学不好，久而久之会在头脑里把困难放大，认为这个困难是不可克服、不可逾越的。而且越是觉得困难，越是不敢去尝试、去行动，让问题越积越多，可当问题积攒到一定的程度时，父母就坐不住了，这时候他们就会来检查、指责甚至辱骂孩子，使得孩子更加对不喜欢、没有感觉的课程产生心理阻抗。于是孩子便开始逃避学这门课，以自己不擅长为借口，放弃对这门课的学习。当然，这样一来，结果只会越来越糟糕，最终使自己成为知识上的"跛脚者"。

专 家 支 招

其实，很多青少年在学习过程中或多或少都会存在偏科这一问题。这个问题对于孩子的学习、发展都是很不利的，需要引起家长的关注和引导。引导的基本原则，就是激发孩子对所有学科的热爱，但是，允许孩子对某些学科有特别的兴趣。

在解决孩子偏科的具体问题上，家长们应该从以下几个方面来着手：

1. 帮助孩子树立正确的学习动机

在青少年时期，孩子接受的是基础阶段的教育，目的是为孩子今后的发展打下坚实的基础。各年级开设的各门学科都是为了孩子的全面发展、经过科学论证和实践检验而设立的，偏废任何一门课程，都犹如修建高楼大厦时地基缺了几个关键的部分，其后果是很严重的。从未来的工作需要看，同一个职位都要用到许多领域的知识——培养复合型人才已成为国内外教育界的共识。

2. 帮助孩子全面发展

家长首先要承认每个孩子的智力结构都具有特异性，同时，家长在帮助孩子弥补弱项的同时，不能顾此失彼，放弃对孩子全面发展的要求和培养。一般来说，孩子并不一定会自发地将自己强项的学习科目与弱项的学习科目联系起来，并自觉地将强项的思维特点"迁移"到弱项领域中。因此，家长和老师的引导、示范作用是非常关键的。

急什么，我再玩几分钟——赶走懒散的毛病

小林有一个很不好的习惯，就是学习不积极，很懒散。每天放学回家后，小林从来不主动温习功课，只有在父母开口责问的时候才慢慢悠悠地拿出书本。对于上课时老师布置的课堂作业，小林也懒懒散散，满不在乎，没人盯着的时候根本就不动笔。平时上课，只要是老师不看着，他就绝对不会主动去学习。

可是，说他不喜欢读书也不对，只要一到超市或书店他就会一个人找个角落安安静静地看书。因为他这懒散的坏习惯，父母打也打过，骂也骂过，现在觉得那么大了给他讲道理应该听得懂，而且小林自己也一个劲地点头说改，可是刚讲过，第二天小林就忘了。

有些青少年在学习中作风懒散，这一情况的出现主要有以下几个原因：

首先，被动心理的形成。明明一件事本应该此刻做完，可是一些学生的心里却会想，反正又没有什么人催促自己，何必那么主动积极，结果往往总是处于一种被动状态。比如说，作风懒散的学生在完成当天作业时，常找出各种理由，边玩边学，只要家长或老师不督促，那么肯定不会主动完成。

其次，依赖别人的心理。课堂上经常会发生一种现象：踊跃发言的总是个别同学，这就使一部分学生产生了思维惰性。他们会想：反正我不举手，也会有人说出正确答案。这种依赖别人的懒散心理只会使思维变得越来越迟钝。

心理上形成懒散的习惯必然导致青少年行动上的被动。结果就是明明知道某件事应该去做，甚至应该马上做，但是没有人逼着自己，就懒得去做；或者做事时无精打采、死气沉沉；最典型的特征就是做事不积极、不主动、不勤奋。

再次，缺乏上进心。上进心是前进的动力，缺少上进心的学生做事容易满足，对自己要求不高，得过且过的思想严重，做事不求质量，常抱着"应付"和"混过去就行"的不负责任的态度。而这种缺少上进心的表现必然导致懒散现象的产生。

最后，家长的过分溺爱，也是造成学生懒散心理的因素。父母对孩子的过分娇纵，大包大揽，会使孩子养成"衣来伸手、饭来张口"的坏习惯。特别是对于如今的独生子女，都有着严重的依赖性。他们什么事情都要靠父母或其他人，缺少独立性，导致了懒散的形成。

懒散是成功的绊脚石。有懒散习惯的孩子，做事情喜欢等、靠、要，从来不想去主动争取，这样下去，最终只能一事无成。相反，只有勤奋、刻苦、好学、上进的孩子，才会达到目标、实现梦想。所以，父母一定要纠正孩子身上懒散的恶习，培养孩子积极主动的好习惯。

1. 言传身教，帮助孩子改掉懒散拖拉的习惯

家长做到言行一致是极其重要的。父母想在孩子身上培养某种品质，首先应从自身开始，让孩子看到父母努力工作的情景，这对培养孩子的勤奋品质会非常有利。

2. 帮助孩子树立劳动最光荣的观念

让孩子在家里干一些力所能及的事情，比如帮助父母打扫卫生、洗碗、洗自己的衣物。在学校认真完成值日，不依靠别人，积极参加学校组织的各种劳动，锻炼孩子的动手能力，同时也磨炼孩子的耐力。

3. 帮助孩子养成主动学习的习惯

各科作业都严格按老师规定的时间保质保量地完成，逐步养成主动学习的习惯，扭转被动的思想。

4. 告诉孩子要勤奋努力

尊重孩子，看到孩子的优点，而不是根据成绩去比较他们。每个孩子能力各异，最重要的是使每个孩子都取得进步，这些进步就要依靠每个孩子自身的努力。这也就意味着作为父母，应当对成绩报告单上的分数所隐含的努力予以更多的注意，并且承担起培养孩子坚韧品质的职责。

今天做不完就明天做吧——改掉学习拖拉的坏习惯

马丽丽是一个慢性子的姑娘，无论做什么事都拖拖拉拉，不紧不慢。全班一起做功课，做完的就可以出去玩，可是常常同学们玩够了回来发现马丽丽依然没有做完功课。课堂练习的时候，马丽丽也时常不能按时完成老师布置的任务。晚上放学回家以后，做作业也是不紧不慢，别的孩子半个小时就能做完的作业她常常要拖上两个小时。时间一长，成绩也受到了很大的影响。

 心 理 解 析

  学习拖拉是一个很糟糕的习惯，往往是青少年在学龄前就养成了，长大后又延续到学习和校园活动中。有这种不良习惯的孩子由于不能及时、按时地完成老师布置的任务，逐渐跟不上学习的进度，结果导致自信心逐步弱化，以至于产生自卑心理，逐渐形成人际关系障碍。由此可见，由于学习拖拉，会产生一连串的负面效应。

  通常情况下，有完美主义倾向的青少年更容易出现学习上的拖拉现象。这样的孩子，不管做什么事都希望做到自己满意。为了要一次做到最好，这样的孩子在决定做一件事的时候往往不愿意仓促开始，非要等到万事俱备才行，因此导致了学习拖拉。

  造成青少年学习拖拉的另外一个原因就是青少年本身对学习有抵制与厌恶的情绪。如果本身就不喜欢学习，那么自然对学习就没有热情和动力，最终在学习中只能是拖拖拉拉的了。

  还有一些青少年认为自己面临的学习任务太过艰巨了，自己根本就完成不了，因而产生了消极的逃避心理，开始应付差事；或者为自己完不成任务找借口——别人都不需要做我干吗要做，或者在重压之下不能继续下去，心里总想着等明天再做吧。但是往往明天到了，心里还是不愿意做，又继续往后推。

  最后一种情况是青少年自我贬低，缺乏自信。部分青少年由于常常不能很好地完成任务，导致他们对自己能力的估计会越来越低，即使以后完成了，也认为是运气好。久而久之，信心丧失，做起事情来没有底气，因此形成了拖拉的习惯。

 专 家 支 招

  学习拖拉是在许多孩子身上都存在的一种现象，也是孩子众多拖

拉行为中最典型、对孩子影响最大的一种。孩子在学习上的这种拖拉，如果得不到及时纠正，久而久之，这种不良的行为习惯就会变成一种自然的行为，不仅会影响孩子的学习成绩和学习效率，而且还会导致孩子最终形成拖拉的性格，影响到孩子未来的工作和生活。对此，家长应该采取适当的措施来帮助孩子克服这种学习上的拖拉。

1. 以身作则

言教不如身教，在日常生活中，如果父母做事情能够定时、守时、按时完成，那么对孩子会形成一种榜样的作用。

2. 让孩子在固定的时间里学习

孩子在学校里的学习是有严格时间规定的，在家里也应该有固定的学习时间。可以要求孩子在放学后写完作业再玩，或者在晚饭后稍稍休息一下，再做功课。帮助孩子制定一个学习时间表，让孩子每天按时开始、按时结束学习，并坚持形成习惯。

3. 改变学习的单一模式，及时更换学习科目

如果孩子作业时间太长，且有一定难度，孩子自然会产生急躁和厌烦心理，不愿意动手去做。针对这一问题，家长可以把孩子每天要学习的科目都梳理一遍，按照由易到难的顺序，给孩子合理地安排学习的次序和科目。比如，先让孩子做比较简单的练习，比如写大字，完成一科后再做下一科，如果孩子感到疲劳了，就及时休息。

4. 要求孩子做一项简单的体育活动

体育锻炼可以放松紧张的大脑，调节过度集中的情绪，比如做俯卧撑、仰卧起坐、举哑铃，每次先做 10 个，每天增加 1 个，坚持 1 个月，然后保持或适时增加。

平时都会，一考就错——马虎比不会更可怕

王刚马虎的毛病让他的父母和老师都感到很无奈。平日里，王刚不可谓不用功，上课该听的都听了，该记的也都记了，课后该复习的都复习了，该练的也都练了，老师提问他时，也都能准确地回答出来，可是偏偏一到考试测验的时候就会出错。每次考试的时候，他总会因为马虎而丢分。每一次考完，他都很有信心，说没有什么不会的，可卷子一发下来就傻眼了。不是漏了一个数字，就是把答案写错了地方，老师马上再考他时，他还是会做。你说他是因为知识掌握得不扎实吧，但是很多错的地方王刚用口算都能弄明白。对于这个"马大哈"，父母和老师都很头痛，实在拿他没办法。

心理解析

马虎这一问题是青少年学习上的通病，家长们普遍对此感到头痛。通常，在孩子马虎的时候家长都会反复强调：再仔细一些。而孩子也认为自己都学会了，就是避免不了马虎。家长在陪孩子学习时总是站在旁边反复提醒要专心、要认真，特别是在每次考试前、孩子走出家门时，家长都会千叮咛万嘱咐：考试时一定要仔细、别马虎，然而每次考试孩子仍然会因马虎而失分。由此可见，孩子马虎大意不仅仅是粗心的问题，其中还包含着很多其他的因素。

1. 注意力不集中导致的马虎

这种情况在青少年中比较普遍，如果青少年注意力集中的时间短，那么马虎就容易频繁地出现。在整个思维过程中，注意力是开启思维的门户。注意力集中，通过这个大门的信息就多，并不受阻；相反，注意力不集中，信息就不能进入思维过程，或信息不能全部进入思维过程，导致出错。这种马虎就是我们说的心不在焉或三心二意。注意力是智力的一部分，只有提高注意力，才能进一步发展智力，克服马虎。提高注

意力的方法除了主观努力外，还要排除外界因素的干扰，想办法增强知识的趣味性和新鲜感。我们常说"兴趣是最好的老师"，趣味性强，注意力就强，思维过程就顺畅高效。所以，老师讲授知识时注意方法，激发学生的好奇心和兴趣是克服马虎的重要方法。

2. 存在思维定式

青少年在遇到一个问题或现象时，会与之前遇到过的问题建立联系。如果只看到两者间的相同点，不假思索地认为和那个熟悉的事物是一样的，这就是思维定式。所以在由已知事物的经验推及未知事物时，不要盲目类比，要正确定位，找出异同，这样才不致出错。许多考试题的设置，就是考察对同类问题的区分度，间接考察了青少年的思维能力。纠正经验不合理迁移，抓住事物本质，这是克服马虎的关键。

3. 思维有跳跃性

青少年在学习中有意无意地省掉一些步骤时，就很容易导致出错。反过来，严格按逻辑思维推理，就不易出错。计算机在处理信息时，不会省掉哪怕最简单的步骤。每个步骤都是逻辑链上的一环，去掉一个，链子就会断。思维过程其实也一样，我们只有做细心人，不抄近路，严格遵循逻辑思维程序，从上一步推及下一步，就不会出错。导致出现跳跃性思维，除了追求快和省力，还有因为问题较熟悉，预先设置了结果，省掉了推理过程的中间环节而导致的。所以，做学生一定要认真踏实，这样马虎就可以避免了。

（专）（家）（支）（招）

家长在面对孩子学习中出现的马虎毛病时，要采取有针对性的措施给予帮助和指导。让他们认识到认真地做作业是完成学业的必不可少的步骤，促使孩子端正态度，一丝不苟地对待每一科作业。

对于如何帮助孩子克服马虎大意的毛病，有以下这些方法可以借鉴：

1. 帮助孩子在生活中养成细心的习惯

一个好的习惯，不单单只体现在学习方面，而是与生活习惯密不可分的。如果平日里做事情丢三落四、缺乏条理、喜欢走捷径，那么在学习上也同样容易粗心。因此，家长要在日常生活中训练孩子做事有条不紊、严谨的好习惯，这对孩子学习方面会有很大的帮助。

2. 用鼓励而非惩罚的手段促使粗心的孩子改变

青少年正处在一个叛逆的时期，如果这时候用一些激烈的手段去管制，只能适得其反，因此，对青少年的管理，打压不如引导。孩子由于马虎出了错，如果对孩子做出惩罚，会让孩子心理上产生厌倦和反感，失去学习的兴趣。孩子学习情绪的好坏，对学习效果的影响很大。家长的批评，甚至打骂，会使孩子心理受到挫折，怀疑自己的能力，缺乏学习的信心，因此，在孩子有进步时表扬、鼓励，让孩子一直保持良好的学习情绪、较强的自尊心至关重要。

3. 为孩子准备一本错题集

家长可以把孩子因为粗心而做错的习题收集整理在一起，并且同他一起分析做错的原因，并找出规律。这种方法对于提高孩子认识粗心大意的危害，提高自觉性很有好处。

4. 用目标激励孩子上进

家长可以与孩子一起制订减少因马虎而导致错误的计划，并对孩子取得的成绩予以奖励。比如说，本周因为马虎大意错了八道题，下周要求减少一个错误，下下周再减少一个错误直至因马虎而产生的错误全部消失。每达到一个目标就给予精神或物质奖励。这种用目标来激励孩子上进的方法，也能帮助孩子逐步乃至最终消灭因粗心造成的错误，从而养成仔细认真的好习惯。

越想学越是学不好——培养学习自我效能感

瑶瑶是高三理科班学生，初中成绩很好，担任班干部，活泼好动。高一时，学习特别用功，但从不熬夜，成绩是班上十多名。高二文理分科她选择了理科，由于其班上的同学相对成绩要好些，因此瑶瑶的排名有所下降。再加上班上的女同学晚上在寝室里打手电筒看书，翻书的声音使她难以入睡，她便强迫自己入睡，担心睡不好会影响明天的学习，但越是这样强迫就越睡不着。白天上课精力无法集中，情绪开始变坏，爱发脾气，记忆力开始下降，和同学人际关系出现矛盾。当时她去看了医生，医生说是神经衰弱，开了一些药，她吃了后稍有好转。但过了一阵后，又不管用，反而加剧，即使加大药量，也不管用。她心里特别焦虑，因而就更睡不着。心中非常苦恼，情绪抑郁，同学一有什么事不顺她的心，就发脾气。回到家里就没事了，能入睡。周末回家就不想来学校，自己有休学的念头。学期期中考试是班上的34名、学校的185名。自己对自己的期望特别高，用她自己的话说："我不是只想考上就行，而是要考个好学校，考个本科大学。"

心 理 解 析

学习的自我效能感是学生对自己的学习能力的主观体验。一个感到有强烈学习能力的人在学习中会充满自信，对成功抱有较大的希望，获得成功的动机比较强烈。在学习中能以积极主动的心态去面对的人，遇到困难一般不会退缩，而是会信心百倍地接受挑战，思路也较为广阔，所以容易取得成功。相反，认定自己学习能力较差的人，不能正确地预期自己的努力与学习成就之间的内在关系，所以在学习的过程中对成功的期望较小，成功的动机较弱，不能充分地调动学习主动性，学习倦怠，接受知识被动，遇到困难消极退避。因此，学习成绩多数不够理想。由此看来，自我效能感对学习成绩影响很大，有着不可忽视的意义。

　　自我效能感的产生与个人的成败体验有着密切的内在联系。一个学生若总是失败，从未有过成功的积极情感体验，就会降低自我效能感；相反，一个学习中经常取得好成绩，经常得到师长和同学称赞的学生，其自我效能感会提高。自我效能感是个体对自身学习能力的主观评价和感受，并不是指学习能力本身，所以要提高这种感受和积极性，为自己设定的目标与自身实际相符是非常重要的。

　　积极的归因风格和正确的自我评价对于一个人的动机具有较好的激发作用。积极的归因就是将失败归因为缺乏努力等不稳定但可控因素，而不是归因为缺乏能力等稳定而不可控因素；将成功归因为能力和努力等内部因素，而不是归因为任务简单、运气等外部不可控因素。正确的自我评价是指对自己学习能力的评价符合自己的实际情况，既不妄自菲薄，又不盲目自信，而是认识到自己的优缺点，并怀有只要自己努力了就可以学好的信念。虽然归因风格和自我评价是两个不同的概念，但这两者内部存在必然联系。有积极归因风格的同学对自己学习能力的评价一般都是恰当和正确的，而有正确自我评价的同学一般都会形成积极的归因风格。

　　一般来说，成功经验对学习的自我效能感的提高会起到促进作用，反复的失败则会使其降低。但还要受个体归因方式的左右。

专家支招

　　那么，作为父母，应该如何培养孩子良好的自我效能感呢？

1. 为孩子设定合理的学习目标

　　假如孩子在班上的成绩是在中下水平，那么不妨为孩子设定提前两至三名的半学期目标，依据这一目标再设定每天的目标；当一天的学习目标顺利实现后，应当让孩子学会为自己庆功，学会自我强化，这毕竟是孩子学习进步的一个有力证明，父母应鼓励孩子积极地去体验这种感觉。如果孩子能够坚持将每一天的目标实现，半学期目标也就不困难了。当孩子一步一步地将目标变成现实，他的自我效能感也就自然随之提高了。其中的关键就是切忌设定过高的目标，实现的可能性过小，孩子的挫折感就会提高，不利于其学习自信的增强。

2. 对孩子的挫折进行合理归因

学习和生活中每个人都不可能一帆风顺，都会经历或大或小的失败。在遭受挫折时，如果不会根据实际情况做出全面的分析，只是片面地归于自己的能力，那就会使自己的学习自我效能感降低，使自己产生一些消极反应，如失去了信心、意志消沉、自暴自弃或丧失目标。所以学会全面分析，考虑环境因素，自己的基础知识、身体状况、情绪状态、问题的困难程度等影响学习成败的因素。

3. 适当鼓励，增强孩子的学习自信心

一个人的学习能否取得成功，不仅与自身的能力有关，而且与信心有关。一个人如果缺乏自信，总担心自己学不好，那么就不会有足够的学习动力，就不能集中注意力、聚精会神地投入学习活动中。一时学习成绩不好，并不等于自己没有学习的天赋，只能说明自己的优势还没有发挥出来。如果我们静心而思，会发现自己有许多过人之处。有了自信做阶梯，孩子就不会为眼下的成绩不佳而哀叹。这时，如果能积极调整不当的学习方法，热情地投入学习，成绩自然会有较大的提高。自我效能感就会油然而生，面对学习也就不会消极退缩了。

我不想做作业——激发主动学习的动机

明明最不喜欢做的事情就是做作业了，每次都需要父母逼着，才能够勉勉强强地把作业做完。这天，明明的父母有事情外出，临走之前，父母叮嘱明明一定要完成作业，明明也答应了下来。可明明的父母回来之后，却看到明明正趴在桌子上打瞌睡。明明的母亲把明明摇醒问道："明明，作业都写完了吗？"明明撅着小嘴，揉了揉眼睛说："都写好了。"

第二天，明明的母亲刚打算出家门，就接到了明明班主任的电话："明明昨天的作业又没有写完，像这样下去，怎么能行呢？"明明的母亲顿时火大了，明明写作业每次都要自己盯着、逼着，为了让孩子的作业写好，他们夫妻俩可费了不少心思，有时忙得连做饭的时间都没有。可是，只要家长一放松他就马虎了事，老师经常打电话说明明没有完成作业。为此明明也没少挨打，却没有什么效果。

家长和老师在一旁着急，而明明却又有自己的抱怨："我承认我是有点懒，可也不能全怪我呀，每天的作业不是拼命抄写单词，就是做很多练习题，烦透了！老师就不能给布置好玩的作业吗？"

明明不喜欢做作业，主要有两方面的原因：

一方面从主观角度上讲，是缺乏内在学习动机。从案例中可以看出，明明无论是课堂学习还是家庭作业，都是很盲目的。在明明的心里，做作业是一件枯燥、乏味、毫无乐趣的事情，完全在家长的监督和责骂下才勉强为之，因此，当明明没有外力约束时，就会立即逃避。在明明看来，学习是教师和家长硬逼着他干的事，做作业更是枯燥乏味。明明认为，自己做作业的理由很简单，就是为了躲避家长和老师的惩罚，不被老师和家长责骂。如果能不被老师和家长责骂，那么采取诸如欺骗之类的手段也就在所不惜了。至于学到知识、充实自己，明明还设想不到。试想一下，如果抱着这样的学习动机，怎么可能积极主动地去学习。因此帮助明明这样的孩子改变对做作业的态度，首先要帮助他树立明确和适当的学习目的。

学习动机是直接推动学习的内部力量，也是一种学习的需要。青少年的学习动机可分为内部动机和外部动机。凡是学生根据自身的意志、兴趣、爱好而进行学习的动机都是内部动机，如明确的学习目的和强烈的求知欲望等；与此相反，在外因的驱使下，如由家长、教师等所提供的赏罚手段或诱因来推动其学习，这样的学习动机属于外部动机。对于明明来说，学习的内部动机已经不起作用，只有外部动机驱使他、逼迫他被动地学习。

事实上，每个青少年都有潜在的好奇心和求知欲，正是这种好奇心和求知欲，使得他们愿意去接受全新的知识。激发青少年的求知欲，让他们乐于不断地接受新的知识，这种学习的内部动机非常重要，它直接指向学习本身，而不是为了追求外在的奖励和荣誉，因此，在青少年的学习动机中占主导地位。此外，青少年在学习过程中的外部动机也不可忽视，一定程度的精神奖励可以令人获得一种心理满足，增强自信心。学习毕竟是一件艰巨而又枯燥的事情，一定的外力刺激是必要的。但是，物质奖励的应用要注意方法和时机，不当的物质奖励会扼杀学习兴趣，破坏内部动机。

另外，学校、家长布置的枯燥而繁杂的作业致使明明失去了学习的乐趣。作业量的繁多、作业形式的单一，是明明不愿意做作业的一个很重要的原因。"不能布置好玩一点的作业吗？"明明的责问不能不引起我们的反思。

专家支招

青少年不喜欢做作业，讨厌学习，最根本的原因是没有确立正确的学习动机。要改变这种情况，家长必须做到：

1. 帮助孩子确立明确的学习动机

有一个明确的学习目的，这对孩子的学习会起到指导作用。如果孩子知道自己是为什么而学，而不是被动的，被父母、老师逼着学，那么孩子自然会有学习劲头。

2. 采取多种手段调动学习兴趣

家长应该学会使用方法来调动孩子的学习兴趣，比如使孩子尝到成功的滋味，适当地夸赞孩子，刺激孩子的好奇心和求知欲。此外，避免总拿成绩优秀的孩子和自己的孩子比较，不要让孩子养成依靠父母解决困难的习惯。

3. 创造良好的学习环境

学习总是在一定的环境下进行学习。良好的学习环境可以影响孩子对学习的热情和主动性。如果家长能够以身作则，在孩子面前起到表率作用，那么自然可以引导孩子主动去学习。

快考试了，赶紧学吧——改掉临时抱佛脚的坏习惯

小伟很聪明，可就是喜欢在学习中偷懒。因为知道自己聪明，别人需要花很多时间才能学明白的问题，自己很快就能弄通，因此在平时的学习中并不是很用功，到考期临近的时候再进行强化突击。这种临时抱佛脚的做法一开始真能取得不错的效果，因此，小伟的考试成绩虽算不上是突出，但也还说得过去。

可时间一长，弊端就露出来了。由于小伟平时学习并不认真，考前突击学到的知识并没有真正地、扎实地掌握，考试一结束，基本上就全都忘记了。可是，学习是一个不断累积的过程，之前没有打下坚实的基础，掌握后面的知识就会很困难。到后来，小伟果然发现考前需要突击学习的知识越来越多，忙得自己焦头烂额，到最后终于撑不住了，考试考得一塌糊涂。

现在的青少年在学习过程中普遍存在这种"平时不烧香，临时抱佛脚"的错误心理。很多青少年在日常的学习过程中并不认真，投机取巧、得过且过。而一到考期临近的时候才开始担心，为了能取得一个说得过去的成绩，通宵达旦，突击复习。这样的学习态度并不能真正地掌握知识。而且"临时抱佛脚"可能一时有效，但绝不是万试万灵的，随着知识的累积，终有佛脚抱不动的时候，到那时就只能干着急了。

青少年出现这种"临时抱佛脚"的现象，主要是由于没有端正学习态度，对待学习缺少责任心。在这些青少年的眼里，学习并不是在给自己学，而只是在例行公事。在他们心里，学习就是为了给父母、老师一个交代，而这种交代最终只体现在期末考试的那一张卷子上面。因此，他们认为只要把期末考试考好了就可以了。至于平时的学习，只要能在家长、老师面前糊弄过去就可以了。由于抱着这样的学习态度，学生在平时的学习过程中知识积累不够，只能在考试前手忙脚乱，这样就出现了"临时抱佛脚"的现象。

此外，这种现象的出现还与一些青少年养成的散漫习惯有关。一些青少年在学习过程中遇到了障碍，但是由于习惯懒散或是害怕面对困难，就不去理会。这样一来，明日复明日，知识上的缺漏就会越积攒越多。当时间在蹉跎中一天天过去，到考试临近，才发现自己不会的太多，开始着急、大搞突击，出现"临时抱佛脚"的现象。

专家支招

学习是一个长期积累的过程，而不是靠考前突击一下子就可以的。所以家长应该帮助孩子改掉考试临时抱佛脚的不良习惯。

1. 帮助孩子树立正确的学习观

家长要让孩子在日常的学习中明白，学习不是只求一个考试的结果，重要的是日常积累的过程。学习只有平时打好扎实的基础，才能有令人满意的结果。只有让孩子明白了这个道理，孩子才能意识到学习过程的重要性，从而树立起正确的学习观。

2. 家长要让孩子对自己负责

家长要培养孩子对学习的责任感，这对改变孩子"临时抱佛脚"的坏习惯有很重要的作用。家长要教会孩子对自己负责，就是让孩子明白自己对待学习的态度不仅仅关系到考试成绩，还关系到同学、家长、老师对他的看法。同时，还要注意让孩子承担一些任务，让他守时守信、不折不扣地完成，训练他的责任感。

3. 让孩子做到当日事当日毕

家长要让孩子明白"当日事当日毕"的道理，并有计划、持之以恒地监督，与孩子订立协议：要求孩子必须完成当天的学习任务。家长在最初的阶段要时刻关注孩子有哪些问题不懂，哪些作业没有及时完成并督促改进，只有这样才能让孩子逐步养成良好的学习习惯；在孩子违反规定时，就要有相应的惩罚措施。

我真的学不好——摆脱"失败综合征"

小明的小学阶段由于成绩好一直是在父母及周围人的称赞、期许中度过的。可是在上初中后，所有的一切似乎都在一瞬间发生了彻底的改变。初中课程的知识结构和对于学习方法的要求与小学阶段是截然不同的，尽管小明在小学的时候成绩突出，但是对中学课程的适应能力似乎较差，开学不久后的小测验就考砸了，这种挫败感是他以前从未体验过的，从此他开始怀疑自己的能力，产生了很大的心理压力。随后在学习中他也曾积极努力过，可是收效甚微。

自此以后，小明每次考完试都会担心自己的成绩不理想，偏偏自己越是这么想，事情越是往坏的方向发展。小明感到自己处处不如人，也从父母和老师的眼神中看到了失望。他在挫败中丢掉了自信，对自己的能力产生了怀疑，学习热情也因此提不起来了。

同学们指出了小明所存在的问题，就是学习能力较低，也就是说小明的学习方法有问题。老师多次帮助过他，可小明的学习成绩仍旧没有起色，小明也认为自己不行，觉得自己成绩差是天生的能力问题，所以即使努力也赶不上其他同学，也不可能获得理想成绩。他感到非常沮丧，也很郁闷。他以前心中一直有一个美好的愿望，那就是考上重点高中，然后跨进大学之门，然而现在这一切似乎变得遥远了，成为一个实现不了的梦想。

心 理 解 析

　　对于小明的这种由于连续的失败导致对自身失去信心的现象，一般被称为"失败综合征"。所谓"失败综合征"，即失败并不是由于自己缺乏能力，而是方法不当，或者根本没有努力而遭受失败。通常来说，青少年出现这种"失败综合征"的原因大致有以下几点：

　　第一，青少年在学习过程中反复失败。大多数青少年在进入新的学习阶段的时候，都会对自身的能力充满信心，定下很高的目标。但是，一次又一次没有达到目标，就会使他们受到挫折，感到对生活环境和学业的无能为力，无论他们如何努力，也无法改变自己的命运。久而久之，就会体验到无助感，并放弃努力。

　　第二，青少年对成功和失败的原因得出了错误结论，形成了认识上的偏差。有"失败综合征"的孩子与其他孩子有一个明显的差别，那就是他们对自己的成功有一种"宿命"的观点，感到成功与失败不是自己能够决定和改变的，而是由外部的、自己无法控制的因素决定的。

　　第三，家长、老师对青少年的不良评价也会导致他们的"失败综合征"。诸如以下情况，家长这样的语言都会对孩子的内心产生极大的影响："连这个都不会，你真笨！""我看你是无可救药了！""你这种成绩，真把老子的脸都丢尽了！""你看隔壁家的朱力，你为什么就不能像他一样？"毫无疑问，这些令人泄气的话对孩子的自信会产生巨大的影响。如果父母说他笨，孩子可能就会信以为真，认为自己肯定就是不聪明。

　　总之，父母、老师的消极评价会大大打击孩子的自尊心，使孩子对自己丧失信心，使他们怀疑自己的价值。

专 家 支 招

　　面对有"失败综合征"的孩子，父母应努力让孩子体会到成功的感觉，走出失败的阴影：

1. 对孩子采取小步子前进的策略

俗话说，"一口吃不成个胖子"。家长将孩子提高的目标分解成一个个较容易达到的小目标，这样，每达到一个小目标就是一次胜利，从而让孩子一直带着喜悦去攻克最终的目标。

2. 帮孩子有效利用其最擅长的科目

家长可以帮助孩子找到一门他比较擅长的学科，以此为突破口，将这门课的学习心得应用到其他科目中，让孩子感受到成功的乐趣且相信自身的能力。

3. 让孩子感觉到自己的价值

很多青少年认为价值完全取决于行为表现，他们会认为只有成功的人、学习成绩好的人才是有价值的。而一旦自己的成绩不佳，就是一个没有价值的人。对此家长要让孩子意识到自己的价值，这对孩子的成长无疑至关重要。

4. 保持对孩子的高期望

很多父母会降低对成绩一直不理想的孩子的期望和要求。事实上，这种做法会直接影响孩子的自信和其对成功的期望。父母的低要求和低期望是不相信孩子能力的表现，相反，父母的高期望只要不是不切实际的，就能使孩子感受到信任，增强他们的信心，从而使他们今后更加努力。

每次提问都捏把汗——摆脱对回答问题的畏惧

萧寒是一名初中生，性格比较内向，不太爱说话。平时，萧寒学习很努力，成绩也还不错。可是最近萧寒遇到了些麻烦。有一次在语文课上，老师提问萧寒，由于萧寒当时没有思想准备，所以站起来一紧张，便答非所问了，惹得全班同学哄堂大笑。这使萧寒感到很丢人，恨不得找个地缝钻进去。

自从那件事以后，萧寒开始变得非常抵触老师的提问。每当老师提出问题，萧寒总是把脑袋压得很低，而且心里会默默地念叨着："可千万别问到我，我再回答错，全班都会笑话我，那还不丢死人了。"

但是萧寒的老师又偏偏喜欢提问，所以萧寒就经常处于一种惶恐不安中，上课根本没有办法集中注意力听讲，成绩也开始下滑了。

心理解析

学生害怕老师提问，这种现象比较普遍。产生这种现象的原因有很多，最主要的是学生的心理作用，是他们对自己缺乏信心的表现。

上课时，学生对老师的提问内容一般事先并不知情，一旦认为自己的知识结构存在漏洞，就会对能否回答这个问题失去自信。所以，一遇到老师提问，他们就会情不自禁地想到"这个问题我能回答上来吗？真怕人，要是回答不上来可怎么办啊！这个问题我没准备啊！我可能答不出来，如果说错了的话，老师和同学又要笑我了"。

一旦这种畏惧心理出现，伴随而来的就是紧张情绪。虽然学生对此会做出一定的自我调整，比如说深吸气，或者进行自我暗示"不要害怕不要紧张"，但紧张和害怕的情绪，往往并不会一下子就消失。而且，你越告诫自己不要紧张、害怕，紧张、害怕的情绪反而会越强烈。在这种情绪下，很多学生会感到发蒙，很多本来会的问题也答不上来。这样一两次的失败，或许并不可怕，但随着次数的增多，有些自尊心强、意志力弱的学生就会得出这样的结论："不行，我肯定答不上来，我没出息，老师一问我就不会了，千万别叫我回答，肯定出丑的。"

这种心理一旦形成，学生就会陷入恶性循环，难以自拔，进而自我怀疑，最终形成自卑心理。

专家支招

面对自己的孩子害怕老师提问这一问题，家长应该做到：

1. 帮助孩子正确对待老师的提问

家长要帮助孩子明确老师提问的目的。老师的课堂提问，旨在调动学生的学习积极性，活跃课堂的气氛，让学生的学习取得更好的效果。老师不会因为学生回答错误就去批评和嘲笑学生。因此，家长要告诉学生不要去畏惧老师的提问，不要害怕出错，更不能由于一两次回答错误就否定自己的能力，给自己戴上精神枷锁，背上思想包袱，应该以一颗平常心对待老师的提问，并且以一颗宽容的心对待自己的失败，这样才能走出心理阴影，勇敢面对老师的提问。

2. 帮助孩子和老师沟通

如果自己的孩子出现害怕老师提问的现象。家长最好和老师沟通一下：老师在提问之前，最好能够先给学生留出适当的思考问题和调整心理的时间，让他们有所准备，树立起"这个问题我会答"的信心，形成一种"这个问题我来答"的心理需求，从而最大限度地避免紧张情绪产生。这样一来，学生认识到回答老师的提问，是一次展示自我的机会，而不是一次磨难。

3. 帮助孩子打下坚实的知识基础

孩子害怕回答不出老师的提问，关键是对自己的知识掌握情况不自信。如果家长能够帮助孩子打下坚实的知识基础，那么在面对老师的提问时，由于有牢固的知识基础做保障，就不会害怕自己答不上来。所以家长要帮助孩子在平时的学习过程中，多注重积累，加强训练，帮助孩子树立挑战问题、挑战自我的信心和勇气。这样孩子才能游刃有余地去面对老师的提问。

第四章

孩子不会与人相处：因为你还不懂人际交往

　　社交障碍是青少年中普遍存在的心理问题，包括两方面：一是存在交际畏惧心理，主要表现为自闭、不敢和陌生人说话、害怕与人交往等；二是人际关系处理不当，主要表现为以自我为中心、过分迁就别人等。如果青少年不克服这种社交障碍，将会对以后的人际交往产生巨大的负面影响。

　　在现实生活中，人际交往是一个人学习、工作最重要的事情之一。一个人无论做什么，最终都难免与人打交道。拥有良好的社交能力，可以帮助自己为将来的发展打下坚实的基础。相反，如果不善与人相处，那么将会增大自己前进的阻力，使自己举步维艰。对此，提醒青少年的家长们注意，要及时帮助孩子扫除社交上的心理阴影。

不知道和陌生人说什么——勇于张口，摆脱胆怯

　　冰冰很小的时候，由于父母两地分居，一直和姥姥在一起生活，直到上中学时才回到父母身边。也许因为冰冰从小在农村长大，接触的人有限，她在与人交往上非常胆小，说话时经常脸红，前言不搭后语，手不知该往哪儿放，非常紧张。上学时，不敢回答问题，不和大家一起玩，为此她总是受到父母的责怪，致使她很自卑，怕见人，不知如何与生人打交道。当家里来客人时，母亲常以"她不会说话"为由让她躲开。看着她的同龄人都能说会道，朋友成群，父母很是着急。

提到青少年，一般人会用活泼好动，生龙活虎，敢说敢做评价他们。但也有为数不少的青少年胆小怕事，平时沉默寡言，融入不到班级中，害怕与同学交往，没有同龄孩子那种爱动、好奇的特点。说话声音细微、脸红、心慌、腼腆，而且主动要求少，不敢一个人外出等。这就是我们通常所说的"孩子胆小"，即胆怯。

胆怯，是许多青少年在交往过程中产生的情绪状态，只是程度不同而已。造成青少年胆小怯懦的原因是多方面的，主要是家庭环境与教育的影响。比如，有些家长对孩子的保护过多过细，怕磕着、怕摔着、怕有任何不适应，总把孩子带在身边，形影不离，使孩子形成一种强烈的依赖心理和被保护意识。当孩子逐渐长大时，保护的惯性持续，没能根据孩子的能力发展适当"放飞"，结果是孩子离开大人就害怕，整日战战兢兢。

如果青少年不能正确地认识胆怯并加以改正，这种心理就会发展成社交恐怖症。社交恐怖症患者总是处于焦虑状态，他们害怕自己在别人面前出洋相，害怕被别人观察。与人交往，甚至在公共场所出现对他们来说都是一件极其恐怖的事情。

社交恐怖症是一种对任何社交或公开场合感到强烈恐惧或忧虑的精神疾病。主要可以分为一般社交恐怖症和特殊社交恐怖症。患者对于在陌生人面前或可能被别人仔细观察的社交或表演场合，有一种显著且持久的恐惧，害怕自己的行为或表现得不好引起羞辱或难堪。如果患了一般社交恐怖症，在任何地方，任何情境中，都会害怕自己成为别人注意的中心。会认为周围每个人都在关注自己。害怕被介绍给陌生人，甚至害怕在公共场所进餐、喝饮料，会尽可能回避去商场和饭馆。不敢和同学、老师或任何人进行争论，捍卫自己的权利。而如果患上了特殊社交恐怖症，会对某些特殊的情境或场合恐惧。比如，害怕当众发言、当众表演等。

胆怯，作为一种心理现象，每个人都有不同程度的存在，而在青少年群体中表现得更为明显和普遍。有的青少年因胆怯而自卑，并走向自我封闭，影响了自己的人际交往。那么，父母对胆怯的青少年应该如何帮助教育呢？

1. 正确认识胆怯，并帮助孩子树立自信心

胆怯是可以改变的。在各种社交场合中，家长应让孩子顺其自然地表现自己，不要担忧人家是否注意。当他与对方交谈时，眼睛要看着对方，并将注意力集中在对方的眼睛上，这样可以增加孩子对对方的注意，减少对方对孩子的注意，让他学会用心灵去沟通。在此过程中，家长要认识到自己的责任，从转变自己的教育行为开始，日常学习和生活中，应让孩子多考虑"我要怎么办"。

2. 端正教育态度

父母要树立起纠正孩子怯懦性格的信心，要认识到只有教育得当，才能使青少年健康发展，从而在社会上立足。父母要端正教育态度，从思想上认识到对孩子的溺爱、娇宠，只会造成孩子怯懦、任性的性格。

3. 培养孩子的独立性

平时生活中，要处处注意培养孩子的独立性、坚强的毅力和良好的生活习惯，鼓励孩子去做力所能及的事情，让他学会自己照顾自己。当孩子遇到困难时，不要一味包办，而要让他自己想办法解决。当然，开始时父母要予以必要的指导，使孩子慢慢学会自己处理各种事情，而不能一味地不问不管，使孩子手足无措，更加胆小。

4. 让孩子不要敏感

凡事尽可能往好的方面想，要看积极的一面。平时注意培养孩子的良好情绪和情感，让孩子相信多数人是以信任和诚恳的态度来对待自己的。不要把自己置于不信任和不真诚的假定环境中。那样，对别

人总是怀有某种戒备心理，自己偶有闪失，或者并无闪失，也生怕别人看破似的。这样自己就会惶惶然，加重羞怯心理。

5. 鼓励孩子与人接触交往

可以多带孩子到各种集体场合，别人对孩子的友好尊重，能使他感到快乐，孩子也会愿意与人交往。最主要的是要孩子和同龄伙伴多接触，有意识地邀请一些同学到家中来做客，让他做小主人，帮助孩子结交新朋友。

胆怯有碍于青少年以后更好地适应社会，不利于身心健康、人际交往、职业选择等，所以要及时及早去克服。当然，战胜胆怯，不能急于求成，要循序渐进，从最容易的做起，坚持不懈，并相信自己不比别人差，就一定能战胜它。

我的世界只有我——别让孩子自我封闭

陈阳，集全家宠爱于一身的初二女孩，从小全家就对她倍加宠爱，上中学后，父母看着孩子一天天长大感觉很欣慰，可是却渐渐地发现，她越来越不开心了，似乎变成了一只孤单的小鸟。

下课了，同学们有的做游戏，有的拍球，有的跳皮筋，校园里充满了欢声笑语，教室里只有陈阳一个人。在语文课上，同学们自由分组学习时，她走来走去，没有学习伙伴。放学了，同学们三五成群结伴而行，她却背着书包形影孤单，这怎么回事呢？为什么欢乐的人群中没有她呢？前几天，老师留的数学作业有点儿难，一个同学来问她，她忙闭上眼睛，不说话。同学又问了一声，她眯着眼，不耐烦地说："走走走，我还不会呢！"

妈妈为此很着急，耐心地教导她，要与同学好好相处，陈阳却说："我不想被别人打扰，我感觉这样生活挺好的。"

心 理 解 析

　　自我封闭，指将自己与外界隔绝开来，很少或根本没有社交活动，除了必要的工作、学习、购物，大部分时间将自己关在家里，不与他人来往。自我封闭者都很孤独，没有朋友，害怕社交活动，因而是一种环境适应不良的病态心理现象。

　　在社会和学习的双重压力下，很多青少年有自我封闭的不健康心理，自我封闭一般有如下特点：

　　1. 普遍性

　　自我封闭是各个年龄阶段都可能产生的一种心理状态。儿童有电视幽闭症，青少年有性羞涩引起的恐人症、社交恐惧心理，中年人有社交厌倦心理，老年人有因"空巢"和配偶去世而引起的自我封闭心态等。青少年的自我封闭心理不容忽视，因为他们正处于从依附关系向独立自主转变的时期，不管是心理还是生理上都在发生着很大的变化，如果处理不好，将严重影响以后的人生发展道路。

　　2. 逃避性

　　自我封闭行为与生活挫折有关，有些青少年在生活、学习上遭到挫折与打击后，精神上受到压抑，对周围环境逐渐变得敏感，于是出现回避社交的行为。

　　3. 非沟通性

　　有封闭心态的青少年不愿与人沟通，很少与人讲话，害怕或讨厌与人交谈，他们只愿意与自己交谈，生活在自己的世界里。

　　自我封闭心理实质上是一种心理防御机制。由于个人在生活及成长过程中常常遇到一些挫折引起个人的焦虑。有些青少年抗挫折的能力较差，使得焦虑越积越多，他们只能以自我封闭的方式来回避环境以降低挫折感。另外，自我封闭心理与人格发展的某些偏差有因果关系。

　　父母是孩子的第一任老师，而老师又是学生的领路人和心目中的权威。因此，父母与教师对孩子的评价都会对孩子产生巨大的影响，特别是贬抑性的评价使他们产生自卑感。自卑感是产生自我封闭心理的根源，而且很容易在青少年时代埋藏下祸根。一旦这种自卑感蔓延、扩散，就会引发出人际关系障碍和许多行为上的困扰，妨碍学习、生活和人际交往的正常进行。这种病态心理如果不能及时而正确地治疗，可能会危害终身。

总之，青少年的孤僻性格往往事出有因，或受家庭环境影响，或受过刺激、伤害，或身患疾病等。所以家长们要从思想上认识到他人、集体对孩子成长的作用。从小事上帮助孩子改变生活习惯，多鼓励孩子主动跟他人聊天，主动和他人玩游戏。接触得多了，孩子从他人那里学到了知识，得到了快乐，这样孩子就会逐步乐于与人交往。

专 家 支 招

青少年时期的人际交往体验，对其以后社会行为的发展有着重要的影响。良好的、积极的交往体验，会使青少年对他人更加友好、尊重、信赖。这使他能更好地适应环境、适应社会，更好地去面对以后的择业。因此，我们要注重在实践练习中发展青少年的交往能力，培养双方互识，达到共鸣。那么，应该如何培养呢？

1. 构筑和谐的家庭环境

良好的家庭氛围是孩子健康成长的重要条件。如果父母感情不和，经常在孩子面前争吵，在这样的家庭氛围中，孩子自然就得不到应有的关怀和培养，孩子的心灵还会受到巨大的创伤，因此变得沉默寡言、闷闷不乐，从而就养成了孩子孤僻的性格。家庭本身就是一个群体，应利用"家庭"这个群体条件来培养孩子的合群行为。因此，家长应给孩子创造出一个和睦、祥和、宽容的家庭，让孩子真正感到自己是家庭中的重要一员，让孩子感到家庭的温暖，体验到家庭的欢乐。

2. 注意评价与态度

在教育孩子的过程中，要时刻注意自己的语言和态度。家长经常随意批评、否定孩子，甚至指责训斥孩子，会使孩子丧失自尊心和自信心，会感到自己很笨，变得不愿意说话或做事，因为他们害怕再得到这种评价和态度，这种自我体验几经反复固定下来，就会使孩子形成自卑孤僻的性格，总认为自己什么都不会、都不行，谁都不如，干脆不去做、不去说，从而造成他们缩在一旁不敢出声、心情压抑。家长不妨采用一些肯定的评价，多肯定和鼓励孩子，如爱抚、点头、微笑、夸奖等，都会收到意想不到的效果，使孩子自信、开朗起来。

3. 为孩子树立榜样

父母富于同情心，善于尊重、关心、体贴他人，孩子与他人相处易表现出慷慨大方；父母自私、冷漠、不关心他人，则会助长孩子的自私自利，扼杀他们的利他行为。所以，父母应当给孩子树立良好的道德榜样，为孩子提供良好的行为规范。

4. 鼓励孩子参加群体活动

在生活中多鼓励孩子参加集体活动，通过各种渠道促进孩子与别人交往，尤其是让孤独的孩子与性格开朗的孩子结伴是极为有益的。生活中，向孩子传授基本的社交技巧，并让他们做适当的练习是有必要的。家长可以充当孩子同龄人的角色与孩子交往，在教授技巧之后，要鼓励孩子大胆地实践，并且帮助孩子总结经验，指出他的不足，提出改善的建议。生活中，多带孩子参加一些文化娱乐活动或者家庭聚会等也有很大帮助。

我不想和老师说话——师生之间关系要融洽

一位老师在日记里写道：刚接初三时，我欣喜地发现一位学习成绩很好、组织能力也很强的学生李某，理所当然，我想让李某成为我的左膀右臂。可我屡次找他谈话，却始终无法进入其内心世界，无论我是情真意切还是推心置腹，他总是沉默不语或者闪烁其词，通过了解才知道，他有个不好的习惯——不愿意和老师沟通，上课也从来不愿站起来发言。来到这个班已经有几个月了，他从来没主动和我打过招呼，面对这种情况，我也一度失去信心，但对学生的爱和对家长的责任让我再一次鼓起勇气，寻找新的途径，于是我开始广泛接触他周围的同学并多次与家长联系，交流李某的情况，终于了解到造成李某不能和老师很好沟通的原因。原来在一次体育课外活动中，体育教师没有认真听取他的合理化建议，武断地对他进行了批评，挫伤了他的工作积极性，使他对老师产生了对抗心理。

随着年龄的增长和独立性的增强，由于教师在学生心目中的权威性降低，青春期的少年不像儿童时期那样对教师唯命是从，开始反抗教师的管教，师生之间的摩擦增多，关系紧张，有些学生对教师产生失望怅惘，甚至厌烦心理，看不到老师身上的优点，使师生关系出现不和谐。

师生交往是教师与学生之间进行信息交流、情感交流的交往过程。学校一切教育教学活动都是要通过师生之间的相互交流、相互作用来实现的。所以，师生交往在学校内部的人际交往中居核心地位，起主导作用。良好的师生交往，可以促进师生健康心理的发展；反之，会给教育教学活动和师生情感交流带来不利的影响。因此，师生关系是现代教育中不可忽视的一个问题。

但是现在越来越多的青少年不能很好地和老师相处，到底是为什么呢？大致有以下几方面原因：

1. 得不到老师的重视

有些青少年自认为能力很强，可是却没有得到老师相应的重视，不但没有让他当班干部，甚至课堂上也很少提问他。这样无形中心里就会有很大的落差。

2. 受到老师的批评过多

因为纪律问题或个别错误受到老师的批评过多、过于严厉。受到太多、太严厉批评的学生，在老师面前缺少成功、愉快的心理体验，造成感情上的隔阂。

3. 偏科

很多学生都有偏科现象，他们对某科的学习缺乏兴趣，成绩不好，即使老师没有对他批评、责备，他们也会认为老师不会喜欢自己，于是对老师缺乏感情。

4. 被老师冤枉过

老师教育、批评学生时，难免出现错误，有的孩子被冤枉了，自己又没有及时地向老师解释清楚，老师因为一时疏忽，没有认真承认自己的失误，造成学生耿耿于怀，产生委屈甚至怨恨情绪，与老师感情疏远。

一般来说，学生惧怕老师是因为不能忍受老师对自己冷淡的态度，或不能接受老师对自己的批评而与老师产生的一种抵触情绪。而这种负面的情绪直接影响孩子的学习兴趣和学习效率，应该引起老师和家长的高度重视。

专(家)(支)(招)

良好的师生关系能对教育效果产生调节作用。比如，教师良好的情绪能使学生振奋精神，不良的情绪会使学生感到压抑，影响学生的学习活动。同时，学生的情绪状态也会影响教师的教育情绪。因此，师生之间应建立起相互理解、信任、友好的关系，以提高教育教学效果。那么应该怎样做呢？

1. 创造良好的心理氛围

要给孩子创造一种宽松的、自由发表意见的心理氛围，使孩子毫不隐瞒地讲清楚老师批评自己的原因，以及对自己的态度和自己接受批评时的心情。家长一方面要认真听取孩子对事情的全部经过的陈述，以及孩子对老师批评和处理意见的看法。另一方面要冷静分析孩子产生抵触心理的主要原因，并采取适宜的方法予以解决。

2. 积极配合老师教育好自己的孩子

家长要了解孩子在学校的表现，老师也要了解孩子在家中的行为，这对家长和老师共同教育孩子、避免孩子对老师产生抵触情绪是极其重要的。只有家长与老师经常保持密切的联系，才能步调一致、有的放矢地对待孩子成长过程中各种合理的需要，并施以有效的教育，使孩子在老师的教育中体会受教育的愉快。

同时，要让孩子懂得，对老师的尊重并不等于认为老师做得都对，对老师有意见就应该向老师提出来，只是需要讲究一些策略，最好是在事后找老师谈心，说明实情，消除误会。

3. 培养孩子的"同理心"

"同理心"即人的心理具有的识别他人的情绪，并对其做出适当响应的一种能力，让孩子学会站在他人的角度考虑问题和处理问题，创造情景让孩子亲身体会老师的难处，并在这个过程中改善师生间的关系，减轻或避免孩子对老师的抵触情绪。切忌在没搞清事实真相之前就简单粗暴地批评孩子或对老师表示不满。应教导孩子：一方面要尊敬老师，尊重老师的劳动；另一方面，要正确对待老师的过失，委婉地向老师提意见。心理学研究发现，人们会对没有缺点的人敬而远之。其实，根本不可能存在没有缺点的人。

4. 培养孩子养成勤学好问、虚心求教的好习惯

老师的学问、阅历、专业水平都是高于学生的，所以要向教师虚心求教，勤学好问不仅直接使学生受益，还会加深和老师的交流，无形中缩短了与老师的距离，每个教师都喜欢肯动脑筋的学生。其实，向老师请教问题往往是师生间交往的第一步。

师生交往是一门艺术。要想把握好师生交往的艺术，就必须审时度势，见微知著，这样才能促使师生关系不断得到改善和加强，促进学生心理健康和全面发展。

你不帮我，咱们就不是朋友了——友谊不是迁就

小云和小丽从儿时就是很要好的伙伴，一起上学放学，形影不离。但是最近一段时间，她们经常吵架，这让小云怀疑她们的友谊是否还稳固，更严重的是小丽经常以补课为由出去玩，还再三叮嘱小云不要告诉任何人，这让小云感到很不安，为了保住友谊，她甚至不敢把小丽在学校的一些不良品行告诉她的妈妈。

一天放学的路上，小丽对小云说："明天下午第二节课是体育，上体育课是最没劲的了，咱俩旷课怎么样呀？你陪我去买那天我看上的那双球鞋吧？"小云支支吾吾半天，也没说出什么来，小丽非常生气地说："还是不是朋友了？这么点小事都办不到。"小云只好胆怯地答应了。

心 理 解 析

真正的朋友不仅能看到和欣赏你的优点，更能客观地指出和真诚地帮你改正你的不足；不仅能在你享受幸福的时候锦上添花，更能在你遭遇困苦的时候雪中送炭。真正的友谊以相互信任和相互负责为前提，不仅能在快乐时光里分享愉悦，更能在危难的日子里相扶相持。两个人对待友情的共同责任心能坚持多久，这份感情就能延续多久，友谊的长存需要两个人的步调一致。

对于青少年来说，为了友谊，有时总会让自己委曲求全。不懂得怎样去拒绝，对朋友的无理要求都一味地接受、认同，结果迫使自己去做不愿意做或者是做不到的事情，这让自己的心理受到不小的打击，也会危及人际关系。所以对于朋友不合理的要求，要大胆地说"不"，不要勉强自己，友情不可靠迁就。分析青少年迁就朋友的心理原因，不难发现存在以下原因：

1. 害怕孤独

当一个人特别害怕孤独时，他就迫切地需要别人的陪伴，需要朋友，所以这一类青少年平时跟伙伴或者是朋友说话都是很小心的，人家要什么东西或者是办什么事，自己都会去努力帮朋友完成。因为他们害怕失去朋友后的孤独，有时他们也会想做这些事情是不好的，但是孤独更让他们感觉到害怕。

2. 好面子

有些青少年生怕别人说自己"不懂世故"，因此为了照顾自己的面子，常常做一些违心的事情。比如在学校上课，明明不敢忤逆老师，但为了证明自己和朋友有多"铁"，为了保住自己的面子，而做一些违心的事。

3. 性格胆小

有些青少年胆小怕事、顾虑重重，生怕惹谁不高兴，即使对别人提的要求明明心里不同意，也不说出来。

4. 缺乏拒绝技巧

许多青少年并不是不想拒绝别人，而是缺乏拒绝别人的技巧，觉得直接说"不"会伤害到别人的自尊，也怕危及自己与同学之间的关系，因此就只好自己忍耐。

5. 认识错误

青少年由于缺乏辩证看待事物的能力，往往会把朋友之间的友谊神圣化。他们单纯地认为友谊就是为朋友两肋插刀，他们认为没有办好朋友交代的事情，就是不讲"哥们儿义气"，就会在同学面前抬不起头。他们会把小集团中的一些人的行为准则作为自己的行动标准。常常为了所谓的"义气"而包庇同伴，或者为对方打抱不平，也不考虑是否符合社会道德规范就冲动地做出一些不计后果的行动。

青少年要首先明确一个问题。那就是真正的好朋友不仅仅是讲"义气"，好朋友更要互相帮助，取长补短，共同进步。

青少年要知道每个人都有与别人不同的观点，要敢于接纳与自己不同的合理观点，保留自己的正确观点，最好能够采用一切合理的方法来证明自己的观点的正确性。

 专家支招

青少年要知道，迁就的友情不是真正的友情，而且会让自己很累。那么青少年要怎样去面对朋友的不合理要求呢？

1. 用正当理由婉言拒绝

拒绝别人也是一门艺术，当你拒绝别人时，通常要以最委婉、最温和、最坦诚的语气向对方详细解释不能答应其要求的理由，而不是生硬、冷淡地拒绝，因为那样会伤害并有可能失去朋友。所以，面对这种"难题"，相信如果是真朋友，他也会因为你委婉的方式而理解你。

2. 巧妙转移话题

每个人都不是万能的，当朋友拜托的事情不能办到时，要学会巧妙转移话题，主要是善于利用语气的转折——温和而坚持——别人往往会接受，而不会弄僵关系。

3. 学会拖延

这里所说的拖延法，并不是让青少年对自己已经承诺给别人的事进行拖延。而是当别人想让你帮忙时，可以暂不给予答复。当对方提出要求而你迟迟没有答应，只是表示要研究或考虑，那么聪明的对方马上就能了解你是不太愿意答应的。

4. 用恰当的借口来拒绝

虽然找借口来谢绝对方是不礼貌的。但是，恰当的借口是生活中必不可少的。在许多情况下，要拒绝对方的某一要求而又不便说明理由，也不便向对方说什么道理。不妨寻找恰当的借口(或称托词)，以正当的、不至于被对方责怪的理由来回避对方的要求，这样既解决了问题，也维护了自己的人际关系。

5. 学会用肢体语言表达

直接开口拒绝对方对很多青少年来说不是件容易的事情，他们往往必须在心中演练多次。所以，巧妙运用自己的肢体语言去拒绝就容易多了。一般而言，摇头代表否定，别人一看你摇头，就会明白你的意思，之后你就不用再多说了。另外，微笑中断也是一种肢体的暗示。类似的肢体语言包括，采取身体倾斜的姿势，目光游移不定、频频看表，心不在焉……但切忌伤害对方自尊心，使自己失去一个朋友，多一个敌人。

在这个世界上人不可能没有朋友。希望青少年在成长的道路上与朋友结伴而行，收获真正的友谊！

换位思考——学会理解他人

上完晚自习回到宿舍，李同学开始给家里打电话，时间打得比较长。其他三位同学也想给家里打电话，看到李同学那慢条斯理的样子，他们有点不高兴。而李同学在电话里谈得很起劲，好像忘了周围有人等着用电话，过了好长一段时间，李同学终于打完电话了。这时王同学开始给家里打电话，同样说了很长的时间，他还没说完呢，宿舍的灯就熄灭了，后面的两位同学纷纷指责王同学，而王同学又指责李同学，李同学不服气，四个人开始争吵起来。

心 理 解 析

换位思考的实质，就是设身处地为他人着想，即想人所想，理解至上。

换位思考是人与人之间的心理体验过程。将心比心，设身处地地为他人着想，是达成理解不可或缺的条件。它要求我们将自己的内心世界，如情感体验、思维方式等与对方的思想联系起来，站在对方的立场上体验和思考问题。与对方在情感上得到沟通，为彼此间的友谊奠定基础。

上例中，很显然，李、王两位同学都是站在自己的立场考虑问题，他们心里只考虑到自己的需要，而没有为别人考虑。以王同学为例，李同学在打电话时他很着急，他抱怨李同学不考虑别人，而当他开始打电话时，他又只顾自己，不为后面的同学考虑，如果稍微为别人着想的话，就不会出现这样的矛盾了。

青少年在人际交流上通常具有这样一种心理特征：他们一方面渴望得到别人的理解，但同时又很少主动地去理解别人，总是立足于自我的立场，更多地考虑自己的利益和需要，却总是很少关心他人的需要，更别说是从别人的立场来看问题了。这样就造成了人际沟通中的障碍和阻塞。在人际交往中要学会换位思考，不只是站在自己的角度去看待或衡量别人，还要积极地换位思考，这样就会减少矛盾和摩擦，从而形成良好的人际关系。

青少年在成长的过程中要养成多为他人着想的好习惯，凡事多问自己："如果我是他，我会怎样?"人与人之间需要互相理解和信任，为此，我们要学会换位思考，这是人与人之间交往的基础。如果常常表现出"以小人之心，度君子之腹"，爱用怀疑的眼光看对方，这样往往会误解别人。

一位智者说过："把自己当作别人，把别人当作自己；把别人当作别人，把自己当作自己。"当你跟别人有摩擦的时候，多想想这位智者的话，我想结果肯定是美好的。

专家支招

青少年在学习和生活中理应学会换位思考，用一颗包容的心，站在他人的立场去考虑问题，相信你会变得很快乐。那么青少年在日常生活中应该怎样做呢？

1. 让孩子学会在理解中换位思考

换位思考是要从对方的立场来看事情。但是不幸的是，许多人的换位思考却缺少了一个要素。他们或是站在自己的位置上去"猜想"别人的想法及感受，或是站在"一般人"的立场上去想别人"应该"有什么想法和感受。这种换位思考并不是真的换位思考，而是以本位主义来了解别人的想法及感受，并非真正地为别人着想，因为它忽略了"对方"真正的想法及感受。另外，这种做法缺少对别人的尊重，一旦你能做到真正的换位思考，就会发现互相理解是一件非常快乐的事情。

2. 让孩子学会在交往中换位思考

所谓"龙生九子，各不相同"。任何两个人的想法、意见、看待事情的态度都会有所不同，这就是人际关系可能存在的障碍。当你的朋友和家长因某事让你生气时，请不妨先站在他的角度换位思考一下，什么样的怨气都可能烟消云散。让你的孩子在处理人际关系时尝试着换位思考，站在对方角度思考问题，他就会多交很多的朋友。

我为什么没有朋友——让孩子做一个受欢迎的人

融融是个文静、内向的小女孩，从小不爱说话，自从上学以来就没什么朋友。前两天，班主任老师打电话到家里，说融融在学校里跟同学们相处得不是很融洽，经常独来独往，尤其是最近一段时间，老师发现融融心情好像很不好，下课后，同学们三五成群，可是融融却总是望着其他同学玩耍。妈妈接到老师的电话后，感觉到了事情的严重。星期六的晚上，吃完饭，妈妈就来到融融的小房间，拉着融融的手问她最近是不是有什么心事？融融告诉妈妈："我很苦恼，大家都不喜欢我，我没有朋友，难道我真的那么令人讨厌吗？"

很多粗心的家长不能及早发现孩子的交往问题，孩子没有朋友，容易使他们变得忧郁、封闭、自卑。孩子交不到朋友有多方面的原因，比如，有的孩子性格内向，不善于主动结识别人，因此朋友很少，甚至没有朋友；有的孩子总以自我为中心，喜欢自我表现，爱捣乱、爱逗能、总想指挥别人，这样就会引起别的孩子对他产生厌恶，不爱跟他交朋友；有的孩子攻击性太强，老是欺侮别的孩子，这样孩子也不会交到朋友；有的孩子独立意识过强，认为靠自己的个人力量足以处理好一切事务，不需要他人的友谊和援助，这类孩子也不容易交到朋友；还有少数孩子对友谊持怀疑态度，怀疑朋友之间不会有真正的友情，不信任朋友，因此，他们自己也没朋友。

◇ 专 ◇ 家 ◇ 支 ◇ 招 ◇

朋友是心灵相通的伙伴，是每个人心里最温暖的收藏，是一份最平凡真挚的感情。面对孩子没有朋友的烦恼，父母可以从以下几方面进行引导：

1. 查明原因

孩子交不到朋友并不仅仅关系到孩子的心理健康问题，学生时代的好友是一个人一生中极其重要的社会资源。家长想要解决这一问题首先应该找出孩子交不到朋友的原因，是因为太霸道，太胆小，还是对人没有礼貌？或者在设法躲避？只有了解了孩子交不到朋友的真正原因，才能对症下药，帮助孩子交到朋友。比如，如果是因为孩子对人没礼貌造成的，那么家长可以用一些具体的方法来帮助孩子改变。例如，在与同学交往过程中，要用礼貌用语，在家中接待客人时，告诉孩子应该如何礼貌待人，这样，在潜移默化中，孩子就能学会如何与人交往，这也是获得一份真挚友谊的基础。

2. 培养孩子的爱心

每个人都渴望得到爱，爱是一种高尚的道德情操。在社会生活中，有爱心的人才能获得良好的人际关系，因此我们要从小就培养孩子的高尚情操，学会如何去爱。从爱自己、爱家庭、爱别人开始，通过具体的行动，使孩子逐步体验到人类最宝贵的感情——爱，进而学会如何去爱。

3. 鼓励孩子学习他人长处

这对于那些因太过于挑剔而交不到朋友的孩子来说很重要，要让孩子看到别人的优点。与此同时，还要引导孩子多站在别人的角度设身处地为对方着想，理解身边的人，避免用过于挑剔的眼光评价朋友。这样一来，孩子就会成为一个善解人意的人，同时他也能获得友情。除此之外，也可以教授给孩子一些与人交往的技巧，这样可以帮助孩子获得友谊。

我不敢看别人的眼睛——摆脱对视恐惧症

小明是一个性格内向的男孩，心里有什么话从不愿意对别人说，只会把自己的心事全写在日记本里。一天，他在日记里写道：真不知道是为什么，每当我遇见陌生人时，总是不敢直视对方的眼睛，这个问题困扰了我很久，以前还没感觉它影响我的生活和学习，可是现在升入高中了，课程负担加重了，竞争压力也加大了，这个问题好像越来越严重了。我发觉自己从来不敢与老师对视，这成了我学习上的最大障碍。我不止一次地对自己说："看一眼老师的目光，就一眼，但是不行，每次都怕得要死。高中课程可不那么简单，弄不懂的问题要请教老师，不敢与老师对视怎么交流啊！我在自卑、自责当中无数次尝试自我克服，却总以失败告终。渐渐地，我的学习成绩下降了，仅仅维持在中等。我很着急，请老师帮帮我，帮我克服这个毛病吧，我可不想因为这个影响学习，耽误了前途啊！"

目光交流是极为常见的一种非语言沟通方式，柔和、热诚的眼神能增添语言魅力，在说话时，眼睛直视对方，也是对对方的一种尊重。

上述例子中的青少年患的是一种对视恐惧症，对视恐惧症是社交恐怖的一种，表现为在人际交往中不敢与对方目光接触，并伴有惊恐、羞愧、心跳加速、出汗、口吃等生理反应。

青少年就像早上七八点钟的太阳，应该生机勃勃，具有一种初生牛犊不怕虎的精神。但一部分青少年总生活在一种恐惧中，甚至害怕面对别人的眼神。他们觉得别人的眼神像一把利剑，能把人一下看穿，害怕别人的眼神中有一些自己不想看到的东西，害怕自己受到伤害，所以出于保护自己，就不去看别人的眼神。其实，眼神交流并没有想象的那样恐怖，只要坦诚勇敢地面对，你就会发现眼神交流有时候比语言交流更加有效。

可以说，人最大的敌人不是别人，正是我们自己。只有勇于面对自己心中黑暗的人，才是最坚强的人。人生中真正的险境，存在于我们的心里。对危险的恐惧，会让我们看不清人生的真相，只有打破自己心中的魔障，我们才能真正把握人生。作为家长一定要让孩子认识到这一点，一步步引导孩子。

1. 让孩子学会勇敢

对于青少年来说，学会面对别人的眼神，学会勇敢很重要。勇敢可以让你尝试别人不敢做甚至不敢想的事情。在成长的道路上，勇敢就是成长的垫脚石。因为勇敢，所以会向成功迈进一大步。从现在做起，从我做起，从一个眼神开始，时时刻刻提醒我们自己，勇敢地面对一切。有这样一句话："上帝为你关上一扇门的同时，总会为你打开一扇窗。"请试着勇敢一点，因为希望就在前面。生命因为勇敢而精彩。

2. 告诉孩子要努力尝试

可以对孩子说，在与别人交谈时，要尽量尝试着去看对方的眼睛，然后每次给自己一个目标，比如这次是两秒，下次是三秒……这样坚持一段时间，相信一定能够摆脱掉不敢对视的心理压力。

她那么笨，什么也不会——别人的长处你可能比不上

"你怎么最近老去姥姥家呀？"妈妈好奇地问正在梳头发的小静。

"当然爱去了，我得给姥姥跳舞去，姥姥可爱看我跳舞呢。"

妈妈高兴地说："我的闺女变得这么孝顺啦。"

看着女儿高兴地出门了，妈妈也上班去了。晚上下班回到家，看见女儿一脸委屈地坐在沙发上，妈妈急忙问："怎么了？"

"都怪小蕾，她什么舞蹈也不会，学习还那么笨，姥姥怎么会喜欢她呢？"

"人家小蕾画画在市里可是拿过奖的。"

"那算什么，我舞蹈还拿过奖呢，这次期末考试我还考了前十名呢，还有她有我长得好看吗？"

妈妈刚想说点什么，只见小静生气地说："反正我就是比她强。"便甩手而去。

宋代诗人卢梅坡有一首很著名的诗："梅雪争春不肯降，骚人阁笔费评章。梅须逊雪三分白，雪却输梅一段香。"诗中的梅和雪形成鲜明的对比：梅和雪都是只看到自己的优点，而看不到对方的优点，以至于一味地孤芳自赏，自视高人一等。梅和雪，哪一个更好呢？其实它们各有所长。上述事例中的小静就是一个只看见自己优点，却看不到别人优点的孩子。现在很多孩子都是独生子女，由于家长的过分

121

宠爱，大多会形成一种唯我独尊的心理，以至于在学校和生活中不能很好地发现别人的优点。若在与同学交往的过程中以这种心态对待别人，就会导致青少年人际交往的不畅甚至造成同学之间的矛盾。

有的孩子学习成绩优异，在学校看不起不如自己的同学，时常嘲笑别人，正所谓"尺有所短，寸有所长"。对人类来讲，亦是如此，金无足赤，人无完人，谁都会有自己的缺点。相反"尺有所短，寸有所长"，每个人也有自己的优点。我们只有让孩子善于发现别人的优点，才能好好地利用这些优点来让自己变得更好。

专 家 支 招

看人要看对方的长处，只有认识到自己尚有不足之处，才能虚心向他人学习，从而不断取得进步。但怎样做才能让自己的孩子学会发现别人的优点呢？

1.培养孩子的真诚和耐心

教会孩子用真心发现别人的美丽，用耐心发现别人的长处，唯有真心付出，才会领悟别人回馈给你的一定比你付出的要多得多这个道理。再差劲的人也有优点，无论是谁，都有值得我们敬重之处，不管一个人曾经做过什么，总有令我们望尘莫及的地方。

2.让孩子努力发现他人的可爱之处

学校里，大多数孩子都认为自己很出色，看到别人超过自己就很不服气，这种不服输的劲头是值得肯定的，但是，如果把精力全都放在如何寻找别人的错误，然后用别人的错误来愉悦自己上，那就大错特错了，只能说明一种强烈的嫉妒心已经开始慢慢滋生。作为家长，一定要让自己的孩子知道每个处于青春期的孩子都是一个可爱的天使，用发现美的眼睛去寻找每个同学的可爱之处，在寻找的过程中你会发现自己也有如此多的优点。

当我们面对他人的时候，多看别人的优点，你会更开心、更快乐。

不信谣，不传谣——理性地对待谣言

晓蕾是初中二年级的学生，性格有些内向，是一个敏感细腻的女孩。

在功课上，晓蕾的物理成绩不是很好，但是坐在晓蕾后面的刘鹏物理成绩特别好，是班里的物理课代表，所以晓蕾总是会向刘鹏请教问题。

晓蕾喜欢动漫，刘鹏正好也非常喜欢看，而且家里的书特别多，每次都带来很多借给晓蕾看。本来这都是很普通的事情，大家都是同学，请教问题和借书实在是很平常的。可是有一天，晓蕾的几个同学在放学的路上拦住她，起哄说："晓蕾，你和刘鹏平日里怎么走得那么近乎呢？是不是有点……""你知道什么呀，肯定刘鹏喜欢晓蕾，没看到刘鹏总是借书给晓蕾吗？""那你怎么不说是晓蕾喜欢刘鹏呢，她老是主动跟刘鹏说话啊。""你们都知道什么啊，人家晓蕾和刘鹏早就是'一对'了，是不是，晓蕾。""对、对，肯定是……"

从这以后，晓蕾只要在校园里和刘鹏相遇，班里的男同学总要起哄。回家的路上，班里成群结伙的男生，都会挤眉弄眼地在晓蕾面前喊："刘鹏，刘鹏！"

同学们的谣言弄得晓蕾心乱如麻，再也不好意思向刘鹏问问题，也不向他借书，连课间也只趴在桌子上发呆，不敢出去怕让别人笑话。最后发展到都不愿意去学校，害怕听见同学在她面前叫刘鹏的名字，害怕同学拿自己和刘鹏开玩笑。

心 理 解 析

青少年正处在青春期阶段。青春期开始的一两年，随着性生理发育的逐渐成熟，两性差异日益明显。同学们开始注意男女之间的特殊关系，如男女的亲近、相爱、拥抱等，并开始关心恋爱的事情，这代表着性意识的萌发。但是，对于这种萌发的性意识，他们感到不能理解，从而感到不安，惊慌失措。在与异性接触时会感到腼腆、羞涩、难为情，会出现男女互相排斥、各自独立的现象。但是，表面上的疏远其实掩盖不了少男少女对异性的好奇。比如，在体育比赛时，女生往往乐于围观男生的活动，充当热心的观众，男生也希望有女生关注自己，为自己助威呐喊。这种心理往往使他们乐于表现自己。可见，这一时期的青少年是处在一种矛盾的状态中：一方面对异性不屑一顾，另一方面又费尽心思地表现自己，以赢得他们的注意，而恰恰是这种矛盾的心理状态造成了晓蕾的困扰。

在这一时期，有同学认为，某些男生和女生的关系都非常"不正常"，男生和女生递纸条、"轧马路"等。其实，这些都是男女生之间的正常交往。出现这些谣言和想法一是因为我们对异性交往太过关注和好奇，二是因为我们对自己的心理特点不够了解。这是我们这一时期的心理特点所致。

面对这种谣言，很多青少年都会像晓蕾这样陷入困扰。这也是因为青春期是人的情感最强烈，也是最敏感的时期。这个时候的孩子，虽然在智力、思维上得到较大的发展，也具有一定的独立意识和自尊要求，但是他们毕竟还未成年，在思想上存在诸多幼稚之处。最主要的是，他们缺少社会经验，对别人的议论和评价的承受能力非常低，有时候对成人看来微不足道的议论、评价对他们来说都会造成强烈的情绪波动。这也是青少年情绪不平衡性的一个重要表现，这一点在内向的孩子身上体现得尤为明显。这也就解释了为什么性格内向的晓蕾对这些谣言的反应如此强烈，甚至到了影响正常的生活、学习的地步。

（专）（家）（支）（招）

对于青少年而言，随着身心的成长与发育，男女之间开始有了初步的好感，会经常出现这种谁喜欢谁的谣言。这种谣言一旦产生，一般有两种结果：一种是造成当事人"老死不相往来"，另一种就是无事说成了有事，最后真的促成了早恋。对此，青少年如果不能以平常心来对待，对于同学交往、学习都会造成不良的影响。因此对于这种情况，家长要从中起到引导作用：

1. 家长应该帮助孩子端正态度

如果自己的孩子处在同学所编造的绯闻中，作为家长，首先要帮助自己的孩子正确对待造谣的同学。家长要告诉孩子，同学之所以要造谣，是因为这个时期的学生都开始关注异性，但是大家都非常羞涩，不敢公开地表达自己对异性的关注，于是将这种关注投射到别的相处融洽的男女同学身上。同学谣言的本身并没有什么恶意，只不过是这个时期青少年的一些不太正确的心理表现。因此家长要避免孩子产生对造谣同学的敌视情绪。

2. 家长要帮助孩子坦然地面对绯闻对象

通常，造谣者感兴趣的就是绯闻主角的一些反应，比如说害羞、生气，或者与绯闻的对象产生冲突。从而在当事人这种情感反应中得到某种满足。所以，家长应该告诫孩子坦然面对，不管别人说什么，就当没有听见，自己该做什么就做什么，对于绯闻中的对象，保持和以往一致的态度。当谣言达不到预期的效果，也就会自然而然地平息下去。

第五章

谁的青春不迷茫：塑造孩子正确的价值观

青少年时期是一个叛逆的时期。由于身心的逐渐发展和成熟，青少年在这个时期往往对生活采取消极反抗的态度，否定以前的一些良好品质。这些"叛逆"倾向，会引起种种的心理问题，造成青少年前进的道路上的障碍。青少年时期又是一个开始承担责任的时期。从这时起，青少年将要去承担各种义务、责任。升学、社交，各方面的压力纷至沓来，给青少年的心理捆上沉重的负担。青少年时期还是一个成长的时期，各种成长的烦恼困扰着并不成熟的心灵。就这样，青少年时期成了人一生中最容易走入歧途、迷失方向的时期。这时，就需要有人为他们指点迷津，为青少年指明正确的前进方向。

追星追到忘我——粉丝也疯狂

某市有一位 16 岁的少女自杀了。她在日记中写道："看着他我不知道哭过多少次。我喜欢他，不是因为他长得帅，而是因为他那种与众不同的性格。他的一举一动、一喜一悲都令我心动。""在我的世界里只存在张国荣，我只为他而活。"这位少女 1.7 米的身高、甜甜的笑容，让人过目难忘。她曾是父母的好孩子，老师的好学生。不但学习成绩优秀，在学校的演讲比赛中多次获奖，还喜欢弹奏电子琴。但就是这位少女，却丝毫容不下母亲对自己偶像的批评，甚至不惜以自己如花的生命为偶像殉葬。

　　青少年阶段对明星的崇拜是一种自然、普遍的成长现象。应把青少年崇拜偶像的行为放到他们生活和成长的具体环境和整体背景中进行分析。从现行的中国教育体制上看，激烈的升学竞争、就业压力，给学生施加了很大的精神压力。在这种教育环境下，青少年寻找快乐的本性就在有限的自由时间里投向了"明星"和"偶像"创造的娱乐天地，从中得到暂时的安慰。

　　在这个时期，孩子把偶像看得完美无缺，认为偶像的所作所为都是对的，并把他们当作生活中的楷模。这个时候，父母的态度无疑起到了至关重要的作用。某些明星不仅外表出众，而且有着执着、勤奋等良好的品质。如果家长能够正确引导，及时帮助孩子完成注意力转移，让追星的孩子理性地看待明星，学习他们不懈努力的拼搏精神，就能使孩子把追星当成一种前进的动力，起到积极的作用；相反，如果家长粗暴地阻止或者盲目地纵容孩子追星，就有可能使其偏离正常的轨道。

　　孩子执着追求的常常是他们感兴趣的东西，这些东西会使他们全力以赴。其实，孩子的这种精神非常让人感动，不论孩子的目的是什么，我们应该看到和鼓励的是孩子执着追求的精神和坚持不懈的态度。

　　明星与青少年之间的距离感，使明星在孩子的眼里是完美的。但是家长在教育孩子时，一定要将孩子追星的行为控制一定范围内，千万不能让这种虚幻的情感干扰他们的学习生活，更不能去干扰偶像的生活。要做到这一点，家长在平时还必须注意培养孩子区分虚幻与真实的能力。

　　如果一心想将虚幻的感情变成现实，则会如上述事例中的女孩一样的危险。这是追星一族必须引以为戒的。表面狂热的追星行为只是自身情感的表达，和偶像的关系并不大。或者说，偶像只是起到了一个很好的情感载体的作用。家长完全不必紧张，但也要对孩子进行引导，帮助孩子学会认清自己感情的本质，把追星行为控制在一定"度"

的范围内，这样她才会追得快乐，追得健康。

专家支招

过度的迷恋追星，显然已经成了孩子们刻苦学习和健康成长的巨大障碍。对此，作为父母，我们应怎样对待呢？

1. 正确看待孩子"追星"

孩子崇拜偶像，是个体成长中的必然现象，要求青少年拒绝偶像是不现实的。家长是孩子最好的老师，在家庭教育上要掌握一定的度，大多数孩子的"追星"仅限于收藏几张他们喜欢的"星"照贴在床头，听该"星"演唱的磁带、碟片，或偶尔花钱买票听该"星"的演唱会，搜集该"星"的一些生活资料。如果仅限于这些，父母不应横加干涉，孩子紧张学习之余，听听流行歌曲，让生活丰富多彩些，有利于其健康成长。

2. 允许他们去尝试

孩子追求过的东西最后或许有结果，或许没有结果；孩子也许会放弃，也许会仍然坚持，我们都应该给他们一个机会。对孩子来说，重要的不是结果，而是体验和过程。有了这种体验和过程，孩子才会慢慢学会自己选择。孩子在追求和尝试中，自己会判断值不值、有没有意思。但是孩子毕竟还不成熟，对很多事情缺乏客观的评价。因此，家长还是有必要和孩子共同探讨的，一起来分析执着于某一活动的价值，帮助孩子学会总结经验和教训。当然，对于一些明显有损于青少年身心健康的活动，还是要适当干预。

3. 把崇拜转化为激励

"追星"实际上是一种榜样认同和学习，提供什么榜样或展示什么样的榜样对青少年成长十分重要。青少年往往把明星当作他们人生发展的楷模、参照系以及心灵寄托，父母为孩子提供的榜样应该是富有责任感和奉献精神、创造有价值文化的楷模，而不仅仅是外表靓丽、风度潇洒、收入丰厚、生活优越的明星。父母可以对孩子自发产生的"偶像崇拜"心理和行为进行正当的干预，也可以利用有学习价值的英雄形象来创造另一种明星效应，还可以为孩子的特长搭建实践的舞台，让孩子体会到成功的快乐，把孩子的"追星"转化为对成功的自我激励。

总之，明星崇拜要有度，我们要让它成为青春路上的快乐驿站，而不能成为成长路上的绊脚石。

我是偶像练习生——别做一夜成名的明星梦

16 岁的李美骄傲于她的外貌，修长的体形，娇好的面容。她曾经做过平面模特，上过宣传海报。2007 年 8 月，李美带着成为超级名模的梦想来到三亚。在这里，她将同 65 位来自中国台湾、北京、山东等 15 个赛区的幸运儿集训。12 天后，她们之中将有人成为新一届"新丝路模特大赛冠军"。这里有阳光、沙滩、俊男、美女，还有强烈的战胜他人成为焦点的欲望。新丝路是中国最具影响力的模特选拔赛事之一，已经举办了 17 届，从这里走出了马艳丽、谢东娜、胡兵等数十位国际知名的超级模特。"我要像他们那样成名、成功，这是我从十几岁时就有的愿望。"

心 理 解 析

其实，在我们的身边也有着这么一群孩子，由于媒体非理性的炒作，由于家长的盲目引导，他们游走在舞台的边缘，渴望有朝一日成为明星，享受众人的掌声——这是一群做着明星梦的孩子。

如今各地的艺术教育更是红红火火，各大媒体和教育机构纷纷搭台登场，多种多样的青年选秀活动此起彼伏，令家长和孩子们的参与热度直线上升。正值花样年华的青少年们，被一股追求成功的浪潮席卷进了成人的世界，梦想一夜成名，拥有万千粉丝。但是"一夜成名"真的那么简单吗？

法国启蒙运动家的代表人物卢梭曾说过："青少年时期是个狂风暴雨的危险时期。"在浮躁的社会风气中，青少年往往心比天高，不能脚踏实地。他们喜欢设计未来、幻想未来，却不肯脚踏实地地为之拼搏努力，对家长和老师的管教常常有抵触情绪，经常在白日梦中补偿自己成功的心理需求，正是这样的浮躁心理和媒体的有意引导，使少数的成功特例成为他们为之追捧的成功榜样。

"一夜成名"的梦想和诱惑总是让许多家长和青少年跃跃欲试。而社会上各式各样的宣传也往往侧重于报道童星成名的成长历程，却很少将镜头对准金字塔底部的那些未成功的、陷入窘境的家庭。这种趋向性的宣传往往起到了误导的负面作用。

艺术可以陶冶情操，但是，这并不是说艺术适合每一个人。在教育的时候，最重要的是根据孩子的特长爱好因材施教，家长不应该盲目地跟风。用成功率极低的事情去取代孩子生活中更多重要的部分，这份投入不亚于一场豪赌。一旦他们的梦想在这场赌注中破灭，又有谁会为孩子们逝去的青春负责呢？成功之路没有捷径可走，只有老老实实承认这一点，家长和孩子才不会被"造星术"迷惑了双眼，才不会在这种狂热的梦想中陷入太深。而真的要达到这一步，我们的社会需要走的路还很远很远。

专家支招

现在选秀节目遍地开花，在一定程度上影响了一大部分人的价值取向。现在很多孩子在追星的同时，自己也在做着同样的明星梦，希望能够成名，过上高收入的明星生活。一些家长也在一定程度上助长了这种风气的蔓延。其实，孩子年龄还小，对很多事物判断力还不够，作为家长，最重要的是要帮助孩子理性分析自身的条件，别盲目追星，也别盲目想成为明星。具体做法是：

1. 家长首先要反思自己

对于日益高涨的"选秀热"，专家称，这样的节目多缺乏导向性，助长了家长们极不理智的"望子成星"梦。那些仍在编织着明星梦的家庭是不是该反思，自己究竟该给孩子些什么？

2. 善于发现和培养孩子

天下没有不成才的孩子，只有不称职的父母！每位家长都希望自己的孩子能够成名、成才，但是绝大多数家长却并不知道如何培养孩子、如何以科学的方法让自己的孩子领先一步，胜人一筹！其实，每个孩子都有与生俱来的独特天赋，就是缺少发现和培养。现在许多家长貌似在培养孩子，实则扮演的是"天才杀手"——当家长苦口婆心地逼着孩子学钢琴的时候，也许正在扼杀第二个刘翔；当孩子为奥数题目绞尽脑汁的时候，也许一个未来的天才画家正在远去……

3. 家长要给孩子的道路把好关

孩子不切实际地做着明星梦，导致荒废学业，甚至误入歧途的例子不在少数。演员陈小艺曾对许多正做着明星梦的学生提出劝告：如果你没有艺术这方面的天分，趁早不要打这个主意，毕竟艺术这条道路不是每个人都能走的。作为父母，应该给孩子指明正确的人生道路，而不是任由孩子在错误的道路上继续走下去，影响了学业和前途。

成功的人生需要打好基础，需要耐得住寂寞，不求速效，不务虚名，脚踏实地才是通往成功的正道！

同学都穿名牌，谁穿这个——消除摆阔心理

芳芳的母亲对邻居担忧地说："说实话，我很担心勤俭节约的美德在这一代消失。"芳芳现在自费在一所省级重点高中读高二，同学的家境大都不错。这些学生平时吃的穿的用的也都比较讲究。大家在一起上学，平日里私底下说话，不自觉地就会互相攀比起来。你说你的衣服有多好，他说他的鞋子有多贵，有电脑的到处宣扬，有"笔记本"还带到学校，不为别的，就是想把别人比下去。

最近，芳芳听说同桌拍了一组艺术写真，花掉了3000多元。回家

后，芳芳也开始缠着母亲带她去拍写真。经不住女儿软磨硬泡，万女士花了 5000 多元为女儿拍摄了一套"快乐天使"。回到学校，芳芳把自己的相册拿了出来，果然把同桌比了下去。芳芳同桌心有不甘，结果处处和芳芳攀比。芳芳在同桌的刺激下，也开始非名牌服装不买。一次，芳芳的母亲在一个小店看上一件非常漂亮的裙子，价钱也不贵，就给女儿买了，但是回到家，女儿看了一眼说："你以后不要买这种衣服给我，我们同学都穿专卖店的衣服，哪还有穿这个的。"

 心 理 解 析

随着生活水平的不断提高，越来越多的人开始重视穿着打扮，这是经济发展的必然结果，也是社会文明进步的体现。然而，作为青少年，如果过于讲究穿着、打扮，一味地追求高档、名牌，则不是一件好事，至少会带来以下几个方面的不利影响：

1. 分散精力，影响孩子的学习

因年龄尚小，认知能力差，很多青少年不能分辨是与非，不能明晰美与丑，只知道同伴有的自己不能没有，而且还要比别人的好。他们不知道这是一种攀比心理，还津津乐道地认为自己追求的是时尚与完美。青少年的攀比心理是一种片面而又狭隘的心理现象，当这种心理需求无法满足时，便有一种挫败感、失落感，自卑也就随之而来，给他们的学习、生活和身心发展带来负面影响。

2. 加重家庭的经济负担

在经济腾飞、物欲横流的当今社会，追求名牌成了时尚：车子是名牌的，服饰是名牌的，吃要上档次，娱乐要上层次。大人们如此，孩子难免受影响。做家长的如果不采取积极的应对策略，只会让孩子越陷越深，既给家庭带来负担，又会扭曲孩子的心灵，造成不可估量的物质与精神损失。

3. 助长孩子的虚荣心及奢侈浪费的生活习惯

随着经济的发展，生活水平不断提高，哪个做父母的会不疼爱自

己的子女、不想让自己的子女打扮得比别人漂亮、时髦呢？一些家长也不愿落后于别人，孩子想要什么都尽量地满足，自然会给青少年的攀比心理提供良好的经济基础。家长的这份溺爱，为青少年攀比的滋生提供了条件。过分地溺爱与迁就会让青少年滋生攀比心理，产生依赖。孩子的消费观念和消费行为都会走进误区，非常不利于他们的成长，长期发展下去将容易导致违法犯罪行为。

家长的自卑心理，是导致孩子攀比的另一个重要原因。有些家长经济不太宽裕，怕自己的孩子也受人欺侮，让人瞧不起，当孩子说某某有什么东西时，父母便迫不及待为自己的孩子买一份，哪怕自己再苦再累也在所不惜。

⬭专⬭家⬭支⬭招⬭

若发现孩子有攀比心理，家长要采取多渠道的应对策略，让孩子树立正确价值观。具体做法是：

1. 做好孩子的榜样

俗话说："近朱者赤，近墨者黑。"家庭环境对孩子的影响尤为重要，家长的一言一行就像一面镜子，会令孩子受到潜移默化的影响。当发现因自己给孩子带来不良影响时，家长要认真反思自己的言行，做好孩子的榜样：多读好书，参加健康有益的活动，不铺张浪费，不奢侈腐化……自己做到不攀比，孩子的心态自然也会平和许多。

2. 孩子集中精力搞好学习

要通过教育，使孩子明白自己是一名学生，而学生的主要任务是学习，应把主要精力放在学习上。引导孩子在学习、劳动、品德方面与同学展开竞赛，而不是在穿着上盲目攀比。

3. 家长、教师要把握好度，适时给予鼓励

青少年正处于心理问题的多发期，特别需要家长、教师的灌溉培育。因此，家长、教师要用正确的教育方法，适时给予鼓励。

喜欢动手打架——纠正暴力倾向

儿子上初中后，军军妈为自己荣升"中学生的家长"很是美了一阵子，可开学后的第一次家长会，就让她从感觉良好的云端上掉了下来。老师告诉她，虽然军军在课堂上的反应和接受新知识的速度都比较快，但开学以来，他已经和同学打架3次。"这个孩子有点暴力倾向，你们家长可要好好管教他。"老师的话让军军妈很没面子，回到家后她把军军狠狠地揍了一顿，勒令他以后再也不许打架，还罚他连续两个周末不能出门玩。军军挨打后变得老实很多，可不到半个月，妈妈接到了老师的电话，说军军在学校里又打架了。

 心 理 解 析

青少年的暴力倾向是一个不容忽视的社会问题，在他们的暴力行为里，可以看到对别人生命的漠视。是什么原因使原本纯洁的少年蒙上暴力的阴影，从而变得冷血、残酷呢？

人类丑恶的一面本不该在孩子中上演，但事实上这种趋势已经蔓延到了青少年中间。研究表明，我国存在暴力倾向的青少年正呈现低龄化趋势，一些孩子只有十几岁就表现出了暴力倾向。

孩子进入青春期后，体格愈发强壮，暴力行为对他人造成的伤害也更为严重，应当引起家长的高度重视。是什么原因造成越来越多的青少年具有暴力倾向呢？

1. 社会上有暴力倾向的书籍杂志、音像制品、电子游戏等

影视中有很多把暴力包装成勇敢者的行为的情节。孩子们一边看暴力血腥的镜头，一边为那些血腥杀戮的场面喝彩。在他们心里，暴力是一种享受，慢慢地就会不把暴力行为当回事。

现在大多数网络游戏都会出现残暴的战争及对打场面，在这些游戏里，孩子以杀人为乐，杀戮越多，则成绩越佳。从心理学角度讲，

这样的网络游戏对行为有强化作用，在游戏中战胜对手，会使他们产生一种精神上的满足，从而渐渐认同暴力行为，并形成一种潜意识。一旦孩子感觉烦躁、受辱时，这种从网络游戏中迁移培植起来的暴力倾向就容易从潜意识中激发出来，对管理、干涉他们的人施以暴力。

2. 家庭原因

家庭教育方式不当为青少年成长埋下隐患。家长对孩子的"熏陶"很重要。有大量的事实和数据表明，在家庭暴力发生较多的家庭中长大的孩子，产生暴力倾向的可能性更大。有些孩子会因为家长对自己的暴力行为而产生畸形的报复心理，从而产生暴力倾向。

专家支招

孩子有暴力倾向心理，会影响日后与他人的正常交往，出现人际关系紧张等交往障碍，阻碍其发展；同时还会引起一系列的社会问题，如影响社会治安等。这就需要我们为孩子的健康成长创造良好的社会环境，创造文明和谐的家庭环境。

1. 多和孩子沟通

平日家长要多和孩子沟通，特别是已经出现轻微暴力倾向的孩子。如果确定孩子的好斗只是因为精力过剩，家长就要注重强化孩子的正面行为，为孩子提供发泄的途径。比如多带孩子远足或参加各类体育活动，找到正常的体能和情感宣泄渠道。爱，远比一切都来得重要。家长应该给予孩子爱，满足、理解、尊重孩子的情感需要。只有让孩子体验到父母之爱的温暖，孩子才会有意识地去爱他人。

2. 教导孩子正确的交往策略

多数孩子的攻击行为都是一时的冲动，其实他们心中是渴望友谊的，只是不知道如何与他人和睦相处。这种时候，家长应该及时教给孩子实用的人际交往技巧，教他们运用多种方式来化解困境。

3. 教孩子控制情绪

情绪在人的心理变化中起着核心作用。青少年还没有学会如何控制情绪，因此家长应该帮助孩子学会调节情绪，使孩子有稳定的情绪，能与周围环境相适应、融合。心理学研究表明，群体环境和集体活动最有利于培养孩子的合作精神，家长可以多创造这样的环境，让孩子学会忍耐宽容，加强自我约束力和控制情绪的能力。

4.法制教育

法制教育是控制青少年暴力行为的重要手段。对孩子来说，应该教导他们遵守社会主流的价值取向或者让他们形成法律意识。所谓法律意识不单单指法律或条文，而是让人懂得生活在一个社会里应该是平等的、公正的，相互之间应该是富有同情心和怜悯心的，培养孩子建立一种朴素的道德情感——这才是彻底防止青少年暴力犯罪的根本手段。

沉迷上网无心上课——别做网瘾少年

张刚近来下午上课老是迟到，家庭作业也时常不交，一上课就打瞌睡。班主任老师把张刚的表现告诉了家长。张刚的妈妈立即想道：孩子可能是玩网络游戏了。

第二天，张刚匆匆吃过午饭就离家上学去了。妈妈悄悄地跟在他后面，果然发现张刚拐进学校附近的一条小弄堂，妈妈紧跟上去，发现那儿新近开了一家网吧。里面挤满了人，大多数都在玩网络游戏，看样子大部分都是学生。张刚刚进去，忽听背后妈妈喊他："张刚！"张刚一惊，回头看到妈妈正生气地望着他。一路上，在妈妈的逼问下，张刚承认自己经常来这里玩游戏。

 心 理 解 析

随着信息科学技术的高速发展，网络越来越强地介入到我们的生活，也越来越多地进入青少年的视野，网络在带给我们知识和欣喜的

同时，也不可忽视其对青少年心理的侵蚀。

孩子之所以会沉迷网络，是因为他们在现实的生活、学习和人际交往等方面出现了让他们难以解决的问题。沉溺于虚拟世界，对他们来说是一种"最为合适和方便"的逃避现实烦恼的途径。它是孩子出现问题的外在症状，不是问题本身的内在根源，是一种"表象"，而非"实质"！假使教师和家长对孩子只会"头痛医头，脚痛医脚"，紧盯着孩子的这些症状不放，那结果往往是隔靴搔痒，劳而无功，不但症状依旧，而且还可能会因为误诊或忽视了病源进一步加重了症状。

青少年正处于人生的特殊阶段，他们沉溺上网不能自拔主要是由以下几个原因所导致的：

首先，青少年有着天然地、自发地积极探索外部世界的心理倾向。面对新事物趋之若鹜。而上网聊天、交友、网恋则是青少年获得理解的一种途径。青少年的心理不成熟，对一些游戏常常抱着好奇心而去接触，结果往往一发而不可收，沉溺于其中。

其次，在校青少年的学习压力大，精神长期紧张；在人际交往中经常出现阻碍与困惑；孩子和父母之间也常常缺乏交流。这些都导致青少年处于一种生理和心理苦恼期，长期受压抑需要一条途径加以宣泄。大多数沉迷网络的孩子学习成绩都比较差，他们在现实生活中体验不到学习所带来的成就感，往往会选择网络来满足自己。

当然，这些孩子学习、生活问题的产生，除了环境、人为等外因之外，还有一个重要的内因就是孩子的性格导致问题发生。不难看出，容易沉溺于虚拟世界的孩子一般都比较内向、固执、敏感、偏激、不合群、容易情绪化等，这使得他们在待人接物上缺乏毅力和耐心，经受不住挫折和失败的打击，一旦碰到难题遇上困境，就会束手无策，或得过且过，或消极悲观，或愤世嫉俗，或破罐破摔，以至最终逃避现实。

大人们要想真正地帮助孩子彻底地走出虚拟世界的泥潭，就应该了解和关注孩子的学习、生活，以及性格上的矛盾和问题，只有抓住并解决了这些根本性的东西，孩子的症状才会缓解。要想达到这个效果，家长应该做到：

1. 让孩子不需要在网络中寻求慰藉

多和孩子沟通，了解他遇到了什么困难和挫折，帮他分析，正确地认识。孩子的困难和挫折常常并不很难解决，但是要帮助孩子正确对待，并帮他克服，使他不需要从网络中寻求慰藉。

2. 要让孩子信任家长

无论孩子的情况多么严重，多么让你生气，大人们也不要斥责、贬低孩子。家长只有获得了孩子的信任，成为孩子主动倾诉的对象，才能真正地走进他们的内心世界，了解到孩子的真实想法，才能谈得上"对症下药"帮助他们。

3. 用健康的活动转移孩子的注意力

结合孩子的兴趣，发扬孩子的长处，转移注意力。多与外界接触，参加一些文体活动，例如制作航模，打球，看一本自己喜欢的书，引导孩子转移兴趣。其实，"有益的玩就是学，有趣的学就是玩"。处理好学和玩的关系，就能使学习成绩迅速提高。

4. 引导孩子合理安排时间

父母可以合理安排孩子的时间。例如，做完作业才可以上网，并限制时间，每天半小时为宜。孩子遵守约定时给予表扬；违反约定时给予批评。

5. 要指引孩子参与现实活动

家长要培养孩子一些基本的兴趣：比如运动，有益孩子的身心健康；阅读，可以促进孩子的思考提高孩子的智商；交往，可以增加孩子投入生活的乐趣；等等。或者鼓励他们交一些志同道合的朋友，共同学习、生活，互相帮助，互相支持鼓励，让孩子有群体的归属感。

6. 改变对孩子的错误教育方法

许多父母教育方式过于简单，要么一味溺爱、放纵，最终导致孩子性格不成熟，独立处理问题能力差，使孩子不能合理应对外界事物；要么对孩子严加看管，限制其行动甚至体罚，导致青少年在情感上更加孤立。这些对孩子的错误教育方式，都是导致网络成瘾的高危因素。事实上，对孩子施行正确的家庭教育，是减少网络成瘾问题的关键。要设身处地为孩子着想，了解孩子的需要，切忌危言耸听。

学不好了，早点赚钱去吧——摆正学习与赚钱的关系

王丹在市内的一所重点高中读书，成绩也还算不错。可是上到高二的时候，王丹突然产生了辍学的念头，打算出去赚钱。有了这个想法不久，王丹觉得自己遇到了一个机会，于是谁也没告诉，就离开了学校。那份工作干上一个月，就可以有上千元的收入。王丹就这样背着家里，名义上是去上学，实际上是去工作。时间一长，学校找到了王丹的家，向王丹的父母说明了她最近的逃学行为。王丹的父母得知情况之后十分生气，找到王丹后把她带回了家，并且臭骂了一通，告诉她必须上学，起码要上到高中毕业。可是王丹却很不服气，她觉得读书没有什么用，自己早晚还会去找工作，而且就算高中毕业，也不见得就比现在赚得多。

心 理 解 析

当今社会处在一个知识爆炸的时代，各种知识、技术日新月异，各种信息铺天盖地而来。青少年处在这样的时代里，学习不只是一次性的，而应是终身的。即使是高学历的人，不充实、更新知识也适应不了社会的需要，何况青少年。在社会上立足必须以拥有充足的知识

为前提。

有的青少年认为，现在想工作就先工作挣钱，有了钱以后，想学习的时候再学习也不晚。事情并非这么简单，凡事都有规律性。青少年的任务就是学习，青少年时期是一个人学习的最佳时期。在最佳时期内，容易出现最佳效果，否则，错过最佳时期，可能会事倍功半。

专家支招

一些青少年在工作与学习上思想认识出现了偏差，想早点儿参加工作而不想上学。对于这样的孩子，父母应该帮助孩子认识到学习知识与工作之间的辩证关系，要让他知道没有知识是干不好工作的，对未来的前途与发展不利。具体来说，父母可从以下几个方面使孩子改变认识：

1. 使孩子认识到知识在将来工作中的重要性

现代社会中，经济的发展对科学技术的依赖程度越来越大，科学技术对经济发展的推动力也越来越大，职业对从业者的素质要求也越来越苛刻。这种条件下，缺少科学知识将很难胜任未来的工作。青少年应该学好科学文化知识，面对未来的挑战。

2. 让孩子明白掌握科学文化知识是在未来的竞争中处于优势的唯一途径

激烈的社会竞争中，一个人的竞争实力主要来自其自身优势，如，年龄、体力、学历、技能、专业、特长，等等。一个没有社会认可的学历的人，往往只能参与体力劳动或简单脑力劳动的工作竞争，而这类工作更看重的是求职者的年龄、体力、体质。随着年龄增大，失去这些优势以后，工作的竞争力会迅速下降，昔日年轻力壮的强者，会变成年老体衰的弱者。

3. 要让孩子知道，社会真正需要的是有知识的人

当今的社会是处在一个知识激增的时代，知识更新速度极快。为了适应社会的需要，在社会上立足，就必须不断地更新知识，否则将面临被淘汰出局的结果。学习对这个时代的人来说，是终身的过程。青少年时期只是人生学习历程中最基本的初级阶段，今后学习的路还很长。

我就是女孩子——"性别倒错"很痛苦

当初，君君的母亲怀君君的时候，由于家里几代人都是男性，因此父母希望君君是个女孩子，但事与愿违。君君出生后，父母一直把君君当作女孩子来养，再加上君君本来就长得很秀气，因此无论是亲戚还是邻居见到君君也总是会"夸"上两句，"君君好秀气，像小姑娘一样"。

小时候还无所谓，可是长大上中学以后，问题就出现了。君君总是把自己当成女孩子。初中的体育课和小学不同，男生女生要分开，结果问题出现了，君君总是跑去和女生一起上课。为此，老师找过君君谈了很多次，可君君说自己就是女生，自己讨厌和男生在一起。

老师没有办法，找到了君君的父母。君君的父母也开始意识到问题的严重性，开始想办法帮助君君校正这种错位的性别认定。可是君君私下里还是偷偷地涂口红、染指甲。

君君越发文静、羞羞答答的作风也没有改变，而且在同学的讥讽嘲笑下，君君变得更胆小、退缩，更"文静"了。君君的父母真的不知道如何是好了。

心 理 解 析

在现实生活中，有一些青少年生理上属于一种性别，而心理上却是另一种性别，他们时刻梦想成为异性中的一员，以另一种性别的身份生活，这种现象被称为"性别倒错"。它的产生与遗传、环境以及父母对青少年的抚养方式有很大的关系。这些青少年大多从小就有当异性的感觉，在行为上容易模仿异性。

在"性别倒错"这种心理的成因中，父母对孩子抚养方式、性别教育起着决定作用，造成孩子这种不良心理现象的原因是孩子从小生活在男性化或女性化过强的环境中，女孩受到男性刚强、豪放的风格影响，而男孩则可能受到女性温柔、细腻、漂亮等特质的影响，从而出现崇拜异性、模仿异性的现象，并且这种心理不会随着男孩女孩的性征发育而改变，于是就出现了性别倒错的现象。

身为一种性别，又想以另一种性别的身份生活，确实是一件非常痛苦的事情。这种痛苦如果无法排解，可以寻求心理咨询的帮助，让他们逐步从认知、行为、感受上接受自己，改变自己。这是一种心理上的变异，这样的青少年最害怕的就是社会讨厌他们、歧视他们，而且如果不及时改正，还会影响日后正常的社会交往、恋爱、婚姻、家庭生活等。所以在孩子的教养中，角色定位不可忽略，是男孩的就要教养出阳刚气魄，是女孩的就要调教出温柔性格，决不能依着自己的心愿或任由环境因素影响，使孩子性别错位。

专家支招

随着社会越发中性化，青少年"性别倒错"的现象相较过去而言有所加重。虽然从整体上讲，这种现象还是个别的现象，但是其严重性不能不引起家长们的重视。所以父母应该：

1. 摆正心态

父母要摆正自己对孩子性别的心态，不要根据自己的喜好不按性别盲目地打扮、引导孩子，以免孩子对自己的性别出现错判的现象。

2. 对孩子表示理解

父母在发现孩子出现性别倒错的情况后，要对孩子表示理解。多数孩子并未意识到动作、语言有性别差异，如果盲目地加以指责，会伤及孩子的自尊。

3. 对孩子进行正确的性别心理暗示

在日常生活中，父母应该营造良好的生活氛围，通过环境对孩子进行正确的性别心理暗示。尤其是一些单亲家庭或是有残缺的家庭，更要注意根据孩子的性别加以正确的引导，这样可以在潜移默化中影响孩子朝着正确的性取向发展。

4. 对性别倒错严重的孩子要有耐心，进行逐步诱导

如果孩子已经出现了较严重的性别倒错现象，家长千万不要着急，可以先表现出对孩子的理解，然后再逐步诱导其向正确的性别发展。比如说女孩子出现了严重的男孩倾向，父母可以带孩子去逛逛女性商店，订阅女性杂志、书籍等，也可以和孩子谈谈女性常关注的话题，如服装、化妆品等，可以为女孩穿上漂亮的服装，可以给她留长发等。这样使孩子逐步走进女性世界，慢慢地通过观察、学习，逐渐从心理上接受自己是个女孩的事实，进而摆脱性别倒错的错误心理认知。

我就是想拿别人的东西——杜绝偷窃

雷洋的老师有一个纪念币很吸引雷洋，雷洋想借来看看，可这枚纪念币对老师来说有很重要的意义，因此拒绝了雷洋的要求。可雷洋对这枚纪念币仍然念念不忘。一次，雷洋看到老师把纪念币放到了办公桌里，而且没有锁上抽屉，雷洋就偷偷地把这枚纪念币拿走了。

老师发现纪念币不见了，就向学生了解情况，后来一个学生说看见雷洋午休时去了趟教师办公室。老师找到雷洋，问他是否看见了那枚纪念币。雷洋却说没看见。经老师耐心地教育，他最后承认是自己拿走了。

在一次班会上，老师结合此事对学生进行了不能随便拿别人东西的教育。雷洋的母亲知道此事后找老师说，雷洋没有拿别人东西的毛病，对这枚纪念币他只是喜欢，拿回家玩玩。雷洋的母亲毫无原则地袒护和姑息，致使雷洋没有认识到随便拿别人东西的错误，后来逐渐

养成了小偷小摸的不良习惯，只要觉得别人的东西好，就想方设法地偷来。

　　随便拿别人的东西，产生这种行为的概率在青少年当中还是很大的。青少年的心志发育还不完全，对事物的认识还有偏颇，自制能力不是很强。当他们碰到自己感兴趣的东西，往往会一心想要占有，结果就出现了随便拿人东西的现象。事实上，他们不是不知道随便拿人东西是不正确的，但是对这种错误的认识还不是很透彻，而且遇见吸引自己的东西，没有如成人一般克制自己的自制力，结果就出现了这种"偷盗"行为。

　　青少年出现这种偷窃行为是最使父母担心的。俗话说，"小时偷针，大时偷金"，在父母的眼里，这样发展下去是很危险的。事实上，青少年的偷窃行为并不像父母所认为的那样严重，它与成人的偷窃是不同的。成人偷盗，都是有明确的目的，是在已经明确地意识到会对别人造成损失的情况下进行的一种行为。青少年则不一样，他们的"偷盗"动机只是自己喜欢，并没有意识到问题的严重性和可能给别人造成的损失，他们也许知道这么做不对，但没有完全明白这么做为什么不对。因此只要教育得法，让青少年意识到问题的严重性，那么这种情况是完全可以得到解决的。

　　在实际生活中，青少年偷盗现象中比较普遍、同时也比较严重的就是偷家里的钱。究其原因，一方面是有的家长对孩子管得过分严格，当孩子看到有的东西别人有而自己没有，看到别人吃零食而家长不满足自己时，就去拿家里的钱来满足自己的需求。往往这时候，孩子对拿家长的钱觉得无所谓，反正是自家的钱。一方面是部分家长的钱到处乱放，而对自己的钱或东西又心中无数，孩子拿钱花了，家长也不知道，久而久之孩子养成了习惯。还有的是孩子受不良影响，虚荣心强，从家里偷钱买东西分给大家摆阔气。

虽然青少年偷盗和成人偷盗有本质上的区别，但父母对此也不应掉以轻心。毕竟，孩子随便乱拿别人东西是一种不良的坏习惯。如果发现孩子平时有小偷小摸的行为，必须加以重视，帮其改正。小的错误不及时纠正，错误严重了再改就难了。就像上面例子中，雷洋在老师的教育下本来认识到了偷拿老师的纪念币是一种错误的行为，可是雷洋的家长却对他袒护和姑息迁就，结果雷洋小偷小摸的行为不但没有得到改正，而且造成了接二连三偷拿同学东西的现象。

所以，当父母发现孩子随便拿家里的钱偷着去花时，家长要告诉孩子这是不良行为，如果需要可以讲明情况，征得父亲或母亲的允许。别人的东西不可随便乱拿，如是喜欢经过人家允许才可以动，玩完后主动还给人家，不可以偷偷地带回家。当孩子把别人的东西拿回家时，家长要耐心询问，带着孩子把东西及时给对方送回去，并向对方道歉，让孩子懂得知错就改。这样孩子小偷小摸的毛病就会逐渐改掉。青少年小偷小摸的行为习惯一旦养成，将来走上社会，很有可能就此走上犯罪的道路，其后果是不堪设想的。因此，每位家长都不能忽视孩子身上的这一缺点。

对于孩子的不良行为，最忌讳的就是家长包庇、袒护。有些父母觉得孩子偷拿别人的东西是件不光彩的事，为了顾及自己的面子，便采取极不冷静的护短做法，这是有百害而无一利的。当孩子看到家长对自己的错误如此包庇、袒护，会更加助长这种不良习气，不利于其健康发展。在教育孩子方面，家庭教育和学校教育必须相互协调，密切配合，保持一致。如果各吹各的号，各唱各的调，教育效果就会大打折扣，甚至起到相反的作用。这就需要家长与学校和老师保持联系，出现问题及时找老师沟通，不要怕丢自己的面子而庇护孩子的短处。家长护短，不仅不利于孩子改正错误，还会埋下隐患。

对于青少年的偷窃行为，父母首先要注意孩子的不良苗头，防患于未然。父母平时应该多观察孩子的表现，如果发现孩子情绪反常、花钱很随便、来路不明等不良苗头，要及时了解情况，问明钱或东西的来路，采取教育措施，预防孩子走上歪路。

此外，父母还要对孩子进行法律常识教育，增强孩子的法律意识。父母要让孩子明白哪些是违法行为，会造成什么样的后果。孩子只有懂得了社会规范，才会逐渐增强法制观念，才不至于去做违法的事情。

而一旦孩子已经有了偷窃的行为，甚至已经成为一种习惯的话，父母应该做到：

1. 要教育孩子勇于承认错误

人都有犯错误的时候，青少年也不例外。因此，父母要帮助孩子正视自己的错误，改掉偷窃的行为。一旦发现孩子有偷窃行为，父母应该及时将物品归还物主，同时要教育孩子致歉或赔偿，不要让孩子将错就错或存在侥幸心理。

2. 要更多地关注孩子的日常生活

父母要了解掌握孩子的动向，把孩子再次偷窃的行为消灭在萌芽阶段，千万不能放任不管，听之任之。发现手里的物品不属于自己，父母一定要弄清楚来龙去脉，并教育鼓励孩子将物品归还原主；同时要为孩子提供他所必需的物品，满足孩子的正常需要。

3. 不遗留任何可以诱发偷窃的时机和物品

父母要制造一个孩子不容易产生偷窃行为的环境。不要随便乱放零钱、钱包等；去别人家，临走时提醒孩子把玩过的东西放下再走等。

4. 要端正态度，正确引导

父母在面对孩子的偷窃行为时，不要表现得过于愤怒、失望和吃惊，更不要随便夸大事实，给孩子贴上"小偷"的标签。父母此时要做的就是正确引导和说服孩子。比如你确定孩子从你的皮夹里偷了钱，最好不要用提问的方式问这件事，而是告诉他："你从我的皮夹里拿了一块钱，我希望你还给我。"当孩子把钱还回来时，大人应该跟孩子说："如果你需要钱，可以问我要，我们可以商量。"如果孩子否认拿了钱，不要和孩子争论，也不要恳求他坦白，而应该说："你知道我已经知道了，你必须把钱还回来。"如果钱已经花了，那么谈话的内容应该集中在偿还的方式上，比如做家务，或者在零花钱当中扣除。

赌瘾从压十块钱开始——在赌博的路上越走越远

马凯本来是一名品质不错的孩子，顺利地考入了省里的重点中学，家里也为马凯高兴。但没想到的是，短短两年时间，赌博就让一个原本应该有良好前途的孩子迅速堕落。

一开始，马凯只是和几个同学猜球赛的比分，输的人请赢的人吃饭。到了高二的时候，世界杯足球赛开始了。马凯和几个同学自己搞了个博彩，在同学之中开始赌球。到整个世界杯比赛结束时，马凯因为自己押对了意大利队夺冠，结果赢了将近一千元钱。对于一名高中生而言，一千元可不是一个小数目。在尝到了甜头之后，马凯开始疯狂地迷恋上了赌博。一开始只是参加一些地下赌球，结果输得一塌糊涂。但是马凯对此不甘心，向同学借钱，希望能把输掉的钱赢回来。而且此时，马凯也开始接触各种形式的赌博，并且越发的沉迷其中不能自拔，到了高二下学期，他竟旷课一学期，于是他被学校劝退。

回到家后，马凯有些后悔。在父母的动员下，他接着自学，为来年的自考做好准备。

2007年，马凯很幸运地考上了大学。上了大学之后，马凯仍然深陷赌博之中无法自拔，他几乎花光了身上所有的钱，万般无奈之下，他就想到了盗窃。而且马凯同班的一些同学总是意外地发现，自己放在宿舍内的手机、小灵通、MP3、照相机等物品不翼而飞。一时间，同学们议论纷纷，并开始相互猜疑起来。

某天，马凯的同学发现自己放在桌上的充电器和MP3全都不见了。随即，他向警方报了案。经过侦查，警方很快就确定了马凯为此案的重大作案嫌疑人，并立即将他抓获。在警方严厉的审讯下，马凯对自己的犯罪事实供认不讳。

要想了解青少年赌博的心理，首先要了解纷繁复杂、样式繁多的青少年赌博形式。通常，青少年的赌博行为大体可分为几类：

从赌博发生的地点来划分，可以分为校园赌博和校外赌博。青少年的校园赌博，一般是在课间休息、中午休息、自习课等时间发生，还有些学生甚至在课堂上用隐蔽的方式进行，如递条子、打手势等。一般来说，校内赌博的数目都不是很大，而且可以用来赌的"彩头"十分广泛，因此这种现象很常见。校外赌博的性质要比校内赌博要严重得多。由于现在的社会环境比较复杂，青少年校外赌博往往会涉及一些赌博场所，在赌博的过程中会有成年人参加。在节假日、寒暑假，为赌博提供了充足的时间。

青少年赌博行为按赌注来划分，可以分为实物赌博、现金赌博和混合赌博三类。实物赌博、现金赌博都比较好理解。混合赌博是指使用现金、实物、劳动等作为赌注进行的赌博行为。在许多情况下，青少年进行赌博时，往往使用多种赌注。例如，一些青少年先用实物进行赌博，在赌博兴趣加剧时，往往觉得实物赌注不过瘾，就会改为用现金作赌注。还有一些青少年会用一定形式的劳动作为赌注进行赌博，最常见的劳动是赌输的一方为赌赢者做作业，打扫卫生等。

按照赌博人员的性质分类，青少年参与赌博活动可以分为结伙赌博、纠合赌博、补缺赌博三类。结伙赌博是指一些青少年结成非正式的群体，经常性地进行赌博活动。结伙赌博的参与者往往是由于某种共同的原因聚在一起，例如，居住地点比较集中、家庭背景相似、爱好相同等，有些是因为学习成绩都比较差。纠合赌博是指一些青少年临时纠集在一起进行赌博。参与赌博者之间一般没有什么特殊的关系，赌博活动也不是经常性的，而是由于某种原因、暗示或者周围人的怂恿而发生的。通常是一哄而起，然后一哄而散。这种赌博在青少年中比较常见。青少年由于争强好胜的心理比较强烈，在许多事情上喜欢"占上风"。又由于社会经验少，情绪容易冲动，所以往往容易受到引诱和怂恿而进行赌博活动。补缺赌博是指别人在赌博过程中，因为缺少赌友，让青少年来"补缺"的赌博现象。青少年参加这种赌博活动，最初可能是被动的，内心也是不情愿的，但是如果多次被迫参与并且学会了赌博的方法，就有可能形成"赌瘾"，成为参加赌博活动的"常客"。

社会上赌博风气的盛行，是引诱孩子沉迷赌博的重要原因。从城市到农村，赌博几乎成了普遍性的娱乐活动。由于赌博是被禁止的，以至于一般人的小赌似乎成了合法的、正当的活动。它在潜移默化地影响着我们的下一代。许多成年人，特别是做父母的若经常赌博，这就给孩子带来坏影响。有的孩子从小在家中看父母跟别人玩麻将，久而久之，好奇心也就产生了："大人这么爱玩，我也可以来试一试！"就这样，从不懂到会，再从会到赌钱，这些孩子都是在父母的言传身教下入门的。

赌博是一种比输赢的带有智力性的游戏行为。无论是麻将、扑克，还是其他赌博方法，都充满着竞争性。青少年在赌博过程中，情绪是此起彼伏的。为了输赢，等待时的焦急万分，猜测决定时的疑虑重重；出错牌时捶胸顿足，占了优势时神采飞扬；最后赢家哈哈大笑，输者垂头丧气。有的因赌博结成朋友；有的因赌博反目成仇。

常见的青少年赌博动机有：

（1）好奇心。这往往是青少年开始赌博的动机。

（2）竞争心。争高低、图输赢是青少年赌博一次又一次继续下去的动机。

（3）寻求刺激。赌博对一些少年学生来说，不仅是物质刺激，而且还是精神刺激，对少年参赌者具有磁铁般的吸引力。

（4）逃避和消遣的需要。有些中学生缺乏高尚的情趣，空闲时间感到无聊，或逃学无所事事，就会热衷于赌博活动。

往往，青少年参赌者意志薄弱的缺点特别明显。即使在应当做作业、复习功课的情况下，或者是应该回家的时候，只要碰到同伙一招手、鼓动，就忍不住什么都忘了，结果还是要去赌。青少年戒赌，由于意志方面的原因，不是一下子能轻易改掉的，通常是会有反复的。

专家支招

作为家长，应该教育和引导孩子积极参加健康向上的文化娱乐活动，通过多种形式丰富自己的精神文化生活，使自己在精神上得到充实和提高。家长要使孩子们懂得，个人的未来需要自己的辛勤劳动去创造，而绝不是靠"赌"来实现；恰恰相反，赌博只能葬送自己的学业甚至一生。

1. 家长要以身作则，禁止在家庭中的赌博行为

作为家长，最重要的是以身作则，不参与赌博活动，为孩子创造良好的生活环境和树立一个榜样。对于一些有赌博行为的家长，为了孩子的健康成长，应尽快彻底戒赌，还孩子一个健康、良好的家庭环境。

2. 防赌重于戒赌

赌博带有一定的强迫性。很多人陷入赌博难以自拔，根本无法控制自己的赌博行为，以致持续终生。而往往赌博行为始于青少年时期。因此，要预防和减少孩子参与赌博行为的可能性，对他们进行精心的帮助和早期预防。

3. 对于参与赌博的孩子，要有针对性地进行教育引导

由于赌博的分类各式各样，赌博的心理成因也错综复杂，因此对有赌博行为的孩子，家长应仔细分析孩子的具体情况，结合实际耐心细致地对他们进行教育，向他们讲清赌博的具体危害。同时，帮助他们逐步做到不去参加赌博活动，并要切断引起他们赌博的源头。另外，要鼓励他们多参加一些有益的活动，并要制定一些切实可行的措施，来促使他们远离赌博。

除此之外，为了有效地帮助孩子戒除赌瘾，社会有关部门必须要重点打击赌博犯罪的势头。因为预防和戒除孩子的赌博行为，是离不开社会环境的。减少社会的不利因素，是预防和减少孩子赌博行为的根本途径。

第六章

青春期的孩子秘密多：孩子叛逆有生理原因

青春期是一个人生理发育的关键时期，是人的第二个生理发育高峰。在这一时期里，不论是男孩还是女孩，身体内外都会发生许多巨大而奇妙的变化。面对这些前所未有的变化，青少年的内心会感到惊讶、害羞、欣喜、好奇、恐惧五味俱全。同时，异性之间也会相互吸引，彼此产生疑惑。而伴随着性心理、生理发育的逐渐成熟，青少年的性冲动也相应产生。

身为家长，帮助孩子顺利渡过"酸酸甜甜"的青春期，是一件十分重要的大事。

见到母亲就紧张——摆脱"恋母"情结

最近一段时间以来，张扬陷入了一种苦恼与困惑中，他发觉自己对母亲竟然有一种莫名其妙的、异样的感觉。在母亲的眼里，15岁的张扬还是个不懂事的孩子，下班回来后，张扬的母亲很自然地换下外衣穿上睡衣做饭、做家务。有时会像张扬小时候一样，而且经常深情地、充满怜爱地抚摸、拥抱儿子。可是张扬每次见到母亲穿着睡衣就有情不自禁地想去亲近的冲动，对于这种想法，张扬感到十分的惶惑和恐惧。张扬在想，自己是不是有点变态啊！带着这样的疑问，张扬到网络上去寻求答案，发现自己的这种心态被称为"恋母情结"。张扬感到很羞愧，陷入深深的自责、苦恼之中。从这时起，张扬每天放学后都要在外面逗留很久才回家，刻意地回避着母亲。而张扬的母亲，对张扬的想法一无所知，还常为母子情深而颇感欣慰，并津津乐道地与朋友聊起母子之间的亲昵。

　　对母亲产生依恋，是人的一种天性，因为母亲对于每一个人来说，都是一种寄托、一种依靠、一种关怀、一种保护，是美的化身。但值得注意的是，在青少年这个阶段，孩子如果恋母过度会造成心态畸形的情况。像张扬这种情况的出现，一方面是母亲过度宠溺孩子，另一方面是母亲没有意识到孩子已经长大这个事实造成的。心理学家认为，青少年恋母是一种本性，随着自身的成长、发育，青少年在社会心理发展方面变得上进、勤勉、自信、合作，开始有独立意识。此时，恋母太过则易造成心理障碍。

　　现代社会，家庭中多为独生子女，大部分的母亲对孩子十分宠溺，有一些夫妻关系不好，或两地分居，或离异后母亲单独带孩子，或因为母亲曾多次流产、保胎等特殊心境下得子，使母亲将孩子当成感情的唯一寄托。这种状况如不改变，还会延续到晚年，把儿子当成感情上的私有财产，容不得他人介入，甚至视儿媳为"敌人"。这种过分依恋也会导致孩子产生不良的心理误区。

　　青少年过于依恋母亲，往往是由母亲的"感情私有"造成的。母亲希望自己的孩子只爱她一个人，这种私心往往会影响孩子性格的形成，甚至影响他的一生。青少年时期，是一个人性格形成的重要时期。在这一时期，母亲如果依旧把孩子当成小孩，爱抚有加，就会阻碍孩子心智的成长，干预孩子独立性格的形成，在不知不觉中强化孩子的"恋母"心理。

　　还有一点，就是如果母亲表现得太强、太有能力，特别当儿子隐约感觉到母亲不但比自己强，也比爸爸强，比老师强的时候，就会自觉不自觉地崇拜母亲，这样的情况较为容易导致孩子的"恋母"倾向。在这种情况下，母亲要注意和周围的人融洽相处，以平和心态对待工作上的能力和成就，不要把自己的强势带入家庭生活中。

青少年时期是孩子身体发育的时期，也是对性比较好奇的时期。这时候，如果父母对孩子的性教育不到位，也会使孩子产生这种不正常的恋母情结。而且，由于这种原因而导致的青少年"恋母"的问题也比较普遍。一方面，父母对性教育知识了解甚少，没有意识到性教育的重要性；另一方面，父母不好意思对孩子进行性教育，认为孩子还小，没必要进行这方面的教育。此外，父母对孩子性生理、性心理知识十分缺乏。没有进行正确的引导，都可能对他们的心理发展留下阴影。

青少年产生这种畸形的恋母情结，长大后会在潜意识里把母亲当自己的"女人"，会非常害怕失去母亲的爱，有的甚至一直窥测母亲的脸色，过于依附母亲而失去自我。带着这种生活态度，他可能会变成一个懦弱的人，缺乏自主意识，这样的青少年在长大成家后往往容易产生夫妻矛盾。

专　家　支　招

有这种畸形的恋母情结的青少年，会出现心理发展迟滞，心理成熟晚，影响与他人交往，甚至影响其今后的生活。因此，家长应适时放手，给孩子一个自由开放、独立成长的空间。具体做法是：

1. 母亲要改变心态

母亲不要再把孩子当成不懂事的小孩儿，要意识到孩子已经长大。因此，不要再像小时候那样对待孩子。

2. 培养孩子的独立能力

母亲应该设法使孩子独立，让孩子用自主、成熟的方式去处理周围的事物，逐步摆脱对母亲的依赖，这会更有利于孩子的成长。而随着孩子的独立和成长，母亲也逐渐将自己对孩子的注意力适度转移到家庭的其他成员和自己的事业上来。这就形成良性循环，从而有利于家庭的和睦和稳定。

3. 鼓励交往

带着孩子到有教养的亲朋好友、邻居家去走走，扩大孩子的交往范围，转移和淡化"依恋母亲"的情感。与人交往是孩子的一种基本需要，千万不要扼杀、局限这种需要。

姐姐和我不一样——面对孩子的性好奇

小喆现在读初中，正是对性比较好奇的时期。小喆有个表姐，是小喆姑姑的女儿，比小喆大8岁，正在读大学。在小喆的眼里，表姐特别聪明漂亮，笑起来的模样也特别甜，又从不在小喆面前摆出大人的样子，这让小喆倍感亲切。而且最近，小喆感觉表姐是一天一个样，越来越漂亮，身材也越发得好。一个月前的一个星期天表姐随姑姑来小喆家串门，吃过中饭后，小喆一头倒在床上睡着了，大概就是打了个盹的工夫，他猛然发现表姐居然靠在床的另一头睡着了，那一刻小喆一下就没了睡意，一个惊人的念头在脑海里形成：男女同睡一床，表姐不会生孩子吧？一边想，一边盯着表姐看，看到表姐可爱的脸蛋，小喆就忍不住去摸了摸表姐粉嫩的脸，表姐没有醒。小喆胆子更大了，先摸了摸自己的胸部，然后又伸出手去摸表姐的胸部，就在这时表姐醒了……

心 理 解 析

由于我国传统观念上羞于谈性，正规的学校教育始终不敢理直气壮地进行性教育，家长也对此讳莫如深，越发使青少年觉得性是神秘的东西，进而引起极大的好奇。其实，如果学校或家长能够大大方方地把科学的性知识告诉他们，讲个明白，孩子对它的神秘感就会彻底消除。

实际上，青少年只要发育正常，到了一定的年龄阶段，自然会产生对性的好奇和性冲动。这些都是自然的事情，也是每个人都必然经历的发育阶段。一方面在这一时期，青少年已经充分意识到了性别的差异，因此会很自然地产生探寻差异的冲动，就像小喆看到表姐第二性征与自己相异，便有了相应的好奇举动；另一方面，由于生理上的发育，自然而然会产生亲近异性的感觉，这也是小喆见到表姐倍感亲切，而且觉得表姐越来越漂亮的原因。

青少年随着性生理越来越成熟，潜在的性意识开始觉醒和萌发，这时的青少年惊喜、紧张、惊慌失措都是正常的。

专家支招

当青少年对性产生好奇时，身为父母，应该如何看待呢？

1. 要与孩子进行恰当的沟通

父母可以用聊天的方式，和孩子谈心，了解孩子对异性的看法，帮助孩子摆脱困惑。孩子在这一时期正处在好奇的阶段，因此当孩子做出一些令你惊讶的行为时，不妨轻松地和他聊一聊、鼓励他多说话，这时你便会发现真正的原因，然后再慢慢纠正他。

2. 以平常的心态看待孩子的性好奇

父母不应该摆出家长的身份、站在批判的立场上来看孩子性好奇的行为，除非孩子这样的行为一再出现，而造成别人的不舒服或两人之间的冲突，否则，父母不必刻意去注意。

3. 对孩子进行性教育

父母应该及时有效地对孩子进行科学的性教育，要让他们知道男孩女孩生理上是不一样的，和许多生物一样，有两性的区别。让孩子把男人和女人的区别视为平常、自然的事情。这样，打破他们性的神秘感，树立正确的性观念，适时适度地给他们介绍一些科学的性知识。

4. 对孩子进行正确的引导

父母应该允许和鼓励孩子与异性交往。明确告诉孩子，当自己遇到身体变化和发育方面的问题时，应多向父母或老师请教，多向相关部门求教，以便及时找到科学的答案。例如，有的孩子认为自己的性器官发育有问题，就整天闷闷不乐，学习成绩下降。这时，家长要耐心地给他解说，解除他的担忧。通过传授科学知识，帮助孩子自觉抵制低级庸俗和不健康的读物，克服性猎奇心理，培育高尚情操。

我的好像比别人小——男孩子的敏感话题

高中的时候，学校组织学生去体检。小海检查完后在屏风后面穿衣服。偶然间听到两个同学在谈论阴茎短小的事。小海在想，什么是阴茎短小？这个问号在小海心里扎了根。小风是小海的好朋友，小海把自己心里的疑惑告诉了小风，小风也不知道是怎么回事。结果，两人跑到省图书馆待了一上午。在一本介绍性知识的书中，上面写道："17岁以上的正常男性阴茎在常态下（即非勃起状态时）的长度为7厘米，平均8.5厘米……"看过资料后小海跑到家关好门，在卧室里，测量起阴茎的长度来。结果不达标。小海在想："我们已经18岁了，阴茎是不是还会长呢？"

男孩到了青春期后，面对自己生理上的发育，身体上的改变，心理上都会出现一些困惑，有的甚至惶恐不安，特别是青春期男孩对阴茎发育较小感到苦恼。个别男孩由于觉得自己的阴茎长得小而终日惶恐不安。其实，阴茎形态的大小、发育的早晚，个体之间会有一定的差异，不必为此过于紧张。

孩子阴茎大小的差别其实就如同人的高矮胖瘦、五官相貌的差别一样，是很普遍，也是很正常的。在正常的非勃起状态时，阴茎的长度应为4.5～8.5厘米，平均为6.5厘米；直径为2.0～3.0厘米，平均为2.6厘米；周长，阴茎中部为7.0～9.5厘米，平均为8.2厘米；阴茎冠部为7.2～9.8厘米，平均为8.5厘米。一般来说，发育成熟的男子阴茎的长度与周径在常温下小于这个正常的平均值；发育不正常、只有在小于4厘米，且没有勃起能力，同时伴有第二性征发育不良，无生育能力，且影响性生活者，才可称为阴茎短小。阴茎短小大多是因为先天的原因，出现概率极小。还有一种情况，就是由于过于肥胖，阴茎埋藏在脂肪层内，外露的部分较小。这种隐匿性阴茎尚属正常，但在生长过程中进食过多，运动量较少，一旦脂肪继续积累，阴茎就渐渐隐埋皮下。对这种情况，只要在青春期发育时适当控制饮食、加强运动并减肥后，情况就会好转，所以不需要治疗。

一般情况下出现阴茎短小的情况大多是青春期发育不当造成的结果，因此对青少年进行性方面的教育很有必要，这样不仅能有效地保护孩子的发育，也能增加孩子的性知识。男孩在青春期，最容易忧虑阴茎的大小。首先必须明了的是，阴茎大小并不影响性能力。有些人阴茎向左或向右弯曲，这就和每个人的相貌不同一样，不必大惊小怪，国外的性教育书本上，甚至还刊载了数十种各式各样的性器，说明人类性器的不同。青春期的男孩，不清楚别人的性器是什么样子，由于无知造成不安，不安又引起自卑，怀疑自己的太小、太短等，这种自卑往往是庸人自扰而已。

随着年龄的增长，有的男孩子担心自己阴茎短小的根本原因在于怕影响将来的婚姻和生育等问题。其实，不管阴茎大小，只要能充分勃起，婚后就不会影响性生活。若精液的质和量都正常，也就不会影响生育。

专家支招

处于青春期的男孩子，对于自己的阴茎大小是相当敏感的，常常会偷偷地和人比较，而且往往会因此形成不安的心理。对此，父母应该提前做好准备，以正确的知识来解答孩子心中的困惑：

1. 帮助孩子正确认识生理特征

不同的人，其自身的发育情况是不一样的。有的人发育较早，有的则较晚，有些人会到二十几岁时才完全发育。对此，父母应该让孩子正确看待自身的生理发育状况，对于对自身发育出现疑虑的孩子，父母要带他到医院进行检查。如果医生检查后认为是在正常范围之内，父母必须告诉儿子他的阴茎非常正常。

2. 要注意孩子的饮食和运动情况

青少年时期正是一个人身体发育的时期，家长要保证孩子生长发育所需的营养，同时还要使热量摄入降低。家长还要督促孩子多运动，增加能量消耗，使能量代谢达到平衡，消耗身体多余脂肪。

别人的都比我大——女孩子的敏感心思

丽丽上高三了，瞒着父母偷偷在学校里找了个男朋友。最近一段时间，丽丽的情绪很低落，因为她发现男友有个毛病，总是喜欢盯着丰满的女生看，而丽丽又恰恰是一个胸部比较小的女孩。为此她很生气，有时会无端地找男朋友发脾气，以前还好，现在变得越来越敏感了。丽丽和男友在校园里散步，他只要眼睛动一下，丽丽就会以为他在注意其他女生的胸部。丽丽自己也整天胡思乱想，变得敏感多疑，一天到晚想着胸部的事情。

处于青春期的女孩都很关心自己乳房的发育情况，有的女孩子由于乳房发育的情况和同学有差异，就会对自己的性发育倾向和性身份产生怀疑，从而形成不必要的心理压力。要想消除这种心理压力，就要使青春期的女孩了解有关乳房发育的生理心理卫生知识。

第一，有关"小乳房"的问题。所谓小乳房，即指胸部平坦，乳房很小。一般造成小乳房有两种原因：一是卵巢的内分泌不足所致。二是乳腺对雌激素不敏感造成的。发现乳房小的女孩可到医院求治，经检查，如果发现卵巢的内分泌不足，需在医生的指导下适当地补充些雌激素，慢慢地平坦的乳房就会隆起。如果发现乳腺对雌激素不敏感，接受医生的治疗后也会逐渐缓解。若经常用手按摩自己的乳房，可能会收到增大乳房的效果。大多数乳房小的女孩子，随着年龄的增长，多半都会"不治而愈"，自然丰满起来。因此，乳房较小的女孩子不要忧心忡忡，要相信总有一天自己也会发育成熟。

第二，有关大乳房的问题。乳房的大小没有绝对的标准，它与个人的体形、胖瘦有一定的关系。有些女孩子乳房较为丰满，显得稍大一些是正常现象，无须多虑，也不必治疗。

第三，双侧乳房不对称的问题。有的女孩子还因双侧乳房不对称而感到苦恼。其实，乳房和耳朵、眼睛一样，总会有些差别的。相对而言，耳朵和眼睛较小、两侧之间有一点差异不易被发觉；乳房大些，双侧的差异就显得比较明显。往往较小一侧的乳房对雌性激素欠敏感，如果坚持长期自我按摩，会刺激它的进一步发育，慢慢两侧乳房就会趋于匀称了。

事实上，对于青春期的少女来讲，乳房的大小和发育阶段有着密不可分的联系。少女乳房的发展可以分为几个阶段。首先是在7~8岁的时候，乳晕开始变深、变大；而后在10~12岁期间乳房开始渐渐隆起，形成一个小丘的形状；13~14岁，乳头及乳房发育加快，到15岁左右，乳房就几乎变成了半球状；而直到18~20岁以后，乳房才渐渐成熟而定型。可见，正处于发育期的女孩，其实还根本无法预测自己未来乳房的形状，过早地担心完全没有必要。

（专）（家）（支）（招）⋯⋯⋯⋯⋯⋯⋯⋯⋯⋯⋯⋯⋯⋯⋯⋯⋯⋯⋯⋯⋯⋯⋯⋯⋯⋯⋯⋯⋯⋯

如果你能明白你身体上任何一处都是独一无二的，如果你能从心理接纳自己、喜欢自己，如果你能走路时保持昂首挺胸，充满自信，那么人们所关注的将是你青春洋溢的笑脸和灵动自然的魅力。

但是有一些青春期女孩子，就是认为自己的乳房有问题，从而背负着心理负担，作为父母就应该想办法去帮助她们，消除她们这方面的心理压力：

1. 帮助孩子端正审美观念

美从来都不是绝对的而是相对的，父母应该告诉那些因为此类问题而自卑的女孩，世上也许没有哪个女人能说她的身体是完美无缺的，不必因为自己身体某个部位不太美而忧心忡忡。事实上，气质和内在美要远远比拥有好身材重要得多。

2. 为孩子选择适合的内衣

为孩子选择适当的内衣很重要。当孩子的胸部开始发育时，女孩就可以选择少女发育初期的专用内衣，以减弱外衣对胸部的摩擦作用。而当胸部发育到呈现乳房的线条，运动时乳房会随着动作振动，穿紧身衣时可以看到乳头突起，胸上围与胸下围的差距在 4 厘米以上时，就可以戴胸罩了。戴胸罩是为了支持和保护乳房，促进乳房的血液循环，保护乳头免受擦伤和碰撞，避免乳房松弛下垂，减轻乳房在运动和奔跑时的震颤。没有及时佩戴适当胸罩的女孩会对今后乳房的发育造成非常不利的影响。

3. 帮助孩子纠正不良的运动习惯

有些女孩子由于运动不当或长期用不正确的姿势写字，就会造成两侧胸大肌及结缔组织发育不同，从而影响双侧乳房的对称。如果纠正运动不当及劳动习惯，养成正确的写字姿势再辅以适当的按摩，两侧乳房不对称的现象会随之得到矫正。所以，两侧乳房不对称并不是终身的创伤。

破坏颜值的罪魁祸首——青春痘

心理卫生课上，老师让学生们写出什么事令自己烦心。斌子在纸上写道："最让我烦心的就是我这一脸的青春痘。因为痘痘，我整天不好意思出门，一点自信都没有。我想如果没有这些痘痘，我可能会多外出活动，多去参加聚会，或许能在班里多发些言，也许在面对同学时不会感到如此不安。我原本是个性格开朗的人，结果被痘痘弄得内向沉默，如果没有青春痘，我的情况将是多么的不一样。"斌子的女同桌也在纸上写下了青春痘带来的困扰："我不会照镜子的，那样会使我没有信心、会破坏我的心情。梳头的时候，我宁愿对着墙面，只要能照出我的轮廓就行了。我无法面对自己。无论我如何努力地控制自己，我看自己都无法感到满意，那些痘痘总是在刺痛我，我没有一天停止过烦恼，我有时会冲动地想把它们都抠出来。"

对青少年而言，长痘痘不是一件小事。他们对外貌开始注意，长了痘痘之后多少会对形象有影响，这种影响对青少年的心理会造成危害，当长期不满或失望的情绪不断地累积而无法得到缓解时，青少年就可能会心情低落，严重者则郁郁寡欢，进而产生情绪障碍和社交障碍。

青春痘给青少年带来的情绪问题主要包括愤怒、焦虑、忧郁、挫折感等。青少年对于青春痘往往持有不正确的认知，出现比较心态，当情况恶化而无法好转时，愤怒的情绪就会转向自己或他人。而且青春痘对于青少年外貌的破坏会使他们患得患失，引起焦虑感。表现在他们用手去挤青春痘，或者其他生活作息上。

青春痘给青少年带来的社交问题包括学校表现不积极、社交活动降低。青春痘引起的负面情绪与压力，严重时会干扰到青少年的正常学习活动，也会使其变得被动畏缩，使得一些学生成绩下滑，无法专心上课。

青春痘会给青春期的少男少女们带来无尽的烦恼，让孩子心中充满焦虑，而这一点往往为家长们所忽视，结果在不知不觉中，孩子因为痘痘而消沉，而家长还不明所以。

面对孩子长痘痘这个"面子问题"，家长应该为孩子做一些必要的引导：

1. 让孩子自己喜欢自己

家长应该开导孩子，人没有十全十美的，想要别人喜欢自己，首先要自我肯定，如果自己都讨厌自己，别人怎么会喜欢你。所以你要懂得发掘本身的优点及特色，努力弥补缺点，让自己过得更精彩。

2. 帮助孩子释放压力

压力过大会影响到青少年的心理，而心理受到的影响同样会在生理方面体现出来。反之，如果孩子的心情得以舒展，那么生理问题就会相应的减轻乃至消失。这就如心理上总是对在意的事物患得患失，生理就会引起胃痛的情况类似。

3. 注意孩子的饮食搭配

饮食习惯也有相当大的影响，家长要多关注孩子的日常饮食。平时多食含维生素 A、维生素 C、维生素 E 和含纤维素的食物（如蔬菜、水果），饮食要清淡，少吃甜食和油腻食物，少吃或不吃姜、蒜、辣椒，少饮浓茶、咖啡等刺激性饮料。

第七章

懵懵懂懂的纯真情感：谨慎处理孩子的情感

好感？喜欢？友谊？爱情？——他的名字总是不经意间就闯进我的脑海中。同学？朋友？死党？恋人？——她的声音总是回响在耳边。暗恋、牵手、约会、失恋——为什么还是会想他！友情与爱情，人类永恒的话题在青少年的身上反复上演。

随着心理发育逐渐地成熟，青少年情感上的需求在不知不觉间开始萌动，遇到心仪的异性，内心会产生好感，同时也开始产生疑问：这就是传说中的爱情吗？在好奇心的驱使下，在家长和老师的打压下，越来越渴望和对方交往，越来越对对方充满眷恋，两个人开始牵手、一起上下学、最终在雨季里流着眼泪相拥告别——这就是青少年情感的萌芽，也是青少年家长们最最头疼而又不得不正视的心理问题。

她不知道我喜欢她——及时从暗恋中抽身

离高考还有半年时间，小易突然失踪了。这是谁也想不到的。小易是班上的尖子生，是同学们崇拜的偶像，也是老师格外关照的重点对象，他的身上，背负着无数人的期望。但在离高考还有半年的时候，谁也想不到，小易突然失踪了。他放弃了大家对他的嘱托和期望，离家出走了。几天后，人们在河边找到了他的尸体，小易是跳河自杀的。悲伤的家人找到了他的遗书，其中小易写道："我不愿意再在学校待下去了，这样的环境让我无法安心学习，我很痛苦。我去了一个充满希望的地方，请爸爸妈妈不要找我，我很平安。"

究竟是什么原因让一个学生放弃了生的希望，以死解脱？

小易的家人万般悲愤，一纸诉状将学校告上了法庭。一口咬定学校施加过大压力，虐待学生，致使小易走上绝路。

而校方觉得很委屈：小易是我们的重点保护对象，专门为他安排了辅导老师，生活上也是悉心照顾，简直是捧在手里怕飞了，含在口里怕化了，何以有虐待之说？

正在双方争执之际，人们找到了新的证据：小易在出走之前，曾多次在语文老师的宿舍门前徘徊。语文老师是单身女性，年轻漂亮，平时对小易非常照顾。

之后人们在小易的日记里发现，小易自杀前曾有如下记录："我爱上了她，这是一个没有希望、没有出路的恋情，可我身陷其中不能自拔。我痛苦极了，绝望极了，我不能跟人说。""他们是不是已经知道了，如果是这样，我还有什么脸面在这个世上活下去？"

就这样，小易在暗恋老师的痛苦中，在害怕同学知情的恐惧中，走上了绝路。

心 理 解 析

暗恋别人，对于正处在花季雨季的青少年来说，是很普遍的现象。青春期是孩子们情窦初开的季节，随着第二性征的出现，出于人类本能的需要，孩子们不由自主地开始关注起异性。暗恋是孩子最早出现的关注异性的表现，暗恋也是青少年阶段很常见的一种感情寄托方式。

对于情窦初开的孩子们来说，青春期阶段的暗恋往往是他们在心中为自己编织的一个爱情梦，对于一些青少年来说，暗恋不会对情绪带来很大的负面影响，而且当暗恋的对象是某个学习优秀的学生或者某科的教师时，这种暗恋还可以成为学习上的一种动力。但是有一些性格内向且喜欢幻想的青少年，容易把暗恋的幻想与现实生活混淆在一起，因为分不清幻想与现实的区别，把幻想当成了现实，误以为那个被自己加诸了幻想的异性，是自己最理想的爱侣，不去表白害怕错过了最好的机会，说出口后又怕被拒绝，因而沉浸在暗恋的心理冲突之中不能自拔，这种痛苦往往会影响孩子的学习状态。对于这类陷入暗恋苦恼中的孩子，父母应及时给予心理上的帮助。

青春期的孩子对他人的认知还处于表面的非本质的认识层面，当他们被一个人的外表吸引后，就会用自己的想象，把各种优秀的品质加诸自己喜欢的那个人身上。因为他们还没有意识到想象与现实根本不是一回事，于是越想象越觉得对方可爱。由于青春期孩子对爱情的一知半解，他们就会把这种幻想当成是爱情。由此产生的患得患失的心情，使他们陷入了暗恋的苦恼之中。

专家支招 ————————————————————————————

让孩子弄明白暗恋的感觉不过是对青春期感情的自我内心体验，并不是真正的感情。折磨自己感情的并不是暗恋的对象，而是自己对爱情的憧憬。那么，一旦发现孩子暗恋异性，家长应该怎么办呢？

1. 了解孩子

有多少家长能胸有成竹地说："我很了解我的孩子。"为何家长对青少年的内心冲突和痛苦浑然不觉呢？原因不外两方面，从孩子的角度分析，感情对于他们是一件羞于启齿的事情，他们既不愿也不敢将暗恋情结展示给父母；从父母的角度分析，他们有意无意回避与孩子讨论恋爱问题，似乎只要如此问题就不存了。他们更在意分数和名次的起伏升降。这样一来，两代人之间缺乏真正有意义的沟通和交流。学会了解孩子，这对父母来说确实是一个挑战。尤其是对于爱情甚至是性的问题，父母讳莫如深，根本谈不上从容地与孩子平等对话。如果敞开心扉的结果是被鄙视、被训斥，孩子怎可能向父母袒露内心的情感？

2. 理解孩子

应该让孩子知道，暗恋并不是坏孩子的标志，而是身心成熟的自然表现。孩子渐渐长大了，对美好的事物开始向往，这是一件好事。暗恋本身并没有错，只要适当疏导，就可能成为亲子关系中有积极意义的事件。而家长一旦不考虑孩子的感受，一味地不允许孩子暗恋异性，或训斥贬低孩子，都会给孩子造成沉重的心理负担，并使孩子更压抑、更痛苦，甚至造成异性交往上的心理障碍。

3. 尊重孩子

家庭和教师对孩子可能出现的性意识严加防范，或在发现孩子性爱萌动时大惊失色，都反映了对孩子极度的不信任，不相信他们能学会控制自己的性冲动，学会处理与异性的关系。尊重孩子，家长和教师便向孩子传达了一种可贵的信任态度，这一态度会根植孩子内心，使他们尊重和信任自己，对自己负责，这时，父母与教师的引导才能被接受且发挥作用。

做好青春路上的领航者，让我们的少男少女能顺利穿越情感的风暴，渡过心海的旋涡，成功到达人生辉煌的彼岸！

我喜欢的人跟我告白了——早恋？早练？

正在读高一的蕊蕊，学习成绩在班里总排在前几名。可最近父母却发现她的情绪有点不稳定，忽而精神恍惚，不爱说话；忽而又神采奕奕，满脸幸福的样子，而且整天神神秘秘地在自己的房间里写东西，学习成绩也有些下滑。父母很着急，但由于两个人工作都很忙，一直没时间和女儿沟通。一天父母发现其日记中写道：我喜欢上了我们班的一个男生，他很帅，会打篮球，而且很开朗。班上很多女同学都很喜欢他。但他好像只喜欢我，这让我很自豪，在同学朋友面前很有面子。班上的同学经常议论我们俩，而且经常起哄，说我们俩在谈恋爱，这让我又喜又忧。前几天他居然跟我表白了，我内心很矛盾。自己确实很喜欢他，但是又怕真的在一起之后影响了我们的学习，我知道爸爸妈妈对我的期望很高。可是，我还是答应了。现在我发现自己越来越喜欢他了。一分钟见不到他我就心神不宁的，上课也忍不住去看他，下了课就赶紧找他去散步、聊天。

早恋，指的是未成年男女建立的恋爱关系，一般指 18 岁以下的青少年之间发生的爱情，特别是在校的中小学生居多。

每个人都拥有过如诗如歌的花季，这些处于青春期的少男少女，用他们那最敏感的心灵感知着他们周围所有的美好事物，他们充满欣喜与好奇地关注着异性，他们对两性情感充满美好的向往与梦想。

青少年早恋的发生往往具有一定的原因，这些原因往往是多方面的、复杂的。那什么样的孩子容易发生早恋呢?

1. 性格外向、相貌出众的学生

性格外向、相貌出众的青少年比性格内向、外表平平的更容易发生早恋。因为性格外向的人大多敢作敢为，不安分守己，有适合自己的对象，就会大胆追求，并且相貌出众的人，常常会成为大家追求的目标。

2. 性格软弱、虚荣心强的学生

性格软弱、虚荣心强的学生以女生多见，她们从小娇生惯养，依赖性强，觉得找了男朋友，便有了依靠。因此，很容易成为爱情的俘虏。而那些虚荣心强的女生，更乐意接受男孩子的殷勤、赞美及小恩小惠。有的学生是出于"攀比"心理而开始早恋的。她们看到自己的同龄人有了男朋友，进出电影院、舞厅、酒吧等，于是，也不甘落后。

3. 学习成绩差的学生

学习成绩差的学生更容易发生早恋。这些学生无法从学习中获得乐趣，因此在学习和生活上也很少受到特殊关心，也无法把精力放在学习上。于是，他们便把无处打发的精力和时间转向爱情、转向社会，以弥补感情上的空虚。

4. 喜爱文学、有文艺才华的学生

喜爱文学、有文艺才华的学生容易早恋。这些学生由于受环境熏陶，感情丰富，多愁善感，喜欢用书中、歌里的浪漫情节来类比自己的生活，效仿艺术家笔下的主人公，追求理想的爱情天地。加上他们有某方面的才华，容易引起异性的注意，故很容易获得爱的信息。

5. 缺少家庭温暖和爱护的学生

这种情况常见于父母感情破裂、离婚、受继父继母虐待，或父母双亡寄人篱下得不到温暖的青少年中，他们往往生活在一个感情极度缺乏的环境里。于是，渴望得到他人的温暖，而异性的抚慰正可以弥补这一点，满足了他们渴望得到的心理。

早恋的危害很大，但是有时早恋也可以被当作一种资源，不少有早恋倾向的孩子学习很好，两个人互相鼓励、促进，最后都考上了好大学。交朋友是孩子走向社会认同、心理社会化的重要阶段，交男女朋友，同样也是孩子性心理发展的重要阶段。16 岁以上的孩子，从心理发展需要看，应当鼓励其增加与异性朋友的正常交往。

专家支招

有人说，早恋是一朵不结果实的花。确实，早恋对青少年的学习和生活造成了很大影响，认清早恋的危害，时刻敲响警钟，对于青少年防微杜渐，避免不当的恋情是很有帮助的。

1. 及时发现，善于引导

一般认为，早恋发现得越早，解决起来就越容易。及时、准确地确定是否有早恋行为是很关键的一步。我们可以从学生的行为变化中观察到异常表现，出现早恋意识的孩子往往是在感情上比较空虚的，他们要不就是在家里没有得到父母的关怀与呵护，要不就是在学习成绩上不理想，也有一部分学生是因为学习压力太大了，在有了这些认知之后当我们面对他们的时候就会多一些理解，积极地引导孩子。

2. 转变观念，耐心教育

要转变观念，耐心教育。不要以训斥的口吻教育孩子，因为青少年时期的孩子叛逆心理都很强，很容易产生相反的效果。中学生关注异性，被异性吸引，是他们生长发育过程中很正常、很自然的事情，这一事实告诉我们，孩子已经长大了，让他们自己也认识到这是一个很自然的过程。

尊重、关怀、细心、掌握分寸在处理早恋问题上具有决定性意义。爱的情感的产生，犹如含苞待放的花，它能否长成芳香的玫瑰，这有赖于我们家长的爱护和教育。

心里想的全是他——别在单相思里陷得太久

小颖上初三时，很喜欢班上那个身材纤长、皮肤白净的漂亮男孩，明明知道他学习不怎么样，性格有点怪怪的，可还是痴痴地想着他。私下里，小颖给男孩写了封情书，表白自己的感情，可是男孩毫无反应。但是小颖并不死心，或者说是根本无法控制自己的情绪。很多次放学后，小颖故意绕远路，就是为了能和他"巧遇"。结果每次"巧遇"男孩连正眼都没有看她一下，小颖无奈，只好装出一副满不在乎的样子溜之大吉。小颖不知道这算不算初恋。私下里无数次下决心不再理他，可远远地看着那张英俊的脸，心跳就会加速，整个人就会有一种说不出的紧张和兴奋。在教室里她有意和他旁边的同学讲话，上课积极举手发言，甚至想方设法提高学习成绩，为的就是能当上学习委员后有机会去帮助他、接近他，但始终没有机会和他接触。

初中毕业了，当拿到高中录取通知书的那一刻，家里人都欢天喜地的，小颖却怎么也高兴不起来，想到从今往后不一定再能见到他，心里就非常难受。

 心 理 解 析

单恋，是青少年中常见的一种现象。它是指一方对另一方的以一厢情愿的倾慕与热爱为特点的畸形爱情。与暗恋有所不同的是，单恋是一个人爱上另一个人，通过表白或者暗示让对方知道你爱她（他），

但是对方不接受你的感情。单恋多是一场情感误会，是青少年"爱情错觉"的产物。"爱情错觉"是指因受对方言谈举止的迷惑，或自身的各种主观体验的影响而错误地主动涉入爱河，或因自以为某个异性对自己有意而产生的爱意绵绵的主观感受。

"爱情错觉"导致一厢情愿式的单恋，俗称单相思。单相思有两种情况：一种是毫无理由的"单相思"，对方毫无表示，甚至对方还不了解自己，而自己执着地爱对方，追求对方，这种恋爱，是纯粹的"单向"；另一种是自认为有"理由"的单相思，错认为对方对自己有情，于是"落花无意"变成"落花有意"，结果表白之后却无回应，这是假"双向"，真"单向"。

青少年由于心理尚未完全成熟，单恋现象比较常见，且较多地出现在性格内向、敏感、富于幻想、自卑感强者身上。首先是自己爱上了对方，于是也希望得到对方的爱，在这种具有弥散作用的心理支配下，就会把对方的亲切和蔼、热情大方当作爱的表示，并坚信不已，从而陷入单恋的深渊，而不能自拔。单恋者固然会体验到一种深刻的快乐，但更多会体验到情感的痛苦，因为他们无法感受到对方爱意的温馨。

如果从心理角度去分析，产生单相思的心理原因突出表现为：

1. 崇拜心理

人的成长多由"崇拜"开始，源于原始本能，有些青少年看待周围的异性或明星，总要和自己心目中理想的白马王子或白雪公主相对照，如果相符，便易产生"蓦然回首，那人却在灯火阑珊处"的触动，自然而然就产生爱慕的心理。

2. 敏感心理

单恋者对异性的特征与魅力特别敏感，追求异性的欲望也相对强烈。他们一旦爱上了对方，就希望得到同样的回应，在这种具有弥补作用的心理支配下，就会把对方的亲切、热情与大方当作爱的表示，并且坚信自己的第六感觉准确无误，从而陷入单恋的深渊，不能自拔。

随着生理的迅速发育成熟，性知识的不断增长，女孩和男孩之间会出现一个产生好感、互相接近的"向往异性期"，这是正常的成长历程。但这期间男孩女孩的交往并不一定就是真正的恋爱。这种交往或好感多半是心理的需要。有的时候青少年一旦找到钟情者，就喜欢悄悄地观察他，用欣赏或友好的态度与他交往，有意无意地渴望他成为自己最亲密的朋友，有时也会尝试去吸引他，希望得到对方的赞赏。所有这些都是这个年龄段健康而正常的情感体验，因而这个阶段的青少年不必因为喜欢或幻想某个人而感到内疚、不安，家长们也不必感到手足无措。

专家支招

单恋心理的处理方法有很多，不一而足，从心理学的角度，家长不妨帮助孩子试试以下几种简便可行而又有效的心理调适法：

1. 防患于未然

要想克服单恋的痛苦，重在防患于未然。首先是要能避免"恋爱错觉"，学会准确地观察和分析对方表情，用心明辨。要看表现的重复性，某种信息的多次出现可能具有一定的意义，而单单一两次就不足为凭了；不要用敏感的心灵去寻找恋爱的感觉。

2. 爱欲分流法

精神分析学派认为，一个人的生命能量"力比多"是不断流动的。青春期急剧增长的力比多在体内找不到合适的通道，便会淤积于体内某一处或泛滥、外流。单相思便是力比多在体内集中投注于某一处的结果。这种爱欲的淤积会导致心理的不平衡。陷入单相思的人越把爱欲投注于一个人的时候，这个人的光环就越艳丽多彩，甚至连他（她）的缺点也成了魅力所在。如果能把这种爱欲分流，从而建立新的心理平衡，单相思者就能渐渐从单相思的泥沼中走出来。

我喜欢他，这是爱情吗——别把友情当爱情

　　张雪的烦恼和李亮有关。以前，张雪和李亮在同一所初中上学，虽然在不同的班级，彼此之间也互无往来，但对方的名字早就熟记于心。他们都是各自班级里的"头号种子选手"，说得更直接点就是学习上的劲敌，所以当每次考试过后的年级大排队时彼此都会格外地关注一下对方的成绩，自然也就记住了名字。他们偶尔在校园里相遇，虽然都会多看对方几眼，但也总是偷偷地，有时不小心四眼相对，也会很难为情地迅速收回眼神，匆匆离去。李亮当时是个个头不高、不大起眼的小男生，除了知道李亮在学习上很出色，张雪对李亮也不甚了解。

　　时间过得很快，一转眼 3 年过去了。张雪和李亮都以优异的成绩顺利地通过了高中升学考试，进入了市里最好的重点高中，而且被分到了相同的班级。说来也巧，他们还是前后桌，距离很近。也正从这个时候起，张雪才真正地认识了李亮。因为座位邻近，回家也顺路的关系，在各种分组的小活动中他们成了最好的拍档。和李亮接触得多了，彼此自然也就熟悉了起来，而这个时候张雪也才开始注意到，李亮早已不是那个不起眼的小男生了，李亮个头高高、眉目清秀，而且乐于助人、好学上进。更投缘的是他们之间有着许多共同点，他们常常在一起谈理想、谈未来、谈时事、谈生活、谈网络、谈音乐。而且他们有一个共同的目标——考上理想的大学，所以他们常常互相打气、互相监督，感觉很充实、很快乐。可是，不知道从什么时候起，李亮和张雪变成了大家流言蜚语的主角，经常有同学在他们的耳旁起哄，说什么两小无猜、男才女貌、革命夫妻。说来也怪，听多了这些瞎起哄，他们之间的关系倒真有些变质了。他们之间到底怎么了？这是爱情，还是友谊？张雪感到很害怕，害怕他们再也不能做朋友、害怕自己不能集中注意力学习、害怕名落孙山……

正处于花样年华的青少年已经开始在心中萌生出不可名状的感情，它神秘而又圣洁，并悄然孕育于心。青春期，是儿童向成人过渡的关键时期。处于青春期的青少年们希望拓展自己的活动天地，开创自己的交际空间，以此倾诉困惑、解答疑问、展示自己，于是产生了主动交友的欲望。但很多同学在与异性交往中往往错把友情当爱情，从而产生了一系列的情感疑惑。那么，青少年究竟该以什么样的心态来面对"友谊转化为爱情"的情况呢？

1. 正确看待，正常交往

随着年龄的不断增长，青春期的孩子往往会把越来越多的目光定格在异性同学身上，异性同学之间互相亲近、乐于交往是青春期少男少女的正常现象，但是许多人对这种现象缺乏正确的认识。简单模仿影视作品中的青年男女的行为，谈起了"朋友"，自认为是在谈恋爱。

2. 正确理解什么才是真正的爱情

友情如水般清澈透明，源远流长；爱情如磁石般相互吸引，绽放奇葩。爱情和友情恐怕是男女之间最捉摸不定的感情了，有人说男女之间不可能有真正纯洁的友谊，也就说明友情中间夹杂着其他感情成分，这种成分说不清道不明。一不小心就可能把握不住尺度，在友谊之树上开出爱情之花。

孩子的情感是单纯的，很少掺杂其他的杂念和私欲，因此这种美妙的情感不是羞耻，更不是罪恶，家长们要告诫孩子不必为它感到烦恼或害怕，应该珍惜自己的感情，善待美好的情感，具体可以从以下几个方面引导：

1. 学会拒绝

拒绝别人的感情，怕伤了两个人之间的友谊；不拒绝的话，又怕违背了自己的本意。这是孩子们面对情感问题时常常会陷入的一种矛盾，那该怎么办呢？

作为家长，应该让孩子学会如何去拒绝别人的感情。拒绝是一门学问，需要用心去思考。这其中有一个秘诀，那就是站在别人的立场想问题。这样做会让孩子发现，原来别人的请求过于无礼，而孩子们也就能够心平气和地面对拒绝。

2. 正常交往，把握分寸

有时孩子们被卷入情感的旋涡，并不完全是别人的错，他们自己也负有一定的责任。因此，在交往时，大方、自然、有礼、有度也许才是一种最好的状态。也可以多参加集体活动，多找一些同学朋友一块儿玩耍，这样不仅可以得到更多的快乐，而且可以和更多人分享，何乐而不为呢！

3. 正确引导，到达彼岸

其实，青春年少的孩子们就好像是放入小河的纸船，虽然放在了航道上，但还有很长的路要走，还要经历很多的风浪。就让大家独立自由地去航行吧，等待着孩子们到达终点的那一天，再看看小船是否能经得住大风大浪的考验。

我们在 QQ 里结婚了——小心"网恋"的陷阱

中学生郭敏喜欢在网上聊天、交友，属于"网虫"一族。

一天，有个叫"风流倜傥"的网友进入了她的视线，不久，他们便成了无所不谈的网上朋友。"风流倜傥"在网上告诉她，他是某冶金公司驻深圳的营销主管，涉世不深的郭敏对此深信不疑。在郭敏的 18 岁生日那天，他们在深圳某酒店见面后，郭敏被"风流倜傥"潇洒的外表和出手的阔绰所倾倒，之后，他们多次约会，并发生了关系。"风流倜傥"信誓旦旦地说一定要在深圳买房子，等郭敏中学一毕业就到他单位来工作，两人结婚。后来，郭敏将自己省吃俭用积攒的两千多元现金交给了"风流倜傥"。之后的一个月，郭敏给"风流倜傥"打过无数个电话，但一直没有人接听。郭敏到"风流倜傥"的出租屋一打听，才知道"风流倜傥"早已没了踪影，连房东都不知道他的去向。

通过鼠标或者键盘所触摸到的，并非只是网络本身，而是某种与过去不同的生活方式，这种方式充满了刺激，充满了新鲜感，使得青春期的孩子乐此不疲地去探索、去尝试，无论正确与否，有一点是不可回避的——网恋正悄悄走进青少年的生活。

网恋，一旦被坏人利用，就好似一个玫瑰式的陷阱，无情地吞噬着思想单纯、感情纯真的青少年的身心和生命。尽管许多青少年因网恋给自己的身心带来巨大的影响和伤害，但仍有相当一部分人还痴迷于网恋中不能自拔。

青少年之所以网恋，具有以下几方面原因：

1. 网络因素

网络拓宽了人们的交往空间。在网络世界里人们可以隐匿自己的真实身份，可以不承担相应的义务和责任，可以不接受传统的道德束缚。加之网络信息技术的高速发展，为交友提供了广阔的平台。在这样一个宽松的环境下，青少年往往经不住诱惑，好奇心促使他们不断地去探索、去尝试，在这种探索和尝试下，网恋便产生了。

2. 心理因素

在网上人们能够充分发挥自己的潜能，拥有足够的信心去证明自己，彼此敞开心扉，大胆展示自己的优点。年轻人敢于无拘无束、随心所欲地诉说内心感受，释放心情，能显示出强烈的个性吸引对方的注意。情感表达是青少年网民的一个重要需要，他们在网上涉及最多的话题就是爱情和友情，他们在网络世界里绝对不会感觉到孤独，他们在这里能找到没有缺点的恋人，这种现实的、纯真的、柏拉图式的爱情童话能够满足他们内心深处对浪漫爱情和友情的渴求，也可以慰藉内心深处的孤寂。如果找不到理想的倾诉对象，直接可以点击关闭键，在这里他们感觉找到了自己的价值感，成为这个虚幻世界里的主宰者。

3. 家庭因素

我国家庭在对子女的教育上，存在着误区，其中一大误区就是过分干涉、限制孩子的自由发展，尤其是干涉孩子的情感问题，使他们的情感长期被禁锢，难以直抒胸臆。而在网络中，他们可以找到自己的知心朋友，由于时空的距离使彼此增加了许多想象的成分，增添了美感，同时又可以放心地交流感情。

还有一部分特殊家庭，指父母离异、丧父丧母、父母离家等情况的家庭。父爱、母爱的缺失对孩子是一种严重的伤害，一些父母还会把自己的烦恼发泄到孩子身上，使孩子的自尊心受到严重挫伤，感受不到家庭温暖，种种原因都会影响孩子良好个性的形成，使他们在现实中缺乏安全感。网络能够使倍感无助的孩子找到知音和依靠，这为催生青少年网恋提供了温床。

专家支招

大多数青少年在网恋中迷失自我，找不到成长的方向。面对这种情况，应怎样解救掉进"网恋陷阱"的青少年呢？

1. 改善家庭教育环境

首先，要改变不正确的教育观念，在对子女的教育上，应避免过分干涉和诸多限制，应给孩子自由成长的空间和表达情感的机会，要注重和孩子之间的沟通，而不是一味压制，帮助他们健康成长。其次，应尽量营造温馨和谐的家庭氛围，让孩子们充分体验到家庭的温暖，以及家庭成员间的相互关爱，使他们在情感上能够得到满足，以避免到网络上去寻求精神慰藉。

2. 加强心理辅导

在青少年中广泛开展网络心理教育，使其对过度上网所带来的心理问题有一定的了解和认识，自觉调整行为。要对已经产生网络心理依赖的青少年进行心理辅导，引导其参加集体活动以转移目标，如多参加课外活动、结交朋友，等等。通过有计划的心理治疗方案，逐渐使他们摆脱心理困扰。对由于网恋而产生的突发性心理问题，如网恋失败、网恋刺激等，要及时做好心理疏导。

3. 创造良好的交往空间

青少年的健康成长离不开正常的人际交往，如果在现实生活中能够满足他们渴望友情和情感交流的需求，就能够在一定程度上避免他们到网络虚拟世界中填补情感上的空虚。所以学校、家庭以及社会应该设法创造条件，为他们提供活动的空间，促使他们发展健康的人际关系，满足心理需要。

同性依恋——"我们只是'死党'"

有一位妈妈发现自己的女儿最近有一些异样，便打电话到心理咨询中心去。这位妈妈说道，我的女儿叫琪琪，今年 16 岁，她的同桌叫思思，是今年刚转到她们班的，她们一见如故，好像特别投缘，脾气、爱好也很相似，有一种相见恨晚的感觉。平时她们在学校里什么情况我不是很了解，但是每到周末，不是思思来我家做作业，就是琪琪去她家，我感觉有点不对劲，因为她们之间总是搂搂抱抱，而且琪琪私下里称呼思思为"老公"，思思管琪琪叫"老婆"。而且经常，思思会像"老公"一样，帮琪琪拎包、占座，而琪琪则会像"老婆"一样为思思端茶倒水。前几天她爸爸出差带回来一些荔枝，她也毫不吝啬地拿出来让思思吃，我想拿出两串给她表弟，她还哭着指责我："给他干什么，就这么两串，过两天思思来做作业还要吃呢，她最爱吃荔枝了。"我一脸茫然，最近晚上放学思思也常来做作业，时间晚了，两人就睡在一起，现在我再盯她们，她们干脆不说话，让我不知如何是好，我很担心她们会进一步发展，我应该怎么办呢？

心理学研究表明，青春萌动前期的少男少女渴望友谊，同时，他们又正处于对异性的排斥阶段。在学校里，异性学生之间不能大大方方地交往，出现明显的男女生分界。在与同性朋友交往中，有些女孩子渴望结识年龄稍长的，能保护、了解和爱护自己的"姐姐"，有些男孩子则愿意和见多识广的人交往，特别崇拜有创造性、有独立见解、事业有成的"哥哥"。很多学生喜欢将自己谈得来的同性伙伴称为"死党"，开始时是效法，进而发展成为爱慕依恋。这种情结的发展在两性疏远期是十分自然的。

从儿童期过渡到青年期的生理和心理发育，大致要经历：两小无猜期、两性疏远期、两性爱慕期和恋爱期。但有些青少年在两性疏远期中可能有另一种自然倾向——同性依恋。因为在这一阶段，异性之间的交往和亲近最容易受到同学们的注视和非议，而同性间的接近和亲热，则显得自然和安全，这种同性的友谊也容易带有爱慕色彩，进而出现依恋情结。

这种青春期的同性依恋和同性恋有着明显区别，我们决不能把学校里的男女同性间比较要好或亲密现象一概视为不正常。正值青春期的少男少女，急切地寻找能理解自己的人，同时，他们又排斥异性，害怕别人怀疑的目光。所以，他们的亲密朋友都是心心相印、以诚相待的同性同龄人，这是正常的现象。由于这一时期的少男少女性生理处于发育阶段，性成熟现象普遍存在，这与他们幼稚的思想意识相矛盾，朦朦胧胧的性心理促使他们通过各种盲目的手段体验性感觉，如拥抱、亲吻、玩弄外生殖器等。其发泄对象多是他们亲密的小伙伴，所以不应该视为同性恋。

尽管如此，对青少年时期这类同性相依现象切不可掉以轻心。因为同性之间过分地依恋，容易丧失自己的独立性和完整的人格，产生社会交往的不适应感，将自己囿于狭小的人际交往圈中。成人后容易发展成同性恋。如果青少年和同性关系异常密切，会产生只有同性在一起玩耍交往才舒适协调的意识，到了和异性进一步交往的年龄，仍然不愿意或害怕与异性交往接触，此时若缺乏正确的引导和教育，很可能导致拒绝、厌恶异性、追求同性或独身。所以，同性依恋现象对孩子身心发展也可能会产生不利影响。面对这种情况，家长应该怎样做呢？

1. 寻找孩子依恋的原因

在温馨亲切的气氛中，让孩子认真地想想如果和依恋对象分开，自己会怎样。不要单纯地让孩子说出：焦虑、伤心、难过等情绪，要让孩子说的是，比如和他（她）分开自己就只有一个人，和他（她）分开他（她）就会和张三好……通过其说出来的线索，你可以知道孩子的依恋到底是出于哪种原因：对独立的恐惧？对父母依恋的转移？逃避异性的爱？这样，你就可以知道在孩子的依恋背后真正需要的东西。一般来说，找到孩子真正需要的东西，对症下药就容易多了。

2. 扩展孩子的同性交往圈

在日常生活中，采取循循善诱的方法，多与孩子进行心灵沟通。鼓励孩子多交朋友，有意识地介绍几个志趣相投的男女同龄人给子女，让他们共同学习、娱乐、交往，以逐渐减少特定的同性之间的依恋感。

3. 鼓励孩子与异性交往

鼓励孩子与更多同学友好交往，不要陷入两个人的狭小圈子；更要鼓励他们与异性同学建立友谊，以便发展他们的性别认同感。即便起初孩子会因羞涩或是由于某些特定原因而与异性疏远，做父母的也不应斥责或者冷眼相待，而应该鼓励孩子与异性继续交往下去，当然，和异性交往也要把握一定的度。通过慢慢熟悉达到慢慢理解。

4. 帮助孩子通过同性得到成长

因为孩子依恋的对象都是具有孩子希望拥有的一些品质，现在，将孩子最欣赏他的品质写下来，并考虑通过什么样的方法能够拥有这些品质。当孩子也具有这些品质以后，你会发现，你和他的关系变得自然轻松了，同性之间的吸引也不是很强烈了。

5. 鼓励孩子以独立心态交友

让孩子懂得：同学之间关系亲密很正常。不过即使两个当事人之间没有问题，也要考虑到自己的行为能否被周围环境认可。同性间的交往，还是顺其自然为好，这样，周围的人也才会感到自然。同时，要注意以独立的心态、独立的人格来进行活动与交往，不要对对方言听计从，在交往中要让孩子学会保留自我。

分手吧——失恋不是末日

小薇生活在一个很不错的家庭，爸爸是私企老板，妈妈是医生，但因为父母性格不合，在家里总是大吵大闹，这让她感觉自己很无助、很孤独。所以，从初中起班里一位温和的男生走进她的心里，进入高中后，两人还在一个班上，他们的关系渐渐密切起来，常常找机会在一起玩。进入高三后，小薇尽管知道自己考美院没什么希望，但为了能和男友一起去美院，她决定搏一次，在离高考还有三个月的时间里，她拼命地学习，可是因为基础太差，她还是与大学失之交臂，看着男友拿到了大学录取通知书，她不知道自己是该高兴还是该难过，怀着这样的心情，她把男友送上了通往大学的列车，可几个月后，男友的电话越来越少了，他们之间的矛盾冲突也越来越多，最终男友提出了分手。由于高考落榜和失恋的双重打击，小薇很长一段时间无法振作。

 心 理 解 析

失恋，是指一个痴情人被其恋爱对象抛弃。确切地说，失恋就是失去恋人或美好的恋情。这种现象通常发生在那些曾经获得过某种程

度、某种性质的爱，并为此做出过真心的承诺或较大的物质和精神投入的男女。他们在出乎意料的情况下不情愿地与恋人分手，内心通常会有一种说不出的失落感，严重的甚至痛不欲生。

青少年正在逐步脱离对父母的依赖，在寻找自我认同时，很容易感情过度依附，一旦感情失利，他们就会感到前所未有地痛苦，在感情的旋涡中苦苦挣扎。这个时期的青少年很容易把感情当作人生中最重要的一件事情：一旦感情失败，人生的天空仿佛也失去了色彩。然而，青少年失恋并不意味着世界末日的到来，因为，以后的路还很长，在以后的路上还会有更好的人在等待着自己。

专家支招

众所周知，一般失恋所引起的情绪反应是痛苦与烦恼，大多数失恋的青少年都能正确地对待这种恋爱受挫现象，并能愉快地面对新的生活。然而，有一些失恋青少年不能及时排除这种强烈的失控情绪，从此一蹶不振，觉得自己的前途灰蒙蒙的。对眼前的所有事都不感兴趣，整天提不起精神，情绪悲观消极到极点；还有的青少年因此而堕落，最后走上犯罪的道路。那么，青少年失恋后应该怎么办呢？

1. 找人倾诉

失恋后，要主动向家人、朋友倾诉心中的烦恼。然后，听取他们的劝告和安慰；也可以用书面文字倾诉，如写日记、书信、博客等，把自己的苦闷记录下来，或给自己看，或寄给朋友看，这样便能释放自己的苦恼，并寻得心理安慰和寄托，来尽快平息自己内心的不安和烦闷，避免出现不良后果。

2. 端正态度

有些青少年对失恋不能正确认识，认为是一件非常丢人的事情，觉得脸上无光，因此而羞辱得无地自容，从而产生了自卑心理。由于失恋使心里感到不平衡，抱着"你不让我好好过，我也不让你好好过"的心理报复对方。失恋后持有这种心态的青少年非常多。这样做不但自己得不到解脱，对别人也是一种伤害。失恋以后要积极地面对现实。正确地面对失恋才是不失德的表现，如果双方之间真的没有了爱，那就应该友好地分手。

3. 及时疏通

及时疏通，指的是借助理智来获得解脱，用理智的"我"来提醒、暗示和战胜感情的"我"。要想想，爱情是两个人的事情，不可因一厢情愿而强求，应该尊重对方选择爱人的权利。也可以进行反向思维，多想对方的不足点，分析自己的优势，鼓足勇气，迎接新的生活。可以这样设想，失恋固然是失去了一次机会，然而却让你进入了另一个充满机会的世界，或许那个真正能给你幸福的人，正在不远处等着你呢。

4. 转移情感

失恋后，可以及时适当地把情感转移到失恋对象以外的人、事或物上。如失恋后，与同性朋友发展更密切的关系，交流思想，倾吐苦闷，求得开导和安慰；积极参加各种娱乐活动，释解苦闷，陶冶性情；投身到大自然中去，把自己融入大自然的博大胸怀中，从而得到抚慰。

5. 奋发立志

失恋者积极的态度会使"自我"得到更新和升华，全身心地投入学习和工作中去，许多失恋者因此而创造出了辉煌的成就。正如海伦·凯勒所言："一扇幸福之门对你关闭的同时，另一扇幸福之门却在你面前洞开了。"青少年朋友们，千万不要因为失恋而一蹶不振，葬送了自己的大好前途！

图书在版编目 (CIP) 数据

教子有方 / 侯海博编著 . –– 北京 : 中国华侨出版
社 , 2020.6

ISBN 978–7–5113–8202–3

Ⅰ . ①教… Ⅱ . ①侯… Ⅲ . ①家庭教育 Ⅳ . ① G78

中国版本图书馆 CIP 数据核字 (2020) 第 078276 号

教子有方

编　　著：	侯海博	
责任编辑：	姜薇薇	
封面设计：	冬　凡	
文字编辑：	李　波	
美术编辑：	李丝雨	
经　　销：	新华书店	
开　　本：	880mm×1230mm　1/32　印张：30　字数：803 千字	
印　　刷：	三河市燕春印务有限公司	
版　　次：	2020 年 6 月第 1 版　2021 年 2 月第 2 次印刷	
书　　号：	ISBN 978–7–5113–8202–3	
定　　价：	168.00 元（全五册）	

中国华侨出版社　北京市朝阳区西坝河东里 77 号楼底商 5 号　邮编：100028

法律顾问：陈鹰律师事务所

发 行 部：（010）88893001　　　传　　真：（010）62707370

网　　址：www.oveaschin.com　　E－m a i l：oveaschin@sina.com

如果发现印装质量问题，影响阅读，请与印刷厂联系调换。

好妈妈胜过好老师，
孩子的成长 99% 靠妈妈

侯海博——编著

中国华侨出版社
北京

在家庭教育中，妈妈的作用是不可替代的。许多学习好、素质高、有好习惯的孩子，都有一个懂教育的好妈妈。

教育孩子并不简单，光有爱是不够的，用错了方式反而对孩子是有害的。没有人一开始就知道如何做个好妈妈，许多妈妈常常会陷入教育孩子的种种误区中，对孩子担心过度反而束缚了孩子的成长，陪孩子学习使自己变成了一个监工，辅助孩子做手工变成直接代替孩子动手去做……实际上不是孩子不能独立，而是妈妈不让孩子独立，如果不能放开孩子的手脚，他是没法学会走路的。

一个肯用心教孩子、会教孩子的妈妈胜过好老师。很多孩子都曾经是"十万个为什么"，不停地问出奇奇怪怪的问题，好妈妈会耐心解答，在回答问题时，她们的诚意多于权威，如果答不上来也如实地让孩子知道这个问题妈妈也需要查一查。这样，孩子就更积极地思考问题、在不会时问妈妈了。相反，如果经常对孩子不耐烦，就会让孩子有心理负担，对他的性格形成是极其不利的。

妈妈是孩子的引路人，教育的差别影响孩子一生。妈妈只有不断学习，与时俱进，以自身的言行去影响孩子，才能找到最适合的方式教育孩子。本书将协助妈妈们掌握科学的家庭教育方法和教子智慧。

　　本书从孩子的心理、习惯、品德、思维能力、学习等方面入手，选取生动、实际的亲子案例，将妈妈在孩子成长过程中的重要作用一一剖析，并针对具体问题提出了切实的解决方法，相信会给妈妈们带来助益，创造和谐的家庭氛围，与孩子度过美好的亲子时光。

第二章　好妈妈能教出好孩子

——培养孩子有好习惯

第三章　好妈妈视美德如生命

——品格教育让孩子受用一生

第四章　好妈妈是孩子的伯乐

——培养孩子的思维能力

第五章　好妈妈会引导孩子学习

——把学习做成轻松的事儿

第六章 好妈妈应有的智慧
——反省自己的教育方法

写在前面
身教大于言教，提高爱的质量

每个孩子小的时候，都是看着妈妈的背影长大的，看到妈妈日出而作，日落而息，耳濡目染中就学会了勤奋；看到妈妈日夜操劳，勤劳俭朴，便学会了关心体贴，勤俭节约；看到妈妈孝敬老人，便学会了尊老爱幼；看到妈妈骂人，便学会了说脏话；看到妈妈花钱大手大脚，就学会了挥霍……妈妈对孩子的教育就是这样的，如春风化雨、润物无声。

妈妈乐观豁达，孩子自信自立

我们知道，乐观与自信就像一对孪生兄弟，如影随形。如果一个孩子从小就生活在乐观的氛围中，那么，他长大后肯定会充满自信，对待挫折与失败自然也就更加坚强。因为，乐观是一种积极的心态，拥有它，就会拥有豁达，会拥有光明。尤其是与孩子朝夕相处的妈妈，早在怀孕阶段，妈妈是否乐观就会决定孩子的健康状况。

据一项最新研究指出：在妇女怀孕期间，对生活抱持乐观态度的孕妇，较少出现早产和流产的现象。相反，如果妇女在怀孕期间，过于忧心忡忡，出现早产和流产的现象，则要远远多于对生活充满乐观的孕妇。

对此，科学家认为，乐观虽然并不能保证胎儿健康地生产出来。但一个孕妇如果对生活充满了乐观，那么她就会觉得任何事情都是光明的，这样就会在无形中降低早产的风险。

当然，这仅仅是从心理和生理的角度来阐释心态乐观对胎儿成长的帮助。其实，现实生活中，如果妈妈拥有乐观的心态，同样会增加孩子的自信，在潜移默化中使孩子变得更加坚强。

在美国科罗拉多州，有一个名叫罗斯的女青年。由于遗传的因素，她出生时就双腿残疾。出于健康考虑，在她两岁时，医生不得不将其双腿切除。罗斯的母亲是一个性格特别乐观的人，虽然她也是一个双腿残疾的人，可她从不使用假肢与轮椅，而是靠着双手、胳膊和溜冰板，去行动和工作。

罗斯的母亲从来不以自己的双腿残疾而自卑，也不因女儿的残疾而失落。她经常告诉自己的女儿："我们不能让身体上的缺陷来主宰自己的生活，我们要乐观地活下去，而且要活得更好。"当人们问她如何看待她的残疾时，她说："这是现实，这就是我的正常生活。"

后来，罗斯的母亲去世了。年轻的罗斯勇敢地承担起了照顾家庭的责任。她除了要照顾患有老年痴呆症的父亲，还要照看智力只相当于8岁孩子的弟弟。但罗斯毫无怨言，她说："是母亲的乐观情怀感染了我，使我从来不以自己的缺陷而自卑。既然母亲没有放弃我，所以我也不会放弃他们。"

可见，乐观是一种心态，更是一种品格。它可以使人看到有利的一面，期待更有利的结果。生活中，也许有些孩子天生就比较乐观，有些孩子天生就比较悲观，但如果做妈妈的能适时地以身作则，那么，孩子也会像你一样，在困难面前从不退缩，在缺陷面前从不自卑。

正如法国作家阿兰所说的那样："烦恼是我们患的一种精神上的近视症，应该向远处看并保持积极乐观的心态，这样我们的脚步就会更加坚定，内心也就更加泰然。"如果这会儿下雨了，就要引导孩子说"下雨了"而不要说"该死的天，又下雨了"。因为这样说并不能改变下雨的事实。当然，就算说"太好了，又下雨了"，也不能使雨发生任何改变，可是如果把这种话说给孩子听，情况就大不一样！"瞧，太好了，又下雨了！小鸟在歌唱，小草也在歌唱，它们都得到了雨的滋润。"这样就会把快乐传递给孩子，让他无论面对何种环境，都保持一种愉悦的心情。

妈妈为人诚实，孩子才会变得真诚

与人交往时，有一个重要的评价，那就是：这人诚实吗？

如果你是一个诚实的生意人，信任度就高，商业伙伴才会放手将产品卖给你；

如果你是一个诚实的下属，领导就会觉得你踏实，才会对你委以重任；

如果你是一个诚实的朋友，别人才会觉得你可以深交，才会与你推心置腹。

那么，对于一个成长中的孩子来说，要如何才能养成诚实的品格呢？

有这么一个故事：一位母亲带着她两个孩子来到剧院的售票处买票。她对售票员说："我要买3张票，1张大人票，2张儿童票。"

售票员向她解释道："6岁以上的孩子要半票，6岁以下的孩子可以免费入场。"

"那就买2张票，我最大的孩子今天刚好6岁，另一个还不满4岁。"

售票员将戏票递给她，忽然笑着说道："其实，你如果不说，我根本看不出你的孩子已经超过6岁。"

"可是，我的孩子们知道。"这位母亲正色说。

这位母亲的话看似柔弱，可蕴含的教育意义却非常深刻。虽然别人不知道孩子的真实年龄，可孩子却非常清楚自己多大。如果妈妈经常当着孩子的面说谎。那么，孩子长大后，妈妈还如何去教育孩子做人要诚实呢？

要知道孩子的年龄越小，榜样的感染力就越大。孩子出生以后，其最初的行为习惯几乎都是从模仿家长而来的。因此，要想教育孩子为人真诚，妈妈就得做好榜样。

有一个小孩子，在一所重点小学读书，由于其他同学的家庭都特别富有，而自己的父母仅是普通职工，感到非常自卑。

一次，他和同学们聊天时说："我家有三辆小轿车，爸爸开的是奔驰车，妈妈开的是宝马车，舅舅开的是奥迪车，他们经常带我出去玩。"

"真的太棒了！你经常坐谁的车？"同学们很羡慕。

"当然是坐爸爸的车，他的车又长又宽又豪华，开起来很威风。"

谁知，他们的谈话正好被孩子的妈妈听到，这位妈妈没有马上戳穿儿子的谎言，而是在晚饭后，把儿子拉到一旁聊天。

妈妈开玩笑地对孩子说："儿子呀，我们家如果有一辆小轿车，那该有多好啊，这样我就可以接你上下学了。"孩子低着头不敢看妈妈，小脸蛋顿时绯红。

这时，妈妈才语重心长地对他说："希望我们家有小轿车并没有错。但是我们家还没有小轿车，你竟然对小朋友说有三辆小轿车，这就不对了，这是在撒谎。"

为了教育孩子不再说谎，这位妈妈又给他讲了华盛顿小时候不说谎的故事。听完故事后，孩子低着头，不好意思地向妈妈认了错。

不难看出，这个故事中的妈妈在教育孩子说话要诚实时，所采取的方式是非常恰当的，孩子也非常乐意接受。相反地，有的妈妈在教育孩子不撒谎时，自己却撒谎，这样自然无法教出诚实的孩子。

平平的妈妈是一位领导干部。一天，妈妈正在做面膜，外面传来门铃声。妈妈让平平去开门，并教给他说："妈妈不在家。"平平这样做了。但是，他迷惘地问妈妈："你明明在家，为什么说不在呢？"妈妈笑笑说："你没看到妈妈忙着吗，我不希望别人打扰我！"一次，两次，后来多次遇到这种情况，平平便认为妈妈撒谎是一种应付的技巧，其实撒谎也不是什么大错误。于是，他也开始用这种技巧应付妈妈了。

可见，有些孩子一开始是很诚实的孩子，但是，诚实的后果往往是遭到批评和责打。所以，慢慢地他们会变得很"聪明"，学会利用撒谎来自卫。

利利从妈妈口袋里拿了 1 元钱去买不干胶贴画。妈妈发现钱少了，就问利利，同时还许愿："如果是你拿了，说实话，我就不打你。"利利以为坦白了就可以不挨打，于是便承认了。妈妈得知孩子的偷窃行为，气上心头，完全忘记了许下的诺言，照着利利的屁股就是几巴掌。

显然，这位妈妈食言了。后来，再遇到同样的情况时，利利为了不挨打，就再也不说真话了。

妈妈学会放手，孩子才会变得坚强

在孩子小的时候，许多妈妈总不放心，总想大包小揽。其实，这些妈妈的想法是错误的。家有小孩的人可能都知道，许多孩子只要妈妈在家就撒野闹事。因为他们知道妈妈总是会庇护自己，所以变本加厉。相反，如果妈妈不在身边，反而会变得特别听话懂事。即使摔了、碰了也很少哭闹。

一位妈妈带孩子去医院拔牙，孩子有点害怕。妈妈就安慰孩子："别怕，妈妈会守在你的身边。"谁知进了诊疗室，孩子却抓住妈妈的手不肯放，哭哭啼啼的就是不肯跟医生合作。这时，一位老大夫走过来对妈妈说："请你出去，离开你的孩子！"

妈妈忐忑不安地在外面等待着。不一会儿，孩子平静地走了出来。妈妈急切地问："疼吗？你哭了吗？"孩子说："有点儿疼，可我一声也没哭！"

后来，老大夫解答了妈妈的疑问："你知道当时我为什么要你出去吗？你守在孩子的身边，孩子感受到依靠，就会撒娇、任性。我让你离开你的孩子，是要促使孩子自己去直面痛苦和磨难。孩子没有了依靠，自然会丢掉幻想，用自己的意志和毅力去战胜怯懦和疼痛。"

其实，孩子并不像我们想象的那样怯懦和脆弱。当孩子遭遇困难时，首先无法忍受的往往是我们。如果我们感情用事，焦急地对着孩子问这问那，不仅无助于孩子克服困难、战胜痛苦，相反，只能增加孩子的恐慌和软弱。

例如，当孩子与小伙伴们玩耍时，不小心跌倒了，他们会迅速地爬起来，拍拍身上的灰尘，继续和小伙伴们快乐地玩耍。但是，这时，如果妈妈担心孩子会摔痛，而焦急地跑过去，抚摸着孩子问长问短，孩子则往往会因为害怕疼痛，或者为了博得妈妈更多的关注而大哭一场。

所以，希望孩子坚强、勇敢，妈妈首先要自己坚强起来。在孩子遭遇小小的痛苦和磨难时，离开你的孩子，让他直面人生，独立面对困难和痛苦，经受锻炼和考验。只有这样，孩子才能坚强地面对人生中的任何困难。

妈妈待人宽容，孩子胸怀宽广

有一句哲语说得好："一个人的胸怀有多大，事业就有多大。"很难想象，一个心胸狭隘的人，如何宽容他人，得到他人的赞许。一个斤斤计较的人，如何看淡身边的荣辱，不为小得小失忧心如焚。

对于一个好妈妈来说，要想将孩子培养成胸怀宽广的人，首先就要让他懂得宽容。要知道，富有宽容心的孩子往往心地善良，性情温和，惹人喜爱；而缺乏宽容心的孩子往往性情怪诞，易走极端，不易与人相处。

尤其现在的孩子大多是独生子女，孩子在学校里受了委屈，做妈妈的往往会心疼得不得了，于是便出现了这样的教育现象：

一位妈妈很生气地质问孩子："到底谁打你了？"孩子一言不发，只知哭泣。"走，到学校去收拾他！"孩子还是呆立不动。"你怎么和木头一样，他打你，你就不会打他吗？""是我不小心碰了他……""碰了他，他就打你，你怎么不还手呀！找他去……"

用这种方式教育孩子，不仅不能使孩子正确处理与同学之间的关系，还会影响孩子将来对人际关系的处理，使孩子变得狭隘、小气，甚至对待家人、朋友也是如此。

因此，好妈妈应从小教孩子学会宽容，不仅是为了孩子今天能处理好同学关系，更是为孩子将来的发展奠定基础。

对此，一位成功的妈妈曾这样描述她培养孩子宽容的故事：

我给女儿买了一本《故事会》杂志。下课了，她拿出杂志高兴地翻阅，这时，她的同桌起身时不小心把墨水瓶碰翻，墨水洒到了杂志上，把一本精美的《故事会》杂志涂得脏兮兮的，女儿很生气，不但让同桌赔她一本新的《故事会》，还把这件事告诉了班主任老师。结果。女儿的同桌被老师批评了一顿。

当女儿把这件事告诉我时，我想告诉她要宽容别人，多为别人想想，但我还是决定让她亲身体会一下被人宽容的滋味。当天晚上，女儿不小心把一碗饭打翻了，我知道教育女儿的时刻来了。于是，我大声对她喊："你怎么搞的，吃饭也不好好吃，浪费粮食，罚你今天晚上不许吃饭了。"

女儿看到我这种态度，伤心地哭了起来："我又不是故意的。"这时，我温柔地对她说："谁都有不小心犯错误的时候，妈妈只是想告诉你，因为不小心犯了错误而不被人原谅是很不舒服的。这正如你不原谅你同桌的不小心，还让老师批评他一样。你说，是吗？"

于是，女儿便不好意思地低下了头。

毋庸置疑，例子中的妈妈是一位非常善于教育孩子的妈妈。她不仅在恰当的时机对孩子进行了恰当的教育，也使孩子对宽容有了更深的理解。

第一章　好妈妈能读懂孩子的心

——让孩子享受成长的快乐

每个孩子的心里都会装着一个丰富多彩的世界，他们渴望像成人那样以独立的姿态，寻找属于自己的生活方式。对于他们来讲，未来的生活是那么的新奇、陌生。因此，在成长的路上他们既兴奋又迷茫。好妈妈总会在这个时候，读懂孩子的心，用细雨无声的爱指引孩子前进。

学会倾听，才能了解孩子

当妈妈对孩子表示重视和尊重的时候，孩子就会把心中的郁闷倾诉出来。这样孩子在变得开心的同时，也更乐于和妈妈沟通交流。这有助于加深孩子对自己的好感，也有助于与孩子的关系更加融洽。

许多妈妈认为，孩子在小的时候，应当对妈妈的话言听计从。其实，一个好妈妈不应当采取这样的教育方法。尤其是当孩子渐渐长大，有了自己的思想与主见后，做妈妈的更应摒弃这种做法。而应倾听孩子的心声，把他当作一个独立的个体，与孩子进行平等的交流，孩子才会快乐地成长。

一天晚饭后，妈妈跟小芹聊天。

刚开始，妈妈跟小芹聊了许多生活中的小事情，小芹也开心地讲起了学校里的趣事。突然，小芹沉默了。妈妈问道："小芹，你是不是有什么话要跟我说呢？不要紧，有什么事情你就说出来吧！或者你有什么问题，需要我来帮你解答一下？"

果不其然，小芹问道："妈妈，假如爱情和事业只能选择一个，你选哪一个？"妈妈心里一惊，14岁的小姑娘怎么问了一个成年人的大问题？看来得认真对待。妈妈回答说："我选择爱情，有了爱情才会有温暖的家，即使事业不成功，也有个避风雨的港湾哪。"

哪知小芹竟然胸有成竹地表示："我选择事业，事业成功了，爱情自然会来。"妈妈思忖着说："事业成功的喜悦也该有人分享啊……"

"可是，爱情太麻烦了，我不喜欢唯唯诺诺的男人。"小芹反驳道。

一语道破天机，妈妈知道她一直和一位男生来往密切，并且正为这似断非断的关系而烦恼。妈妈没有急于捅破这件事情，而是借用了一句歌词自编自唱："爱情这东西，拥有了好麻烦，没有了又拼命想，来早了添麻烦，来晚了又着急，不早不晚最香甜哪。"

聊完了，妈妈拍拍小芹的头，说道："乖女儿，以后有什么事情多跟我说说，虽然我不一定能够帮你解决，但我可以做你最好的听众。"

"谢谢妈妈！"小芹会意地笑了。

人都需要发泄，需要倾诉，就像故事中的小芹一样，虽然她只是个孩子，但也需要倾诉，更需要有人听她倾诉。所以这个时候，好妈妈不妨多听孩子说说心里话。

孩子希望自己的妈妈可以分享他们的成功、喜悦，分担他们的忧愁、痛苦。同时，他们也希望妈妈可以听听自己的理想、抱负，而不是只爱听"好消息"，不爱听"坏消息"。譬如，当孩子放学回家后，兴致勃勃地跟妈妈说起学校里发生的一些趣事时，她们却不愿意听，甚至会怒斥他："你瞎操什么心，小小年纪懂什么，你现在最重要的是学习，其他的事情不必操心，赶快回房间学习！"长此以往，孩子会认为妈妈不愿意听他说话，觉得什么事情说了也是白说，还不如将它埋在心里。久而久之，这种消极情绪找不到发泄和化解的渠道，积累到一定程度就可能突然爆发，变成一种对抗情绪，那时妈妈与孩子沟通就更困难了。

因此，一个好妈妈不但要倾听孩子说话，更要学会如何倾听。在倾听孩子说话时要做到：不急于表达自己的看法，而要尽量让孩子充分地表达他的意见；不随意打断孩子说话，在他一时没接上来时，耐心等一等。这样一来，孩子觉得得到了尊重，也就会把妈妈当成倾诉的对象，甚至会和她成为好朋友。

好妈妈应该这样做

妈妈耐心地倾听孩子说话，可以有效地化解他们心中的苦闷和压力。当妈妈对孩子表示重视和尊重的时候，孩子就会把心中的郁闷倾诉出来。这样孩子在变得开心的同时，也更乐于和妈妈沟通交流。这有助于加深孩子对自己的好感，也有助于与孩子的关系更加融洽。

1. 听孩子讲话要专心

一个好的聆听者，必须集中注意力。因此，妈妈和孩子交流时应选择一天里空闲的时间和安静的地点，这样才能够做到专心听孩子说话。在听孩子讲话的时候，不要做家务活，也不要看电视、打电话，而应该把注意力都放在孩子身上，用眼睛注视着孩子，真心与他沟通，这样孩子才会真心相待。

2. 要给孩子留出倾诉的时间

在孩子的生活中，有时需要家长，特别是妈妈在他身边听他讲话。当孩子内心恐慌、受到创伤或感到失望时，他们特别需要温情的安慰，所以这时候妈妈更应该做一个忠实的听众，给孩子留出充分倾诉的时间。哪怕只有几分钟，也可以对孩子说"我们一起散会儿步"或者"让我们到小房间单独在一起谈谈"。

3. 向孩子表示自己有同感

一个善于聆听的妈妈，最重要的技巧是摆脱自己对问题的看法和感情，设身处地替孩子着想。有了这种技巧就能捕捉到孩子情绪的波动，并将自己切合实际的看法告诉孩子，让孩子摆脱烦恼的困扰。

写给妈妈的话

学会倾听是了解孩子最有效的途径，应该引起妈妈足够的重视。妈妈有必要定期抽出专门时间来倾听孩子的心声，让孩子感觉到被重视。随着孩子对妈妈的信任感越来越深，他便会渐渐地袒露内心世界，让妈妈知道他内心真实的想法。

任何时候都要尊重和信任孩子

不少妈妈并不理解孩子内心的渴望，这导致妈妈和孩子之间的交流减少，甚至形成更大的鸿沟。其实每个孩子在内心中都期待和妈妈交流。所以，如果沟通的方式出现问题，孩子就会觉得迷茫、害怕，甚至产生心理上的疾病。

当孩子渐渐地长大，他们体验最深的就是孤独。一个好妈妈会注意到孩子的心理变化，并能够与孩子进行及时的沟通，使其走出孤独的阴影。

最近，妈妈注意到小胜总是闷闷不乐，经常会一个人坐在窗前发呆。妈妈很想试着跟小胜聊聊，可每当她要开口时，儿子便借口要复习功课躲回了自己的小屋。

一天，妈妈在整理小胜的房间时，看到了他的日记本，禁不住打开来看。日记本里写道：

"别看我老是和一大帮人一起唱歌、聚会，其实我找不到可以交心的朋友，没有人可以真正理解我的感受。

"我几乎每天都要上网，在我的网络圈子里，'你孤独吗？你害怕孤独吗？'这句话已成为朋友间的问候语。在家人看来，我是家里的独生子，是个性格开朗的男孩，在旁人看来我也应该特别幸福才对。可实际上我很孤独，我最好的'朋友'就是博客和日记。

"由于升学和就业的压力，学校不停地向我们灌输'竞争意识'，老师、家长也对考试排名、班干部竞选等极为看重，这些都压得我喘不过气来。

"我抬起头，看见所有人都在疯狂地学习，转过头想和别人说说话，四周没有一个人理我，同学们都憋着劲儿互相拼名次。回到家，妈妈拿着新买的习题，告诉我几天之内必须完成……我几乎快崩溃了。

"我现在越来越不愿意跟人说话了，感觉生活没什么意思，高兴不起来。我只愿意一个人静静地坐着，对学习也提不起兴趣，只能看着其他同学还在努力地学习着……"

看完了小胜的日记，妈妈很不理解。她认为儿子现在过着衣食无忧的生活，学习成绩不错，家里也没有什么让他操心的事情，周末她还经常抽出时间陪儿子，或者带他出去玩，孩子为什么还会产生孤独感呢？

对于"孤独"，孩子与妈妈的理解是不相同的。妈妈理解的孤独，是对话者的缺乏；孩子的孤独，却不仅仅是缺乏对话者而更多的是对角色转变的不适应。

随着孩子年龄的增长，有关自己和社会的各种信息纷至沓来，需要他们不断地思考，最后确定自己的生活目标。这个过程的一开始，孩子往往不知道自己想干什么，能干什么，自己是一个什么样的人。社会赋予他们的角色一下子增多了：不仅要作为子女，还要当学生。他们希望得到成年人的尊重和信任，希望被同学接纳和喜爱。要在不同的环境中"扮演"好相应的角色，对于孩子来说不是一件轻松的事情，可是他们又想表现得独立和成熟，于是一方面特别需要和别人探讨、交流，一方面又不愿意敞开心扉。

所以，德国心理学家斯普兰格说："没有谁比青年人从他们孤独小房里用更加憧憬的目光眺望窗外世界了，没有谁比青年在深沉的寂寞中更加渴望接触和理解外部世界了。"由此可见，这种孤独感正是孩子自我意识发展的一种表现。随着年龄的增长、社会生活经验的丰富和自我探索的深入，他们会逐渐获得一种熟悉自己、对自己有信心、有把握的感觉。那时，他们就能够独立思考，也会乐于与人交流了。

不少妈妈并不理解孩子内心的渴望，这导致妈妈和孩子之间的交流减少，甚至形成更大的鸿沟。其实每个孩子在内心中都期待和妈妈交流。所以，如果沟通的方式出现问题，孩子就会觉得迷茫、害怕，甚至产生心理上的疾病。

好妈妈应该这样做

作为一个好妈妈，每当看到孩子陷入孤独时，既不要无意义地叹气也不要进行严厉地责骂，而是应该帮助他们尽快走出孤独。那么，到底要如何做才能帮助孩子消除孤独、走出自设的泥潭呢？

1. 帮助孩子克服自卑心理

有一部分孤独的孩子是由于自卑心理在作祟，他们总是觉得自己低人一等，有什么事情也不太愿意跟别人交流，喜欢独来独往。这类孩子极需要妈妈的开导。因此，妈妈要协同老师一起从日常生活入手，适时、适当地对他们提出要求，给予独立锻炼的机会，让孩子体验成功的快乐，建立真正的自信心。

另外，妈妈还可以告诉孩子：自卑如同作茧自缚，不冲破自卑这层茧，就难以走出孤独的沼泽。一个人只有充分相信自己，才能使别人相信你。只有钻出了自织的蚕茧，才能克服孤独。

2. 鼓励孩子多与外界交流

一个人是不可以独自生活的，他需要与外界交流。所以，妈妈应该尽可能地为孩子打开生活空间，鼓励孩子走出家门，广交朋友。如参加夏令营等各种各样的集体活动，都是很好地培养孩子交际能力的场所。孩子在集体活动中，不仅可以结识许多的小伙伴，还可以在了解他人的基础上了解自己，学会用集体交往的规则调整自己的言行，学会尊重他人、信任他人、谅解他人、乐于助人，学会调节集体和个人的关系。

3. 让孩子"忘我"地与人交往

孩子在与人相处时感到的孤独，有时会是独处时的十倍。因此，妈妈要鼓励孩子，在与他人相处时，无论是什么样的情境，都要做到"忘我"，并设法为他人做点什么，这样在温暖别人的同时，也会温暖自己。

写给妈妈的话

孔子曾说过："独学而无友，则孤陋而寡闻。"好妈妈应该让孩子学会与他人交往，融入集体中去，这样才能消除在成长过程中产生的孤独和烦恼。

支持和理解孩子，才能走进他的内心

每一个孩子都有自己的想法和主张，但是内心深处他们对家长还是很依赖，尤其是对妈妈的依赖会更大一些。他们渴望得到理解和重视，得到妈妈情感上的支持。因此作为妈妈，要多多理解孩子。孩子感到被理解和支持，就会尽情倾诉内心的苦闷，也会自然而然向妈妈敞开心扉。

当孩子逐渐长大，知识面、接触面增大，他们开始学会独立观察、思考，对一些问题有了自己的看法，但他们通常不会主动与妈妈谈论自己的想法，时间长了以后，妈妈与孩子之间的交谈会越来越少，甚至会到了无话可说的地步。

下面是一个名叫冬冬的孩子写给妈妈的一封信，他在信中强烈地表达了对理解的需要。

亲爱的妈妈：

或许你不相信，我是噙着泪水给你写这封信的。也许我说我委屈，你会觉得过分，但你若是知道我当时的心情，相信你会理解的。

在我小学五年级的时候，我就喜欢上了摇滚乐，并且十分喜欢出去游玩，因为我的心里已装不下这个繁杂的世界，我希望用摇滚乐来宣泄心情。我经常和同学出去，想逃出这个压抑的空间，寻找我们自己的乐园，那是一个只有音乐的世外桃源。然而，你却一再束缚我。你认为外面很危险，希望我一直生活在你的保护之中。而我终究是要走进社会要学会独立的，你为什么不能理解一下我呢？

记得小学时，我要和同学去公园游玩，求了你半天也无济于事。可我已经答应了同学，该怎么办呢？在虚荣心和逆反心理的驱使下，我没有和你商量就跟同学出去了。一回到家，还未等我开口，你就把我臭骂了一顿。我当时好委屈，我也知道你担心我，但我又没出事，你为什么要这样呢？我当时的心情你知道吗？我希望你能帮助我、理解我，但我知道这是不可能的。从此，我的心真正与你隔绝了，心里所有的事我都不跟你说，只向同学倾诉。我和朋友一起出去，再也没跟你说过。

上初中的时候，我和班上一个学习很差的女同学成了好朋友，你却一再地阻拦我，我的逆反心又让我选择自己来决定。我知道学习是学生最重要的任务，所以我没有因为和差的同学交朋友而使学习成绩下降。

我很感谢我的逆反心，因为它让我学会自己决定自己的路，可是至今你还对此耿耿于怀。

妈妈，我真的希望你能了解我，因为我已不是小时候的我了，我知道怎样来选择。我知道你疼爱我，但我更希望你能理解我，可你知道吗……

读完冬冬的信，我们不难发现妈妈和孩子之间之所以出现问题，主要还是由于双方沟通不够、缺乏理解。许多妈妈都有这样的体会：孩子愈大，便愈难与他们沟通，甚至不知应该怎样去交谈。其实，作为孩子，他们又何尝不愿与妈妈进行贴心的交流呢？只是因为妈妈强行将理解的大门关闭了，所以才使孩子不愿意和其交流。

比如，一位妈妈出于担心和爱护，常常唠叨女儿要少与男生来往。有一次，妈妈竟然臭骂了几个来邀请女儿去给朋友过生日的同学。这使女儿受到极大的伤害——同学因为这件事，不再和她来往。她因此怨恨妈妈："你不让我好过，我也要让你难受。"她向妈妈喊叫："我就是要气你！就是不好好读书！就是要把你的钱拿去花光！"但同时她内心又很孤独、很苦闷。作为妈妈，本来唯恐让孩子受伤，却在不经意中伤害了他们。结果，不但推开了孩子，也被孩子所推开，使自己与孩子虽天天相处一屋，心却相隔很远。

家庭中常会出现这样的情况：做子女的视妈妈如同"冤家"，有的动辄顶嘴发脾气，有的封闭自己疏远家庭，有的甚至离家出走。做妈妈的欲恨不能，欲爱无从入手，看着自己亲手抚养长大的孩子，竟是如此陌生！无论家长也好，孩子也罢，其实彼此心里都渴望被对方理解。每一个孩子都有自己的想法和主张，但是在内心深处他们对家长还是很依赖，尤其是对妈妈的依赖会更大一些。他们渴望得到理解和重视，得到妈妈情感上的支持。因此作为妈妈，要多多理解孩子。孩子感到被理解和支持，就会尽情倾诉内心的苦闷，也会自然而然向妈妈敞开心扉。

当然，这并不是要求妈妈去认同孩子的一切观点和行为，而是需要她能够设身处地地站在孩子的位置，用他们的眼睛去看，用他们的耳朵去听，用他们的头脑去想，和他们进行良好的沟通，努力争取相互的理解。

好妈妈应该这样做

究竟怎样才能使家长与子女之间很好地沟通呢？好妈妈不妨从以下几个方面多做尝试：

1. 走进孩子的内心世界

要教育好孩子，就必须了解孩子，要想了解孩子，就必须真正地走进孩子的内心世界。当孩子有了叛逆的行为时，许多妈妈会摇头大吐苦水：孩子到底在想些什么？他为什么都不肯告诉我？这时候，妈妈需要打开孩子的心门，探一探他们的内心世界。譬如，可以在空闲的时候多陪孩子聊聊天，多听孩子说，鼓励他，再告诉他道理，并和他一起探讨；和孩子读同一本书、欣赏同一部电影，之后一起讨论其中的内容，借此了解孩子的世界观和价值观。这样一来，妈妈了解了孩子的内心世界，打开了孩子的心门，沟通起来就会很容易了。

2. 多留一点时间给孩子

除了对孩子给予各方面的关心和照顾，好妈妈还要多花些时间从细小的方面观察自己的孩子，然后采取不同的方法去指导，以便更好地培养孩子。很多妈妈并不愿花时间了解孩子，只是凭借自己的臆想去判断孩子。她们宁愿花时间和知己倾诉，诉说孩子不听话、不老实，也不愿去和孩子进行耐心的交谈。如果这些妈妈能多留一点时间给孩子，她们就会发现和孩子沟通并不是一件难事。

3. 适当地"放手"

大部分的妈妈都习惯了什么事情都替孩子包办，让孩子从小就习惯了衣来伸手、饭来张口的生活。还有些妈妈总是担心孩子出现意外，过多限制孩子的行为。显然，这些做法都是不正确的。

妈妈要真正做到了解孩子，就要放手让孩子去做自己想做的事情，允许孩子做错事，甚至做出一些"傻事"来。因为从这些事情中，孩子可以发现自己的兴趣和潜能，了解自己的长处和短处。做妈妈的应当理解孩子的这些行为。

> **写给妈妈的话**
>
> 妈妈与孩子之间的代沟就好比是一堵墙，只要好妈妈多观察、多尊重、用心做，那么，这堵墙就不再难以逾越。

让孩子在赏识的目光下成长

孩子成长的道路犹如赛场，他们渴望妈妈能够善于发现自己身上的闪光点，为自己呐喊加油，哪怕一千次跌倒，也要坚信他们一千零一次能站起来，去争取人生的辉煌。因此，任何时候都要懂得赏识你的孩子。

"哪怕天下所有人都看不起你的孩子，做父母的也要眼含热泪地欣赏他、拥抱他、赞美他，为自己创造的生命而永远自豪！"这是教育家周弘老师的肺腑之言。一个孩子如果能不断地从好妈妈那里得到赞美和鼓励，那么他心中那座自信的大厦就能一步一步地建造起来，他才会有信心不断地向更高的目标挑战，他的潜能才能不断地得到开发。

又到了期中考试的时候了，小兰感觉自己复习得不错，也一定会考得很好的。成绩出来了，果然是不错：语文98分，数学92分，全班第二名。小兰心想：我这次进步了，妈妈一定会很高兴的，不会再像上次那样训斥我了，我要赶紧回家告诉妈妈这个好消息。

回到家后，小兰便迫不及待地把成绩单拿给妈妈看。妈妈只是瞄了一眼她的成绩单，说道："嗯，比上次有一点进步了，但还不是很理想，下次要考得更好。"当妈妈说这些话的时候，小兰刚才兴高采烈的神情不见了，眼里溢满了泪水。

可妈妈并没有注意到小兰的变化，只见她若无其事地拿起了女儿的数学试卷，指着一道计算题，非常生气地说："你看这道题，怎么能做错了呢，白白丢了3分，你真够笨的啊！"然后，她又指着最后一道应用题说："你太粗心了，又白白丢了5分。考试前我就跟你讲，做完了一定要检查检查，从头到尾再看一遍，你就是不听，要是认真检查一下，这些分怎么会丢掉？"

妈妈的话像一盆冷水浇在了小兰头上，让她本来喜悦的心情顿时荡然无存。小兰再也没有说什么，她偷偷地擦干了眼泪，默默地走进自己的房间。在后来的一次测验中，小兰只考了80分，迎接她的自然又是妈妈的一顿训斥。从此之后，小兰对数学彻底失去了兴趣，学习成绩也每况愈下。

妈妈对孩子及其能力的信任会逐渐给他信心，特别是孩子处在青春期的时候更是如此。因此，作为妈妈，千万不要吝惜你对孩子的赞美之词。

对于孩子所做的事情，妈妈要认真关注，并合理地对其进行评价和赞美。这样可以让孩子获得更多的自信与干劲，从而取得更大的成功。孩子也许不那么优秀，但妈妈如果能给予恰当的表扬和肯定，则会激励他获得意想不到的成绩。

可以说，学会赏识应当是每个妈妈的座右铭。

孩子成长的道路犹如赛场，他们渴望妈妈能够善于发现自己身上的闪光点，为自己呐喊加油，哪怕一千次跌倒，也要坚信他们一千零一次能站起来，去争取人生的辉煌。因此，任何时候都要懂得赏识你的孩子。

好妈妈应该这样做

有一位心理学家说过："人类本质中最殷切的需要是渴望被赏识。"赏识，是指充分认识到人的积极因素，并加以肯定与赞赏。赏识对于成长中的孩子来说是至关重要的，它可以帮助孩子发现自己的优点和长处，激发孩子的内在动力。

1. 善于发现孩子的优点

假设在一张白纸上有个黑点，通常我们只会注意到那个黑点，而忘了白色部分的存在。同样的道理，一个孩子如果有 90% 的优点，而只有 10% 的缺点，一般的人似乎都只注意到他的缺点。

在孩子的日常行为中，他们会表现出不同的优点、缺点。因此作为妈妈，在看到孩子的缺点的同时，更要看到孩子的优点，特别是发现与众不同的优点。要多想想这些优点，从而学会欣赏自己的孩子。当然，这种做法并不是说要忽视孩子的缺点，对孩子护短；也不是夸大孩子的优点，使他盲目骄傲自大；而是为了从宏观和整体上树立起一种理念——"我们的孩子是最棒的！"这也是为了让孩子树立起一种信心——"我是最好的！"

2. 收集孩子的每一点进步

孩子的进步不是一蹴而就的，这需要妈妈小心翼翼地把孩子的每一点进步都收集起来，然后一砖一瓦地在孩子的心中砌筑自信的大厦。关于这一点，辽宁文科状元黄晓庆的妈妈的做法值得好好学习。

在黄晓庆的成长过程中，她的妈妈总是不失一切时机地赞扬和肯定自己的孩子。女儿从出生开始，学说话、学走路、背诗、唱歌，哪怕有一丁点儿出色的表现，她都会不失时机地给予赞美和鼓励。女儿的每一件作品，如绘画作品、优秀作文等，妈妈都会像收藏古董一样妥善地珍藏。女儿登台演出，每一个闪光的时刻，她都尽可能用相机记录下来并为之骄傲。

当女儿告诉妈妈自己的作文被老师当成范文在课堂上宣读时，当女儿考出好成绩时，她都会报以积极的回应："哇，真了不起……还要继续努力呀。"

黄晓庆的妈妈就是这样一块砖一块砖，精心地在女儿的心中建构起坚实而又稳固的自信大厦。晓庆以辽宁省文科第一名的成绩被北大录取，这和她妈妈的鼓励是分不开的。

3. 懂得欣赏自己的孩子

心理学家指出：妈妈的态度对孩子的性格和一生有着至关重要的影

响。如果妈妈懂得欣赏自己的孩子，那么，孩子就能健康成长。

一位妈妈在讨论赏识教育对孩子的重要性时说：

"我女儿上五年级了，说实话，以前在家里我从没表扬过她，更谈不上赞美她。有时有客人来玩，看着一旁文文静静的女儿，客人会情不自禁地赞美几句：'这小女孩真文静、真听话。'我赶紧说：'文静什么，可调皮啦！''听话什么，有时可气人了！'每当女儿听到我这样说，总表现出一副很不高兴的样子。

"总之我从没赞美过女儿，以致女儿认为她不是妈妈心中的好孩子。因此，她不爱学习，学习只是应付检查，学习成绩也下降很快。

"有一天我问她：'你为什么不喜欢学习，成绩为什么下降？'女儿的一句话使我幡然醒悟：'反正你们也不喜欢，我也不是个好孩子。'我反省自己以前的行为：为什么这么吝啬对女儿的赞美呢？为什么不人前人后给女儿一些表扬呢？从那时起，我们决不吝啬对女儿的赞美，女儿也明显地变得自信、开朗起来。的确，赞美会对孩子的学习、生活等各方面产生很大的鼓舞作用。"

赏识教育有助于激发孩子的兴趣和动力，有益于保护孩子的天赋，更有助于孩子快乐地成长。

4.善待孩子的缺点

"金无足赤，人无完人。"面对孩子的缺点，妈妈不要嘲讽、责怪甚至放弃对孩子的期望，而是应该抱着信任孩子的态度，多给孩子创造一些尝试错误、改正错误的机会，多给孩子一些自由呼吸的空间，把发现孩子过失的精力放在解决问题上，多给予鼓励、关怀和支持，这样才会收到事半功倍的效果。善待孩子的缺点，不但能帮助孩子更好地改掉缺点，而且还会帮助家长发现孩子更多的优点。

写给妈妈的话

赏识孩子决不等于单纯地表扬和鼓励。赏识孩子的本质，是真心对孩子的一种认可，也就是说要从心里真正"看得起"孩子。

20

不管对错，也不要压制孩子的争辩

心理学家认为，争辩能帮助孩子变得自信和独立。在争执中，孩子会感觉到自己受到重视，知道应该怎样表达才能体现自己的意志。

作为一个妈妈，你是否经常把自己的意志强加在孩子身上？如果一味地以自己的意志去控制孩子的言行，孩子往往会产生逆反心理。所以，明智的好妈妈通常不把自己的意志强加在孩子身上，而是为他创造一种宽松、平等的氛围。

多多的妈妈是一位老师，教学生觉得挺容易，可教育儿子她却总是不得要领。多多聪明可爱，但也很刁蛮任性，老惹妈妈生气，妈妈一生气就劈头盖脸地骂他，数落他的不是。

星期六，多多在外面疯了半天，回来后又被妈妈骂了一顿。谁知道，多多竟然用很不屑的眼光看着妈妈。

第二天，妈妈对多多说："今天妈妈同你到新华书店去，你看中的书只要对学习有用，妈妈就帮你买。然后，我们再去逛街，若是你看中什么，就跟妈妈说，只要是你需要的，妈妈也给你买。"多多用疑惑的眼光望着妈妈，似乎在说：今天妈妈怎么这样好！

看见多多惊讶的样子，妈妈便耐着性子又说了一遍，就拉着他一起上街了。在路上妈妈问多多："昨天妈妈骂你，你是怎么想的？"多多不说话。妈妈就说道："今天妈妈一定不发火，不骂你，你把你当时的想法告诉我。"多多看妈妈态度诚恳，就说："我很看不起你啊！""怎么看不起我？""我不就是去玩了一会儿吗，你就劈头盖脸骂我，一点儿也不像个老师，简直就像个……""像个什么呢？""像个泼妇……"

从这以后，妈妈再也不骂多多了，而改用了说理的方法，很多时候也允许多多跟她争辩一番。渐渐地，多多对妈妈亲近了，看到妈妈伏案备课、批改作业时，甚至还会沏上一杯热茶，考试做错了题会一五一十向妈妈说清原因，出门也总会跟她说清去处和时间……

多多通过和妈妈争辩，让妈妈意识到了自己在教育孩子上的盲点。

许多妈妈认为，孩子不争辩就是认同自己的看法。其实不然，孩子之所以不争辩，不是因为自己没有看法，而是慑于妈妈的威严，不敢争辩而已。

因此妈妈应该允许孩子多做争辩。孩子在争辩的时候是最来劲儿、最高兴、最认真的时候，对他们的大脑发育是有好处的。并且这样还可以营造家庭的民主氛围，增强孩子各方面的能力。研究发现，这样的孩子具有很强的交际能力和独立思考能力，以后会比较自信和有创造力。

德国心理学家安格利卡法斯博士证实："两代人之间的争辩，对下一代来说，是走上成人之路的第一步。"在争辩中，孩子感觉到自己正受到重视，并且越来越知道怎样才能让家长相信自己。争辩会使孩子变得有目标，并且养成不达目的不罢休的精神。除此之外，争辩还有助于增强孩子认识自己的能力。

当然，这并不是说孩子可以随心所欲地争辩。孩子争辩是应该遵守规则的，也就是说，不允许他们胡搅蛮缠、随心所欲，而是在讲道理的基础上进行的争辩。如果孩子违反了争辩的规则，妈妈应该加以制止。值得提醒的是，妈妈是规则的制定者，所以在制定规则的时候要从实际出发，合乎孩子的情况，合乎一般的道理，否则，这种争辩就是不平等的。

好妈妈应该这样做

争辩是孩子表达内心情感的一种方式，因此聪明的妈妈在面对孩子的争辩时，通常不会加以制止，而是鼓励孩子争辩。那么，聪明的好妈妈具体是如何做的呢？

1. 改变传统的教育观念

由于受传统教育观念的影响，不少妈妈不允许孩子与大人拌嘴，她们总觉得孩子见识少、不成熟，又是自己生养的，大人说话小孩子只有听的份儿。孩子要对妈妈的话"言听计从"，要绝对服从妈妈，不能有自己的看法，不允许拌嘴、争辩，否则就是没教养、不懂礼貌。在这样的家庭教育方式下成长起来的孩子很少会把家长当成自己的倾诉对象，他们怕自己做错事后，又会受到责备。

2. 给孩子争辩的权利

心理学家认为，争辩能帮助孩子变得自信和独立。在争辩中，孩子会感觉到自己受到重视，知道应该怎样表达才能体现自己的意志。妈妈与孩子争辩，能帮助孩子弄清是非曲直，学习一些知识，学会估量自己，了解自己的能力，养成实事求是、坚持真理、以理服人、平等公正的好品质，形成健康的人格。所以妈妈要给孩子争辩的权利，并且认真地听取争辩。

从孩子的争辩中，做妈妈的可以了解其发生某种错误行为的背景、条件以及心理动机等，有针对性地进行教育。另外，给孩子争辩的权利，妈妈通过听取孩子的争辩来检查自己的教育方法是否得当，说的是否在理，发现不妥之处可以及时调整。

> **写给妈妈的话**
>
> 好妈妈在教育孩子的时候，常常会遇到孩子以反驳、顶撞的方式争辩。面对这种争辩，明智的做法是给孩子以争辩的权利，认真地听取孩子的争辩，这样才能使孩子更愿意与妈妈沟通交流。

多提一些建议，少提一些要求

青春期的孩子心理波动比较大，这时妈妈要学着改变自己，研究孩子成长时期的心理和精神需要，理解和支持孩子，正确引导孩子，同时还要学会当个倾听者，不要提出太多的要求，相反要婉转地多提一些建议。

据国外心理学家通过一项对两万多名青春期孩子的研究发现：孩子在12岁以前很愿意与妈妈交谈他们的想法，但之后有明显的变化，尽管妈妈对孩子的态度一如既往，但孩子有问题和想法，首先是与朋友谈，其次是老师，与妈妈交谈的次数和时间越来越少。

很多当妈妈的接受不了这样的变化，所以与孩子交谈的时候几乎都是不欢而散。随着交谈次数的增多，妈妈和孩子之间的隔阂也就越来越深。面对这种情况，有的妈妈抱怨不停，有的妈妈沉默不语，有的妈妈则会找出问题所在，以积极的心态去解决问题。

小松今年17岁，正在读高二。在小学、初中时期，他的学习成绩一直名列前茅，深受妈妈和老师的喜爱。去年升入一所重点高中后，因班里高手云集，竞争激烈，他自感心理压力很大，经常会出现头痛、失眠、焦虑的情绪，脾气也变得急躁起来，总与同学发生冲突。回到家里，小松还经常对妈妈发脾气，甚至摔东西、骂人，态度很恶劣，他还扬言要出家当和尚，不读书了。小松的妈妈为此忧心忡忡。

后来，妈妈对小松的情况进行了分析：从初中到高中，从喜欢学习到厌倦学习，小松之所以出现了如此强烈的反差，主要还是因为心理上的不适应和竞争压力大的原因。找到了问题的根源后，妈妈便不再强迫小松学习，也不和他发生冲突，而是帮助他化解压力，使他明白，搞好学习并不一定就是要拿到多好的名次，最重要的是充实和提高自己，只有这样才能在学习中找到乐趣，在生活中得到满足。

没多久，小松就在妈妈的耐心劝解下，恢复了对学习的兴趣，成绩一跃而上，不良情绪也自然而然地消除了。

青春期是人生中最具有特殊性的时期，是人生中的一大转折点。青少年在生理上和心理上已渐趋成熟，但尚未完善，并且面临着升学、就业等人生的一些重大问题，常常会因遇到这样那样的挫折或打击而产生许多烦恼。

这种烦恼若不能得到及时缓解，就会诱发心理危机。不过，只要在妈妈的正确引导下，孩子的这种危机状态绝大多数可自行缓解，恢复成为健康的正常人。只要妈妈对孩子青春期的生理、心理特征有正确的理解，在家庭教育中采取科学有效的办法，帮助孩子正确认识问题的本质，激发孩子的独立自主性，帮助孩子积极适应新的学习环境，剔除社会不良因素对孩子的影响,孩子完全可以顺利度过烦恼期,健康地进入成熟期。

青春期的孩子心理波动比较大,这时妈妈要学着改变自己,研究孩子成长时期的心理和精神需要,理解和支持孩子,正确引导孩子,同时还要学会当个倾听者,不要提出太多的要求,相反要婉转地多提一些建议。孩子大了,多给他们一些处理事情的机会,如果他们做得不好妈妈也应放下架子和孩子谈心,剖析一下事情没做好的原因,这样总比硬碰硬的好。给孩子一个改正错误的机会,也是给他一个成长锻炼的机会。

好妈妈应该这样做

当孩子进入青春期后,成长的道路上会出现许多的烦恼,如果处理不好会严重地影响其身心健康。在这个时候,一位好妈妈的成功引导会使孩子摆脱这一系列的困扰。

1.和孩子进行平等交流

妈妈应根据孩子的心理特点,从行为和心理上进行引导。要采用平等对话的方式,让孩子把心里话说出来,然后妈妈把自己的观点、经历讲给他听,让孩子自己进行比较,因势利导。

2.理解、信任孩子

孩子觉得自己已经长大了,有能力处理一些事情,这时,妈妈要充分利用孩子这一想法,把家里的一些事情和孩子一起商量处理,听取、征求他的意见,孩子生活、学习中出现的问题、困难,尽可能地让他自己去解决。当然,妈妈也要适时地提出自己的意见,正确引导孩子。在孩子遇到困难和失败时,应多鼓励和安慰,成功了要及时给予表扬。妈妈自己有缺点和错误,应勇于承认,尽量改正,使孩子从中得到启迪。

3.尽量避免与孩子正面冲突

在孩子发火时,妈妈应保持冷静。争论激烈时,妈妈应及时转移话题或采取冷处理方式,以免孩子萌发对立情绪,逆反心理变得更强烈。

事后在适当的时候，妈妈应心平气和地指出孩子的错误和不当之处，使孩子积极克服幼稚、爱冲动的毛病。

对待早恋及时疏导，胜过及时围堵

　　在一定程度上，当孩子长大后，与异性交往是走向成熟的一个重要途径。所以，好妈妈应该鼓励男女学生建立纯真的"异性友谊"。

　　作为一个好妈妈，要及时了解孩子的心理变化、情感变化，但是不能强行限制孩子的某些行为。这样做的效果往往事倍功半，有时甚至适得其反。

　　娟娟长得很漂亮，性格也很阳光，每天都快快乐乐的，是个人见人爱的好孩子。从小学到初中，她学习很积极主动，从来不需要妈妈操心。

　　可自从上了高中后，妈妈却发现娟娟总是和一些男生来往密切。比如，她老是在做作业时打电话，妈妈问她，她就说是和某某同学或者班上的学习委员讨论学习。妈妈开始觉得没什么，可是有两次，她回来很晚，妈妈亲眼看到有个男同学把她送到楼下。因此以后一有男同学给娟娟打电话，妈妈就觉得非常紧张，可是又不知道该怎么办。

　　进入高二后，娟娟的学习成绩有了下降的苗头。为了不让"早恋"进一步影响女儿的成绩，娟娟的妈妈趁着娟娟上学的时候，到她的房间上下翻了一遍，将男生写给娟娟的情书找出来撕掉了，并且还打电话警告给娟娟写情书的男生，告诉他们不要骚扰娟娟。娟娟知道这件事情之后，和妈妈大吵了一架，如果不是爸爸调解，她差一点就离家出走了。

　　家有少男少女的妈妈们，最担心的莫过于孩子早恋。因为，在通常情况下，青少年一旦陷入早恋，在感情的旋涡中常常身不由己，导致影响了正常的学习和生活，甚至产生心理问题。或许正是出于这种担心，使得妈妈对青春期的孩子倍加关注，一有风吹草动就会往"早恋"方面想。可以说，在一些妈妈和老师身上存在"早恋恐慌症"：一看到两个男女学生接触频繁，就怀疑他们"早恋"了。

有一项调查表明：

男女同学一起复习功课，有14.08％的妈妈认为是早恋；

男女同学互相到家里玩，有17.54％的妈妈认为是早恋；

男女同学互赠生日卡、贺年卡，有12.02％的妈妈认为是早恋；

班上同学议论"他俩是一对儿"，有12.02％的妈妈相信他们在早恋；

对异性同学总爱动手动脚，有24.41％的妈妈认为他们在早恋；

学生经常谈论或在日记中描述一位异性伙伴的，有37.29％的妈妈认为他们在早恋；

集体活动中两个男女学生总爱凑在一起，有42.04％的妈妈认为他们在早恋。

妈妈的猜想不能说完全没有道理，但给这些孩子戴上"早恋"的帽子有些武断，而且也的确有些片面，有些"早"。

如果把正常的男女生之间的交往硬往"早恋"的"筐"里放是不正确的，孩子一方的"单相思"也不能硬给戴上"早恋"的"帽子"。要用科学的态度界定"早恋"，用科学的方法对待早恋。无论是妈妈还是学生本人，都不要轻言早恋，更不要把早恋"扩大化"。青春期的少男少女，对异性产生好感，被异性所吸引，甚至为之心动，都是很正常的事。男孩女孩交往，有的是因为兴趣爱好相投玩到一起，有的是出于"自我需求"。比如有些孤独的孩子希望通过打电话与异性交谈，寻求在家里得不到的温暖、关怀和理解，其实这些与真正的恋爱并不是一回事。妈妈如临大敌似的对孩子与异性的交往"堵截""围剿"，这种"防卫过度"产生的危害，往往要胜过事情本身。

好妈妈应该这样做

好妈妈一旦发现孩子有早恋倾向，例如经常与异性打电话、上网聊天等行为，千万不要一味苛责，强制压服。正确的做法是，克制、调整自己的情绪，以真诚的态度与孩子谈心、了解情况，使孩子说出心里话。然后给孩子分析利弊，以长远的目光把解决问题的主动权交给孩子。

1."异性友谊"应该鼓励

大多数被认为是"早恋"的现象，其实多数属于一种青春萌动，都是正常的，甚至是必然的。

心理学研究表明，异性之间交往的动机是多种多样的，在很多时候他们在一起并不是为了谈恋爱，即使是一对一的男女约会，也不一定能与恋爱画等号。两个男女学生单独在一起，可能是在讨论学习问题，也可能是在交流对一些事情的看法。"早恋"是成人制造的一个标签，一些人拿着这个标签到处乱贴是不对的。

那么，"异性友谊"和"早恋"有什么区别呢？异性友谊是没有排他性的，而恋爱是具有排他性的。对于男女学生之间的交往，我们应该采取什么样的态度呢？学会与异性交往，是"青春期"最重要的社会目标之一，按照人类社会心理发展的自然进程，一个正常人从初中开始就需要学习建立异性友谊，在异性友谊的建立过程中，他们了解了异性，学会了如何同异性交往。在一定程度上，当孩子长大后，与异性交往是走向成熟的一个重要途径。所以，好妈妈应该鼓励男女学生建立纯真的"异性友谊"。

一个与异性交往很成功的人，往往情绪饱满，精力充沛，学习和工作的效率都很高。因此，与异性交往本身并不会对孩子造成负面影响，相反可能还有积极作用。当然，在与异性交往时，可能会发生一些矛盾，遇到某些挫折，影响情绪。但是，出现这种情况的时候并不多，只能算作特例，而非常态。

根据特例去反对与异性交往是不可取的，正如不能因噎废食一样。在一些名牌大学里，有不少只会读书考试，不善与人交往，尤其是不会与异性交往的学生，他们出现心理问题的概率很高，一些人最终因为情感问题而痛苦不堪、前程尽毁。所以，对于孩子与异性之间的友谊，妈妈应该给予足够的尊重和鼓励。

2. 做好性教育工作

许多妈妈认为：孩子大了，男女间的问题他们自然而然会知道，不需要教育。其实，这种认识是不对的。青春期孩子渴望知道有关性的知识，并且有一定的性要求。但孩子并不完全理解对性所应遵循的道德规范。如不给予积极的帮助，孩子就会自己去探索，有可能被引到错误的路上去。

写给妈妈的话

好妈妈应该信赖孩子，以朋友的身份，平等地与孩子谈心，帮助孩子处理情感波动的问题，使孩子能正确控制自己的感情，自觉地去约束自己的行动。

把孩子当朋友，和孩子站在同一水平面

许多妈妈不懂得孩子迫切渴望得到尊重的需要。当他们逐渐长大后，虽然心理并未完全成熟，却越来越希望得到成年人平等的对待。

谁都渴望得到尊重，孩子当然不例外。如果好妈妈想成为一个成功的教育者，就要学会尊重孩子，把孩子当成朋友，把自己放低点，放下妈妈的架子，把自己和孩子放在同等位置上，才算是对孩子的尊重，而这也同样会赢得孩子的尊重。

新学期开学没多久，小梁的妈妈就着手安排孩子的周末计划。她给儿子报了一个英语强化班，每周六上一天的课；还给他报了一个奥数班，每周日上半天课。

当妈妈把决定告诉小梁后，他表示坚决反对。

"上了一周的课后，周末应该是放松的时间，干吗还要占用我的课余时间？"

"这些都是为了你能学习好。"妈妈劝说小梁。

"我知道是为我好，但是你们就不能听听我自己的安排吗？"

"那你说，你周末打算怎么过？"

听了妈妈的话，小梁回答："我打算从这个学期起，利用每个周六参观一个博物馆，增加知识；至于周日，我打算用半天时间去学游泳，或者打网球。"

"难道你就不打算学习吗？"妈妈对小梁的安排很不满意。

"当然要学习了，周日下午我会到学校，和同学们一起上自习。"

小梁的话刚说完，妈妈立即表示反对："我不同意你的安排，既然你是学生，就要把学习放第一位，去什么博物馆？"

小梁急了："难道你们就不能尊重我的选择吗？"

"让我们尊重你？你有没有尊重我们？"妈妈说道。

"这件事就这么定了，你周末按照我的安排去做。"最后妈妈生气地说道。

与文中小梁妈妈有着相同做法的妈妈非常多。在她们眼里，孩子是自己的私有财产，他们必须听从自己的安排。这样的妈妈往往会把孩子置于完全依附自己的位置上，没有把他们当成独立的个体来对待。一旦孩子的行为与她们的意志相左，或达不到她们的期望和要求，斥责甚至棍棒便会随之而来。

许多妈妈不懂得孩子迫切渴望得到尊重的需要。当他们逐渐长大后，虽然心理并未完全成熟，却越来越希望得到成年人平等的对待。他们开始厌倦事事听从妈妈的安排，更厌烦妈妈对自己发号施令般的种种要求。好妈妈应及时了解孩子这方面的心理变化，从而调整自己的心态，适时地放下"为人父母"的架子，和孩子进行朋友般平等的沟通和交流。

好妈妈应该这样做

只有被人尊重，孩子才可能获得自尊，并学会尊重他人。而自尊和尊重他人，是拥有健康人格的首要条件。所以，好妈妈更应当给予配合。

1. 平等地对待孩子

平等地对待孩子是尊重孩子的首要条件。在日常生活中，做妈妈的要允许孩子根据自己的意愿进行选择，鼓励孩子自己做一些决策。比如问问孩子："你想吃苹果还是香蕉？"和孩子一起协商："星期天你想怎么安排？"等等。同时还要注意自己的言谈举止给孩子的感受，经常与孩子保持同一视平线谈话，从一个简单的动作表情到教育方式的运用都要体现与孩子的平等。

2. 和孩子交朋友

很多孩子都特别反感妈妈翻看自己的书包，偷看自己的日记。而许多妈妈之所以这么做，主要是想借此了解自己孩子的所思所想，担心孩子有什么事瞒着自己。妈妈的想法没有错，因为孩子毕竟是需要妈妈的教育引导的。但是，难道没有更好的办法了解孩子吗？有！那就是多和孩子交朋友。

所以，好妈妈平时应多抽时间和孩子聊聊天，问一问孩子学校的事情，人际关系情况，对一些事物的看法等。如果孩子告诉你一些真实感受和想法，如对某异性同学有好感，或某异性对自己有好感等，千万不可指责他，要站在孩子的立场先去理解他，然后告诉他该怎么处理。另外，还要多参与孩子的活动，多和孩子一起嬉戏玩耍，成为孩子开心的伙伴。

───《写给妈妈的话》───

好妈妈要放下架子，把自己放在与孩子平等的位置上，努力寻求与孩子心理上的沟通与默契。爱孩子，尊重孩子，使他们从中感受到自己的爱，并由此学会尊重自己、尊重他人，这才是教子良方。

喜欢唱反调，是因为渴望独立

有关专家认为，在青春期这个年龄阶段的孩子由于已广泛地与社会接触，加之独立性、判断力日渐加强，他们一只脚已迈入成年人的门槛。此时，他们渴望独立、渴望完全自由的念头异常强烈，因此当妈妈的看法或做法与自己的意见相左时，两代人之间往往会爆发激烈的冲突。

孩子在一天天长大，可妈妈的烦恼并未因此而减少，她们甚至更加困惑：我的孩子怎么了？怎么越大越不听话？越大越喜欢和妈妈"对着干"呢？

青青正处在青春叛逆期，什么事情都爱自作主张，也不听妈妈的劝告，只要妈妈说她几句她就不高兴，不断提醒妈妈她已经是大人了，不用妈妈操心。

最近青青发疯一样地迷上了滑板，可由于不太熟练，经常摔得青一块紫一块，妈妈看了心疼不已。

一天，青青又要拿着滑板出去。妈妈便说道："青青，你的年龄太小，现在就玩滑板，妈妈担心你受伤。"

"我就要玩，怎么着？不让我玩，我就不上学！"青青说到做到，第二天果然没去上学。

妈妈只好"投降"，交出了藏在柜子里的滑板。

就这样，青青总是和妈妈对着干，妈妈的话一句也听不进去。比如，妈妈要她穿的衣服她不穿，不让她穿的她偏要穿；妈妈问她的考试成绩，她明明考得挺好，却故意说没及格。

一天放学回家后，青青大喊道："谁动了我的房间？"

"我帮你收拾了一下房间。我实在看不下去了，一个女孩的房间又脏又乱。"妈妈既像批评又像解释似的说。

"我也有我的秘密，我的房间就是我的天堂！以后，未经我同意，谁也不准进我的房间一步！"青青的这番话，让原本一番好意的妈妈瞠目结舌。

有时妈妈想跟青青聊聊，可没说上几句，女儿就皱着眉头冷冰冰地说道："没看见我在忙啊！你先走开！"说完，便头也不抬忙自己的事情去了。妈妈气得差点儿晕过去，生气地说道："你这哪是孩子呀，简直就是一只刺猬。"

处于青春期的孩子喜欢与妈妈"唱反调"已成为一种普遍现象。自从离开襁褓之后，他们的独立意识和自我意识随着年龄的增长而愈发明显，他们迫切希望摆脱妈妈的监护，摆脱所有"规矩"的束缚，因而事事不再依赖家长，特别是对妈妈的"包办"和"保护"更是反感。他们虽然幼稚，却想用自身的行动向妈妈证明"我长大了""我是成年人了"……当他们的这种愿望未能实现或是一些需求未得到满足时，他们就会产生叛逆心理，甚至会采用一些过激的方法或手段来维护自己的主张。

有关专家认为，在青春期这个年龄阶段的孩子由于已广泛地与社会接触，加之独立性、判断力已日渐加强，他们一只脚已迈向成年人的门槛。此时，他们渴望独立、渴望完全自由的心理异常强烈，因此当妈妈的看法或做法与自己不一致时，两代人之间往往会爆发出激烈的冲突，孩子的个性会在冲突中充分显现出来。处于这个时期的孩子，非常需要妈妈的正确引导，帮助他们形成健全的人格和品质。如果妈妈放任不管或对有"反抗精神"的孩子采取"高压政策"，则有可能导致孩子步入歧途，甚至走上犯罪的道路。

那么，造成孩子叛逆心理的主要因素有哪些呢？

第一，妈妈的过分呵护。如果一味对孩子全方位地"照顾"，孩子会觉得不自在，特别是处于青春期的孩子，他们思维品质中的独立性、批判性迅速发展，促使他们对于任何事情都愿意通过自己的大脑进行分析和判断，而不愿接受固有的观念和条例，特别是来自妈妈的照顾。17岁的小伟就是这样的典型：

小伟曾经和同学诉苦说："我决定离家出走，最不济也要单独租房过，我实在不愿意和爸爸妈妈住在一起，尤其是我实在无法接受妈妈对我的好。我上学放学妈妈都用车接送，回到家她会连饭都给我盛好，还给我夹菜。想吃苹果，她就把苹果皮削干净，切成小块，插上牙签摆在书桌上，家务活就更不让我动手了。她就知道让我学习、看书，未来的一切都给我安排好了。我在家里就像一个木偶，没有一点发言权。一说点自己的意见，妈妈就说：'你还小，这些事情不用你操心，有点时间好好看书去。'妈妈以为给我物质上的满足就是爱我，但我要的是独立、自主和自由，她越爱对我管这管那，我就越要摆脱她！"

第二，没有对孩子表现出应有的尊重。有的妈妈喜欢在孩子面前摆"权威"的架子，对孩子合理的欲望与要求一概不予满足，对孩子的意见和建议一概说"不"。当孩子的表现不符合自己的期望值时，就用言语羞辱孩子，这些行为都会引起孩子的反感和叛逆。

第三，两代人之间缺乏有效的沟通。一些妈妈错误地认为自己的话就是"圣旨"，孩子理所当然应该接受，因此在处理事情时，特别是与孩子相关的一些事情，她们喜欢做了再说，或是做了也不说。殊不知，遇事不跟孩子商量自作主张，只会更加激化孩子的对立情绪。

好妈妈应该这样做

调适孩子的叛逆心理，好妈妈应该这样做：

1. 了解孩子叛逆心理的实质

其实，所有的叛逆都来自对束缚和限制的反抗。孩子所面对的，除了他自身生理与心理的局限性，还有周围成人所刻意设定的各种束缚与限制。从前，他无法意识这种束缚与限制，就是意识到了也无力反抗。随着年龄的增长，他们渐渐能够清晰地看待这个世界，一个新的自我在迷蒙中跃跃欲试。然而，成人的限制是那么的严密和牢不可摧，而成长的力量还不足以挣脱自身生理、心理和知识的局限，这时候的孩子正承受着蜕变之苦，体会着前所未有的迷茫，所以就会产生种种叛逆的举动，目的只是想以此来强调自我的存在。

2. 尊重孩子，不要总说"不"

孩子的叛逆行为有时是合理的，妈妈不要"眉毛、胡子一把抓"，更不要"一棍子打死"，而要有区别地对待。当孩子的叛逆行为合理时，妈妈不应制止，因为合理的反抗行为有助于孩子独立人格的发展，也有助于培养孩子发现问题、分析问题、解决问题的能力。

孩子进入青春期后，内心会产生强烈的自我意识，他们希望自己和大人有平等地位，对妈妈的要求也是有选择地接受。此时，妈妈对孩子的行动不要轻易干涉。即使对孩子有要求，也不要用强制式或命令式的口吻，而应以平等的姿态，征询他们的意见，让他们自己做出选择。"你应该""你必须""你懂什么"诸如此类的话是不少妈妈的口头禅，面对叛逆期的孩子，妈妈要尽量少说这样的话，内心深处认为自己已是大人的孩子是不会接受这种命令的口吻的。

3. 妈妈自身也要学会冷静处理问题

当自己的意见和孩子的意见发生分歧时，妈妈要学会控制自己的情绪，不可让情绪左右自己的言行，否则，就会因言语过激而伤害孩子的自尊心，这样的教育无疑是失败的，因为它起不到任何好的效果，反而还会进一步刺激孩子，使其叛逆的心理进一步得到强化。

当孩子犯了错误时，妈妈要讲究批评的方式，不要一味责骂，更不要体罚，而要鼓励孩子自己去改正错误，从思想深处认识错误。这样，孩子在改正错误的同时，就不会因为妈妈过激的行为而产生对抗心理。

4. 家长不要管得太"多"

一些妈妈发现，孩子长大后变得不太爱搭理自己了，他们开始有了自己上锁的日记本、私人信件。如果孩子实在不愿同妈妈交流，也不必过于勉强，尤其是不要偷窥孩子的隐私，尊重孩子的同时也为自己赢得了尊重。

当孩子长大了，他就会变得有主见、有思想，不再是一只温顺的小猫。他开始接触世界，而此时所接受的教育足以让他能够初步规划出自己的目标，形成自己的个性，他们知道自己想做什么，不想做什么，喜欢什么，讨厌什么。因此，当妈妈们再以自己的理念和标准来要求孩子时，便会产生碰撞。所以，有时候妈妈对孩子的事情不能管得太多，过分关注，只会引起孩子的反感。

> **写给妈妈的话**
>
> 叛逆是孩子成长的必经之路，妈妈应该理解孩子在这一阶段的特殊心理活动，宽容、客观地对待他们表现出的"唱反调"的行为。

帮助孩子正确面对内心的情愫

面对孩子早恋这一现象，做妈妈的不能只是一味地批评，还应该考虑到孩子的苦闷，要引导他转移注意力，升华情感。

孩子十三四岁正是情窦初开的时候，在一个充斥着爱情歌曲、电视剧、书籍的氛围中，对爱情充满幻想和希望，甚至把这种朦胧的感情变成行动，这本来就是正常的心理活动与社会环境影响的结果。但是这个时候的孩子，心理和生理都未成熟，作为妈妈应该帮助孩子正确面对心中的情愫，避免他过早地涉入情感误区。

欣欣今年已经14岁了。一个月前，妈妈在帮欣欣收拾桌子的时候，发现了一张写满了一个人名字的纸，很显然，那是一个男孩的名字。妈妈意识到，孩子已经长大了，该和她好好聊聊了。

晚上，欣欣做完作业了。妈妈敲开了女儿的房门，和她随便聊了起来。聊到最后，妈妈故作神秘地问女儿："你想不想了解妈妈的秘密？"欣欣当然想。于是妈妈把自己青春懵懂时期写的日记给女儿看，那里面记载着她16岁时对异性朦朦胧胧的好奇。

第二天，女儿把日记还给妈妈，迟疑了一会儿说："妈妈，我也告诉你一个秘密。这几天我老是想着我们班里的一个男孩子，本来我以为自己出了问题，犯了不该犯的错误，很怕你们知道。可是现在我发现妈妈也曾经有过这样的感觉，那就是说我是正常的了？"

妈妈激动地说："那是当然的。孩子，这种感觉是很美好的，一点都不丑陋。好感和爱情是两码事，在你这个年龄很容易将它们混淆，不要把它放在心里，这样会影响你的心情。你可以试着和那个男孩子多交往交往，也许你就会发现其实他很普通。"

妈妈还鼓励欣欣把那个男孩以及其他同学请到家里玩，有时候，还让他们自己出去玩。后来，女儿对妈妈说："妈妈，我发现，我们其实只是很好的朋友。"

妈妈感到很欣慰，女儿终于能够正确地面对她心中的那一份情愫了。

少男少女之间的爱慕和相互吸引是人之常情。处于青春期的孩子往往难以克制情感的冲动，而堕入感情的漩涡。但青春期是求学的重要时期，涉足感情太深将会分散精力，从而严重影响学习和进步。早恋者由于精力有限往往对集体活动开始冷淡，和同学的关系渐渐疏远，加上舆论的压力和妈妈、老师的反对，他们往往会有一种内疚感，从而背上思想包袱，矛盾重重，忧心忡忡。这种情况给孩子的健康发展造成了心理上的障碍。面对孩子早恋这一现象，做妈妈的不能只是一味地批评，还应该考虑到孩子的苦闷，要引导他转移注意力，升华情感。想方设法将孩子的注意力从"恋情"转移到学习、生活中，将被压抑的激情转移到集体活动中，使他们的情感在活动中得到升华。

好妈妈应该这样做

1. 妈妈要理解和尊重孩子

当妈妈发现孩子的心中产生了情愫时，不要采取过激的行为，而是应本着健康、自然的原则，理解孩子的情感，先肯定孩子长大了，让他明白妈妈不再把他当作小孩子看待；然后以平等身份分享孩子的感情和身体的成长，分享他们初恋的喜悦。妈妈要及时地和孩子交流，告诉他们应当注意的事情，尤其是性知识。孩子知道妈妈没有盲目地反对自己，就会和妈妈分享心事。另外，妈妈还可以以过来人的身份向孩子提供经验和方法，和他一起开始情感历程。

妈妈要以"关爱"作为纽带，和孩子进行心灵上的沟通，不要动辄就给孩子的早恋扣上"大逆不道""作风不正派""思想品质不好"等帽子，这种简单粗暴的处理办法，只会极大地伤害孩子的自尊心，使正陷入早恋迷途的他感到压抑和苦闷。

2. 拓宽孩子的视野，转移注意力

妈妈应鼓励孩子积极参加对身心健康有益的活动，以转移其注意力，发泄其充沛的精力。校内丰富多彩的集体活动，校外的旅游、交友、公益劳动等既可锻炼身体，又可益智、养性。同时，鼓励孩子根据个人兴趣，发展个人爱好，如集邮、读书、写作，使课余的时间充满情趣、充满快乐，也许，"早恋"的情感会适当被减弱和转移。

小立从小就很聪明，小学阶段两次荣获全市语、数双科竞赛的第一名，因此，升初中时他被保送进入一所省重点中学读书。初中阶段小立的学习成绩一直名列年级前茅，仅初三一年就获得全国数学、物理、化学和省英语竞赛的四项大奖。

谁知，高一第一学期的期中考试，小立只考了个年级组第二十四名。正当妈妈大惑不解时，接到班主任的电话，班主任在电话中说儿子在校谈恋爱……

当时，小立的妈妈正在南京教育学校参加教学骨干培训。经过反复思考，她决定让孩子周末来南京一趟。小立到了南京后，妈妈带着他参观长江大桥、紫金山天文台；到南京大学、东南大学拜访朋友的大学老师、同学，请他们给小立谈自己的成才之道。在回来的路上，妈妈同儿子交谈了在南京的种种见闻，引导他把家乡、县城、南京各个方面进行了比较，倾听他与几位教授、大学生接触后的感想。小立说："在南京各处一看，我觉得自己成了井底之蛙。过去我总认为自己聪明，知识面广，听教授、专家一谈，才清楚自己的幼稚和无知，今后我要虚心学习，潜心读书。"

三天当中，母子俩谁都未提恋爱的事，但三天的游玩、观赏、拜访，竟然起到了意想不到的作用。不久，妈妈发现小立火热的初恋渐渐冷却了。他把全部的精力都投入学习之中，成绩很快回升，从高一第一学期期末直到高三，历次考试总分都位列年级组第一。1995年高考，小立实现了他的凤愿，以全市第一名675分的总成绩考取了清华大学自动化系。

可见，在疏导孩子早恋时，做家长的适时对孩子进行情感转移，往往要比"围追堵截"好得多。

3. 给孩子足够的时间

罗密欧与朱丽叶相爱，由于双方家族是世仇，他们的爱情遭到了极力阻挠。但来自家庭的压迫并没使他们分手，反而使他们爱得更深，直到殉情。美国社会心理学家在一次调查中发现，家长们干预程度越高，男女双方反而产生越强烈的爱，这样的现象叫"罗密欧与朱丽叶效应"。一些妈妈发现自己的孩子出现早恋现象时，往往会马上想办法把他们拆散，这样处理，不但不能达到目的，反而可能使他们的关系更加牢固。因此，建议妈妈在处理此类问题时，要晓之以理，动之以情，别太心急，而是给孩子足够的时间来处理。

4. 满足孩子对爱的需求

很多孩子之所以早恋，是因为他们缺少爱，所以拼命地寻求爱。当孩子无法从妈妈那里获取爱的时候，他们就会转而在其他人身上寻找，这时早恋就产生了。因此，当孩子早恋的时候，妈妈不应该一味指责孩子，而应该反思一下：我给了孩子多少爱？

写给妈妈的话

俗话说，哪个少男不钟情？哪个少女不怀春？青春期的孩子对异性产生感情是很正常的，好妈妈要理解和尊重孩子的情感，多和孩子进行心灵上的交流，帮其树立正确的思想观念，坚持以学业为重。

孩子可以有自己的私密空间

面对渐渐长大的孩子，妈妈们觉得自己对他们的成长有义不容辞的责任，总是不放心他们，因此常常出现妈妈拆孩子的信件、看孩子的日记等情况。而孩子则希望妈妈能给他们一片自由的空间，这种矛盾就使得妈妈和孩子有时候处于一种完全对立的状态。

随着年龄的增长，孩子已经拥有一个相对完整、真正属于自己的世界，这个隐秘世界是孩子的自由王国，孩子常会用一些细小的举动勾画出一条"警戒线"。聪明的好妈妈是不会轻易闯进孩子的这条"警戒线"的。

小倩还在读小学五年级，在妈妈眼里一直都是乖女儿，但一个偶然的机会，妈妈惊讶地发现，女儿竟藏着许多秘密。

一个周六的上午，在家休息的妈妈像往常一样帮女儿整理房间，无意间发现了小倩遗忘在书桌上的抽屉钥匙，平时这把钥匙总是被女儿像宝贝似的带出带进，在好奇心的驱使下，妈妈犹豫着打开了抽屉。抽屉里"曝光"的宝贝把她吓了一跳——全是歌星、影星的大头像，同学们送的生日卡片、崭新的CD……妈妈一边看一边火冒三丈。女儿回来后，妈妈便不问青红皂白地给了她一顿训斥，并且打了女儿。

事后，小倩在给妈妈的信中写道：如果说孩子没有隐私，那就大错特错了！每个孩子都有一片天空，请大人尊重孩子的隐私，请妈妈还我一片自己的天空。妈妈看了小倩的信也进行了自我检讨："我当时真的是气坏了，从不轻易打骂孩子的我，居然把她痛打了一顿。当女儿哭喊着对我说'你侵犯了我的隐私'时，我才意识到事情远非这么简单。"

这件事情过后，小倩的妈妈后悔极了。妈妈说："想想当时自己真是太心急了，没有经得女儿的同意，私自翻她的抽屉，无疑触动了她这根敏感的神经。现在孩子长大了，她理应有自己的私密空间，我以后再也不会随便进入孩子的领地了。"

孩子是一个完整的人，应该有属于他的隐私权。妈妈即使发现他们的秘密，也不能随意公开孩子的隐私。否则一方面，孩子会觉得自己没有了自尊；另一方面，他们会由此失去对妈妈的信任。所以，好妈妈即使发现孩子的隐私，也不要将其作为家庭生活中的谈资，如果其中有不良因素，可以通过举例、故事、游戏等途径加以引导。学会与孩子聊天、谈心，不留痕迹地获取信息才是高明的教育方法。

孩子有了隐私，许多做妈妈的总是千方百计地去侦察，如翻抽屉、看日记、拆阅信件，有的妈妈甚至看完后还会对孩子打骂训斥。殊不知，这种做法会伤害孩子的自尊心，造成孩子沉重的精神压力，甚至产生敌意和逆反情绪，采取全方位的信息封锁和防备措施，导致妈妈与孩子关系的恶化。

好妈妈应该这样做

好妈妈最理智的做法是尊重孩子的隐私权，也就是尊重孩子的人格，给他们一个自由的空间。

1. 要尊重孩子的隐私权

每个人都有保护个人私生活秘密的权利，比如，保留自己的一些私人物品，如信件、日记等不被别人翻看并泄露其中内容的权利，这就是人们常说的"隐私权"。未成年人也享有这项权利，包括家长，都不能以任何名义偷看孩子的信件、日记及偷听他们的电话等。

面对渐渐长大的孩子，妈妈们觉得自己对他们的成长有义不容辞的责任，总是不放心他们，因此常常出现妈妈拆阅孩子的信件、看孩子的日记等情况。而孩子则希望妈妈能给他们一片自由的空间，这种矛盾就使得妈妈和孩子有时候处于一种完全对立的状态。

一位正在上初一的女孩子发现妈妈偷看她的日记，感到很气愤。而她妈妈却说："你一个小丫头片子能有什么隐私，就算有隐私，做家长的也有权知道。"为了对付她妈妈的这一行为，女孩运用了两个日记本，一本放在书桌的抽屉里，上面写的都是要好好学习之类应付妈妈的话，另有一本则是真正的日记，记录着自己的内心世界。

其实，孩子的内心大多是单纯的，并不像妈妈想的那么复杂，他们只是想要一个可以自由地倾诉心情的地方。所以，妈妈不要偷看孩子的日记，更不要看到了就"草木皆兵"地把它当成早恋的苗头。妈妈应该用关心和尊重的态度对待孩子，尊重孩子的隐私权。

2. 应主动以平等的态度与孩子多交谈

妈妈与孩子交谈的时候，可以聊一些自己年少时的所思所想、成功和挫折，甚至谈一些当初的隐私，谈自己对事物的看法和想法，然后倾听和征求孩子的意见和建议，借此使自己成为孩子可以信赖的朋友。一段时间后，孩子也会愿意把自己心中的秘密告诉妈妈，这样妈妈就在尊重的基础上了解和掌握了孩子的想法。

3. 要培养孩子的自我教育能力

在获取到的有关孩子隐私的信息中，即使有些越轨的内容和不良因素，做妈妈的也不必大惊失色，更不能对孩子进行殴打辱骂。妈妈可以与孩子一起讨论理想、事业、道德、人生观、价值观等问题，引导孩子自己悟出为人处世的真理，提高孩子按规范要求调整自己行为的能力。有了这种自我教育能力，一些危险的倾向，孩子都有可能自我化解。

写给妈妈的话

当孩子有了不想让妈妈知道的事，妈妈就不要刻意追问，更别想方设法一定要知道。妈妈要让孩子拥有私密的空间，正确对待孩子的隐私，才能赢得他们的尊重和爱戴。

第二章　好妈妈能教出好孩子

——培养孩子有好习惯

孔子曾说过，少成若天性，习惯如自然。许多不良习惯如果从一开始就不被允许，那么孩子就会习以为常，不觉得痛苦；而一旦等坏习惯已经形成了，再去纠正就不容易了。好妈妈应该懂得，在扼制孩子的不良习惯时绝对不能手软。否则，他们就是在自设陷阱，在坏的习惯中越陷越深。

不磨蹭的孩子，做事更有效率

面对孩子磨磨蹭蹭的行为，好妈妈千万不能不闻不问、掉以轻心，但是，在纠正孩子的行为时也不要表现出急躁情绪，急于求成。要保持一种平和的心态，运用正确的方法引导孩子。

孩子做事情磨蹭是让许多妈妈感到头痛的事情。有些孩子不仅在学校无法按时完成作业，回家以后也是先想着玩，把作业拖到很晚才完成。

小斌今年10岁了，他的学习成绩好，是老师、同学公认的好学生。然而，小斌也有很多的缺点，最让妈妈担心的就是小斌那个磨蹭的坏习惯。

虽然已经上小学五年级了，可是小斌做什么事都不紧不慢，起床要半小时，吃饭要半小时，上个厕所还要半小时，别人不催促，他更不着急。每天放学回到家后，小斌总是慢悠悠地从书包里拿出书，接着摆在桌子上，然后又磨磨蹭蹭地拿出笔，就那么点事，他却能用半个小时。尽管妈妈一直催促他"快一点，快一点"，但仍起不到效果，甚至对他发火他都无动于衷。有时他看似改了，但过不了几天就又犯了老毛病。

其实，并不是所有的孩子天生都是"慢性子"，这其中是有一定原因的：

原因一，缺乏兴趣。孩子做感兴趣的事往往动作很快，没兴趣的事就做得慢吞吞。譬如，如果你说今天要带他去动物园玩，他可以在3分钟内穿好衣服、袜子，还反过来催促大人；如果换成要他去收拾地上玩具的话，他就会磨蹭半天也不去做，即便去做了动作也慢吞吞。很多孩子对于做作业缺乏兴趣，加之作业又多，所以做起来就喜欢磨蹭。比如，写到一半常常发呆或做小动作，遇到难一点的题目就马上找妈妈等。

原因二，注意力不集中。有些孩子之所以慢吞吞，是因为注意力分散。当他做事时，无法把精力全部集中到所做的事情上，导致效率低下，完成的速度也就比别人慢。

原因三，家庭成员的影响。孩子是极容易受到他人影响的，如果家庭成员生活散漫、做事拖拉，孩子也很容易养成拖拉的习惯。

小超的妈妈是个慢性子，做事情时常拖拉。小超耳濡目染，做家庭作业时，竟也学着拖拉起来，明明当天应该完成的作业，他非要拖到第二天才急急忙忙地写完，学习效果可想而知。妈妈平时比较喜欢看电视，还喜欢和朋友打电话、唠家常。她经常不顾小超是否在学习，在家里开大音量看电视，或者在电话机旁高谈阔论，孩子被这些声音所吸引，时常探头探脑，或者从房间出来转一圈。时间长了，小超就养成了做作业拖拉、无法专心致志的坏习惯。

所以好妈妈一定要具体分析孩子磨蹭的原因，然后再对其进行针对性的教育，才能帮助他们改正这个坏习惯。

好妈妈应该这样做

面对孩子磨磨蹭蹭的行为，好妈妈千万不能不闻不问、掉以轻心，但是，在纠正孩子的行为时也不要表现出急躁情绪，急于求成。要保持一种平和的心态，运用正确的方法引导孩子。

1. 激发孩子的兴趣

妈妈可以选择孩子平时最爱听的故事、最爱玩的游戏、最爱看的动画片等，激发孩子做事的兴趣，促使孩子快速行动。如孩子爱听故事，妈妈可以对他说："你快些把餐桌收拾干净，把碗筷放入盆中，我们就可以将昨天的故事讲完了。"用这种方法家长要注意，不能用谎话欺骗孩子，答应的事情一定要兑现，否则，不仅达不到目的，还会对孩子良好品格的形成带来消极的影响。

2. 培养孩子集中注意力

书中前面提到过，专注程度能决定一个人在学习和工作中的成绩。只有集中注意力，才能提高效率，加快成功的步伐。在平时的生活中，妈妈要教育孩子，不管学还是玩，不管喜欢还是不喜欢的事，都要一心一意地去完成。比如在孩子玩耍的时候，妈妈不要频繁催促孩子学习，出门旅行也不要总提到学习的事。如果孩子能专心、高效地完成一件事，妈妈应给予鼓励。

3. 给孩子做好榜样

如果妈妈也有磨蹭的坏习惯，一定要改，要养成雷厉风行、干脆利索、动作快捷迅速的做事习惯，让孩子看在眼里，记在心中。和孩子一起做家务活时，还可以比赛看谁在规定时间内做得又快又好。这样既锻炼了孩子的动手能力，又帮助自己和孩子都养成了做事干脆利索的好习惯。

4. 培养孩子的时间感

提高孩子的办事效率，就要培养孩子的时间感。所谓时间感是指孩子对时间的感知能力。首先要教会孩子认识时间，包括日期、四季、时、分、秒。进而培养孩子对时间的把握和支配的能力。一个有时间感的孩子，通常做事情都比较有条理、主次分明，懂得合理地使用和分配时间。

要想孩子能在短期内就改正磨蹭的坏习惯并不容易，但好妈妈不能因此怕麻烦，一定要耐心帮助孩子，使孩子不良行为的重复频率逐渐减少，直到完全克服。

保持勤俭，减少浪费

如何面对物质生活的强烈诱惑，养成正确的行为习惯和消费习惯，是家长和孩子共同面对的问题。好妈妈应该创造机会对孩子进行科学消费教育，提高孩子合理、适度、科学消费的能力。

当今很多孩子在消费观上存在着不容忽视的问题，五六元一个的面包咬了一口就扔掉了，上百元一个的玩具玩了一天就摔坏了，还没穿过的新衣服只要认为"过时"就不再穿了。他们花钱大手大脚，过生日互相攀比，使很多妈妈感到头疼。由此可见，从小培养孩子养成良好的消费习惯是非常重要的。

寒假里，小良要买一些参考书，便约了同学骑车到离家很远的图书批发市场去。妈妈说天冷路远，在附近的书店买吧。小良说，批发市场的书可以打折，能省不少钱。小良就是这样，从小就知道不乱花钱。其实，这跟小良的妈妈对他的教育有关。小良小的时候，妈妈就告诉他："我们的家庭不是很富足，不能乱花钱。该花的钱一定要花，能省的则一定要节省。"小良的妈妈不但这样说，而且身体力行，给儿子做好榜样。

记得小良3岁那年，妈妈和他路过一家玩具店，橱窗里有一辆双层巴士玩具车，他立刻看得入了迷，久久不肯离开。妈妈催促小良走，说："你已经有好多辆小汽车了。"小良不答应。看妈妈没有买下来的意思，他便"哇"的大哭起来，但妈妈还是没有给他买。等他平静下来，妈妈告诉他："店里的大部分东西我们家都没有，爸爸妈妈赚钱很辛苦，要供你上学、吃饭、买衣服、买书，不可能把家里没有的东西都买回来。"小良没有说话，很认真地点了点头。从那以后，每次路过那家小店，他总要隔着橱窗欣赏那辆双层巴士，但再也不提要买它了。

小良不但从小就不乱花钱，而且也不轻易找妈妈要钱。自己过年的压岁钱，他都用来缴学杂费和书费了，很少买吃的、玩的东西；穿衣方面也不讲究，买啥穿啥；吃的方面也容易满足，夏天爱吃雪糕，每天一根就行了。

小良的同学中不乏家境富裕的孩子，但他并不羡慕。看到一些同学花钱大手大脚，进校时父母交了高额择校费却不好好学习时，小良认为他们太不珍惜妈妈的辛苦钱了。正是因为如此，小良发誓要考上一所好中学，不花钱上高中。后来，他果然凭借自己的努力考上了重点高中。

随着生活水平的不断提高，许多孩子养成了不良的消费习惯——吃要吃好的，穿要穿名牌，用要用最贵的。这些现象向妈妈们敲响了警钟：应该对孩子进行消费教育。

有时候，在一些经济条件并不宽裕的家庭，妈妈觉得和孩子谈省钱，面子上不好看，有的甚至还"打肿脸充胖子"，自己省吃俭用也要让孩子吃最好的、穿名牌、兜里有钱。其实这样做是大可不必的。

如果孩子问起家庭收入及经济状况的时候，妈妈不要对孩子说谎。有时候孩子提出的问题或许代表了孩子想要了解的另一层意思。比如"我们家是不是很有钱"真正的意思也许是"我会不会像我们班的×××同学那样有那么多的名牌衣服，有那么多的零花钱"。在这种情况下，妈妈应当如实告诉孩子自己的收入，教育孩子不要和别人攀比。如果孩子坚持要买一件根本不需要买的名牌衣服，妈妈可以理直气壮地告诉他"咱家买不起"！同时教育孩子要使生活过得更好，必须付出辛勤的劳动，将来要自食其力。尽管孩子不必了解家庭经济的具体细节，但是家庭经济所能承受的最大压力应让孩子彻底明了。妈妈毕竟不是孩子的"银行"，把自己有限的财产状况向孩子交底，孩子反倒会珍惜家里的每一分钱。

好妈妈应该这样做

如何面对物质生活的强烈诱惑，养成正确的行为习惯和消费习惯，是妈妈和孩子共同面对的问题。好妈妈应该创造机会对孩子进行科学消费教育，提高孩子合理、适度、科学消费的能力。

1.让孩子了解妈妈的工作

未成年的孩子往往不知道妈妈的钱是从哪里挣来的，并对妈妈给的每分钱抱有一种无所谓的态度。妈妈可以为孩子创造条件，让他懂得劳动和收获之间的关系。例如，鼓励孩子利用假期去参加公益劳动或者勤工俭学，体会劳动的艰辛和挣钱的不易；带领孩子参观自己工作的场所，特别是体力劳动者那些流血流汗的工作场所。劳动会给孩子幼小的心灵带来一种震撼。体会妈妈的辛劳，会让孩子更懂得珍惜，更心疼妈妈，更热爱生活。

2.让孩子学会理智消费

孩子将来要在社会上独立生存，就必然要与钱打交道。所以，妈妈就应该尽早教孩子学会用钱，理智消费。

要训练孩子有计划地使用钱，妈妈最好和他们一起制订出一个消费计划。让孩子自己去订计划，妈妈不必直接干预，但要对孩子的计划进行监督、检查。这样，孩子在日常生活中才能养成好习惯，懂得预算，懂得把钱花在"刀刃"上。同时，妈妈还可以用实际行动让孩子看到理智消费带来的益处。

一位妈妈曾带着6岁的女儿逛了3家商店，目的是为了买一套物美价廉的餐具。最后，妈妈用省下来的10元钱给女儿买了一个她向往已久的卷笔刀。这位妈妈的做法使女儿了解了什么是性价比，什么是理智消费及其带来的好处。这样，女儿在自己支配钱的时候，也会注意节俭。

3.让孩子养成储蓄的好习惯

在当代社会里，教给孩子科学的理财方法是每位妈妈义不容辞的责任，妈妈要在实践中培养、训练孩子的理财能力，教孩子养成储蓄的好习惯。妈妈要引导孩子把属于他的零用钱存进储蓄罐，这能帮他养成节省"自己的钱"的习惯。

随着人们生活水平的不断提高，孩子收的压岁钱数目也水涨船高，上千元已非常普遍，上万元也已算不上是新闻。过去收的钱少，妈妈就直接给孩子当零花钱自由支配了，现在钱多了，如果再放手不管，不但会造成浪费，而且还能助长孩子花钱大手大脚的不良习惯。

当孩子收到的压岁钱比较多的时候，妈妈可以和他一起，拿着家庭的户口簿，到银行以孩子的名义开立一个活期结算账户，如果过去的压岁钱是存在妈妈名下的，这时也可以转到孩子自己的账户上。如果孩子经常存取款，还可以同时办理一张与存折配套使用的银行卡。同时，妈妈可以借机教孩子一些理财小常识，比如，定期储蓄比活期储蓄利率高，活期储蓄比定期储蓄取款方便，等等。如果过去存储的压岁钱正好到期，这时可以教孩子明白利率、本息等概念，让孩子知道，如果连续存储，压岁钱的本息会像滚雪球一样越滚越大。给孩子建立属于他们自己的理财账户，能帮助他们树立理财观念，增强责任感，形成积累财富的良好习惯。

4. 让孩子体会挣钱的艰辛

"要花钱，自己挣"是西方一些国家中学生的口号，其实中国的家长也应该重视培养孩子自力更生的能力，让孩子通过适当的劳动自己去挣钱。当然，在此需要指出的是，"自力更生"并不是让孩子放弃学业，去一心一意挣钱，而是在不影响学习的前提下，体会父母挣钱的艰辛。比如帮妈妈拖地一次给 1 元钱，帮妈妈整理庭院一次给 5 元钱，等等。这样，孩子在体会到劳动艰辛的同时，也会珍惜用汗水换来的钱，在以后花钱的时候，就会珍惜、有节制了。

～ 写给妈妈的话 ～

　　只要能根据孩子的心理特点和行为方式循循善诱，妈妈完全有可能帮助孩子在幼年时期就逐步树立起正确的消费观，养成良好的消费习惯。

做得好吃，孩子自然不挑食

孩子由于年龄小，不懂得控制自己，这就需要妈妈们花一定的时间和精力去帮助孩子养成一些好的饮食习惯。

对于妈妈来说，辛辛苦苦准备好了一桌丰盛的饭菜，而孩子却皱着眉头，这也不想吃，那也不感兴趣，妈妈肯定会感到很失望。而且，最让妈妈揪心的还是孩子的身体健康问题。挑食、偏食不仅会使孩子营养失衡，留下健康隐患，还会影响他的智力发育。因此，纠正孩子挑食、偏食的坏习惯，是妈妈必须认真对待的重大课题。

瑶瑶今年6岁了，小时候她吃得白白胖胖的很招人喜欢，可近两年来，她变得非常挑食。吃饭的时候，她总喜欢在菜里翻来翻去，吃肉的时候，上面有一丁点的肥肉她就会吐出来，像西红柿、芹菜这类营养丰富的蔬菜，她吃了还会反胃。

有一天，妈妈买来青菜给瑶瑶吃，并告诉她："瑶瑶，多吃点，这青菜既有营养又好吃。"没想到瑶瑶大声叫道："你不知道我最不喜欢吃青菜吗？"奶奶见状，笑着对她说："瑶瑶不爱吃青菜，我知道乖孙女最喜欢吃鸡腿了。"说着，就夹起一只大鸡腿给瑶瑶。结果这顿饭瑶瑶一口青菜也没吃。

有时候，饭桌上没有瑶瑶喜欢吃的菜，她就说心情不好，不想吃，因为怕她不吃饭会肚子饿，所以妈妈经常为她预备着各种口味的零食。

和同年龄的孩子相比，瑶瑶的脸色没有应有的红润，体质也明显偏弱，动不动就发烧感冒。她每次吃饭时的样子，简直像是在受罪，有时候甚至为多吃一口饭还要提条件，就好像是在为妈妈吃的一样。

在现代家庭中，由于妈妈的疏忽，很多孩子都会出现像文中的瑶瑶那样的情况。比如有的孩子喜欢吃甜食，有的喜欢吃辛辣的，有的只喜欢吃荤，有的只喜欢吃素。无论孩子饮食偏向哪一种，都是不对的，因为只有不偏食、不挑食，合理搭配饮食，才能吃得营养、吃得科学。

孩子过分偏爱甜食对身体有害。从小偏爱甜食的孩子往往反应能力较差，这是因为孩子脑部的正常发育需要充足的蛋白质和维生素，而甜食会降低食欲，减少孩子对高蛋白和多种维生素的摄入，导致机体营养不良，影响大脑发育；过分食用辛辣的食物容易刺激肠胃，引起肠炎或胃部的不适；只吃荤或只吃素食都不能满足机体对各种营养素的均衡需要。

孩子由于年龄小，不懂得控制自己，这就需要妈妈们花一定的时间和精力去帮助孩子养成一些好的饮食习惯。如果发现孩子挑食，千万不要用打骂、不给饭吃等极端手段来惩罚孩子，这样的方法只会适得其反。正确的方法是给孩子讲道理，告诉他为什么不能挑食、偏食。比如妈妈可以这样说："你看，妈妈种的菊花如果只给它浇水，不给它施肥，它的叶子就不会长得这样水灵，而是干巴巴的，它开的花朵也不会这样鲜艳，而是又小又没有生机。人也一样，如果你总是偏食、挑食，身体就会因为缺乏营养而长得像'豆芽'，而且极容易生病……"相信妈妈如果能耐心地用诸如此类的实例来教育孩子，孩子就会逐渐改掉挑食的毛病，养成良好的饮食习惯。

好妈妈应该这样做

帮助孩子克服挑食的坏毛病，好妈妈具体应该怎么做呢？

1. 控制孩子吃零食的数量

许多孩子食欲不佳的主要原因在于吃零食太多。大多数零食在口感上比妈妈做的饭菜要好吃，因此，孩子常常会无节制地吃零食。零食中最常见的就是垃圾食品，包括油炸类、腌制类和罐头类的食品等。这些食品仅仅提供一些热量而别无其他营养。孩子如果长期、大量摄入这种食品，身体里还会残留一些无用甚至有害的物质。例如，饼干和糖果类食品食用香精和色素含量过多，长期大量摄入易损伤肝脏。而坚果、葡萄干和乳酪等零食，里面虽然含有大量营养物质，但吃多了也肯定会降低孩子吃正餐的欲望。因此，妈妈应该有意识地控制孩子吃零食的数量，或者用孩子喜爱的新鲜水果和蔬菜代替他所吃的零食，循序渐进地纠正偏食、挑食的坏习惯。

2. 有意识地给孩子讲吃蔬菜的好处

很多孩子都不爱吃蔬菜，其实蔬菜是最有营养的菜肴，妈妈一定要帮助孩子克服这个坏习惯。譬如妈妈在教孩子唱儿歌、讲故事时，可以有意识地结合儿歌、故事的内容给他讲吃蔬菜的好处。吃饭时，若孩子不愿意吃蔬菜，可以帮助他回忆儿歌、故事中的内容，孩子就会乐意吃菜。

下面看一下这位妈妈是怎么做的：

点点很喜欢做游戏，对于她不爱吃的菜，妈妈就和她玩"开火车"的游戏。妈妈把盛好菜的小勺当火车，边念儿歌边喂她："呜呜呜，开火车，爬过高山，走过平地，咔嚓咔嚓，火车钻进山洞里。"当念到"火车钻进山洞里"时，点点就乖乖地张大嘴巴，让"火车"钻进去。后来，只要妈妈一念儿歌，她就能自己"做游戏"了。

点点不爱吃菠菜，无论妈妈怎么耐心地劝说，就是提不起女儿对它的兴趣。这时候，动画片《大力水手》帮了妈妈的大忙，片中的大力水手在需要解决困难的时候总是吃上一大桶菠菜以增强体力去打败敌人，点点很爱看。妈妈借机对她说："你想有大力水手一样的本领吗？""想！""那你就和他一样，多吃菠菜呀！你看，菠菜的作用多大！你吃了菠菜，身体一定和大力水手一样棒！"点点听着觉得很有道理，逐渐也能吃些菠菜了。平时，只要点点吃了一点点原来不爱吃的菜，妈妈就大大地夸奖她一番。在适当的时候，妈妈还会给她讲各种蔬菜的营养价值，这不但有利于改正点点挑食的习惯，还丰富了她的知识。

3. 增加饭菜的花样

为了纠正孩子挑食、偏食的习惯，增加孩子进食的欲望，妈妈也可在烹调上多下功夫，增加饭菜的花样，尽量把饭菜做得可口。比如说，很多孩子都不喜欢胡萝卜的味道，遇到饭菜里有胡萝卜，就会把它们都挑出来。妈妈可以把胡萝卜擦丝儿、剁碎，加入肉末、鸡蛋等，做成小丸子；或者将胡萝卜和去皮的土豆蒸烂，压成泥，加入调味料以后做成小饼煎着吃。孩子在视觉上见不到不爱吃的胡萝卜，味觉上也尝不出那不喜欢的味道，心理上又被这些形状各异、样式新颖的菜肴吸引，一定不会抗拒吃饭，没准会吃得比谁都多呢。

写给妈妈的话

孩子挑食、偏食的坏习惯直接影响着孩子的健康，如果长期得不到纠正，可能会引发各种疾病。好妈妈一定要想办法尽早帮助孩子改正这个坏习惯，保证其健康成长。

养成爱运动的好习惯

通过跑步、徒步、骑自行车、打球、游泳等运动，可以锻炼孩子的体魄，让他们展现自我、获得自信，有助于孩子心智的健康发展。因此，好妈妈最需要做的是，让孩子们跑起来、跳起来，让全身运动起来。

生命在于运动，健康在于锻炼，体育运动是身心健康的保证之一，健康是一切事业的基础。孩子的天性中总充满活泼好动的因子，极少有孩子天生排斥运动。妈妈可以利用孩子的这一天性，引导他们养成热爱运动的好习惯，促进孩子身心的健康发育。

康康是一所知名重点大学物理系的学生，同时也是学校篮球队的主力前锋。杂志社的记者采访他的妈妈时，她这样谈道：

从孩子刚会走路到初中毕业10多年的时间里，我每天都带孩子进行1个小时的运动，从未间断。这期间，孩子入学、升学是考验妈妈判断力的时刻。因为孩子的生活状态将有所改变，学习将逐渐成为孩子的主要任务。我经过仔细考虑，还是觉得运动很重要。我认为，提早为孩子在智力发展上做选择，也就是让孩子学习某种特长，如美术、钢琴之类，是不明智的，这些应该让孩子长大后自己选择。

经过几年的体育锻炼，康康的体质明显增强。尤其是到青春期时，他身体各个部位都发育得十分强健，没有像某些孩子那样，身材纤细得如豆芽菜一般。有的妈妈看到孩子进入青春期了，身高明显增加，才意识到要给他增加营养和运动量。其实，更好的做法是，在孩子身体迅速发育之前就给予合理的营养，并进行充分的锻炼。

运动对孩子的智力发展也有积极的影响。有一项调查发现，在运动更多的季节，孩子完成各种作业的速度和质量都要较平常有明显的提高。美国生理学家也在一项实验中证实，适当的运动刺激可以有效地增加大脑的重量与皮质的厚度。

运动促进了呼吸和血液循环，脑细胞可以得到更多的氧气，代谢速度加快，大脑的活动也会越来越灵敏。再加上锻炼时肢体动作的千变万化，也会促使大脑的各个部位快速地做出相应的机能反应，就好像在为大脑神经做各种各样的"健脑体操"。如果每天进行适当的户外活动，还能帮助孩子提高睡眠质量，增强记忆力。

运动不仅有助于孩子的生理健康，其对孩子的心理健康也是大有裨益的。这是因为孩子往往会选择那些自己擅长的运动项目，在运动中游刃有余的出色表现会提高他们的自信。

好妈妈应该这样做

通过跑步、徒步、骑自行车、打球、游泳等运动，可以锻炼孩子的体魄，让他们展现自我、获得自信，有助于孩子心智的健康发展。因此，好妈妈最需要做的是，让孩子们跑起来、跳起来，让全身运动起来。

1. 培养孩子对体育的兴趣

适当的体育锻炼可以促进全身血液循环，保障脑细胞获取充分营养，从而促进生长激素分泌。作为妈妈，要培养孩子对体育的兴趣，让他养成爱好锻炼的生活方式。有很多妈妈认为孩子只要摄取了足够的营养就可以了，所以把主要精力都放在孩子的饮食上面。实际上，饮食是一个方面，而体育锻炼是更为重要的另一方面。

培养孩子对体育的兴趣，妈妈在其幼儿期就可以入手。因为，1 岁左右的幼儿已能站立和独立行走，在鼓励他们行走的同时，还要有意识地通过玩具锻炼他们的动作，如搭小积木和套圈等；2 岁左右的孩子，行走已不成问题，可以对他们进行跳跃、攀登、投掷、上下台阶等方面的锻炼；对于 3 岁左右的孩子，可以让他们随意跑跳，迈过简单的障碍物，双脚交替上下楼梯等。随着孩子年龄的增长，体育锻炼的项目也应不断增加，但长时间的耐力性强的项目不宜过多，应把锻炼的重点放在增强身体的灵敏度和协调性的项目上。还要多带孩子到户外去活动，呼吸新鲜空气，接受阳光照射。

妈妈可以在多种场合或通过多种媒介，提高孩子对体育运动项目的认识，循序渐进地教给他一些体育知识，让他懂得各种体育运动对人体的益处，了解各种体育竞赛中的乐趣，以激发和引导孩子的兴趣。比如，可以在看电视的时候，和孩子共同欣赏一场精彩的球赛，通过评价球星精湛的球艺、队员们的密切配合、各种运动技巧的巧妙运用等，让孩子感悟体育运动的妙不可言，从而激发他参与该项活动的兴趣。

2. 和孩子一起享受运动的乐趣

妈妈要以自身的言行带动孩子，如果妈妈热衷于锻炼，孩子也会如此。运动不仅是锻炼身体的过程，也是一个非常重要的情感经历。

由于许多孩子都是独生子女，缺少玩伴，妈妈就不可避免要充当这一角色——做孩子的玩伴，如与孩子一起踢毽子、打网球、跳绳等。妈妈多参与到和孩子一起的运动中，等他有了微小的进步，就及时表扬鼓励孩子。这样，既锻炼了自己和孩子的身体，又增进了两人之间的感情，可谓两全其美。

3. 让孩子选择自己喜欢的运动

培养孩子热爱运动的习惯，妈妈要根据其兴趣、特长来考虑他应该尝试的项目，不要强迫孩子从事某种自己认为很好的体育运动。不管妈妈认为这项运动多么好、多么有趣味，那是妈妈的事情，而孩子可能并不这样认为。如果妈妈强迫孩子去做他不喜欢的运动，他就不会从运动中享受到乐趣，有时反而会对运动产生反感。

写给妈妈的话

　　一个人对运动的热爱多形成于青少年时期，并影响其今后的一生。因此，作为好妈妈在孩子青少年时期，就应培养他的运动观念，教会他掌握运动的技能，养成热爱运动的习惯。

让孩子闪耀从内而外的美

　　针对孩子的爱美心理及对美的认识上的偏差，妈妈应注意培养其健康的审美情趣，使他懂得什么是真正的美。

　　中国有句话叫"秀外慧中"，"秀外"即外表美，"慧中"即心灵美，只有既"秀外"，又"慧中"，做到内外和谐统一，才是真正的美。好妈妈要告诉孩子，外表应保持学生健康活泼清新的自然美和青春美，同时更应该做的是多读一些书籍来陶冶自己的情操，提升内在修养。

　　琪琪是一个很漂亮的女孩子。每天上学之前，她总是很早就起床穿衣打扮。尽管每天学习都很忙，但是她从没有因为时间紧张，而像其他同学那样"狼狈不堪"。在她看来，把自己打扮得漂亮也是对别人的尊重。起初，琪琪的妈妈也会唠叨上几句，但是后来她发现琪琪并没有因此影响到学习，也就不再加以限制了。不仅如此，有空闲的时候，她还会和琪琪探讨什么样的女孩子才最漂亮。妈妈告诉琪琪，漂亮的女孩子，不仅注重自己的外表，同时也注重自己的内心修养。琪琪听了妈妈的话似懂非懂地点了点头。从那以后，琪琪变得更懂事了，也更努力学习了……

　　孩子需要大人的指导，也需要自己决定一些事。比如，妈妈常常为孩子的穿着和发型烦心，但好妈妈却觉得，只要不出格，最好让孩子们自己去体验。只有这样他才能真正明白什么时候该穿什么衣服，什么样的衣服和发型更适合自己。

好妈妈应该这样做

随着孩子年龄的增长，其自我意识也逐渐增强，他们变得爱美、爱打扮了。他们在关心自己内心世界的同时，也把一些时间用在装扮自己的外表上面。这一变化引起了不少妈妈的恐慌，那么，好妈妈应该如何对待孩子爱打扮的心理呢？

1. 培养孩子健康的审美情趣

针对孩子的爱美心理以及对美的认识上的偏差，妈妈应注意培养其健康的审美情趣，使其懂得什么是真正的美。要使孩子明白美是寄寓在和谐、统一、协调、相宜之中的。比如，一个清清丽丽的女孩把自己打扮得珠光宝气、俗不可耐，与中学生的身份极不协调，这又美在何处？盲目节食减肥即使减肥成功，却成为一个体弱多病的人，还有什么美可言？妈妈要使孩子明白美不仅停留在外表上，还体现在其内在品质上。一个人如果光外表是美的，在言行上却流露出粗俗，给人的感觉是极不协调的，更谈不上任何美感可言。

2. 家长要提高审美能力

许多妈妈爱漂亮赶时髦，常常喜欢穿着花里胡哨的衣服，戴上造型古怪稀奇的项链耳环等饰物，最新流行的时尚都要去尝试一下。在妈妈的影响下，久而久之，孩子也会形成追赶时髦的心理，在穿戴上过分讲究。

小辉的妈妈是个漂亮的女人，她不仅自己爱美，也经常把小辉打扮得像个大人。这不，春节到了，妈妈让小辉烫了头发，化了妆，还给她买了一对大耳环。在妈妈的影响下，小辉也十分注意自己的衣着打扮，经常闹着要买新潮衣服，甚至还要名牌的。在学校里她也总跟同学们比谁穿得漂亮。有一次，大冷天，为了要穿一件裙子上学，她磨了妈妈半天，结果闹得上课迟到了，挨了老师的批评。现在，妈妈也拿她没办法了。

赏心悦目的仪表、服饰的确是一种美，但是像小辉这样的未成年人一味地追求外表美，并不是一件好事。孩子由于缺乏美学知识，再加上妈妈错误地引导与影响，往往使他们对美的认识停留在盲目的着装、打扮上。作为妈妈，要做富有生活情趣的人，要有一定的审美能力，孩子才能受到积极的影响。

3. 塑造孩子美的心灵

妈妈不仅要引导孩子对外表美有正确的认识，还要抓住孩子爱美、要美的心理，帮助孩子塑造美的心灵——告诉他讲文明、懂礼貌是美的；尊老爱幼、扶困济贫是美的；爱护树木、关注环保是美的……力求使自己的孩子做到仪表美、心灵美、语言美、行为美。要想让孩子知道什么是美，就要提高孩子对美的感受力。审美能力并不完全是与生俱来的，而是在审美活动中培养出来的。健康愉快的活动可以陶冶孩子的情操，并使孩子在娱乐中受到熏陶。如果妈妈和孩子多在一起进行健康有益的活动，如阅读、体育运动、音乐欣赏等，不仅可以使他领略到各种艺术美，也可以增进一家人的感情。经常带孩子投身大自然去寻找美，多参加社会艺术活动去感受美、体验美，也是值得借鉴的方法。

———— 写给妈妈的话 ————

俗话说："言教不如身教。"好妈妈要注意自己的身教作用，以自己得体的装束、优雅的举止、文明的行为去影响孩子，塑造孩子美的心灵。

做好个人卫生这件小事儿

个人卫生看起来是一件小事，但往往反映出一个人的生活质量和精神面貌。如果一个人的衣食住行一塌糊涂，特别不注重个人卫生，他的生活质量肯定很差，更谈不上什么精神面貌。

俗话说"病从口入"，说明个人卫生习惯与健康息息相关。好妈妈应该知道，培养孩子从小养成重视个人卫生的好习惯，对于孩子的一生十分重要。

苗苗特别注意卫生，这与苗苗妈妈的教育是分不开的。妈妈经常告诉苗苗，要从小养成爱清洁、讲卫生的好习惯，尤其是饭前便后洗手的习惯。

在苗苗很小的时候，妈妈就想尽办法让他感受到洗澡、洗脸和洗手的乐趣。比如，在洗澡时，水温调好后，妈妈便把苗苗放进洗澡盆，接着放入一只玩具鸭，让儿子教小鸭子游泳；或是用一个小塑料杯，装满水后从苗苗的脖子或背上往下浇水。通过这种方式，苗苗逐渐把洗澡当成了一种享受，用他自己的话说："洗澡像游戏一样好玩。"

虽然爱洗澡，但苗苗也像别的小朋友一样不爱洗脸。对此，苗苗的妈妈没有用打骂来威胁他，而是像对待成年人那样，让他自己挑选洗脸盆和洗脸用的毛巾。当苗苗拿着自己喜欢的有长颈鹿、小白兔等动物图案的小脸盆和一条天蓝色的小毛巾时，他的情绪变得非常好，主动要求妈妈倒水帮他洗脸了。一连好几天，苗苗的妈妈都用这种方法来引导他，使他开始喜欢洗脸了。

每当洗手的时候，苗苗总是要问："为什么饭前便后要洗手？"妈妈总是会耐心地告诉他："因为手上摸了脏东西，在吃饭前不洗干净，吃进肚子里就会长出虫子来，有虫子就会生病，就要去医院打针吃药了。"等他稍大一点，妈妈又告诉他，饭前便后洗手可以预防各种肠道传染病、寄生虫病。

在苗苗还不会自己洗手时，妈妈就会亲自为他做榜样。先把袖子挽起来，把手沾湿再打上肥皂，然后两手互相搓擦，并对苗苗说："看！起了多少肥皂泡沫！""现在脏东西搓掉了，我们把手冲洗干净吧！"一面说着，一面教苗苗在水龙头下把手上的肥皂泡沫冲洗干净，甩掉手上的水珠，用毛巾把手擦干。

苗苗学会了洗手可是还没形成习惯，于是妈妈会为苗苗准备好肥皂、擦手毛巾，放在苗苗容易取拿的地方，并且经常通过语言的提示帮助孩子完成这些应该做的事情，并逐渐养成习惯。

培养孩子良好的卫生习惯，对于妈妈来说是一件平凡而又细致的工作，因此一定要持之以恒。可以运用示范、讲解、提示、练习等方法，给孩子以具体的指导和帮助。苗苗的妈妈就是一个值得很多家长学习的榜样。

在日常生活中，我们经常会看到一些孩子，人长得俊俏挺拔，穿戴却乱七八糟，衣服裤子皱皱巴巴，油污斑斑，头发又脏又乱。一些住集体宿舍的孩子，个人卫生状况更是惨不忍睹——桌子上杯盘狼藉，有的剩饭剩菜已经发霉；床上成了"杂货铺"，被子已经看不出是什么颜色；床下的世界更加"精彩"，空瓶子、臭袜子、脏球鞋等横七竖八地堆在一起。

个人卫生看起来是一件小事，但往往反映出一个人的生活质量和精神面貌。如果一个人的衣食住行一塌糊涂，特别不注重个人卫生，他的生活质量肯定很差，更谈不上什么精神面貌。所以，帮助孩子保持良好的个人卫生习惯，是每一位妈妈必须做的。

孩子一旦养成了良好的个人卫生习惯，他们是乐于洗手、洗脸、洗头、理发、洗澡的，他们会觉得这些事情有趣，而且过后身体很舒服。但是一定要注意，当妈妈帮助孩子做这些事情的时候，千万不要有抱怨情绪，一定要使孩子感到舒适愉快。如果妈妈因为心情急躁而弄痛了孩子，孩子下次自然就不愿再做了。

好妈妈应该这样做

孩子良好的个人卫生习惯与好妈妈平时的教育是分不开的。好妈妈一定要帮助孩子养成及时清理个人卫生的好习惯，才能使其受益终身。

1. 向孩子强调饮食卫生的重要性

平常的饮食是否卫生与孩子的健康有很大的关系。如果孩子在吃饭前不洗手，细菌就有可能通过食物进入人体，从而引起腹痛、腹泻等症状；吃水果时不洗净或不削皮，残留在上面的农药等其他有害物质也可能对人体造成损害；饮用生冷的水和过期的饮料会引起肠胃不适等。妈妈要从每一个生活细节入手，把这些道理都讲给孩子听，使孩子意识到饮食卫生是身体健康的前提，从而能够自觉地加以注意。

另外，如果发现孩子喜欢边吃饭边看电视、看书、玩玩具时，也要帮助他们克服这些毛病，教育孩子要专心进食。否则，不仅会导致饮食卫生出现问题，还会影响消化，给胃肠道带来麻烦。

2. 向孩子强调服装卫生的重要性

有的孩子在妈妈不提醒的情况下，就不知道主动换衣服，在天气较热时还经常一件衣服穿好几天，这样对身体健康是不利的，特别是长时间穿被汗水浸湿的内衣既容易感冒，对皮肤也不好。所以，勤换衣服特别是内衣对孩子来说是非常重要的。孩子的衣服要勤洗、勤晒，在换下来后，不要不经过洗涤只是晾晒一下就让孩子重新穿。

另外，对于6～12岁的孩子来说，他们正处在身体发育得比较快的阶段，在这一阶段，男孩和女孩的第二性征也逐步明显。因此，妈妈在为他们选购衣服时要尽量挑选宽松、棉质的，以免衣服过紧、过小，影响他们身体的正常发育。

3. 向孩子强调洗澡、刷牙的重要性

有的孩子不愿意洗澡是因为他们没有认识到其重要性，他们认为几天不洗澡对身体不会有什么损害。显然，这种认识是不正确的。妈妈应该告诉孩子，如果不洗澡，皮肤上就会积留一些灰尘、汗液等，时间长了就会产生难闻的气味，同时为细菌繁殖提供了场所，容易感染病菌而引起皮肤瘙痒，因此必须经常洗澡，特别是在夏天更要勤洗澡。

有的孩子对刷牙也不够重视，即使刷牙也是早刷晚不刷，或是晚刷早不刷，要么是隔几天刷一次，刷牙的方法也不正确。妈妈应该帮助孩子养成饭后漱口、早晚刷牙的习惯。同时，妈妈要教给孩子正确的刷牙方法，并以身作则地示范给他看。

另外，妈妈要为孩子准备专门的牙刷、杯子，不要混用，以防止传染疾病。同时，每隔一段时间就提醒孩子换一把新牙刷，如果长时间使

用一把牙刷，积留在上面的细菌就会增多，孩子也容易感染口腔疾病。

4. 要求孩子自己整理房间

好动、爱玩是孩子的天性，他们能在转瞬之间将房间弄得乱七八糟。这时，许多妈妈都会呵斥孩子，然后自己开始收拾东西。其实，这样做是不可取的。孩子会认为妈妈收拾房间是理所当然的，没多久他们还会将收拾好的房间弄乱，根本不会珍惜妈妈的劳动成果。

妈妈应从小培养孩子对自己做的事情负责的习惯，让他们自己动手收拾，不要让他觉得无论如何总会有人帮他。如果孩子太小，妈妈可以同他一起收拾，告诉他哪样东西该放什么地方，千万不要独自就将他弄乱的房间恢复得整整齐齐。最好能让孩子将收东西也变成玩耍的一部分，从小养成自己整理房间的好习惯。

> **写给妈妈的话**
>
> 好妈妈在教育孩子讲卫生时，要注重言传身教，同时叮嘱家中的其他成员在日常生活中注意自己的个人卫生。成年人先规范自己的行为，给孩子做好榜样，营造一个干净、整洁的家庭氛围，才更有助于孩子养成好习惯。

让孩子在劳动中获得快乐

好妈妈应该多让孩子做一些家务劳动，如整理报纸、买瓶酱油、擦擦桌子等，这些事情虽小，但对孩子来说意义重大。

劳动的过程，实际上是心理训练的过程，好妈妈要求孩子劳动的目的，不是为了创造财富，而是培养孩子自觉劳动的习惯和热爱劳动的优良品质。许多妈妈为了让孩子专心学习，什么活都包办代替。妈妈往往认为孩子的任务就是学习，干家务活会影响他们，只要他们好好学习，将来能考上大学，哪怕天天给孩子倒洗脸水妈妈们也乐意。

小优都 7 岁了，可是一点家务活都不会干。为了让她好好学习，妈妈把一切家务劳动都包下了，甚至连小优的生活起居都不让她动手。所以小优除了好好学习，什么事都不用做，房间乱得不成样子，都是妈妈替她收拾干净。有时她换下的衣服妈妈没及时洗，她还非常的不高兴。

放暑假了，小优的一天是这样度过的：每天早晨起来被子一甩，先去刷牙，而牙膏早早就由妈妈挤在牙刷上面；吃早点时，妈妈早已把果酱抹到了面包上，只等着她来吃；做作业时，妈妈早就将她的课本、文具摆在桌上了；下午学琴时，妈妈还要把她送到老师那里。

一天，妈妈对小优说："妈妈太忙了，你拿扫帚把屋子打扫一下吧。"她居然蹦出这样一句话来："妈妈，这要怎么扫呀？是横着扫地，还是竖着扫地？我不会呀……"

很多孩子立志将来当科学家、音乐家、宇航员等，可是，他们却往往连自己的书包、卧室都不愿意去整理。如果家长督促，他们便会用这样的理由来搪塞："我将来是要做大事的，现在这些小事可做可不做。"其实，他们没有想过，一个连小事都做不好，或是不愿意去做的人，将来又怎么有能力做大事呢？

那些不会整理自己房间的孩子，在学校里，他的课桌也一定是凌乱不堪的，由于没有收拾，因此经常在上课时找不到课本、工具书、文具等，而由于着急，情绪自然不稳定，显然听课的效果就不会好。另外，即使上课时，作业本、书、笔等没有"失踪"，但由于课桌上放的东西太乱、太杂，孩子听讲时也会分散注意力。

可见，培养孩子爱劳动、学会整理自己的东西，如同帮助孩子培养其他好的习惯一样，都是非常重要的。一些教育专家甚至指出，培养孩子动手整理自己物品的能力，应该从孩子 2 岁时就开始。2 岁左右的孩子要懂得收拾自己的玩具，玩完后要把玩具送回指定的地方，不能随便乱放。而一个 13 岁左右的孩子，已有能力自己做大部分的事情了，干家务活应该是经常性的，收拾自己的房间、书包等应该是轻车熟路，习以为常，而不是把这些事都交给妈妈，自己除了学习，什么都不干。

学会收拾、整理自己的房间、书包、课桌，不但能培养孩子的劳动能力，更为重要的是能减少生活和学习的麻烦。所以，妈妈应该适当地让孩子做一些他力所能及的家务劳动。

好妈妈应该这样做

好妈妈应该多让孩子做一些家务劳动，如整理报纸、买瓶酱油、擦擦桌子等，这些事情虽小，但对孩子来说意义重大。因为在做家务的过程中，孩子不仅可掌握一些简单的家务技能，养成良好的劳动习惯，而且有利于责任心的培养。因此，好妈妈应重视利用家务劳动对孩子进行教育。

1. 让孩子参加家庭劳动

孩子的学习固然重要，但劳动同样是不可忽视的，妈妈应针对孩子的年龄特点和身体状况，给孩子分配一些力所能及的家务。如三四岁的孩子可以做一些如整理报纸、给下班的家长拿拖鞋等简单的劳动；四五岁的孩子可做一些较为固定的家务，如打扫房间时让他抹桌椅、吃饭时让他收放餐具等；五六岁的孩子劳动技能有较大提高，可让他们独立完成一些家务活，如洗碗筷、洗手绢等。

2. 经常督促孩子

当孩子开始学着干家务时，妈妈要在一旁督促、指导，必要时给予帮助。任何好习惯的养成都是需要时间的，这个时间或长或短，因此妈妈不能一见孩子有点成绩就放松要求，要督促、指导孩子一段时间，使孩子真正养成爱劳动的好习惯。

3. 从孩子感兴趣的劳动做起

孩子的好奇心特别强，他们什么都想尝试，很乐于模仿大人的劳动。妈妈不妨利用这一点来培养孩子的劳动习惯。如当孩子对洗衣服搓出的肥皂泡感兴趣时，妈妈可以教孩子怎样洗，并让他们动手洗自己的手帕、红领巾和袜子等；当孩子对扫地感兴趣时，妈妈可以教他怎样扫地才会扫干净；当孩子对上街买东西感到很神秘而愿去尝试时，就可以让孩子去买点油、盐、酱、醋等零星东西，并可以教孩子算数、付钱。告诉孩子怎么洗衣服、怎样扫地、怎么买东西，孩子从中体会到劳动的乐趣，而且还会学到课本上学不到的知识和技能，这样就会达到一举两得的效果。

4.和孩子一起做家务劳动

孩子是非常喜欢和家人一起做家务的，如和妈妈一起择菜洗菜、收衣物、清扫房间、整理花木；节假日和全家人一起包饺子、打扫卫生等。妈妈和孩子一起劳动，可以提高孩子劳动的兴趣，融洽家庭气氛，增进母子感情，还能培养孩子的协作精神。在与孩子一起劳动时，妈妈应以身作则，以自己对劳动的热爱之情来感染孩子，给孩子树立一个良好的学习榜样。

―――∞•―――**写给妈妈的话**――•∞―――

好妈妈经常让孩子参加劳动，一方面可以培养他们的劳动观念、劳动技能、劳动习惯，另一方面也有利于促进孩子身体的发育和智力的发展。

对自己负责，才能对他人负责

责任感是人格因素中，最基本、最重要的因素之一。现在的孩子绝大多数是独生子女，他们备受家长和其他长辈的宠爱，自立意识差，依赖性强，尤其是缺乏责任心、责任感。

好妈妈应该尽早让孩子学会对自己的行为负责。孩子只有学会了对自己负责，才能逐步地学会对家庭、对他人、对集体、对社会负责。

月月是家中的独生女，从小就被妈妈惯坏了。

从小时候起，月月就是个调皮的小女孩，当她到别人家做客时，经常会弄坏人家的东西。这个时候，妈妈总是说："你这孩子，真不听话，快回家去！"然后自己给别人道歉。在家中，月月的事情从来不自己做，已经这么大了，还从来没有自己洗过衣服。甚至每天洗脚，都要妈妈给她端来洗脚水，等她洗完后，妈妈还要帮她洗袜子。月月不仅在家里没有责任心，在学校里也同样如此，已经上了六年学了，她仅仅做过几次扫除。

由于没有责任意识，月月对什么事都漠不关心，同学们都不喜欢和她在一起。

其实在生活中，有许多孩子都像文中的月月一样没有责任感。这样的孩子在成年后很难找到自己在社会中的地位与重要性，从而迷失前进的方向，失去了创造成就的动力，最终一事无成。

对于培养孩子责任心的方法，我们可以向下面这位妈妈学习：

同同非常喜欢踢足球，每天放学后，他总是会和同学踢一会儿球。

一天，同同在踢足球时不小心打碎了邻居家的玻璃，邻居向他索赔50元钱。闯了大祸的同同只好回到家里，向妈妈承认了错误，希望妈妈能够帮他赔偿邻居的损失。

妈妈刚打算答应，突然想到，这是一个教育儿子的好机会，一定不能放过。

于是，妈妈对同同说："不，儿子，是你打碎了邻居的玻璃，必须由你来赔偿。"

"可是妈妈，我没有那么多钱，我这个月的零用钱已经花完了。你先替我垫上，等下个月给我零用钱的时候从里面扣除，可以吗？"

"这不行，你必须通过自己的劳动来偿还这笔钱，不能用零用钱偿还。"

说完，妈妈拿出50元钱："这钱可以借给你，但你要在一年内还我。"

同同听了妈妈的话，点了点头。

从此，同同在学习之余开始了打工生活。经过半年的努力，他终于挣够了50元，还给了妈妈。

很多妈妈有这样的想法，认为责任感是大人才需要具备的品质，孩子不懂得什么是责任感，也不需要有责任感，所以就不重视培养孩子的责任心，希望孩子长大后自己明白。其实这种想法是错误的，因为一个人的责任感就像他的其他品质一样，是需要从小培养的，等到孩子长大定型，沾染了一身坏毛病后，妈妈后悔也来不及了。

好妈妈应该这样做

如果好妈妈能让自己年幼的孩子看到生活的重要意义，看到自己的行为给他人带来的影响，让他感到自己是被别人需要的，便会使其产生强烈的责任感和使命感。这种责任感与使命感的内容，也会随着孩子年龄的增长及与社会接触面的扩大而更丰富，不仅仅局限于自己的家庭。

1.积极培养孩子的责任感

妈妈要让孩子了解家人对他的需要、信任与期望，要让孩子有机会参与关于家庭决策的讨论，交代给孩子一些他力所能及的日常生活中的任务，例如买菜、收拾房间、接待客人等。让孩子意识到自己是家庭的一员，在家中有不可取代的地位，以此培养他的家庭责任感。

另外，妈妈可有意识地安排孩子帮助孤寡老人、残疾人做点事，带孩子参加居民区的卫生、绿化劳动，鼓励孩子在学校做好值日工作等。在社会活动的实际锻炼中，使孩子逐渐感受到自己的社会价值，不断增强他们的社会责任感。

2.责任心的培养要"早"

对孩子责任心的培养要抓一个"早"字。其实孩子在小时候所表现出的一些自主的意愿，如自己挑选衣服，鞋子要自己穿，小手要自己洗，等等，都可以说是责任心的萌芽，妈妈这时应注意给孩子以积极的引导，不要因为担心孩子做不好这些事情而随意剥夺了他为自己承担责任的机会，更不要对孩子说"你太小，做不好，别添乱了""听话，你现在还不能做这些事情"，等等。如果妈妈在孩子小时候一直"代劳"，等孩子稍大时的某一天，突然要求孩子对自己的事情负责任，这时孩子一定会感到困惑。因为在他的意识里，一直以来所有的责任都是由妈妈或其他人来承担的，自己没有承担责任的概念。这时再想培养孩子的责任心就很困难了。

3. 让孩子对自己的责任心引以为荣

责任感是人格因素中，最基本、最重要的因素之一。现在的孩子绝大多数是独生子女，他们备受家长和其他长辈的宠爱，自立意识差，依赖性强，尤其是缺乏责任心、责任感。因此，当孩子表现出自己的责任心时，妈妈要给予他明确的鼓励和赞赏，让孩子对自己的责任心引以为荣。

4. 让孩子对自己的过错行为负责

受年龄以及生理、心理等因素的影响，孩子对许多事或出于好奇，或出于顽皮的天性，或出于对社会生活缺乏知识和经验，往往会因自己的不恰当行为造成一定的不良后果，这完全是可以理解和原谅的。但是，过度的宽容对孩子有害无益，它只会让孩子淡漠自己的责任意识。当孩子因自己的行为造成过错时，妈妈的正确做法是与孩子一起分析原因和孩子应承担的责任，以及以后如何避免类似情况的发生等，从而使过错行为成为强化孩子责任心的契机。

写给妈妈的话

好妈妈要指导孩子认识自己的责任并发现自身的价值，从而培养孩子独立负责的精神，还要鼓励和信任孩子，使他们成为一个有责任感的人。

不要和任性的孩子硬碰硬

孩子的任性，不仅给大人带来了许多麻烦，而且还会影响其心理的健康发展，甚至会影响他的一生。

任性的孩子，主要表现为：想干什么就干什么，提出的要求，一定要得到满足，不满足就大吵大闹，"偏不""就不"不离口，无论妈妈怎么劝说也不顶用，难以克制自己的情绪。

6岁的嘟嘟自小便被爷爷奶奶宠坏了，有时候脾气一上来，九头牛也拉不动，他想干什么或者想要什么，必须立即得到满足，否则，就哭闹、打滚、扔东西。

有一次，妈妈跟朋友约好了一起吃饭，把嘟嘟也带去了。由于妈妈提前跟嘟嘟商量好了，告诉他要讲礼貌，吃饭的时候嘟嘟还是比较乖的。可是等吃好了以后，嘟嘟就开始在餐厅里乱转，见有一桌客人要了一盘大闸蟹，就回来跟妈妈要。其实妈妈已经点了一盘烧花蟹了，只好跟他商量："我们已经要了一盘蟹，下次再要那种大闸蟹。"可嘟嘟把筷子一摔就闹了起来。碍于人多，妈妈一开始尽量哄他，可嘟嘟又是推盘子，又是踢凳子，还大声喊着妈妈的名字，弄得大伙没法吃饭。妈妈气坏了，把嘟嘟拽出餐厅就打了一顿。

又有一次，吃完晚饭后，嘟嘟提出要去邻居家找同学玩，妈妈要他先把作业写好了再去。嘟嘟很不乐意，妈妈就多说了他两句，谁知嘟嘟气冲冲地一甩门就出去了。当时妈妈也很生气，觉得这孩子也太任性了，就没有马上追出去拉他回家。大约过了10分钟，妈妈感觉到心里不踏实，就出去找他，找了很久，才在同学家找到他。

嘟嘟的任性，跟爷爷奶奶的溺爱有很大关系。他知道家里人都疼爱他，不管自己提出什么样的条件都会被满足，即使不能满足，只要哭闹，家里人就会心软，最后也会答应自己的要求。

据专家分析得出，孩子任性主要有以下一些原因：

1. 妈妈缺乏耐心。对于孩子蛮横无理的任性行为，妈妈刚开始还能坚持原则，但是当孩子的各种任性行为频繁出现或者愈演愈烈时，一些妈妈就会丧失耐心，听之任之了。还有的妈妈认为，反正现在孩子还小，不懂事，等他长大点自然就会好了，因此之前坚定不移的管教信念也就不再坚持，不了了之了。妈妈的态度，孩子都看在眼里，就更助长了他们继续任性的"气焰"。

2.环境因素。现在人们的居住环境都是一门一户，大门一关，就只生活在自己的小空间里，与邻里失去联系。孩子在这样的环境下成长，除了在学校，他们很少有机会与其他孩子一起玩，一起培养感情。每个孩子或多或少都有一些以自我为中心，很难考虑到别人的情绪和不满，只要自己认为不好的，都不接受。这样的环境下，孩子普遍缺少互助、合作的意识，缺乏谦让、自制的行为，也就养成了任性的坏习惯。

3.孩子逆反心理的影响。孩子容易冲动，自制能力也差，很多时候思维方式带有片面性，有时候容易产生逆反情绪。有些妈妈由于不了解孩子的心理，每当发生问题，总是不分青红皂白、不问来龙去脉，上来就用训斥、打骂等方式来教育孩子，从而导致孩子产生更强的逆反心理，以执拗不讲理来对抗妈妈的责骂，这样就使孩子的任性行为越来越明显。

4.隔代教育的结果。由于工作压力大，很多妈妈没有过多的时间来照顾孩子，都交由爷爷奶奶，或者姥姥姥爷来照顾。这同样会有弊端。祖辈们溺爱孙子，把他们当成手心里的宝贝，总是含在嘴里怕化了，捧在手心怕摔了，爱都来不及，哪会舍得严加管教。遇上爸爸妈妈来管教孙子，祖辈们还会上前去阻止。这样，孩子就什么事情都以自我为中心，不顺心就开始闹，他们知道，反正家里有人会护着他，最终愿望也会实现。

好妈妈应该这样做

孩子的任性，不仅给大人带来了许多麻烦，而且还会影响其心理的健康发展，甚至会影响他的一生。因此，妈妈要注意从小纠正孩子的任性行为和倾向。好妈妈应该怎样做呢？

1.事先和孩子沟通好

孩子的任何行为中都可以找到一些基本的规律，多数异常情况都发生在他们有特殊需求时。掌握了孩子任性的规律后，妈妈可用事先"约法三章"的办法来预防。如孩子上街总是哭闹着让家长抱，可在出去之前就与孩子说好:"今天上街不要妈妈抱,你自己走,实在累了,可以休息一会儿再走,不然就不带你出去了。"再有就是给孩子买东西时,妈妈要和孩子先说好买什么东西,最好根据实际需要,或者根据孩子的意愿买合适的东西,而不是完全满足其欲望,要让孩子懂得克制自己。

2. 耐心劝导

当孩子提出一些非分的要求时,如果妈妈置之不理仍然不能让孩子善罢甘休,妈妈就要耐心地说服教育,让孩子明白为什么妈妈不能答应他提出的要求。但是,妈妈千万不能向孩子妥协。因为有了第一次的妥协,就必定会有第二次的妥协。久而久之,孩子就会越发任性。

3. 适当地"惩罚"

当孩子乱发脾气之后,即使他已经平静下来,并主动"讨好"妈妈,妈妈也要刻意对他保持"冷漠"。要让孩子意识到自己刚才的言行让妈妈很不高兴,然后向孩子说明道理,让孩子保证以后不再这样任性或乱发脾气。

4. 转移孩子的注意力

对于已经形成任性习惯的孩子,妈妈要善于调控和引导。在感到孩子可能要耍性子时,妈妈可以抓住时机用转移孩子注意力来避免。比如,孩子任性哭闹时,妈妈突然拿出一个新奇的东西自言自语道:"哎呀!这个东西真怪。"或者故作惊讶地说道:"瞧,街上那辆大汽车上装的是什么东西呀?"要不就说:"走,我们到外面去。"孩子的注意力被转移了,他会暂时忘记之前哭闹的原因。等到孩子回想起来时,情绪早已平复,这时妈妈再就之前的事情给他讲道理,孩子也能冷静地听进去并加以思考。

⌒⌒⌒⌒ 写给妈妈的话 ⌒⌒⌒⌒

对于孩子那种"我独占""我为主""服从我"的不良心理和任性行为,妈妈必须引起高度的重视,采取切实可行的办法坚决予以纠正。

教会孩子在挫折中微笑

当孩子在挫折面前失去信心时，可以给他讲一些名人遭遇困难时奋发图强而成才的故事，逐渐培养其坚强、乐观的性格。

孩子在成长过程中，会遇到各种各样的挫折，从蹒跚学步，到第一次试着用筷子吃饭，再到逐渐长大经历升学、考试等，无不是从挫折中汲取经验教训的。在这个过程中，好妈妈的肯定和鼓励，能帮助他们更乐观地面对挫折。

小迪是班上表现最为出色的孩子。课堂上他发言积极响亮，每门功课每次考试都是名列前茅，班级中的很多工作似乎也都少不了他。他的出色，同学们除了羡慕，更多的是一股崇拜之情。

可是后来，同学们却逐渐发现小迪很爱哭，他每次哭的原因总让人又好气又好笑：体育课时男女同学进行比赛，女同学赢了，他会回来大哭一场；美术课上，有同学的画受到表扬了，而他的没有，接下来的课他一定是闷闷不乐，愁眉苦脸的，甚至还会悄悄哭一场……

一次，妈妈和小迪下五子棋，为了激发他下棋的兴趣，一开始的两局，妈妈都让他很顺利地赢了。赢棋后的小迪显得特别兴奋，高兴得手舞足蹈，嘴里还不时地喊着："耶！我赢了！"第三局，妈妈事先跟他打招呼："这一局，妈妈要赢了。"他马上显得不开心，嘴巴也撅起来了。结果，妈妈真的赢了，小迪马上"哇"的一声大哭起来，而且再也不肯下棋了。妈妈把小迪抱在怀里，说："宝贝，输和赢都是很正常的。虽然你这次输了，可是只要你努力，下次一定可以赢妈妈的。再说，不管你是输还是赢，妈妈都是一样喜欢你的。"

听了妈妈的话，小迪破涕为笑。从那以后，小迪的妈妈总是对小迪进行鼓励和安慰。在妈妈的鼓励下，面对挫折的时候小迪也不再哭鼻子了。

的确，无论是什么人，在生活中总是难免会遭受各种困难与挫折，孩子也一样，困难与挫折是他们必经的路途之一。对于妈妈来说，为了培养孩子面对困难时的韧性与勇气，适时适当地让他们受点挫折是很有必要的。所谓"适时适当"，就是不要提前为孩子扫清障碍，当遇到困难挫折时，也不要有意绕着走。必要的时候，妈妈不妨有意设置一些障碍，以磨炼孩子的意志品质。

美国儿童心理卫生专家指出："有十分幸福童年的人常有不幸的成年。"反过来也可以说，童年的挫折也许会成就成年的幸福。"穷人的孩子早当家"这句谚语道出了一个道理，即逆境容易磨炼一个人的意志品质，使之变得更成熟。在北京市优秀中学生事迹报告会上，来自广渠门中学宏志班同学的发言，充分说明了这一点。以下是从发言稿中节选的内容：

"我们宏志班的同学，都有着不幸的家庭背景，过早地承受着本不应该我们这个年龄承受的一切，如父母下岗、父亲或母亲一方去世、父母双亡、父母残疾，家里没有生活来源。面对不幸的家庭、拮据的生活，我们不怨天尤人，我们依然有着满是阳光的心灵。我们凭借自己的实力进入广渠门中学宏志班，我们有着超越同龄人的优秀成绩——11年来，已有八届学生全部圆了大学梦，其中，85%以上的学生就读于全国重点大学。我们感谢命运，感谢上苍给了我们同龄人所没有的'财富'。"

不容置疑，每个人的忍耐性都是在与困难、挫折打交道的过程中逐渐形成的。许多妈妈心疼孩子，主动帮他们铺平道路，结果，实际上是在剥夺孩子成长的机会。例如，去学校之前，孩子已把该带的用品准备好了，可是做妈妈的最后还要检查一次。其实，要使孩子真正做到不遗忘东西，某种程度上需要让他尝尝遗忘东西的滋味，他就能学会为自己的行为承担后果，并从中汲取教训。

好妈妈应该这样做

如果妈妈一看到孩子有困难，便"挺身而出"，在一旁保驾护航，久而久之，孩子便会产生依赖心理，一遇困难就想退缩。那么，好妈妈要怎样做才能培养孩子的意志力，使他面对困难也能微笑着前进呢？

1. 教孩子正确面对困难

妈妈要教育孩子不害怕困难和挫折，生活是由幸运和不幸两部分组成的，任何人不可能永远被阳光照耀着，要让孩子对阴云风雨有足够的心理准备。困难没什么大不了的，我们应该坦然面对它。

挫折对每个孩子来说既是坏事也是好事。把握好了，它能让孩子走向成熟；把握不好，可能使孩子走向沉沦。所以，当孩子在挫折面前失去信心时，妈妈可以给他讲一些名人遭遇困难时奋发图强而最终成才的故事，逐渐培养其坚强、乐观的性格。妈妈要明确告诉他：那些成功的人不是没有受到挫折，而是能很快从挫折中解脱、重新振奋；而那些失败的人，往往就是因为不够坚强、心理承受力差才最终被困难打垮的。必要时，妈妈的心一定要"狠"一些，否则，难以培养出具有坚强意志的孩子来。

2. 妈妈要及时地提供帮助

面对孩子所遇到的困难，做妈妈的还应客观分析。如果确实是孩子动动脑筋就能克服的困难，妈妈不要急躁，而是要耐心地观察孩子怎样思考，怎样去解决。如果孩子自己解决了，就要给他表扬，帮他分析哪一步做得好，哪一步做得欠妥，怎样能做得更好，以后遇到相同的事情如何借鉴，孩子就会越来越有信心。

对孩子目前不能克服的困难，妈妈则应该积极地协助，可以提出几种解决问题的办法，让孩子自己进行思考最终得出解决方案，以增强孩子的信心。

～～ 写给妈妈的话 ～～

挫折既是人生中不可避免的遭遇，也是成长中积累的宝贵"财富"。好妈妈要帮孩子树立正确面对困难的态度，培养孩子战胜困难的勇气和信心，使孩子在困难面前不逃避、不抱怨，以坦然、积极、乐观的态度微笑面对。

第三章　好妈妈视美德如生命
——品格教育让孩子受用一生

一个受欢迎的孩子，首先应该是一个品格高尚的孩子。正因为如此，好妈妈总会在百忙之中抽出时间对孩子进行品格教育。教会孩子善良、感恩、宽容……因为，好妈妈懂得，有爱心的人，才能被人所爱；懂得感恩，才会懂得回报；宽容待人，才能广交朋友。

诚实的孩子敢于直面问题

家长一定不要以为，给孩子灌输一些诚实的道理，孩子就学会了诚实；在孩子面前说一套，背着孩子做一套，就不会被孩子识破。也就是说希望自己的孩子成为一个诚实的人，不要把希望寄托在空话上，要以身作则，言行一致。

一个人的成长、成才、成功，需要多方面的因素，智力因素固然重要，非智力因素也同样重要，而诚实是非智力因素中最关键的一种。在培养孩子诚实的品格时，妈妈要注意方式和方法，这样既利于孩子良好品德的形成，又利于两代人之间的沟通。

下班后，妈妈刚走进家门就看见儿子牛牛一个人在玩玩具。等妈妈坐下休息了一会儿后，牛牛便要妈妈陪他一起玩。对儿子有求必应的妈妈当然不会拒绝。

正玩得高兴的时候，妈妈发现儿子手里的玩具有些眼生，于是问道：

"儿子，你手里的玩具我以前怎么没有见过。"

牛牛一愣，连忙回答道："是小姨买给我的。"

"小姨？小姨什么时候来过？我怎么不知道？"

牛牛的眼里闪过一丝惊慌，没有回答妈妈的问题。

妈妈察觉到儿子似乎隐瞒了什么，但考虑到他的自尊心，便不再追问。突然，她想到了一个好办法。

妈妈对牛牛说："儿子，妈妈给你讲一个故事吧！"

牛牛见妈妈没有再逼问他，还要给他讲故事，连忙高兴地说道："我要听故事，我要听故事。"

"从前，有一个叫列宁的小朋友。8岁时，他到姑妈家做客，不小心打碎了她家的花瓶，他却不肯承认，因为他怕在姑妈面前说出真相，会遭到斥责，这样就会丢了自己的'面子'。列宁的妈妈了解列宁是个要强的孩子，如果一味粗暴地训斥，就有可能挫伤他的自尊心，另外空洞的说教也无济于事，因此，妈妈决定给他一段时间，让他进行自我道德评价，在内心深处萌生出羞愧感，他才能自己纠正自己的谎言。于是，妈妈假装听信了列宁的话，并以足够的韧性和耐心等待了3个月。果然，在一天临睡前，列宁一下子哭了起来，对妈妈说道：'我骗了姑妈。我说不是我打碎了花瓶，其实就是我打碎的。'"

故事说完了，妈妈看了牛牛一眼，只见他低着头，一句话也不说。

"宝贝，故事讲完了。听了这个故事，你有什么想法吗？"

牛牛想了一会儿，轻轻地说道："妈妈，我错了。"

"哦，为什么呀？"妈妈故作惊讶。

"这个玩具不是小姨买的，而是我借别的小朋友的。因为我太喜欢它了，所以没有还回去。"

看到儿子意识到错了，妈妈把他抱进怀里，亲了亲："犯错误没有关系，只要敢于承认错误，你还是妈妈的好宝贝。"

"真的吗？"牛牛的眉头立即舒展开来。

"儿子，你要记住，要永远做一个诚实的好孩子，知道吗？"

听了妈妈的话，牛牛连连点头答应。

在这里，牛牛的妈妈明知儿子隐瞒了事情的真相，但她没有立即批评，而是给牛牛讲了一个有关诚实的小故事，使其主动承认错误。这种让孩子"自省"的方法，能使孩子从内心深处认识到撒谎是错误的行为，并能通过自身的积极努力去改正。

然而遗憾的是，很多妈妈虽然明白诚实的品性对孩子的成长、成才乃至成功都至关重要，却在培养孩子的过程中急于求成，不讲方法，以致达不到好的效果。比如，有的孩子告诉妈妈某某坏事情是自己做的，妈妈就会暴跳如雷，对孩子或责骂，或体罚，而不是对孩子说真话的行为进行鼓励，这样就会误导孩子，使孩子认为说真话反而对自己不利，因而为了逃避责任和惩罚就会说假话，这就违背了教育的初衷，结果会适得其反。

好妈妈应该这样做

一个诚实的人能博得他人的信任，能在与他人交往中结下深厚的友谊，能够拥有真正的朋友。虽然每一位妈妈都希望自己的孩子是一个诚实的人，具体该如何做呢？

1. 找到谎言的源头

孩子说谎总是有原因的，但是无论出于什么原因，在最初说谎的时候总是会表现得比较紧张的，因为，他怕被妈妈识破而遭到训斥，但也总抱有一种侥幸心理，以为妈妈不一定在意他的话，肯定会相信他的。最初几次说谎如果没有被妈妈识破，孩子就会变得越来越大胆，以致形成说谎的习惯；如果一开始就被妈妈识破而受到批评，孩子也就不敢轻易再说谎了。因此，妈妈要留心孩子说话时的表情，及早发现他的说谎行为，及时予以教育。其实，只要妈妈注意观察，多和孩子交谈，发现他说谎是不难的。如经常问问孩子当天上了哪些课，参加了哪些活动，就不难发现孩子是否逃学；当孩子向家长要钱，并说是捐款时，只要问问捐款的用途，或向其他同学了解一下，便可判断是否说谎。

妈妈发现孩子说谎后，重要的是要教育他，帮助他认识说谎的危害性。妈妈要让孩子知道，说谎得到的只是自欺欺人的短暂快乐，而失去的却是别人对他的信任。说谎或许一时能蒙骗过去，但迟早会被别人发现真相，从而遭到人们的斥责。

2.妈妈要给孩子做出表率

一个人是否具有诚信的品质，取决于儿童时期的家庭教育，关键是妈妈的言传身教。

所谓"身正则不令而行，身不正则虽令而不从"。妈妈一定不要以为，给孩子灌输一些诚实的道理，孩子就学会了诚实；在孩子面前说一套，背着孩子做一套，就不会被孩子识破。也就是说希望自己的孩子成为一个诚实的人，不要把希望寄托在空话上，要以身作则，言行一致。

3.对孩子多鼓励，少批评

许多妈妈对待孩子的错误不是正面教育，而是粗暴地惩罚、打骂，孩子为了逃避惩罚不得不选择撒谎，因此，妈妈应该反思自己的教育方式，调整自己的施教言行。

在日常生活中，妈妈应该对孩子多鼓励，少批评，以避免孩子为了逃避惩罚形成撒谎的行为。在纠正孩子说谎的过程中，妈妈要根据孩子的心理特点，从关心、爱护孩子出发，细心观察孩子的言行，分清是非、区别对待，耐心地引导，绝不能简单粗暴地对待。只有这样，才能有效纠正孩子说谎的不良行为。

写给妈妈的话

一个人只有诚实守信，才会赢得别人的信任和尊重，才会交到知心的朋友。好妈妈应该告诫孩子正视诚信的重要性，做一个诚实的人。

善良有爱心的人，才能被人所爱

教育孩子与人为善，从小要有一颗善良的心，这是妈妈必须做到的。因为善良是伦理道德范畴中最基本的概念，这一概念的具体体现就是善行、就是善举，就是对社会和他人做一些符合道德要求的、具有有益后果的事情。

善良作为一种美德，对一个人的成长发展有着不可忽视的积极影响，缺乏善良品性的人，是一个性格上有缺陷的人，最终往往难以有所作为。因此，好妈妈一定要注重培养孩子善良的品性。

为了使孩子成为一个善良的人，妈妈从小就告诉儿子军军：在这个世界上，没有哪一个人是孤立存在的，每一个人都需要他人的关爱。所以当有人遇到了困难时，我们就应献出自己的关爱之心。

军军受到妈妈的教育，从小就特别懂事。上幼儿园时，他的一位小朋友不幸患上了白血病，回家后军军提出要把自己的100元零用钱捐出去，妈妈及时地表扬了儿子这种助人为乐的精神。

因为妈妈的正确引导，军军的爱心已经生根发芽。每当他在大街上看到乞讨的孤寡老人，总是不忘给一些钱；学校里组织的希望工程捐款，他捐出了所有的零用钱；如果见到有淘气的小朋友欺负流浪的小猫小狗，他一定会上前阻止和劝诫。

这一切，妈妈看在眼里，甜在心里。她相信儿子凭着这一颗善良之心，以后一定能顺利地融入社会这个大家庭中，做一个对社会有用的人。

教育孩子与人为善，从小要有一颗善良的心，这是妈妈必须做到的。因为善良是伦理道德范畴中最基本的概念，这一概念的具体体现就是善行、就是善举，就是对社会和他人做一些符合道德要求的、具有有益后果的事情。

然而，一些妈妈常常忽略了对孩子进行爱心教育，他们一味溺爱孩子，或者是自己本身的道德水准就不高，爱与人斤斤计较，为人刁钻、刻薄，没有爱心和同情心。妈妈这些不当的言行会影响孩子，使孩子在成长的过程中逐渐失去爱心、同情心，逐渐变得冷漠、自私。因此，在教育孩子要与人为善的同时，妈妈更应该以身作则，要对他人有善心、同情心。

好妈妈应该这样做

生活中，一些真正的行善者都是真诚的、道德品质高尚的人，这些行善者的心是宽容的，他们待人厚道，心灵质朴，因此常能获得人们真正的爱戴。一个人有了善良的心，也会受到生活的眷顾，他给予他人多少爱，就会收获同样多的爱。那么，好妈妈应该如何培养孩子善良的品性呢？

1. 用小故事感化孩子

孩子一般都喜欢听故事，当妈妈培养孩子的善良品性时，不妨选取一些关于这方面的小故事来感化孩子。

"有一个小男孩，出于私心，拿走了一个盲童女孩的鹦鹉并且弄丢了。后来当他从报纸上看到鹦鹉可以导盲时，良心受到了谴责。从那以后他就默默地帮助小女孩：每天上学、放学时护送她过马路。过了很久，当小男孩有勇气向女孩道歉的时候，女孩告诉他那只是一只普通的鹦鹉，它不是什么神奇的导盲鹦鹉。男孩没有后悔，他说：'不，它是一只神奇的鹦鹉。'因为男孩知道，是这只鹦鹉教会了他反省自己的错误，教会他去帮助别人。"

这个故事在童童很小的时候，妈妈就经常讲给她听。现在童童已经上小学了，她经常尽自己的能力去帮助别人：把自己的压岁钱都拿出来捐给了希望工程，把自己的跑鞋借给了那些有参赛项目的同学穿，把自己看过的课外书送给了邻居的小弟弟……童童做这一切的时候，都是在自觉自愿的情况下。认识她的人都亲切地叫她"小天使"。

当别人向童童妈妈请教经验时，她说："我只是认为好的故事能使孩子获得心灵的净化。为了培养童童的好品质，在她小时候我就经常给她讲一些与善良有关的故事。"这是童童妈妈培养孩子的心得。

孩子的内心世界就像白纸一般干净纯粹，好妈妈正应该利用这一特质，在这张"纸"上"画"满爱心。让孩子受到爱心的感染，从小故事中感受到与人为善的美好，这比妈妈的说教要生动和有效得多。

2. 培养孩子的同情心

生活中，妈妈应该注重培养孩子的同情心，特别是对处在逆境中的人要表示自己的关心，并给予必要的帮助。同时，妈妈要提醒孩子，如果他漠视别人，在他人遭遇困难时袖手旁观，或是避而远之，那么在自己遇到难处时，也不会得到帮助，因为没有人喜欢和一个冷漠的人打交道。

妈妈可以给孩子讲讲下面这个故事：

有一天，登山者和一个旅伴穿越喜马拉雅山脉的某个山口时，看到前面一个人慢慢倒在雪地上。

登山者想停下来帮助那个人，但同伴说："如果我们带上这个累赘，就会葬送掉我们自己的性命。"

但登山者不忍心丢下那个人，让他冻死在冰天雪地里。

跟旅伴告别后，登山者把那个人抱起来，放在自己背上。他使尽力气背着这个人往前走，渐渐地，登山者的体温使背上冻僵的身体温暖起来——那人竟然活了过来！当他们赶上那个旅伴时，却发现他已经死了——是冻死的！

好妈妈应该让孩子懂得：对身处困境的人抱以同情和怜悯，并给予力所能及的帮助，这并不会为自己带来任何坏处，反而是一件于人于己都有好处的事。不要为表面的现象或一时的得失所迷惑而拒绝帮助别人。

3. 用自己的爱心感染孩子

孩子虽然生下来就具有天然的爱心和善心，但他们仍然需要妈妈的帮助和引导，才能将这些情感转化为对他人的善意行动。所以妈妈一定要规范自己的言行，提升自己的道德水准。如果妈妈时常关爱别人、同情弱者，并因此受到周围人的赞许和爱戴，孩子自然会以妈妈为榜样，也用自己的爱心去争取赞许和喜爱。

4. 不要扼杀孩子的爱心

在孩子成长的过程中，特别是在幼儿阶段，孩子会自发地表现出爱心，比如听到家长讲悲伤的故事会哭泣，见到小动物会去爱抚等。这时，家长对孩子自然而然地流露出的爱心要加以鼓励，要对孩子的爱心行动给予肯定。

孩子的爱心是稚嫩的，你在乎它，它就会长大；你忽视它，它就会枯萎；你打击它，它就会死去。如果好妈妈想要拥有一个富有爱心的孩子，就应该在生活中培养它、呵护它，这样那仁慈博大的爱心，就会在孩子的心头扎下根，并会随着孩子的逐渐长大而不断壮大和升华。

───《 写给妈妈的话 》───

好妈妈要以爱的方式来教育、帮助孩子，努力使善意、友好的氛围充满整个家庭，充满孩子成长的每一个角落。

分享可以让快乐加倍

一位哲人曾说："分享是这个世界上最伟大、最美妙的感觉，也是一个人必备的美德。它能让你收获快乐，收获友谊，收获事业的成功。"

好妈妈应该教会孩子和别人分享自己的食物、玩具，分享自己的喜悦、烦恼，因为与人分享的乐趣胜过独自拥有。孩子只有了解分享的意义，克服"以自我为中心"，才能在与人的交往中少一些矛盾，多一分和谐，获得与人分享的快乐。

5岁的女儿淘淘一向胃口好，今天的晚餐也不例外。吃到最后，她仍想吃完最后一块鸡肉，妈妈说："爸爸还没吃饭，这些留给爸爸吃吧！"

"这里还有嘛。"女儿嗲声嗲气地说道。

"爸爸打球会很累，要多吃些。"

"我也累。"小家伙也有她的理由。

"你为什么累呀？"

"我跑步呀！我跑了一圈两圈，好多圈呢！"

经过了一番理论，淘淘不情愿地说："那好吧，我吃鸡皮，不吃肉。"

淘淘像许多独生子女一样，自我意识强烈，有时会独霸东西不给别人吃。但妈妈通常都不会因为"她还小，不懂道理"而放弃教育，而是坚持跟她讲道理，让"分享"的观念在她心中根深蒂固。虽然淘淘有时还会说"我的，我的，不给你"，但多数情况下她会说"妈妈，给你吃"或者"妈妈你还要吗？我们一人一半"。

让一个孩子把自己心爱的东西与他人分享，有时比登天还难。现代家庭中的孩子，大多集"万千宠爱于一身"，因此很多人养成了不肯与人分享的坏习惯，只要是自己喜欢的东西，无论是玩具还是零食，便都据为己有。他们的自我意识极强，凡事首先考虑自己，满足自己，稍不如意，便会以哭闹来反抗。孩子之所以如此看重自己的东西，不肯与他人分享一点点，究其根源，与妈妈平时对他们的溺爱有关。

妈妈把自己的爱无条件、无保留地给予孩子是天经地义的。但是，如果一味溺爱、放纵孩子，孩子便容易养成"唯我独尊"的恶习，他们事事争、抢、霸，却不懂得分享、付出，这样发展下去，就会养成吝啬、自私的恶习。

一位哲人曾说："分享是这个世界上最伟大、最美妙的感觉，也是一个人必备的美德。它能让你收获快乐，收获友谊，收获事业的成功。"孩子在成长的过程中需要学会与人分享自己的快乐和痛苦，不懂得分享的孩子，他的人生必将失色许多。因此，妈妈有必要教育孩子学会分享，明白分享的意义。这样孩子在成长的过程中，会因懂得分享而去关爱他人、帮助他人，同时也能从分享中获得帮助与关怀。如果妈妈在孩子小的时候就教会孩子对他人说一些关怀体贴的话，同情并乐意帮助有困难的孩子，主动与人分享自己的零食与玩具等，孩子就能从一次一次的付出中，体会到做了有益于他人的事而带来的快乐，从而乐意与人分享。佳佳的妈妈就是这样教育自己的女儿的。

一天，妈妈带女儿佳佳到朋友家做客，朋友的女儿小洁与佳佳同岁。两个小家伙一见面，小洁就喜欢上了佳佳头上戴的那个粉红的蝴蝶结，并执意要佳佳摘下来，让自己戴一会儿。

"佳佳，你把蝴蝶结给小洁戴一会儿，好吗？"妈妈对女儿说。

"不行！我自己要戴。给小洁戴上我就不漂亮了。"佳佳的态度很坚决。

面对女儿的态度，妈妈没有立即批评或放任不管，而是耐心地说："如果你看见小洁戴着一个漂亮的蝴蝶结，而你没有，你想不想戴呢？"

"想。"佳佳的回答很干脆。

"这就对了，现在你把自己的蝴蝶结给小洁戴，下次小洁也会把她喜欢的东西和你分享的。"

佳佳低头想了一会儿，终于把自己头上的蝴蝶结摘了下来，递给了小洁。

小洁戴上蝴蝶结以后非常开心，她拿出了爸爸从国外带给她的巧克力，和佳佳一起吃。两个孩子有说有笑，玩得高兴极了。

许多孩子都有这样的心理特征：不愿意与别人分享自己的东西，却非常希望能够分享别人的东西。妈妈应抓住孩子的这种心理特征，通过角色转换，让孩子站在对方的立场去思考问题，使孩子体会到分享的意义，从而乐意与人分享。

好妈妈应该这样做

好妈妈有必要重视培养孩子与人分享的习惯，这样既有利于孩子的健康成长，而且在分享的过程中，孩子还能体会到付出的快乐，尝到"无私"的滋味，何乐而不为呢？关于这个问题，好妈妈还是要讲究一定的方式方法。

1. 在家里营造与人分享的机会

在孩子小的时候，妈妈就要有意识地创造分享的机会。比如，在孩子处于婴幼儿阶段，当他手里拿着自己喜欢的小鸭子玩时，妈妈可以拿一个小娃娃或是一个小飞机递给孩子，然后从孩子手里拿走小鸭子，这样反复训练，孩子就学会用自己手中的东西去与人交换，而不是长时间地"霸占"某一玩具。

2. 要善于从小事着手

教孩子学会分享，不要认为只是向孩子讲道理就可以。妈妈应该抓住生活中的小事情来教育孩子，这样就更具说服力，更容易使孩子理解。比如，给孩子买了他爱吃的东西，妈妈可以要求孩子分给自己一点点，或是送一点给邻居小朋友；在公共汽车上，让孩子给别的小朋友让座位或者合坐一个座位，等等。在一段时间内坚持这样做，孩子在养成分享的习惯的同时，也能体会到给予的快乐。

3. 不要给孩子搞特殊化

有的妈妈过分溺爱孩子，有了好吃的全摆在孩子的面前，即使孩子主动让给自己吃，也拒绝；有了好玩的，让孩子独自玩，并在家里来了小朋友时，主动帮助孩子把好玩的东西藏起来，以免被别的孩子玩坏……这样时间一长，就会强化孩子的独享意识。因此，不给予孩子"特权"，不让孩子独享，孩子就不会滋生"独霸""独贪"的心理。

4. 让孩子懂得施比受更有福

当孩子得到一件东西时，往往表现得很高兴。但如果让他把这件东西送给更需要的人时，往往是一百个不愿意。因此，妈妈应该教育孩子，有的时候送出比得到更令人开心，特别是当自己送出的东西是别人最需要的，当别人得到东西感到高兴时，自己的心情也会跟着好起来。

写给妈妈的话

生活中，也许一个孩子能与别人分享的不是很多，但是人们有时需要的，往往仅是那么一点点。所以，好妈妈应该告诉孩子：当能与别人分享特别需要的东西，最主要的是能为别人带来温暖与快乐时，就一定不要吝啬。

懂得感恩，就会懂得回报

事实上，只有学会了对家长、师长和社会心怀感激，并懂得付出关爱和回报，孩子才能形成健全的人格。一个自私、不懂得感恩的孩子，长大成人后也不会受人尊重，在事业上也难以获得成功。

每个人都应该学会"感恩"，这对于现在的孩子来说尤其重要。好妈妈一定要让孩子懂得感恩，知道感谢那些曾经帮助过自己的人：感谢家长的养育之恩，感谢老师的教育之恩，感谢伙伴给予的帮助，感谢上苍的无私赋予……让孩子拥有一种感恩的习惯，他就能够感受平凡中的魅力，能够以坦荡的心境、开阔的胸怀来应对生活中的酸甜苦辣，让原本平淡的生活焕发出迷人的光彩。

古人曾说："受人滴水之恩，定当涌泉相报。"但很多孩子还是把妈妈对自己的付出当作理所当然的。因此，他们一味向妈妈索取，稍有不满意，便会生气，甚至有时为了满足自己的虚荣和欲望，不顾家里的实际情况，一味强求妈妈做这做那，却从没有说一句感谢的话。

彬彬从小就被妈妈宠着，养成了自私的坏习惯，从来不知道孝顺妈妈，也不懂得关心他人。

彬彬快过生日了，他要求妈妈给他一些钱。妈妈没有反对，从口袋里掏出50元钱递给他。谁知，彬彬大叫道："这一点钱够花吗？上次小帅生日时，他可是请我们几个好朋友到大酒店吃饭的。这次，我过生日，请客的标准说什么也不能低于他吧？"

"可是，你爸下岗了，妈妈在单位做清洁工作，一个月也挣不了多少钱呀！"妈妈无奈地说道。

"我不管，您想办法也得给我凑足300元钱！"

"妈妈实在想不出办法了。"

"那您去小姨家借点钱不就行了？"

"小姨哪有钱呀！她生病还住在医院里，你姨父单位效益也不好。"

"这些都不是理由，重要的是我16岁的生日宴不能太寒碜！"甩下这句话，彬彬狠狠地撞上门走了，丢下妈妈一个人在那里默默地垂泪……

生活中，像彬彬这样的孩子大有人在，他们不懂得体谅妈妈，稍不如意，还会恶言相向，甚至动手动脚者也有之。

事实上，只有学会了对家长、师长和社会心怀感激，并懂得付出关爱和回报，孩子才能形成健全的人格。一个自私、不懂得感恩的孩子，长大成人后也不会受人尊重，在事业上也难以获得成功。更为重要的是，一个不懂得回报，甚至忘恩负义的孩子，由于冷漠、自私、无情及人格上的其他缺陷，他会很难与人相处，而且容易走极端，甚至会走上犯罪的道路。

好妈妈应该这样做

好妈妈应该把教育孩子学会感恩作为重中之重，因为一个人只有学会了感恩，才能以积极、乐观的心态面对生活。那么，怎样培养孩子的感恩之心呢？

1. 妈妈要以身作则

有这样一则感动了很多人的公益广告：一位年轻的母亲端着一盆水，给年迈的妈妈洗脚……镜头切换后，是她年幼的儿子，吃力地端着水盆，脸上是动人的笑容，一步一步地向她走来，嘴里说着："妈妈，我也给你洗脚……"年轻的妈妈笑了，眼里噙着感动和喜悦的泪。这就是榜样的力量！

孩子成年前与妈妈相处的时间最长久，因此妈妈的一言一行都将于潜移默化中深刻地影响孩子。妈妈应当首先对生活抱有感恩的心，平和地对待得与失，困境与逆境，用自己的言行感染孩子。在生活中，妈妈应该常常对自己的长辈、同事、朋友表达感激之情，并且用实际行动回报他人。孩子在和妈妈的朝夕相处中耳濡目染，自然也不会成为一个怨天尤人、自私自利的人。

2.告诉孩子对妈妈心怀感恩

在现代家庭中，独生子女越来越多，他们不知感恩为何物，甚至在认知上还产生了偏差，认为他人对自己的付出是天经地义的，自己的享受是理所当然的。

苏联有这样一句谚语："妈妈之恩，水不能溺，火不能灭。"妈妈为孩子付出得最多，但是很多孩子认为这是她们应该做的事情，因此不曾对妈妈表示过感谢。

培养孩子的感恩之心，应该让他们首先懂得如何对自己的妈妈心怀感恩之心，懂得孝顺妈妈，尊敬长辈。

3.教育孩子对周围人要心存感激

许多孩子从未真正感觉到需要对谁心存感激，是因为他们只注意自己需要什么，却很少注意这些东西是从哪里来的。好妈妈要教会孩子对身边的人心存感激，不光要感谢帮助、关心自己的人，也要感谢那些给自己找麻烦、和自己作对的人，正是他们磨炼了自己的意志、增长了自己的见识。好妈妈应该培养孩子拥有一个好心态，始终以"感恩"的态度面对生活。

> **写给妈妈的话**
>
> 当妈妈发现孩子目中无人、自私自利、从不懂得感恩时，要及时教育，使孩子认识到对自己拥有和享受的一切抱有感激之情的重要性。

学会与人合作，要有集体意识

好妈妈应该培养孩子在合作中学会互相理解、互相体谅；在合作中学会听取别人的意见，学会尊重别人；在合作中学会取长补短，以增强自信心。

俗话说"兄弟齐心，其利断金"，只有相互团结合作才有可能把事情办得又快又好。社会上的每一个人都是相互联系的，孤立存在的人是没有的，特别是现代社会，更讲求合作精神，妈妈从小就要培养孩子的合作精神。一个懂得合作的孩子会很快适应工作岗位的集体操作，并发挥积极作用；而不懂合作的孩子在生活中会遇到许多无所适从的麻烦。因此，好妈妈要培养孩子的合作精神，让孩子多参加一些需要合作的活动，鼓励孩子与人团结合作。

天天的性格有些像爸爸，不是很活泼，平时不太愿意跟别人交流，就算是玩，大部分时间也是一个人。面对这种情况，妈妈跟她的班主任沟通了一下，老师答应妈妈好好给她上一课，好让天天明白与人合作的重要性。

上课后，老师特意把天天请上讲台，让她伸出自己的手，分别谈一下每根手指的长处。天天说道："大拇指可以用来赞扬别人，食指可以用来指示事物，小指可以用来钩东西，中指可以……"不等她把话说完，台下的同学纷纷帮她说了许多每根手指的优势。

这时，老师笑眯眯地拿出一只玻璃杯，只见玻璃杯里面有几个玻璃球。老师对大家说："现在，请你们把玻璃球从玻璃杯里取出来，每个同学都有一次机会。你们可以用你们认为最有本事的那根手指，记住，只能用一根手指。"

孩子们的热情被老师鼓舞起来了，教室里的气氛非常热烈。每个同学都认真地走上去，用他们的手指去取玻璃球，但是，不管他们怎么努力，玻璃球就是取不出来。孩子们个个都很着急。

这时，老师对孩子们说："好了，你们可以邀请另外一根手指与原来那根手指合作，一起来取玻璃球。"这次，孩子们都把玻璃球取了出来。

活动做完了，老师对孩子们说："现在你们应该明白了，一个人无论有多大的才能，他总有无法独立完成的事情，人与人的团结合作是多么的重要。"

从这以后，天天体会到与人合作的重要性，因此也愿意和他人合作了。

生活中，很多孩子在做事时不懂得与人团结合作。在上体育课时，有的孩子不愿把球传给站在有利位置的队友，而是不顾对方球员的围攻、堵截，凭自己的力量单打独斗，强行投篮，结果球被对方截走，白白浪费了一次极佳的得分机会；在田径赛场上，有的孩子不懂得为队友加油助威，而是在队友失误的情况下喝倒彩，结果在自己遭遇失败时，也没有人上前拥抱安慰；还有的孩子遇到同桌希望和他一起讨论问题时，却借故走开，结果当他向同学借笔记时，也遭到了拒绝……

如果一个孩子不懂得与人合作，而是"唯我独尊""独来独往"，那么，他的生活一定是单调的，因为没有同龄人和他交朋友，没有同龄人和他一起玩游戏，一起讨论学习，一起参加体育活动。久而久之，这样的孩子会变得越来越孤僻、古怪，从而形成性格上的缺陷，甚至患上心理疾病。

可见，学会与人团结合作是多么的重要。

好妈妈应该这样做

妈妈们都知道"一个和尚挑水吃，两个和尚抬水吃，三个和尚没水吃"的故事。如果不培养孩子的合作精神，"三个和尚"的遭遇就有可能在今天的孩子们身上重现。那么，好妈妈该怎样培养孩子的合作精神呢？

1. 鼓励孩子多交朋友

专家认为，让孩子多交一个朋友，就等于帮助他们多打开一扇窗口，使其视野开阔，心胸宽广。而不擅交际的孩子大多性格抑郁，因为时时可能遭受孤独的煎熬，享受不到友情的温暖。因此，妈妈要鼓励孩子多交朋友，特别是同龄朋友。比如，欢迎孩子的小伙伴到家里来做客，并热情接待这些小客人；又如，对孩子的朋友感兴趣，引导孩子谈论与朋友交往中的事情；谈论朋友的长处，告诉孩子千万不能天天盯着别人的短处，长此以往，就无法和朋友们友好相处，等等。

2. 教给孩子一些与人交往的技能

孩子们年龄相仿，认知水平相近，交往起来特别投入，他们有种天然的亲和力，喜欢在一起玩游戏，但在游戏中常常出现不能合作、不懂谦让，甚至哭闹、打架的现象，这都是由于孩子年龄小，缺乏社会交往经验造成的。因此，妈妈教给孩子们一些友好交往的技能是非常必要的。例如，常通过各种寓教于乐的形式有意识地教孩子一些正确的沟通技巧，如怎样向别人提出请求，怎样请求别人帮助，怎样向别人表示感谢、表示歉意，等等。

3. 培养孩子的集体意识

每个人都是在集体中成长的，集体需要各种各样个性鲜明的孩子，这样，集体这个大花园才会百花齐放、绚烂多彩。但更重要的，集体中的每一个成员都应该具备集体意识。在集体中个人的力量很薄弱，个人的智慧像大海中的一滴水那样微小，许多工作都要靠集体的力量才能完成。

如果孩子的自我意识较强，常常以"自我"为圆心，以"个人主义"为半径，就会画来画去都离不开"自己"的小圈子，心中没有他人，没有集体，缺乏顾全大局的意识。好妈妈应当从小培养孩子的集体意识，可以利用暑假送孩子参加各种各样的夏令营，平时多鼓励孩子和朋友一起行动，不要总把孩子拴在自己身边。

4. 让孩子懂得团结的重要性

"1+1>2""团结才有力量"，这些话不是大道理，而是智慧的结晶。要让孩子明白这些道理，不是一件容易的事情。如果家长单凭说教，效果不一定好，但如果把这些道理融入游戏中，孩子在体会游戏快乐的同时，也能感悟到团结的重要性，这样就能一举两得，妮妮的妈妈就是这样做的。

一个星期天，妈妈带妮妮去公园玩，在路上，妮妮捡了几根很细的枯树枝拿在手里玩。在公园的长椅上坐下后，妈妈对妮妮说："来，我们来玩个折树枝的游戏，看你能不能把这些树枝都折断。"

"当然能。"妮妮说完，从妈妈手里接过一根树枝，"啪"的一声就折断了。

"那你再把这些都合在一起，看能不能一下就把它们都折断？"

妮妮满不在乎地接过妈妈手里的几根树枝，用力折起来。可是，她把吃奶的力气都用上了，树枝一根也没有断。

这时候，妈妈不失时机地问："妮妮，刚才一根树枝被你轻易折断了，现在把几根合在一起就折不断，你知道这是为什么吗？"

妮妮点了点头说："我明白了，妈妈，团结的力量真大呀！"

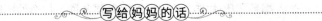

写给妈妈的话

　　好妈妈应该培养孩子在合作中学会互相理解、互相体谅；在合作中学会听取别人意见，学会尊重别人；在合作中学会取长补短，以增强自信心。

自强自信，才能自立于世

　　正如我国作家巴金所说："把自己的命运交给别人，甚至交给某一个两个人，自己一点也不动脑筋，只是相信别人，那太危险了。"因此，孩子要想自立于世，就必须有自立能力。

　　好妈妈应当从小就告诉孩子，独立生活是每个人迟早要面临的问题。一个能够自食其力、把自己的生活、事业处理得井井有条的人，才是一个拥有健全人格的人。眷恋、依赖妈妈是孩子的天性，然而，很多孩子长到十几岁的年纪，却还和妈妈睡在一张床上；出门在外遇到什么事，第一反应就是找妈妈；和别人探讨问题、谈论事情时，张口闭口都是"我妈说了……""我妈告诉我的……""我得问我妈妈……"好妈妈应该明白，这可不是什么好事情。早日教会孩子独立生活、独立解决问题，对于孩子和妈妈都有好处。

9点钟了，小婷还没起床。今天是星期天，妈妈以为她又在睡懒觉，便没有去打扰她。眼看快10点了，妈妈觉得有点不太对劲儿，孩子可从来没有睡到这么晚过。于是，妈妈敲了敲小婷的房门，见没有什么反应，便走到她床前，却见她有点儿打蔫，妈妈摸摸她的头，才知道她在发烧。

　　"你病了。"妈妈说。

　　"噢，我说我怎么老是睡不醒呢。妈妈，我该吃点儿什么药？"小婷问。

　　小婷的妈妈是一名医生。孩子有病，一般都是妈妈在家里给她治疗，她几乎没有去过医院。这次，当妈妈又准备去家里的储药柜里找药时，却突然想起了什么。

　　"你长大了，你得学会看病。"妈妈说。

　　"看病还用学吗？您给看看不就行了吗？"小婷大吃一惊。

　　"假如我不在家呢？"

　　"那我就打电话找你。"

　　"假如……你找不到我呢？"

　　"那我就……找我爸。"

　　这样逼问一个生病的孩子也许有些残忍。但妈妈知道，总有一天孩子必须独立面对疾病。既然如此，就应该及早教会她看病。

　　"假如你最终也找不到你爸呢？"

　　"那我就忍着，反正你们早晚会回家的。"小婷说。

　　"有些病是不能忍的，早治一分钟是一分钟。得了病最应该做的事是上医院。"

　　"妈妈，您的意思是让我独自去医院看病？"小婷说。

　　"是的。"妈妈咬着牙说，生怕自己会改变主意。

　　"那好吧……"

　　"你到街上去打车，然后到医院。先挂号，记住，要买一本病历本。然后到内科，先到分诊台，护士让你到几号诊室你就到几号，坐在门口等。查体温的时候不要把人家的体温计打碎……"妈妈仔细地讲解着。

"妈妈，您别说了。"小婷沙哑着嗓子说。

妈妈的心立刻就软了。是啊，孩子毕竟是孩子，何况是病中的孩子。妈妈拉起她滚烫的手，说："这次就算了，妈妈这就领你上医院。"小婷挣开妈妈的手，说："我不是那个意思。我是说我要去找一支笔，把您说的看病的过程记下来，我好照着办。"

小婷摇摇晃晃地出门了。从她走的那一分钟起，妈妈就开始牵挂和后悔。时间在妈妈的焦虑中一分一秒地过去。终于，两个小时后，走廊上响起了女儿那熟悉的脚步声，只是较平日沉重。

"妈妈，我已经学会了看病。打了退烧针，现在我已经好多了。这真是件挺麻烦的事，不过，也没什么大不了的。"女儿骄傲地宣布，然后又补充说，"您让我记的那张纸，有的地方顺序不对。"

妈妈看着女儿，既心疼又欣慰。她知道应该不断地磨炼孩子，在这个过程中，也磨炼了自己。

在生活中抓住小事来培养孩子自立的效果是非常好的。每一位妈妈都应该让孩子明白，自己只是孩子的领路人，而不是永远的靠山。孩子遇到问题，应该自己去解决，而不是让妈妈替他们去解决。只有这样，孩子才会自立自强，勇敢面对成长道路上遇到的困难。

对于孩子来说，不管是妈妈也好，朋友也好，没有一个人可以帮他一辈子，与其让他把希望寄托在别人身上，不如寄托在自己身上。正如我国作家巴金所说："把自己的命运交给别人，甚至交给某一个两个人，自己一点也不动脑筋，只是相信别人，那太危险了。"因此，孩子要想自立于世，就必须有自立能力。

好妈妈应该这样做

孩子的自立能力不是与生俱来的，如果没有锻炼的机会，孩子即使有自立的意识，也难以具备自立的能力。因此，要想让孩子自立于世，好妈妈就要给他们锻炼的机会，从小培养他们独立自主的精神和独立的生活能力。那么好妈妈应该怎样做呢？

1. 给孩子创造独立生活的环境

孩子自立能力的养成，关键要看妈妈的引导。如果妈妈能为孩子创造独立生活的机会，让他去干力所能及的事，去思考如何独自解决问题，那么孩子就能锻炼出对日常生活的处理能力。

如果妈妈真的尊重孩子，就应该给他们创造一个独立的生活环境。在这个环境中，他们有自己独立做事的权利：自己吃饭，自己穿衣，自己睡觉，自己动手做一切事情。意大利著名儿童教育家蒙台梭利说："孩子的心灵具有一种强烈的自己做事的欲望，他们一旦找到适合自己生活的环境以及符合心理需求的东西，立刻就会焕发出令人震惊的激情和活力来。"

2. 帮助孩子消除消极影响

独立意识的形成是孩子从儿童走向成人的标志，此时他们的生理和心理的发展都很快，自我意识也开始增强。但是，在妈妈的眼里，孩子依然是孩子。这就是说，妈妈在还没来得及接受孩子已经长大的现实时，孩子已经开始长大了。这样，孩子和妈妈之间的矛盾就产生了。妈妈觉得孩子还没长大，什么事都想替他做主；孩子会觉得自己失去了自由，受到了束缚，渐渐地会和妈妈对立起来。有敌对倾向的孩子常把自己摆在与他人对立的位置上，心理上难免有孤独、苦闷之感。久而久之，这种情绪会阻碍孩子的健康成长，不利于孩子人际关系的良好发展。所以，做妈妈的此时应该积极帮助孩子消除这些消极的情绪，给予他们理解和信任，引导他们往积极的方面发展。

3. 不要管得太多

著名教育家陈鹤琴曾说过："做妈妈的最好只有一只手。"这句话的意思是说对孩子不能管得太多，应一只手管、一只手放；该管的管，不该管的就不要去管。

许多家长都犯有"管得多"的错误，这也是中国家庭教育中的一大顽疾。这样做的结果让孩子不是在妈妈怀抱的"牢笼"中窒息，就是导致他们猛烈地反抗、叛逆。妈妈培养孩子独立解决问题的能力要有一个过程。刚开始孩子还小，只能交代一些小事情让孩子去做。随着孩子能力的增长，所交代事情的分量也应随之增加。最后不仅孩子的事情要让孩子自己去做，还可以把家里的一些事情交给孩子去做。要让孩子在家里逐步由"小主人"变成"大主人"。妈妈一切事情包办的做法只会扼杀孩子的独立能力，把孩子变成一个永远依附在妈妈怀抱中的大婴儿。许多家长就是这样一边给了孩子生命，一边又剥夺了孩子的生存能力。

另外，本来属于孩子的正常娱乐、适时休息和与人交往的活动，妈妈不要盲目干涉。由于妈妈管得太多所造成的矛盾，在孩子小的时候还表现得不太突出。随着年龄增长，孩子进入青春期之后，自主意识增强，与妈妈在这方面的矛盾就会愈演愈烈，甚至到了白热化的程度。

4. 让孩子适当地受些挫折

经历过艰难困苦磨炼的人，不仅有坚强的意志、实干的本领，而且自立能力和竞争意识都会加强，这对于他们适应社会、取得成就都有益处。因此，妈妈倘若真的为孩子的未来着想，就应该适当地让他们受些挫折，让他们感受到生活的艰辛。

5. 让孩子认识自己的力量

许多妈妈过分地照顾甚至溺爱自己的孩子，其实，这是对孩子自尊心的一种伤害。久而久之，孩子会习惯性地认为自己没有独立解决问题的能力，凡事都依赖妈妈，也不再拥有独立去做任何事的积极性。

妈妈不应该让孩子觉得自己是弱小无能的，而应该从小就让孩子认识自己的力量。妈妈应该为孩子创造恰当的机会，通过积极的鼓励，让孩子感受到自己的力量，培养孩子自立自强的信心和能力。

───◇◆◇ 写给妈妈的话 ◇◆◇───

不管在什么情况下，好妈妈都要相信孩子并不是弱小和怯懦的，一定要多给孩子一些机会和时间，让孩子独自面对挑战，让孩子在挑战中逐步认识自己的力量，成为一个自立自强的人。

守信用，说到就要做到

在孩子的心目中，妈妈是最可信赖的人，妈妈的言行举止往往是孩子的行为准则和楷模。妈妈的思想品德和行为习惯，对孩子的成长有很大的影响。因此，妈妈要以身作则，努力提高自身素质，为孩子做出守信的榜样。

很多妈妈都有这样的困惑：自己对孩子倾注了大量的心血，很注意教育方式，与孩子的关系也不错，但为什么孩子会把老师或其他人的话奉为"圣旨"，言听计从，对自己的话却往往左耳朵进、右耳朵出，甚至背道而驰？其实，这一切源于这些妈妈在教育孩子时，常常许下"空头支票"却不兑现或无法兑现。久而久之，妈妈的不守信用就导致了孩子对妈妈的不重视和孩子的不守信意识。

守信用是每个人所应该具备的良好品质，而守信的人在做事和与人交际的时候，都更容易得到他人的肯定，也更容易成功，相信所有的妈妈都不希望自己的孩子成为一个不守信用的人。要想培养出一个"言必信，行必果"的孩子，妈妈就要从自身做起，给孩子树立良好的榜样，使孩子在榜样的影响下，从小就拥有强烈的守信意识。

小龄的妈妈是一个守信的人，不管是对家人，还是对其他人，一旦答应了别人就一定会尽力做到，她还常常教育小龄要做一个守信的孩子。在妈妈的影响下，小龄也变得懂事起来。

有一次，小龄的父母要带全家去朋友家做客，当家人都穿戴整齐准备出发时，小龄却依然坐在钢琴前不停地弹奏。

妈妈喊道："小龄，我们赶快走吧！"

小龄不由自主地站了起来，但很快又坐了下去。妈妈奇怪地问道："孩子，你怎么了？"

小龄有些着急地说道："今天我不能去伯伯家了。"

"为什么不能去，孩子？"妈妈问道。

"妈妈，我昨天答应了小珍，让她今天来我们家，我要教她学钢琴。"小龄回答道。

"我还以为是什么重要的事情呢,你可以下次再教她啊。"妈妈说。

"不行,小珍会生气的,再说我们已经约好了,我不能失信。"小龄叫了起来。

"要不,你给她打个电话解释一下,回来后再去跟她道歉,明天再教她也没有关系嘛。"妈妈出了个主意。

"不行,妈妈!您不是经常教育我要遵守诺言吗?我答应了别人的事情,怎么可以随便改变呢?"小龄坚定地摇了摇头。

"哦,我明白了,我们的小龄是要做一个守信用的好孩子。"妈妈会心地笑了,"那你就留下吧,一会儿你们自己打电话叫点吃的,好吗?"

"好的,妈妈,我知道了,你们放心去吧。"小龄说道。

守信用是一种美德,它会帮助人们保持一颗高尚的心灵。一个人要想在社会上立足,干出一番事业,就必须具备这种美德。可是,这一向被奉为经典的传统美德在今天却面临着前所未有的冲击和考验。在这场"诚信危机"中,许多孩子也未能幸免。

事实上,妈妈作为孩子最亲的人之一,对孩子的"诚信缺失"有着不可推卸的责任。所以,当妈妈对孩子许下美好的承诺的时候,别忘了:孩子的眼睛正在看着你。

好妈妈应该这样做

中国有句俗话叫作"上梁不正下梁歪",希望自己的孩子守信,妈妈必须率先做到。培养守信用的孩子,好妈妈具体该怎样做呢?

1. 妈妈要做到言行一致

要纠正孩子的不守信用,妈妈首先要做到言行一致。孩子的模仿能力很强,很容易受到某种行为的暗示。如果妈妈时常言行不一、不履行承诺,孩子就会受到暗示、跟着模仿。例如,妈妈如果答应了孩子星期天带他到公园去玩,就一定要去。如果临时有事,也要先考虑事情重要不重要,若不重要,就要信守诺言;如果事情确实比较重要,一定要向孩子说明情况，并争取以后补上去公园的活动。而且，好妈妈应该尽量避免这种推迟或失约的事情发生，这样才能取信于孩子。

如果妈妈自己都言行不一致的话，对孩子的教育怎么可能有说服力呢？孩子的很多行为都是在模仿自己的妈妈，批评孩子，其实就是在批评自己。如果妈妈要求孩子不要这样做，那么自己就要以身作则，言行一致。

2. 提高孩子的认知水平

守信，对人生的积极意义是显而易见的。但孩子由于认知水平有限，往往无法理解，因此也就不重视。这时，就需要好妈妈耐心地告诉孩子守信的意义。当孩子认识到守信对人生有积极的意义时，他就会时时以守信来要求自己。

一天傍晚，中校麦士利匆匆忙忙地往家里赶。当他经过街心公园的时候，听到了一个孩子的哭声。

"怎么了，发生了什么事？"麦士利想边朝哭声传来的方向走去，他发现一个八九岁的小男孩，站在公园的一棵树下哭泣。

"天快黑了，你为什么不回家？"中校问小男孩。

"先生，我害怕极了，我很想回家。可是，我得遵守自己的承诺，在未接到命令之前不能回家！"小男孩说。

"命令？"中校疑惑不解地问道。

"是的，我和伙伴们在玩游戏，我扮演的角色是一名下士，任务是在这棵树下站岗。如果得不到中士的命令，我是不能自己离开岗位的——我向他们保证过。"

"可是，你看，你的那些伙伴们可能已经忘记这件事了，他们肯定已经回家了，因为公园里再没有其他人了，所以你也可以回家。"中校对小男孩说。

"可是，我已向他们保证过，不私自回家的，而且我妈妈也常对我说'说话要算数，才能赢得人的尊重'，她自己就是这样做的。我想，如果我妈妈知道我没有遵守自己的承诺，她会失望的。但我不想让她失望，也不想让伙伴们认为我是个说话不算数的人，除非我接到了回家的命令。"小男孩一脸的认真。

"那好，我是一位中校，现在我命令你回家，立刻！"麦士利说完，解开大衣的纽扣，露出了里面的军装。

"报告长官，是。"小男孩向麦士利中校敬了一个不太标准的军礼，撒腿就跑了。

"他以后一定会成为一个守信、诚实的军人，他一定会大有作为。"回到家后，麦士利把这件事讲给太太听时说。

这个小男孩长大后，果然成为一位著名人物，他就是"二战"名将奥马尔·布雷德利。

布雷德利后来之所以成为一位著名的将军，与他从小养成的守信的好品格有极大的关系，而这一切又归功于他妈妈对他的正确教育。

写给妈妈的话

　　美国著名的教育专家戴维·伯恩说："父母用什么样的教育方法，就会教育出什么样的孩子。"孩子好模仿，他们时时刻刻都在观察、模仿着成人的一言一行。这就要求妈妈凡是答应孩子的事就一定要兑现，不能言而无信。同时，妈妈还必须首先做到待人诚恳，不说假话，不夸大成绩，也不掩饰错误。只有用这样的言行做孩子的榜样，才有利于孩子逐渐形成言行一致、表里如一的品质。

讲礼貌与学识一样重要

英国哲学家约翰·洛克曾说："礼貌是儿童与青少年应该特别小心地养成习惯的第一件大事。"俄国哲学家赫尔岑也说："生活里最重要的是有礼貌，它比最高的智慧，比一切学识都重要。"以礼待人是立身做人的准则，它对于一个人的生活和事业有着至关重要的作用。

礼貌是谦虚恭敬的语言和动作，它是一个人素养的自然表现，也是人际交往应共同遵守的规则。只有那些能够以礼待人的人，才能在社会中轻易立身。为孩子着想，妈妈就要教会孩子从小做到温文尔雅，注意礼仪，尊重自己，尊重别人。

笑笑是一个可爱活泼的小女孩儿，比较让妈妈头疼的一点是不懂礼貌。笑笑饿了，只会冲着妈妈大喊："我要吃面包。"妈妈为了教会她用礼貌用语，本来听见了，却故意不理。笑笑叫了几声，见妈妈不理她，就跑过去说："妈妈你有没有听见我说要吃面包呢？"妈妈说："我听见了，可我不知道你在叫谁呀，你又没有叫'妈妈'。"

笑笑笑着说："妈妈，我要吃面包。"

"说得还不对。"

"怎么又不对了？"

"你要说：'妈妈，我想吃面包，请您帮我拿，好吗？'"

妈妈让笑笑重复了一遍这句话后，她才去拿面包。等女儿吃完，转身去玩时，妈妈一把拉住她说："还没完呢！"

笑笑瞪着大眼说："完了，吃完了！"

妈妈就说："你还没有说声谢谢呢。"

"噢，还要说声'谢谢'？"

"当然啦。别人帮你做了事，怎么可以不说声谢谢呢？"

就这样，妈妈一点点地教笑笑学会了礼貌用语。

英国哲学家约翰·洛克曾说："礼貌是儿童与青少年应该特别小心地养成习惯的第一件大事。"俄国哲学家赫尔岑也说："生活里最重要的是有礼貌，它比最高的智慧，比一切学识都重要。"不学会以礼待人，就无法立身做人，可见礼貌是非常重要的。

好妈妈应该这样做

很多妈妈只注重孩子的成绩，却忽略了对孩子人际交往方面最基本的礼貌、礼节的教育，这在成长过程中必将给孩子带来一些原本可以避免的困扰。那么，作为好妈妈，又应该怎样培养孩子做一个懂礼貌的人呢？

1. 用身边的小事启发和鼓励孩子

好习惯的培养，要从身边的小事做起。当孩子帮助妈妈做了事情，比如拿双拖鞋，倒杯水，妈妈应该及时地对他表示感谢并夸奖他："谢谢! 真懂事。"妈妈在生活中时时处处以身作则，对孩子进行启发和鼓励，就会使孩子意识到做人要讲礼貌，久而久之，孩子就可以从无意识到有意识地注意礼貌。

一次，妈妈带着妞妞一起去买东西，妞妞对售货员说："阿姨，请帮我拿一瓶牛奶。"拿到牛奶之后，妈妈就趁机启发妞妞："妞妞真有礼貌，以后妞妞还要这样做，知道吗？"

又比如，妈妈带妞妞坐公交车时遇到一位老奶奶，妞妞就给老奶奶让座。过后，妈妈又对她说："你看周围的叔叔阿姨都在看着你，那是夸你呢。"

从这些日常小事中，妞妞渐渐懂得，做一个有礼貌的孩子才能被人喜爱、受人欢迎。

2. 教孩子使用礼貌用语

孩子学会说话后，妈妈就要开始有意识地在各种场合教他使用礼貌用语。每次和孩子一起遇到熟人时，都要教他用尊称来称呼对方，如"爷爷""奶奶""叔叔""阿姨""姐姐""哥哥"等。同时，还要教孩子见到认识的人要主动打招呼，对初次相识的人要问好，在与人道别时要说"再见"，当有人夸奖时应说"谢谢"，做了对不起人的事后应主动道歉说"对不起，请原谅"。

当然，妈妈也可以和孩子一起体会与别人谈话要看着对方的眼睛，不随意打断别人的话；一起体会见了人要表示问候，得到他人关心帮助要表示感谢的心情。让孩子认识到礼貌是一种情感的沟通，讲究礼貌既是对别人的尊重，也是对自己的尊重。

　　好妈妈要把礼貌教育作为孩子品德教育的重要内容，要认真负起责任，通过各种途径培养孩子的礼貌行为，教育孩子懂得文明礼貌是对他人的尊重，提升孩子的道德修养，使他成为一个懂礼貌、受人喜爱和尊敬的人。

第四章　好妈妈是孩子的伯乐
——培养孩子的思维能力

孩子的可塑性很强，只要好妈妈愿意做个有心人，及时发现他们的优点，用心挖掘孩子的潜能，每个孩子都会是一块闪光的金子。不过好妈妈应当明白，在此之前，一定要拿出十足的耐性。因为教育是个循序渐进的过程，只有不断积累、潜移默化，才能最大限度地挖掘孩子的潜能。

在游戏中开发孩子的潜能

孩子的潜能是个巨大的宝库，要仔细观察和发现，懂得开发。但是，这并不意味着斥巨资给孩子报各种各样的辅导班，带孩子奔走于各种各样的比赛，收获奖杯和奖章。最重要的是，好妈妈和孩子一定要知道孩子自己擅长的是什么，以及他尽最大努力所能创造的价值。

做游戏会将孩子潜藏的各种能力激发出来，这对于开发孩子的智力、挖掘孩子的潜能有着很重要的作用。所以好妈妈要多鼓励孩子到他感兴趣的地方去玩他感兴趣的东西。

客厅里，小刚的妈妈手里拿着一些手表的零件。

"小刚！"妈妈气愤地喊道。

"来啦，妈妈！"7岁的小刚愉快地答应着，从游戏室跑到客厅。

"小刚，请你给我解释一下这块表是怎么回事！"妈妈依旧气愤地注视着他。

"噢，对不起，妈妈！我只想看看这表里面有些什么东西而已，我想我会把它修好的。"

妈妈把表的所有碎零件递给小刚，转身要走。

"妈妈，对不起，我真的在努力。我确实很喜欢琢磨东西，也试着想把它们装回去，可我实在是装不上了。"小刚显出很愧疚的样子。

妈妈坐下来把他拉到身边，语气缓和很多："好吧！告诉我，儿子，你把东西拆开要干什么呢？你要学习修理吗？"小刚想了一下，回答："不是的，坦白地说我只想搞清楚它是怎么一回事，只喜欢拆开看看，研究一下。"

妈妈点点头："那这么说你是喜欢研究机械了？"

"妈妈，好像是吧！我喜欢将所有的机器拆开看一遍！"小刚耸耸肩。

妈妈想了想，说："儿子，我们可以去社区学院参观一下，看看那里有没有教人们拆装小器械的课。既然你这么喜欢机械，那就通过课堂上的学习来感受自己对机械方面究竟有多大的兴趣吧。"

"好呀。我一定会从这门课中学会怎样装好这块表的。"小刚高兴地说。

"好吧，我们等会儿去报名。"妈妈微笑着说。

世界著名的儿童心理学家让·皮亚杰经过长期研究得出一个惊人的结论：孩子的智力是在玩中发展起来的。他认为人的思想不是直接来源于外部世界的客观事物，而是来源于人的动作游戏。

小德的妈妈对儿子的教育都是采取游戏的方式进行的，针对孩子的各种潜能，她设计了五花八门的游戏，比如绘画游戏、音乐游戏、造型游戏、语言游戏、表演游戏、智力游戏、创造性游戏、体育游戏等，尽力使孩子在游戏中将潜能无一遗漏地发挥出来。

有一次，小德独自一人在院子里玩耍。他喜欢玩"开火车"的游戏，就是把一些木块连成一串，作为车厢，他在前面拉着，假装自己是火车头。

这天，小德突然想到要增加几节车厢，使这个"火车头"能带领更长的火车。但带钩子的小方木块都用完了，怎么办呢？小德想到了刚刚买回来的磁铁块，用绳子拴在最后面，刚刚合适。

小德拴好一块磁铁，又拿来另一块。可是，那块磁铁好像突然着了魔一般，怎么也不肯乖乖地跟在第一块的后面。他一把它放到后面，就有一股力量将他的手和磁铁一起弹开。他用尽了全身的力气，可是那两块磁铁怎么也不肯吸在一起。

小德呆呆地看着手中的两块磁铁，好一会儿，他忽然大叫起来："妈妈，妈妈，快来看呀，这两块磁铁里住着两个小精灵！它们不愿意在一起。它们闹别扭了，谁也不理谁。"

妈妈忍住笑说："傻儿子，这可不是什么精灵，这是磁力的一个重要原理。磁铁分为正极和负极，同极相斥，异极相吸。你将这两块磁铁的正极放在一起，当然会因为相斥而弹开啦。"

一天，妈妈给小德带回了几块眼镜片，有近视镜片，也有老花镜片。小德对新奇的事物一向感兴趣，他把镜片架在自己的眼睛上玩，没过一会儿就大叫眼花，只好把镜片举到离眼睛较远的地方才能看清楚镜片后的东西，妈妈任他淘气，不去管他。

当小德一只手拿着近视镜片，一只手拿着老花镜片，一前一后地向远处看时，他看到了什么呢，远处礼拜堂的尖塔突然来到了他眼前。他高兴地大叫："快来看啊，妈妈，礼拜堂的尖塔就在这里！"

从此，小德懂得了望远镜的原理并亲手制作了他的第一架望远镜。就是这样，通过不断地玩耍、思考再到动手，他的潜在能力得到了最好的开发。

由此可见，孩子的各种潜能在很大程度上是在游戏中开发的。如果我们也能像小德的妈妈一样，让孩子在游戏中开发智力，那么也能培养出像小德一样聪明优秀的孩子。

好妈妈应该这样做

孩子的潜能是个巨大的宝库，要仔细观察和发现，懂得开发。但是，这并不意味着斥巨资给孩子报各种各样的辅导班，带孩子奔走于各种各样的比赛，收获奖杯和奖章。最重要的是，好妈妈和孩子一定要知道孩子自己擅长的是什么，以及他尽最大努力所能创造的价值。如果孩子能清楚地了解自己的兴趣，意识到自己的能力，那么，未来他追求理想和抱负时，即使遇到困难和挑战，也会保持强烈的自信心和进取心。

发掘孩子的潜能，好妈妈具体该如何去做呢？

1. 主动地去探寻孩子的潜能

只要细心地观察就会发现，每一个孩子都有自己的遗传潜能优势。若想孩子的潜能得以发挥，妈妈们就要费一番心思去探寻孩子的潜能所在了。比如让孩子接触尽可能多的领域，如艺术、音乐、文学、写作、体育等。孩子在接触诸多事物的时候，一定会对某些东西产生兴趣，特长也会逐渐表现出来，他的潜能也就会显露出来。

2. 让孩子做游戏的主人

有些妈妈总是会限制孩子的游戏，干涉他们的玩法，甚至还随意改变孩子的游戏规则。如果这样，就改变了游戏本身自由、愉快的氛围以及思考、探索的特性。妈妈应该尽可能让孩子在良好的物质和心理环境中成为游戏的主人，充分表现自我，真正让孩子享受到游戏的乐趣。

3. 给孩子表现的机会

孩子的任何才能，都需要展示的平台。如果给孩子更多的舞台，他的才能会得到更好的发展。比如可以让孩子叙述当天经历的有趣的事，由妈妈帮他记录下来；家人过生日时，鼓励他表演一个节目；每周日的晚上大家朗读短文并发表心得，等等。

4. 不要逼孩子学习过多的技能

有些妈妈培养孩子时，总逼迫孩子学这学那，这对孩子的成长非常不利。教育学家指出：过早地逼迫孩子学习过多的技能，会让孩子产生抵触和厌烦心理，甚至有可能扼杀孩子的潜能，得不偿失。对孩子的教育应该从孩子的心理出发，不要逼迫孩子学习过多的技能。

好妈妈要关注孩子，更多地与孩子在一起，了解孩子，才能最全面地发现孩子的特长与潜能。掌握正确的教育方法，做到因材施教，才能让孩子把潜能发挥出来，健康快乐地成长。

给孩子插上想象的翅膀

培养孩子的想象力，对开掘其创造力，具有十分重要的作用。同时，从小培养孩子的想象力将会使孩子受益终身，因为丰富的想象力能帮助孩子从书本、音乐以及其他所有的艺术中获得更多的东西。

大科学家爱因斯坦曾说："想象力比知识更重要，因为知识是有限的，而想象力概括着世界的一切，推动着科学发展、进步，并且是知识的源泉。"然而，现在的妈妈往往把注意力集中在孩子体能、智能、社交和语言的发展上，忽略了启发想象力的重要性。当然，聪明的好妈妈是不会这样做的。

一次折纸游戏中，乔乔学会折小兔子后，把小兔子贴在了纸上。这时妈妈问乔乔："小兔子生活在哪里啊？"

乔乔就给小兔子画了一个漂亮的房子，还有绿草地、美丽的小花。接着妈妈又问："你知道小兔子吃什么东西吗？"

"它最喜欢吃萝卜，我得给它画些萝卜！"乔乔高兴地继续画着。

"你觉得小兔子还需要什么呢？"

"还需要妈妈、爸爸、朋友、玩具……"

乔乔画出越来越多的东西。原本只贴了一只小兔的白纸，现在不但有了漂亮的房子、绿色的草地、美丽的鲜花、可口的萝卜，还有在跑步的小乌龟、另一只穿着裙子的小兔子、大大的蘑菇、飞翔的小鸟、高高的太阳、弯弯的小溪，别提有多热闹了。

妈妈一定不要轻视孩子的想象，即便是看来确实带点儿"胡思乱想"的意味。下面这位妈妈的做法就非常值得借鉴。

妈妈正在包饺子,5 岁的多多坐在小凳子上看着。多多忽然提了一个问题:"星星是从哪儿来的?"

妈妈没有急于回答,而是说:"你想想看。"

多多出神地注视着妈妈揉面的动作——揉面,揪面团,擀面饼,包饺子……

看了好一阵子,多多突然说:"我知道星星是怎么做出来的了,是用做月亮剩下的东西做的。"

妈妈听了先是愣了一下,然后特别激动地亲吻了自己的儿子:"宝贝,你的想象力真奇特。"

吃过饭,妈妈便给多多讲起了女娲造人的传说……

好妈妈面临孩子的"奇思妙想"时,懂得为孩子插上想象的翅膀,激活孩子的想象力。在妈妈和孩子做游戏时,做妈妈的也会克制自己的"聪明",尽可能保证孩子是游戏的"主人",这样才能给孩子发挥自己的想象力留下足够的空间,而孩子也可以在自己的想象中玩得更尽兴、更自主、更活跃。

培养孩子的想象力,对开掘其创造力,具有十分重要的作用。同时,从小培养孩子的想象力将会使孩子受益终身,因为丰富的想象力能帮助孩子从书籍、音乐以及其他领域中获得更多的信息。

好妈妈应该这样做

其实,每个成人都有孩童时期,每个孩童都曾有过七色的梦,每个梦境中都有无数的想象。但即使如此,孩子的想象力仍需要后天的培养。培养孩子的想象力有多种方式,我们可以看一下好妈妈是如何培养孩子的想象力的。

1. 多给孩子讲故事

妈妈经常给孩子讲故事,有助于启发他们进行无拘无束的联想和想象,发展再造想象和创造想象。爱听故事几乎是所有孩子的天性,而语言又是培养孩子想象力和创造力的一个有效载体。因此，多给孩子讲故事，借助对故事中的情节和动作的讲解，促使孩子在大脑里形成一个奇异的世界，使孩子成为创造这个世界的主人。他们可以从故事中学习语言，认识环境，学习做人做事的道理。显而易见，多听故事，可丰富孩子的幻想世界，增强孩子的想象能力。

2. 让孩子自己编故事、讲故事

等到孩子已经熟悉了许多故事之后，妈妈就应该试着和他一起来编你们自己的故事了。孩子喜欢编故事、讲故事，有时讲给小朋友听，有时讲给爸爸妈妈听，有时还会自言自语。这是锻炼表达能力的好方法，也是发展想象力的好机会。妈妈要积极鼓励孩子，不要冷言冷语，更不能随便阻止。

3. 和孩子一起做游戏

游戏是孩子想象的王国，是发展儿童想象力的最好活动。如果妈妈在和孩子做游戏时，模仿多种活动，凭借想象扮演多种角色，营造多种情境，那么就能激发孩子的想象力，使之自觉地将所扮演的角色进行完善。

4. 面对问题，鼓励孩子大胆想象

每当面对一个问题的时候，妈妈不要过早说出现成的答案，可以帮助孩子去假想，鼓励孩子提出一个又一个建议，然后选出最好的解决办法。妈妈可以给孩子做示范，一边想一边把自己的思考过程说出来，让孩子看到妈妈是怎样一步步做出最后的决定的，这样有助于他们从整体上把握问题。

想象力是孩子创造才能的重要组成部分，但在现实生活中，孩子大胆的想象常常得不到妈妈的理解。大人们一边惊叹自己的想象不如孩子的丰富、大胆，一边又有意无意地要孩子适应大人的条条框框，对孩子的一些不符合"规矩"的大胆想象加以纠正，殊不知，这种愚蠢的做法往往过早地扼杀了孩子的想象力。

想象力就像一道轻灵自由的流水，洗尽头脑里所有滞重的思路，带走思维中一切僵化的模式。好妈妈对于孩子的想象力要给予认同，而不是盲目纠正孩子，把自己的想法强加给他。

会表达的孩子，也擅长交流

语言是人们表达思想，进行沟通和交流的工具。儿童时期是语言发展的最佳时期，也是最迅速的时期。孩子获得知识技能要通过语言，养成一定的行为习惯要通过语言，与人交流更少不了语言。所以，发展孩子的语言能力是让孩子接受一切教育的基础。

一个人的智力发展和形成概念的方法，在很大程度上取决于语言。对于孩子来说，良好的语言表达能力是与人融洽共处的重要条件之一。同样的意思，不一样的表达方式，结果往往有很大的不同。如何智慧而得体地表达出心中的意思，需要用心，更需要训练。因此，妈妈就需要从小培养孩子的语言表达能力。

放学回家的悠悠还在门口便朝妈妈喊道："妈妈，妈妈，老师今天表扬我了。"听到儿子的话，妈妈连忙放下手中的家务活，亲切地问道："是吗？妈妈先恭喜你了！那你跟妈妈说说，老师为什么要表扬你呀？"

悠悠自豪地说道："因为在这次举行的数学测试中，只有三个打满分的，我也是其中的一个。"

"是吗？宝宝真聪明。那，你给妈妈来说说今天的详细经过，你们老师是带着什么样的表情走进教室的，他都说了些什么呢？"妈妈引导悠悠继续说。

"当时刚刚开始上课，教室里非常的安静……"

"儿子，你是不是可以用一个成语来描述呢？叫鸦雀……"妈妈故意打断他。

"呵呵，对了，是鸦雀无声。然后，老师兴高采烈地走进教室……"

"那老师是怎么说的，他的脸上有什么表情呢？"

"我想起来了，老师当时面带微笑，高兴地说：今天我要公布成绩了，全班有三个同学最出色，他们都取得了满分，他们是……"

"儿子，你当时心情怎么样，可以形容一下吗？"妈妈又问道。

"我心里紧张极了，也害怕极了，像敲起了小鼓，又像揣着只乱蹦乱跳的小兔子。"

"心里紧张？是不是可以用一句爸爸教给你的歇后语来形容一下，叫什么十五个……"

"哦，是十五个吊桶打水，七上八下的。当老师公布我得的是满分的时候，我心里的大石头才落了地，心里就像喝了蜜一样甜，高兴极了。我真想唱支快乐的歌曲，可是一想是在上课时间，只好忍住了。"

就这样，在妈妈的积极引导下，悠悠把今天发生的事情成功并且生动地表述了出来。随后，妈妈又让他把这件事写成了日记。

悠悠妈妈能站在孩子的角度，循循善诱，使悠悠的语言能力得到了提高。妈妈平时在家中说话也应该尽量说长句，不要过于简练、刻板，多些生动，多些幽默，为孩子提供语言表达的样本。

然而，在现实生活中，不少孩子的语言表达能力都比较弱。经常听到一些妈妈抱怨："我家的孩子都9岁了，有时连老师留了什么作业都表达不清楚""我家孩子上二年级了，说话结结巴巴，总是不能完整地把一件事情表达清楚"……还有很多孩子看到认识的人不是装作没看见，就只是羞涩地一笑，这些都是不具备良好的语言表达能力的体现。

语言是人们表达思想，进行沟通和交流的工具。儿童时期是语言发展的最佳时期，也是最迅速的时期。孩子获得知识技能要通过语言，养成一定的行为习惯要通过语言，与人交流更少不了语言。所以，发展孩子的语言能力是让孩子接受一切教育的基础。

好妈妈应该这样做

几岁到十几岁这段时间，是孩子语言表达能力的启蒙和高速发展阶段，这时的孩子好奇心和模仿力强，是提高语言表达能力的关键时期。因此，妈妈一定要在这个时期针对孩子的特点，用正确的方法引导孩子表达自己的想法，锻炼口才。那么，好妈妈是如何培养孩子良好的语言表达能力的呢？

1. 妈妈要用规范的语言与孩子说话

比如孩子说"吃糖糖"，妈妈要立刻纠正"我要吃糖"，并且要告诉孩子："你已经长大了，要把你的想法说完整。"还可以追问："你想吃什么糖？你能用一句话把自己的要求说清楚吗？"引导孩子说出："妈妈，我想吃那种黑色的巧克力糖。"让孩子学会组织语言，把多种主要信息完整地表达出来，让别人听明白。力求口齿清晰、用词准确，富于表现力。这对孩子逐步养成说完整规范语言的习惯非常重要。

2. 积累词语，多打比方

如果孩子说："阳台上花开了！"妈妈可以引导："能换一种说法吗？花开得怎么样呀？像什么？""像一只大蝴蝶，很好看。"尽量让孩子学会用比喻的修辞方法表达。因为，学语言和培养想象力要同步进行。引导孩子用词尽量丰富多样，避免语言单调贫乏。譬如，晚上城市广场的灯亮了，用于形容"灯"的词有"灯火辉煌""五颜六色""五光十色"等。妈妈要有意识地重复一些新词语，并把它放在句子中来说，不断强化巩固，让孩子学语言一开始就有个高起点。

3. 丰富生活是发展孩子语言的源泉

妈妈可以多带孩子到户外观察大自然，开阔眼界，增长知识，把看到的、听到的用语言描述出来。比如，孩子喜欢看大海，妈妈就可以有意识地引导他通过"听""看""触"等方式，认真观察海水的颜色，波涛、天空的景色，最后让他描述出来，要求尽量"和真的一样"。如雪白的浪花、轰隆隆的波涛、金色的海岸——颜色、声音、动态都要描述得尽量生动准确。这种口头作文训练，能帮孩子养成细心观察的好习惯，为将来向书面作文过渡打下坚实的基础。

如果妈妈可以这样长久地引导孩子表达自己的所见所感，当有一天孩子语言表达能力的窗口被完全打开，他的语言表达能力就会迅速地提高。

> **写给妈妈的话**
>
> 好妈妈首先应懂得以身作则——在生活中讲话时做到用词规范、标准，表达生动、准确。与此同时，好妈妈如果懂得引导孩子学会组织语言，完整准确地表达自己的所见所闻，培养孩子在讲话时做到口齿清晰、用词准确、富于表现力，这对孩子提高语言表达能力相当有效果。

有创造力的孩子，最善于思考

一个充满创造力的孩子从小就能出类拔萃、卓尔不群，因为他们的大脑一刻也没有停止过思考，他们有很多的"为什么"，并且能够自己动手去寻找解决的方法，这些都是充分调动创造力的结果。

创造力是指依据一定目的，展开积极的思维能力，产生新认识、新事物的能力。一般来说，有创造力的孩子都是善于思考的孩子，因为他能够把学到的知识灵活地运用到生活中，创造出新的东西。如果你是一个好妈妈，就要重视对孩子进行创造力的培养。

晴晴的妈妈是一个很有创意的主妇，晴晴从小在妈妈的影响下，"鬼点子"也特别多。每天的晚饭时光，是晴晴一家固定的"创作"时间。妈妈在厨房里忙着做饭，三岁多的晴晴就会站在餐桌前琢磨：今天的餐桌应该如何装饰呢？在妈妈的提醒下，晴晴会把做饭用的"边角料"放在好看的容器中，作为餐桌装饰。洗好的菜叶，像菠菜、芹菜等，晴晴会把它们放在高一点儿的花瓶中。洗好的小萝卜是晴晴最喜欢的装修物——红红的水萝卜放在白瓷碗里，特别漂亮。

盛菜的盘子也是晴晴发挥想象力和创造力的地方。妈妈切好的黄瓜片，会被晴晴摆成小叶子和花的形状，放在盘子边上。为了这个，晴晴妈妈特地使用平盘，这样更方便晴晴"创作"。

菜肴的摆放、碗盘的装饰、餐桌的布置等，都是晴晴和妈妈的创作园地。在这种创作的过程中，晴晴的点子越来越多，小手也越来越灵活。

出门玩耍的时候，晴晴更会设计出各种各样有创意的游戏，身边的小朋友都喜欢和她玩：在海边，一个小小的饮料瓶就是晴晴最好的"道具"，忽而成了飞机、忽而成了潜艇、忽而又成了虫子的小家……晴晴一边手里比画，一边嘴里念念有词，不停地给身边的小朋友讲着自己编的各种各样的故事。到公园里散步，哪怕是一片小叶子，在晴晴的眼中、手中、口中也都可以幻化无穷。

在晴晴家，专门有一面属于晴晴的"创意墙"。每当晴晴的妈妈在家里收拾花花草草的时候，晴晴都会用剪下的各种叶子粘贴出一些很漂亮的树叶贴画。晴晴还会把妈妈用剩的碎布做成"布贴画"，用蔬菜或者豆子做"画"……每次有这样的作品问世，晴晴妈妈都会很认真地将画"裱"好，郑重地挂在"创意墙"上。

虽然桌子上、地上都是废物和辅料，可是看到孩子能用废弃的东西做出各种各样的"作品"，妈妈总是很自豪。

孩子的想象力与创造力是无穷无尽的，这种创造潜能就表现在日常生活中，好妈妈能随时随地地发现他的创造力。另外，创造力高的孩子往往会有"奇思怪想"，与众不同，而妈妈切忌随意讥笑或嗤之以鼻。

一个充满了创造力的孩子从小就能出类拔萃、卓尔不群，因为他们的大脑一刻也没有停止过思考，他们有很多的"为什么"，并且能够自己动手去寻找解决的方法，这些都是充分调动创造力的结果。因此，好妈妈不能只注重发掘孩子的智力而忽视了创造力。很多时候，创新能力比获得知识更重要，因为知识是有限的，而创造力能推动世界上一切事物的发展进步。当一个孩子具有创新精神时，他就能比同龄人飞得更高，看得更远。

好妈妈应该这样做

每个孩子都可以具有超强的创造力。我国创造教育学先驱陶行知先生曾指出："处处是创造之地，天天是创造之时，人人是创造之人。"也就是说，凡是孩子原先不会的，而现在会了，就是一种创造；凡是别人没有想到的而孩子想到了，就是一种创造；但凡孩子在原先的基础上做得更好的，就是创造。

孩子的一举一动都蕴含着创造潜力，尽管它只是雏形，却又是伟大的。那么，如何培养孩子的创造力呢？好妈妈的做法是：

1. 营造良好的家庭氛围

良好的家庭气氛有利于孩子发挥其创造力。需要注意的是：一个好思考、想法多、能触类旁通的孩子，往往不愿意受过多的约束。他们自信、好奇、喜欢幻想、有探索精神，但很容易被认为是不听话、好出风头，是刺头。妈妈的误解会使孩子变得郁郁寡欢、无所适从。孩子只有生活在一个轻松愉快的环境中，才更容易产生创造力。

2. 不要过分斥责孩子的"破坏"行动

其实，孩子爱搞"破坏"是天性使然，是其创造力萌芽的一种体现。他们对各类陌生的事物充满好奇，并身体力行，欲用自己的双手探求这未知世界。合理利用孩子这种天性，加以多方引导、鼓励，孩子的创造力就会得到进一步提高。

反之，如果妈妈总是不分青红皂白地对孩子的"破坏"行为加以粗暴的"镇压"，久而久之，孩子的天性被抹杀了。这样培养出来的孩子多半过于循规蹈矩，缺少头脑，依赖性强，少了好动、好奇、勇敢甚至冒险的天性。

3. 开阔孩子的视野

妈妈可通过各种活动丰富孩子的生活，开阔孩子的视野。多带孩子到大自然中，观赏各种树木花卉，区分它们的异同；了解植物与环境的关系；看看动物的不同形态，分析它们的外形特征和生活习性；采集种子，捕捉昆虫，制作标本；仰望天上变幻多端的云彩；欣赏日出东方、夕阳西下的美景……

另外，好妈妈还应向孩子提供适合他们身心年龄特点的读物和视听材料，范围要尽可能广博，上自天文，下至地理，但应注意宜广不宜深，深入浅出，以游戏的形式、故事的口吻，进行趣味讲解。

懂得观察的孩子更聪明

好妈妈在鼓励孩子勤于观察的同时，还要注意帮助孩子学会善于观察。著名哲学家黑格尔认为，培养观察力的最好方法是教他们在万物中寻求事物的"异中之同，或同中之异"。

观察是一个人认识事物的重要途径，是智力活动的基础，是完成学习任务的必备能力。观察是聪明的眼睛，没有敏锐的观察力，就谈不上聪明，更谈不上成才。但现实生活中，有许多妈妈不注意培养孩子的观察力，没有把观察力的培养放在应有的位置上，这样一来，就抑制了孩子思考能力的提高。

小观是一个6岁的孩子，他非常喜欢画画。一天，小观回到家后，便对妈妈嚷嚷道："妈妈，老师让我参加比赛了，我要画一幅名为《春天》的画。"听到这个消息，小观妈妈也替他感到高兴。

于是，小观妈妈决定带领儿子外出郊游，给他创造观察的机会。

"五一"那天，妈妈领着小观去了香山公园。看到公园里那些粗壮的大树，小观高兴地又搂又抱；见到鲜艳的花朵、修剪得整齐美观的草地，小观兴奋得手舞足蹈。回家后，妈妈问小观："树叶和草的颜色是怎样的？什么花最先开放？"可小观因为当时并没有用心去记，所以回答不出来了。于是，妈妈又带着小观出去了一次。这次他主动地观察了树叶、小草的颜色，留意了开放的春花，看到了蜜蜂在花间辛勤地采蜜，蝴蝶在花丛中快乐地舞蹈……妈妈又带着小观观察了蚁穴——蚂蚁忙着搬动一条小虫。小观看着这些能搬动是自己身体好多倍的东西的大力士感到非常惊讶。最后，小观还从池塘里捞出了几条小蝌蚪带回家去养……

比赛时，小观的画里不但有艳丽的花朵，还有辛勤劳动的蜜蜂、松土的蚯蚓，以及一只破壳的小鸡好奇地探头看着这新奇的世界。这幅生动的图画赢得了评委老师的一致赞扬。

观察是孩子认识世界的开始，也是以后改造世界的基础。伟大的天文学家牛顿在孩提时代，对各种事物都喜欢仔细地观察，而且都力图透过现象看本质，把不懂的地方彻底弄明白，夜晚，牛顿仰望天空观察眨着眼睛的大大小小的星星，心里想，这星星月亮为什么能挂在天空上呢？星星、月亮都在天空转动着，那它们为什么不相撞呢？刮大风了，狂风卷着沙石，人们都躲进了屋子里。牛顿却跑出屋子，独自在街上行走。一会儿，随风前进；一会儿，逆风行走。他要实地观察顺风与逆风的速度差，到底有着何种本质的差别。

像牛顿那样，观察能力较强的孩子，对待问题也能透过现象看本质。比如，有的孩子写作文"我的妈妈"，他不仅注意到了妈妈的音容笑貌、言谈举止这些现象，还能通过这些现象，发掘出妈妈的内心世界来。有的孩子观察大自然的景色，不仅注意到花草树木、气温云彩以及鸟类的活动、土壤的变化，还能从这些变化中找出哪些景色是春天到来的象征，哪些景色是寒冬来临的预兆……

好妈妈在鼓励孩子勤于观察的同时，还要注意帮助孩子学会善于观察。著名哲学家黑格尔认为，培养观察力的最好方法是教他们在万物中寻求事物的"异中之同，或同中之异"。

在观察前，妈妈要让孩子做好知识准备，以便让孩子有的放矢；同时要激发其求知欲，培养其观察兴趣。兴趣是最好的老师，有了浓厚的兴趣，就会主动去认识事物。妈妈可以先引导孩子观察他最熟悉的、最喜爱的、特征比较明显的、容易辨认的事物，激发孩子积极观察的强烈愿望。

另外，妈妈还要教给孩子一个正确的观察方法。观察过程中，培养孩子学会合理的观察顺序。告诉孩子如何看，先看什么，再看什么，指导孩子抓住事物的主要特征进行观察。比如妈妈带着孩子去动物园看大象时，就可边看边提出一系列问题让孩子回答，如大象的身体大不大、牙长在什么地方、鼻子有什么特点、鼻子是干什么的等。只有经过妈妈有意识地启发，孩子才能学会正确的观察方法。

好妈妈应该这样做

对于孩子来说，观察力是他们智慧的起点。有了观察力，他们就能更好地认识周围的一切；有了观察力，他们就能更好地把握住事物的细节；有了观察力，他们就能从平凡中发现不平凡。为了使孩子的观察能力一天天敏锐起来，好妈妈应该这样来培养孩子的观察力：

1. 给孩子观察的机会，为孩子制造观察的氛围

妈妈常常因为担心孩子出危险而把他们关在家中不让出门。这样，就会让孩子失去了接触大自然的机会，要教会孩子观察就要给他们观察的机会，拿一个放大镜或手电筒让孩子在庭院里或郊外自由地去探索，孩子会在这种无拘无束的探索中发现许多有趣的事物和现象。

2. 激发孩子的兴趣

对于任何事物，孩子有了兴趣，才会用心去做；孩子不感兴趣，就会"走马观花"，只能得到肤浅的认识。所以，要培养孩子敏锐的观察力，好妈妈可以引导孩子观察他喜爱的事物，在观察的同时，妈妈也要充满童趣和好奇心——在发现有趣的事物时，欢快地呼朋引伴；发现了寻觅目标时，高声地欢呼。妈妈积极、愉快地参与其中的观察活动，孩子一定会感兴趣，观察也会更有效。

3. 让孩子明确观察的目的

孩子在观察中，有无明确的观察目的，得到的观察结果是不相同的。观察的目的越明确，孩子的注意力就越集中，观察也就越细致、深入，观察的效果也就越好。比如，妈妈带着孩子去公园，漫无目的地东张西望，转半天回到家里，孩子也说不清看到的事物。如果要求孩子去观察公园里的花朵，那么他就能够说出花儿的形状、颜色、大小等。这样有的放矢地观察，将会有更多的收获。

4. 从生活中的物品入手

孩子每天的生活都与周围的生活物品分不开，如桌子、凳子、餐具、床、毛巾、灯、电视等。妈妈要让孩子仔细观察和熟悉这些物品，知道这些物品的形状、材料及各种用途。如茶杯大多是圆柱状的，有陶瓷做的，也有玻璃做的，可以用来喝水，也可以用来盛豆、插花；桌子大多是长方形或圆形的，是木头做成的，可以用来吃饭或写字等；毛巾是用棉纤维做成的，可用来洗脸，也可用作擦布。借助生活物品培养孩子的观察力，是既简便又实用的方法。孩子在日常生活中养成了观察的好习惯，为将来观察和研究复杂事物打下了基础。

〰〰〰〰✿ **写给妈妈的话** ✿〰〰〰〰

观察是孩子积累知识、发展智力的重要途径，它不是一般地看，而是一种有目的、有计划、比较持久的感知活动。在孩子的生活、学习中，有70%的信息都是通过观察获得的。观察力的强弱在一定程度上决定着孩子发展的成败。因此，有效地培养孩子的观察力，是好妈妈责无旁贷的使命。

因为专注，所以成功

一般情况下，造成孩子注意力不集中的原因有偶然性因素和经常性因素。和同学们有了矛盾或身体不适等情况造成的上课状态不佳属于偶然性因素；经常性因素则是由于孩子的注意力品质不良造成的。

注意力是指一个人将思维与行动集中在某一特定目标上的能力，而做一件事是否专注能决定一个人在学习和工作中的成绩。正如美国钢铁大王安德鲁·卡内基在一次对柯里商业学院毕业生的讲话中指出："获得成功的首要条件和最大秘密，是把精力完全集中于所干的事情上。"所以，好妈妈应该明白，拥有高度的注意力是所有成功人士的特征。

小甜是济南市某中学的一名学生，她学习成绩优秀，一直担任班里的学习委员，在谈到自己的学习心得时，她说：

我的成绩在班里比较好，其中的原因之一就是我上课听讲时做到了"两耳不闻窗外事"，我觉得听课时注意力集中比上课不注意听讲、下课后再补习的效果要好得多。上课时为了不让外界的原因打扰我，我首先是把课桌上与本课学习内容无关的东西都放进抽屉，比如这节课是语文，我就把桌子上摆放的圆规、三角板、量角器等东西都收进抽屉，桌子上只放语文课本、笔记本等上语文课必用的书籍和学习用具。这样桌子就显得整洁，在听课时就不会因为桌子上的东西太多而分心，从而影响注意力。

另外，我比较注意锻炼自己的自控力，比如听到教室外有什么声音，就尽量控制自己不转过头去看，也不要去想，提醒自己眼睛要随着老师讲课的进度看黑板或是课本，思路要跟着老师，而不是人坐在教室里，心里却想着其他的事情。

最后，为了避免周围的同学上课时做"小动作"影响自己，在课下我经常提醒同学上课要集中注意力，不要做小动作，这样害人又害己。同学们大都能接受我的意见，这样，我就有了一个非常好的学习环境。

专注就意味着离成功很近了。什么是专注，简单地说，就是全心全力、一心一意地去做一件事，而且只做一件事。纵观古今中外，绝大多数成功者，都是集中精力，专注于某一领域的研究或发展从而攀上了事业巅峰。

法国著名作家巴尔扎克年轻的时候，曾经营出版、印刷业，但由于经营不善，他的企业破产了，并欠下了巨额债务。债权人经常半夜来敲他的家门，警察局发出通缉令，要立即拘禁他。那时的巴尔扎克居无定所，后来实在没有办法，在一个晚上，他偷偷地搬进了巴黎贫民区波西尼亚街的一间小屋里。

巴尔扎克隐姓埋名，躲进这间不为外人所知的小屋子里。周围的难民根本没有注意到这位有些落魄，却踌躇满志的年轻人，他终于从原先浮躁不安的心境中平静下来。坐在书桌前，他认真地反思着，多年以来，自己一直游移不定，始终没有集中精力来从事自己最喜欢的文学创作。想着想着，他顿悟了，蓦地站起来，从储物柜里找出拿破仑的小雕像，放在书架上，并贴了一张纸条："彼以剑锋创其始者，我将以笔锋竟其业。"拿破仑想用武力征服全世界，他没做到，而巴尔扎克却要用笔征服全世界。

后来，巴尔扎克在文学上取得了巨大的成就。

可见，专注的力量是十分强大的。分散的光，只有极少的能量，若把它们聚集起来就可形成巨大能源。它产生的能量，足以点燃纸张，甚至穿透、切断钢板。今天的妈妈比任何时代的妈妈都更渴望自己的孩子能够获得成功，所以让孩子从小就养成全神贯注地对待学习的这种习惯就十分必要。要让这种习惯发自内心，深入骨髓，成为影响他们一生的学习态度。

好妈妈应该这样做

据心理学家研究，孩子总是不能集中注意力，是因为脑神经的发育尚不完善，大脑的控制功能还不强。研究表明：5～7岁的儿童注意力可集中15分钟左右，7～10岁可集中20分钟左右，10～12岁可集中25分钟左右。其实，孩子的注意力是可以培养并提升的，只要方法适合，孩子就可以做到。那么，好妈妈要怎么培养和提升孩子的注意力呢？

1. 分析孩子注意力不集中的原因

注意力不集中对孩子的学习影响很大，专注是观察、想象、思维、记忆的准备状态，没有注意力就不可能有好的学习效果。

一般情况下，造成孩子注意力不集中的原因有偶然性因素和经常性因素。和同学们有了矛盾或身体不适等情况造成的上课状态不佳属于偶然性因素；经常性因素则是由于孩子的注意力品质不良造成的，如缺乏认真学习的态度，厌学情绪，对某一科目不喜欢等。妈妈应根据情况分析孩子注意力不集中的原因，并帮助孩子改正。

小逸在课堂上注意力不集中，思想容易开小差。如老师讲课时，他的思路没有跟着老师，而是想着头天晚上看过的动画片，想着下一节是体育课就可以打球；有时他坐在座位上发呆，连老师的提问都没注意到；有时朝周围的同学做小动作，影响了别人的学习。批评教育对他的效果也不大，于是老师便把这件事反映给了他的妈妈。

小逸的妈妈收到老师的反馈信息后，在和小逸的沟通中，发现他上课之所以总是走神，是因为在作文竞赛中，没有取得好的名次而感到自卑造成的。她就这一情况，针对性地给小逸讲了一次失败并不等于永远失败的道理，同时，还告诉小逸要以平常心面对学习中的得失。另外，她还买来一些名人的传记给小逸看，并告诉小逸，许多伟人、名人都遭受过挫折，但他们能从挫折中很快地站起来，没有人因为挫折而影响学习。

在妈妈的正确引导下，小逸终于走出了挫折的阴影，他上课再也没有走神，思想也不再开小差。由于学习时集中了注意力，一段时间后，小逸的成绩有了明显提高。

2. 让孩子一心一意做一件事

过多的事情会使孩子没有明确的目的性。如果要求孩子既要注意正在做的作业，又要复习第二天的考试内容，结果是什么事都不能顺利地完成，而且还会使孩子的注意力更加难以集中。因此，培养注意力的正确之举是让孩子专注于一件事。

一般情况下，妈妈和老师如果严格要求孩子在规定的时间内完成某一课的作业或其他学习任务，孩子是能够完成的。但是，对于那些缺少注意力的孩子来说，就会经常出现边做作业边看电视，或边记单词边玩魔方等情况，这样，既不能在规定的时间内保质保量地完成学习任务，又耽误了正常的休息时间。所以，培养孩子的注意力是一件非常必要的事情。

由于孩子的注意力与年龄、性格有关系，因此，妈妈应根据孩子的实际情况来安排他们的学习时间。

孩子在小学阶段就读，每次最佳注意力的持续时间是在25~30分钟左右。在这段时间内，妈妈应督促孩子完成难度较大的作业题，然后给孩子轻松休息的时间，切忌强迫一个上小学的孩子一次连续做1小时以上的课外作业，否则就会引起孩子的疲劳。这样的学习效果不理想，而且还容易引起孩子的厌学情绪，就得不偿失了。

如果孩子上了初中，适当延长一点学习时间是可以的，但也要酌情而定。不要在孩子能发挥最佳注意力的时间段内，一会儿让其写日记，一会儿做数学作业，隔几分钟又令其练书法，这样忙而乱地做事情只会更加分散孩子的注意力，从而收不到好的学习效果。

总之，妈妈对于孩子不能过分地苛求他保持长时间的注意力，而是应该以平和的心态，科学地、逐步地培养孩子的注意力。

3. 在精力最好的时候做最重要的事

对于孩子们来说，注意力也是一种资源，而如何利用好这个资源，是需要技巧的。比如，孩子可以选择早晨起床后精力最旺盛、注意力高度集中的时间记单词，而在临睡前的一个小时大脑开始出现疲劳的状态下记一些不太重要的知识。不过，这就要求妈妈帮助孩子在各个学科间做出正确的选择，因为在一定时期内，一个人的能量和大脑资源是有限的，即使是一个成年人，也无法同时做好数件同等重要、难度又都很大的事情，更何况是孩子。所以，妈妈有必要教会孩子在注意力最集中的时候，去学习最重要的、最难记住的知识。

让孩子在玩耍中增强逻辑思维能力

　　逻辑思维能力的强弱，往往是衡量一个人智力高低的标准。对于孩子来说，如果逻辑思维能力强，不但学习上会感到轻松，同时也会享受到比别人更多的乐趣。

　　对于孩子来说，逻辑思维能力的早期培养训练非常重要。可是在生活中，许多妈妈忽视了对孩子早期逻辑思维能力的培养，有些妈妈甚至都不知道如何去培养。其实在日常生活中，好妈妈可以抓住每一件事来培养孩子的逻辑思维。

　　一天，娇娇吃饼干的时候，没有吃完，餐盘里剩下了一块，她就对妈妈说："妈妈，这块饼干帮我保存着，好吗？"

　　妈妈说："好的。"

　　一段时间过后，妈妈在和朋友电话聊天的过程中，无意之间把餐盘里仅剩下的那块饼干吃了，而且随手洗干净餐盘把它放在了橱柜里。这个过程都是在妈妈不经意中完成的。

　　不久，娇娇跑来找饼干，没有找到，问妈妈："妈妈，我的饼干呢？"妈妈回答："哦，我吃了，对不起，没有征得你的同意。"

　　娇娇大哭："饼干是我的，还给我。"

　　妈妈："嗯，妈妈是因为肚子饿才吃掉饼干的。妈妈饿坏了就有可能生病去医院。我要是生病了怎么办？"

娇娇："我给你叫医生。"

妈妈："嗯，那你知道电话号码吗？"

娇娇："知道，120。"

妈妈："嗯，那你能告诉医生来我们家的路怎么走吗？你知道我们家的地址吗？你有钱吗？生病是需要钱的。你知道怎么挂号吗？你知道怎么买药吗？你知道……总之，带妈妈看病需要做很多很多事情呢，你知道怎么做吗？"

娇娇看着妈妈，半天才说："不知道。"

妈妈："你希望妈妈生病吗？"

娇娇："不希望。"

妈妈："那妈妈可以吃你的饼干吗？"

娇娇："可以。这样妈妈就不会生病了。妈妈，如果下次你饿了可以吃我的饼干。不，我会留一些给你的，我不想让你生病！"

妈妈："好的，下次妈妈肚子饿的时候，会向你要饼干。"

娇娇："嗯。我一定会给你留一些的。"

娇娇妈妈的做法既培养了孩子的爱心，也开发了孩子的思维能力。

在日常生活中抓住小事，对孩子进行逻辑思维能力的培养，不仅发展了孩子的逻辑思维，而且还培养了孩子的自控力，从而让孩子变得更懂事。

逻辑思维能力的强弱，往往是衡量一个人智力高低的标准。对于孩子来说，如果逻辑思维能力强，不但学习上会感到轻松，同时他们也会享受到比别人更多的乐趣。

好妈妈应该这样做

人们通常认为聪明的孩子与生俱来就有良好的逻辑思维能力，其实不然。孩子的逻辑思维能力是在严格的训练和培养中逐步得到提高的。那么，好妈妈该如何培养孩子的逻辑思维能力呢？

1. 让孩子学会分类

分类是一种非常重要的逻辑思维方法。让孩子把具有某些相同特征的事物归成一类，有助于孩子从整体上掌握某一类事物。妈妈教孩子分类时，要明确，不同的分类标准，分类的结果是不同的。孩子在分类中能否考虑全面，与孩子的知识面有关。所以妈妈应当在孩子已有知识的基础上，去让他分类。

2. 让孩子找事物之间的内在联系

逻辑思维能力中最重要的就是找出事物之间内在关系的能力，妈妈可以在日常生活中启发孩子思考各种生活用品之间的关系，比如鼠标和键盘是什么关系，花盆和花是什么关系，等等。

3. 抓住培养孩子逻辑思维能力的关键期

6～11岁是培养孩子抽象逻辑思维能力的关键时期，这个年龄段的孩子正处于知识积累期，思维的活跃度也很高。在这一时期培养孩子的思维能力和科学的思维方法，将大大提高他们吸收新知识的效率和质量。

写给妈妈的话

好妈妈要让孩子知道，逻辑思维是掌握知识的一种重要方式。要正确地理解事物、牢固地掌握知识，必须通过积极、灵活的逻辑思维活动才能达到。

记忆力好，装的知识才多

影响孩子记忆力的因素也有很多，比如学习动机、学习兴趣、记忆方法、睡眠质量、情绪好坏、身心健康状况等。但是，只要能找到适合孩子记忆的方法，对其进行训练，孩子的记忆力一定可以得到提高。

记忆力是孩子学习不可或缺的一种能力，一个人的记忆力强，会为他的智力活动提供更多更好的"储备"。所以，好妈妈知道，从小训练孩子的记忆力，培养孩子养成良好的记忆习惯、掌握有效的学习方法，对孩子今后的学习道路将十分有帮助。

娜娜小的时候，是一个非常健忘的孩子。为了提高孩子的记忆力，娜娜的妈妈开始有意识地对孩子进行训练。在给孩子读故事的时候，妈妈会有意识地告诉孩子一页图画上的内容。比如，这是钟表，那是小船、旗子、小岛、小桥，那边还有喷水池、平衡木、秋千，角落里还堆着书包、水壶。讲完一遍后，妈妈就让她一一复述出来。刚开始的时候，娜娜总是记不住，但是训练的次数多了以后，她就很少出错了。过了一段时间，妈妈会再把书翻出来问她。这样多重复几次，娜娜就能牢牢地记住画面上的每一个细节了。

在孩子遇到记忆难题时，一定要像娜娜的妈妈那样耐心帮助孩子，要多给予鼓励，从小培养孩子对自己记忆力的信心。

从没有练习过拳击的人，不可能突然成为一个好拳手。从没有跳过舞的人，也不可能突然成为优秀的舞蹈家。同样，从没有进行过记忆力训练的人，不可能突然具有超强的记忆力。妈妈可以用卡片或实物等对孩子进行速记训练。相关调查研究显示，普通儿童经过训练后，记忆力都会得到增强。

影响孩子记忆力的因素也有很多，比如学习动机、学习兴趣、记忆方法、睡眠质量、情绪好坏、身心健康状况等。但是，只要能找到适合孩子记忆的方法，对其进行训练，孩子的记忆力一定可以得到提高。所以，妈妈应该有意识地培养孩子的记忆力品质，在影响孩子记忆力的因素上多下功夫，力争把这些因素积极化、正面化，为孩子全面提升记忆力打下良好的基础。

另外，妈妈切忌打击孩子的信心。如有的妈妈骂孩子"你什么都记不住，一点记性也没有，对你说了也是白说"等，这些话都会损伤孩子的自信心，甚至导致孩子产生"破罐破摔"的消极心理。

好妈妈应该这样做

记忆力是孩子自主学习不可或缺的一种能力，如何提高孩子的记忆力一直是妈妈非常关心的问题，也是他们一直致力于解决的问题。那么，如何帮助孩子增强记忆力呢？好妈妈的做法是：

1. 培养孩子的学习兴趣

人在做自己感兴趣的事物时，总会很投入、很专心，对不感兴趣的则很难记住。因此要孩子学习知识，不能强迫其记忆，而是要激发孩子的学习兴趣。有了兴趣，孩子记忆起来也就会觉得轻松。

2. 根据最佳记忆时间训练记忆力

大脑一般有四个记忆高潮：一是清晨起床后，大脑经过一夜休息，消除了疲劳，没有新的记忆干扰，是学习和记忆的高效期；二是上午8：00~10：00，大脑极易兴奋，适宜学习需要周密思考和分析判断的内容，也是攻克难题的好时光；三是晚饭后两小时，这是回顾复习全天学习内容、知识归纳分类和整理笔记的黄金时间；四是晚上临睡前一小时，利用这段时间，复习难以记忆的内容则不易遗忘。好妈妈应该根据这一规律训练孩子的记忆力，会收到很好的效果。

3. 让孩子学会理解记忆

只有理解了的东西，才能更深刻地感知和记牢。妈妈要教给孩子理解记忆的方法，要尽可能向孩子强调"先理解、后记忆"，而不要从一开始就逐字逐句地死记硬背。

⎧⎧⎧写给妈妈的话⎫⎫⎫

只要好妈妈能循循善诱，指导孩子运用科学有效的方法进行记忆，孩子的记忆力一定会得到明显的提高。

第五章　好妈妈会引导孩子学习

——把学习做成轻松的事儿

让孩子学习，不是让孩子成为机器。所以，好妈妈总是在思考如何才能让孩子爱上学习，因为她们知道只有真正从心里想做一件事情的时候，才会全神贯注地投入其中。尤其是孩子对学习的兴趣方面，他们只有爱学，才能学好！

不爱学习，是因为缺乏兴趣

为了培养孩子的兴趣，做家长的一定要重视孩子的好奇心。使孩子带着好奇心去学习各种科学文化知识，带着好奇心去了解大自然，带着好奇心去观察社会，带着好奇心去揭示未知世界的秘密。

现在，许多妈妈很少要求孩子做家务，甚至连扫地、洗碗等全包了下来，他们只要求孩子读书，读好书，希望孩子成才。而孩子不能了解妈妈的这番苦心，对妈妈的督促、规劝甚至责骂无动于衷，仍然贪玩。一个好妈妈当然知道这其中是有原因的——如果孩子没有求知的欲望，不明确学习目的，自然对学习提不起兴趣，学习成绩也很难得到提高。

小阳今年 17 岁了，上高中以前是在妈妈的严加看管之下学过来的。进入高中后，由于妈妈工作太忙了，实在没时间管他，他的成绩便直线下滑，在课堂上也不好好听课，还和老师吵架。到了高一下学期的期中考试时，成绩已经落到班里的最后几名了。

高考在即，小阳对学习却完全没有了兴趣。妈妈的心里特别着急，可小阳对此却满不在乎，总觉得上不上大学都无所谓，甚至连高中都不想念完。

为了辅导小阳，妈妈替他请了家教，可由于对学习没有兴趣，所以他想把辅导老师辞退，他劝妈妈说"家教作用不大，要她就是浪费钱"。可是，小阳哪里知道，高中三年，对于人生的道路来说有多么重要。妈妈虽说不指望他考上什么名牌大学，但最起码也得上个普通本科吧。妈妈知道，在眼下这个连研究生找工作都很困难的时期，如果一个孩子连大学都没进过，那以后就更找不到工作了。

　　于是，妈妈决定和小阳进行一次长谈，希望他能提高学习兴趣，转变学习观念，好好读书。小阳对妈妈说："妈妈，我一直不喜欢学习，可你老逼着我学。为了不给你们丢面子，我经常是逼着自己去学习的。可是进入高中后，不管我如何逼自己，就是学不好。所以，在读书期间，我从来没有轻松愉快过，我的日子基本是在郁闷中度过的。我常常想，这样逼着自己去学习是否值得呢？将来怎么过不都是一生吗？现在没有任何人和任何事能让我提高学习的兴趣了。"

　　妈妈要求孩子用功读书无可厚非，督促孩子读书也是应该的，而且是其应尽的职责。青少年时代正是求学的最好时期，"少壮不努力，老大徒伤悲"。但是读书不能靠强迫，妈妈可以把孩子锁在书房里，却不能把书本，把知识塞进孩子的头脑。知识的吸收与消化必须依靠孩子的主观能动性。但是，如果孩子对学习毫无兴趣，主观能动性又从何而来呢？

　　李丽小的时候，妈妈经常给她读童话故事。听的童话故事多了，她有时就会自己在脑海里构思新的故事。上了小学以后，一到假期她就钻到书店，翻看各种各样的故事书。妈妈发现孩子这一兴趣后，没有像别的妈妈那样对孩子阅读课外书的行为加以制止，而是适时地进行鼓励。正是因为兴趣的指引，李丽从小到大语文成绩一直名列前茅。

　　许多妈妈可能都知道，兴趣是人们力求认识某种事物或爱好某种活动的倾向，这种倾向总是和一定的情感联系在一起。法布尔从小对昆虫活动产生了兴趣，激发起他终身研究昆虫的志趣，最终写下了巨著《昆虫记》，对昆虫学研究做出了巨大的贡献。在学习的过程中，学习兴趣与学习效果之间有着密切的关系。浓厚的学习兴趣可以使孩子对学习充满热情，能主动克服各种困难、全力以赴地实现自己的学习愿望。如果对学习不感兴趣，仅仅迫于压力而学，则味同嚼蜡，苦不堪言。

好妈妈应该这样做

我们知道，人的兴趣不是从天上掉下来的，而是在长期的教育影响与社会实践中不断发展起来的。从对某种事物好奇开始，发展到对它产生了浓厚的兴趣，进一步发展成为志向，决心终身从事该领域的探索与研究。那么，对学习缺乏兴趣的孩子，好妈妈应该如何激发与培养他的学习兴趣呢？

1. 培养孩子的好奇心

好奇心是先天的心理特征，人人皆有。几乎所有的科学家从小都有超常的好奇心。居里夫人说："好奇心是学者的第一美德，而好奇心又总是兴趣的导因。"为了培养孩子的兴趣，做妈妈的一定要重视孩子的好奇心。使孩子带着好奇心去学习各种科学文化知识，带着好奇心去了解大自然，带着好奇心去观察社会，带着好奇心去揭示未知世界的秘密。

2. 知识积累是形成学习兴趣的源泉

不少孩子有这种体验：听得懂的课就有兴趣，听不懂的课就没有兴趣；学得好的课兴趣就大，学不好的课就觉得乏味。这说明知识的积累是兴趣的源泉。妈妈要帮助孩子把课堂上听不懂的地方搞清楚，从听得懂每一节课开始，进而学好每一门课，这样对学习的兴趣就会逐步增加。

3. 参加各种课外活动

作为一名学生，要学好每一门功课，打下坚实的文化知识基础。但并不是说要求每个学生对每门课都要有同样程度的兴趣爱好，而应该在学好学校规定的课程基础上，在某些课程的学科领域里发展更浓厚的兴趣。参加针对某一学科的课外活动，会使孩子对该科目产生更大的兴趣，从而对其进行更深入的学习和探索。

　　兴趣是一个人求知的起点，是培养思维和提高能力的内在动力，它处于一个特殊的位置，是搞好学习的首要条件。所以要想孩子取得好成绩，好妈妈就应该先让孩子寻找到学习的兴趣。

保护孩子的求知欲，让孩子爱上学习

　　生活中大人们看起来很平常的事，孩子却会问个不停。这时，妈妈千万不要感到厌烦，孩子好问是好事，说明他有强烈的求知欲和思考意识，千万不能打击孩子的好奇心。

　　求知欲，就是对知识的学习具有一种内在的渴望，按照妈妈的话说，就是"爱学"，孩子只有"爱学"，对获得丰富的知识和好的成绩具有一种内在的持续的追求愿望，才能"学好"，并持续地保持好成绩。作为好妈妈，需要特别重视如何诱发孩子的求知欲。

　　星期天，丝丝和妈妈正在就达尔文的《进化论》进行讨论。

　　"妈妈，进化论中说人是由猴子变来的，这对吗？"女儿问道。

　　"我不知道是否完全对，但达尔文的理论是有道理的。"

　　"可是既然人是由猴子变的，那么为什么现在人是人，猴子仍然是猴子？"丝丝又问道。

　　"你没有看见书上是这样写的吗？猴子之中的一群进化成了人类，而另一群却没有得到进化，所以它们仍然是猴子。"妈妈说。

　　"这恐怕有问题。"丝丝怀疑地说。

　　"什么问题？"

　　"既然是进化，那么猴子们都应该进化，而不是只有一群进化。"

　　"为什么这样说？"

　　"我觉得另一群猴子也应该得到进化，变成一群能够上树的人。"

　　"那是不可能的，因为事实是猴子当中的一部分没有得到进化……"妈妈说。

"为什么？"丝丝仍然不放过这个问题。

于是，妈妈只能尽自己所知向她讲明其中的原因："据我所知，一群猴子由于某种原因不得不在地面上生存，它们的攀缘能力逐渐退化，而又学会了直立行走，经过漫长的进化变成了人类；另一群猴子仍然生活在树上，所以没有得到进化。"

"我明白了。可是为什么要进化呢？如果人能够像猴子那样灵活不是更好吗？"女儿又开始了另一个问题。

"虽然在身体和四肢上猴子比人灵活，但人的大脑是最灵活的。"妈妈回答道。

"大脑灵活有什么用呢？又不能像猴子那样可以从一棵树跳到另一棵树上。"丝丝说道。

"身体灵活固然好，但只有身体上的优势是远远不够的。大脑的灵活才是最重要的，因为只有这样才能创造出文明。"

"为什么要创造文明？"女儿问道。

"因为文明代表着人类的进步。"妈妈说。

……

就这样，丝丝的问题一个又一个地如潮水般涌来。她的很多问题在妈妈看来非常可笑而毫无根据，但即便这样，妈妈也尽力耐心地给予解答。

面对丰富多彩、复杂多变的大千世界，孩子总是表现出极大的兴趣，总想去认清它们，了解它们。"为什么"的不断提出，正反映了孩子认识能力的发展，说明他们已经具有求知欲望，标志着他们已经开始了对未知世界的探索。因此，正确对待孩子的提问，是很重要的。

可是，当孩子的问题越来越多、影响妈妈的情绪时，有时候便会引来一番怒斥。被怒斥的孩子便会觉得委屈，以为只要问妈妈，便会使妈妈感到烦心，所以久而久之，便会把想问的问题埋藏在心里，越来越不喜欢提问了。

孩子一旦失去了求知欲，同时也就等于是放弃了自己的天赋。孩子的天赋没有机会得到挖掘，被白白地浪费了，这是非常可惜的事。很多孩子被学习的重担压得失去了眼中的光彩，同时也失去了对一切知识的兴趣。这样的例子屡见不鲜，情况严重者甚至会患上"厌学症"，对学习产生非常强烈的抗拒心理；轻者也会在繁重的学习中不知所措，成绩越来越差。因为对知识不感兴趣，左耳进去右耳出来，知识根本无法储存进孩子的大脑，即使勉强装进去了，在需要用到的时候，也无法正常提取出来。

好妈妈应该这样做

随着年龄的增长，孩子对周围的事物产生了强烈的好奇心，于是便会提出各种各样、千奇百怪的问题。好问是孩子的天性，是孩子可贵的求知欲的萌芽，思维火花的迸发。那么，好妈妈应该如何对待孩子提出的问题，做到保护孩子的求知欲呢？

1. 给孩子一个认真的答复

生活中大人们看起来很平常的事，孩子却会问个不停。这时，妈妈千万不要感到厌烦，孩子好问是好事，说明他有强烈的求知欲和思考意识，千万不能打击孩子的好奇心。孩子只有在重视和仰慕成年人的时候，才会提出问题，如果因此受到伤害，会让他们觉得求知不仅不会为自己带来好处，反而会造成别人的不快，便会失去对知识的渴求。尊重孩子的问题，给孩子一个认真的答复，不仅可以让孩子学到知识，而且可以密切母子关系，让孩子更加信赖家长。

2. 不要敷衍孩子的问题

如果妈妈不能马上回答孩子的问题，应该把问题记下来，并尽快把答案告诉孩子，以此鼓励孩子。而千万不能因为孩子的问题太过幼稚而嘲笑或者敷衍孩子，这样会使孩子渐渐失去提问的兴趣和信心。

妈妈承认自己一时无法回答孩子的问题不是什么羞耻的事情，可以告诉孩子"等一下再告诉你""让我先考虑一下"。这样孩子知道自己没有被忽略，得到了尊重，同时学会等待和谅解他人。很多孩子不管妈妈是否有空，便要求立刻回答，这个时候正好可以教育孩子学会尊重别人和有耐心，让他们明白不是什么问题都可以立即有答案的。

3. 给孩子提问的机会

如果孩子生来比较胆小，妈妈就要为孩子提供锻炼的机会。比如，可以选择一件孩子能办的事，告诉他应该怎样办，然后让他自己去做。如果孩子不敢，妈妈不妨陪着去，事情由孩子办。这样由小事到较大的事，由简单的事到较复杂的事，几次下来，孩子的勇气和能力都增强了。还可以鼓励孩子自己去串门或做客。如在双休日或寒暑假让孩子到亲戚家、同学家多走走，不要老让孩子待在家里看电视。另外，还要多带孩子外出旅游或参观。总之，要积极鼓励孩子多参加社会实践，多接触人。实践多了，胆子就大了，也就敢于向别人提问了。

───── 写给妈妈的话 ─────

面对孩子提出的问题，好妈妈不能不加分析就开口指责或者敷衍地草率回答，要用一种轻松愉悦的方式来和孩子沟通，耐心地回答，认真地解决孩子的问题。

会学习，也要会休息

要想学习好，不仅要有好的学习方法，同时还要懂得劳逸结合，这样才能大大提高学习效率。所以，好妈妈要让孩子充分地认识到劳逸结合所能带来的好处，孩子才会在学习时有这一意识，在进入疲劳阶段时对自己进行适当的调整，而不是硬着头皮去学习。

会学习也要会休息，这也是孩子必备的一种能力。从生理学观点看，人的全身是一个整体，各个部位之所以能和谐地运转，全靠中枢神经系统的调节。如果学习时间太久，脑神经细胞的兴奋度就会下降，所以好妈妈首先要让孩子休息好。

11岁的颖颖在学习上的刻苦劲儿班里没有几个人能比得了。每天到校后，她便一头扎进习题中，跟谁也不交流；课间休息的十分钟，也待在教室里埋头苦读；即使上厕所，也要拿一本书；音乐和体育课总是找理由不上，躲在一边学习；放学回家的路上边走边看书，经常撞到行人身上；回到家吃完饭，又一头钻进书房，每天晚上不学到10点以后不睡觉。她从来不看电视，当很多孩子都在看漫画书时，她在学习。很多同学都在背后叫她"学习机器"。尽管她学习很努力，成绩却很一般。

妈妈向有关教育专家咨询了这方面的问题。专家告诉她，颖颖的症结就在于学习时没有注意劳逸结合，以致学习效率不高。

为改变这种情况，妈妈决定从颖颖的爱好出发。一天傍晚，妈妈带着颖颖一块儿去小区旁边的广场上散步。广场上，很多和她年龄相仿的孩子穿着溜冰鞋在自由滑行。他们的技术之高、花样之多，引来了围观者一阵阵的欢呼和掌声。

看着颖颖看得入迷的样子，妈妈便让她也加入了这个溜冰培训班。一开始，颖颖满怀信心地去学，但她发现自己穿上溜冰鞋根本就无法站立时，有点泄气了。此时，妈妈便鼓励她说："困难并没有你想象的那么可怕，别人能做到的事情，你照样也能做到。"在摔倒了很多次后，颖颖终于迈出了成功的第一步——她能穿着溜冰鞋自由运动了。最后，颖颖终于也能变着花样自己滑行了，而她的学习也一样没有落下。

从那以后，颖颖再也没像以前那样只知道死读书了，她开始注重劳逸结合，感觉有点累的时候，就会听音乐，或者和同学们溜冰、打球，适当放松。

显然，颖颖妈妈的做法是对的。这样的问题在许多孩子身上都或多或少地存在。很多孩子也很努力，但没有注意适当地休息，造成了身体上的疲劳，学习的效果也会大打折扣。因此，当妈妈发现孩子把自己的空余时间都花在学习上时，不要因为孩子的过分刻苦而高兴，要及时提醒孩子注意休息和娱乐，帮助孩子合理安排空余时间，真正做到劳逸结合。

孩子正是学知识、长身体的时候，家长在督促孩子抓紧时间学习的同时，也要让孩子得到充分的休息和娱乐。在安排作息时间时，不要把大块的时间用来学习，而要把时间分成一段一段的，一段用来学习，一段用来休息，一段用来娱乐。这样孩子就能劳逸结合，如用大块的时间强迫孩子学习，那么孩子就会因疲倦而厌恶；如果休息的时间安排得不合理，孩子也会不适应。

但是，很多孩子都没有一个有规律的作息时间表，一些妈妈只在孩子刚上小学时帮助他们制定过，但到了孩子上三年级或是四年级时就放弃了，因为她们觉得孩子长大了，没有必要再指导孩子安排作息时间。可是，如果每天都任由孩子自己去支配全部时间，那么他们可能会不知道疲倦地学习，或是浪费掉一些宝贵的时间，这两种方式都是极端的。假如孩子有了作息时间表，每天早晨一起床就知道自己要干什么，知道什么时候该休息，那么这个孩子就能充分高效地利用自己的时间，劳逸结合，同时养成有条理、有计划的生活习惯。

另外，妈妈还应该督促孩子每天睡觉前检查一下当天是否执行了作息时间表的内容，如果孩子没有执行，妈妈就应该考虑一下是孩子执行力存在问题，还是作息时间表不够合理，从而根据实际情况进行适当的调整。

总之，指导孩子制定一份作息时间表，并认真执行，这对孩子的学习、成长都大有益处。因为这样做，不但教会了孩子科学安排自己的时间，而且还能帮助孩子提高时间的利用率。

好妈妈应该这样做

许多妈妈认为，孩子只要拼命地学习，在学习中投入的时间多，就一定能取得优异的学习成绩，其实这是一种错误的认识。要想学习好，不仅要有好的学习方法，同时还要懂得劳逸结合，这样才能大大提高学习效率。所以，好妈妈要让孩子充分地认识到劳逸结合所能带来的好处，孩子才会在学习时有这一意识，在进入疲劳阶段时对自己进行适当的调整，而不是硬着头皮去学习。

1. 让孩子走出恶性循环

许多孩子在学习中进入疲劳状态时，因学习效率下降，往往在不知不觉中用延长时间的方法来达到预期的学习目标，结果陷入恶性循环之中：越是延长时间，学习效率越低；学习效率越低，就越要延长学习时间……这样不仅会浪费大量的学习时间，还会加剧疲劳，甚至对孩子的身心健康造成伤害。

2. 给孩子自由活动的时间

妈妈在帮助孩子制订计划时，一定要充分尊重孩子的意愿，并给孩子留出一定的自由活动的时间和空间。安排计划使妈妈和孩子胸中有数，自然是好事，不过也不能太机械化。妈妈可以从宏观上对孩子的学习生活情况进行把握，在细节上让孩子自己把握，妈妈只在必要时给予监督，这样也可以训练孩子的自我管理能力。如果妈妈给孩子安排的学习时间太满，孩子得不到有效的学习和娱乐，大脑就始终处于紧张之中，这样孩子既没有学好，也没有玩好，是得不偿失的。因此，妈妈要懂得给孩子的精神"松绑"，要适当地给孩子一些自由支配的时间，让孩子去做自己喜欢做的与学习无关的事情。当孩子的身心得到放松后，再提醒他学习，这时孩子就会乐意学习，而且学习的效果也会很明显。

3. 陪孩子一起锻炼

孩子用脑强度大，需要适当的运动量。妈妈可以和孩子约定，每天学习疲倦后，和妈妈一起跑跑步，或做一些别的运动。共同锻炼的过程，既有助于孩子放松心情，增强体质，还能增进母子之间的感情。值得注意的是，妈妈最好不要把锻炼的时间规定得太严格，孩子什么时候需要休息，就什么时候陪他锻炼。

写给妈妈的话

学习上的劳逸结合，是孩子的生理发育和心理发展规律的客观要求。好妈妈不能顾此失彼，只要孩子用功学习，而不顾孩子的身体。

对孩子的要求别太高

有的妈妈其实觉得孩子已经很优秀了，但是又怕他会因为自满而懈怠，所以才对他提出更高的要求。可是好妈妈知道，孩子的心灵毕竟很脆弱，他们经过自己的努力仍达不到妈妈的要求，就会变得对学习没有兴趣，甚至对自己的生活失去信心。

许多家长都喜欢追求完美，他们认为自己给孩子的都是最好的，孩子也应该做到最好。可是孩子毕竟是孩子，在看待问题、处理事情的时候，不会像成人那样面面俱到。因此，好妈妈不会对孩子提出过高的要求，偶尔也允许孩子犯点小错误，并且引导孩子从中汲取教训。

湘湘妈妈第一次去参加家长会时，老师说："你的女儿有多动症，在座位上连三分钟都坐不了，你最好带她去医院看一看。"回家的路上，女儿湘湘问妈妈，老师都说了些什么，湘湘妈妈鼻子一酸，差点流下泪来。因为全班30位小朋友，只有女儿表现最差。然而，妈妈还是告诉湘湘："老师表扬你了，说宝宝原来在凳子上坐不了一分钟，现在能坐三分钟了。其他的妈妈都非常羡慕我，因为全班只有宝宝进步了。"那天晚上，湘湘破天荒吃了两碗米饭，并且没让妈妈喂。

湘湘上小学了。家长会上，老师说："全班50名同学，这次数学考试，你女儿排在第40名，我们怀疑她智力上有些障碍，你最好能带她去医院查一查。"走出教室，妈妈流下了眼泪。可当妈妈回到家里时，却对坐在桌前的湘湘说："老师对你充满了信心。他说了，你并不是个笨孩子，只要能细心些就会超过你的同桌，这次你的同桌排在第21名。"说这话时，妈妈发现湘湘黯淡的眼神一下子充满了光亮，沮丧的脸也一下子舒展开来。从这以后，湘湘好像长大了许多。

湘湘上了初中，学校召开家长会。妈妈坐在她的座位上，等着老师点女儿的名字，因为每次家长会，湘湘的名字总是因为在差生的行列中被点到。然而，这次却出乎妈妈的预料，直到家长会结束，都没听到湘湘的名字。妈妈有些不习惯，临别去问老师，老师告诉她："按你女儿现在的成绩，考重点高中有点危险。"听了这话，妈妈非常地惊喜。走在回家的路上，妈妈扶着湘湘的肩膀，心里有一种说不出的甜蜜，妈妈告诉她："班主任对你非常满意，他说了，只要你努力，很有希望考上重点高中。"

高中毕业了。第一批大学录取通知书下达时，学校打电话让湘湘去一趟。妈妈有一种预感，湘湘肯定是被第一批重点大学录取了，因为在报考时，她就对湘湘说过，相信她能考取重点大学。湘湘从学校回来后，把一封印有"复旦大学招生办公室"的特快专递交到妈妈的手里。突然，湘湘转身跑到自己的房间里大哭起来，她边哭边说："妈妈，我知道我不是个聪明的孩子，可是，这个世界上只有你能欣赏我……"

然而，并不是所有的妈妈都会像湘湘妈妈这样做。在许多家庭中，虽然孩子的成绩很优异，已经达到了令其他同学羡慕不已的地步，可这并不能使妈妈满意，因为她们期望的是第一名或双百分。如果孩子的成绩达不到她们规定的标准，随之而来的不是帮孩子分析原因、寻找解决问题的办法，而是严厉的批评、激烈的责骂、加倍的作业，甚至是拳脚相加。

这些错误的做法不仅不能提高孩子的学习成绩，很多时候还会给孩子造成较大的心理负担，甚至是对学习产生厌烦和憎恨。

好妈妈应该这样做

有的妈妈其实觉得孩子已经很优秀了，但是又怕他会因为自满而懈怠，所以才对他提出更高的要求。可是好妈妈知道，孩子的心灵毕竟很脆弱，他们经过自己的努力仍达不到妈妈的要求，就会变得对学习没有兴趣，甚至是对自己的生活失去信心。

1. 不要苛求完美

每个人都难免犯错误，怎能苛求孩子不犯错误？好妈妈要将孩子犯错误过程中的不利、消极因素转化为有利的、积极的、合情合理的因素，多给孩子"尝试—犯错—改正—完善"的机会。妈妈过分地照顾帮助、太多的"言传身教"、一味地指责惩罚，恰恰牵制了孩子能力的发挥和拓展。

2. 注重过程而不是结果

有时候，虽然孩子所取得的成绩不够理想，但是其间所付出的努力和收获是宝贵的。例如一道比较难的数学题，孩子通过冥思苦想，终于想出了计算方法，只是运算的时候因为马虎，算错了一个数字，最后导致整个题目的结果错了。这时，妈妈该怎么做？是训斥孩子算错了，还是表扬孩子找到了解题的方法？许多妈妈可能会首先想到前者，她们只看到结果，而没有看到过程中孩子的努力与收获。所以，在此建议妈妈们，每当觉得孩子错了，想打骂他们的时候，一定要冷静地思考一下：这"错"的结果是否来源于一个可贵的过程？

3. 鼓励每一个进步

妈妈常常关注孩子的考试成绩，却忽视平时的每一个微小进步，这样做的结果会使孩子索性不去尝试每一个微小的努力，因为他一下子看不到长远的后果，又缺乏耐心和意志。因此，妈妈需要对孩子的每一个进步进行鼓励，使他们的正确行为得到强化。

写给妈妈的话

　　好妈妈要尽量保持一颗平常心，要有"我希望孩子可以成为健康、快乐的普通人"的观念，让孩子顺其自然地成长，不要过多地干涉，这样就会收到事半功倍的效果。

学习效果比分数更重要

在现实生活中，许多妈妈急于求成，把所有精力都放在鞭策孩子好好学习上面，经常搞得孩子心情紧张，不堪重负。

妈妈都希望自己的孩子能好好学习，在各种考试中考出好成绩。但是，愿望归愿望，孩子的成绩总会时好时差，这是学习规律。好妈妈没有必要过分看重学习成绩，更没有必要时时将用功学习挂在嘴边。再好听的话，说得多了也会烦，更别说是孩子不愿意听到的话了。

在一次作文课上，一个名叫小竹的孩子用书信的形式向她的妈妈诉说了这样一种心声。

亲爱的妈妈：

我心里的话太多太多，想对你说，又怕对你说。这些话放在我的心里已有很长时间了，我只有用写信的方式才能把这些苦闷都说出来。也许你已经忘记了，但就是这一件件的小事无数次地伤害了我，在我心里留下了一片阴影。

记得上星期日的下午，我让你陪我一起出去跑步，给我计时并帮我看看跳远时的动作。可你不但不陪我去，还说："大好的时间不赶紧学习，跑到外面去玩什么？"也许你认为这无所谓，可你想没想过我当时的心情？我只觉得心里冰冷冰冷的，鼻子酸酸的。我怕你看见我哭，所以没跟任何人说便出去了。一出去，我的眼泪就流了下来，我也不知道当时的眼泪为什么会那么多，路上许多人在看我，他们也许在想：这么小的年龄，有什么事会使她哭得这么伤心呢？

每次考完试，你只记得我考得不好的分数，总把用功学习挂在嘴上。也许你是想给我些压力，让我努力学习。可我一听到这些话，便有一种说不出的感觉，总是觉得鼻子酸酸的，一种无形的恐惧萦绕在心头……

也许是社会竞争压力加大，也许是期望值过高。广大学生家长都像小竹的妈妈那样，只关心孩子的学习情况和学习成绩，不在意孩子现在过得是否快乐。这种心态再加上不恰当的教育方法，就像一座座大山一样压在孩子的身上，几乎使他们快要窒息了。

每当谈起孩子的成长情况，妈妈总是会问一些诸如考试成绩多少呀，在班上名列第几呀，是否有希望考"重点"呀之类的问题，很少有人问问孩子是否快乐。这样做不但忽视了他们的精神需要和真实的想法，还致使不少妈妈与孩子之间的感情越来越疏远，母子关系越来越紧张。如果做妈妈的能够多学一些科学的教育方法，孩子的成长过程中就会减少许多烦恼，增添许多快乐。

孩子毕竟只是孩子，除了分数，生活中还有许多东西比它更重要。只有抱着此种态度教育孩子，才能为他们创造一个宽松、民主、自由发展的空间，增强孩子自信、诚实、公正、包容、独立等意识，让他们快乐健康地成长。

好妈妈应该这样做

培养和教育孩子是一个漫长的过程，应采取恰当的方法，不能急于求成，更不能采取简单、粗暴的方法，否则只会适得其反。那么，好妈妈是如何做的呢?

1. 少给孩子一点压力

在现实生活中，许多妈妈急于求成，把所有精力都放在鞭策孩子好好学习上，经常搞得孩子心情紧张，不堪重负。因而做妈妈的要注意给孩子创造一个良好的学习环境，适当地鼓励孩子，不要给他太大的压力，这样才能使孩子在轻松的心境下提高对学习的兴趣。对于这样轻松愉快地学习，孩子都是比较容易接受的，同时又能达到事半功倍的效果。

2. 不强制孩子学习

自立自律是成功人士不可或缺的素质，是妈妈教育孩子非常重要的一环。为此，做妈妈的不妨尝试一下"无为而治"。这里所说的"无为而治"，并不是说任由孩子胡来，而是要求妈妈当好孩子发展的"催化剂"——表面上似乎不怎么关心孩子的学习，实质上是起着潜移默化的不可估量的作用。

3. 不以分数论成败

考试分数是学校在教学过程中，对学生的某门课程在一定阶段上的检查所做的成绩评定，它只在一定程度上反映学生对知识的掌握情况，而不能反映孩子的智力水平和综合素质。作为妈妈，注重孩子的学习成绩，是关心孩子的一个具体表现，但如何看待分数，是一个科学而又严肃的问题，它反映着家长对子女教育的态度、方法。

衡量一个人是否有才能，不能只看他考取的分数的高低，因为分数不能用来判定除考试之外更多的东西。现代心理学认为，人的能力，除智力之外，还有语言能力、交际能力、动手操作能力和运动能力等。孩子考试分数的高低，不足以代表其综合素质全面发展的情况。

写给妈妈的话

好妈妈不能永远把目光放在孩子的学习上，而要更加关心他们的生活状态和精神状态。适当地鼓励孩子，多与他们进行学习之外的交流，多陪孩子参加一些课外的活动，不给孩子太大的压力，这样孩子才能取得好的成绩。

过度关心，会导致孩子的紧张情绪

多项调查资料显示，孩子的心理压力多是源于他们的妈妈。正是妈妈们对孩子成绩的过度关心，才导致了孩子异常紧张的心理状态。因此，妈妈也要以平常心来面对考试，不要在家里总是考试长、考试短地议论，搞得家庭气氛紧张。

考试紧张是不少孩子的"通病"，有时甚至会因为紧张而影响发挥，陷入"学得好考不好"的怪圈。作为好妈妈，当孩子在考试中陷入紧张不安的状态时，一定要冷静地面对他的焦虑，帮助孩子分析所面临的形势和困难，多给孩子一些赏识和指导，让他明白，胜败乃兵家之常事，即使失败，妈妈还会一如既往地爱他、支持他。

孩子一遇到考试就会产生紧张感，是因为妈妈在无意或是有意之间向孩子透露了这样一个信息：考试非常重要，不能出错！孩子为了不让妈妈失望，也为了不让自己失望，内心会产生过多的压力，造成紧张的情绪。

培培今年上小学五年级了，平时学习非常刻苦，做作业也特别认真，在班级小考中总是名列前茅。可一到期中考试或期末考试时，她就会因为紧张出现种种的失误：不该错的地方总出错，会做的题也不会做。有时候还会出现肚子疼、呕吐、腹泻、手脚发麻等症状。

今年上半年期末考语文前，妈妈怕培培紧张，在送她上学的路上，不停地叮嘱她："看题目要仔细，不要答非所问；不要漏题，按顺序做；写字要清楚，不清楚的要扣分；作文如果是给3个词写一段话，可以写得比较短，如果写日记，内容要长点，如果要求写文章，就不能太短，也不能太长，否则时间不够。总之，要认真仔细，班级之间要比赛的，你考得好，班级分就高些，这样为班级争光，同时也为自己争光了。"培培很认同妈妈的看法，连连点头。

培培走进考场后，妈妈还是不太放心，老想着她的考试。一会儿想知道卷子难不难，一会儿又想作文题目是什么。

好不容易挨到中午，培培回家吃饭，妈妈连忙问她考得怎么样。谁知培培一脸的沮丧，说有好几道题明明早上还背得出的，可一进考场后，就什么也不记得了，可能丢了十几分。妈妈听后，真是既生气又无奈。

孩子考试的时候，妈妈过度担心往往会适得其反，有些孩子的心理问题就是妈妈"关心"出来的。孩子受到过多的关注，感到妈妈对自己寄托了殷切期望时，会诚惶诚恐，担心万一考砸了将会使妈妈失望，因而造成更大的心理压力。多项调查资料显示，孩子的心理压力多是源于他们的妈妈。正是妈妈们对孩子成绩的过度关心，才导致了孩子异常紧张的心理状态。因此，妈妈也要以平常心来面对考试，不要在家里总是考试长、考试短地议论，搞得家庭气氛紧张。

好妈妈应该这样做

当孩子紧张不安的时候，好妈妈怎样帮孩子正确地面对考验，以积极的心态迎接挑战呢？

1. 别对孩子的期望值过高

有一个名叫小达的孩子，他学习特别认真，可是成绩在班级中总是处于中等水平。每逢考试，特别是重大考试的前几天，小达的情绪就会非常紧张，生怕自己考不到好分数而被老师、妈妈责怪。因为，每次考试前，小达的妈妈都会给他定一个目标，比如要前进多少名，达到多少分等。为此，小达在复习时无法集中精力，睡觉也睡不安稳，这就直接影响了他在考场上真实水平的发挥。小达的妈妈也很着急，却又不知道如何来缓解孩子的紧张情绪。

于是，小达的妈妈只好向心理医生求助。医生说："你的孩子之所以每次都考不好，主要还是他心中有一道'坎儿'，那就是你对他的期望太高。每次考试时，你给孩子制订了一个又一个目标，以为给孩子的压力，会变成动力。但是对于心理脆弱的孩子来说，压力只会变成阻力，甚至会给孩子制造不必要的紧张。"

教育专家认为：当孩子面临考试或比赛出现紧张情绪时，妈妈应该给孩子充分的赏识和鼓励——告诉孩子："只要努力，就一定会取得满意的成绩，我们相信你！"如果孩子担心自己考不好，你可以说："不要担心，以平常心面对，即使这次考不好，下次还有机会！"当孩子缺乏必要的准备时，应该给孩子适当的帮助和指导，让孩子有更充分的准备。

2. 掌握消除紧张的小窍门

有些孩子为了备战考试，会把大量的时间投入学习中，而忽略了休息和休闲活动。即使有一些空余的时间，心里也在想着学习，一点喘息的机会都不给自己留。这样一来，整个人就会一直处在紧张的状态。试想，这样下去，到了考试的时候，孩子又怎么能够不紧张呢？这里有一些消除紧张的小窍门，或许能帮孩子解决这个问题。

（1）深呼吸法。如果孩子在考试中出现过度紧张，可教孩子将双手交叉放在桌面上或者膝盖上，先深吸一口气，同时闭目养神，屏住呼吸，稍停一会儿再慢慢呼出，这样反复3~4次，可达到全身放松的目的，有效改善大脑缺氧状态，能使紧张的心情逐渐平静下来。

（2）注意力转移法。当孩子在学习中遇到难题解不出来时，可教孩子把它放一放，先不去想，休息一会儿或放到第二天再想。又如，孩子准备上台演出，总是紧张得手足无措。这时，妈妈可引导孩子谈论或做些别的不相干的事，使孩子不再注意演出的事，紧张情绪自然就缓解了。

（3）体育锻炼法。如果孩子在考试中老出现紧张的心态，妈妈可在平时多带孩子参加一些体育运动或户外活动，比如打乒乓球、骑自行车、游泳、郊游等。这些活动有助于加速血液循环，驱散紧张的情绪。

（4）自我调节法。妈妈要教育孩子在生活中树立自己力所能及的目标，遇事豁达、心胸开阔，保持心情的舒畅和愉快。即使遭受挫折或不如意，也要相信自己，充满乐观精神，坚韧不拔地为成功而奋斗。

写给妈妈的话

> 在孩子考试的前后时间段里，好妈妈应该尽量避免与孩子发生不必要的冲突，不要增加孩子的压力，而应该让孩子适当休息，多做运动，发泄压力，这样可以帮孩子平衡身心，缓解紧张的情绪。

把认真当成习惯，让粗心远离学习

未来社会是合作与竞争的社会，要使孩子将来能够适应繁杂的社会及紧张的生活节奏，妈妈就应该在平时注意引导孩子克服做事马马虎虎、毛手毛脚、慌慌张张、丢三落四的毛病，让孩子养成认真细致的习惯。

很多妈妈认为孩子粗心是因为学得不认真，其实这很可能是由于学习能力不足、存在学习障碍所致。因此，妈妈们不要单纯在孩子的学习上下功夫，要找到孩子出现问题的根源，然后有效地帮助孩子，从而提高孩子的学习成绩。

小鹏的妈妈为了培养孩子做事细心的好习惯，想了种种办法。小学一年级时，当老师把 100 以内的数字加减法讲完后，妈妈就让小鹏在家做算术题，每天约做 50 道题。题量看起来虽然较大，但题都很简单，要是做得快的话，一二十分钟也就能完成，可必须心细，否则很容易出错。每天的练习中，小鹏都会因粗心做错几道题。

经过一段时间的练习，妈妈找出了小鹏粗心的原因：一方面是由于题量较大，孩子做着这道题又看着那道题，很容易分心，导致一些题还没有看清楚就开始动手去做；另一方面是孩子总想尽快把题做出来，求成心切，出现急躁情绪，从而导致忙中出错。

找到了问题的症结后，妈妈就耐心地跟孩子一起分析导致粗心的原因，然后再帮助孩子找到解决办法：

办法 1：做题的时候一定要集中精力，一道题、一道题地做。做哪道题就专心地去想哪道题，别的什么都不想。

办法 2：在做每一道题的过程中，首先要静下心来把题看清楚，要一步一步地演算。要慢一点儿，不要图快。

在传授了方法以后，小鹏的妈妈就又开始布置任务了，并且提出一个小小的要求——错题一旦超过一定量以后就要重做。

掌握了妈妈传授的方法，小鹏在做题的时候，能集中精力一道一道、一步一步地去做了。经过多次训练，他养成了心细的习惯，在做题的时候，因粗心所导致的错误大大减少，学习成绩也越来越好了。

认真是一种习惯，它不是做给别人看而是始于对自己的严格要求。在学习时，有很多孩子都会犯粗心大意的错误。因此，妈妈在帮助孩子找到症结之后还要帮孩子克服坏习惯，从而养成认真、严肃的学习习惯。

如果妈妈无法解决孩子粗心大意的毛病，可以向一些专家咨询，从而找到原因。

上三年级的小强因为学习粗心经常受到老师的批评和惩罚，小强的妈妈每天晚饭后什么也不做，专门坐在小强身边看着小强写作业。结果，小强不仅学习没有起色，还产生了严重的厌学情绪，宁愿挨打也不愿意写作业。

最后，妈妈只好带着小强去向专家咨询。

妈妈向辅导专家提出疑问："老师，孩子对待学习一点都不认真，很多时候，他也不是不会，就是粗心，怎么办呢？"

辅导专家给出回答："其实，孩子的粗心问题未必是由于孩子学习不认真，或许还有其他的原因。"接着，辅导专家为小强做了一次测试，从测试中辅导专家发现，小强握笔的姿势不正确。这在一些家长心中仅仅是一个小毛病而已，其实这样不仅会影响孩子写作业的效率，而且容易使孩子因手疲劳而对学习产生抵触心理。通过测试，辅导专家还发现，小强存在一定的学习障碍，为了查找造成小强学习障碍的原因，辅导专家进行了第二次测试。结果发现小强的手眼不协调是导致他学习困难的主要原因。

辅导专家告诉小强的妈妈，小强的粗心问题不是由于孩子学习不认真，而是源自感觉神经发育不良和手眼不协调造成的学习障碍，不是孩子自身能够克服的，必须经过专业的训练才可能有效地解决。

有一些妈妈就像小强的妈妈一样，没有认识到造成孩子粗心的真正原因而经常错怪孩子。妈妈必须认真对待孩子粗心大意的毛病，找出真正的原因，帮助孩子克服这个坏习惯。

好妈妈应该这样做

未来社会是合作与竞争的社会，要使孩子将来能够适应繁杂的社会及紧张的生活节奏，妈妈就应该在平时注意引导孩子克服做事马马虎虎、毛手毛脚、慌慌张张、丢三落四的毛病，让孩子养成认真细致的习惯。那么，好妈妈该如何去做呢？

1. 培养孩子做事的计划性

妈妈应告诉孩子，一个人不管做什么事，都应有一个周密的计划，先做什么、后做什么、事前做哪些准备、如何开始等。也可以教孩子做事之前，在小纸条上写上自己要用的物品及时间安排等。这有助于克服做事慌慌张张、丢三落四的毛病。

2. 让孩子有机会从教训中汲取经验

孩子需要妈妈的帮助和引导，同时也需要独立锻炼的机会。对于妈妈而言，培养孩子的良好习惯要分为"教、扶、放"三个有效步骤。其中的"放"指的就是让孩子独立地去做事，他可能会碰钉子，但正是在这样的教训中增长的经验才是最宝贵的。因此，在培养孩子的时候，妈妈要学会逐步放手，让孩子自己去做。

《写给妈妈的话》

严谨细致是做事的基本原则之一。因而，妈妈必须在孩子小的时候就培养他严谨细致的习惯。

有计划地学习效率高

在帮助孩子制订计划的时候，一定要全面具体——既要安排好学习时间，也要安排好休息和娱乐的时间；既要有长计划也要有短计划。

一份理想的、可操作的学习计划能帮助孩子明确学习目标、合理安排时间、增强学习的自觉性和积极性、提高学习效率。好妈妈要引导和帮助孩子制订学习计划，并且时时监督孩子严格执行计划。

小波虽然上初中了，但学习能力较差，学习成绩一直不理想，为此他的妈妈没少操心。在一次和班主任的沟通中，妈妈知道小波也制订了学习计划，回家后便向小波要来看，想了解一下孩子是怎样制订的。这一看不打紧，妈妈发现儿子的学习计划书杂乱无章，没有丝毫的可操作性，因此儿子的学习没有进步也就不难理解了。于是，妈妈决定帮助小波重新制订一个有效的学习计划。

新的学习计划书制订好后，小波就按照计划去学习，除特殊情况之外，他都能执行计划。在学期结束时，他的成绩果然有了显著提高，各门功课的成绩都达到了预期的目标。

由此可见，制订适合孩子的学习计划是大有益处的。但有的孩子认为，学校有教育计划，老师有教学计划，按照学校的要求办，跟着老师走就行了，自己根本就不需要再制订计划了。这是孩子对学习计划的一种错误认识。妈妈要让孩子明白，学校和老师的计划是针对全体学生的，每个学生还应该按照老师的要求，针对自己的学习情况，制订属于自己的学习计划。

当然，制订好计划后，妈妈还要监督孩子落实执行，否则，计划也只会成为一纸空文，对孩子的学习起不到任何促进作用。

好妈妈应该这样做

由于思考问题的方式、认知水平、表达能力等方面的局限性，很多孩子的学习计划在对完成学习任务、提高学习成绩方面并无直接的、实质性的作用。老师要求孩子制订学习计划，在很大程度上是期望借助制订计划这一形式，让孩子了解计划的重要性，并养成制订计划的好习惯，而孩子制订的学习计划是否合理可行，老师不可能一一检验。因此，部分孩子，特别是低年级及学习能力偏弱的孩子，要想制订出一份理想的、操作性强的学习计划，是非常需要好妈妈的帮助的。

1. 学习计划一定要全面、具体

在帮助孩子制订计划的时候，一定要全面具体——既要安排好学习时间，也要安排好休息和娱乐的时间；既要有长计划也要有短计划。所谓长计划，就是要对这个星期、这个月或是这个学期预先有一个大概的打算。短计划是指计划要具体到一天或近几天的安排，既有各科的统筹兼顾，也有某一科的详细安排；在一天的时间里，课后复习占多长时间、课外作业占多长时间、课前预习占多长时间……都应该有大体的打算。这样才能防止顾此失彼，既能保证以充沛的精力及较高的效率进行学习，还可以保证睡眠、娱乐和锻炼身体的时间。

2. 制订学习计划要从实际出发

计划必须切实可行，否则就失去了意义。即使在同一个班里，每个人的学习情况也是不同的，所以制订的学习计划要符合孩子的实际情况，而不能"克隆"别人的。比如有的孩子学习的主动性强，老师没有讲到的地方已预习过，因此学习进度总走在其他人的前面；有的记忆力强，学过的知识不易忘记；有的理解力好，老师说一遍就能听懂。妈妈要根据孩子的学习特点和能力，制订一份切合实际的学习计划。

3. 制订计划要做到五"要"、五"不要"

五"要"为：计划要制订在经过努力确实可以实现的水平上；计划要有具体的时间、事情；计划要符合孩子自身的实际情况；计划一定要坚决执行，特殊情况除外；计划要有弹性，要保持"不松不紧"的状态。

五"不要"为：不要口号式的；不要没有具体要求的；不要没有操作性的；不要内容与别人没有任何区别的；不要不符合教材或与教材没有任何关联的。

对于孩子来说，这五"要"与五"不要"是非常重要的，所以好妈妈在帮助孩子制订计划的时候，一定要注意。

写给妈妈的话

制订学习计划看起来是一件容易的事情，但真正要切实、有效地执行是很难的。好妈妈一定要鼓励孩子将计划坚持到底，切不可半途而废，这样才能实现提高学习成绩的目的。

唯有谦虚，才能不断上进

不管孩子学习成绩有多么优秀，也不管他在日常行为中表现得多么出色，好妈妈都要告诫孩子保持平和的心态，因为唯有谦虚，才是继续上进的保证。

当孩子对自己的某些特长或成绩引以为傲的时候，好妈妈一定要提醒孩子，任何成绩的取得只是阶段性的、局部的，只能作为一个起点。在学习上，如果一时领先就忘乎所以，恰恰是知识不够、眼界不宽的表现。

在常人眼里，小聪确实比较优秀：10岁时，他获得了全市少年儿童歌咏比赛的一等奖；12岁时就在《小学生月刊》上发表了他的处女作；进入初中后，他的各科成绩均处于年级的前10名。

可小聪有一个最大的缺点，就是不懂得谦虚。每当有人夸他的时候，他都喜欢在其他同学面前炫耀。进入初二后，妈妈发现小聪的成绩渐渐下降。为此，妈妈和他交流过许多次，教他别掉以轻心，不要仗着聪明，就放松了对自己的要求。可小聪仍然是一副满不在乎的样子……

由于小聪平时太自以为是，没有好好复习，期末考试的时候，他有两科考得一塌糊涂。

妈妈担心小聪会因不懂得谦虚，而最终一事无成，可又不知该如何教育他。

不管孩子学习成绩有多么优秀，也不管他在日常行为中表现得多么出色，好妈妈都要告诫孩子保持平和的心态，因为唯有谦虚，才是继续上进的保证。

有许多妈妈没有意识到自己的言行带给孩子的不良影响。比如工作中取得了成绩，便到处吹嘘自己的功劳和苦劳；一次奖金比同事少拿了几块钱，便没完没了地找领导讨说法……妈妈诸如此类的言行，都会或多或少地影响孩子，使孩子从小不懂得谦虚，而养成骄傲自大的不良习惯。

因此，要想培养孩子谦虚的品性，妈妈有必要从自身做起。妈妈是孩子的第一任老师，是孩子人生路上的航标。妈妈走正确的路，大多数孩子也会跟着走正确的路；妈妈言行谦虚，孩子大多也会显得彬彬有礼。

好妈妈应该这样做

好妈妈应该怎样培养孩子谦虚的品质呢？

1.既要赞扬也要鞭策

在孩子成长的过程中，如何正确把握对孩子的表扬与批评，是每一个妈妈都会遇到的问题。作为妈妈，对孩子的每一个进步，哪怕是很微小的进步，也要给予适度的表扬，使孩子对自己充满自信，同时要提醒孩子，不要骄傲自满，要不断进步，不断进取。只有一边鼓励他，一边鞭策他，才可以使孩子认识到自己的长处，发现自己的不足，从而不断进步。

2. 帮助孩子客观地评价自己

孩子在作自我评价时，妈妈应教育孩子不要夸大自己的特长和优势，而应本着实事求是的原则，客观地评价自己。另外，妈妈还应该提醒孩子，优势与劣势是能互相转换的，如果过高地评价自己，就有可能跌倒在自己的优势上。

3. 不要给孩子过多的物质鼓励

当孩子取得好的成绩或在其他方面表现出色时，妈妈口头表扬即可，过多的物质鼓励，只会强化孩子高傲自大、自鸣得意、忘乎所以甚至不思进取的心态。比如，孩子英语考了100分，妈妈可以说："儿子，你真棒！希望你能继续努力！"切忌说："儿子，你英语考了满分，我决定为你换一台电脑！"等等。

4. 帮助孩子认识到骄傲的危害性

发现孩子有骄傲的思想时，妈妈要立即教育，不能松懈，也不能拖延，因为任何缺点保持的时间愈长，愈不容易被改正。妈妈可以用讲故事的形式，有意识地向孩子介绍一些成功者的经验和失败者的教训，并在孩子听完故事后，让孩子对照自己在学习和生活中的行为进行自我检查。最后，妈妈还应该告诉孩子，生活中那些成功人士都是在取得成绩后仍能保持谦虚态度的人。

⟳⟳⟳ 写给妈妈的话 ⟳⟳⟳

当发现骄傲已开始阻碍孩子的进步时，好妈妈要立刻清醒过来，及时帮助孩子戒除骄傲的情绪，这样孩子才能保持自身的优势并取得更多更大的进步。

第六章　好妈妈应有的智慧
——反省自己的教育方法

在教育孩子的过程中，妈妈们也总会有犯错误的时候。在成人眼中，妈妈们所犯的错误根本不值得一提。但对于心灵脆弱的孩子来说，妈妈小小的错误给他们带来的伤害是难以弥补的。好妈妈应懂得反思自己的得失，从而调整自己的教育方式，用正确的方法教出健康的孩子。

不拿自己的孩子与他人比高下

每一个孩子都是独一无二的，每个孩子都有自身的特点。虽然有的孩子身上有很多缺点，但也不是一无是处的。

许多妈妈在教育孩子的时候，总习惯拿自己的孩子与其他的孩子比较，认为这样才能让孩子有压力有进步。可过分地互相攀比也会给孩子带来过大的心理压力，这对孩子的成长是不利的，教育孩子时用比较的方式虽然有一定的作用，但好妈妈一定要掌握好尺度和方法，避免孩子受到伤害。

小明和小亮是表兄弟，两人经常在一起玩。学校刚一放假，小亮就到姨妈家找小明。这天姨妈和小亮聊起了考试成绩，小亮骄傲地告诉姨妈，他的各科成绩都是95分以上，"你真是好孩子，学习总是那么好。咦，我还没有看见小明的成绩单，小明，来一下。"其实小明早已在楼梯上听到了他们的对话，踌躇着不愿出来。听到妈妈叫他，只好不情愿地走过来。"小明，这次考试考得怎么样？成绩单在哪里？""在我房间里。"小明很慢地回答。

看着他无精打采的样子，妈妈有些生气了，"是不是又没考好？去把成绩单拿来，我要看一看。"成绩单拿来了，没有一科上了90分。"你真让我感到羞愧，小明。"妈妈忍不住大声训斥起来，"你的成绩为什么总是这么糟？小亮总是得到好成绩，你为什么不能像他一样，你的学习环境哪一点比他差？你就是太懒，总是注意力不集中，不专心听讲，回房间去好好想一想，再来跟我谈。我不想看你那个样子。"虽然已经不是第一次在小亮面前挨骂了，小明还是感到下不了台，只好含着眼泪回到了房间。

从此，小明就觉得自己像一只丑小鸭，情绪总是不高，他常常感到来自小亮的压力，觉得自己无法比得过他。小明的成绩更是大幅度地下滑，任凭妈妈、老师怎么教育，就是不爱学习。仅仅上完初中，小明便辍学在家了。

许多妈妈都喜欢拿自己的孩子与他人比较，总觉得自己的孩子没有人家的优秀，不知不觉地会用其他孩子的优点来比自己孩子的缺点。毋庸置疑，做妈妈的，没有谁不爱自己的孩子，经常拿别人家的孩子与自己的孩子相比，也是出于好心，希望孩子能以他人为榜样，学习别人的优点，超越别人，为妈妈争光争气。

但是，有时候好心也会做坏事，妈妈经常拿自己的孩子与别人做比较，对孩子造成的不良影响是特别严重的。这些孩子通常会有很多负面情绪，如不开心、无安全感、愤怒和嫉妒等。在行为表现方面，他们会觉得得不到妈妈注意，因为妈妈似乎更喜欢别的孩子，他们常会采取一些特殊行为以吸引妈妈的注意，但这些行为通常都是妈妈不喜欢见到的。

其实，妈妈要想避免这种现象，最好的办法是不要把自己的孩子与别的孩子比较，而是关注自己孩子每一个微小的进步。毕竟，每个孩子都有自己的特点。人生在世，从没有哪两个人是一样的，各人有各人的天赋，各人有各人的性格，各人有各人的能力。如果妈妈只和更优秀的孩子比，看不到自己孩子的长处，而只看到孩子的短处，便容易使自己的教育收不到应有的效果，甚至彻底失败。

好妈妈应该这样做

好妈妈要学会欣赏孩子，鼓励孩子在生命的交响乐中演奏好属于自己的乐章。这是孩子潜能最大化的重要通道，也是孩子自信最大化的源泉，更是使孩子实现人生价值的必由之路。

1. 正确对待孩子的优点和缺点

每一个孩子都是独一无二的，每个孩子都有自身的特点。虽然有的孩子身上有很多缺点，但也不是一无是处的。因此，妈妈不要只看到孩子的缺点，忽视孩子的优点；也不要盲目夸大他的优点，强调别人的缺点。妈妈应该尽量让孩子知道，每个人都有自己的优点和缺点。面对优点，要让孩子继续发扬；面对缺点，要及时改正。

2. 承认孩子间有差异

许多妈妈喜欢把自己的孩子跟别的孩子进行比较，这样做实际上是忽视了孩子之间的差异，妈妈应当接受并承认孩子之间的差异，帮助孩子学会取长补短。而且，当妈妈看到自己的孩子和别的孩子有差异时先不要着急，这种差异未必就是差距。孩子跟别人的差异往往是其个性形成的开始，其实更需要妈妈来加以保护。此时，妈妈的正确态度是，根据自己孩子的特点进行教育。只要孩子付出了努力，已经尽其所能，妈妈就不要对孩子提出过高要求。

3. 让孩子有一颗不甘人后的上进心

上进心是在与人竞争的过程中不甘落后、总是想超越别人、争取第一的强烈愿望。一个有上进心的人，总是能看到自己的不足，也总是能自觉地寻求成功的方式，并不断地取得进步。

新疆理科状元郭慧勤的妈妈常常这样教育女儿：做人一定要有骨气，不要跟人家比吃、比穿、比喝，也不要比谁口袋里钱多，要比一比看谁的知识多，比一比看谁做的事情多，看谁做得好。也就是这样的家庭环境让郭慧勤在成长中，渐渐拥有了一颗不甘人后的上进心。也就是这样一颗上进心让她在学习的竞赛中总是向前、向前、再向前。最终她把整个自治区的考生都远远地甩在身后，摘取了新疆理科状元的桂冠。

4.给孩子接触榜样的机会

妈妈要为孩子创造与他人交往的机会，让孩子们有时间一起玩，一起学习。在接触中，孩子们能增进感情，互相影响。妈妈不仅要及时了解情况，有时还需要参与其中，比如文体活动、郊游、参观等。这样孩子就能够从玩耍中看到别人的优点，发现自己的缺点，从而进行改正。

───《写给妈妈的话》───

　　人的个性有许多的差异，有些事不是谁都做得了的。所以好妈妈要拥有一颗平常心，不要总拿自己的孩子和那些出类拔萃的人物相比。

不要用强权应对孩子的叛逆期

平等，不仅存在于成人之间，成人与孩子之间也需要平等。每一个成长中的孩子，即使是刚刚学步的孩子，也都有这种渴求。要做到平等地对待孩子，家长首先就要抛弃那种居高临下的姿态。

家有青春期的孩子，许多妈妈都会感到烦恼无穷，因为孩子大了，各种问题也接踵而至。面对成长中的孩子，妈妈需要彻底放下"家长"的架子，因为"强权"解决不了问题，更无法抚慰孩子叛逆的心。

下面这位妈妈在教育孩子方面，堪称楷模。

妈妈对19岁的女儿说得最多的一句话，就是"我们是朋友"。"我一直觉得，女儿和我是处在平等地位的，我们相互信任，经常交流。"她说，"从小到大，女儿有什么开心的、不开心的事情都会告诉我，包括学习、和同学交往等各个方面，甚至有男生追求，她都会告诉我。"

这位妈妈平时和女儿的沟通是平等的，有时候因意见分歧有所争执，若事后想想是自己不对，错误地批评了女儿，便会主动向女儿承认错误。

孩子提出自己的要求时，她从不会不假思索地拒绝。即使是看似荒谬的要求，也会在慎重考虑之后，把它"当作一回事"地给予响应与讨论，找出充分的理由，让她明了自己的看法。

不仅如此，这位妈妈还在许多事情上都征求孩子的意见，即使孩子提出的意见很糟糕，也会认真倾听并与她讨论。妈妈会用"我希望…"或"我建议……"的表达方式，在"形式上"给女儿留下可以自主的空间，让她有学习、思考、省悟的机会，而不是生硬地将自己的想法强加在孩子身上。

孩子有了独立的想法，渴望摆脱对妈妈的依赖，其实是值得高兴的事情，如果他凡事都依靠妈妈那才令人担忧呢！但是要认识到这一点，妈妈就要舍得放下"传统的权威"，也只有暂时脱离了家长的角色，妈妈才能以客观的态度去面对孩子的反抗。

两个即将成年的孩子，分别向他们的妈妈提出要搬到外面住的请求。一个孩子的妈妈说："咋啦？家里容不下你啦？好好给我待着！"另一个孩子的妈妈却说："好啊！需要我帮什么忙吗？"结果，反对孩子搬出去的妈妈不但没能阻止孩子离开，还和孩子发生了激烈的争执。支持孩子搬出去的妈妈反而使孩子留了下来。原因是，第一个孩子听到妈妈那么武断地阻止他，觉得在家里也没有意思，不如早些搬出去。另一个孩子则完全不同，当他提出搬出去住的时候，妈妈不但没有阻止，反而问他需要什么，这让他感到了妈妈的宽容和亲情的温暖，觉得其实在家里也很好，于是决定不搬出去住了。

孩子在成长的过程中，最需要他人对自己角色的认同。他们渴望有自己的天地，有自己为人处世的方式。但是在妈妈的眼中，他们的想法和行为往往是幼稚可笑的。因此，妈妈会强迫孩子按自己的想法办事。她们经常使用压制的手段，让孩子服从自己，其结果只是让孩子更叛逆，还会导致孩子为摆脱"强权"而盲目向外界寻求支持和理解，最终误入歧途甚至走上犯罪的道路。

好妈妈应该这样做

由此看来，强权并不是解决问题的方法。既然如此，好妈妈何不试着换一种方式来跟孩子交流，从而改变母子之间这种紧张的关系呢？

1. 和孩子进行平等交流

平等，不仅存在于成人之间，成人与孩子之间也需要平等。每一个成长中的孩子，即使是刚刚学步的孩子，也都有这种渴求。要做到平等地对待孩子，首先就要抛弃那种居高临下的姿态。

和颜悦色，避免用命令、训导式的口气，应该是妈妈与孩子讲话的最佳方式之一。有些妈妈对待朝夕相处的孩子，虽然内心对孩子关爱备至，但与其谈话永远是以训导的口吻。妈妈在孩子面前是长者形象，孩子固然要尊敬长辈，但现实中真正做到尊重孩子的妈妈并不太多。这种单向的尊重，无形中使孩子永远处在附属地位。

妈妈和孩子之间需要平等，特别是交流时要平等。只有平等，才能让孩子的个性得到发挥，能力得到展现；只有在平等的环境下长大的孩子，才是独立的、有主见的和意志坚强的。

2. 积极沟通，培养与孩子之间的亲密感

青春期的孩子在生理和心理上都是敏感脆弱的，如果妈妈不注意适当改变教育方式，就很容易使两代人之间产生难以消除的隔阂。例如，对于孩子提出的问题或要求，妈妈应该认真对待，不能以为孩子还是小宝宝，而敷衍、搪塞几句就过去了。长此以往，孩子认为和妈妈的沟通没有任何意义，话也就越来越少。鉴于孩子敏感的心理，聪明的妈妈会寻找一种不令孩子反感的、能调动他们积极性的沟通方式，以这种方式关心和督促他们，和孩子始终保持亲密的关系，陪伴他们度过这人生的特殊时期。

3. 要有宽容的心态

面对处于"叛逆期"的孩子，妈妈应当怀着一种宽容的心态，别和孩子较劲，而应多和他们进行情感交流，尊重孩子的成长和改变。

首先，妈妈心里要清楚，孩子并非有意与自己作对，而是在体现不成熟的"自我意识"，这是好事，说明孩子长大了，千万别自己先被孩子的叛逆气坏了，丧失理智。

其次，如果孩子不愿服从妈妈的安排，出现"不顺从""不听话"的行为，妈妈首先要反思自己的行为和决定是否太主观并加以调整。一些两可的事情不妨让孩子按自己的意愿去办，妈妈告诉他一个限度就可以了。宽容地对待孩子，孩子也会心存感激，这样在遇到一些原则性的、必须服从妈妈安排的事情时，孩子也会懂得退让和反省。

写给妈妈的话

好妈妈要谨记，教育孩子切忌浮躁、没有耐心，更不能采取强权解决问题，粗暴地对待孩子。

尊重孩子，也要尊重他的朋友

好妈妈懂得赏识和尊重孩子，更会支持孩子的社会交往、尊重孩子的朋友，这样不仅可以让孩子对妈妈更加信赖，而且还可以促进孩子之间的友谊，促使他们互相学习、互相帮助。

也许，许多家庭都有这样的情况：做妈妈的都希望自己的孩子向成绩好的同学学习，与优秀的同学交朋友，一旦发现自己的孩子与成绩差的同学交朋友，便会感到惊恐万状，生怕成绩差的学生影响了自家的孩子。

一位妈妈去参加女儿的家长会，会后女儿写下了一篇文章。下面的内容就是这篇文章中的一段：

今天，妈妈参加了我们班的家长会。

一回到家她便把一个小本子递给了我，上面记下了我的名次和成绩，还有我们班前十名的名单及成绩。忽然，我看到在小本子显眼的地方写着我的铁杆姐妹的名字，边上写着："倒数第三，306分"。妈妈记这个干什么？我正疑惑着，妈妈先开口了："你看见你那个什么最铁的姐妹的分数了吗？那么差，你怎么整天和这种人在一起？"这下我知道了妈妈写下我好朋友成绩的原因。"她的成绩好坏，跟我和她是好朋友有什么关系呢？"我生气地质问妈妈。"关系大了，你以后不能和这种坏孩子在一起！""她不坏！"我叫喊着。"不管如何，你不能和她来往了！你看看她那个成绩，你以后会被影响的！"妈妈也大声嚷了起来。"我不会的，不会受她的影响的！"我为我的好友抱不平，"她不是坏孩子，她虽然学习不好，可人不坏，她很善良，待人友好，我和她是分不开的好朋友！"我继续和妈妈争辩。

　　我争得面红耳赤，仍坚持着自己的立场，妈妈也一直强调不许我们来往。我觉得很委屈，我的朋友更委屈。我看和妈妈无法沟通，便把她的叫喊声抛到脑后，径直走进自己的小屋，把门反锁起来。

　　我躺在床上，看着我与好友的照片：两个姐妹般亲密无间的女孩搂在一起开心地笑着，这就是我和她——两个最"铁"的姐妹。可真无法想象妈妈对我们的不理解。也许，在她老人家眼中只有学习，而且和学习不好的同学在一起就一定会变差。也许这就是妈妈所说的什么"近朱者赤，近墨者黑"的道理吧。可是为什么我与她在一起两年，学习成绩也并没有变差呢？没有她，我怎么会学到那么多待人接物的方法呢？我不知是谁对谁错，我还是要按自己的想法去做，因为我认为这样没什么不好……

　　读完这个片段后，相信很多的妈妈都会赞同文中妈妈的做法。的确，和学习不好的同学在一起，也许会影响孩子的学习态度、方式，导致出现学习"滑坡"。

　　但是交朋友毕竟不能完全与成绩的好坏挂钩，朋友之间互相促进，也能互相弥补。学习成绩不好的同学，也许具有其他方面的特长，比如篮球打得好，美术突出，或者是能写一手好字、有一颗善良的心，等等。学习成绩只是孩子诸多素质的其中一个方面，他们只有广泛汲取不同类型同学的长处，才有可能成为一个全面发展的学生。因此，与成绩差的同学不但可以交朋友，也应该交朋友，既是为了互相学习，也是为了互相帮助。从某种角度讲，还可以培养自信心。妈妈需要做的是教会孩子辨别是非，分辨出朋友哪些地方是值得学习的，哪些方面不能学习而是要帮他改正。

妈妈应该真诚对待孩子的朋友，不能停留在表面上，而是要真心诚意。有的妈妈看成绩差的孩子来家里玩，表面上很客气，可等人家一走，就会向自己的孩子提出警告："学习这么差你还跟他玩，是不是也想和他一样呀！"有的妈妈甚至批评孩子："你怎么能和这种人来往？怪不得学习越来越差！"这种两面派的做法，不但会影响妈妈在孩子心目中的形象，也会损害孩子与朋友的感情。

好妈妈应该这样做

好妈妈懂得赏识和尊重孩子，更会支持孩子的社会交往、尊重孩子的朋友，这样不仅可以让孩子对妈妈更加信赖，而且还可以促进孩子之间的友谊，促使他们互相学习、互相帮助。

1. 让孩子知道什么样的人才算好朋友

妈妈要有意识地引导孩子进行择友。比如革命老人谢觉哉在《交朋友的道理》一文中就提出过这样的忠告："要交益友，不交'损友'。"就是要和正直的人、诚实的人、爱集体的人交朋友，不能与品德低劣、染有恶习的人交往。好妈妈应该让孩子在交友之时有一个大的原则和方向，不与那些品质低劣的人交往，从而避免陷入误区。

2. 指导孩子怎样与朋友相处

在孩子交朋友的过程中，家长要不断地进行指导：对待朋友要真诚坦率，以诚相待，严于律己，宽以待人；要努力做到热情、关心、彬彬有礼；处事要宽宏大量，不计较个人得失；每个人的性格、情趣各有不同，交往中就要尽量尊重朋友的意愿，主动寻找双方都感兴趣的事物进行交谈。

另外，妈妈要告诉孩子，每个人的心理都有敏感区，在平时说话、开玩笑时，尽量避免刺激朋友心里的敏感点，不要刺痛他心灵的"伤口"。还要告诉孩子，在与朋友交往时，要特别讲究信用，凡自己不能办到的事情，切不要轻易答应，说话也要留有余地。但凡自己能办到的和答应办的事，那就要千方百计尽力去完成。如果遇到意外，事情没办成，应主动向朋友说明情况，以取得对方的谅解。

3. 尊重孩子的意愿

在选择朋友方面，妈妈和孩子的意见常常会不一致，只要对方不是品行太差，妈妈还是先尽量尊重孩子的意见，然后在他们交往的过程中，进行积极的引导和帮助。妈妈还应热情欢迎孩子的朋友到家里来做客，这样，既可以表示自己对孩子的尊重，也可以拉近与孩子的关系。

4. 采取适当的措施应对孩子结交的不良朋友

孩子由于涉世不深，辨识能力不强，一时不慎就可能出现不良的交往状况。出现这种情况时，家长切不能采取简单粗暴的方式方法，而应该细致地做好思想教育工作和积极防范措施。一般来说，当孩子因结交了不好的朋友而犯了错误的时候，绝大多数会怀着悔恨又害怕的心理，这正是妈妈对他们进行细致教育的良机。如果家长采取简单粗暴的方式方法，则会让孩子产生对立情绪，甚至"破罐子破摔"，以致在错误的道路上越走越远。正确的做法应该是，首先耐心地弄清情况，再诚恳地与孩子进行感情沟通，纠正孩子的认识。必要时，还应与学校、有关方面联系，共同杜绝孩子与不良朋友的交往。

〜∽⌒写给妈妈的话⌒∽〜

对于孩子和朋友的交往，好妈妈既不能草木皆兵，随意破坏孩子与朋友之间的感情，也不能听之任之，使孩子陷入不当的交际圈。而是要充分利用他们的心理特点，因势利导，正确地引导和帮助他们建立纯真健康的友谊。

让孩子对自己的事情做主

其实只有充分地尊重孩子，信任孩子的决定，孩子才会展现出更多的潜能。同时，孩子也会依照妈妈对待他的方式对待他人和世界，不被尊重的孩子往往很难学会尊重他人。

当孩子开始意识到自己的存在时，会强烈地要求自主，什么都想自己去做，这种要求是合理的、积极的，是他们生理和心理发育的必然。对此，好妈妈要注意倾听和尊重他们的意见，并且放手让孩子自己做决定，只有这样才能培养孩子独立、自信、勇敢、沉着的好品格。

小珍回到家里，对妈妈说："今天学校老师让大家报兴趣班。"

"是吗？那你报了什么？"

"嗯，我还没有决定呢。"小珍低头沉思。

"为什么没有决定？"妈妈有些好奇地问，"要不要妈妈帮忙？"

小珍摇摇头，"不要，我想自己做决定。"

"没问题，妈妈就把这个权利交给你自己了。"

第二天吃早餐的时候，小珍告诉妈妈，她决定报名学摄影。

"因为妈妈也喜欢摄影。"小珍说出理由。

"那你自己喜欢不喜欢？"妈妈问小珍，"关键是你自己喜欢才行哦。"

"嗯，我喜欢，我觉得摄影是一件很有意思的事情。"

"但是可不好学哦。"妈妈补充道。

小珍认真地点点头："我知道，但是我决定了。"

妈妈高兴地说："好，既然你喜欢，那么我就支持你的决定。"

生活中，常常会发生这样的事情：妈妈全权替孩子决定了生活中的所有事，这限制了孩子的思考，久而久之他会觉得思考是无用的。于是，在大人面前，他们就变得异常依赖，什么事情都得由妈妈做主，一旦离开妈妈就会无所适从；另外有一些孩子，他们很有自己的主见，可当他们将自己的想法表露出来时却很少得到妈妈的认可。这时，孩子往往往会感到很没面子，渐渐就不愿再表达自己的意见和决定了。

其实只有充分地尊重孩子，信任孩子的决定，孩子才会展现出更多的潜能。同时，孩子也会依照妈妈对待他的方式对待他人和世界，不被尊重的孩子往往很难学会尊重他人。

好妈妈应该这样做

那么，到底要如何做才是尊重孩子呢？好妈妈要做生活中的"有心人"，细心观察，了解孩子的喜怒哀乐、性情喜好；遇到事情，先考虑一下孩子的意见，多采用"你怎么认为"或"你同意吗"这样的语气，与孩子一起讨论商量。

1. 别让孩子过分依赖

现在的家庭多数只有一个孩子，几代人的爱护和关心都集中在一个孩子身上，所以在家里，他们就成了"小皇帝"——没有妈妈一口一口地喂饭，就不肯自己吃饭；没有妈妈陪着、哄着睡觉，就闹着不肯睡觉；就连和小朋友在一起玩耍也要求家里大人陪着；在学习上遇到一点困难，第一个想到的是问妈妈，要求妈妈帮助解决，而不是独立思考。

有了依赖习惯的孩子大多缺乏独立思考和解决问题的能力，遇事无法自己做决定，妈妈也就谈不上尊重不尊重他们的决定了。因此，好妈妈首先要培养孩子独立思考和做决定的能力。

2. 不要强迫孩子做事情

妈妈培养孩子，不应该总想着让孩子成这个"家"那个"家"的，整天逼着孩子练琴、画画、下棋，似乎巴不得孩子马上就能一步登天、一举成名。这样做孩子不仅会背上沉重的思想包袱，对学习也会感到厌倦，当他们在练琴、画画、下棋时就觉得是在受折磨、受煎熬。妈妈让孩子接受特长教育，应尊重孩子自己的决定，并且根据他的心理特点加以引导。

3. 给孩子自己的小天地

无论家庭的居住条件如何，妈妈都要给孩子一块属于自己的小天地、小角落。在这个角落里，可放置玩具架及小筐、纸盒等容器，每天给孩子一些自由支配的时间，让他自己做决定，自由地玩耍，自己取放玩具，自己布置这个小天地。

妈妈不要在未经孩子允许的情况下闯入属于他的小天地，即便是打扫卫生也不可以。要让孩子认为在一定的空间范围内，他有权利决定书放在哪里，玩具摆在哪里，等等。这样可以培养孩子对自己甚至整个家庭的责任感。

写给妈妈的话

一个好妈妈需要做的，并不是帮孩子确定他需要做什么，而是要以"朋友式"的榜样姿态出现在孩子们面前，让孩子对自己的事情做主，哪怕是一点点，都是一个良好的开始。

正确对待孩子的兴趣

对于孩子的兴趣爱好，行之有效的办法是，孩子对某一样事物有兴趣，妈妈首先应该帮助孩子分析其利弊，若是积极有益的，就应主动地加以引导，并让孩子懂得只有认真学习，才能发展自己的兴趣爱好，做自己想做的事。

兴趣，是一个人走向成功的钥匙。很难想象一个人会对一件自己不感兴趣的事产生极大的热情，也很难想象一个人对自己不感兴趣的事情会有突破性的创造和发展。好妈妈更懂得如何尊重孩子的兴趣爱好，因为她们知道，孩子只对自己感兴趣的事情才会充满热情，才会全身心地投入，才会对所遇到的问题进行思考，这样才更容易取得好的成绩。

明明已经上中学了，依然淘气爱玩，尤其是最近他迷上了网络游戏，虽然都是在完成作业后再玩游戏，但是每次都玩到很晚。妈妈非常担心这样玩游戏会干扰明明的正常作息，影响他第二天上学时的精神状态。

168

一天晚上，已经10点多了，妈妈发现明明的房间又隐约透出光亮，知道他还没有睡，在玩游戏，就打算和他谈谈。

妈妈敲门之后，明明说道："等一会儿。"过了一阵子明明才出来，脸上有一丝慌乱。妈妈知道他正在关闭游戏，怕被自己发现。

进了明明的房间，妈妈便在他的旁边坐下。

"不必紧张，我不是来说你的，是想和你聊聊天。"妈妈轻声说道。

明明点点头："嗯，我想如果因为我玩游戏没完成作业，你一定会生气，所以就先完成作业再玩。"

"你做得很好，乖儿子。"妈妈摸摸他的头，"妈妈想通了，不反对你玩游戏，只是希望你不要每天玩，也不要因为玩游戏影响休息，好不好？"

"好，我知道你是为我好。"

"这才是我的好儿子。"妈妈把一张纸递给明明，"今年暑假你可以去学学这个。"

明明接过纸，是一张电脑游戏编程学习班的报名表。

"谢谢妈妈，我答应你，绝对不会影响学习。"

"我相信你。"

从此之后，明明再也没有玩游戏到深夜，而且还在妈妈的支持下参加了游戏编程比赛，取得了不错的成绩。

对于孩子的兴趣爱好，行之有效的办法是，孩子对某一样事物有兴趣，妈妈首先应该帮助孩子分析其利弊，若是积极有益的，就应主动地加以引导，并让孩子懂得只有认真学习，才能发展自己的兴趣爱好，做自己想做的事。可以说，只要妈妈引导得当，孩子的课余爱好将不失为帮助他们开阔眼界、提高学习能力的有效途径。

然而，很多妈妈常常勒令孩子放弃某些兴趣爱好，强迫他们去做根本不感兴趣的事情，这一类做法是极不明智的。只要孩子的兴趣爱好不是有害的或者不健康的，我们就要加以鼓励和保护，并且尊重孩子的兴趣爱好。因为孩子的兴趣爱好是引导孩子获取知识、培养能力、开发智力的有利因素。

人们对有兴趣的事情往往容易全身心投入，最易见成绩；反之，则难得成就。孩子的兴趣之苗一旦破土而出，作为妈妈就要精心呵护，不要让其因"杂草"而枯萎，更不要随意拔掉它。"兴趣是最好的老师"，兴趣可使一个人的潜能得到最大限度、最持久的发挥。

妈妈培养孩子首先要发现孩子的特长与爱好，不要学"泥人张"，要学"根雕家"。根雕家的艺术原则是发现、尊重每个根形的特点，然后通过艺术加工，使其特点更为突出、更为生动，最后成为精品。培养孩子也一样，我们不能使每一个孩子都变成毫无个性的学习机器，而应当使他得到全面的发展。

好妈妈应该这样做

妈妈如果强迫孩子学习他并不喜欢的东西，不仅"吃力"，而且"讨不了好"。真正高明、有远见的好妈妈应懂得诱导、鼓励孩子健康的爱好，并给孩子提供与他爱好有关的书籍和工具。同时，妈妈也应参与其中，与孩子交朋友，给孩子做参谋。

1.把选择的权利还给孩子

为了培养孩子的兴趣，妈妈要多和孩子进行沟通，要看看他们真正喜欢什么，不喜欢什么。孩子虽小，但也有着鲜活的思想和情感，有自己的好恶。只有从兴趣出发，孩子才能自主地学习，从而学得又快又好，享受到学习的乐趣。妈妈如果把自己的兴趣强加给孩子，那就是在加重孩子的负担，往往会使孩子的学习变成一个痛苦的过程。

作为一名合格的好妈妈，要善于洞察孩子的内心世界，要多用商量、引导、激励的语气和孩子进行交流，要能够站在他们的角度去考虑问题。所以，好妈妈一定要把选择的权利还给孩子，让孩子自主选择、发展兴趣，快乐地学习、成长！

2.尊重孩子的兴趣爱好

好妈妈要尊重并保护孩子的兴趣爱好，不要企图通过说教或打骂等方式强迫孩子改变兴趣爱好。更不要对孩子表现出兴趣的事物抱以讥讽或不屑的评论，孩子的心灵十分脆弱、敏感，妈妈不经意的一句话都有可能刺伤他们。尊重孩子的兴趣，就是尊重孩子本身。

写给妈妈的话

兴趣是最好的老师，有了兴趣孩子才会主动思考，并自觉采取行动。作为一个好妈妈，当孩子对某一事物产生了兴趣时，既应给予积极的指导，也应避免操之过急。

对孩子有求必应是害了他

妈妈对孩子的爱是促进孩子健康成长的动力源，是必不可少的。但是，当孩子哭闹的时候，当孩子发脾气的时候，当孩子无理取闹的时候，作为妈妈，此时必须要坚持原则。

妈妈为了表达他们对孩子的爱，对孩子的要求总是尽量满足。实际上，这样做是将欲爱之，实则害之。好妈妈的做法是，绝不盲目地对孩子有求必应，或当他和家庭成员发生分歧时，也要做到客观、公正地予以评判。

冬冬是独生子，从小妈妈就很疼爱他，从不拒绝他的任何要求。尽管家里的经济条件不是很富裕，但在给孩子的花销上，冬冬的妈妈却从不含糊，宁愿自己苦一点、累一点，也绝不委屈孩子。

一天，妈妈带着冬冬去商场，冬冬又要求妈妈给他买玩具。虽然他已经拥有一堆玩具火车、赛车、汽艇模型，却好像永远都不满足，同样款式的模型他还要买不同颜色和不同型号的。见到别的孩子有什么玩具他也会不停地吵着要，但买回来后，没几天就又扔到一边去了。

上中学后，冬冬看到同班的许多同学都穿着各种名牌服饰，还买了手机、MP4 等，就吵着妈妈非得要。冬冬的各种无理要求，使得这个原本不富裕的家庭，更不堪重负。每当妈妈试着拒绝他时，冬冬都生气地埋怨她"抠门"，并说班里同学都有，自己必须也要有。

冬冬的妈妈为此很恼火也很为难，不知该怎么办。

孩子会向妈妈提出各种各样的要求，他们的心大多被那些琳琅满目的玩具和充满诱惑的零食占据着。如果妈妈满足了他，他会笑得像花儿一样灿烂；要是拒绝了他，他可能会哭得令人心疼。大部分时候，妈妈通常都是不拒绝的，其中除了妈妈对孩子的爱，还有客观原因的影响。

比如，家庭条件的许可。经常听到不少的妈妈这样说："我家有钱，孩子喜欢什么就给买什么，无所谓的。"的确，如今有不少的家庭都是比较富裕的，他们有条件来满足孩子的各种要求。

当然，也有一些妈妈由于家庭条件不好，通常在孩子非常小的时候，就把孩子寄养在爷爷奶奶身边或亲戚家中，夫妻双双外出赚钱。因此，为了弥补自己对孩子的爱，妈妈对孩子总是有求必应。

为了改变家庭贫穷的状态，小格的妈妈在他3岁的时候就将他交给了爷爷奶奶照看，自己外出打工。那时候，家里没有电话，她一年都难得与孩子说上一句话。以至于妈妈每年春节回家时，小格都不愿意叫妈妈。面对这种情形，妈妈的内心深处是特别痛苦的，她不知道该用什么方式才能弥补对孩子的爱，只有尽量满足孩子的要求。

因此，每当小格提出要购买什么玩具或者学习用品的时候，妈妈总是毫不犹豫地答应，不管价钱多么昂贵，她也宁愿自己节衣缩食来满足孩子的要求。开始时，小格还算懂事。可是慢慢地，当妈妈一次次地满足他的各种要求的时候，他渐渐地变得贪婪。最后，小格竟然直接跟妈妈要钱，从几十元到一百元，从几百元到几千元，拿着妈妈辛苦挣来的钱四处挥霍。

"再苦也不能苦孩子"这句话，目前已成为许多中国妈妈，尤其是独生子女妈妈的行为准则。许多妈妈宁愿自己吃苦，省吃俭用，也要尽量满足孩子的消费要求，生怕孩子受苦，或不如别人，被亲友、邻居、老师、同学笑话。因此，孩子索取无度，妈妈实质上起了推波助澜的作用。这些妈妈不知道，对孩子有求必应只会害了孩子。

好妈妈应该这样做

面对孩子提出的要求，好妈妈心中必须有个准绳，千万不能无原则、无节制地满足孩子的要求。

1. 让孩子学会克制需求

很多妈妈对孩子有求必应，生怕拒绝会挫伤了他们的心灵。她们善于克制自己的物欲，却无节制地满足孩子的要求，殊不知，太容易获得的东西人往往不珍惜，而且从中获得的乐趣也就少了，这一点孩子和大人是一样的。更糟糕的是，孩子从中学会的是不劳而获，他们认为高消费不是靠努力与牺牲得来，而是靠抱怨、要挟、强求得来。所以，妈妈应善于对孩子说"不"，要他学会克制与承受。

2. 坚定地拒绝不合理要求

妈妈对孩子的爱是促进孩子健康成长的原动力，是必不可少的。但是，当孩子哭闹的时候，当孩子发脾气的时候，当孩子无理取闹的时候，作为妈妈，此时必须要坚持原则。

大哭大闹往往是孩子逼迫妈妈"就范"的主要手段。如果妈妈总是迁就他，孩子一哭，就无条件地满足他的任何要求，就会使他认为只要自己发脾气，一切都会如愿以偿。以后遇到类似情况，孩子更会变本加厉，愈闹愈凶，由此养成难以纠正的任性、不讲理的坏习惯。遇到这种情况，妈妈首先要耐心劝阻，说明利弊。如果孩子不听，妈妈应想办法分散他的注意力。倘若孩子仍不肯罢休，可以采取"冷处理"的方法，待孩子发泄完毕后，再和他讲清道理。

3. 耐心讲解道理

随着孩子年龄的增长，他们的要求会越来越多，从小时候喜欢的洋娃娃，到吃喝穿戴等。在不能够满足孩子的要求时，妈妈可以耐心地给他们讲解不能满足的理由。另外，还可以采取转移注意力的方法，让他忘却自己提出的不合理的要求。

一天，妈妈带着6岁的小萱上街，经过一家玩具店时，小萱提出要买个娃娃。可是这天妈妈并没打算给小萱买玩具，又一看这个娃娃需要200元，她带的钱也不够。妈妈想，怎么办呢？不给她买，小萱一定会伤心的。于是，妈妈笑着对小萱说："宝贝，妈妈知道你非常喜欢这个洋娃娃，可是妈妈今天刚好带的钱不够，不过，妈妈可以给你买一只气球或者一盒蜡笔，你想要哪样呢？"小萱听了，看了看洋娃娃，又想了想，对妈妈说道："妈妈，那我就选一只气球吧。"随后，妈妈给小萱买了一只大气球，母女二人有说有笑地离开了玩具店。

小萱妈妈的这种做法就比较适合孩子的特点，既表示理解孩子的愿望，让孩子知道不能买娃娃的合理原因，又巧妙地运用气球、蜡笔转移孩子的注意力，使孩子的情绪保持愉快和满足。

写给妈妈的话

孩子的需要是各种各样的，他们有的善于直接向别人表达自己的需要，有的却用行动和表情示意自己的需要。好妈妈要尽量地满足孩子的合理需要，还要学会坚定拒绝孩子的不合理要求。

表扬孩子不要过了头

当孩子做出值得表扬的事情，妈妈才能给予表扬，这样才能给孩子留下深刻印象。不要随意给孩子廉价的表扬，这样只会使孩子无所适从，如果形成习惯，还会造成孩子的盲目自信。

心理学家的研究成果表明，表扬是孩子进步的催化剂。但是，当代儿童心理学和教育心理学研究成果同时证实，过多的表扬对孩子的健康成长有诸多消极的影响。因此，妈妈在培养和教育孩子的过程中，不可对孩子的一切无过错行为一味地给予表扬。美国儿童心理学家认为，表扬并不总是与孩子美好品质的养成同步，习惯性地接受表扬可能会导致孩子对表扬的依赖，而司空见惯、唾手可得的表扬又可能会使孩子对进一步受到的表扬无动于衷，从而逐渐失去为获得某种表扬和肯定去完成各种任务的动力。

梅梅上小学的时候，作文成绩特别好。为了能让女儿充分发挥自己的特长，每次梅梅在写作文的时候，妈妈总是不忘了说一句"你写的可真好"。刚开始的时候，梅梅听见妈妈夸赞自己，写得就更来劲儿了。但是随着夸赞次数的增加，梅梅渐渐对妈妈夸赞的言语感到厌烦。有时候，妈妈在一旁夸个不停，她就会放下手中的笔，直愣愣看着妈妈一言不发，直到妈妈知趣离开后，才将笔拿起来重新构思作文。梅梅在日记中曾写道："妈妈不厌其烦地夸奖让我渐渐失去了写作的兴趣，我现在真是烦透了。"

批评和表扬对孩子而言是同样重要的，表扬过度也有害。赞美太容易得到，人生就会失去意义、失去动力。孩子过多地被吹捧、被肯定，会让他们失去了防御能力，反而更容易受到伤害。对于孩子的好成绩，妈妈既不能毫无表示，让他觉得不受重视，也不能过度赞扬，让他失去正确的方向。那么，作为妈妈，在表扬孩子的时候就要注意把握好一个度。

好妈妈应该这样做

1. 表扬时掌握分寸

大多数妈妈都意识到表扬在孩子成长过程中的作用，因此越来越多地以表扬代替其他的教育手段，这种做法是不妥的。适量的表扬对孩子的良好品质形成起到积极的作用，而过度的表扬则往往适得其反，它容易使孩子形成骄傲自大的心理，久而久之，就会使孩子丧失前进的动力。表扬的真正目的是为了让孩子确立一种自强、自律、自信的心理，使孩子在不受表扬的时候，同样具有成就感和自我满足感，也就是人们常说的"表扬的目的就是为了不表扬"。因此，表扬应适量，忌过度。

2. 表扬时掌握时机

当孩子做出值得表扬的事情，妈妈才能给予表扬，这样才能给孩子留下深刻印象。不要随意给孩子廉价的表扬，这样只会使孩子无所适从，如果形成习惯，还会造成孩子的盲目自信。

很多孩子都有良好的家境，头脑也聪明。因为从小成绩优秀，获奖无数，每个大人都喜爱和宠溺他们。生长在一片赞美声中的孩子，很容易自以为是，认为自己很完美，什么都懂，容易形成一种狂妄自大的心理，以为自己什么都比别人强。因为身边的人总是一味地给予肯定，所以他们看不到自己的不足，接受不了任何一句不中听的话，心理特别脆弱，在面对挫折的时候更容易被打击。

3. 要表扬，更要鞭策

当孩子取得一点小成就的时候，有的妈妈会对其大加表扬，其实她们犯了这样一个错误：只表扬，不鞭策，只看到了孩子的成绩，却看不到孩子尚存在的不足。这样会使孩子误会妈妈的意图，认为妈妈对自己的成绩已经很满意了，他可能因此会忘记自己的不足，从而变得骄傲自满。妈妈要让孩子知道，考第一、当班长、得奖状都不是终极的成就，也不是人生唯一的目的。不断进步和超越自己比得意于短暂的成绩更有意义。

期中考试来了，小宝的语文和数学都考了 90 分，排在全班第五名，他非常地高兴，放学后便急忙跑回家把这个好消息告诉了爸爸妈妈。小宝的爸爸很替他高兴，一个劲儿地问他要什么礼物。可妈妈却说道："你这次考得还不错，但是，你要知道，成绩只是考核你过去的努力，如果你今后不再努力了，那下次的考试就不知道会考得怎么样了。"妈妈的话让小宝懂得自己仍然需要努力，因此考试过后他依然非常用功。在期末考试的时候，他取得了全班第三名的好成绩。这次，妈妈说："不错，比上次有进步，虽然只前进了两个名次，可不要小看呀，这是你努力的结果。儿子，要想取得好成绩，就必须不断地提高自己，这样才能不断进步。"

妈妈有责任教育孩子严格要求自己，要让孩子知道天外有天、人外有人的道理，知道虚荣和骄傲是进步最大的绊脚石。同时也尽量劝阻亲友不要过分夸奖孩子，免得他们自满，能培养孩子谦虚进取的妈妈才是合格的妈妈。

过度保护，只会导致孩子的无能

妈妈应该让孩子有更多的机会与外界接触，不能把他们像小鸟一样关在"笼子"里。给孩子大量的外界刺激，让他们尽量地接触、了解外界事物，接收外界信息，对其身心全面发展是十分有帮助的。

每个孩子都要经受一番风雨洗礼，才能丰满"羽翼"，长大成人。妈妈的过度保护，只会带来孩子的无能。好妈妈要松开双手，让孩子独立去面对生活中的困难与挫折。

许多情况下，妈妈的过分照顾、担心和保护，成了孩子的沉重负担。有时候，孩子一离开自己的视线，妈妈就会想象出各种危险可怕的情景：担心他在路上让汽车撞了，害怕他游泳给水呛了等。因为怕孩子碰着、撞着，妈妈给孩子设置了许多禁区，不许摸电器、不让碰炉灶、已经上中学了不许单独坐公交车等。但寸步不离的看管与过多的限制，只会阻碍孩子身心的健康发展，使其各方面的能力不能随着年龄的增长而得到相应的提高，从而使他们内心产生自卑、抑郁的情绪。在过度保护中长大的孩子，往往会优柔寡断，胆小怕事，缺乏勇敢面对困难的精神，也缺乏独立处理事务的能力。

有一位妈妈曾经讲了一个她教育女儿的故事：

有一天，女儿的学校组织到离家20千米的森林公园活动，为了让女儿学会独立，我决定对女儿放手，让她一个人去参加。我事先教女儿记住从家里到森林公园的路线，又给她一张地图，然后要她一个人骑自行车去。女儿从来没有单独去过这么远的地方，我还是有些不放心，于是就骑车偷偷地跟在女儿后面。一路上，看到女儿不时停下来看地图找路，我虽然心里为她捏着一把汗，但也只能默默地在不远处看着。当女儿埋头骑车经过公园大门却浑然不知时，我也没有叫她，让她自己兜了一个大圈子再回到森林公园门口。虽然女儿到达目的地时迟到了半个小时，但这是她独立完成的，我为她感到骄傲。

回来后女儿委屈地说："人家都是由妈妈陪着来的，就我一个人孤孤单单。"经过我的开导，女儿由委屈转为自豪，并高兴地说："以后再远一点我也不怕了。"这次活动，不仅锻炼了女儿的独立活动能力，而且使她在实践中增强了自信。

妈妈应该让孩子有更多的机会与外界接触，不能把他们像小鸟一样关在"笼子"里。给孩子大量的外界刺激，让他们尽量地接触、了解外界事物，接收外界信息，对其身心全面发展是十分有帮助的。这是因为人们正确认识事物的过程是由感性认识发展到理性认识，感性认识是理性认识的基础和前提。孩子是借助事物的实际样子、形象来进行分析、比较、推理、判断的。没有见过、没有观察过事物的特征，他们很难对此类事物进行正确的思考。让孩子走出妈妈的庇护，更广泛、更深入了解周围的世界，接受各种信息，丰富他们的视野，这才是促进孩子发展的有效途径。

在大学校长国际论坛上，一位中国的校长讲了这样一件事：

2003年秋季开学，南京大学出现了两位"新闻人物"。一个是叫小奇的男生，独自从宁夏银川骑单车几千米到学校报到，受到在校学生的夹道欢迎。小奇的父亲从小带儿子骑车旅行，这次他考上了南京大学，提出自己一个人骑车去报到，父亲开始有些不放心，在儿子固执地坚持下，终于答应放手让儿子"单飞"。

另一个"新闻人物"是一名女生，她的母亲是某县宣传部部长。这位部长妈妈亲自"保驾护航"把女儿送进大学，还带来两个女青年作"高级保姆"。这位妈妈一来学校便挑剔食堂的饭不好吃，一日三餐让两个保姆为女儿去餐馆订餐，晚上她亲自去宿舍哄女儿睡觉。宿舍管理人员实在看不过去，不满地说："这里是大学生宿舍，又不是幼儿园。"这位妈妈对女儿的过度呵护，给女儿带来极坏的影响，加上她本人的骄矜之气，与别人格格不入，入校以后一直闷闷不乐，情绪不振。

这一切给我们敲响了警钟：在妈妈过度保护下的孩子，更易受到伤害。真正关心孩子的妈妈，应放手让孩子出去经风雨、见世面，让他们多经历一些挫折，有时妈妈需要"狠狠心"，因为一次次的小挫折也会成为孩子前进的动力，因为挫折让他看到自己的不足，让他自我反省，让他更有进取心。

另外，妈妈的过度保护，还会使得孩子的能力不能得到全面良好的发展，"自己对自己负责"的意识也难以培养起来。这样，当孩子真正面对现实生活，面对竞争，失去了妈妈的"保护伞"时，他们自然会产生强烈的挫折感和自卑感。

好妈妈应该这样做

对孩子过度保护，不利于孩子意志力的培养，也不利于孩子独立人格的形成。因此，让孩子从小认识生活，帮助孩子培养自立自理的生活能力是非常重要的。好妈妈从来不会过度保护孩子，而是放手让他们独自去面对生活中的挫折。好妈妈的具体做法如下：

1. 孩子的事情不包办替代

我国古代杰出文人郑板桥先生说过：流自己的汗，吃自己的饭，自己的事情自己干，靠天靠地不算是好汉！好妈妈正是深谙此中的道理，让孩子在小的时候养成自己的事情自己做的好习惯。从穿衣吃饭，到读书写作业，好妈妈都会让孩子自己去做。时间长了，孩子就意识到依赖妈妈没有用，只有凭借自己的努力才会把事情做好，因此以后他们做任何事情都不会有依赖的心理。

2. 让孩子独自面对挫折

孩子不是温室里的花朵，他们要经历风吹雨打才会成长得更加茁壮。有一首童谣是这么说的："一根藤结两西瓜，一个小，一个大。大的趴在绿叶下，生怕太阳晒着它，娇生惯养不运动，长来长去长不大。一个瓜，个儿小，沐浴阳光笑哈哈，电闪雷鸣都不怕，风里雨里长得快，变成一个壮娃娃。"这首童谣很形象地说明：植物要在经历日晒雨淋后，才能生长得更好，孩子的成长也不例外。好妈妈会让孩子独立去面对成长中的各种挫折，而不是什么问题都替孩子去解决。妈妈适当地引导，孩子独立面对，这有助于孩子的成长。

孩子吃亏了，千万别反应过度

　　孩子偶尔吃亏时，妈妈不必太在意。因为这能让他知道，与不同的人交往有不同的方式，在相处中经历一些小挫折，对孩子成长是有好处的。

　　俗话说，吃亏是福。作为妈妈，孩子偶尔吃点亏时，要抓住具体事例教育孩子养成良好的道德品质，要明辨是非，保持宽阔的心胸。

　　乐乐是一个非常好动的孩子，他下课后会像只小蜜蜂一样在教室里、走廊里飞来飞去。为了不影响班级秩序，每次下课的时候老师都会让乐乐去打一桶水回来。爸爸知道这件事情以后，想找老师理论，可妈妈却阻止了他。妈妈说："老师让乐乐给大家打水，未必是一件坏事，只要让乐乐明白给小朋友打水不是老师的一种惩罚手段，而是老师的一种奖励方法，孩子就会很乐于这么做。这不但有助于乐乐改掉好动的习惯，也有助于培养他为别人服务的意识，是一举两得的好事情。"果真像妈妈想的那样，一段时间过后，乐乐好动的习惯改掉了不少。因为乐乐常帮大家打水，班级里的很多孩子都愿意和乐乐玩儿，乐乐的朋友越来越多，他的性格也越来越开朗。

现在的家庭，绝大部分都只有一个孩子，妈妈是绝对舍不得让孩子吃亏、受委屈的。不过，孩子总会要进行社会交往，在和小伙伴交往的过程中难免会有你吃亏、他占便宜的情况发生。孩子吃亏有时候是物质上的，比如别人得到的东西他没有得到；有时候是身体上的，比如被别的小朋友打了。

怕孩子吃亏，是妈妈的普遍心理。但不能因此就不让孩子们交往，因为孩子正是在与同伴的交往中，学会社交技巧的。在孩子的游戏里，没有真正意义上的谁更吃亏、谁占了便宜之说，只要他们在游戏中得到了快乐就够了。而且，在打闹之中，孩子同时还在学习妥协、谈判、合作等与人相处之道，这种学习，较之家长的说教要来得更有效。

而且孩子们之间一般是不记仇的，今天打，明天就好，妈妈没有必要横加干涉。当孩子们出现比较激烈的争执时，妈妈则要出面调解，并告诉他们如何做是正确的。比如一个玩具，可以你玩一次，他玩一次，也可以两个小朋友都拿个玩具，互换着玩。孩子偶尔吃亏时，妈妈不必太在意。因为这能让他知道，与不同人交往有不同的方式，在相处中经历一些小挫折，对孩子成长是有好处的。

其实，孩子之间的打闹，尤其是低年级的孩子，大多数时候只是表达方式问题。做妈妈的，应该以平和的心态去看待孩子吃亏这件事情，如果解决得恰到好处，这不但不会使孩子吃亏，相反还会加深孩子之间的友谊，为孩子以后拥有良好的人际关系打下坚实的基础。

好妈妈应该这样做

当自己的孩子在与人交往中吃亏时，好妈妈会通过以下方法教导孩子。

1. 帮助孩子树立自信

孩子在成长过程中会面对诸多挑战，其中最大的挑战是如何树立自信，一个自信的孩子能克服前进道路上的各种困难。因此，当孩子吃亏的时候，妈妈应该对他进行鼓励，与此同时告诉他自己解决这个问题的方法。当孩子拥有了自信，即便再遇到吃亏的情况，也不会斤斤计较或闷闷不乐。自信的孩子更容易拥有一颗宽容、豁达的心，也更能笑对挫折和不公。

2. 必要时给孩子当靠山

孩子吃亏时，好妈妈在必要时会站出来，告诉孩子该怎么做。这样，孩子会知道，妈妈是支持自己的。那么，下一次他再吃亏的时候，就会在心理上有安全感，在行为上知道该如何去做。

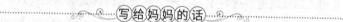

写给妈妈的话

让孩子偶尔吃点亏，不但可以让他们明辨是非，更可以让他们学会忍让。在现实生活中，只要不是伤筋动骨的事情，让孩子吃点小亏未必就是坏事。

图书在版编目 (CIP) 数据

教子有方 / 侯海博编著 . -- 北京 : 中国华侨出版
社 , 2020.6

ISBN 978-7-5113-8202-3

Ⅰ . ①教… Ⅱ . ①侯… Ⅲ . ①家庭教育 Ⅳ . ① G78

中国版本图书馆 CIP 数据核字 (2020) 第 078276 号

教子有方

编　　著：	侯海博	
责任编辑：	姜薇薇	
封面设计：	冬　凡	
文字编辑：	李　波	
美术编辑：	李丝雨	
经　　销：	新华书店	

开　　本：880mm×1230mm　1/32　印张：30　字数：803 千字

印　　刷：三河市燕春印务有限公司

版　　次：2020 年 6 月第 1 版　2021 年 2 月第 2 次印刷

书　　号：ISBN 978-7-5113-8202-3

定　　价：168.00 元（全五册）

中国华侨出版社　北京市朝阳区西坝河东里 77 号楼底商 5 号　邮编：100028

法律顾问：陈鹰律师事务所

发行部：（010）88893001　　传　真：（010）62707370

网　　址：www.oveaschin.com　　E-mail：oveaschin@sina.com

如果发现印装质量问题，影响阅读，请与印刷厂联系调换。